U0901054

中国口腔医学年鉴

YEARBOOK OF CHINESE STOMATOLOGY

2010 年卷

主　编　周学东

副主编　王　兴　俞光岩　张志愿
赵铱民　边　专　凌均棨
王松灵　夏　刚

四川出版集团·四川科学技术出版社

图书在版编目(CIP)数据

中国口腔医学年鉴.2010年卷/周学东主编. -成都:四川科学技术出版社,2011.10

ISBN 978-7-5364-7293-8

Ⅰ.①中… Ⅱ.①周… Ⅲ.①口腔科学-中国-2010-年鉴 Ⅳ.①R78-54

中国版本图书馆CIP数据核字(2011)第196954号

中国口腔医学年鉴2010年卷

主　　编　周学东
责任编辑　任维丽
责任校对　薛玉萍
责任出版　邓一羽
出版发行　四川出版集团・四川科学技术出版社
　　　　　成都市三洞桥路12号　邮政编码610031
成品尺寸　185mm×260mm
　　　　　印张23.25　字数550千
印　　刷　成都市富生实业有限公司
版　　次　2011年10月第一版
印　　次　2011年10月第一次印刷
定　　价　83.00元
ISBN 978-7-5364-7293-8

《中国口腔医学年鉴》第十二届编辑委员会

李秉琦　四川大学
李铁军　北京大学
李新春　开封市卫生学校
李德华　第四军医大学
杨丕山　山东大学
杨四维　泸州医学院
沈　刚　上海交通大学
谷志远　浙江中医药大学
邱蔚六　上海交通大学
阿达来提·艾合买提江　新疆医科大学
陆支越　卫生部北京医院
陈　力　哈尔滨医科大学
陈　刚　天津医科大学
陈　智　武汉大学
陈万涛　上海交通大学
陈吉华　第四军医大学
陈扬熙　四川大学
陈谦明　四川大学
周　洪　西安交通大学
周　健　安徽医科大学
周　诺　广西医科大学
周延民　吉林大学
周学东　四川大学
周曾同　上海交通大学
屈志国　内蒙古自治区人民医院
易新竹　四川大学
林友港　香港牙科医学院
罗颂椒　四川大学
郑立舸　泸州医学院
郑家伟　上海交通大学
金　岩　第四军医大学
侯玉东　滨州医学院
俞立英　复旦大学上海医学院
俞光岩　北京大学
姜　婷　中华口腔医学会
宫　苹　四川大学
胡　敏　解放军总医院
胡　静　四川大学
胡勤刚　南京大学
赵士芳　浙江大学
赵云凤　四川大学
赵守亮　同济大学
赵志河　四川大学
赵怡芳　武汉大学
赵铱民　第四军医大学
钟良军　新疆医科大学
钟德钰　广东省口腔医院
倪龙兴　第四军医大学
凌均棨　中山大学
唐瞻贵　中南大学
夏　刚　卫生部疾控局口腔卫生处
徐　欣　山东大学
徐礼鲜　第四军医大学
徐　韬　北京大学
栾文民　卫生部北京医院
袁　林　广州医学院
高　军　银川市口腔医院
宿玉成　北京协和医学院
巢永烈　四川大学
康　宏　兰州大学
曹选平　郑州大学
梁景平　上海交通大学
章锦才　广东省口腔医院
章魁华　北京大学
阎福华　福建医科大学
麻健丰　温州医学院
黄世光　暨南大学
黄洪章　中山大学
傅民魁　北京大学
彭贵平　澳门牙医学会
曾祥龙　北京大学
温玉明　四川大学
程祥荣　武汉大学
葛建埔　台北牙医师公会
董福生　河北医科大学
蒋欣泉　上海交通大学
谢志坚　浙江大学
路振富　中国医科大学
漆　明　宁夏医科大学
樊明文　武汉大学
潘亚萍　中国医科大学
翦新春　中南大学
魏奉才　山东大学

序　言

《中国口腔医学年鉴》是中国口腔医学发展的一部史记性、综合性、实用性和资料密集型的连续出版物,每年一卷。编辑出版本书旨在全面、客观、及时、准确地记载,并向国内外读者介绍中国口腔医学在学科建设、人才培养、科学研究、国内外学术交流、医疗技术、医院建设、社会服务等各个领域取得的成就和经验。《中国口腔医学年鉴》自1984年创刊至今已连续出版了18卷,它既是了解和研究中国口腔医学发展史的珍贵资料,也是中国口腔医学与国际口腔医学广泛交流的重要平台。

本卷为2010年卷,选材时限为2010年1月至12月,设回顾、论坛、博士后出站报告摘要、优秀博士学位论文摘要、文选·述评、国家级教学团队和国家精品课程、教育、人物、口腔医学组织机构、记事、文献法规、特载和索引共13个栏目。

在《回顾》栏目中,报道了首届全球华人口腔医学大会盛况并对会议的各项活动进行全面回顾;对中华口腔医学会口腔生物医学专业委员会成立的背景及成立后一年的工作进行全面回顾;就目前我国正畸临床与基础研究概况进行回顾与展望。在《论坛》栏目中,刊登了中华口腔医学会会长王兴教授撰写的《2010—2020年中国口腔卫生人才发展规划专题研究报告》;另外,对中国口腔医疗保险的现状进行了分析并阐述了建立中国口腔医疗保险的必要性;对当前组织工程领域中脂肪干细胞和口腔颌面部组织工程骨等前沿性研究课题的研究现状和成果进行了全面综述。《博士后出站报告摘要》来源于国内部分口腔医学科研流动站研究人员所从事的国内外前沿性课题研究成果报告。《优秀博士学位论文摘要》选自2010年度全国优秀博士学位论文和提名奖论文,我国口腔医学博士学位授予单位推荐的省级、校级优秀博士学位论文。《文选·述评》栏目由国内知名的口腔医学专家精选出2010年度公开发表于中国口腔医学、生物医学以及其他综合性医学期刊、高校学报等核心期刊中,能代表中国口腔医学最新研究水平的论著,并客观、公正地评述其研究价值和学术水平。《国家级教学团队和国家精品课程》栏目对教育部批准建设的2010年口腔医学课程建设国家级教学团队、口腔颌面外科学国家级教学团队以及2010年度国家精品课程口腔基础医学、口腔组织病理学、儿童口腔医学、口腔正畸学的建设情况作了详尽介绍。《教育》栏目介绍了2010年度中国高等院校口腔医学博士和硕士研究生及本科生招生培养简况等。《人物》栏目介绍了2010年第七届中国医师奖口腔医学界获奖医师先进事迹;2010年新增列博士研究生导师等。《口腔医学组织机构》栏目介绍了中华口腔医学会新成立的口腔医学专业委员会和部分换届的专业委员会及其专业学组名单,新成立的地方口腔医学会等组织机构。《记事》栏目介绍了2010年度中国口腔医学领域发生的主要的大事件;在中国召开的国际、国内口腔医学学术会议等;中国高等院校口腔医学院、口腔医院科技成果获奖和获得的科研基金资助项目;2010年度公开出版发行的口腔医学专著和教材等。《文献法规》栏目收录了中华人民共和国教育部、卫生部2010年度发布的有关口腔医学领域的重要文件、通知等。在《特载》栏目中,中国医师协会口腔医师分会会长栾文民教授撰写了《给宋庆龄看牙的经历》。

《中国口腔医学年鉴》在编纂出版过程中得到了全国口腔医学院(系)、口腔医院以及众多口腔医学专家们的鼎力支持和热心帮助,受到广大读者的厚爱和关心,出版单位与编委会长期友好的合作,在此谨致衷心谢意。为进一步办好《中国口腔医学年鉴》,不断丰富和充实内容,提高质量,欢迎广大读者提出宝贵意见和建议。

《中国口腔医学年鉴》第十二届编辑委员会

2011年6月

序言

目　次

回　顾

中国口腔医学界最大规模的盛会
——首届全球华人口腔医学大会回顾

全球华人口腔医学大会组委会　韩亮整理

2010 年 12 月 1 ~4 日,首届全球华人口腔医学大会暨 2010 中国国际口腔医学大会、2010 中国口腔设备器材展览会在福建省厦门市召开,这是继 2006 年在深圳召开的世界牙科联盟(FDI)年会之后,我国口腔医学界的又一次盛会。本次大会由中华口腔医学会主办,福建省口腔医学会,中国国际科技会议中心,中国香港、澳门、台湾及海外口腔医学学术团体,中国牙病防治基金会协办,中国国药励展展览有限公司承办。大会同期还举办"国际种植牙专科医师学会亚太年会"、"第七次国际微笑列车唇腭裂学术会议"。

本次大会的召开一方面是对华人口腔医学发展的集中检阅和展示,同时为各国、各地区的口腔医学同行搭建一个相互了解、相互交流与合作的平台。大会得到了海内外口腔医学界同行的积极响应,来自 40 多个国家的 14 000 余名口腔医学工作者出席了大会。此外,大会还得到了各级领导的高度重视,全国人民代表大会副委员长韩启德、中华人民共和国卫生部部长陈竺向大会发来贺信,福建省、厦门市政府以及相关部门都高度重视并予以支持。本次大会采取了"学术活动"、"产品展览"与"社交联谊"相结合的模式,各项活动都取得了圆满的成功。

一、盛大隆重的开幕式

2010 年 12 月 2 日晚,7 000 余名中外嘉宾代表出席了"全球华人共筑微笑家园"为主题的规模盛大的开幕式。开幕式分为嘉宾致辞、颁奖典礼和文艺演出三部分。首先由大会组委会主席、中华口腔医学会会长王兴致欢迎辞,北京大学医学部副主任李鹰宣读了全国人大副委员长韩启德的贺信,中华人民共和国卫生部疾病预防控制局陈贤义局长代表卫生部陈竺部长致辞并预祝大会成功,FDI 主席 Reberto Vianna、国际牙科研究学会(IADR)主席 David Williams、厦门市副市长黄菱致辞向大会表示祝贺,盛赞大会的召开。颁奖典礼上颁发了"杰出华人口腔医师奖"、"杰出海外学子奖"以及"杰出华人慈善贡献奖",来自中国香港、澳门、台湾地区及美国、澳大利亚等国家的口腔医师、在国外取得突出成就的华人学子以及著名华人慈善家王嘉廉先生获得全球华人口腔界的重要奖项。开幕式上还对大会的钻石赞助商诺保科贸易(上海)有限公司、金牌赞助商高露洁棕榄(中国)有限公司以及银牌赞助香港世界牙科教育基金颁发了感谢牌。最后,由口腔人自己表演的文艺晚会闪亮登场,共同庆祝全球华人口腔界盛会的隆重开幕,此次大会得到了相关领导和兄弟学会、协会领导的重视和参与,全国政协常委、宋庆龄基金会副会长、卫生部原部长张文康,全国人大常委、中国牙病防治基金会理事长、卫生部原副部长王陇德院士,中国医院协会会长、卫生部原副部长曹荣桂,中国医师协会会长、卫生部原副部长殷大奎,中华慈善总会副会长、卫生部原副部长彭玉,中华医学会原会长钟南山院士,中华医学会常务副会长兼秘书长刘雁飞,中华慈善总会常务副会长李本公,卫生部疾控局口腔卫生处夏刚处长等嘉宾出席了大会,出席大会的世界各地口腔医学社团的领导还有中国香港、澳门、台湾地区牙科学会主席,新加坡、马来西亚牙医学会主席等。

二、最高水准的全球华人口腔医学学术交流活动

大会组织了空前丰富的各类学术活动,包括特别演讲、全体大会、6个大会论坛、14个专题学术会议。钟南山院士的特别演讲开拓了口腔医务工作者的视野。全体大会邀请了7位口腔医学界的顶尖专家做大会专题报告:中华口腔医学会名誉会长张震康教授介绍了我国口腔医学的发展情况;中国工程院院士邱蔚六演讲的主题是口腔颌面肿瘤治疗的新进展;其他5位来自海外的华人口腔医学专家的演讲题目均为当今口腔医学研究领域或者临床医疗的最前沿进展。

周学东副会长为主席的"口腔医学教育论坛"的9位发言人探讨了不同国家和地区口腔医学教育以及人才培养的现状;石四箴副会长为主席的"两岸医务交流论坛"的5位演讲人交流了两岸口腔医务工作;赵铱民副会长为主席的"全球华人口腔医学发展论坛"的10位发言人介绍了中国内地和中国香港、澳门、台湾地区以及北美、日本、马拉西亚等国家的口腔医学发展情况;黄洪章副会长、张伟民医师以及刘泓虎主任委员为主席的"CSA-FDI民营口腔医疗发展论坛"的9位演讲人从民营口腔的业务发展、管理、技术等方面给参会的民营口腔医生带来许多新的知识和理念。北京大学口腔医学院徐韬院长为主席的"海外学子创新与前瞻性研究论坛"邀请了8位卓有成就的海外学子,介绍他们的创新与前瞻性研究。赵铱民副会长为主席的"口腔医学产业论坛"上,来自学术、产业界的8位演讲人从各自的角度探讨产、学、研相结合发展中国口腔医学产业的议题。

6个论坛会场都座无虚席,14个专题学术会议分会场是一座难求。俞光岩和高岩两位主任委员为联合主席的口腔颌面外科学专题学术会议分为"口腔颌面外科可持续性发展"、"口腔颌面-头颈肿瘤"、"颅颌面外科(含正颌、唇腭裂、OSAHS、外伤修复重建、再生医学等)"3个主题,40位演讲人的报告代表了口腔颌面外科各领域最高学术水平;张富强、吕培军和周敏3位主任委员为联合主席的口腔修复学专题学术会议分为"种植与口腔修复"、"口腔修复进展"、"美学与口腔修复"3个主题,有26位专家演讲;许天民主任委员为主席的口腔正畸学专题学术会议以"正畸学传承及发展"为主题,有25位专家演讲;梁景平主任委员为主席的牙体牙髓病学专题学术会议以"牙体牙髓临床及基础研究进展"为主题,有9位专家演讲;胡德渝主任委员为主席的预防口腔医学专题学术会议以"预防口腔医学与口腔公共卫生的发展状况和研究方向"为主题,有11位专家演讲;孟焕新主任委员为会议主席的牙周病学专题学术会议以"牙周治疗的新理念和新进展"为主题,邀请了11位演讲专家;林野主任委员为主席的口腔种植学专题学术会议以"当代口腔种植学的新方法、新技术、新材料"为主题,邀请了33位专家演讲;周曾同和孙正主任委员为主席的口腔黏膜病学及中西医结合专题学术会议以"口腔黏膜病的最新研究进展"为主题,有10位专家演讲;葛立宏主任委员为主席的儿童口腔医学专题学术会议以"儿童口腔医学的新理念与新技术"为主题,有10位专家演讲;刘洪臣、李伟力主任委员为联合主席的老年及全科口腔医学专题学术会议以"老年口腔医学与全科医疗"为主题,邀请了14位演讲人;马绪臣和张祖燕主任委员为主席的颞下颌关节病学、殆学及口腔颌面影像学专题学术会议邀请了26位专家演讲;赵信义主任委员为主席的口腔材料学专题学术会议以"口腔材料研究发展进展"为主题,邀请了10位演讲专家;朱也森主任委员为主席的口腔麻醉学专题学术会议以"口腔麻醉学进

展和展望”主题，邀请了14位演讲专家；王松灵主任委员为主席的口腔生物医学专题学术会议邀请了13位专家演讲。

同期召开的第七次国际微笑列车唇腭裂学术会议有近1 500位来自397家“微笑列车”项目合作医院的手术医生、麻醉医生、护士参会。演讲专家有35位，分为全体大会、手术、麻醉、护理片区分会场。国际种植牙专科医师学会亚太年会有14位专家演讲。此外，还有由企业组织的专题学术活动、论坛等。覆盖口腔医学各学科的学术活动使本次大会参与演讲的专家有近300人，其中40%的演讲专家来自海外，他们中多数人在学术上做出了突出的成绩，已立于学科的最前沿。为期3天的会议，内容充实、学术水平高，国内的医生不出国门就可享受到口腔医学最高水平的学术盛宴，来自海外的医生也进一步了解了中国近年来口腔医学取得的进展和成就。

三、新技术、新产品、新理念引领的展览展示

本次大会有近300家国内外企业参展，展览规模已突破15 000 m^2。本届大会邀请到来自企业的首席执行官、领先技术专家顾问超过千人，企业带来最新的技术、产品与理念使参会和参观代表学到了更多的知识。全球华人口腔医学大会的举办对企业扩大在华人口腔业内的影响产生强大的助推作用，缩小了华人口腔医生与企业间的距离。参展企业还举办多场企业新技术新产品发布会和教育活动，大会还针对口腔医学发展的热点问题组织了首届口腔计算机辅助设计与制作(CAD-CAM)论坛。此外，除了传统的展商产品展示，大会还特别设立了“中华口腔医学会公益活动项目展”、“创新、发展首届华人口腔专利展”、“种植病例壁报展”、“口腔护理论坛壁报展”和“口腔医学基础研究、临床研究科研论文壁报展”等丰富多彩的展览形式。

四、丰富多彩的社交、文体联谊活动

本次大会不仅是一次学术盛会，还是全球华人口腔医学界的节日，大会安排了丰富多彩的社交活动和文体活动：吕思清专场音乐会为大会召开拉开了序幕；18所口腔医学院校举办了校友会联谊活动，各院校校友人人参与，寻昔日校友于厦门欢聚一堂，忆难忘岁月共商未来发展；用镜头记录口腔人的风貌的第二届国药前景杯中国口腔行业摄影大赛投稿作品总量是首届的3倍，大会展出了300余幅优秀作品，采用专家评选和现场评选结合方式产生大奖。大会期间还举办了口腔人羽毛球赛，关爱口腔、促进西部口腔医学发展——义获嘉慈善高尔夫公开赛等文体活动。

12月3日的颁奖晚宴上，大会向促进华人口腔医学交流合作的获奖者、香港大学牙医学院优秀青年人才奖——临床口腔医学奖、香港大学牙医学院优秀青年人才奖——基础研究奖、登士柏口腔医学青年人才奖、登士柏口腔医学生临床研究英文壁报比赛、口腔医学益达奖学金、第六届IADR中国分部杰出青年学者奖比赛、摄影大赛、羽毛球赛等众多优胜者以及获奖者颁奖。10余所口腔院校准备的精彩文艺节目在大会开幕式、大会颁奖晚宴以及微笑列车表彰晚宴上演出，充分展示了口腔人的才华和智慧。

五、全球华人口腔医师团结起来，共同推动中国和世界口腔医学事业的发展

大会组委会主席、中华口腔医学会会长王兴教授预计：“20年后，我国的综合国力将进一步强大，不论是港澳台同胞，还是海外华人，大家同种族、同语言，文化习惯和思维方式相近，这是华人交流先天的优势。一定要利用这种优势，将华人口腔医师团结起来，共同合作，共同推动中国和世界口腔医学的发展，造福广大患者。”

口腔生物医学学术交流平台的搭建
——中华口腔医学会口腔生物医学专业委员会成立及一年工作回顾

中华口腔医学会口腔生物医学专业委员会
首都医科大学口腔医学院　王松灵　范志朋

我国口腔医学经过全体口腔医学工作者,尤其是多位德高望重老前辈的艰苦努力,取得了令人瞩目的卓越成就,并于1996年成立了国家一级学术团体——中华口腔医学会。在国务院学位委员会办公室的学科分类目录中,作为一级学科的口腔医学分为口腔临床医学和口腔基础医学两个二级学科。其中,口腔临床医学又分为口腔颌面外科学、口腔内科学、口腔修复学、口腔正畸学等多个三级学科。随着学科的发展,这些三级学科又有进一步的细化,比如口腔内科学又分为牙体牙髓病学、牙周病学、口腔黏膜病学等。有些口腔医学三级学科下属专业也成立了相应的专业委员会或学组,如颞下颌关节病学与殆学专业委员会、口腔种植专业委员会、口腔中西医结合专业委员会等。这些专业委员会的成立和相应教材的编写出版大大促进和推动了我国口腔临床医学学科的发展,并取得了巨大的成就。

相对口腔临床医学而言,作为另一个口腔医学二级学科的口腔基础医学,其发展就相对滞后。截至2008年,中华口腔医学会仅下辖口腔组织病理专业委员会及口腔再生医学学组。随着学科的发展,口腔基础医学涉及覆盖的范围明显增多,如口腔颌面发育生物学、基于干细胞及组织工程学的口腔再生医学、口腔基因治疗及蛋白质组学、肿瘤生物学、骨生物学等,这些领域在国际上多归属于口腔生物医学(oral biomedicine)。口腔生物医学也恰恰是当今口腔医学学科交叉多、发展快、很活跃的领域,代表了当前口腔医学研究的前沿水平及发展方向。因此,口腔生物医学是发展快、涉及面广、学科交叉多又有自己特色的学科群。从学科发展趋势来看,学科交叉是创新思想的源泉,口腔医学要创新,就需要一个横跨各专业委员会的交叉学科性质的专业委员会,以促进学科交叉,促进创新。

2008年11月1~3日,由中华口腔医学会、首都医科大学和IADR中国分会联合主办的2008年国际口腔及颅颌前沿研究研讨会(ICFDCR2008)有760人参加,其中大部分来自国内,表明我国有相当大的研究队伍从事口腔生物医学研究。会后国内外著名专家如JDR主编Tony Smith教授等建议有学术机构来定期组织主办这样高水平口腔基础研究盛会。我国口腔生物医学的研究发展迅速,全国口腔生物医学研究队伍有一批老前辈指导,中青年学科带头人的学术队伍正在不断壮大,当前从事这些方向研究的人员越来越多,几乎所有研究生及导师或多或少都涉及这些方面的工作,在防龋疫苗、牙齿发育与基于干细胞牙齿再生、肿瘤生物学、基因转导及基因治疗、家族性遗传病致病基因等方面做出了卓有成效的工作,产生了国际影响。研究平台有口腔疾病研究国家重点实验室,国家重点培育实验室及市部级重点实验室。已获国家重大基础研究专项口腔“973”项目、“863”项目,国家自然科学基金重点项目等国家顶级重大项目资助。为了适应学科发展的需要,中华口腔医学会口腔生物医学专业委员会于2010年3月19~20日在北京成立。

在成立会上，国家自然科学基金委员会副主任沈岩院士，中华口腔医学会王兴会长、王渤秘书长及首都医科大学吕兆丰校长到会祝贺。会议选举了以王松灵教授为首任主任委员的 54 名委员组成的中华口腔医学会口腔生物医学专业委员会，其中常委 16 人，另有青年委员 16 人。中华口腔医学会口腔生物医学专业委员会作为二级学科专委会，在中华口腔医学会领导下，组织协调口腔生物医学学科的学术活动，为我国口腔基础医学的发展提供学会组织的支持和保障。因此，口腔生物医学专业委员会的成立顺应学科发展潮流，有着非常重要的里程碑性意义。

成立大会后举行了学术报告会，来自全国 160 名代表参加了会议。会议以 8 个特约专题报告形式进行学术交流。中国科学院贺林院士以“精神的魅力”为题讲授了什么是精神，精神为什么会给人的一生带来无穷的“魅力”与遐想；精神看护不当，就会导致其他类疾病的产生，对人类的健康带来严重危害。中国科学院孟安明院士作了“Cenph 突变导致染色体分离异常和胚胎死亡及其单体型缺陷抑制肿瘤发生”的专题报告，阐述了着丝粒蛋白与中心体 DNA 和纺锤体微管相连，在有丝分裂过程中的染色体分离起着重要的作用，揭示了 Cenph 在有丝分裂和胚胎发育中的关键作用及与肿瘤发生的关系。口腔生物医学专委会顾问张震康教授就“现阶段如何发展我国口腔生物医学”进行了专题演讲，阐述了当前我国口腔医学中最主要的挑战是基础学科——口腔生物医学的研究薄弱，但也存在前所未有的有利条件和机会，把握好这些有利条件将会加快基础研究和口腔生物医学的发展。口腔生物医学专委会顾问樊明文教授作了“龋病预防的思考”的报告，认为 DNA 疫苗具有免疫原性强、可激发全面持久的免疫应答、制备简单、安全等优点，并且从基因水平改造了变异链球菌，研制出针对变异链球菌防龋 DNA 疫苗，成为行之有效的防龋新方法。美国南加州大学施松涛教授作了题为“颌面部的间充质干细胞(MSC)”的专题报告，介绍了颌面部的多种类型的间充质干细胞，这些干细胞具有的再生颌面部组织的潜能，其免疫调节特性与长骨的 MSC 类似，并且成功治疗了系统性红斑狼疮和实验性结肠炎，表明颌面部 MSC 可以治疗不同的疾患和具有组织再生功能。美国杜兰大学陈一平教授以“骨形成蛋白信号在哺乳动物牙齿发育中的作用”为题，讲述利用多种遗传改性的小鼠模型和实验性胚胎生物学方法，研究 BMP 信号在调控牙齿发育过程中的作用。美国罗切斯特大学蒋如朗教授作了题为“腭裂致病的遗传基础”的专题报告，系统讲述了采用突变筛查、遗传定位和腭裂致病基因的定位筛查等手段来研究腭裂病变过程中的分子机制。美国南加州大学柴洋教授作了题为“转化生长因子-β 信号在腭部发生过程中的特异性作用”的专题报告，讲述了通过对软腭裂和黏膜下裂的动物模型的系统研究，认为对 TGF-β 信号的定向性调节可能成为预防及治疗先天性腭裂的新方法。该次会议交流了当今口腔生物医学新研究成果，体现了学科交叉优势，增进了学科之间的交流，也为今后国内召开高水平的学术研讨会探讨了有益的经验。

2010 年 9 月 17 ~ 19 日，中华口腔医学会口腔生物医学专业委员会在吉林省延吉市主办了骨代谢专题研讨会，会议由吉林大学口腔医学院承办，延边大学协办。会议以 6 个特约专题报告的形式进行了关于骨代谢方面的学术交流。武汉大学刘鹏教授作了“扩增的人体成人骨髓间充质干细胞对骨再生的贡献及命运”的专题报告，提出采用新的技术和方法可以在体外大量扩增成人骨髓间充质干细胞，从而为其临床应用提供了大量细胞来源。山东大学扈英伟博士作了“破骨细胞的异质性”的专题报告，总结了破骨细胞除了具有骨吸收的功能外，还有免疫细胞的功能等其他功能,认为破骨细胞的异质性的研究有助于进一步揭示破骨细胞的功能。美国国立卫生研究院颅颌面研究所郑长玉研究员作了“基因转导与骨相关研究”的专题报告,介绍了基因转导技术的基本原理和方法,提出骨生物学和基因治疗研究及结合应用将为骨的再生与重建提供新的方向。首都医科大学王松灵教授作了“颌骨放射性骨坏死发病机制与干细胞治疗”的专题报告,介绍了建立大型动物——小型猪的下颌骨放射损伤动物模型和应用自体骨髓间充质干细胞再生颌骨放射性骨坏死的新方法,表明骨髓间充质干细胞植入是具有临床应用前景的颌骨坏死的治疗手段。四川大学胡静教授作了“颌骨牵张成骨的基础研究与临床应用”的专题报告,报告回顾了颌骨牵张成骨研究领域的最新进展,同时结合临床实践,对颌面牵张成骨生物学研究与实际运用两方面存在的问题进行了归纳与总结。吉林大学孙宏晨教授作了“载药纳米材料促进牙槽骨再生的研究”的专题报告,提出转基因/药物治疗技术可以成为治疗牙槽骨吸收和萎缩的简便易行的方法并易于应用于临床。该次会议研讨了骨代谢的基础——成骨与破骨的机制,探讨了如何着眼于临床中存在的棘手的问题,并应用新技术,如干细胞技术、纳米技术等进行了骨、特别是颌骨的组织再生和功能重建。

2010年12月3日,口腔生物医学专业委员会在厦门举行的全球华人口腔医学大会上主办了口腔生物医学专题研讨会,会议以11个特约专题报告的形式进行了学术交流。哈佛大学牙科学院王秀平副教授作了题为“多生牙的分子调控”的报告,提出理解多生牙的分子调控有助于将来利用成年组织再生牙齿及其组织。昆士兰理工大学肖殷教授作了题为“MAPK信号通路在维持骨软骨完整性中的作用:ERK抑制剂在治疗颞下颌关节紊乱综合征的潜在应用”的报告,认为研究MAPK信号及ERK抑制剂可以为开发新的治疗骨关节炎相关的综合征,例如颞下颌关节紊乱综合征提供理论依据。华盛顿大学刘子军教授作了题为“舌的容积及内在动力学:功能及临床应用”的报告,提出舌的容积和内在运动对口颌系统的生长、发育及再生有着重要的影响。纽约大学牙学院李仪红教授作了题为“HIV感染与口腔微生物多样性”的报告,认为HIV感染能够影响口腔细菌菌群结构及受感人群的口腔健康状况。第四军医大学金岩教授作了题为“工程化牙周牙骨质复合体”的报告,认为利用工程化的方法制备的牙本质具有诱导牙周组织形成的能力,并且应用新的三维方法建立的牙周膜干细胞膜片可用于再生牙周组织。首都医科大学王松灵教授作了题为“基于牙齿干细胞的组织再生研究”的报告,总结报告了目前已经分离、鉴定的几种牙齿干细胞,除了可用于牙齿及其支持组织再生,还可用于治疗帕金森病等系统性疾病。武汉大学边专教授作了题为“牙体硬组织遗传性疾病研究进展”的报告,认为牙体硬组织遗传病的致病基因及基因的功能研究已经取得很大进展,提出目前的研究热点是基因型与表型的相互关系和相关致病机制。四川大学陈谦明教授作了题为“Th细胞因子基因多态性与口腔扁平苔藓的相关性研究”的报告,认为口腔扁平苔藓患者的Th细胞因子免疫异常存在着一定的遗传背景,并且与扁平苔藓的发病和炎症反应的严重程度相关。北京大学李铁军教授作了题为“牙源性角化囊性瘤的临床与基础研究”的报告,系统地介绍了牙源性角化囊性瘤遗传学与表观遗传学的研究现状及与临床症状之间的关系。四川大学胡静教授作了题为“促进骨形成和抑制骨吸收干预措施改善骨质疏松状态下植入体稳定性的研究”,介绍了如何联合应用成骨因子(bFGF,PTH)和骨吸收抑制药物双膦酸盐促进种植体周围新骨的形成。四川大学田卫东教授作了题为“牙发生发育分子机制及牙齿再生研究”的报告,认为阐明牙发生发育分子机制是实现牙齿再生及揭示牙发育异常的关键科学问题。上海交通大学陈万涛教授作了“口腔颌面部鳞癌分子诊断研究”的报告，认为建立口腔癌分子分类诊断技术并应用，是个体化预测性治疗策略实施的基本条件。

为更好推动我国口腔生物医学发展和交流，2010年末，中华口腔医学会口腔生物医学专业委员会和南京医科大学本着精诚合作、相互支持、发挥优势的原则，达成合作协议合办《口腔生物医学》杂志。这将为口腔生物医学界的同仁们提供新的交流平台，为中国口腔生物医学研究水平的提高奠定可能的基础。

口腔生物医学专业委员会于2010年成立，作为一个年轻的专委会，肩负着十分重要而艰巨的重任，今后的主要工作是搭建一个平台，做好三件事，发挥好三个作用。即搭建好口腔生物医学研究及交流的国际国内高水平平台。在这个平台上做好三件事：积极从事口腔医学前沿研究，着力推动基础研究成果转化应用到临床，潜心培养高素质口腔医学人才；发挥好三个作用：起到引领口腔医学发展方向，解决口腔医学基础及临床难题，培养造就高水平口腔医学人才的作用。让我们共同努力开创中国口腔生物医学美好灿烂的明天！

［关键词］　口腔医学；生物医学；基础研究；专业委员会；学术交流

口腔正畸临床与基础研究回顾及新进展

中华口腔医学会正畸专业委员会
四川大学华西口腔医学院　　赵志河

随着社会的不断发展，人们的审美意识和对生活品质的要求越来越高，对矫治错殆畸形的要求也更加迫切，这为中国口腔正畸学的蓬勃发展提供了前所未有的时机和条件。而近年来服务理念的加强和医患关系的改变，更为新时代的正畸医师提出了崭新的要求和挑战。2010年3月，中华口腔医学会口腔正畸专业委员会正式加入世界正畸联盟，标志着中国口腔正畸学科与国际同行的学术交流进入新的阶段。因此，需要更新符合时代要求的治疗理念与目标，采用并发展新的正畸诊断及治疗技术。另一方面，正畸相关病因、矫治机制的基础研究，更见证了我国生物医学领域的发展。本文就我国正畸临床与基础研究的进展作一综述。

一、口腔正畸临床进展

（一）口腔正畸治疗理念的更新

在现代生物－心理－社会医学模式的要求下，正畸治疗不仅仅追求整齐的牙齿排列，更应充分考虑患者的外貌改善、身心健康，改善患者的就诊体验。因此，舒适、美观、快捷、有效、安全是我们应该追求的新的治疗理念。

1.舒适度　传统牙齿矫正技术存在明显的黏膜刺激、溃疡发生频繁以及复诊后牙齿不适或疼痛，而这也是很多患者对正畸治疗心存畏惧的原因。从带环固位托槽到粘接固位托槽，从金属丝结扎到自锁托槽，托槽大小形状、加工水平、结扎方式的改进提高了患者的舒适程度。而对于年轻医生，同样不容忽视的是临床操作细节，如末端回弯的处理、长拔牙间隙处黏膜保护套管的使用、初次加力的力值大小等。另一方面，舒适的诊疗环境也有利于减轻患者的不安，提高治疗满意度。在临床研究方面，很多学者[1]尝试在复诊前后使用非类固醇类消炎药(NSAID)以减轻加力后牙齿疼痛。虽然，临床试验证明了它的有效性，但是，NSAID会抑制环氧化酶途径，可能影响牙齿移动，如何通过合理选择药品种类和控制剂量而使利大于弊，仍有待讨论。并且，也有人探索使用二氧化碳激光，减轻局部牙齿不适[2]。

2. 美观　为了满足人们对矫治过程中美观的要求，各种“美学”托槽及矫治技术应运而生。例如，个性化彩色托槽和结扎圈、陶瓷托槽、舌侧矫治系统以及无托槽隐形矫治。

3. 快捷　正畸治疗主要依靠牙齿的移动，而最适的矫治力才能使牙齿快速移动。因此自锁托槽这种摩擦力小、矫治力柔和的矫治技术可以有效缩短疗程；并且自锁托槽免除了弓丝结扎，能节省复诊时的椅旁操作时间。

4. 有效　在正畸治疗中很早就有人提出控制支抗以避免牙齿不必要的移动。种植体支抗使正畸医师能更有效地控制支抗和牙齿移动。对这些新的治疗技术，将在下文介绍。

5. 安全　为了保护患者及医生的安全，防止乙肝、艾滋病等疾病的医源性传播，口腔科及口腔诊所应有严格的中央消毒供应系统和监控制度。

（二）口腔正畸治疗目标的新认识

从Angle提出的“单颌理想的邻接关系，对颌理想的咬合关系，保存32个恒牙”的理想殆治疗目标，到Andrews的“正常殆六要素”及“口颌面协调六要素”，治疗目标的着眼点已经从独立的牙颌关系发展为整体的颌面关系。并且，随着近年来对Roth-Williams功能殆概念的认识以及对有颞下颌关节紊乱综合征的正畸患者的重视，治疗目标不仅包括形态的改善更要兼顾功能的协调。另外，个人审美观念受经历、职业、教育等综合因素的影响，在制定治疗方案时，正畸医师应充分考虑患者的主诉，制定个体化的治疗目标。

2009年2月，中华口腔医学会口腔正畸专业委员会正式启动“建立中国疗效评价标准”的卫生部公益性行业基金课题，由全国6个主要正畸中心近三年完成的病例形成样本库，并于2010年顺利完成专家判断工作。中国正畸质量标准筹备委员会的这项重要工作，推进着我国正畸疗效检查的客观评价标准的建立。

（三）口腔正畸诊断新技术

1931年，美国学者Broadbent、德国学者Hofrath提出了定位X线头影测量技术，结束了正畸医师仅仅只能根据一般的临床检查和咬合模型对患者进行临床诊断和治疗的情况。随着正畸医师对错殆畸形认识程度的加深以及边缘学科的拓展，临床诊断和治疗已由单纯的矢状向向三维空间延伸。

1. 锥形束CT成像（cone-beam computed tomography，CBCT）　近年来，CBCT由于其放射量低、反映软组织情况真实、操作简单、购买维护费用低廉的优点，在正畸临床应用中越来越广泛使用。CBCT可以生成头颅正侧位片、精确了解阻生齿的位置和颞下颌关节的结构、重建颌面骨骼。伴随CBCT的应用，三维图像分析系统迅速发展，现在主要有两个系统：NewTom系统（Italy）和Dolphin系统（USA）。通过CBCT与分析系统，在临床中进行软硬组织的三维重建和分析，明确诊断与治疗的问题，最终达到理想的效果。

2. 三维照相　传统正畸检查诊断以头面部像片记录患者的面形。20世纪90年代出现立体摄影，由此发展而来的面部软组织数字化摄影三维重建系统为正畸面部软组织检查诊断提供了新的手段。它具有非介入性、无放射性、收集图像信号迅速、精度高等优点，与软件系统联合使用可以对治疗后的效果进行预测，方便与患者沟通交流。

3. 数字模型　传统石膏模型占用大量储存空间、不易运输交流、测量工作繁琐，已难以满足正畸医师的需求，三维数字化牙颌模型应运而生。它不仅是记存、分析信息的载体，并且计算机辅助设计-计算机辅助制造（CAD-CAM）技术的应用也与其密切相关。

(四)口腔正畸治疗新技术

早在 1728 年,"现代牙科之父" Pierre Fauchard 第一次使用带状板固定矫治器移动牙齿。Edward H. Angle 是正畸学的早期开拓者,并先后于 1907、1911、1916 年提出了 E 形弓、钉管弓和带状弓矫治技术,在 1928 年正式提出了方丝弓矫治器(Edgewise)的理论和技术体系。在随后的几十年当中,在方丝弓矫治器的基础上,Tweed 于 1941 年确立了 Tweed 方丝弓矫治技术;Begg 于 1961 年提出 Begg 细丝弓矫正技术;1976 年,美国正畸医生 Andrews 发明了预成序列弯曲的方丝弓矫正技术,开始了直丝弓矫治技术的发展。到了 20 世纪 70 年代,直接粘接技术的出现使口腔正畸学结束了多带环时代而进入了多托槽时代,极大地推动了固定矫治技术的发展。因此,口腔正畸学发展史就是一部口腔矫治器发展历史。

1. 舌侧矫治器　舌侧矫治器由于其良好的矫治美观效果,近年来受到正畸医师和正畸患者的关注。舌侧矫治器是由 Craven Kurz 于 1976 年发明,现在的 Ormco Cure 舌侧矫治器已经发展到第七代,并通过 CAD-CAM 技术的应用,对患者进行个体设计,使得患者的舒适感以及发音大为改善。在舌侧矫治器发展的同时,与之相关的间接粘接技术也因其定位更加准确的优点受到很多正畸医师的欢迎。

2. 无托槽隐形矫治器　无托槽隐形矫治器利用 CAD-CAM 技术,通过一系列的透明活动矫治器来矫治错殆畸形,具有舒适、美观和便于口腔卫生护理等优点。隐形矫治器的适应证为拥挤度较为轻微(1 ~6 mm)或者存在少量间隙(1 ~6 mm)的患者,但不适用于咬合较差或者较大程度的矢状不调的错殆畸形。

3. 自锁托槽　托槽系统的摩擦力常常是阻碍牙齿移动的主要原因,为了减少牙齿移动的阻力、缩短疗程,近年来,滑动摩擦力小、矫治力柔和、临床操作方便、对口腔黏膜刺激小的自锁托槽受到很多医师和患者的欢迎。自锁托槽主要有两个系统:Speed 和 Damon。

4. 微种植支抗　在固定矫治技术的发展历程中,支抗控制一直是临床治疗的重点。由于原有的支抗系统存在一定的风险,戴用不舒适且需要患者的配合,即便是最大支抗,患者的拔牙间隙仍有一定程度的丧失。微种植支抗近几年在临床中的应用愈加广泛。临床中通过 CT、X 线片定位,引导器辅助操作,使微种植支抗的应用更加简单、安全、有效;矫正中通过微种植支抗对整体牙列进行移动,扩大了非拔牙矫治的范围;对一些疑难病例的矫治也都取得了满意的效果。

5. 机械加工弓丝　正畸医师常常投入大量的时间和精力弯制弓丝,而随着计算机和影像学技术的发展,OraMetrix 公司运用 CAD-CAM 技术,发明了 SureSmils 系统,通过弓丝弯制机,使弓丝弯制这一复杂的过程程序化,可精确控制弓丝弯制角度和扭转度到 1°,弯制的曲到 0.1 mm,在最大限度上控制和移动牙齿,大大提高了工作效率,缩短了疗程。

二、口腔正畸相关基础研究进展

随着正畸学的快速发展,临床医师和患者对于诊断、预后、治疗提出了更高的要求。在这个前提下,口腔正畸学的基础研究特别是关于错殆畸形的发生机制和矫治机制的研究逐渐成为近年来的研究热点。值得一提的是,在基础研究的发展当中,交叉学科的不断融合以及更先进的、更深入的研究手段的应用是正畸学基础研究迅速发展的一个重要推动力。

(一)错殆畸形发生机制研究进展

很多因素参与了错殆畸形的发生、发展,其中比较重要的是遗传因素。但由于目前牙颌面发育调控的相关基因发现较少,同时遗传的外显率和表现度常不相同以及牙颌面畸形遗传模式的复杂性,导致错殆畸形致病基因的研究进展缓慢。直到现在,有关骨性Ⅱ类、骨性Ⅲ类以及内倾型深覆𬌗等错𬌗畸形的相关基因研究尚属空白。

目前,错𬌗畸形的基因研究多集中于表现型明显的综合征和牙齿发育异常。在相关的研究中,一些学者发现牙齿先天缺失与PAX9、MSX1 等相关的基因突变有关[3,4];锁骨颅骨发育不全和多生牙则与 Runx2 的突变有关[5];而颅缝早闭综合征(包括 Apert、Crouzon、Pfeiffer 等综合征)与 FGFR1、FGFR2、TWIST 基因突变相关[6]。

(二)错𬌗畸形矫治机制研究进展

在错𬌗畸形矫治机制的探索过程中,以往的研究多集中于组织形态学的研究。随着研究的深入以及交叉学科的发展,细胞生物力学、分子生物学、组织工程学、胚胎发生学等学科为正畸矫治中牙齿移动机制,特别是细胞乃至分子水平的机制提供了良好的研究基础与理论支持。

正畸牙移动是一个复杂而精细的过程,成千上万的基因和蛋白参与了这一活动。机械力作用下,牙周组织发生反应,力学刺激转化为生物及分子信号,通过信号转导,在细胞内发生一系列的变化,最终使正畸牙移动。在这一过程中,细胞膜上的受体和通道是信号转导中的一个重要的启动因子和药物作用的靶目标,细胞内基因介导的蛋白的合成与修饰是这一活动的中心,而成骨细胞和破骨细胞的活动是这个变化过程的关键。

1. 牙受力分析 由于现在还没有力学传导器直接测量正畸治疗中牙受力的情况,三维有限元分析方法常被用来分析牙齿、牙周膜、牙槽骨的受力情况。现在更为精确的模型,可以更贴切地模拟牙槽骨的不规则形态以及牙周膜非线性、黏弹性的特征。有学者现在试图将这一研究应用于临床,Ammar[7]等以 CBCT 扫描重建三维模型,模拟通过微种植体对下颌尖牙加力,以设计最佳的施力角度和牵引钩长度。

2. 细胞力学加力技术 正畸牙移动的过程是生物对力学刺激反应的过程,对于其机制的研究已经进入了细胞、分子时代。为了了解细胞如何对外界施加的力产生复杂的生物学效应,哪些分子参与了这一过程,各种细胞加力设备应运而生。在国内正畸基础研究中使用较多的体外培养细胞加力技术包括:直接载荷加力,气体液体传导加力,基底应变加力,流变学加力等。例如,李宇[8]利用重物直接加载于多孔 PLGA 支架膜中的牙周膜细胞,以模拟正畸治疗中牙周膜的反应。李娟和刘钧[9,10]采用四川大学华西口腔医学院口腔疾病研究国家重点实验室与四川大学生物力学工程实验室合作开发的气压脉动式细胞压应力数控加载系统探索了 MAPK 通路在间充质干细胞成软骨和成骨分化过程中的作用。此外,脉冲电磁场和低频脉冲超声在骨折辅助治疗中的良好临床效果[11],为促进干细胞分化、辅助牙周再生提供了新型物理刺激的方向。

而细胞分子加力技术因其加力力值和加力位点的精准性为细胞力学的进一步深入研究提供了手段,在近年令人瞩目。微吸管吸吮技术是发展较早的一种技术,利用微吸管产生的负压(0.1 ~ 1 000 Pa)对细胞加力,现在在加力的同时可以用高分辨率显微镜观测细胞膜进入微吸管部分的形变。另外,利用光蚀刻技术可以制作有序排列的微图案基质,利用微悬臂的形变来计算细胞受力的大小[12]。此外,原子力显微镜、激光光镊、磁珠受体等技术也在正畸牙移动和力学传导的机制研究中有广泛的应用前景。Schwartz 等[13] 2010 年报道了模仿蜘蛛丝蛋白结构,构建 vinculin 生物力学感受器以精确测量细胞内 pN 级应力,为分子水平生物力学的发展打开了新的篇章。

相信在未来正畸学的发展当中,随着对牙移动过程中力学传导与生物反应的深入了解以及 CAD-CAM 技术的应用,正畸临床检查、诊断及治疗手段会更加完善,口腔正畸治疗将进入一个更加舒适、美观、快捷、有效、安全的时代。

[关键词] 口腔正畸;错殆畸形;正畸牙移动

参考文献

[1] Omur Polat, Ali Ihya Karaman. Pain control during fixed orthodontic appliance therapy. Angle Orthod,2005,75(2):214-219.

[2] Koji Fujiyama, Toru Deguchi, Takashi Murakami,et al. Clinical Effect of CO_2 Laser in Reducing Pain in Orthodontics. Angle Orthod, 2008,78(2):299-303.

[3] Mostowska A, Kobielak A, Biedziak B, et al. Novel mutation in the paired box sequence of PAX9 gene in a sporadic form of oligodontia. Eur J Oral Sci,2003,111(3):272-276.

[4] Nieminen P,Kotilainen J,Aalto Y,et al. MSX1 gene is deleted in Wolf-Hirschhorn syndrome patients with oligodontia. J Dent Res,2003,82 (12):1013-1017.

[5] Otto F,H Kanegane,S Mundlos. Mutations in the RUNX2 gene in patients with cleidocranial dysplasia. Hum Mutat,2002,19(3):209-216.

[6] Cunningham M,Seto ML,Ratisoontorn C,et al. Syndromic craniosynostosis: from history to hydrogen bonds. Orthod Craniofac Res,2007,10 (2):67-81.

[7] Hussein H. Ammar, Peter Ngan, et al. Three-dimensional modeling and finite element analysis in treatment planning for orthodontic tooth movement. Am J Orthod, 2010, 139 (1): e59-e71.

[8] Li Y, Zheng W, Liu JS, et al. Expression of Osteoclastogenesis Inducers in a Tissue Model of Periodontal Ligament under Compression. J Dent Res,2011,90(1):115-120.

[9] Li J,Zhao Z,Yang J,et al. p38 MAPK mediated in compressive stress-induced chondrogenesis of rat bone marrow MSCs in 3D alginate scaffolds. J Cell Physiol,2009,221(3):609-617.

[10] Liu J,Zhao Z,Li J,et al. Hydrostatic pressures promote initial osteodifferentiation with ERK1/2 not p38 MAPK signaling involved. J Cell Biochem,2009,107(2):224-232.

[11] Pilla A. Low-intensity electromagnetic and mechanical modulation of bone growth and repair: are they equivalent? J Orthop Sci,2002, 7(3):420-428.

[12] Tan JL,Tien J,Pirone DM,et al. Cells lying on a bed of microneedles: an approach to isolate mechanical force. Proc Natl Acad Sci U S A. 2003,100(4):1484-1489.

[13] Grashoff C, Hoffman BD, Brenner MD, et al. Measuring mechanical tension across vinculin reveals regulation of focal adhesion dynamics. Nature,2010,466(7303):263-266.

论 坛

2010—2020 年中国口腔卫生人才发展规划专题研究报告

中华口腔医学会会长 北京大学口腔医学院 王兴教授

口腔疾病是发病率最高、影响最为广泛的全球性重大慢性非传染性疾病。口腔疾病对人类健康及生活质量的危害已引起人们的极大关注。口腔医疗卫生保健需求已成为全球医疗保健服务体系中的重要组成部分。口腔健康已成为人类健康的重要标志之一，成为社会进步文明的窗口。

随着我国国民经济持续快速发展和社会的全面进步，口腔医疗保健已成为越来越多民众的需求。口腔医疗卫生保健人才队伍的建设既是实现提升国民口腔健康整体水平的基础，也是我国口腔医疗卫生事业发展的长远大计。

口腔医疗保健具有以下特点：1）牙病是全人类的疾病，每个人一生中几乎不可能不患牙病；2）人生中的每一个年龄段都可能因患牙病而需要口腔医疗保健，而且这种需求在其一生中常常不止一次；3）口腔医疗保健要求每个成年人每半年洁治一次牙齿，并且有条件的儿童都应当进行牙齿矫正治疗；4）作为常见病多发病的牙病，不仅影响咀嚼、语言和容貌，而且与许多全身系统性疾病如心脑血管疾病、糖尿病等的发病及治疗有着十分密切的关系；5）牙齿疾病预防治疗的方法和手段完全不同于其他疾病，因而口腔卫生人才的培养也不同于其他医学学科，已成为相对独立的一级医学专业。

口腔医师、口腔专科医师和口腔辅助人员的数量、结构、层次与布局已经成为能否满足人们日益增长的口腔医疗保健需求的关键因素。规划和调整口腔卫生人才队伍结构，优化口腔卫生人才队伍，完善口腔医学教育体系，提高口腔卫生人员整体素质，是实现人人享有基本口腔医疗保健服务的根本保证。

一、国际上口腔卫生人才队伍建设的现状

（一）口腔卫生人才队伍

国外口腔卫生人才队伍均由口腔医师和口腔辅助人员构成。目前大多数发达国家口腔医师人口比接近 1∶1 000～1∶2 000，如荷兰为 1∶2 000、法国为 1∶1 428、瑞典为 1∶1 250、英国为 1∶1 000、美国为 1∶625 等；中国台湾为 1∶2 000，中国香港为 1∶2 307，金砖四国的巴西为 1∶909，俄罗斯为 1∶3 333。

通常情况下，一名口腔科医师配有 3～6 名口腔科辅助人员。口腔科辅助人员包括口腔卫生士、口腔治疗师、口腔护士、牙科助理、义齿修复工艺师等。在英国、美国和澳大利亚等国家，口腔科辅助人员主要称谓有口腔卫生士（dental hygienist）、口腔治疗师（dental therapist）、口腔护士（dental nurse）、牙科助理（dental assistant）等，口腔治疗师所承担的任务主要是为口腔医生开展工作提供帮助。服务范围包括：1）口腔卫生保健计划的制定和实施；2）患者管理、治疗质量控制；3）公众口腔健康教育与预防；4）口腔简单治疗与保健、康复服务等。

（二）口腔卫生人才队伍的教育与培养

1. 口腔医师培养 国外所有国家的口腔

医师均必须接受并通过大学本科学历教育，并通过国家执业医师考试、注册登记方可执业。

2. 口腔科辅助人员培养　国际上许多口腔学校均提供：1）有学位的 3 年或 4 年职业高等教育、本科教育或以上学历教育；2）口腔卫生士和口腔治疗师全日制的带有毕业证书的短程教育；3）为仅有毕业证书的学员提供6个月培训，和/或帮助他们进入本科学习；4）通过对口腔卫生士和口腔治疗师的综合训练课程，取得口腔卫生士和口腔治疗师执业资格。

新西兰、马来西亚、澳大利亚、加拿大、英国、荷兰等国家都相继开展了口腔治疗师、口腔护士的教育项目，包括课程教育和临床培训，并视国民需求持续扩大其数量。上述教育体制有效推动了口腔治疗团队在从业人员层次、结构、布局方面的更加合理化。

（三）口腔卫生人才队伍面临的问题

1. 发达国家面临的问题　多数发达国家面临以下问题：1）口腔医师数量充足，但从事口腔预防保健和健康促进的口腔科辅助人员数量不足；2）基层社区、偏远及贫困地区缺乏口腔卫生人才。

2. 发展中国家面临的问题　发展中国家最重要或者最困难的问题是现有口腔卫生人才无法满足民众基本口腔医疗卫生服务需求，特别是拉丁美洲、亚洲和一些贫穷的非洲国家。口腔卫生人力资源短缺是个极普遍的问题。

3. 共同面临的问题　世界各国均存在口腔卫生资源过度集中于城镇，而广大偏远地区缺少口腔卫生人员的不均衡现象。2001 年美国加利福尼亚州的一项调查显示，近 20% 加州社区缺少牙科医生，其中 2/3 的社区亦分布在农村。

城乡口腔卫生人力资源分布不均衡现象在发展中国家尤为突出，印度 75% 的牙医集中在城市，为仅占全国 25% 的人口提供服务。目前尚无有效纠正措施。

4. 关于口腔修复工艺师　口腔修复工艺师是口腔卫生人才队伍的重要组成部分。发达国家有完善的口腔修复工艺师培养及准入制度。其操作技能、学历水平都普遍高于发展中国家。近十年来，该行业的发展又有新的变化，美国等发达国家的口腔医生借鉴了加工制造业的“世界分工”做法，将本国大部分口腔修复体的制作外包给发展中国家进行加工，由此形成了本国口腔技师与口腔医生比例远低于实际口腔医疗过程中所需的最低比例。

二、我国口腔卫生人才发展现状

我国口腔卫生人才的发展与发达国家相比存在较大差距。尽管与 1949 年我国仅有牙科医师 500 人相比，经历新中国成立 60 年间三次口腔医师的增长高峰，截至 2009 年，在我国注册的口腔执业医师（包括口腔执业助理医师）数量已达 18.21 万人，与人口之比已达 1∶7 560，但与发达国家相比较数量上仍然存在较大缺口，并且整体素质较差，半数以上没有接受过大学本科学历教育。

我国口腔卫生人才队伍结构单一，仅有口腔医师，口腔医师分别为口腔执业医师和口腔执业助理医师，缺乏口腔卫生士、口腔治疗师、口腔修复工艺师、口腔护士等适合口腔卫生保健服务的口腔辅助人才结构体制。

（一）口腔卫生人才的培养

1. 口腔本科/专科学生培养不均衡。建国初期，我国仅有 5 所培养口腔医师的专业院系。20 世纪末，口腔医学院系增加到 36 所，口腔卫生人才的培养既有本科也有专科，提倡发展本科教育，限制专科教育。但是，近年来此种格局发生了较大变化。根据 2008 年教育部高等学校口腔医学专业教学指导委员会对 179 所培养口腔医学专业人才高等院校的调查，其中本科及本科以上教育的院校有 94 所，部分院校同时举办专科教育，举办专科教育的院校85所。另据有关调查提示，2005年我国普通高校口腔医学专业毕业生仅为8 113人；但同年普通高校口腔医学专业招生已达15 938人。由此可见，我国口腔医学专业人才培养近年来招生数量迅猛增长，而其中本科及以上人才数量远远低于专科培养数量，其比例为1.98～1.81∶1。

我国目前口腔医学教育一方面存在优质教育资源匮乏，另一方面一些不具备口腔医学教育基本办学条件的院校（既缺乏师资力量，又缺乏必备的教学设备、设施及临床实习条件），也在创办口腔本科教育。甚至许多中医药大学、师范院校也在举办大学本科口腔医学教育，从而导致口腔医学教育招生规模失控、教育质量严重下降。近年来国家医师资格考试中的口腔执业医师、口腔执业助理医师报考人数急剧增加、考试通过率逐年降低，就是证明。

2. 缺乏口腔治疗师、口腔卫生士、口腔护士的培养和准入制度。口腔预防、临床工作中的许多辅助性工作均由口腔医师承担，造成人力资源的浪费，加剧了口腔医疗卫生人才与民众口腔保健需求之间的矛盾，使看牙难的问题更加突出。

3. 口腔在职专业技术人员的毕业后教育和终生继续教育缺乏制度性约束，普及率很低。国外将继续教育所获学分与执业注册更新联系在一起。确保了继续教育的落实，这一经验值得我们借鉴。

（二）口腔卫生人才的分布

我国口腔卫生人才分布的现状表现出极大的不均衡。大量优秀口腔医学人才集中在大、中城市和大、中型医院。目前这些城市和医院已无力接纳更多的高等院校口腔专业毕业生，而未被接纳的毕业生又不去基层医院工作，有的改变职业，流向其他行业。而基层医疗机构又极度缺乏口腔医学人才。这对实现人人享有基本口腔医疗保健服务的医改大目标，造成极大障碍。

我国东、西部地区经济发展的不均衡也导致了口腔医疗资源过度集中在东部沿海经济发达地区以及大城市，而经济相对落后的西部边疆地区和边远山区则口腔医学人才严重缺乏，以致人民群众享受不到基本的口腔医疗保健服务。

据广东省有关调查显示，1990—2004年广东省口腔人力资源增长了1.36倍，但增长的口腔医学人才其60%主要集中在广州、深圳、珠海、佛山等珠三角经济发达地区，其他16个地区仅占40%。北京地区调查资料显示，其城区口腔医生人口比为1∶2 156，已接近发达国家水平，而远郊区县口腔医生人口比仅为1∶7 226，接近全国平均水平，与中等发达国家及一些发展中国家相比仍有一定差距。

三、我国口腔卫生人才需求情况分析

（一）口腔卫生人力需求预测

1. 口腔医师需求预测

1）按卫生服务需要法预测　其计算公式为：$M = P \times I \times N \times T/S$。以2009年人口133 474万人计，则目前所需口腔医师为38万人。根据中国人口专家预测，2020年人口总数约14亿，则2015—2020年口腔医师人力需要量约为40万人。

2）按人口比值预测　口腔医师人力需要量M＝目标年人口×人力人口比。以目前全球口腔医师的人力人口比（3/10 000）为基础进行测算，则目前口腔医师人力需要量M＝133 474万人×3/10 000＝40万人，2015—2020年口腔医师人力需要量M＝14亿人×3/10 000＝42万人。

3）结合中国国情，我们认为按照卫生服务需求法预测更为客观。根据民众口腔保健意识、口腔医疗保健需求，大多数专家认为，将口腔医师与人口比例定为1∶4 000较为适宜。据此，则2015年需要口腔医师约33.40万人，2020年需要约35.00万人。再结合教育部提供的我国 2005—2007 年口腔医学专业招生规模，以每年口腔医师合格毕业生 1 万 ~1.5 万人且不含自然减员的估计，考虑我国现有注册口腔医师 18.21 万人的实际情况，10 年后的口腔医师需求应当增加 15.20 万人左右。

2. 口腔治疗师需求预测　国际上口腔医师和口腔治疗师比例大约为：瑞典 1:1.6，美国 1:1.7，日本 1:2.2，埃塞俄比亚 1:0.6。我国取保守估计 1:1计算，则需求同口腔医师数量相同，即 2015 年约需要口腔治疗师 33.40 万人，2020 年约需要 35.00 万人。

3. 口腔修复工艺师需求测算　根据有关资料提示：美国医技之比为 4.3:1，马来西亚为2.5:1，日本为 2.8:1，德国为 0.8:1，瑞士为 4:1，英国为 4.6:1，澳大利亚为 7.5:1。

有关研究表明：我国口腔医师与口腔技师合适比应为 1.3:1。据此，2015 年我国约需要口腔修复工艺师 19.70 万人，2020 年约需要 26.90 万人。结合现有口腔修复工艺师 13.30万人的实际情况，10 年后的需求量应增加 14 万人左右。

4. 口腔护士需求预测　目前全国口腔护士总数尚无准确数字。按照世界卫生组织 2009 年年鉴估算，中国内陆医师与护士之比为 15:10，推算我国目前口腔护士应为 12.15 万人。按照卫生部《2010 年护理工作发展纲要》2015 年医护之比为 1:1预测，我国 2015—2020 年口腔护士总量应达 33.40 万 ~35.00 万人，缺口约 21 万人。

(二) 口腔高端人才需求预测

按所需的口腔高级研究人才占口腔医师总数 1% 的保守估算，则我国口腔高端研究的人才至少应有 3 500 人。这类人才至少应具有博士学位。根据《中国口腔医学年鉴》2008 年卷统计，2008 年度博士研究生招生 226 人，毕业 180 人。结合我国既往已经毕业的博士人数约 1 000 人，则我国还需要用 10 年时间再培养 2 500 名博士，其相应的研究辅助人员约需 10 500 人(1:3)。

(三) 口腔教学人力资源需求预测

按照我国教育部口腔本科教学评估标准，承担本科教学的口腔院系中学生与教师之比应为 6:1，教师中有研究生学位所占比例应为 30%。结合近年口腔院校的迅猛扩招，保守估计每年 1 万 ~1.5 万人的招生规模，则每年在校学生应在 4 万 ~6 万人，如此预测所需的本科生师资应为 0.67 万 ~1.00 万人，其中研究生学位的师资应在 3 000 人左右。从 2008 年教育部高等学校口腔医学专业教学指导委员会专业认证前调查表的核心数据显示，我国口腔医学所需教师资源缺口仍然很大，并且结构层次及分布极不均衡。

(四) 牙科制造业人力资源需求预测

中国目前在口腔材料和设备制造方面与西方发达国家相比差距极大，许多材料和设备依赖进口，此种状况不利于降低医疗费用。因此，培养口腔制造业技术人才应作为发展民族口腔工业的战略考虑，应尽快将相关专业设置和人才培养计划提到议事日程。目前尚无有效数字提供测算。

四、我国口腔卫生人才队伍建设发展目标与思路

(一) 指导方针及指导原则

贯彻党中央《国家中长期人才规划纲要(2010—2020 年)》精神，体现我国医疗改革目标，以保障人民口腔健康为中心，以人人享有基本口腔医疗保健服务为根本出发点，进行中长期口腔卫生人才发展规划。加快实施全民口腔健康卫生人才保障工程，为我国实施人才强国战略，实现全面建设小康社会奋斗目标提供口腔卫生人才的保证。

基本原则：立足国情，以人为本，突出重点，统筹兼顾，创新机制。

(二) 总体目标

到 2020 年，培养与构建规模适度扩大、类型多样、素质优良、布局合理的高素质口腔

卫生人才队伍，为实现人人享有基本口腔医疗卫生保健服务的医疗改革目标提供保障，努力成为口腔卫生人才强国。

（三）具体目标

1. 口腔卫生人才总量有序增长　预计到 2020 年，我国口腔医师人口比为 1∶4 000，需求总量为 33.40 万人。口腔医师逐步达到具备本科以上学历教育背景。口腔执业助理医师逐步向口腔治疗师专业方向转化。

2. 口腔卫生人才类型结构合理调整、促进服务效能提高　2020 年口腔专科医师与口腔全科医师的比例约为 1∶4。其中 7 万专科医师解决口腔各亚学科的复杂疑难病症，另外 28 万全科医师开展口腔常见病、多发病的常规诊疗工作，以满足城乡民众口腔基本保健需求。

3. 建立口腔治疗师、口腔修复工艺师、口腔护士的培养及准入制度。

4. 规范及完善口腔医学教育　预计 2020 年，每年全国高等院校招收口腔医学专业学生 1 万～1.5 万人左右。实施分层培养，其中 90% 培养为实用性人才，培养学制 5 年；另外 10% 侧重培养为研究型人才，培养学制 8 年。

5. 培养创新型高端人才　到 2020 年，有约 1%（3 500 人）左右的口腔卫生人才从事高端口腔医学科学研究，其中领军人物和高科技人才约 300 人。适时筹建中国口腔医学科学院，其主要任务为规划中国口腔高级人才的培养，制定全国口腔医学科学研究的战略目标，组织实施重大科研项目，为口腔医学发展作出中国人的贡献。

6. 加强社区、农村基层乡镇口腔卫生人才队伍建设　到 2020 年，至少在城市社区卫生服务中心或农村乡镇卫生院设立一名全科口腔医师和/或一名口腔治疗师，配备 1～2 台牙椅，以便开展覆盖全民的口腔健康教育、为民众提供基本的口腔医疗保健服务。

7. 促进民营口腔诊所、门诊部以及民营口腔医院的有序发展　到 2020 年，在民营口腔医疗机构工作的口腔医生与在公立医院工作的口腔医生比例应达到 1∶1，并为民营口腔医疗结构管理、医疗服务水平的提高提供支持与帮助。

（四）发展思路

1. 制订区域口腔卫生规划，科学合理配置口腔资源。由卫生行政部门对不同体制、投资主体、隶属关系和经营性质的口腔医疗机构进行统一规划、设置和布局。适度扩大口腔卫生人才队伍规模，合理配置口腔医师、口腔治疗师、口腔护士、口腔修复工艺师等，适时、有效监测口腔卫生资源的配置及分布。

2. 建立立足社区及农村乡镇的初级口腔卫生保健网，加强农村、社区等基层口腔卫生人才的合理布局与队伍建设，采取有效措施吸引稳定基层口腔卫生人才队伍。完善相关配套的激励政策，对长期在基层工作的口腔专业人员的职称晋升、业务培训、待遇等给予适当的政策倾斜。鼓励参加学历教育，在组织、经费上确保基层口腔专业技术人员定期到上级口腔医疗机构进行培训，切实提高业务水平。制定并实施定向培养农村口腔卫生人才项目。采取有效措施鼓励和吸引医学院校毕业生到基层工作，给予提前转正定级、适当提高薪级工资、提供参加规范化培训、到大中型医疗机构实习、进修等倾斜政策。

3. 扶持民营口腔医疗机构的发展，对民营口腔诊所加强规范化管理，促使其承担所在社区的口腔健康教育、口腔疾病预防的责任，提高其口腔疾病诊疗水平。

4. 健全口腔卫生人力数据库和信息系统，定期开展全国口腔人力资源供需和流动性调查研究，客观准确地分析和掌握口腔人力资源配置情况，从国家层面上制定未来口腔人力资源培养的发展战略，实现口腔人力资源合理培养、合理配置。

5. 加强口腔卫生人才综合素质建设，大力培养实用型专门人才，统筹培养创新型高端研究型人才。目前全国口腔院系/口腔专业有 188 家,未来 10 年口腔医师的学历层次应当都在本科以上。明确不同类型口腔卫生人才的职责,在各级各类口腔医学类专业招生时有所区别,努力造就一批在口腔医学界达到国际一流水平的口腔医学专家、领军人才和高水平创新研究团队。

6. 战略性调整口腔卫生人才结构,创新人才培养机制,提高人才培养与管理水平:1)完善口腔全科医师培养制度。预计 2020 年约 28 万全科医师能够广泛开展口腔常见病、多发病的常规诊疗工作,以解决居民基本口腔保健需求;2)建立并完善口腔专科医师制度。预计到 2020 年约 7 万专科医师,除解决口腔各亚学科的复杂疑难疾病外,还应不断学习掌握该领域的新技术新疗法,并有能力开展一定的科研、教学活动;3)以社会需求为导向,规范并促进口腔医学教育改革。高校应当充分发挥学科建设和人才培养优势,加强口腔医学教育与卫生需求的结合,从政府层面根据我国经济、社会发展的需要,在确保高等口腔医学教育质量的前提下,合理配置口腔医学教育资源,科学统筹规划各层次的口腔医学教育。

7. 确定口腔医疗保健服务基本医疗服务内涵,基本口腔医疗保健服务的内涵是指能够满足国民口腔医疗保健的基本需求。其服务项目应包括洁治、拔牙、补牙、根管治疗、口腔感染、头颈部外伤及头颈与口腔颌面部肿瘤等项目的诊断治疗。开展与口腔预防相关的工作,主要包括口腔健康教育、定期口腔检查与清洁护理、合理的局部用氟、适龄儿童恒牙的窝沟封闭、初期龋的充填以及合理的转诊流程。从而为实现"到 2020 年人人享有基本口腔医疗卫生保健服务"的目标奠定基础。

8. 其他:1)建立不同层次口腔商业医疗保险;2)努力发展民族口腔制造业,以便降低成本,进而达到不断控制和降低口腔医疗和口腔预防费用、不断满足人民群众口腔健康服务需求的目的。

五、我国口腔卫生人才队伍建设发展的战略重点与主要任务

(一)战略重点

围绕"21 世纪人人享有基本口腔医疗卫生保健服务"战略总目标,在《国家中长期人才发展规划纲要(2010—2020 年)》的指导下,按照《中华人民共和国执业医师法》相关规定,口腔卫生人才队伍建设的战略重点是:提高口腔卫生人才教育质量,形成分类合理,质量有保障的高等口腔医学教育体系;贯彻和落实口腔执业医师继续教育制度;加强农村口腔卫生人才队伍建设;培养和引进高层次和急需的口腔医学人才;争取进入世界口腔医学人才强国行列。

(二)主要任务

1. 规范和完善高等口腔医学教育体系。针对我国目前口腔医学高等教育盲目扩张、质量下降的局面,建议设立卫生部与教育部的协商统筹机制,以需定招。建议教育部制定与颁布并督查实施"大学本科口腔医学教育标准",确保口腔医师人才培养质量。

2. 针对缺乏口腔辅助人员的现状,学习与借鉴发达国家的成熟经验,建立口腔治疗师、口腔修复工艺师、口腔护士的培养和准入制度,形成结构、层次明晰合理的口腔医学专业教育体系。

3. 口腔医师继续教育制度的落实与动态考核:

1)将继续医学教育与执业医师考核和注册更新相结合,贯彻落实《卫生部继续医学教育规定》(试行),实施继续医学教育学分制度,建立完善的继续教育培训制度和方法。应当由政府组织相关专家研究制定一套科学可行的效益评价标准,以完成对继续医学教育质量的评估。建立继续教育数据库系统,该系统应当包含以下子系统:继续医学教育教师资源系统;继续医学教育持证人员数据库系统;继续医学教育学分验证系统,加强对

执业医师的继续医学教育动态考核和监督。

2)成立执业医师继续医学教育培训中心或培训基地。在我国的大中城市成立继续医学教育培训中心或培训基地,对执业医师进行定期轮训或开办专题讲座。培训中心不仅要注重对执业医师医学理论与技能的补充、更新、拓宽和提高,还应重视开发他们的潜能,不断提高和开拓其创新能力。

4.建设社区、农村乡村口腔卫生人才队伍,提高其整体素质和水平:

1)把乡村口腔卫生人员培养纳入农村卫生发展规划。在各级政府的领导下,在卫生部制定的全国乡村医生教育总体规划和基本要求的指导下,协调各个相关部门,把乡村口腔卫生人员教育纳入农村卫生发展规划。切实加强领导,配备人员,落实经费,并给予政策保证;同时充分利用现有的教育和卫生资源,整体推进乡村口腔卫生人员教育工作。建立乡村口腔卫生人员教育评估制度,注重培训过程的管理,加强监督、检查和评估,保证口腔乡村卫生人员教育政策和措施的落实。

2)加强口腔乡村医务卫生的教育培训。充分发挥高、中等医学院校的作用,建立乡村口腔卫生人员在岗培训机制,设立教育专项经费,为农村口腔医师提供到大中城市定期学习的机会。口腔乡村医务人员培训要坚持质量第一,注重实效,以适应医学科学技术和卫生工作发展的需要。要注重乡村口腔卫生人员临床能力的培训,避免低水平的重复培训,切实提高乡村口腔卫生人员的实际工作能力。坚持培训、使用和管理相结合,建立并完善激励与制约机制,充分调动乡村口腔卫生人员参加培训的积极性。明确规定培训的合格标准,对达不到规定要求的应注销其执业资格。

3)加强口腔乡村卫生人员的准入管理。进入乡村口腔卫生人员队伍的人员必须具有口腔执业助理医师或口腔治疗师资格。禁止非医学背景的人员通过函授、广播电视、自学考试、现代远程教育等渠道进入乡村口腔卫生人员队伍。禁止没有执业资格及登记注册者非法开设口腔诊所或在口腔医疗机构执业。

4)建立合理机制,配备基本设施,稳定口腔乡村卫生人才队伍。建立合理的流动机制,鼓励口腔高等医学院校毕业生到农村工作,鼓励城市口腔医务人员到缺医少药的边远地区及农村,支援乡村口腔卫生人员教育或承担乡村医生工作,并为其配备基本口腔医疗设施。积极配合西部大开发战略的实施,加强东西部地区的交流,采取对口支援等方式,加快西部地区口腔乡村卫生人才队伍建设步伐。

5.建立城市口腔卫生人才深入社区的制度,城市医院、专科医院的口腔医师应帮助社区、乡镇培养口腔卫生人才。使一般"拔、补、镶"牙的诊疗工作解决在社区,使人们不出社区就能享受到基本的口腔卫生保健服务和健康指导:

1)建立和完善"上帮下、大带小"的对口帮扶制度。鼓励大医院采取以大带小、医院指导社区、培训社区医生等多种方式,推进社区卫生建设。负责指导的大医院,要明确目标和责任,固定帮、带关系,便于检查和考核。严格执行城市医师晋升副主任医师或主任医师前到基层卫生单位服务的规定,并要求各受援社区卫生服务中心的全科医生、社区护士要轮流到支援医院接受累计不少于半年的业务进修。

2)出台相应的激励政策,鼓励医学院校毕业生到社区卫生服务机构就业。要建立科学合理的人才流动机制,鼓励大中型医院的骨干医师到社区工作。政府要加大对社区卫生服务的投入,每年安排专项经费用于社区人才建设。建立和完善城市社区卫生技术人员的任职资格制度、职称晋升制度和岗位培训制度,提高社区卫生人员工资福利待遇。

6. 高层次人才的培养和引进。在口腔医学人才队伍建设中，高端人才队伍的扩充将是实现我国口腔人才发展总体目标的重要标志，是构成我国口腔医学人才竞争比较优势的重要组成部分。一方面在口腔医学院系中加强高层次人才培养，另一方面创造良好的人才引进环境，引进并留住海外一流的口腔医学人才。

此外，加强口腔基础医学研究人才的培养和科研平台的建设。在未来十年，在重点院校、区域中心城市构建口腔基础医学科研平台，系统培养口腔专职基础研究人员，包括口腔解剖、口腔病理、口腔分子生物学、口腔微生物、口腔生理、口腔药物、口腔生化、口腔材料、口腔放射等，形成具有一定规模的口腔基础医学科研团队。

六、我国口腔卫生人才队伍建设的政策建议

针对目前我国口腔卫生人才在总体水平、结构、层次和布局等方面存在的问题，借鉴世界各国口腔卫生人才开发与培养的经验，建议：

1. 适度增加口腔人力资源总量，制定区域口腔卫生发展规划，合理配置口腔医疗卫生资源。

2. 加强口腔卫生人才队伍建设，明确不同类型口腔人力资源的职责，采取有效措施吸引和稳定基层口腔卫生人才队伍，完善相关配套激励政策。鼓励参加学历教育，采取有效措施鼓励和吸引医学院校毕业生到基层工作，鼓励高素质口腔人力资源向匮乏地区或基层口腔医疗机构流动，给予提前转正定级、适当提高薪级工资、提供参加规范化培训、到大中型医疗机构实习、进修等倾斜政策。

3. 以社会需求为导向，在确保质量的前提下，规范与促进口腔医学教育改革。建议设立卫生部与教育部的协商统筹机制，以需定招。建议教育部制定与颁布并督查实施"大学本科口腔医学教育标准"，确保口腔医师人才培养质量。

高校应根据各自的具体情况，特别是师资力量、教学条件，合理设置、科学规划不同层次的口腔医学教育，及时调整口腔医学生本科招生规模，建立并完善口腔治疗师、口腔修复工艺师、口腔护士的教育制度和体系，积极开展毕业后教育和口腔医学继续教育。

4. 尽快建立口腔科辅助人才的培养和准入制度，完善口腔医疗保健人才队伍结构。

5. 定期开展全国口腔人力资源供需及流动性调查。健全口腔卫生人力数据库和信息系统，开展相关研究，客观准确地分析口腔人力资源配置，从国家层面上制定未来口腔人力资源培养的发展战略，实现口腔人力资源的合理培养及合理配置。

6. 进一步加强国际交流与合作，学习与借鉴发达国家和一些发展中国家成功实施口腔卫生人才队伍建设、管理的经验，促进我国口腔卫生人才队伍建设的完善与发展，为实现人人享有基本口腔医疗保健服务提供保障。

七、结束语

口腔卫生人才队伍的建设和发展是我国口腔医疗卫生事业发展的长远大计，也与广大民众的口腔健康、生活质量息息相关，因此，迫切需要加快和提高口腔卫生人才培养与管理水平，全面提升口腔卫生人才队伍的整体素质，在学习、借鉴国际上先进、科学的口腔人力资源管理模式和经验的基础上，努力探索出一条适合我国国情和特色的口腔卫生人才培养与应用之路。

参考文献

[1]　《中共中央、国务院关于国家中长期人才规划纲要(2010—2020)》. 中国共产党中央委员会 [2010]6 号文件.

[2] 中华人民共和国第九届全国人民代表大会大常务委员会.中华人民共和国执业医师法(1998).

[3] 《中共中央、国务院关于卫生改革和发展的决定》(2006).

[4] 《中共中央、国务院关于深化医药卫生体制改革的意见》(2009).

[5] 中华人民共和国卫生部.中国卫生统计年鉴(2010版).中国协和医科大学出版社,2010.

[6] 中华人民共和国卫生部.中国居民口腔健康指南(2009).

[7] 《卫生部继续医学教育规定》(试行)(2007).

[8] 中华人民共和国教育部. 2006年教育统计数据.

[9] 国家统计局人口和就业统计司.中国人口和就业统计年鉴(2007)[M].北京:中国统计出版社,2007.

[10] 饶克勤,张震康.中国口腔医学事业教育.中国口腔医学实用信息[M].北京:人民军医出版社,2005:1~15.

[11] 于海洋.关于我国口腔修复工艺学的思考.中华口腔医学杂志,2008,43(2):59~61.

[12] World Health Organization. Word Health Statistics (2010) [M]. Geneva: WHO Press,2010.

[13] World Health Organization Oral Health Country/Area Profile Programme. Oral Health Manpower [EB/OL]. whocollab. od. mah. se/, 2009-12-30.

[14] 周大成.中国口腔医学史考[M].北京:人民卫生出版社,1991:189.

[15] 王左敏,曹采方,王鸿颖.北京市城区牙科人力资源配置研究.中华医院管理杂志,1998,14(2):29~31.

[16] 王左敏,王鸿颖,曹采方.北京市东城区居民牙科服务需要与需求状况分析.中华口腔医学杂志,2000,35(6):476~478.

[17] 赵丽颖,孙诚,孙正.探索口腔人力资源管理的新途径.中华医院管理杂志,2010, 26(7):512~514.

[18] 徐韬.口腔卫生人才发展规划专题研究报告——国际背景情况介绍[R].北京:口腔卫生人才发展规划专题研究会,2010.

[19] 孙正.口腔队伍建设研究报告的进展情况汇报[R].北京:口腔卫生人才发展规划专题研究会,2010.

[20] 吴婷.口腔类别人才发展规划专题研究报告——需求情况分析[R].北京:口腔卫生人才发展规划专题研究会,2010.

[21] 路振富.辽宁省口腔人力资源分布状况及预测[R].北京:卫生部口腔卫生工作研讨会,2010.

[22] 于海洋.口腔技师队伍研究报告[R].北京:口腔卫生人才发展规划专题研究会,2010.

[23] 王福.口腔卫生人才需求情况分析[R].北京:口腔卫生人才发展规划专题研究会,2010.

[24] 王左敏.口腔卫生人才发展目标及思路[R].北京:口腔卫生人才发展规划专题研究会,2010.

[25] 赵铱民. 2010—2020年口腔医疗卫生人才建设规划[R].北京:口腔卫生人才发展规划专题研究会,2010.

[26] 凌均棨.加强执业医师队伍建设促进口腔卫生事业发展[R].北京:口腔卫生人才发展规划专题研究会,2010.

[27] 程勇.口腔执业医师队伍建设研究——战略重点与主要任务[R].北京:口腔卫生人才发展规划专题研究会,2010.

建立中国特色专业口腔保险　增进全民口腔健康水平

四川大学工商管理学院　瞿星　王萌
四川大学华西口腔医学院　周学东

口腔疾病、心血管疾病、癌症是世界卫生组织列出的人类须重点研究和防治的三大非传染性疾病。口腔疾病会严重地影响人类的生活质量、心理和行为、人口优生与素质,其疾病成本与消费在所有疾病中列于前三位。口腔疾病很少直接致人死亡,但是口腔的健康程度能极大地影响与健康相关的人类生命质量。口腔疾病有发病率高、危害性大、病因不明和易早期发现等特点,针对口腔疾病的这些特点,对其施以早期预防措施可以获得较高的投入效果比,最大限度地减轻疾病负担。随着中国经济的发展和医疗卫生改革的进一步深化,我国口腔医疗服务的供给有了较大幅度的增长,卫生部统计口腔医师的数量从 1990 年的 23 725 名增加到 2005 年的 51 012名,口腔医院的数量从 2000 年的 15 所增加到 2009 年的 286 所,部分口腔医疗技术也达到了国际先进水平,但人们的口腔保健意识仍然较差,口腔疾病的就诊率没有明显提高,发病率也没有明显下降,我国对口腔疾病的防治任务依然十分艰巨。

通过查阅国内外的大量文献发现,我国的口腔医疗模式与国外发达国家有很大的不同,多数发达国家拥有专业口腔医疗保险,可以促使其口腔医疗模式更加注重预防和主动治疗。我国的基本医疗保险的特点是广覆盖、低水平,对口腔疾病的保障力度不大;商业医疗保险的种类相比于其他发达国家仅缺少专业口腔保险与眼科保险,医疗保障制度的缺位是我国口腔医疗模式仍停留在被动治疗阶段的重要影响因素之一,严重影响了我国口腔健康事业的发展。其他发达国家的经验已经证明,专业口腔医疗保险可以有效地针对口腔疾病的防治特点,转变口腔医疗模式,提高口腔卫生服务的利用率,从而改善人群的口腔健康。因此,建立和发展中国口腔专业医疗保险是改善我国口腔健康的必要途径和有效手段。

一、我国口腔疾病发病率与影响因素分析

2008 年,中国进行了第三次全国口腔健康流行病学调查,调查数据反映了中国人群口腔疾病发病特点:5 岁儿童组、12 岁儿童组、35 ~44 岁中年人组、65 ~ 74 岁老年人组的患龋率分别是66% 、28.9% 、88.1% 、98.4% ,其发病程度接近于美国同龄人的 10 倍。在口腔科就医原因构成比中,5 岁儿童组采取预防措施和定期检查的人数比例是 22% ,12 岁儿童组采取定期检查的人数比例是 28% ,35 ~44 岁中年人组采取定期检查的人数比例是 2% ,而 65 ~ 74 岁老年人组定期检查人数比例仅为 0.7% ,大大低于美国同龄人。

口腔健康与个人行为、口腔服务利用有关。在世界范围内,口腔卫生服务利用上均存在差异性。对于影响口腔服务利用差异性的因素,国外有研究指出:口腔医疗服务利用的减少与医疗保险的缺失、较低的家庭收入、所处的社会经济地位有关;而与个人收入相关的口腔医疗服务利用的不公平性、在预防性治疗上的不公平程度是专科治疗不公平程度的 3 倍。影响青少年和儿童口腔健康的因素包括口腔预防公共卫生项目、自我健康认知程度、牙医提供治疗的方式等。拥有口腔医疗保险的人群的口腔健康状况要好于没有口腔保险的人群,口腔医疗保险与口腔健康

状况呈正相关关系。此外,性别也是影响口腔服务利用的因素之一。据国内部分研究显示:影响口腔卫生服务利用的主要因素有医疗费用支付方式、家庭居住分区、有无龋病影响等;影响儿童口腔卫生服务利用的因素有家庭收入水平、家长受教育程度及其对口腔保健的态度、儿童口腔卫生行为、学校的健康教育;影响成人口腔卫生服务利用的因素有经济是否困难、附近是否有牙医等。

从国内外研究中可以发现,国外影响口腔卫生服务利用的因素多集中在公共政策、口腔保险等客观因素方面,而国内的研究多集中在家庭收入、行为等主观因素上,国内尚无研究指出专业口腔保险对口腔卫生服务利用的影响作用。

二、世界发达国家的口腔医疗保险

口腔医疗保险是指为了进行口腔疾病治疗或预防性治疗而偿付一定比例医疗费用的险种,一般包括针对个人、家庭以及团体的口腔保险计划。世界发达国家的经验证明,口腔医疗保险的建立与各国的经济水平发展相适应,口腔医疗保险对促进口腔卫生服务的利用、降低口腔医疗费用、保障全民口腔医疗保健水平、提高人民生活质量有重要意义。

世界上许多发达国家已经有了较为成熟的独立于一般医疗保险的口腔医疗保险制度,这些国家的经验可供中国医疗保险机构借鉴。1927年,日本通过亚洲第一部社会保险法律,成为世界上第一个建立口腔医疗保险的国家。1961年,日本修改医疗保险制度,强制规定所有公民必须参加。日本的医疗保险包括一般医疗和口腔保健,保险制度分为针对雇员、一般居民的两类保险计划。雇员计划涵盖了所有工作的人群;一般居民计划由当地政府承保,涵盖了本地区的所有居民,医疗费用由患者与承保组织共同支付。保险范围包括所有的手术和保守治疗以及修复治疗等,但是假肢、植入物及正畸治疗是不包括在内的。口腔治疗费用和是否全额支付可以由牙医和患者之间进行协商。

荷兰社会医疗保险范围内的牙齿医疗保险预防项目包括牙齿的定期检查、口腔保健咨询和清除牙石。保险公司对牙医实行按人头付费;在牙齿修复方面只有全口义齿属于社会医疗保险的保险范围。大约60%的人口有国家强制医疗保险计划,这个计划(资费由职员和雇主各支付50%)对于年收入少于28 000欧元的职员和他们家庭提供牙科医疗。所有的牙科医生都在私立牙科诊所工作,公众医疗保险覆盖了90%的私立牙科诊所。2000年,荷兰牙科医疗和保健服务共花费1 500万欧元,90%的荷兰本土人口每半年看一次牙医。18岁以下的青少年如果每年定期做牙齿检查的话,社会医疗保险将免费提供一次牙病治疗,但是不包括牙冠和齿桥的制作、颌面外科矫治以及种植体治疗。

1954年,美国牙科协会与“长海岸人”工会(Longshoreman's Union)之间有一系列的联合协议。当时工会希望他们的孩子有牙科保险,为牙齿健康提供保障。因此,工会和美国西海岸的牙科协会达成协议,用固定的预付费用给孩子们提供必要的定期口腔常规检查、预防性治疗和基本的修复服务。现在,美国的牙科保险已经有50多年的历史,美国国内有多个商业牙科保险公司为居民提供不同程度的保险计划。以美国最大的牙科保险公司Delta Dental为例,其开展的口腔保险业务覆盖了美国的15个州和地区,加入这个保险公司的人员超过2 500万人,有大约198 000名口腔医师与Delta Dental签订协议,占全美口腔医师的4/5,给参保者提供了更广泛的选择医师的权利。保险公司提供针对个人、家庭、公司(企业)的保险项目,参保者可以根据自己的需要选择不同的保险方案,同时Delta Dental开展了与政府、社区合作的口腔基本保险计划,旨在使每个人都获得有质量的口腔服务。该公司的保险范围包含从口腔检查、预防性治疗、口腔修复、牙体牙髓病、牙周病等常规治疗以及头颈肿瘤手术等的住院治疗。如果患者在保险公司签约的牙医处接受治疗，保险公司可以报销目录内项目 75% 的医疗费用，大大减轻了患者的经济负担。该公司通过开展牙齿的基本检查、定期洁牙、患者教育等措施减少参保者发生口腔疾病的风险，从而达到盈利的目的。

三、中国口腔卫生状况

口腔卫生是健康生活的组成部分，是社会文明的重要标志。口腔疾病是我国人群中的常见病、多发病。我国政府历来重视口腔卫生工作，通过开展口腔流行病学调查，以"爱牙日"等活动为契机，广泛深入地开展大众口腔健康促进活动、推广口腔疾病防治适宜技术等，提高了群众的口腔保健意识，口腔卫生工作取得了一定的成绩，但与发达国家相比还存在较大的差距。2011 年 1 月，卫生部疾控局副局长孔灵芝在北京"关爱口腔、健康一生——全民口腔健康媒体沙龙"会议上指出，从总体上看我国居民口腔疾病发病率依然很高，群众口腔保健知识缺乏，防病意识比较薄弱，良好的口腔健康保健习惯尚未形成。因此，全民普及口腔卫生知识，减少口腔疾病的发病率，将是首当其冲的工作重点。

据第三次全国口腔健康流行病学调查显示，我国儿童乳牙龋患率高达 68% 以上，12 岁学生恒牙患龋率达 28.9%，老年人群无牙颌达 6.82%，牙龈炎、牙石检出率也较高，口腔卫生状况普遍较差。目前中国牙医人数总体分布不均，发达地区和欠发达地区存在显著差异，在中国平均每 25 000 人中只有一名牙医，而在美国等发达国家，平均每 5 000 人中就有一名牙医。同时据有关调查显示，现有的口腔卫生服务存在未充分利用的情况，造成了供给与需求同时存在不均衡现象，导致我国口腔卫生状况较差。要改变这种情况，只有充分调动全民参与口腔保健的积极性，完善引导和推广政策，让民众有参与感、认同感，才能提高参与率和就诊检查率，更好地改善中国人的口腔卫生状况。

四、中国口腔保险的现状

至 2009 年末，中国基本医疗保险覆盖率（含城镇职工医疗保险、城镇居民医疗保险和新型农村合作医疗）约为 92.42%。基本医疗保险的形式可以分为门诊个人账户与住院统筹两部分，患者在门诊进行的治疗基本都是由个人账户支付，只有住院治疗才纳入统筹报销。当患者在门诊治疗时，使用的医疗费相当于患者本人事先存入个人账户中的金额，并非统筹基金，因此使用门诊账户并不是严格意义上的保险支付。在基本医疗保险目录中，可以报销的门诊治疗的口腔疾病种类较少，只有很少一部分治疗性质的疾病，如根管充填术、窝沟封闭等项目可以按指定比例进入基本医保目录，其他大部分治疗需要患者自付。

据第三次全国口腔健康流行病学调查数据显示：中国在 35 岁以上年龄组人群中，过去一年用在治疗牙病上的平均费用为 208.57 元，有 73.5% 的人在牙齿出现急性或慢性疼痛时才去就诊，而有 76.5% 以上的人治疗口腔疾病是全部自费，可以看出中国口腔服务的利用率和口腔疾病的报销比例明显偏低。造成这种情况的原因一是由于中国基本医疗保障程度较低，门诊账户的金额较少，患者会考虑机会成本问题，因为在口腔治疗上过多地使用了个人账户，就没有多余的账户资金来治疗其他疾病；第二，较低的门诊账户资金不足以负担费用较大的口腔治疗，比如根管治疗、口腔修复、牙齿矫正治疗等；第三，目前中国大部分口腔患者在私人口腔诊所治疗，这些私人口腔诊所不是医保定点医疗单位，患者只能自费治疗。

五、建立中国口腔医疗保险的必要性

随着中国经济地位快速提高，健康保险

在中国已得到迅速发展。与美国相比，中国的健康险种与美国几乎相同，仅缺少口腔保险和眼科保险。随着生活水平的提高，人们对口腔健康的重视程度有了明显提高。国外有研究证明，口腔医疗保险独立于基本医疗保险有非常大的好处，口腔医疗保险可以使受益人自由地选择牙医和获得更高质量的口腔卫生服务。

2010 年 8 月，四川大学华西口腔医院在门诊患者中做了一项关于口腔医疗保险报销及参保意愿的问卷调查，调查者随机选取了 100 名患者及其家属填写问卷。调查结果显示：有 34% 的患者从没在口腔治疗中使用过医疗保险，有 44.3% 的患者表示只在一部分口腔门诊检查或治疗中使用个人账户，超过 54.6% 的患者希望拥有专门的口腔医疗保险来帮助他们获得更好的口腔卫生服务，有 92.1% 的患者希望通过口腔保险每年为其提供常规的口腔检查。由此可以看出，民众对口腔健康的要求较高，希望获得口腔保险的意愿较大。

随着口腔健康需求的增加，我国有的保险公司已经开始进行相关的探索。2010 年 9 月，中国人民财产保险有限公司（People Insurance Company of China，PICC）在北京、上海两地推出国内首款主险形态的牙科管理式医疗保险产品——守护专家牙科医疗保险。该款产品主要包含 3 项保险责任：一是常规牙科护理保险金，即客户在指定的口腔医疗机构免费享受约定次数内的超声波洁牙、抛光、喷砂 3 项常规牙科护理；二是牙科预防诊断治疗优惠，被保险人在公司指定的口腔医疗机构进行口腔疾病预防、诊断和治疗项目可享受约定的折扣优惠；三是医疗事故保险金，该产品提供涵盖 5 万元的医疗事故保险金，对被保险人在公司指定的口腔医疗机构接受诊疗过程中遭受的一级医疗事故给予补偿。该保险产品由于其覆盖范围小，对口腔疾病的保障程度有限，只突出了几种简单的常规牙科护理，并没有补偿口腔疾病风险发生后的经济损失，从保险的定义上来看，还不属于真正意义上的疾病保险。

由于我国目前的口腔保险还处在起步阶段，与国外口腔保险相比还有所差距，表现在：1）签约的医疗方范围不同　国外牙科保险签约的医疗方几乎涵盖了所有的牙科医师，而我国保险签约的医疗方是少数几所口腔医院（诊所）；2）涵盖的病种不同　美国牙科保险已有详细的病种目录，几乎包括所有的口腔疾病诊断、检查、治疗项目的赔付，但我国目前的口腔保险只包含几项常规预防治疗和一些价格优惠政策；3）保险金的组成不同　在国外，医疗事故责任险是由诊所为医师购买，而我国的某些责任险却由患者买单；4）覆盖地域不同　国外口腔保险覆盖范围几乎是全国，而目前中国只是在少数几个城市开展。

有研究证明，广泛的口腔保险覆盖率和更低的口腔服务费用可以更好地促进口腔健康。我国目前的某些牙科保险产品虽不成熟，也没有形成规模，但这些保险产品所采取的管理式医疗模式可以对参保者的口腔健康状况进行事先干预，降低被保险人发生口腔疾病的几率，对促进口腔健康起到了一定的积极作用。

综上所述，中国的口腔保险尚处于起步阶段，具体的保险险种、赔付方式、保险方案还有待进一步发展。但可以肯定的是，我国建立专业口腔保险是遵循了国际口腔疾病治疗模式的规律，它的出现将会改变我国目前口腔基本治疗以被动治疗为主的医疗模式，由于保险公司的介入，对口腔医疗服务提供者的服务能力也将面临新的挑战。

六、发展中国口腔医疗保险之建议

口腔医疗保险可以通过保险提供方、医疗机构（医生）、患者三者相互制约来规范医疗行为，提高医疗服务质量和利用率，同时也降低医疗服务费用。发展口腔医疗保险有助于使中国大部分人获得基本的口腔医疗保健服务,改善口腔健康状况;有助于中国的口腔医疗卫生事业的发展,促进口腔医疗产业所具有的国际竞争力。

本文使用常用的宏观环境分析方法——PEST 分析法(PEST Analysis)来分析中国现阶段口腔医疗保险所面临的宏观环境以及发展的可行性。PEST 分析是指对行业所处的宏观环境的分析,宏观环境又称一般环境,是指影响一切行业的各种宏观因素,这些影响因素包括政治、经济、社会和技术方面的。

在政治方面,2009 年卫生部颁布的新医改方案中明确提出:加快建立和完善以基本医疗保障为主体,其他多种形式补充医疗保险和商业健康保险为补充,覆盖城乡居民的多层次医疗保障体系。积极发展商业健康保险,鼓励企业和个人通过参加商业保险及多种形式的补充保险解决基本医疗保障之外的需求。在确保基金安全和有效监管的前提下,积极提倡以政府购买医疗保障服务的方式,探索委托具有资质的商业保险机构经办各类医疗保障管理服务。这些条款的出台,都为发展专业的口腔医疗保险提供了良好的政策环境。

在经济方面,随着经济的发展,保险业也逐渐发展壮大。2010 年 1 ~ 11 月,中国实现保费收入 1.34 万亿元,同比增长 31.6%。其中,人身险保费收入 9 912.6 亿元,同比增长 30.8%。保险赔付 2 812.6 亿元,保险公司预计实现利润总额 576.7 亿元,同比增长 25.1%。保险总资产达到 4.9 万亿元。保险业的蓬勃发展,为中国口腔医疗保险提供了良好的产业基础。

在社会方面,人民群众的口腔保健意识逐渐增强,对口腔医疗服务需求也逐渐提高,口腔健康可以满足人类的心理、生理、社会的需求,而口腔医疗保险正是促进中国口腔医疗服务良性发展的必经途径。

在技术方面,我国口腔医学事业近年来取得了长足的发展,各种口腔治疗新技术相继出现,有的诊疗技术已经达到或接近国际先进水平,电子病历的发展也为建立口腔保险所需要的数据库打下了坚实的基础。

目前,中国的口腔保险尚在起步阶段,还没有大范围铺开,要发展口腔医疗保险,还需要认识和解决一些问题。对于发展口腔医疗保险的策略,建议要逐步建立全国统一的疾病编码,为保险信息系统打好基础;针对不同需要和对象,设计不同层次的口腔保险方案,既要保证基本口腔医疗保险,也可以发展高端口腔医疗保险;商业保险公司与医疗保险局合作,将基本口腔医疗保险作为全民基本医疗保险的同等级险种,保证大部分人群的基本口腔卫生服务需要;选择具有良好资质的口腔专科医院或者口腔诊所作为定点医疗机构,保障被保险人的权益。

[关键词]　口腔; 专业口腔保险; 口腔健康; 口腔疾病

脂肪干细胞在颌面组织再生的研究进展

口腔疾病研究国家重点实验室　林云锋

颌面部因各种先天缺陷及后天疾病导致的软硬组织缺损,是困扰临床医生的主要难题,不仅严重影响患者的外形、呼吸、吞咽、咀嚼等生理功能,而且还严重影响患者的正常社交活动和心理健康。临床上采用的修复方式多种多样,比如传统的自体组织移植,这种修复方式存在拆东补西，易造成供区二次损伤，且组织量不足、形态功能不匹配的情况也时有发生；而异体或异种组织移植，存在形态功能差异明显、免疫排斥反应、伦理问题、供体短缺和潜在疾病传播问题；近年改进的生物材料应用于临床，也存在着生物活性差、与机体组织理化指标不匹配、有悖正常生理功能及异物反应等问题。总而言之，目前临床上使用的各种组织修复与重建方法各有优缺点，但总体来说不尽如人意，无法满足患者对领面部组织缺损修复质量日益提高的需求。

20世纪80年代末，为了修复和重建病损组织的结构及功能，随着细胞生物学、材料学和工程学等相关学科的迅速发展，美国哈佛大学再生医学中心 Joseph P. Vacanti 教授及麻省理工学院 Langer R 教授提出了全新的思路，建立了一门新兴科学——组织工程学(tissue engineering)。其主要原理是将从机体组织中分离到的种子细胞，经体外培养扩增、诱导后种植于天然或人工合成的、具有良好生物相容性，并可被人体逐步降解吸收的支架材料上，并在体外经过生物反应器的培养，最终植入体内形成具有特定形态及功能的再生组织，从而达到修复机体病损组织的目的。这为病损组织与器官的修复重建开辟了新途径，已成为21世纪医学发展的重大方向。但是，经过近30年的发展，在临床广为成功应用的组织工程产品却寥寥无几，导致近年组织工程和再生医学的发展速度放缓。

笔者认为当前组织工程和再生医学迫切需要解决的问题如下。

一、如何获得高纯度的干细胞并明确其分化机制

种子细胞作为组织工程的核心因素，应具备取材方便、具有良好的体内外增殖及分化能力，并且在组织再生中能继续行使正常生理功能。在早期研究中，种子细胞多取材于成熟机体组织的体细胞，这些特定的体细胞在体外培养过程中，分化良好并具有特定表型基因表达，但其增殖能力有限，细胞极易老化，难以满足组织工程需要的细胞量。

近年来，种子细胞研究热点为干细胞及前体细胞。根据干细胞的发生来源可以将其分为胚胎干细胞和成体干细胞。胚胎干细胞的研究由于受伦理道德、种族观念的约束和潜在异体排斥反应的影响，其应用前景并不乐观。因此，近年来国内外学者致力于成体干细胞或前体细胞的分离培养及应用研究。成体干细胞是指那些存在于已分化组织中的未分化细胞。成体干细胞的研究最早开始于骨髓，此后在治疗血液系统恶性疾病、实性肿瘤以及遗传性免疫缺陷方面也取得了举世公认的成就。但是骨髓基质干细胞在临床应用的过程中，面临着组织配型困难、取材创伤大、取材量有限、细胞成分不均一、细胞增殖困难等多种问题，限制了骨髓基质干细胞的广泛应用。

目前，多数组织工程研究采用的种子细胞往往是混杂的细胞，比如未经纯化的骨髓基质细胞等，其来源不一、成分复杂、个体差异极大、分化不稳定，从而导致研究重复性差、可比性差。究其原因，因为对各种组织来源的干细胞来源不明，特性不清，无法纯化，无法获得形态及功能均一的干细胞。目前对成体干细胞研究的焦点是如何更容易地获得足量的种子细胞，而且这种种子细胞具有稳定的群体倍增率，同时具有分化和自我更新潜能以及免疫相容性，在基因操作中易于接受基因修饰。因此，如何获得高纯度的干细胞并明确其分化机制是现在制约组织工程发展的瓶颈之一。

2001年，美国 Zuk PA 等首次从人及动物脂肪组织中提取出干细胞，并证明脂肪组织中含有大量具有良好的细胞增殖、分化能力的成体干细胞(adipose stem cells, ASC)。本课题组也于2001年在国内较早开展了脂肪来源成体干细胞的研究。综合国内外研究及

本课题组的前期研究结果认为，脂肪干细胞具有许多其他类型细胞所不具有的优势：脂肪组织来源广泛，取材方便，获取干细胞量大，易于分离纯化，供区损伤微小。脂肪干细胞增殖速度快，且具有稳定的群体倍增率，分化能力强，可以分化为脂肪细胞、成骨细胞、成软骨细胞、成肌细胞和成神经细胞等，同时具有细胞再生和自我更新潜能以及免疫相容性，易于接受基因修饰。所以，脂肪干细胞有可能会成为组织工程和再生医学的理想种子细胞，脂肪组织有希望成为再生医学最大的种子细胞库，脂肪干细胞的深入研究将会极大地推动组织工程和再生医学的发展。

笔者的课题组在脂肪干细胞标记、分离、纯化、分化等方面开展了以下一些研究：

1. 脂肪干细胞标记方法研究　在国内较早地系统研究了脂肪干细胞的分离、纯化、增殖、定向分化等特性；在国内外首次证实了内源性及腺病毒转染的外源性绿色荧光蛋白(GFP)对脂肪基质细胞(ASC)分化没有明显的影响，可以采用腺病毒转染 GFP 的方法标记人及动物脂肪基质细胞，为 ASC 的体内追踪和研究找到了一种成本低廉、操作简单、转染效率高、细胞毒性小的标记方法，为进一步深入研究 ASC 奠定实验基础。

2. 脂肪干细胞分化机制研究　本课题组对脂肪干细胞分化过程的多种信号通路(如 Notch2、WNT5a、P38、RUNX2、PPAR-γ2、CEBP-α 等)进行动态分析：采用基因芯片对脂肪干细胞在分化的不同阶段所呈现的基因表达差异进行动态观察，着重研究上述关键调控因子在脂肪干细胞分化中的表达时相及其表达改变对下游基因影响。

3. 脂肪干细胞在成骨分化与骨再生方面的研究　系统地研究了 RUNX2、OSX、BMP2 等信号通路在间充质干细胞成骨分化中的调控作用及 PPAR-γ、Notch、MEK/ERK 等信号通路在间充质干细胞定向分化的调控作用，采用干细胞复合纳米双向磷酸钙陶瓷等生物支架材料成功地进行了异位成骨及大鼠自体颅骨极量缺损的修复研究。采用基因修饰的方法证实转入外源性 bmp2 基因可以进一步增强脂肪干细胞的成骨能力，加速新骨的形成，提高新骨形成质量；发现骨髓、脂肪间充质干细胞均来源于外周细胞，利用骨髓及脂肪干细胞复合内皮细胞的方法成功构建了血管化组织工程骨。

4. 脂肪干细胞在软骨再生方面的应用　在体外实验中证明了诱导培养的人体脂肪干细胞能表达软骨相关的各种特征性基因和分泌各种特征蛋白；并进一步将这种已具备成软骨表型的高密度细胞复合藻酸盐凝胶支架材料，种植裸小鼠体内形成了异位软骨组织。该研究证实人 ASC 可以作为软骨组织再生的干细胞成功在体内构建软骨组织，并维持稳定。这在国内外尚属首次报道，为组织工程化软骨的构建开辟了新途径。

5. 脂肪干细胞在牙齿再生方面的应用　研究牙胚发育不同阶段的发育特性和细胞特性，成功实现了牙组织的异位形成；成功培养第一腮弓外胚层间充质干细胞，并研究其分化增殖特性；外源性涎磷蛋白(DSPP)基因的导入可以诱导脂肪干细胞向成牙本质细胞分化，探索脂肪干细胞向牙向细胞分化的可能性，为牙再生研究走向应用提供了新的思路和方向；初步研究了机械应力对间充质干细胞的成牙分化及矿化的调控作用，为牙再生种子细胞的力学调控积累了经验。

二、如何获得大体积、有功能活性、长期稳定的再生组织

虽然有很多动物实验结果支持组织工程的方法和理念，明确证实可以采用组织工程的方法来修复各类软硬组织的缺损。但是成功的实验多为小型动物，比如大鼠和小鼠的异位及原位组织缺损，而鲜见于大型动物的大体积组织缺损修复；在一些大型动物的体内试验中，往往因为组织吸收、缺乏功能、长

期效果差等原因无法获得满意的修复结果。因此,如何获得大体积、有功能活性的、可长期稳定的新生组织成为组织工程发展面临的重要难题。而要获得大体积、有功能活性、长期稳定的组织,首先面临的一个重要问题就是组织供养的问题。如何保证新生组织内部有足够的养分和代谢,从而保证组织中心细胞的存活与行使功能,就成为首当其冲的问题。因此,植入组织的早期血管化研究就成为目前组织工程领域迫切需要解决的问题之一。

外周细胞(pericytes)是近年间充质干细胞研究的新热点。外周细胞是指围绕在微血管内皮细胞外的一层细胞,早期研究认为外周细胞的主要功能是维持微血管形态和调节微血管压力。2008年,Crisan M等学者发现人体多种组织来源的间充质干细胞同时表现出间充质干细胞与外周细胞的特性,在此基础上提出各种组织的间充质细胞可能均来源于外周细胞的观点,并认为外周细胞表达α-SMA、PDGF-Rβ、Desmin、CD146、NG2等一些蛋白。这一观点可以解释很多早期研究中发现的现象,并得到了后续研究的支持。2008和2009年,Melero-Martin JM与Traktuev DO等学者分别证实骨髓源性及脂肪源性间充质细胞可以促进体内血管的早期形成,为组织工程血管化的理论研究和实际操作做出有益尝试,积累了重要的数据。

笔者课题组的近期研究采用α-SMA-GFP转基因小鼠作为动物模型,该小鼠使用α-SMA的启动子携带GFP报告基因,因此所有的α-SMA阳性细胞均为GFP阳性,可以便捷地观察和分选出各种组织内的α-SMA阳性细胞。在机体组织中,α-SMA主要表达于血管周围的外周细胞(pericytes)和平滑肌细胞。脂肪组织是一种形态单一的组织,其主要有成熟的脂肪细胞和少量的结缔组织构成,在结缔组织中,又主要以微血管为主。笔者课题组的研究证实,脂肪组织中α-SMA阳性的细胞只集中于血管周围,并围绕在内皮细胞外周形成血管外壁,通过流式细胞术可以方便地获得高纯度的α-SMA阳性细胞,通过细胞直径可以排除成熟的平滑肌细胞,再通过梯度稀释和单克隆纯化,就可以获得纯度较高的外周细胞。纯化的外周细胞表现出极强的增殖、分化能力,并全部表达α-SMA、PDGF-Rβ、CD146等外周细胞的特征蛋白。这些研究进一步证实脂肪干细胞来源于微血管周围的外周细胞,这些细胞静息状态下维持血管形态和压力,当组织损伤时,可以迁移至病损区域,一部分维持外周细胞的原有状态,吸引和帮助内皮细胞形成新生微血管,为病损区域提供营养支持;另一部分外周细胞分化成为不同的功能细胞,如成骨细胞、脂肪细胞、肌细胞、神经细胞等来参与病损组织修复。因此,脂肪干细胞不仅可以分化成为修复组织缺损的功能细胞,还可以作为外周细胞,直接参与新生血管的形成,加速新生血管的形成,增加再生组织的供养及代谢,是组织工程血管化的理想种子细胞。

总而言之,要实现脂肪干细胞在口腔颌面部组织缺损修复中的临床应用,使“人造的”与“上帝造的”完美结合,还存在着很多技术性的难题。但是“坚冰已打破,道路已阐明”,相信在不远的未来,基于脂肪干细胞的组织工程及再生医学技术必将在颌面部牙齿、颌骨、软骨、口腔黏膜等各研究领域取得重大技术突破。

[关键词]　脂肪干细胞;组织工程;再生医学;颌面部组织再生

口腔颌面部组织工程骨的研究与应用

上海交通大学医学院附属第九人民医院　蒋欣泉

口腔颌面部骨组织缺损是临床上常见的一种缺损，外伤、肿瘤、感染性疾病和多种先天性疾病均可导致不同程度的颌面部骨缺损。由于口腔颌面部是人体消化道和呼吸道的起始部位，管理着多种重要的生理功能，在这个特殊的部位，骨组织的缺损常会造成严重的并发症。颌面部骨组织再生及功能性修复是摆在口腔医学工作者面前的一项重要任务。

颌骨缺损传统的治疗方法主要是骨移植，其中包括自体骨移植、异体、异种骨移植，或应用人工骨代用品。自体骨移植由于可靠的临床效果成为骨缺损治疗疗效评价的"金标准"，然而这仍然是一种以创伤修复创伤的模式。异体骨移植存在着病原体感染的潜在可能性。金属、陶瓷、聚合物等材料主要起充填、支持和骨传导作用，缺乏足够的骨诱导作用，通常无法实现颌骨缺损的再生性修复。

近年来，随着分子生物学、细胞生物学、生物材料学的发展，利用支架材料、种子细胞和生长因子构建的组织工程复合物，可望形成骨组织，并结合种植或牙移动等手段，对缺损骨组织进行形态和功能重建并达到永久性替代，为颌面部骨组织再生及功能性修复提供理想替代手段。

一、骨组织工程研究要点

组织工程学是 20 世纪 80 年代后期提出的一个新概念。组织工程的基本方法是：体外分离、扩增功能相关活组织细胞，并接种于合适的支架材料上。然后，将它们共同移植于体内待修复部位，随着细胞继续增殖并发挥功能，而生物材料则逐渐降解吸收，结果形成新的有功能的组织器官，从而达到修复结构、恢复功能的目的。种子细胞、支架材料及生长因子构成组织工程三要素。

（一）种子细胞与组织工程骨

种子细胞是组织工程骨研究中的基本要素。理想的种子细胞应具有以下特点：取材容易，损伤小；体外培养增殖能力强，易稳定表达成骨细胞表型；植入体内后能耐受机体免疫，继续快速产生成骨活动且无致瘤性等。其中，自体来源的成骨细胞和具有多向分化潜能的成体干细胞为组织工程骨常用的种子细胞。成骨细胞是骨形成的主要功能细胞，具有较强的成骨潜能，在大动物模型上已证实颌骨皮质骨来源成骨细胞修复大块骨缺损的能力。另外，除了新鲜骨组织，经由一定冻存条件保存的骨组织仍然可以培养、扩增出成骨细胞，而且它们的凋亡情况、增殖能力和成骨活性等指标未发生明显变化。成体干细胞是指存在于成体分化组织中的未分化细胞，具有自我更新和多向分化的特性。现已成功从骨髓（骨髓基质干细胞）、脂肪（脂肪干细胞）、牙周膜（牙周膜干细胞）、牙髓（牙髓干细胞）等组织分离出成体干细胞，体内外研究也均证实了它们具有相当的成骨能力。

另外，为了提高成体干细胞的成骨能力，还利用基因修饰的方法将外源基因导入种子细胞并表达，通过自分泌和旁分泌的作用促进了细胞的增殖和分化，提高成骨修复效果。诱导多能干细胞（IPSC）是 2006 年获得的新型干细胞，与胚胎干细胞（ESC）在细胞形态、表面标志物、增殖特性以及分化潜能等方面非常相似。与其不同的是，IPSC 来源于成体细胞，应用时较少涉及伦理问题。但如何实现高效定向诱导并去除其成瘤风险仍然是IPSC应用所需跨越的巨大障碍。为此，国内外有学者提出避开多能性或全能性的研究，把诱导目标锁定在“单一多能性”或“寡多能性”上，可能更利于用作组织工程种子细胞。

（二）支架材料与骨组织工程

支架材料作为种子细胞的载体对于组织工程骨形成具有至关重要的作用，合适的材料应具备良好的生物相容性、三维多孔立体结构、良好的机械性能和生物降解性。常用的生物材料大致可以分为：无机材料、高分子材料以及两者复合性支架材料。无机材料中磷酸三钙（TCP）和磷酸钙骨水泥（CPC）等已广泛用于临床，是较为理想的骨组织工程支架材料。高分子材料中除了广泛应用的胶原蛋白、聚乳酸等，丝蛋白作为一种新型天然高分子材料，具备了良好的生物相容性和力学性能以及可控的降解性能，并可以方便设计成多孔支架、凝胶、微球和膜片等形式以适用不同需求。

为了优化材料的性能，往往可将两种或多种成分复合制备成复合性材料，如磷灰石涂层的丝蛋白支架材料可提供一个更佳的骨传导环境，负载骨髓基质细胞构建组织工程骨加速了犬下颌骨缺损修复过程。新型支架材料的开发将在此基础上进一步优化设计，通过材料表面结构、成分的改变以提高其骨诱导性能，或结合微纳介孔材料控释功能制备成骨药物的智能控释体系都是组织工程骨支架材料的研究方向。

（三）生长因子与组织工程骨

在颌骨生长发育过程中，有多种生长因子共同参与复杂的调控。转化生长因子（TGF-β）、骨形态发生蛋白（BMP）、成纤维生长因子（FGF）、血小板衍生生长因子（PDGF）、Nel样Ⅰ型分子（Nell-1）和血管内皮生长因子（VEGF）等是重要的成骨/成血管诱导因子。对于某些特殊病人或特殊部位的颌骨再生，单纯细胞材料组合不能完全胜任，往往需要借助这些生长因子的作用来进一步促进其成骨/血管化能力，进而加快成骨速度并提高成骨质量。

生长因子的使用有蛋白和基因两种途径。如重组BMP-2蛋白等成骨诱导因子已被美国食品和药物管理局（Food and Drug Administration，FDA）批准临床使用。但目前蛋白因子应用往往不能达到体内控释的效果，其超生理剂量应用和体内半衰期短等问题也亟待解决。随着介孔等控释技术的日益完善及纳米技术的不断发展，新型智能支架材料的开发与使用可望为解决这些难题提供新的手段。通过病毒等基因载体将表达成骨因子的基因导入种子细胞使其过表达，也存在一定的安全性风险；非病毒方法介导较病毒方法更为安全，但现有基因介导载体还不够理想，转染效率需进一步提高。另外，颌骨的生长发育是一个多因子协同作用的过程，同时或序贯使用某些成骨、成血管诱导因子，表现出了更强的诱导骨组织再生能力。除了上述生物活性因子外，多种电磁信号、表面结构和牵张力等物理信号也均可作为成骨诱导因素使用。

二、口腔颌面部组织工程骨的研究与应用

利用组织工程技术修复大块颌骨缺损之所以成为当前研究的核心和难点问题，不仅在于所需重建骨体积的大小，而且还在于口腔颌面部解剖结构的特殊性。口腔颌面部的骨性支架由14块骨组成，各相邻诸骨互相连接，构成颌面部的基本轮廓，并作为软组织的支架。颌面部骨缺损直接造成面部支架的破坏，不仅会影响到患者的面容，还会妨碍正常功能的发挥。笔者课题组根据临床颌骨缺损的多样性及复杂性等问题，建立了系列的动物颌骨缺损标准化模型，并尝试构建各种组织工程骨复合物用于缺损修复及功能性修复。

（一）颌骨大块缺损修复

虽然组织工程骨修复骨缺损已有个别的临床报道，但总的来说仍然处在实验研究的阶段。课题组建立了大动物下颌骨 3 cm 节段缺损的模型，利用无机陶瓷材料作为细胞载体，复合成骨细胞或骨髓基质细胞并实现了修复。另外，还通过 CT 扫描进行数据采集，应用计算机辅助设计和辅助制作（CAD-CAM）技术，制备个体化的颌骨缺损修复材料并构建组织工程骨，也成功修复了犬下颌骨节段缺损，这为临床颌骨缺损的个体化修复进行了有益的尝试。

在大块颌骨缺损修复时，由于植入物中心区域新生毛细血管不能及时长入，导致植入的种子细胞早期往往集中在一个相对缺氧的环境里，常有大量的种子细胞死亡。为了解决这一问题，构建血管化组织工程骨具有重要意义。除了运用 VEGF 和低氧诱导因子-1α（hypoxia-inducible factor-1α，HIF-1α）等成血管诱导因子，利用材料包绕血管、筋膜瓣包裹组织工程骨和构建动静脉环等血管预构的方法也被用于解决组织工程骨血管化问题。

（二）牙槽嵴增高

下颌缺牙区水平或垂直向的牙槽嵴过多吸收，加上下颌神经管的存在，常无法提供足够的骨支撑以满足牙种植体植入。组织工程技术可作为颌骨再生的新兴手段，为牙种植术恢复足够的牙槽嵴高度。在使用自体成骨细胞与 β-TCP 复合物修复犬下颌萎缩牙槽嵴的研究中，新骨形成速率与材料降解速率相匹配，共同维持了观察期间牙槽嵴增高的效果。

（三）上颌窦提升

上颌窦提升是处理上颌后牙区种植骨量不足采用的重要手段，利用组织工程原理进行上颌窦提升也受到了越来越多国内外学者的关注。如将含有钙、磷、硅的生物活性材料复合骨髓基质细胞进行兔上颌窦提升，结果显示组织工程骨组可以较好地维持上颌窦提升的高度，促进了新骨形成。在大动物犬模型上，应用 β-TCP 颗粒复合骨组织来源的成骨细胞进行上颌窦提升，综合分析结果显示组织工程骨组提升的上颌窦高度、体积、新骨形成面积均优于单纯材料和自体骨组；序贯荧光标记结果显示组织工程骨组的新骨矿化表面积和骨形成率显著高于对照组。另外，考虑到上颌窦腔的不规则性，具有一定流动性和可塑性强的凝胶材料具有独特的应用优势，利用超声诱导技术制备的丝蛋白凝胶，不仅具有优异的生物相容性，还是种子细胞和生长因子良好的运载体。将其用于动物上颌窦提升，可促进提升区新骨形成并维持提升高度。

（四）牙周再生

牙周病是指发生在牙齿支持组织的疾病，其治疗方法除了清除菌斑控制局部的炎症外，如何重建恢复吸收的牙槽骨是重要环节。釉基质蛋白（EMP）由上皮根鞘内层的成釉细胞分泌，不仅具有明确的促进牙周膜细胞和骨髓基质细胞增殖的作用，还可以提高细胞内碱性磷酸酶（AKP）的活性并促进矿化结节的形成，EMP 可能通过上述途径参与诱导牙骨质及牙周支持组织的再生。PDGF 也具有明确的促细胞增殖能力并已应用于临床牙周组织再生，它可以上调牙周膜细胞和骨髓基质细胞 AKP、骨桥蛋白（OPN）、骨钙蛋白（OCN）等成骨表型基因。将 rhPDGF 与 β-TCP、骨髓基质细胞复合构建组织工程骨，用于犬下颌骨即刻种植模型，可以促进种植体周围硬组织新生并提高骨结合效果，结果优于各对照组。

（五）组织工程骨与牙种植骨结合

种植成功关键在于形成良好的种植体-骨界面，即骨结合。通常使用植骨术来增加种植体周围不足的骨量。组织工程骨与自体骨和传统植骨材料相比，可以通过以下作用促进种植体的骨结合效果。首先组织工程骨优选组合加快了骨再生速度，能够促进早期骨－种植体界面的骨长入,促进早期骨结合;另外,组织工程复合物中的种子细胞早期可以聚集、黏附于种植体表面,随后分泌矿化基质,形成新骨。种植体表面的生物功能性结构对骨结合过程具有重要的调控作用,除了优化支架材料、种子细胞和生长因子的组合,种植体表面改性处理也是提高牙种植骨结合质量的重要手段。

钛及其合金以其优异的生物相容性和耐腐蚀性能作为牙种植材料广泛应用,为了提高骨结合效果,常采用喷砂、酸蚀等物理化学方法对种植体表面行粗糙化处理以提高接触面积。随着纳米技术的快速发展,在已有钛表面粗糙化处理的基础上,利用溶胶－凝胶法以及阳极氧化法等技术可以获得诸如纳米管、纳米线、纳米棒以及纳米锯齿等表面结构,它们对细胞的黏附、迁移、增殖和成骨分化等行为具有重要调控作用。另外,利用等离子体电解氧化技术在钛表面制备多孔纳米结构涂层的同时可以掺入具有成骨诱导功能和抑菌作用的离子成分,适用于不同需求。上述纳米结构,还可以用作成骨药物的载体,以加快种植体骨结合速度并提高骨结合质量。

(六)牙槽突裂修复与正畸牙移入

牙槽突裂是常见的颌面部发育畸形,影响到牙齿的正常萌出与颌骨发育,严重影响日常生活和容貌美观。修复牙槽突缺损,不仅可以恢复上颌骨结构的完整性和稳定性,恢复口腔的正常形态与功能,并有利于后期的正畸及整形治疗。在犬切牙与尖牙间造缺损制备牙槽突裂模型,利用β-TCP复合骨向诱导的骨髓基质细胞,经X线追踪、序贯荧光标记和组织学分析,结果显示组织工程骨组新骨形成面积和牙槽嵴提升高度均优于单纯材料组。并可在此修复基础上,将临近牙齿移入,实现最终的功能化修复。

三、口腔颌面部组织工程骨的研究展望

骨组织工程在口腔医学领域的研究与应用受到了越来越多的重视,并已经取得了一系列的成果,但离广泛的临床转化应用还有大量的工作要做:如何实现干细胞的临床安全应用,如何提高生物材料的骨诱导性能并控制其降解速度,如何控释生长因子以减少超生理剂量应用带来的可能风险,如何解决颌骨再生神经/血管化问题以及如何实现大块颌骨缺损的功能性重建,都是我们今后工作的研究重点。希望口腔医学研究者与各相关领域的学者共同努力,尽快将该方法转化服务于临床颌骨缺损患者。

［关键词］　组织工程骨;干细胞;生物材料

博士后出站报告摘要

全反式视黄酸诱导的小鼠腭裂模型血清比较蛋白质组学研究

（摘　要）

北京大学口腔医学院博士后研究人员　赵望泓　　合作导师　林久祥　魏世成

本研究报告主要由两部分组成。

一、全反式视黄酸诱导的小鼠腭裂模型血清比较蛋白质组学研究

唇腭裂(clefts of the lip and palate,CLP)是最常见和最严重的出生缺陷之一,其病因和发病机制尚不十分清楚。血清作为人体最重要的体液,其蛋白质组分含量差异十分显著。国内外尚未见利用蛋白质组学技术进行 CLP 的血清蛋白质组学研究的报道。

腭裂动物模型在病因学、形成机制及治疗方法等研究中具有重要作用。本研究使用全反式视黄酸(all-trans retinoic acid,atRA)100 mg/kg 诱导腭发育敏感期的 C57BL/6J 系小鼠作为模型,采集 GD14、GD18 孕鼠血清,利用血清蛋白质组学技术,采用双向电泳、图像分析血清图谱,寻找差异蛋白质点,通过基质辅助激光解吸电离-飞行时间质谱(matrix-assisted laser desorption ionization time of flight mass spectrometry,MALDI-TOF MS)分析、多肽指纹图谱(peptide mass fingerprinting,PMF)和串联质谱(MS/MS)数据,联合 Mascot 检索方法(Multi-Step),对腭裂血清差异蛋白质点进行鉴定。结果鉴定出 2 个差异蛋白:触珠蛋白前体(haptoglobin precursor,HP)和血清淀粉样 P 成分(serum amyloid P-component,SAP)。并通过蛋白质印迹(Western Blot)检测对该试验结果进行了进一步验证,HP 蛋白在 atRA 孕鼠血清中特意表达,SAP 蛋白表达上调。

本研究建立了较好的血清双向电泳技术,为进一步分析、鉴定和寻找与疾病相关的蛋白质奠定一定基础;鉴定并验证了 2 个与 atRA 孕鼠相关的血清蛋白质。它们可能参与腭裂发生,有助于深入研究腭裂发病机制。

二、致龋性变异链球菌蛋白的初级晶体学研究

变异链球菌是人类龋病的主要致病菌。通过对该菌进行结构基因组学方面的研究,有利于从原子水平理解变异链球菌的致龋机制,也为新的防龋措施的发现提供依据。

本研究通过靶基因筛选、高通量自动化基因克隆和表达、高通量蛋白纯化、晶体筛选、晶体衍射数据收集和晶体结构解析的一整套实验流程进行致龋性变异链球菌蛋白的结构基因组学研究。对变异链球菌基因组中的两个基因:SMU. 2055、SMU. 1254 进行了蛋白纯化和晶体筛选工作。用金属镍螯合层析和凝胶排阻层析对蛋白进行纯化得到较为均一的目的蛋白,以坐滴蒸汽扩散法初筛得到目的蛋白的晶体,进一步优化得到适合上机衍射和数据收集的晶体。笔者收集了 SMU. 2055 的蛋白晶体及其硒代甲硫氨酸蛋白晶体的衍射数据。数据分析,SMU. 2055 蛋白晶体衍射率为 0. 25 nm,晶胞参数为 a = 9. 2 nm, b = 9.46 nm, c = 19.39 nm,属于 C2221 空间群,溶剂含量为 57.1%,蛋白结构图显示一个不对称单位中包含有 4 个分子,其蛋白结构已解析(PDB:3LD2)。SMU.1254 的蛋白晶体及其泡重原子晶体衍生物的衍射数据已经被收集,蛋白结构正在解析中。

对致龋性变异链球菌 SMU.2055、SMU.1254 蛋白的晶体学研究,为深入研究变异链球菌蛋白在生物体内代谢,以及在龋病发生、发展进程中的生物学功能奠定了基础。

[关键词] 腭裂; 全反式视黄酸; 血清蛋白质组学; 质谱; 双向凝胶电泳; 变异链球菌; 蛋白质晶体学; 结构基因组学; 蛋白纯化; 晶体筛选

(赵望泓现工作单位:南方医科大学口腔医学院)

小型猪下颌乳磨牙发育组织学特点研究和牙胚 cDNA 文库及数字化基因表达谱构建

(摘　要)

首都医科大学口腔医学院博士后研究人员　宋铁砾　　合作导师　王松灵

小鼠是研究牙齿等器官发育的模式动物,现在已有的牙发育相关结果几乎全部来自小鼠,然而作为一种啮齿类动物,小鼠的牙颌系统与人类差距甚远。与小鼠相比,小型猪口腔颌面部解剖结构等与人类更为接近,尤其是小型猪有乳、恒牙两个牙列;其下颌乳磨牙,无论形态、功能都与人类下颌第一恒磨牙相似。所以研究小型猪牙齿发育,更有可能解释人类牙发生发育的机制。本研究分为以下四部分。

一、小型猪下颌乳磨牙牙冠发育组织学特点研究

旨在研究小型猪下颌乳磨牙牙冠发育不同时期的组织学特点。

选择不同天数(33、35、40、45、50、55、60、65 天)的小型猪胚胎,制作下颌磨牙区连续切片,染色观察。

结果显示,小型猪下颌乳磨牙牙冠形态发育的时期划分为 1)牙板期:胚 33 天 ~ 胚 35 天;2)牙蕾期:胚 35 天 ~ 胚 40 天;3)帽状期:胚 40 天 ~ 胚 50 天;4)钟状早期:胚 50 天 ~ 胚 60 天;5)钟状晚期:胚 60 天 ~ 胚 65 天;6)硬组织形成期:胚 65 天以后。初步确定了 4 个较为典型的时点:牙蕾期为胚 35 天,帽状期为胚 45 天,钟状早期为胚 50 天,钟状晚期为胚 60 天。

研究结果确定了小型猪下颌乳磨牙发育的典型时期,为进一步研究小型猪牙齿发育打下了基础。

二、小型猪下颌乳磨牙牙胚全长均一化 cDNA 文库构建及 EST 测序

旨在获得小型猪下颌乳磨牙发育典型时点的全长基因,以进一步深入研究小型猪牙齿发育的基因调控。

以小型猪下颌乳磨牙 4 个典型发育时点牙胚的 RNA 为材料,用 SMART 法构建文库,并以 DNS 酶进行均一化。

结果显示,原始库容量约 3.0 × 105 cfu/mL,插入片段平均长度超过 1 000 bp,重组率近 100%。大规模测序结果得到 17 520 条高质量序列,平均读长超过 500 bp,序列拼接后得到 13 907 个 unigenes,表明文库冗余度很低。

经生物信息分析，许多牙发育相关信号分子均可以在文库中找到，并且包含了 5 种最重要的编码牙特异基质蛋白的基因。

研究结果表明，成功构建了小型猪下颌乳磨牙牙胚全长均一化 cDNA 文库。与以往所构建的牙发育相关文库比较，具有明显优势，是首个大型动物牙发育涵盖基因信息最广的文库，为进一步研究其基因表达与调控打下了基础。

三、小型猪下颌乳磨牙牙胚数字化基因表达谱构建

构建 4 个小型猪下颌乳磨牙发育典型时期的数字化基因表达谱，以进一步筛选不同发育阶段的差异表达基因。

通过分离纯化小型猪下颌乳磨牙胚 4 个发育典型时点的 mRNA，通过 solexa 高通量测序及相应的分析手段构建 4 个发育时点的数字化基因表达谱，进一步以本文第二部分研究中大规模文库测序得到的 unigenes 数据库为参考，筛选差异表达基因并进行初步分析。

结果发现，小型猪下颌乳磨牙胚在每一发育阶段都存在较多的差异表达基因，模式聚类显示差异的关键点在蕾状期、帽状期与钟状期的转折点，这与牙胚形态学变化相吻合。在差异表达基因初步分析中发现，一些编码神经系统重要成分的基因变化显著。

通过该部分研究，成功构建了小型猪下颌乳磨牙牙胚不同发育阶段的数字化基因表达谱，提示一些编码神经系统重要成分的基因可能在牙胚细胞功能分化中有重要作用。

四、TGF-β2、SHANK2 蛋白在小型猪下颌乳磨牙牙胚表达的免疫组化研究

旨在研究 TGF-β2、SHANK2 蛋白在小型猪下颌乳磨牙牙胚表达的特点。

利用免疫组织化学方法观察 TGF-β2、SHANK2 蛋白在小型猪下颌乳磨牙牙胚的表达部位与变化。

结果发现，TGF-β2 在小型猪牙齿发育过程中的表达模式与小鼠不同，在钟状晚期对成釉细胞和成牙本质细胞均无表达。SHANK2 在小型猪牙齿发育中表达具有明显的时空特点，尤其是钟状晚期，较特异的表达在成釉细胞与成牙本质细胞，表达强度与成牙本质细胞分化状态相关。

研究结果提示，SHANK2 可能具有调节成釉细胞和成牙本质细胞的分化作用，尤其是调节成牙本质细胞分化，可能是一个未曾报道的牙发育调控的新的基因。

［关键词］　牙发育；小型猪；cDNA 文库；表达序列标签；数字化基因表达谱

基于细胞膜片技术的生物牙根再生和功能重建

（摘　要）

首都医科大学口腔医学院博士后研究人员　魏福兰　　合作导师　王松灵

一些口腔与全身疾病常导致牙齿缺失，对患者的咀嚼、言语、美观和心理等有显著影响，给人们的工作和生活带来诸多不便。目前针对患者的牙齿缺失主要采用活动义齿、固定义齿和种植义齿来修复，但这些方法都是非生物的赝复体修复，缺乏真正生理意义的修复。近年来，关于牙源性干细胞和组织工程技术的研究进展给牙齿生物再生带来了新的希望。鉴于全牙再生尚存在相当大的困难，牙根在行使功能等方面的重要作用，本课

题组在国际上率先提出利用牙齿相关干细胞进行生物牙根再生的新理念,并进行了系列体外、体内实验,在小型猪动物模型上成功再生出能够正常行使功能的生物牙根。

在前期探索的基础上,本课题组致力于通过进一步的深入研究,对其进行改进、完善,希望组织工程生物牙根能真正应用于临床,成为修复牙齿缺失的一种生物性修复方法。一个组织工程产品要真正应用于临床,最重要的是种子细胞和支架材料问题。课题组前期探索中使用的根尖牙乳头干细胞有较强的增殖能力也具有成牙本质和成骨的潜能。但根尖牙乳头干细胞来源有限,只有从第三磨牙根尖乳头才能分离得到。要想应用于临床,如何扩大种子细胞来源呢?牙根型的支架材料有一定的形状和体积,要想得到均一的新生组织,如何解决材料中心的营养供给,提高细胞的接种效率及黏附率呢?与人体内的其他组织相比,牙周微环境较为特殊。牙周组织的构成既有特性相近而又彼此相邻的矿化硬组织——牙槽骨、牙骨质,又有贯穿其间的非矿化纤维组织——牙周韧带。因此,作为细胞外基质替代物的支架材料或多或少存在着一些不足,是否可克服这些不足?在解决上述问题的基础上,是否可以得到一个应用于临床的标准化流程?

针对这些问题,笔者进行了以下研究。

一、牙齿相关干细胞的培养鉴定和牙周膜干细胞膜片的制备

旨在探索如何构建高质量的牙周膜干细胞膜片和优化牙髓干细胞与材料复合体的培养条件,用于生物牙根再生。

麻醉下无菌拔除小型猪尖牙,轻轻剥离其周围的牙周组织,取中段牙周组织;将牙齿劈开,取牙髓组织,参照以往文献报道分离并培养牙周膜干细胞和牙髓干细胞。通过在培养基中加入不同剂量(0 μg/mL,2.5 μg/mL,5.0 μg/mL,10.0 μg/mL,20.0 μg/mL,50.0 μg/mL)的维生素C(vitamin C,VitC),制备牙周膜干细胞膜片;并通过H-E染色、透射电镜、Real-time PCR、免疫荧光染色检测牙周膜干细胞膜片的特性。利用生物反应器促进牙髓干细胞在材料上的生长,扫描电镜检测细胞的生长状态。

结果发现,当培养液中加入20.0 μg/mL VitC,细胞生长至10~13天时,可获得完整的牙周膜干细胞膜片;H-E染色显示:牙周膜干细胞膜片由2~3层细胞构成,细胞之间紧密连接。透射电镜显示,获得的牙周膜干细胞膜片保持了细胞间的紧密连接;细胞生长分化良好,细胞质内有大量微丝,沿细胞膜表面可见胞吐小泡;细胞周围可见基质和胶原纤维(纤维直径较细,多为Ⅱ型胶原)。Real-time PCR结果显示,牙周膜片与酶消化下来的细胞相比,细胞外基质的Ⅰ型胶原(collagen Ⅰ,Col Ⅰ),纤维连接蛋白和整联蛋白β1都显著增高($P<0.01$)。免疫荧光化学染色结果也从蛋白水平证实了这一点。牙髓干细胞与支架材料复合体在生物反应器内生长5天后,材料表面与内部的细胞生长均较在普通培养皿内生长得更好。

研究结果表明成功构建了VitC诱导的牙周膜干细胞膜片,在培养基中加入VitC的最佳浓度为20.0 μg/mL时,可制备出保存了细胞外基质的细胞膜片;生物反应器动力性三维培养促进了支架内部营养物质的交换,促进了种子细胞在支架材料中的均匀分布。

二、生物牙根再生和标准化探讨

应用自体和异体牙髓干细胞和牙周膜干细胞进行生物牙根再生,观察再生生物牙根较长期功能情况,并探讨生物牙根再生的标准化程序化。

首先确定牙髓干细胞和牙周膜干细胞回植的适宜细胞量。将12只小型猪随机分为3组,1)对照组[羟磷灰石-磷酸三钙(HA-TCP)]($n=3$):制备牙槽窝后回植HA-TCP

牙根型支架材料;2)实验组 1(自体牙周膜干细胞膜片加牙髓干细胞/HA-TCP)($n=3$):制备牙槽窝后回植自体牙周膜干细胞膜片加牙髓干细胞/HA-TCP 牙根型支架材料;3)实验组 2(异体牙周膜干细胞膜片加牙髓干细胞/HA-TCP)($n=3$):制备牙槽窝后回植异体牙周膜干细胞膜片加牙髓干细胞/HA-TCP 牙根型支架材料。戴冠 6 个月评价形态与功能,观察指标包括影像学检查、血液学检查、组织学和免疫组化观察及抗压强度检测。

结果发现,回植 6 个月后,X 线片可见回植复合体与正常牙类似的高密度影像,回植的生物牙根形态清晰;Micro CT 扫描横断面与纵断面均可见高密度的类似牙本质牙骨质样结构,与颌骨组织间可见清晰的低密度的类似牙周膜影像的结构。组织学观察显示,再生的生物牙根组织形态与新生的骨组织完全不同,是由许多处于不同生长阶段大小不一的球形团块组成;新形成的硬组织区域外为纤维结缔组织包绕,但纤维走行与正常牙周膜不同;自体和异体牙源性干细胞介导的生物牙根组织学表现相似。但此时与正常牙本质、牙骨质、牙周膜结构不同。戴冠行使功能 6 个月后,H-E 染色牙周膜由原先的平行变为有规则的斜行,有 sharpy 纤维样结构插入新形成的硬组织区,与正常牙牙周膜结构类似。与牙周膜相邻的硬组织区可见牙骨质结构,其间有细胞,类似正常细胞性牙骨质。骨样牙本质样结构可见牙本质小管样结构,但比正常的牙本质小管细小。异体回植组与自体回植组类似。再生硬组织区免疫组化显示:材料对照组牙本质涎蛋白(dentin sialoprotein, DSP)染色阴性,自体及异体回植组均染色阳性,但与正常牙点线状表达不同。扫描电镜结果显示:对照组材料有残留,材料降解处形成了骨样组织;自体回植组有少量材料未降解,大部分形成了类牙本质样结构,但不如正常的牙本质小管规则致密;异体回植组与自体回植组相似。再生硬组织周围软组织结构免疫组化显示:生物材料组 Col Ⅰ 及血管内皮细胞第Ⅷ因子(von Willebrand factor, vWF)未见阳性染色,自体和异体回植组均染色阳性,与正常牙类似。抗压强度检测表明,自体和异体回植组抗压强度与正常牙接近,与材料组有明显的差异($P<0.01$)。血液学检查表明,无论是回植前还是回植后各个时间点,各个回植组的血常规、血生化、免疫球蛋白和免疫学指标(CD3、CD4、CD8 和 CD40L)都无显著性变化。GFP 示踪显示,再生的组织内有 GFP 阳性细胞。

结果表明,异体牙源性干细胞能介导生物牙根再生,其形态和功能与自体牙源性干细胞相当;从形态及功能上进一步较全面证实了基于牙源性干细胞介导的生物牙根再生是一项新生物牙齿修复技术。

[关键词]　小型猪;干细胞;细胞膜片;生物牙根;再生

三维牵引成骨重建犬下颌骨节段缺损

(摘　要)

北京大学口腔医学院博士后研究人员　许亦权　　合作导师　林野

一、研究背景和目的

利用传送盘牵引成骨技术进行下颌骨节段性缺损重建,是前苏联著名学者 Ilizarov 牵引成骨技术中发展而来的治疗方法。1990 年,Constantino 等使用外置式牵引器进行了最早的下颌骨节段缺损重建动物实验，证明传送盘牵引成骨技术具有同时获得节段下颌骨及相应软组织的显著优点。其后，这一技术迅速成为下颌骨缺损重建的研究热点，激励各国学者在近 20 年中设计各种牵引器进行尝试。但这些牵引器在新生骨段的三维方向控制上存在一定缺陷，特别是当存在非直线缺损时，难以保证再生骨段的形态接近天然骨段，从而影响面形的恢复，尤其是可能影响种植体义齿修复，无法保证颌骨功能性重建的完成。

本研究对跨度超过 40 mm 的犬下颌骨节段缺损进行牵引重建，在新生骨段上进行种植义齿修复和功能负载，旨在观察重建板引导的两种内置式三维牵引器的临床效果，新生骨的骨质结构，新生骨段是否可以接受种植义齿修复及负载后的改建状况等，为三维牵引重建下颌骨节段缺损的临床应用提供参考和依据。

二、研究方法和结果

(一) 三维牵引重建犬下颌骨节段缺损的动物模型

建立下颌骨节段缺损的犬动物模型，观察使用重建板引导的内置式三维牵引器牵引成骨的临床效果。

将 4 只杂种犬随机分成 2 组，每组 2 只动物，Ⅰ组为直接截骨组，Ⅱ组为拔牙后截骨组。在下颌骨体部造成长度 40 mm 的骨缺损，然后分别使用重建板引导的 Herford、Threadlock 牵引器进行缺损重建，牵引速度为每次 0.5 mm，每日 2 次，牵引时间 6 周，固定期 12 周。术后定期做 CT 检查成骨情况。

结果发现，所有动物均在截骨牵引术后顺利存活，口外伤口愈合良好；术后 10 天所有动物的口内伤口裂开，其中Ⅰ组动物停止牵引，而Ⅱ组动物按计划完成牵引并成功重建了骨缺损。

(二) 牵引成骨重建犬下颌骨节段缺损的种植义齿修复

观察种植体植入牵引固定期 16 周重建下颌骨后的愈合、负载情况。

在 2 只牵引重建的犬下颌骨上分别植入 4 枚种植体，其中 4 枚行固定义齿修复。

结果发现，重建下颌骨的颌间位置关系良好，宽度和高度及软组织条件适合进行种植修复，全部 8 枚种植体均顺利达到临床愈合，4 枚种植体行固定义齿修复后负载 3 个月，无松动脱落。1 例发生种植体周围炎。

(三) 牵引成骨重建犬下颌骨节段缺损的显微 CT 和组织学观察

观察三维牵引重建犬下颌骨节段缺损后形成新骨的组织学特点。

1 只杂种犬分期进行拔牙和截骨放置 H 牵引器手术，经过间歇期 10 天，牵引期 40 天，固定期 12 周后拆除牵引器。4 周后对重建骨区域进行活检，分别进行 Micro CT 扫描和组织学观察。

结果显示，动物的下颌骨缺损在组织学上获得完整重建，固定期 16 周的新骨已经非常成熟。

三、研究结论

1. 实验结果表明，利用重建板引导的内置式牵引器可以三维重建犬下颌骨节段缺损。

2. 在三维牵引重建的犬下颌骨上可直接植入种植体并达到临床愈合，修复后可负载正常功能。

3. 三维牵引成骨重建的犬下颌骨是成熟骨，可以正常行使功能。

[关键词]　牵引成骨；重建；下颌骨；传送盘；种植体；显微 CT；组织学

（许亦权现工作单位：北京解放军 309 医院口腔科）

牙周膜干细胞分离和鉴定及其用于牙周组织化再生的实验研究

（摘　要）

解放军总医院博士后研究人员　贺慧霞　　合作导师　刘洪臣

干细胞是一类从成年机体组织中分离的具有自我更新和多向分化潜能的未分化细胞。按照干细胞的来源，最新方法将其分为胚胎干细胞、胎儿干细胞、成体干细胞和核移植干细胞四类。其中成体干细胞因来源广泛、可塑性强、无排斥反应、取材简便等优势成为当前干细胞研究最活跃、应用最广泛的领域。目前已经在机体几乎所有组织中发现了成体干细胞，而且部分已进入临床应用研究阶段，这为人类通过细胞治疗或人工组织或器官再生治疗诸多疑难疾病打开了新的突破口。而且，这些干细胞的发现还将为机体生理性改建、损伤与修复机制研究提供良好的研究平台，在基础研究和临床应用领域具有重要的科学意义及广阔的应用前景。

牙周膜干细胞（periodontal ligament stem cell，PDLSC）属于成体干细胞，2004 年由 Seo 等首次提出。其主要特征之一是具有自我更新能力，在一定条件下能分化形成牙周膜、牙槽骨和牙骨质，这将为其在牙周组织修复再生中的应用提供可靠的细胞来源和重要的理论依据。目前已有关于人、大鼠、绵羊 PDLSC 成功分离的报道，最近尚有关于其组织学定位、来源及表型分析的研究，但与其他成体干细胞相比较，PDLSC 的研究尚处于起步阶段，许多方面缺乏较为全面而深入的研究。本研究以人 PDLSC 为参照，分离培养了犬 PDLSC，进而从多方面探讨其生物学特性，并以其为种子细胞，构建了 PDLSC 体外立体培养模型。在此基础上体内异位移植诱导其成骨；同时将其用于犬牙周软、硬组织缺损的再生重建治疗中，以期为牙周病、种植体周围组织缺损及牙齿缺失后牙槽嵴萎缩等多种牙周疾患所致的软、硬组织缺损的修复重建提供新思路、新途径。

本研究的主要内容和结果如下。

一、人与犬牙周膜干细胞的培养和分离及体外鉴定

采用 STRO-1 免疫磁珠分选法对人和犬 PDLSC 进行分离，并以人 PDLSC 为参照，对 STRO-1$^+$ 细胞做体外鉴定。

结果发现，采用该法从人牙周膜中分离的 STRO-1$^+$ 细胞比例较从犬牙周膜中分离的 STRO-1$^+$ 细胞比例略高，但人 PDLSC 的细胞克隆形成率则低于犬 PDLSC，这两种来源的 STRO-1$^+$ 细胞具有相似的生物学特性和表型特征。进一步分析表明这些 STRO-1$^+$ 细胞具有干细胞超微结构和细胞周期特点，能形成细胞克隆，强阳性表达间充质来源细胞标志 Vimentin 及未分化的间充质细胞标志 CD44，不表达上皮细胞标志 CK 和成骨细胞标志 BSP。同时 RT-PCR 结果也显示这些细胞表达牙周韧带细胞特异性基因 Scleraxis 和 Col Ⅰ，不表达牙骨质特异性牙骨质附着蛋白 CAP 基因。

这些结果表明，所分离的 STRO-1$^+$ 细胞是间充质来源的、未分化的、牙周膜干细胞。

二、牙周膜干细胞体外横向分化潜能研究

将第 2 代 STRO-1$^+$ 细胞采用矿化液进行

成骨细胞方向定向诱导。结果显示，连续诱导 14 天时细胞形态向成骨细胞样改变，并表达成骨相关蛋白和基因：骨涎蛋白（BSP）、Ⅰ型胶原（Col Ⅰ）、骨钙素（OCN）mRNA、骨桥素（OPN）mRNA、Ⅰ型胶原 mRNA，同时诱导细胞中还检测到牙骨质特异性 CAP mRNA 的表达。此外，随着诱导时间的延长，诱导细胞碱性磷酸酶活性呈时间依赖性特点；连续诱导 21 天，复层生长的细胞茜素红染色，可见矿化结节形成。这表明诱导细胞已向成骨细胞方向分化，具有成骨细胞的形态和功能特点。

将第 2 代 STRO-1$^+$ 细胞采用成脂诱导液进行脂肪细胞方向定向诱导。结果也显示，连续诱导 21 天时细胞形态向脂肪样细胞分化；细胞超微可见脂肪细胞特征性表现——脂滴形成；诱导细胞还表达脂肪细胞特异性蛋白过氧化物酶体增殖物受体 γ（PPAR-γ）和低密度脂蛋白（LPL）mRNA，流式细胞分析发现诱导成功率达 96.78%；诱导细胞脂肪特异性油红 O 染色可见大量脂滴形成。这些都表明诱导细胞已几乎全部向脂肪细胞分化，具有其形态和功能特点。

三、不同生物支架材料与牙周膜干细胞生物相容性研究

比较了 PDLSC 与胶原凝胶和脱细胞真皮基质（ADM）膜两种生物支架材料复合后细胞的生长状况，倒置显微镜观察和 H-E 染色均显示细胞在胶原凝胶中生长旺盛，但随着细胞增殖，胶原逐渐降解；而 ADM 结构较为致密，具有韧性，接种初期细胞在材料表面成层生长，随着培养时间延长，细胞长入其中，与 ADM 具有良好的相容性，是附着龈再生的适宜支架。

将羟磷灰石-磷酸三钙（HA-TCP）和纳米羟磷灰石-胶原-聚乳酸（nHAC-PLA）两种材料与细胞复合后，通过细胞计数、扫描电镜分析可见：细胞在两种材料表面生长 5 天时均已成层生长，状态良好，并分泌大量基质颗粒。但细胞在 nHAC-PLA 表面较在 HA-TCP 表面黏附细胞数量更多，增殖力更强。

这些研究表明：HA-TCP 和 nHAC-PLA 与 PDLSC 均有良好的相容性，可作为牙周骨组织工程适宜的支架材料，但 nHAC-PLA 更有利 PDLSC 的黏附和增殖。

四、牙周膜干细胞用于附着龈缺损和牙槽嵴萎缩模型的组织工程化再生治疗

以 PDLSC 为种子细胞，以上述骨组织材料为支架，体外构建犬 PDLSC 的三维立体培养模型，并将其植入犬自体皮下。8 周后分别取材进行 H-E 及 Golder 三色法染色，组织学及骨形态计量学分析。结果显示，PDLSC-HA-TCP 组形成块状成熟板层骨样结构，而 PDLSC-nHAC-PLA 移植组形成大量松质骨样结构；三色法染色也显示 HA-TCP 组有大量绿染的成熟骨组织形成，中间夹杂少量红染的类骨质；而 nHAC-PLA 组于材料间隙充满小片状骨样、类骨样红染的类骨质形成，其中有不均匀分布的少量绿染的成熟骨组织。新骨、骨样组织形态计量学分析显示，nHAC-PLA 组形成新骨总量明显多于 HA-TCP 组。这提示两种移植体均可异位成骨，nHAC-PLA 组成骨量较多，而 HA-TCP 组形成骨质则更成熟。

同时，将 Brdu 和 Hochst 33342 荧光标记的 PDLSC 与 ADM 支架复合后用于犬附着龈缺损模型的修复再生治疗。术后 8 周通过大体观察、新生附着龈宽度和面积测量、H-E 染色及 Brdu 免疫组化染色、Hochest 33342 荧光检测等方面分析，结果表明 PDLSC 结合 ADM 可在一定范围内再生修复附着龈缺损，且 PDLSC-ADM 组新生附着龈宽度及面积增加量明显多于 ADM 对照组（$P<0.05$）。ADM-PDLSC 复合物植入后邻近黏膜上皮迁移、增殖形成类天然的复层鳞状上皮样结构，固有

层也发生了改建,血管增生,胶原成熟,形成类正常附着龈结构,而对照组 ADM 部分吸收,与正常附着龈上皮和固有层结构有较大差别。Brdu 和 Hochest 33342 荧光示踪结果显示,PDLSC 参与了附着龈缺损的修复再生。表明 ADM-PDLSC 较单纯使用 ADM 能显著促进附着龈缺损的修复再生。

最后,将 PDLSC-ADM、PDLSC-nHAC-PLA 联合应用于犬牙列缺失后牙槽嵴萎缩及牙周缺损的修复重建治疗。采用嵌贴式移植术将 PDLSC-nHAC-PLA 复合体植入犬牙槽嵴顶受植床,其上覆以 ADM-PDLSC 复合膜覆盖并固定。移植术后 32 周通过大体观察、X 线分析及牙槽嵴高度测量和牙周组织学观察,结果表明,PDLSC-nHAC-PLA 和 ADM-PDLSC 联合移植能显著增加牙槽嵴高度($P<0.05$),修复重建缺损两侧邻牙牙周组织缺损; X 线可见牙槽嵴增高,两侧邻牙牙周组织附着水平增高。组织学切片也显示移植后有类牙骨质、牙周膜和牙槽骨样牙周组织形成,这些新形成的组织修复了牙周缺损。ADM-PDLSC 膜与周围黏膜结合良好,形成光滑平整的类正常黏骨膜组织。未植入组则可见缺损区有纤维样组织形成。

研究表明,PDLSC-ADM 和 PDLSC-nHAC-PLA 联合移植,可在一定范围内有效增高牙槽嵴,修复牙周组织软硬组织缺损。该初步研究有望为牙周病、种植体周围组织缺损及牙槽嵴萎缩等牙周缺损性疾病组织工程化再生治疗提供理论和实验依据,该思路可用于牙槽嵴、牙周软硬组织修复重建。但植入细胞的有效标记、同类对照研究及新生组织分析尚有待于深入研究。

综上所述,本研究分别培养、分离并鉴定了 PDLSC;再以 PDLSC 为种子细胞,选择了与 PDLSC 具有良好相容性的牙周支架材料;进而将细胞支架材料复合物体内移植,用于再生修复犬附着龈缺损、牙槽嵴萎缩和牙周缺损的再生重建治疗,取得了较好疗效。本研究为牙周软、硬组织缺损性疾病的组织工程化再生修复治疗提供了理论和实验依据。也为困扰口腔临床的牙周病、种植体周围缺损及牙槽嵴萎缩等诸多牙周软、硬组织缺损性疾病的生物再生治疗提供了新思路。

[关键词]　牙周膜干细胞; 组织工程; 牙骨质; 牙槽骨; 支架材料

大鼠牙源性细胞复合 nHAC/PLA 形成牙体组织-骨复合体样结构及 ADAM28 基因作用的研究

(摘　要)

解放军总医院博士后研究人员　赵征　　合作导师　刘洪臣

种子细胞、生物支架、生长因子和微环境并称为组织工程的四要素。制备适宜的支架材料,寻找种子细胞培养的最优条件,探索最佳的生长因子或生长因子组合,是组织工程牙研究的方向。生长因子的开发和合理运用是促进种子细胞再生潜力发挥的重要因素之一,现今国内外有关生长因子单独作用于细胞-支架复合体的研究比较普遍,但两种或多种因子复合应用的效果尚未见详细报道。纳米羟磷灰石-胶原/聚乳酸(nHAC/PLA)生物支架是仿生纳米级植骨材料,具有良好的组织相容性、优异的生物活性、高效的骨诱导性及可降解性。本研究首次将不同组合生长因子 bFGF 加 IGF1、TGF-β1 加 BMP4、bFGF 加

IGF1 加 TGF-β1 加 BMP4 分别诱导大鼠牙源性上皮细胞（rDEC）、间充质细胞（rDMC）后分层接种于 nHAC/PLA 三维支架上，移植入免疫缺陷小鼠的体内，以诱导形成牙体组织－骨复合体样结构，并对其进行鉴定分析，期望为颌骨缺损及牙齿缺失的再生修复提供可行性依据。

金属蛋白酶解离素 28（a disintegrin and metalloproteinase 28，ADAM28）是定位于细胞表面、拥有蛋白水解和黏附特性且具备自身催化活性的的跨膜分泌型糖蛋白，是从先天性牙根发育不良（congenital hypoplasia of tooth root，CHTR）患者的差异表达基因中筛选出来的可能致病基因之一，有关其在牙源性间充质干细胞中的表达分布及作用机制尚未见报道。本研究应用免疫学、细胞生物学和分子生物学技术，对 ADAM28 在人牙周膜干细胞（HPDLSC）、人牙髓干细胞（HDPSC）中的分布特征及对两类细胞生物学特性的影响与可能的调控机制进行了初步探讨。全文共分两部分，主要研究内容和结果如下。

一、大鼠牙源性细胞复合 nHAC/PLA 支架体内形成牙体组织－骨复合体样结构的研究

探讨经不同组合生长因子诱导的大鼠牙源性上皮细胞、间充质细胞复合 nHAC/PLA 支架体内形成牙体组织－骨复合体样结构的能力。

1. 应用酶消化法和差速消化法分离培养大鼠牙源性上皮细胞（rDEC）和牙源性间充质细胞（rDMC），经 cytokeratin、vimentin 免疫荧光染色鉴定其来源。

2. 应用组织学染色（茜素红、AKP 钙-钴法）检测矿化液诱导下 rDMC 的成骨特性。应用免疫组化染色、Real-time PCR 和 Western Blot 检测 rDMC 在不同组合因子 bFGF 加 IGF1（组①）、TGF-β1 加 BMP4（组②）、bFGF 加 IGF1 加 TGF-β1 加 BMP4（组③）诱导下 CAP、DSPP、OCN、OPN 的表达差异。

3. 应用四甲基偶氮唑蓝（MTT）法检测不同因子组合诱导后 rDMC 的增殖活性，酶动力学法检测总蛋白和 AKP 值，罗式诊断分析法和放射免疫分析法分别检测 rDMC 上清液内钙、磷和骨钙素浓度。

4. 应用扫描电镜观测 rDEC、rDMC 分层复合 nHAC/PLA 支架后的生物相容性。

5. 将各组细胞-支架复合物移植裸鼠皮下 3 月、5 月后分别取材，应用 H-E、甲苯胺蓝、Goldner 三色和免疫组化染色检测移植物形成牙体组织-骨复合体样结构的能力。

本研究结果如下：

1. 成功分离培养、鉴定大鼠牙源性上皮细胞和间充质细胞，经矿化液诱导后的 rDMC 钙结节和 AKP 染色阳性。组①、②中 CAP、OCN、DSPP、OPN mRNA 和蛋白的表达水平均显著高于空白对照组④（未加因子的 DF12 培养液），其中组① CAP、OCN 和组② DSPP、OPN 的表达水平最高。

2. 组①的 *OD* 值在第 4 天达到峰值。组①、②、③在第 7 天的总蛋白和 AKP 值均显著高于对照组④，以组②表达最高。4 个组的钙、磷浓度均在第 10 天达最高值，在各时间点，组①的钙、磷浓度显著高于其他 3 组。组②的骨钙素（OCN）在第 4 天达到峰值，同时 4 个组的骨钙素含量均在第 7 天达最低值，其中组③在第 7 天的骨钙素含量最低。

3. 扫描电镜显示：rDEC、rDMC 复合 nHAC/PLA 共培养 5 天后，椭圆形的 rDEC 和长梭形的 rDMC 胞体充分伸展，胞质中胶原纤维和基质分泌丰富，细胞与支架相互交织成网状。10 天后，rDEC、rDMC 胞质中基质分泌更加丰富，覆盖部分细胞，并与支架相融合。

4. 细胞－支架复合物移植后 3 月，组② TGF-β1 加 BMP4 的促成骨作用最强，可见布满骨髓基质细胞的骨髓腔。空白对照组④没有新生骨形成，仅有少量胶原纤维和血管。

移植后 5 月，组②形成周边有新生骨、中央有单根牙体样组织，内有髓腔样结构（含有牙髓样组织和血管），并有 DSPP、DMP1、OPN、OCN 在髓腔内壁牙本质基质、部分牙髓样组织和血管内的阳性表达，ameloblastin、CAP 分别在釉质样、牙骨质样组织中表达阳性。

综上，可得出以下结论：

1. rDMC 经矿化液诱导后具有成骨特性。组①bFGF 加 IGF1 可显著促进 rDMC 的增殖活性（第 4 天）和 CAP、OCN 的表达，加速 rDMC 向成牙骨质细胞、成骨细胞的分化和基质矿化（第 4 天），升高细胞外液的钙、磷离子浓度（第 10 天）。组②TGF-β1 加 BMP4 能显著提高 OCN、DSPP、OPN 的分泌水平（第 4 天），促进 rDMC 的总蛋白合成和 AKP 活性（第 7 天），提示 TGF-β1 加 BMP4 可加速 rDMC 向成骨细胞、成牙骨质细胞、成牙本质细胞分化与骨基质、牙本质基质的矿化，显示其成骨趋向。组③则显著抑制 OCN 的分泌（第 7 天），降低 rDMC 向成骨细胞的分化速度，提示 4 种因子之间并不具备显著的协同作用。

2. rDEC 加 rDMC 复合 nHAC/PLA 支架后增殖、分化旺盛，生物相容性良好。

3. 经 TGF-β1 加 BMP4 诱导的 rDEC 加 rDMC 复合 nHAC/PLA 体内移植物的促成骨和成牙作用最强，移植后 5 月形成了牙体组织-骨复合体样结构。

二、ADAM28 基因对人牙周膜干细胞和人牙髓干细胞增殖、分化及凋亡特性的影响

探讨 ADAM28 基因对人牙周膜干细胞（HPDLSC）、人牙髓干细胞（HDPSC）增殖、分化、凋亡等生物学特性的影响和可能的作用机制。

1. 利用酶联合消化法（type I collagenase 加 dispase）原代培养人牙周膜成纤维细胞和人牙髓细胞，间接免疫磁珠法加以分离纯化，经免疫荧光染色鉴定 HPDLSC、HDPSC 的来源。

2. 应用基因重组技术构建并鉴定 ADAM28 真核表达质粒，经脂质体介导转染 HPDLSC、HDPSC 48 小时后，应用免疫荧光、RT-PCR 和 Western Blot 检测 ADAM28 在 HPDLSC、HDPSC 中的表达水平。

3. 将经过全硫代修饰及 FITC 荧光标记的 ADAM28 反义核酸（AS-ODN）及和正义对照 S-ODN 转染 HPDLSC、HDPSC 48 小时后，应用免疫荧光、RT-PCR 和 Western Blot 检测转染效率和封闭效率。

4. 将成功构建的 ADAM28 真核表达质粒、空载体 pcDNA3.1$^{(+)}$、AS-ODN、S-ODN 同时转染 HPDLSC、HDPSC，应用 MTT 法、流式细胞术、酶动力学法、免疫细胞化学和 Western Blot 研究各组对 HPDLSC、HDPSC 增殖、分化和凋亡的影响并分析可能的作用机制。

本部分研究结果如下：

1. 成功获得 STRO-1$^{(+)}$ 的 HPDLSC、HDPSC，证明是来源于中胚层的间充质干细胞。

2 成功克隆 ADAM28 基因的编码区全长 2 327 bp，构建真核表达质粒 pcDNA3.1$^{(+)}$-ADAM28。将 ADAM28 真核质粒转染 HPDLSC、HDPSC 48 小时后，获得了具有生物活性的 ADAM28 真核表达产物，在转录、翻译和蛋白水平证明 ADAM28 在 HPDLSC、HDPSC 内能被正确地翻译、表达。

3. ADAM28 AS-ODN 的转染效率和封闭效率较高，可有效抑制 HPDLSC 内 ADAM28 mRNA 和蛋白的表达。同时显著促进 HDPSC 内 ADAM28 mRNA 和蛋白的表达，发挥明显的负向调控作用。

4. ADAM28 真核质粒转染后可显著促进 HPDLSC 的增殖并抑制其分化，显著提高 HDPSC 内 AKP 和 DSPP 的分泌活性，抑制 HDPSC 的增殖并诱导其凋亡。ADAM28 AS-

ODN则显著抑制HPDLSC的增殖并促进其分化，下调HPDLSC内CAP的表达水平并诱导HPDLSC的凋亡，同时显著促进HDPSC的增殖并抑制其分化。

综上所述，得出以下结论：

ADAM28真核表达质粒通过激活ADAM28基因的类金属蛋白酶功能域，发挥其金属蛋白酶的催化活性，裂解基质蛋白，改建组织结构，有效调控HPDLSC和HDPSC的增殖和分化。ADAM28 AS-ODN通过参与细胞凋亡副反馈机制，并与其他调控基因、基质蛋白等协同作用，平衡HPDLSC的增殖、分化和凋亡。

［关键词］ 大鼠牙源性细胞；金属蛋白酶解离素28；人牙周膜干细胞；人牙髓干细胞；生长因子；纳米羟磷灰石-胶原/聚乳酸

常用抗生素在大鼠成骨细胞内的蓄积及相关有机离子转运体mRNA的初步研究

（摘 要）

解放军总医院口腔医学研究所博士后研究人员 吴霞 合作导师 刘洪臣

牙周组织的健康对于牙齿的保存及种植修复均有重要意义。炎症、感染会造成牙槽骨吸收，并最终导致牙齿松动、脱落或种植体骨结合失败。牙周病病因学认为放线共生放线杆菌、牙龈卟啉单胞菌等主要牙周致病菌对宿主组织细胞的黏附、侵入在牙周病的启动、发展、复发过程中起到了非常关键的作用。这些细菌通过内吞作用侵入细胞，并在细胞内复制，在细胞之间传播。细胞内细菌可逃避免疫系统的攻击，而且还可获得丰富的营养，增殖并破坏细胞，导致牙周炎症的复发。种植体周围炎的龈下菌群与慢性牙周炎类似，也包括牙龈卟啉单胞菌等致病菌。临床上无论是牙周病还是种植体周围炎，单纯刮治的疗效均不如刮治加局部应用抗生素疗效显著，这与细菌入侵细胞躲避了机体免疫反应并在细胞内繁殖，进而破坏细胞有关。

抗生素是预防和治疗感染的重要药物。在口腔临床工作中，抗生素的全身或局部应用已成为治疗牙周炎和种植体周围炎的重要辅助手段。但Eick等发现有些常用抗生素，即使胞外浓度达到100倍最小抑菌浓度，也不能完全杀灭口腔上皮细胞内的牙周致病菌。细胞内微生物的存在使牙周炎的治疗更为复杂。所以牙周病或种植体周围炎的药物治疗，不但要考虑药代动力学和药效学的特点，还需要筛选具有合适的细胞内药代动力学和细胞内药效学性质的治疗药物。抗生素在细胞内蓄积才可祛除侵入细胞的致病菌，提高牙周基础治疗效果，防止感染反复发作。而目前对于抗生素在牙周局部应用时的药理作用及药代动力学基础尚无深入研究。刘洪臣提出种植体或根管给药系统的设想，希望药物经根周组织或种植体周骨组织转运到达局部乃至全身。牙龈上皮细胞、牙龈及牙周膜成纤维细胞已被证明可转运抗生素，但成骨细胞转运抗生素的特点及其机制尚无深入研究。

细胞内药物含量与细胞的转运载体密切相关。目前已发现的参与转运物质进出细胞的转运载体有10多种，包括有机阴离子转运蛋白（OAT），有机阳离子转运蛋白（OCT/OCTN），有机阴离子转运多肽（OATP），寡肽转运体（PEPT）等。转运蛋白在分布上具有组织特异性，如 OAT1 主要在肾脏表达，而 OATP1B1 只在肝细胞的基底膜外侧有表达。研究者们发现与 OAT 和 OCT 特异性表达于肝肾组织不同，OCTN 广泛分布于肌肉、脑、心脏、胰脏等组织器官，但目前对于成骨细胞上存在的转运蛋白种类尚无研究涉及。

因此，本研究以大鼠下颌骨成骨细胞为研究对象，对成骨细胞是否可以摄取抗生素、摄取过程及特点以及何种转运蛋白参与了摄取等问题进行研究，从而了解临床常用抗生素在成骨细胞的转运和分布特点，为临床合理化选择抗生素提供理论基础，为人工种植牙或根管给药系统提供实验依据。

笔者对口腔常用抗生素（甲硝唑、替硝唑、盐酸四环素、盐酸米诺环素、诺氟沙星、头孢噻肟钠、罗红霉素、盐酸林可霉素）的高效液相色谱法（HPLC）系统特异性、稳定性、精密度、回收率和线形范围进行考察，建立了各药物准确、可信的 HPLC 检测方法。同时，采取改良组织块贴壁法，取 4 ~6 周及新生 S-D 大鼠下颌骨成骨细胞进行原代培养，并进行碱性磷酸酶（AKP）染色、骨钙素（OCN）免疫荧光染色及钙结节染色鉴定，结果以上 3 种染色均显示阳性，说明本试验中采用的原代培养成骨细胞的方法可靠，可获得大量大鼠下颌骨成骨细胞。之后，将甲硝唑、替硝唑、诺氟沙星、盐酸四环素、盐酸米诺环素、头孢噻肟钠、罗红霉素、盐酸林可霉素 8 种临床常用抗生素，分别与成年大鼠下颌骨成骨细胞（MRMOB）、新生大鼠下颌骨成骨细胞（NRMOB）、小鼠成骨样细胞系 MC3T3-E1 细胞共孵育后，提取细胞并超声破碎获得细胞内液体，应用 HPLC 测定细胞内抗生素浓度。结果发现：1）药物与成骨细胞共孵育后，甲硝唑、替硝唑、诺氟沙星、盐酸四环素、盐酸米诺环素、头孢噻肟钠均可在成骨细胞内检出，细胞内药物浓度最初随时间增加而增加，到 10 分钟时基本稳定。细胞内未检测到罗红霉素和盐酸林可霉素；2）细胞内药物浓度和细胞内或细胞外药物浓度比因抗生素的种类不同而不同。盐酸米诺环素最易于在大鼠成骨细胞内蓄积（CI/CE = 0.372 5），其次为盐酸四环素（0.065），之后依次为诺氟沙星（0.053）、替硝唑（0.019）、甲硝唑（0.016 5）、头孢噻肟钠（0.006 7）；3）对于同一种抗生素，细胞种类不同，其胞内药物蓄积量也不相同。MC3T3-E1 细胞内所有抗生素含量均不多于其他两种细胞；新生大鼠下颌骨成骨细胞内头孢噻肟钠的含量明显多于 MC3T3-E1 细胞；成年大鼠下颌骨成骨细胞对盐酸四环素和盐酸米诺环素的摄取明显多于新生大鼠下颌骨成骨细胞；对于甲硝唑、替硝唑和诺氟沙星，这两种细胞的摄取量无明显差异。无论是新生大鼠还是成年大鼠下颌骨成骨细胞中，盐酸米诺环素的胞内浓度都远远高于其他抗生素。进而应用实时 RT-PCR 技术对 MRMObs 上转运体 mRNA 的表达进行了检测，并初步判定了参与盐酸米诺环素转运的转运体。结果表明成骨细胞可表达 OCT1、OAT2、OAT3、OATP2、OCTN1、OCTN2 和 OCTN3，其中，OCTN1、OCTN2、OCTN3 和 OCT1 参与了对米诺环素的转运。

综上所述，成骨细胞内有抗生素的蓄积，蓄积量因抗生素种类、年龄、种属差异而不同；盐酸米诺环素可在成骨细胞内大量蓄积，在胞内达到较高的药物浓度，利于杀灭细胞内细菌；成年大鼠下颌骨成骨细胞表达多种转运体，包括 OCT1、OAT2、OAT3、OATP2、OCTN1、OCTN2、OCTN3，其中 OCT1、OCTN1、OCTN2 参与了米诺环素的转运，四环素与米诺环素的转运体不完全一致，有机阳离子和有机阴离子转运体均参与了它的转运。这一结果验证了种植体或根管给药系统的可行性，也提示局部给予抗生素应考虑其胞内蓄积量，根据临床需要选择用药。

[关键词]　成骨细胞；抗生素；有机离子转运体；高效液相色谱法；细胞内药物浓度

优秀博士学位论文摘要

压应力对骨髓间充质干细胞成骨分化早期阶段成骨和破骨生成能力的影响

（摘　要）

四川大学华西口腔医学院博士研究生　刘钧　　导师　赵志河

（2010年度全国优秀博士学位论文）

一、研究背景和目的

间充质干细胞（mesenchymal stem cell，MSC）是目前公认的生成组织工程化肌腱、血管、骨等组织最有前途的种子细胞之一。有学者发现牙周膜细胞有诱导MSC呈现典型的牙周膜细胞的特点，提示MSC很可能是牙周膜细胞的前体细胞，在牙周组织修复和再生中有良好的临床应用前景。牙周组织重建作为正畸牙移动的生物学基础，其机制涉及错综复杂的生理和病理组织改变，MSC很可能在该过程中发挥关键性作用。正畸力作用下MSC能分化为成骨细胞，并同时诱导生成破骨细胞，分别进行牙槽骨的沉积与吸收，实现牙周骨组织的重建。因此，以MSC为研究对象是进一步探索正畸牙移动机制的必由途径。应力作为正畸医师的“药”，其对正畸牙移动过程中的骨重建作用不容置疑。但应力是如何调控局部的MSC向成骨细胞早期分化并同时影响破骨细胞的诱导生成，目前尚未见报道。研究这一问题对于进一步阐明正畸牙牙周对矫治力的生物学反应至关重要。

目前，已有众多学者致力于以骨组织工程为代表的干细胞力学生物学研究，前期研究已显示了力学刺激应用于干细胞骨组织重建修复的优势，但相关力学作用机制研究尚较缺乏，这无疑制约着力学生物学在该领域的进一步有效应用。因此深入研究应力对MSC成骨分化的调控及其机制，尤其是成骨分化的早期启动阶段，可能将会给干细胞骨组织重建修复提供新的思路。

本研究从细胞和分子水平上观察检测动态与静态压应力刺激对大鼠骨髓MSC成骨诱导分化早期阶段成骨和破骨生成能力的影响。研究分为三个部分：压应力对骨髓MSC成骨分化早期阶段成骨生成能力的影响；压应力对骨髓MSC成骨分化早期阶段促成骨生成的力学信号通路（ERK/p38 MAPK）研究；压应力对骨髓MSC成骨分化早期阶段破骨诱导生成能力的影响。

二、研究方法

采用贴壁法分离培养大鼠（2～3周龄Sprague-Dawley雄性大鼠，约80～100 g）骨髓MSC。根据细胞表面抗原、成脂与成骨分化检测对MSC进行鉴定，成骨诱导剂（OS）采用0.05 mmol/L AsAp、10 mmol/L β-GP、10^{-8} mol/L Dex。根据前期预实验MSC成骨诱导检测碱性磷酸酶（AKP）比活性，选定MSC成骨诱导0、3和7天三个时间点代表其成骨分化早期阶段三个分化时间点。取生长良好的2～4代MSC以$2\times10^4/cm^2$接种，亚融合后分别成骨诱导3天和7天。然后将OS培养液换为普通培养液，使用本课题组与四川大学生物力学实验室合作研制的细胞压应力数控加载系统对大鼠骨髓MSC分化早期阶段

(0、3、7 天)分别施加动态压应力(10 ~ 36 kPa,0.25 Hz)和静态压应力(23 kPa)刺激,加力时间每天 1 小时,持续 1、3、5 天。动、静态压应力数控加载由基于 Boland C + + Build 5 开发平台自行设计的加载控制软件实现。

从细胞和分子水平上观察检测动态(10 ~ 36 kPa,0.25 Hz)与静态(23 kPa)压应力刺激对大鼠骨髓 MSC 成骨诱导分化早期阶段的影响。采用 MTT 法检测增殖活力,酶比活力定量检测 AKP 表达,实时荧光定量(Real-Time)RT-PCR 技术检测成骨分化关键调控因子 Runx2 与 Osx 的基因表达、破骨诱导关键性决定因子核因子-κB 受体激活物配体(RANKL)与护骨素(OPG)的基因表达。并将加力后的成骨分化早期阶段 MSC 与单核细胞株(RAW264.7)共培养,培养液中加入破骨诱导分化剂地塞米松 Dex(10^{-7} mol/L)和 1,25($OH)_2$ $VitD_3$(10^{-8} mol/L),48 小时半换液一次,共培养 9 天,重酒石酸盐抗酸性磷酸酶(TRAP)试剂盒染色观察其破骨诱导生成能力的变化。

本课题组还进一步研究了压应力对骨髓 MSC 成骨分化早期阶段促成骨生成的 MAPK 力学信号通路(ERK/p38 MAPK)参与情况,用 Western Blot 方法检测了 ERK 与 p38 MAPK 蛋白的表达。根据参考文献和本实验前期浓度梯度实验确定 ERK1/2 信号通路特异性阻断剂 PD98059 作用终浓度为 10 μmol/L,该浓度 PD98059 能有效抑制 ERK1/2 磷酸化,并且 PD98059 加入后对细胞生长无明显影响,细胞脱落凋亡现象很少。研究添加 ERK 通路抑制剂 PD98059 对力学诱导作用的影响。

三、研究结果

1. 动、静态压应力对 MSC 早期成骨分化增殖活力基本无影响,除了未诱导 MSC(OS,0 天)加载静压力 5 天后增殖活性有明显增强。关于静压力增强 MSC 增殖活性的机制报道目前较少,其具体机制尚不明确。

2. 加载动、静态压应力后成骨特异性表达的 AKP 比活性、成骨特异性转录因子 Runx2 和 Osx mRNA 基因表达变化趋势较为一致,即动、静态压应力均能增强 MSC 成骨分化,甚至对于完全未诱导 MSC(OS,0 天)动、静态压应力均能使相应成骨指标大幅度提高,其中动压力组增强幅度大于静压力组。Runx2 基因对力学刺激反应极其敏感,这可能是因为本实验所选择的 MSC 分化阶段属于早期,完全未诱导 MSC(OS,0 天)Runx2 基因表达量极低的原因;另一方面,该结果也提示压应力很有可能就是通过调控 Runx2 基因这一关键节点实现大鼠骨髓 MSC 的骨向分化诱导效应。

3. 本研究结果显示 p38 MAPK 未参与压应力诱导的 MSC 成骨分化过程,而动、静态压应力作用均能使各分化点 MSC ERK1/2 发生不同程度的磷酸化激活。

4. ERK1/2 特异性阻滞剂 PD98059 处理后,加力组和未加力组成骨分化相关指标均有不同程度降低,压应力力学信号对施加阻滞剂 PD98059 组有一定的维持成骨分化状态的作用,提示 ERK1/2 通路参与了早期成骨分化过程以及力学诱导的成骨分化作用,压应力力学信号促进 MSC 成骨分化。PD98059 对加力各组 Runx2 基因表达均有抑制作用,这进一步证实 Runx2 mRNA 表达对应力作用反应敏感,在此过程中 ERK1/2 磷酸化有一定的参与,但可能不在整个压应力力学信号的传入与输出中扮演关键角色。

5. 动、静态压应力作用下 MSC 成骨分化早期阶段 ERK1/2 磷酸化高峰水平随诱导的时间增加而有增强的趋势,但高峰期出现时间有先后,总体上动压力组到达高峰期的时间要早于相应静压力组,这可能是静压力的促成骨分化作用较为缓慢的原因之一。

6. 动、静态压应力作用下 MSC 成骨分化早期阶段 RANKL/OPG mRNA 表达比值增高,静压力作用稍强于相应动压力组,与单核细胞株(RAW264.7)共培养TRAP染色结果相似。MSC成骨分化早期阶段各分化时间点(OS,0、3、7天)的破骨生成能力对压应力的反应敏感程度不尽相同,提示应力作用下早期牙周组织重建生物学机制的复杂性。

7.综合三部分的研究结果,发现加载压应力可以使成骨分化早期阶段的MSC进一步成骨向分化,同时其破骨诱导生成能力也有一定的增强,这可以由RANKL与Runx2之间可能存在的相互关联来解释。但这一猜想需要进一步的相关研究来证实,如通过抑制Runx2基因表达检测RANKL表达的变化,或对RANKL基因启动子区域的进一步研究可能将会有助于揭示RANKL诱导激活的机制。

四、研究结论

动、静态压应力均能促进MSC成骨分化早期阶段进一步成骨向分化,甚至对于完全未诱导MSC(OS,0天)动、静态压应力也均能使相应成骨指标有大幅度提高,其中动压力比静压力作用更快、更强。p38 MAPK未参与压应力诱导的MSC成骨分化过程,而动、静态压应力作用均能使各分化点MSC ERK1/2发生不同程度的磷酸化激活,ERK1/2通路参与了早期成骨分化以及力学诱导的成骨分化作用。压应力力学信号促进MSC成骨分化而抑制其成脂分化,该作用有可能不是仅通过ERK1/2磷酸化实现的。动、静态压应力均有较强的促MSC破骨诱导分化作用。MSC成骨分化早期阶段各分化时间点对压应力的反应不尽相同,提示早期骨重建复杂的生物学机制。

[关键词] 压应力; 力学生物学; 成骨早期分化; 破骨生成; 间充质干细胞

紫草素在口腔鳞癌核因子-κB信号通路中作用机制的研究

(摘 要)

上海交通大学口腔医学院博士研究生 阮敏 导师 张陈平

(2010年度全国优秀博士学位论文提名)

一、研究背景和目的

抗肿瘤治疗一直是临床上的一大难题,手术治疗对早中期的实体瘤效果较好,但对晚期患者疗效相对较差;放化疗虽然有效,但毒副作用较大;基因治疗前景很广,但是离临床实际应用还有较长的距离;低毒高效的天然植物成分已经成为抗肿瘤治疗的新希望。当今抗肿瘤药物发展战略之一即是从天然产物中寻找活性成分,特别是与现代分子生物学的进展结合起来,期望进一步提高肿瘤治疗效果。

口腔鳞状细胞癌是一种侵袭性较强的头颈部上皮来源恶性肿瘤,近年来,在我国有发病率上升且发病年龄年轻化的趋势。尽管包括手术、放疗和化疗在内的各种治疗手段都在不断改进,口腔鳞癌患者的5年生存率仍徘徊在60%上下,晚期患者则仅为20%~40%,术后造成的功能障碍和容貌破坏,亦给患者带来了极大的心理负担和生活障碍。因此,从天然植物中研究开发具有靶向性的低毒有效化学药物,并最终应用于临床以提高口腔鳞癌尤其是晚期口腔鳞癌患者的生存率和生存质量极为重要。

近年来大量研究表明,从天然植物紫草中提取出的小分子化合物紫草素可以从多个层面上抑制肿瘤的发生发展,相对于目前临床应用的化学制剂,其对人体的毒副作用较小,可能成为一种新型的低毒高效抗肿瘤药物,具有良好的发展应用前景。

基于上述背景,本研究拟通过实验观察并且探讨紫草素靶向治疗口腔鳞癌的可行性及相关分子机制,为口腔鳞癌的有效防治探索新的途径。观察紫草素在体外对口腔鳞癌 Tca 8113 细胞系增殖、凋亡以及转移侵袭等生物学行为的影响,重点研究核因子-κB (nuclear factor-kappaB, NF-κB)信号通路及其下游调控分子 Bcl 家族和 Caspase 家族在紫草素抗口腔鳞癌过程中的参与机制,为今后的紫草素相关衍生物的合成改进及临床应用提供实验依据。

二、研究方法

1. 以口腔鳞癌 Tca 8113 细胞为研究对象,正常口腔黏膜细胞作为对照,采用四甲基偶氮唑蓝(MTT)法观察紫草素对癌细胞的体外增殖抑制作用,用光镜和透射电镜观察细胞形态结构的变化,流式细胞仪分析细胞周期,采用 DNAladder 及流式细胞 Annenxin V/PI 染色检测细胞凋亡情况。

2. 通过细胞运动迁移实验、细胞黏附实验和 Transwell 侵袭实验观察紫草素对 Tca 8113 细胞的体外黏附、运动及侵袭能力的影响,进一步通过免疫细胞化学和酶联免疫吸附实验(ELISA)检测紫草素对 Tca 8113 细胞基质金属蛋白酶(MMP)-2、9 分泌和 E-cadherin、CD44v6 蛋白表达的影响。

3. 采用蛋白印迹法(Western Blot)检测 IκBa,磷酸化-IκBa 蛋白的表达,免疫细胞化学法检测 P65 蛋白的定位及表达,凝胶迁移滞后实验(EMSA)检测 NF-κB 的 DNA 结合活性。

4. 采用 Western Blot 法检测 Bcl-2 及 Bax 蛋白的表达,ELISA 分析紫草素及泛 Caspase 抑制剂作用前后 Caspase 3、8、9 的活性。

三、研究结果

1. MTT 结果显示,在 10～50 μmol/L 浓度范围内,紫草素对 Tca 8113 细胞的增殖抑制作用呈现明显的时间和浓度依赖性;电镜下可见典型的细胞核皱缩及凋亡小体,DNA 琼脂糖凝胶电泳观察到典型梯状条带,流式细胞仪定量分析结果显示亚 G1 期细胞明显增加,各实验组细胞凋亡率均明显高于对照组。

2. 细胞运动迁移实验、黏附实验和 Transwell 侵袭实验显示紫草素对 Tca 8113 细胞的体外黏附、运动及侵袭能力没有显著影响;免疫细胞化学技术检测和 ELISA 表明紫草素作用后 Tca 8113 细胞 MMP-2、9 的分泌无明显变化;E-cadherin 蛋白的表达虽有增高趋势,但与对照组相比未达到统计学上的差异。

3. Western Blot 和免疫细胞化学法检测结果显示,紫草素处理后的口腔鳞癌 Tca 8113 细胞内 IκBa 蛋白和 P65 蛋白无明显变化,但磷酸化-IκBa 蛋白的表达水平却明显降低;EMSA 结果显示紫草素作用后,NF-κB 的 DNA 结合活性受到明显抑制。

4. 紫草素作用后,Tca 8113 细胞内 Bcl-2 蛋白的表达显著减少,Caspase-3、-8、-9 在紫草素诱导的细胞凋亡过程中被激活,泛 Caspase 阻断剂 Z-Asp-CH2-DCB 则可以明显抑制紫草素引起的细胞增殖抑制及凋亡。

四、研究结论

1. 紫草素对口腔鳞癌细胞系 Tca 8113 具有明显的增殖抑制及凋亡诱导作用,可用于口腔鳞癌化学防治的新尝试。

2. 紫草素对口腔鳞癌 Tca 8113 细胞系的体外黏附能力、运动迁移能力及侵袭能力均无明显抑制作用,对 MMP-2、9 的分泌也无明显影响，但可以轻微地上调 E-cad 蛋白的表达，有通过化学改型而达到抑制肿瘤细胞侵袭转移的潜力。

3. 紫草素的诱导口腔鳞癌细胞凋亡作用至少部分通过抑制 NF-κB 信号通路活性来实现，应用紫草素特异性地抑制口腔鳞癌中高激活状态的 NF-κB 通路可成为口腔鳞癌防治的一个新的有效途径。

4. Bcl 家族及 Caspase 家族中的 Bcl-2 和 Caspase-3、-8、-9 作为 NF-κB 信号通路的下游效应分子参与了紫草素诱导的口腔鳞癌细胞系 Tca 8113 的凋亡。

[关键词] 紫草素；口腔鳞癌；凋亡；侵袭；NF-κB 信号通路

树脂牙本质粘接界面的拟生态再矿化

（摘 要）

中山大学光华口腔医学院博士研究生 麦穗 导师 凌均棨

（2010年广东省优秀博士学位论文）

理想的树脂牙本质粘接应该具备良好的机械性能和耐久性。由于内源性基质金属蛋白酶（endogenous matrix metalloproteinases，MMP）对混合层裸露胶原纤维的降解作用，黏接剂亲水性树脂单体的水解析出和甲基丙烯酸树脂键受酯酶裂解，树脂牙本质粘接界面存在潜在的不稳定性，易引起粘接修复体脱落而导致治疗失败。尽管 MMP 抑制剂的应用保护了胶原纤维的完整性，但混合层中缺乏树脂保护的胶原纤维在口内功能状态下易产生蠕变断裂。因此如何提高树脂牙本质粘接的耐久性是目前亟待解决的问题。拟生态再矿化是指将生物矿化与纳米技术相结合，在常温常压下模拟产生与自然界物质相似的形态、尺度和等级结构的矿化物。因此我们提出假设，拟生态组织诱导再矿化通过拟生态类似物的诱导作用能再矿化混合层中树脂渗透不良区域的脱矿牙本质胶原，黏接剂层中的空隙区域甚至龋病影响的牙本质，模拟出自然形成的正常矿化牙本质的组成及结构。它的提出为从结构和性能上修复树脂牙本质粘接混合层的不稳定因素提供了可能的方案，为延长树脂牙本质粘接的耐久性带来契机。

一、研究目的

本研究旨在应用含牙本质磷蛋白拟生态类似物聚丙烯酸（poly acrylic acid，PAA）和聚乙烯基膦酸（poly vinyphosphonic acid，PVPA）的模拟体液（simulated body fluid，SBF）/硅酸盐水门汀拟生态再矿化系统，再矿化具有不同特征的树脂牙本质粘接界面，包括全酸蚀黏接剂树脂牙本质粘接界面，过度干燥形成的严重缺陷牙本质粘接界面和含甲基丙烯酸膦酸酯的自酸蚀黏接剂树脂牙本质粘接界面，通过观察再矿化过程中超微结构的形态学变化及生物力学检测，评估拟生态再矿化技术应用于树脂牙本质粘接的效果及其对耐久性的影响，探讨拟生态再矿化在树脂牙本质粘接中作用的机制，为提高树脂牙本质粘接的耐久性提供实验依据。

二、研究材料和方法

1. 收集80颗新鲜拔除的人第三磨牙并制备冠中部牙本质粘接面，随机分为两组（$n=40$），分别用全酸蚀黏接剂 one-step 和

single bond plus 以湿粘接技术完成粘接，随后根据检测方法制备相应的样本并进行拟生态再矿化。实验组再矿化系统为含牙本质磷蛋白拟生态类似物 PAA 和 PVPA 的 SBF /硅酸盐水门汀，对照组为 SBF/硅酸盐水门汀。采用扫描电镜和透射电镜观察再矿化 1、2、3 和 4 个月后样本再矿化区域的分布和程度，进行选择性区域电子衍射(selected area electron diffraction，SAED)分析。分别于再矿化 1、3、6 和 9 个月后对样本进行微拉伸粘接强度测试，实验结果用双因素方差分析法和 tukey 多重比较进行统计分析。再矿化 12 个月的样本进行脱矿后染色，透射电镜下观察混合层牙本质胶原超微结构的变化。

2. 收集 40 颗新鲜拔除的人第三磨牙并制备冠中部牙本质粘接面，以过度干燥的方式建立牙本质胶原结构改变模型，即表层变性底层塌陷的结构，分别用全酸蚀黏接剂 one-step 和 single bond plus 以干粘接技术进行粘接，制备样本进行拟生态再矿化。实验组再矿化系统为含牙本质磷蛋白拟生态类似物 PAA 和 PVPA 的 SBF /硅酸盐水门汀，对照组为 SBF/硅酸盐水门汀。采用扫描电镜和透射电镜分别观察再矿化 1、2、3 和 4 个月后样本再矿化区域的分布和程度以及超微结构的变化。再矿化 4 个月的样本进行脱矿后染色，透射电镜下观察混合层牙本质胶原超微结构的变化。

3. 收集 45 颗新鲜拔除的人第三磨牙并制备冠中部牙本质粘接面，随机分为 3 组($n=15$)后分别用含膦酸酯的全酸蚀黏接剂 XP Bond 和自酸蚀黏接剂 Adper Prompt L-Pop 进行粘接：1) XP Bond 湿粘接；2) XP Bond 干粘接；3) Adper Promp L-Pop 粘接，随后制备样本进行拟生态再矿化。实验组再矿化系统为：1) 含牙本质磷蛋白拟生态类似物 PAA 的 SBF/硅酸盐水门汀；2) 含牙本质磷蛋白拟生态类似物 PAA 和 PVPA 的 SBF /硅酸盐水门汀。对照组为 SBF/硅酸盐水门汀。采用透射电镜分别于再矿化 2 个月和 4 个月后观察再矿化区域的分布和程度以及超微结构的变化。

三、研究结果

1. 在全酸蚀黏接剂树脂牙本质粘接界面，混合层的树脂渗透不良区域再矿化效果良好。纤维内和纤维间再矿化表现为渐进性过程并于 4 个月后达到饱和，具有自限性的特征。矿化物历经非晶前驱相、纳米晶体相、介观晶体和针状微晶的集聚和转化。再矿化胶原纤维内磷灰石晶体的迭序排列与胶原纤维的结构相适应，再现了正常牙本质矿化胶原纤维的周期性带状结构特征。SAED 结果显示沿胶原纤维长轴排列的电子致密的晶体簇产生了磷灰石特征环(002 和 211)的衍射模式。拟生态再矿化模拟了自然界生物矿化过程磷灰石逐步替换胶原中水分的过程，形成具有高度容疵性生物矿化物的潜能。

2. 拟生态再矿化对树脂牙本质粘接界面黏接剂层的空隙实现了再矿化，黏接剂层中接近牙本质表面“水树”区域的再矿化晶体丝呈束状排列，复合树脂下方的富水区亦沉积了大量的纳米磷灰石晶体，再矿化沉积物弥补了亲水性单体成分吸水析出的薄弱区域，有利于提高树脂牙本质粘接的耐久性。

3. 体外长期微拉伸粘接强度测试结果显示，拟生态再矿化组较对照组具有较高的粘接强度，二者间的差异具有统计学意义，不同实验阶段样本的粘接强度差异亦具有统计学意义。再矿化 12 个月的样本脱矿染色结果显示，再矿化样本的混合层完整，未见胶原纤维降解。对照组混合层内胶原纤维降解为胶原纤维和凝胶基质，失去带状结构特征。拟生态再矿化维持了树脂牙本质粘接强度，保护了混合层的完整性，延长了树脂牙本质粘接的耐久性。

4. 牙本质胶原结构改变的模型中，虽塌陷但仍具有完整结构的牙本质胶原纤维在含

PAA和PVPA的拟生态再矿化系统中成功再矿化,重复出纤维内和纤维间磷灰石晶体的迭序排列。但是,变性的胶原表层表现为过度再矿化,缺乏有序的微晶迭序排列,牙本质小管口被大尺寸的板状矿化物阻塞,经SAED分析具有磷灰石相特征。过度矿化样本经脱矿染色证实胶原已发生变性降解。这种过度再矿化的表层和被再矿化物阻塞的牙本质小管口的结构与自然发生的牙颈部硬化性牙本质相似。变性胶原的过度再矿化表征为硬化性牙本质提出了潜在的病因学解释。

5. 在含有膦酸酯成分黏接剂的树脂牙本质粘接界面,含有PVPA和PAA的再矿化体系中,混合层内观察到胶原纤维内再矿化的超微结构。在仅含有PAA的拟生态再矿化体系作用下,混合层中未见纤维内再矿化,部分样本(XP Bond干粘接和Adper Promp L-Pop粘接)可见体积较大的磷灰石晶体沉积在纤维间。牙本质黏接剂中的膦酸酯成分不能替代PVPA作为潜在的牙本质磷蛋白拟生态类似物。可推测在拟生态再矿化过程中,PVPA顺应胶原纤维的结构特点介导PAA稳定的非晶磷酸钙纳米前驱相沉积成核,形成纳米磷灰石晶体,呈迭序排列在胶原纤维内和纤维间。

四、研究结论

由硅酸盐水门汀的钙离子释放源,模拟体液及牙本质磷蛋白的多聚电解质拟生态类似物(聚丙烯酸和聚乙烯基膦酸)组成的拟生态再矿化系统通过对树脂牙本质粘接界面混合层胶原纤维的纤维内及纤维间再矿化及黏接剂层吸水降解区域的再矿化修复,有效地阻止了树脂牙本质粘接界面的降解,维持了树脂牙本质粘接的耐久性。基于非经典成晶途径的拟生态再矿化在树脂牙本质粘接界面的应用及其机制的探讨为提高树脂牙本质粘接耐久性的临床应用提供了潜在可行的方案。

[关键词] 拟生态再矿化;牙本质粘接;牙本质基质蛋白;纤维内再矿化变性胶原;膦酸酯

牙龈卟啉单胞菌脂多糖对泡沫细胞表达动脉粥样硬化相关基因的影响

(摘　要)

福建医科大学口腔医学院博士研究生　李厚轩　　导师　闫福华

(2010年福建省优秀博士学位论文)

流行病学研究显示牙周病和心血管疾病(cardiovascular disease,CVD)成正相关,全身灌注牙龈卟啉单胞菌(*Porphyromonas gingivalis*, *P. gingivalis*)脂多糖(lipopolysaccharides,LPS)会促进apoE^{-}/$^{-}$小鼠动脉粥样硬化(artherosclerosis,AS)加重。单核/巨噬细胞吞噬修饰后的脂蛋白形成泡沫细胞是AS的关键事件。为探索牙周病与AS间的相关程度和本质,本研究利用*P. gingivalis*-LPS对巨噬细胞源性泡沫细胞形成过程中以及形成后表达AS相关基因的影响,从而探讨*P. gingivalis*-LPS在AS形成中的作用及机制。本课题分四部分进行论述。

一、巨噬细胞源性泡沫细胞模型的建立

目的　建立巨噬细胞源性泡沫细胞

模型。

方法　使用 160 nmol/L 氟波酯(PMA)刺激人单核细胞(THP)-1 细胞 36 小时使其向巨噬细胞分化后加入含不同浓度氧化低密度脂蛋白(oxLDL)的培养基分别作用 36 小时和 48 小时,油红 O 染色观察细胞形态,生化法检测细胞内胆固醇变化,确认泡沫细胞形成情况。

结果　oxLDL 作用 48 小时后胆固醇酯均占细胞内总胆固醇的 60% 以上,油红 O 染色显示巨噬细胞内大量的红色脂质颗粒存在,符合泡沫细胞的特征。

结论　PMA 诱导 THP-1 单核细胞形成巨噬细胞后,再加入 oxLDL 刺激是建立泡沫细胞模型的良好方法。

二、*P. gingivalis*-LPS 对 oxLDL 诱导的泡沫细胞形成过程中表达动脉粥样硬化相关基因的影响

目的　研究 *P. gingivalis*-LPS 对 oxLDL 作用于巨噬细胞形成泡沫细胞过程中 AS 相关基因和细胞因子的影响。

方法

1. 对细胞因子分泌的影响　ELISA 检测 RMPI1640、oxLDL 和 oxLDL + *P. gingivalis*-LPS 刺激的巨噬细胞上清中 IL-1β 和 TNF-α 的变化。

2. 对核因子 κB(NF-κB)信号通路的影响　1)采用免疫细胞化学法检测加入上述刺激后 NF-κB p65 核转位情况;2)采用 Western Blot 检测细胞内 IκB-α 变化。

3. 对 AS 相关基因的影响　1)采用 Real-time PCR 技术检测不同刺激对 IL-1β、IL-10、IL-12 p40 和 IL-18 等基因转录的变化;2)使用基因芯片检测与粥样硬化相关的 88 个基因的变化。

结果

1. oxLDL 和 *P. gingivalis*-LPS 具有促进 IL-1β 和 TNF-α 分泌的作用,但二者共同刺激没有出现协同作用;

2. NF-κB 信号通路的活化情况　免疫细胞化学结果显示 oxLDL 和 *P. gingivalis*-LPS 具有促进 NF-κB 核转位作用,二者有叠加效应。同时 Western Blot 结果显示 oxLDL 能降低细胞质内 IκB-α 水平,加入 *P. gingivalis*-LPS 能进一步降低其表达,促进 NF-κB 的活化;

3. AS 相关基因的变化情况　Real-time PCR 结果显示 oxLDL 能促进细胞转录 IL-1β、IL-10、IL-12 p40 和 IL-18,*P. gingivalis*-LPS 能促进这种作用。同时基因芯片结果显示 oxLDL 单独或者与 *P. gingivalis*-LPS 共同刺激可以促进粥样硬化基因芯片 88 个基因中接近 40 个基因上调或者下调表达 2 倍以上。oxLDL 上调或下调的基因大多数被 *P. gingivalis*-LPS 进一步上调或下调。oxLDL 和 *P. gingivalis*-LPS 刺激主要影响了大量黏附分子、趋化因子和生长因子以及与凋亡相关基因的转录。

结论　*P. gingivalis*-LPS 能够促进 oxLDL 诱导的泡沫细胞形成过程中 NF-κB 信号通路的激活,并主要改变了黏附分子、趋化因子和生长因子以及与凋亡相关基因等 AS 相关基因的表达。

三、*P. gingivalis*-LPS 对 oxLDL 诱导的泡沫细胞形成后表达动脉粥样硬化相关基因的影响

目的　观察 *P. gingivalis*-LPS 对泡沫细胞表达 AS 基因的影响。

方法　oxLDL 作用于巨噬细胞 48 小时使其形成泡沫细胞,然后加入 *P. gingivalis*-LPS。Western Blot 检测 IκB-α 含量,Real-time PCR 检测 IL-1β、IL-10、IL-12 p40 和 IL-18 的转录,基因芯片检测 AS 相关基因的表达。

结果　*P. gingivalis*-LPS 能降低细胞内 IκB-α 含量,促进泡沫细胞表达 IL-1β 和 IL-12 p40,能促进泡沫细胞中 11 个基因进一步

上调表达 2 倍以上。

结论　*P. gingivalis*-LPS 能促进泡沫细胞转录促炎细胞因子，上调多种粥样硬化基因的表达。

四、*P. gingivalis*-LPS 对 oxLDL 诱导的泡沫细胞凋亡的影响

目的　了解 *P. gingivalis*-LPS 对泡沫细胞形成过程中以及形成后细胞凋亡及凋亡相关基因的影响。

方法　MTT 法检测巨噬细胞受不同刺激后生长活性的变化，吖啶橙/溴化乙啶(AO/EB)染色观察细胞凋亡状况，Real-time PCR 检测 p53、caspase-3 和 c-Myc 基因表达变化，基因芯片技术检测 10 余种凋亡相关基因的变化。

结果　MTT 检测显示 oxLDL 可以促进细胞存活，*P. gingivalis*-LPS 具有细胞毒性作用，抑制细胞存活；AO/EB 染色各组细胞中均有不同程度凋亡出现；在泡沫细胞形成早期，*P. gingivalis*-LPS 能抑制 c-Myc 的表达，拮抗 oxLDL 对 caspase-3 和 p53 的抑制作用；在泡沫细胞形成后，*P. gingivalis*-LPS 能促进泡沫细胞表达 caspase-3，抑制其表达 p53。oxLDL 和 *P. gingivalis*-LPS 能促进基因芯片中多种凋亡基因的转录。

结论　*P. gingivalis*-LPS 对巨噬细胞和泡沫细胞凋亡有广泛影响，可能是 *P. gingivalis*-LPS 参与 AS 形成的重要机制。

综上所述，*P. gingivalis*-LPS 能够促进 oxLDL 诱导的泡沫细胞形成过程中 NF-κB 信号通路的激活，并主要改变了黏附分子、趋化因子和生长因子以及与凋亡相关基因等 AS 相关基因的表达，影响 IL-1β 和 TNF-α 等细胞因子的分泌，影响巨噬细胞和泡沫细胞凋亡进程，在动脉粥样硬化中可能发挥了重要作用。

［关键词］　牙龈卟啉单胞菌；脂多糖；动脉粥样硬化；氧化低密度脂蛋白；凋亡

牙源性角化囊性瘤中 *PTCH*1 基因失活的“二次打击”机制研究

（摘　要）

北京大学口腔医学院博士研究生　潘爽　　导师　李铁军

（2011 年北京大学优秀博士学位论文）

一、研究背景和目的

牙源性角化囊性瘤(keratocystic odontogenic tumor，KCOT)是一种常见的牙源性病损，具有较高的生长潜能和明显的复发倾向，可单发，也可伴发痣样基底细胞癌综合征(nevoid basal cell carcinoma syndrome，NBCCS)。NBCCS 是一种表现复杂、可累及多种组织器官的常染色体显性遗传病，患者可表现多种发育异常，并易患多种类型的肿瘤。目前已证实 NBCCS 的致病相关基因为 *PTCH*1 基因，*PTCH*1 基因突变可在 NBCCS 患者及多种 NBCCS 相关肿瘤中被检出。本课题组目前已先后完成 62 例 KCOT 中(散发病例 42 例，NBCCS 相关病例 20 例，其中包括本研究筛查的 8 例散发和 4 例综合征相关

KCOT）*PTCH*1 基因突变的筛查，结果在 12 例散发 KCOT（12/42，29%）和 17 例 NBCCS 相关 KCOT（17/20，85%）中发现 34 处 *PTCH*1 突变，其中 5 例患者同时携带 2 处不同的 *PTCH*1 突变。这些结果提示 *PTCH*1 失活可能在 KCOT 的发病机制中起关键作用。

然而，目前尚不清楚作为肿瘤抑制基因的 *PTCH*1 在 KCOT 发病中是否也经过所谓“二次打击”后而发生失活，经典的“二次打击”理论认为：肿瘤抑制基因可以通过基因的突变、杂合性缺失及过甲基化等方式使其两条等位基因全部失活，从而导致肿瘤的发生发展。

二、研究方法

为证实“二次打击”模式的存在与否，本研究首先对 5 例携带两处 *PTCH*1 基因突变的样本进行分析，采用克隆测序的方法明确两处突变是否分别发生于 *PTCH*1 基因的不同等位基因上。其次，收集 44 例 KCOT（可通过显微切割获取病变上皮组织的病例）的上皮组织和外周血样本，扩增与 *PTCH*1 基因座紧密连锁的 6 个微卫星位点进行分析，以明确 KCOT 中 *PTCH*1 基因位点是否存在杂合性缺失；最后，采用 RT-PCR 方法检测 KCOT 中 *PTCH*1 基因的 mRNA 表达水平，对其中表达水平降低的样本提取基因组 DNA 进行重亚硫酸盐处理，采用甲基化 PCR 测序法检测 *PTCH*1 启动子区域是否存在着异常甲基化。

三、研究结果

1. 本研究采用 DHPLC 和测序分析，新筛查了 12 例 KCOT 的 *PTCH*1 突变情况，结果在 8 例散发性 KCOT 的 2 例中发现了 2 处突变（c. 3162dupG，c. 1362-1374dup）；在 4 例综合征相关 KCOT 的 3 例中发现了 4 处突变（c. 1012C > T，c. 2179delT，c. 403C > T，c. 2824delC），其中 NB19 携带两处突变。这 6 处突变包括 2 处无义突变，3 处移码突变，1 处框内复制；其中生殖系水平的突变 2 处，另 4 处均为体细胞水平的突变。

2. 对本课题组所筛查过的所有突变进行总结分析，发现共有 5 例 KCOT 患者同时携带了两处突变（KC19、KC21、NB9、NB11、NB19）。提取这 5 例患者的病变组织总 RNA，RT-PCR 扩增两处突变所在片段并进行克隆测序。结果发现 3 例（KC20、KC21、NB9）所携带的两处突变分别位于 *PTCH*1 基因两条不同的等位基因上；另外 2 例患者（NB11、NB19）所携带的两处突变位于 *PTCH*1 的同一条等位基因上。

3. 采用基因扫描法对 44 例 KCOT 患者的外周血及组织样本中 *PTCH*1 基因位点进行杂合性缺失分析。共检测出 *PTCH*1 基因位点发生了杂合性缺失的样本 15 例（15/44，34.1%），其中包括综合征相关的 KCOT 7 例，散发性 KCOT 8 例。经过统计学分析，综合征与散发 KCOT 之间杂合性缺失的发生率并无显著差异（Pearson Chi-Square = 1.602，P = 0.206）。

4. 采用 Real-Time PCR 在 6 例散发 KCOT 和 8 例 NBCCS 相关 KCOT 中检测 *PTCH*1 基因的表达，结果发现大部分 KCOT 样本中（10/14，71.4%）*PTCH*1 表达水平升高；4 例样本（28.6%）中 *PTCH*1 表达水平较正常对照稍低。*PTCH*1 表达水平相对较低的 5 例样本（KC20、KC15、KC16、NB20、NB15）均未携带 *PTCH*1 基因突变和/或杂合性缺失。而表达水平升高的样本均至少携带了 *PTCH*1 基因一次突变和/或杂合性缺失，其中以 NB13、KC21、NB9 的表达水平升高更为显著，上述 3 个样本均携带了发生在两条等位基因上的 *PTCH*1 突变和/或者杂合性缺失。

5. 对 5 例未检测到 *PTCH*1 基因异常、且基因表达水平相对较低的 KCOT 样本进行甲基化 PCR 测序分析，结果表明：在正常黏膜对照中，*PTCH*1 启动子区域第一段的甲基化水平为 4.76%，在 KCOT 中为 3.58%；第二段序列的甲基化水平在正常对照组织中为13.4%，在KCOT中为11.93%。采用SPSS统计学软件进行独立样本*t*检验，发现两段序列的甲基化水平在正常对照及KCOT样本无显著差异，提示*PTCH*1基因的启动子区域未发现过甲基化现象，异常甲基化可能不参与牙源性角化囊性瘤中*PTCH*1基因的失活。

综上所述，在44例KCOT中，13例(30%)样本中存在*PTCH*1基因的"二次打击"，其中10例表现为一条等位基因上发生突变，而另外一条等位基因发生杂合性缺失；3例表现为*PTCH*1的两条等位基因上分别发生突变；另有14例(32%)仅发生了*PTCH*1基因的"一次打击"，其中7例KCOT仅检测到一处基因突变，5例KCOT仅表现一条等位基因的缺失，另2例所携带的两处*PTCH*1突变被证实发生在同一条等位基因上；剩余17例(38%)患者未检测到*PTCH*1基因的异常。在综合征相关KCOT和散发KCOT两组病例中，"二次打击"、"一次打击"及"无打击"的发生率存在显著差异(Pearson Chi-Square = 8.03，P = 0.013)，以Ki67标记的细胞增殖活性在表现为"二次打击"的病例中显著升高。

四、研究结论

本研究证实*PTCH*1基因失活在散发性KCOT和NBCCS相关KCOT的发病过程中起重要作用。在KCOT中，*PTCH*1基因的失活除了存在经典的"二次打击"模式之外，还可能通过"一次打击"而表现单倍体剂量不足(haploinsufficiency)或显性抑制型(dominant-negative isoform)等多种复杂模式来实现；部分KCOT病例不表现*PTCH*1的任何异常，提示其发病过程中可能还存在多基因作用的机制。

[关键词]　牙源性角化囊性瘤；*PTCH*1基因；突变；杂合性缺失；甲基化

(潘爽现工作单位：哈尔滨医科大学附属口腔医院)

咬合干扰致大鼠咀嚼肌慢性疼痛特点及机制的研究

（摘　要）

北京大学口腔医学院博士研究生　曹烨　　导师　谢秋菲　副导师　傅开元

(2011年北京大学优秀博士学位论文)

口颌面疼痛门诊常可见到慢性咀嚼肌疼痛的患者，部分此类患者与修复临床关系密切，他们有明确的短期内咬合改变病史且对𬌗垫治疗反应良好，提示咬合因素与咀嚼肌疼痛之间可能存在着密切的关系。然而目前的研究无法解释此类疼痛产生的机制，亦无法指导临床治疗。本研究通过模拟临床修复体的方法建立大鼠咬合干扰模型，改良测定咀嚼肌机械痛敏的方法，明确咬合干扰后大鼠咀嚼肌痛敏特点，并初步探讨咬合干扰引起的慢性咀嚼肌疼痛的外周和中枢机制。

一、咬合干扰致大鼠咀嚼肌机械痛敏的行为学研究

目的　分析咬合干扰严重程度与大鼠咀嚼肌机械刺激反应阈值降低的刺激-反应关系，观察大鼠去干扰后机械刺激反应阈值的变化情况，明确咬合干扰与咀嚼肌痛敏的因果关系以及咬合干扰后大鼠咀嚼肌痛敏的特点。

方法　1）测定大鼠经典 CFA（完全弗氏佐剂）炎症模型机械痛敏，证明改良测痛方法的可靠性和灵敏性；2）通过在雄性 S-D 大鼠上颌第一磨牙粘固厚度为 0.2 mm、0.4 mm、0.6 mm 全冠的方法施加咬合干扰，每组 5 只，测定处理后第 1、3、5、7、10、14、21、28 天咬合干扰组及对照组双侧咬肌、颞肌机械刺激反应阈值；3）施加 0.4 mm 咬合干扰后 6 天去除干扰，观察去干扰组及对照组机械刺激反应阈值变化。

结果　1）改良测痛方法能灵敏地反映肌肉的机械刺激反应阈值，结果可靠；2）施加咬合干扰后各组大鼠双侧咀嚼肌机械刺激反应阈值持续降低，0.4 mm 和 0.6 mm 组机械刺激反应阈值低于 0.2 mm 咬合干扰组，差异有统计学意义（$P<0.05$）；0.4 mm 组与 0.6 mm 组之间差异无统计学意义；3）咬合干扰后 6 天去除干扰装置，大鼠咀嚼肌机械刺激反应阈值有一定回升，但仍显著低于对照组。

结论　咬合干扰可以引起大鼠双侧咀嚼肌的慢性痛敏；去除咬合干扰因素后，痛敏仍不能完全消除。

二、大鼠咬合干扰咀嚼肌疼痛模型咬肌组织学及免疫组化研究

目的　通过组织学方法观察咬合干扰后大鼠咬肌组织损伤情况以及外周神经介质蛋白基因产物 9.5（protein gene product 9.5，PGP9.5）和 P 物质（substance P，SP）在咬肌组织中表达水平的变化，探讨咬合干扰后咀嚼肌疼痛的外周机制。

方法　实验组大鼠施加 0.4 mm 咬合干扰后 1、5、10、21 天（各时间点大鼠各 3 只），过量麻醉下灌流，取双侧咬肌组织，石蜡切片，H-E 染色、PGP9.5 和 SP 免疫组化染色。

结果　0.4 mm 咬合干扰后各时间点双侧咬肌组织 H-E 染色未见肌纤维损伤及炎症细胞浸润；咬合干扰后 PGP9.5 表达早期增高并且持续至观察结束；SP 表达 5 天到达高峰，此后逐渐减少，观察结束时与对照组相近。

结论　咬合干扰所致大鼠咀嚼肌机械痛敏与肌肉损伤和炎症无直接关系；咬合干扰致大鼠咀嚼肌机械痛敏的初期可能存在外周敏化机制。

三、大鼠咬合干扰致咀嚼肌疼痛中枢机制的初步探讨

（一）NMDA 受体拮抗剂 MK801 对咬合干扰致大鼠咀嚼肌机械痛敏的作用

目的　通过腹腔注射 N-甲基-D-门冬氨酸（N-methyl-D-aspartate，NMDA）受体拮抗剂 MK801，测定给药前后咬合干扰大鼠的机械刺激反应阈值，探讨中枢神经元 NMDA 受体是否参与咬合干扰所致机械痛敏。

方法　大鼠施加 0.4 mm 咬合干扰后第 1、3、5 天测定机械刺激反应阈值，6 天分别按 0.05 mg/kg、0.1 mg/kg 和 0.2 mg/kg 浓度梯度腹腔注射 MK801，对照组给予生理盐水，每组 4 只大鼠，给药后 1 小时测定各组大鼠双侧咬肌机械刺激反应阈值。

结果　0.05 mg/kg MK801 未引起机械刺激反应阈值变化；0.1mg/kg MK801 使机械刺激反应阈值升高（$P<0.01$），0.2 mg/kg MK801 给药后机械反应阈值回升至基线水平，与注射生理盐水组相比差异有统计学意义（$P<0.01$）。

结论　MK801 可以逆转咬合干扰引起的咀嚼肌机械痛敏，且逆转作用与剂量相关，经典的神经元为基础的中枢敏化机制参与了咬合干扰致大鼠咀嚼肌疼痛的维持。

（二）大鼠咬合干扰致咀嚼肌疼痛模型星形胶质细胞和小胶质细胞的活化

目的　通过免疫荧光染色的方法，观察咬合干扰后不同时间点三叉神经脊束核中星形胶质细胞和小胶质细胞的形态学变化；观察丝裂原活化蛋白激酶（mitogen-activated protein kinases，MAPK）家族分子的表达变化以及细胞定位，初步探讨胶质细胞活化参与

咬合干扰致咀嚼肌慢性疼痛的中枢机制。

方法 施加 0.4 mm 咬合干扰后 1、3、5、10、14、21、28 天以及对照组大鼠各 3 只灌流固定取脑干组织,连续冰冻切片。进行以下实验:1)小胶质细胞标志物 OX-42 和星形胶质细胞标志物 GFAP 免疫荧光染色,半定量评价星形胶质细胞和小胶质细胞的形态变化;2)phospho-p38 和 phospho-ERK 免疫荧光及确定细胞来源的免疫荧光双重染色,定量计数 phospho-p38 和 phospho-ERK 染色阳性细胞。

结果 1)咬合干扰后星形胶质细胞和小胶质细胞出现形态变化,星形胶质细胞 3 天开始轻度激活,14 天到达高峰呈中度激活,28 天仍有轻度激活;小胶质细胞 3 天开始激活,5～14 天持续轻度激活,21 天细胞基本回复原有形态;2)咬合干扰后 phospho-p38 阳性细胞数增多,1 天表达开始上调,3～14 天表达明显上调,咬合干扰后 21、28 天表达更强,各时间点与对照组相比差异有高度显著性($P<0.01$);3)咬合干扰后 1 天 phospho-ERK 阳性细胞开始增多,3～28 天阳性细胞持续增多,与对照组相比差异有统计学意义($P<0.01$);4)神经元和小胶质细胞均可表达 phospho-p38 和 phospho-ERK,未见星形胶质细胞表达 phospho-p38 和 phospho-ERK。

结论 咬合干扰可以引起大鼠三叉神经脊束核小胶质细胞和星形胶质细胞的活化,并激活 p38 和 ERK 信号转导通路。三叉神经脊束核小胶质细胞和星形胶质细胞的持续活化可能是咬合干扰致大鼠咀嚼肌慢性疼痛的中枢机制之一。

[关键词] 咬合干扰; 咀嚼肌疼痛; 胶质细胞; 丝裂原活化蛋白激酶家族

白斑癌变潜能的早期识别标志

（摘　要）

北京大学口腔医学院博士研究生　曹婕　　导师　孟焕新　副导师　刘宏伟

(2011 年北京大学优秀博士学位论文)

一、*p16* CpG 岛甲基化与上皮异常增生病损的癌变相关——前瞻性队列研究

目的 $p16^{INK4A}$(CDKN2A)基因失活在口腔上皮异常增生(oral epithelial dysplasia, OED)中是频发事件,可能在口腔鳞状细胞癌(OSCC)的发展过程中起重要作用。进行这项前瞻性研究,旨在探讨 *p16* 甲基化对 OED 癌变潜能的预测价值。

方法 本研究纳入 151 位经组织病理学诊断患有 OED 的患者,其中患有轻、中度 OED 的 101 位,通过甲基化特异性 PCR 检测到其中 93 个病例的 *p16* 基因的甲基化状态。经过平均 45.8 个月的随访,78 个病例再次获取组织标本以分析 *p16* 基因甲基化与 OED 病损进展之间的关系。

结果 93 个纳入的轻、中度 OED 病例中,15 例因患者联系信息改变而失访,依从性为 83.9 %。纳入的 78 个 OED 病例中 32 个(41.0%)被检测出有 *p16* 基因甲基化。随访中有 22 位患者(28.2%)的 OED 病损发展成为 OSCC。*p16* 基因甲基化的 OED 病损进展为 OSCC 的比例显著高于 *p16* 未甲基化 OED 患者的癌变率(43.8% vs. 17.4%;$OR=3.7$;$P=0.011$),特别是在那些基线年龄大于或等于 60 岁的患者($OR=12.0$;$P=0.001$)和基

线时病理诊断为中度 OED 的患者中(OR = 15.6;P = 0.009)危险性更大。$p16$ 基因甲基化预测 OED 病损癌变的灵敏度和特异度分别是63.6 %和67.9 %。

结论　$p16$ 甲基化与 OED 癌变显著相关,可以作为预测轻、中度 OED 预后的潜在生物标记物。

二、口腔念珠菌感染与白斑癌变关系的探讨

目的　采用唾液真菌培养法检测健康人、口腔白斑(OLK)和 OSCC 患者唾液中的念珠菌,并比较分析不同组的念珠菌检出率,以探讨口腔念珠菌对口腔 OLK 癌变的作用。

方法　采用唾液培养法,检测 100 名健康对照者、110 例 OLK 及 11 例 OSCC 患者口腔念珠菌的感染情况,记录受试者吸烟情况。以卡方检验、双变量相关分析和二项分类 Logistic 回归分析进行统计分析。

结果　健康对照者,上皮单纯增生 OLK,轻度、中度与重度 OED 以及 OSCC 患者念珠菌感染率分别是 14.0%、18.5%、37.5%、23.6%、75.0%和 36.4%。卡方检验和双变量相关分析显示 OLK 的恶性度与其唾液念珠菌培养阳性率相关;唾液念珠菌培养结果与受试者的口腔病损的病理分型相关、年龄和烟龄分别相关。利用分层资料卡方检验发现,念珠菌阳性组 $p16$ 甲基化病例的癌变率显著高于非甲基化病例的癌变率,P = 0.011,95%可信区间 1.418 ~ 57.117,OR 值为 9。二分变量多元回归分析显示,$p16$ 甲基化可以排除其他因素,成为唯一与 OLK 癌变相关的因素。

结论　念珠菌感染很可能是促进 OED 以及 OLK 癌变的重要因素之一,临床上对 OLK 患者应进行常规唾液培养,结果阳性应积极抗霉治疗。并加强对 OLK 伴念珠菌感染患者的随访。对于 $p16$ 甲基化的 OLK 患者更需警惕念珠菌感染,做到早发现早治疗。

三、人乳头瘤病毒在白斑等口腔黏膜病中的分布

目的和方法　本研究使用第二代杂交捕获法(hybrid capture 2,HC2)检测包括口腔癌前病变、癌前状态、OSCC、良性病变等口腔黏膜病及病损中的人乳头瘤病毒(human pappiloma virus,HPV)。用原位杂交法检测和比较 OLK 上皮单纯增生,OLK 伴 OED 和 OSCC 中的 HPV 感染率,以探讨 HPV 感染作为 OLK 癌变预测信号的可能性。用免疫组化法检测 150 余例 OED 病损中的 HPV,这些病例参与了第一部分中 $p16$ 甲基化状态测定和该研究中的随访。因而试图通过分析 HPV 感染与 $p16$ 基因甲基化之间的联系,以及二者共同和分别与癌变率的联系,以探讨两种因素独立和合并作用时对 OED 病损癌变的影响。

结果　HC2 法检测 HPV 的结果:口腔扁平苔藓(OLP)的 HPV 阳性率(12.12%)高于 OLK(3.49%)及 OSCC(7.14%)。通过 2×2 卡方检验发现 OLP 患者的 HPV 感染率高于 OLK 上皮单纯增生患者,差异具有统计学意义(χ^2 = 4.666,P = 0.031);有口腔黏膜剥脱症状的患者 HPV 感染率高于临床诊断为 OLP 的患者(χ^2 = 4.097,P = 0.043)。其他各临床诊断组间的差异无统计学意义。本研究中 HPV 感染与唾液念珠菌培养阳性间没有关系。应用原位杂交法检测 30 例 OLK 伴上皮单纯增生、15 例 OLK 伴轻度 OED、15 例 OLK 伴中度 OED、16 例 OLK 伴重度 OED、33 例 OSCC 石蜡切片中 16/18 型及 31/33 型 HPV DNA,仅有 1 例 OSCC 组织切片中检测到 16/18 型 HPV DNA。免疫组化法检测 150 例 OLK 伴 OED 患者石蜡切片中的 HPV,结果均为阴性。同时采用 HC2 法和原位杂交法检测 HPV,阴性符合率 100%(35 vs. 35)。

结论　HC2 法检测口腔黏膜 HPV 的感染较原位杂交法敏感。本研究结果显示,

HPV 感染或检测阳性作为预测 OLK 癌变的信号无足够证据。患 OLP 的患者处于癌前状态,本研究中 OLP 中 HPV 检出率高于 OLK 及 OSCC 检出率,提示 OLP 患者由于某种原因对 HPV 易感,可考虑为 OLP 患者常规进行 HPV 检测,推荐使用 HC2 法。

四、微核计数与白斑、鳞状细胞癌等口腔黏膜疾病的关系

目的　通过比较上皮增生程度不同的 OLK 病损的脱落细胞的微核计数,以推断可否用微核计数辅助判断病损恶性程度,可否用其监测 OLK 等癌前病变。

方法　收集 10 例非癌性、癌前病变或癌前状态患者的病例、16 例 OLP、40 例 OLK 伴上皮单纯增生、18 例 OLK 伴轻度 OED、11 例 OLK 伴中度 OED、3 例 OLK 伴重度 OED、13 例 OSCC 患者的病例。刮取上述患者病损区的上皮脱落细胞,Feulgen 及 fast green 染色,显微镜下读取 500 个上皮细胞中含有微核的细胞个数,比较各病种间微核细胞率的差异。

结果　多个独立样本非参数检验显示 7 组疾病微核计数差异有统计学意义($\chi^2=21.778$, $P=0.001$)。根据平均秩次进一步推断,OSCC 脱落细胞涂片中每 500 个细胞中的微核计数最多,OLK 伴中度 OED 次之,再次为 OLK 伴轻度 OED,而后为 OLP,OLK 上皮单纯增生又次,非癌性、癌前病变或癌前状态的病损最低。将三种不同程度 OLK 伴 OED 合并为一组与其他组比较,则$\chi^2=21.002$, $P<0.000$,微核率由高到低依次为 OSCC、OLK 伴 OED、OLP、OLK 伴上皮单纯增生,非癌性、癌前病变或癌前状态的病损最低。若将 OLK 视为一组与其他组比较,则$\chi^2=17.639$, $P=0.001$,微核率由高到低依次为 OSCC、OLK、OLP、非癌性、癌前病变或癌前状态的病损。

结论　口腔黏膜病患者的病变经活检诊断后,应定期随访,可施以微核计数,便于医生无创监测癌变。但判断阈值有待进行大样本量的研究并作进一步分析。

[关键词]　上皮异常增生; *p*16 基因 CpG 岛; 甲基化; 口腔黏膜白斑癌变; 扁平苔藓; 人乳头瘤病毒; 二代杂交捕获; 白色念珠菌; 微核; Feulgen 染色

文选·述评

口腔解剖生理学

安氏Ⅱ类1分类错𬌗髁突运动轨迹与关节盘位置的相关性研究[张学军,周传丽,白玉兴等.中华口腔医学杂志,2010,45(1):16~19]

为探讨安氏Ⅱ类1分类错𬌗患者髁突运动轨迹变化与关节解剖结构的相关性,将18例年龄11~12岁的安氏Ⅱ类1分类错𬌗患者据磁共振影像检查结果分成关节盘位置正常组(10例)和可复性关节盘前移位组(8例),比较两组髁突运动轨迹。结果显示开、闭口运动中可复性关节盘前移位组患者双侧髁突侧向运动量左右侧分别为0.32 mm±0.10 mm和-0.91 mm±0.49 mm,垂直向运动量左右侧分别为4.20 mm±0.70 mm和3.44 mm±0.21 mm,髁突矢状向倾斜度左右侧分别为32.48°±7.70°和33.47°±12.60°,髁突水平向倾斜度左右侧分别为-2.60°±2.02°和-9.23°±5.58°,与关节盘位置正常组患者的差异均有统计学意义($P<0.05$)。说明开、闭口运动中的髁突侧向移动与关节盘前移位有密切关系。

述　评

磁共振检查是目前检查关节结构关系最客观的方法。该文结果提示,安氏Ⅱ类1分类错𬌗患者可复性盘前移位者自然开闭口运动时,髁突运动轨迹明显异常,证明关节结构异常(常见为盘前移位)影响着关节的正常运动功能。

(王美青)

单侧咬合接触对颞颌关节髁突应力分布的影响[陈新,刘洪臣,王延荣.医学临床研究,2010,27(5):775~777]

利用所建下颌骨三维有限元模型,约束模型颞骨区上表面全部节点的自由度,限制下颌运动;约束后牙咬合面节点和垂直方向的自由度,比较单侧与双侧第二磨牙区模拟咬合加载时髁突表面22个区域应力分布的异同。结果显示:双侧加载时髁突表面产生的负荷,左右侧分布相等;对称单侧加载时,两侧髁突表面应力分布不对称:工作侧髁突承受的最大拉应力大于非工作侧,而非工作侧髁突表面的最大压应力大于工作侧,非工作侧所有区域的Von Mises应力和最小主应力均大于工作侧。结果证明:单侧咬合接触可造成双侧髁突表面应力不对称性改变,非工作侧髁突表面产生的负荷大于工作侧。

述　评

咬合与颞下颌关节之间的生物力学关系一直是口腔医学研究的热点问题之一。该文作者利用三维有限元建模分析的方法分析单侧、双侧不同咬合接触对颞下颌关节表面负荷的影响,结果表明:非工作侧髁突在单侧咬合接触状态下承受较大的负荷,这与最近一些表面肌电检查结果,单侧咬合支持下最大正中紧咬时,咬合接触对侧咬肌活动明显高于咬合接触侧的结果相吻合。

(王美青)

基于非线性动力学的咀嚼肌表面肌电信号相空间重构[邹波,吴箫博,何珊丹.中华口腔医学杂志,2010,45(5):318~320]

选择口颌功能基本正常的男女志愿者各10名,在牙尖交错位(intercuspal position,ICP)紧咬时采集双侧咬肌和颞肌前束的表面肌电(surface electromyography,sEMG)信号,基于Matlab平台开发咀嚼肌肌电信号非线性动力学分析程序,用C-C法计算时延和嵌入维,再用主成分分析法重构肌电信号的相空间图,以探求肌电信号轨迹变化规律。结果表明:正常个体在ICP紧咬时咬肌和颞肌前束的sEMG信号呈现出典型的混沌吸引子的形态特征。结果提示:咬肌和颞肌在牙尖交错位紧咬时肌电信号具有混沌特征,适合用非线性动力学方法进行分析。

述 评

咀嚼肌肌电活动与肌力水平并非完全线性，在不同生理、病理环境下，会表现出不同的活动规律。该文利用非线性动力学分析方法分析咬肌和颞肌前束在正常最大紧咬环境下的肌电信号变化规律，并发现该信号呈混沌吸引子形态特征，说明最大紧咬时的咬肌和颞肌前束肌电信号适用于非线性动力学方法进行研究。

（王美青）

利用 MRI 探讨 TMJ 关节镜术后咬合恢复的影响因素[王保利，杨驰，蔡协艺等．中国口腔颌面外科杂志，2010，8(2)：107～111]

按关节镜下盘前移位复位固定术后 4 周咬合关系能否自行恢复，将患者分为暂时错𬌗（术后 4 周恢复原咬合关系）及长期错𬌗（术后 4 周未恢复原咬合关系）2 组，每组包括 30 例单侧手术病例。所有患者术前均行 MRI 检查，读片记录 2 组患者 MRI 所显示关节盘形态及髁突骨质变化情况，探讨术后错𬌗恢复的可能影响因素。结果发现：长期错𬌗组患者与暂时错𬌗组相比，关节盘变形程度及髁突骨质变化情况均显严重。结果说明：通过术前 MRI 所显示关节盘形态及髁突骨质变化情况，可以初步预计患者术后咬合关系能否及时恢复，以便进行相应临床干预。

述 评

咬合与颞下颌关节的形态与功能关系是颞下颌关节问题中非常有争议的内容。该文从外科微创手术后咬合变化的角度进行研究，结果提示：关节盘变形以及髁突骨质改变者以外科手术方法将关节盘复位后，会出现咬合的错位变化。如果能够提供术后 4 个月的磁共振影像资料进行术前、术后关节盘位置与咬合关系的比较，结果将更有意义。

（王美青）

咬合重建大鼠三叉神经节 CGRP mRNA 及其相应蛋白的表达研究[李晓光，王艳春，李月秀等．口腔医学研究，2010，26(3)：312～315]

将 48 只 Wistar 雄性大鼠随机平均分为 3 个实验组和对照组，实验组动物每周 1 次磨除右侧上、下磨牙至龈下，迫使大鼠单侧咀嚼。其中 2 组分别于第 3 周、第 9 周停止磨牙，任其自行萌出，恢复咬合关系。实验开始 4、10、16 周后处死取双侧三叉神经节（TG）切片作降钙素基因相关肽（CGRP）免疫组化和原位杂交染色后光镜观察、分析。结果表明：第 3 周、第 9 周停止磨牙的大鼠于第 5、第 11 周咬合关系基本恢复。与对照组相比，单侧咀嚼大鼠咀嚼侧和非咀嚼侧 TG 内 CGRP 免疫阳性神经元百分比明显降低（$P<0.01$），且非咀嚼侧明显低于咀嚼侧（$P<0.01$），而 CGRPmRNA 阳性神经元百分比显著增高（$P<0.01$），且非咀嚼侧明显高于咀嚼侧（$P<0.01$）。第 9 周停止磨牙恢复咬合实验组 TG 内 CGRP 和 CGRPmRNA 表达情况与单侧咀嚼实验组仍一致，而第 3 周停止磨牙恢复咬合，实验组则与对照组相比无差异。说明早期恢复咬合关系有利于 TG 内 CGRP 和 CGRPmRNA 表达变化的恢复。

述 评

单侧失咬合可导致三叉神经节表达的 CGRP 的转录水平和蛋白水平发生不同变化，合成水平提高，但贮存水平降低，并且与失咬合的时间密切相关。该结果为认识咬合对三叉神经活动的影响具有参考价值。

（王美青）

口腔组织病理学

唾液腺腺样囊性癌细胞系中 5 个抑癌基因甲基化及其表达[张春叶，胡宇华，周荣睿等．中国口腔颌面外科杂志，2010，8(1)：55～59]

采用甲基化特异性 PCR 方法检测唾液腺腺样囊性癌（ACC）细胞系 ACC-2、ACC-3、ACC-M 中 CDH13、RASSF2A、TFPI-2、hMLH-1、MyoD1 基因的甲基化水平，RT-PCR 及荧光实时定量 PCR 对存在甲基化的基因进行 mRNA 水平的检测。结果发现：3 个细胞系中均存在 CDH13、RASSF2A、TFPI-2 基因的甲基化和未甲基化，只存在 MyoD1 基因的甲基化和 hMLH-1 基因的未甲基化；ACC-2 中 CDH13 基因的 mRNA 水平显著高于 ACC-M，ACC-3 中 RASSF2A 的表达水平显著高于 ACC-2 和 ACC-M，3 个细胞系中均未检测到 MyoD1 基因的表达。结果提示：ACC 细胞系中 CDH13、RASSF2A、TFPI-2、MyoD1 基因的甲基化为常见事件，甲基化可能为 MyoD1 基因失活的主要机制，CDH13 基因的表达可能与 ACC 的转移相关。

述　评

表观遗传学的兴起为研究肿瘤的发生机制提供了新的思路，DNA 甲基化是表观遗传学的机制之一，它在肿瘤诊断、化疗敏感性和预后评价等方面均具有重要应用价值。该研究发现了新的与唾液腺腺样囊性癌发生相关的抑癌基因甲基化，这不仅深化了我们对 ACC 发生机制的认识，还为通过去甲基化治疗 ACC 发现了新的潜在靶点。

（李铁军）

局部应用辛伐他汀对拔牙窝内 VEGF mRNA 表达的影响及意义［方鸿满，刘畅，吴哲等. 口腔医学研究，2010，26（1）：4～6］

采用动物实验观察局部应用辛伐他汀对拔牙术后牙槽骨修复的影响，将健康雄性 Wistar 大鼠 56 只随机分为实验组（28 只）和对照组（28 只），拔除右下颌中切牙后，实验组即刻植入载辛伐他汀 PLGA 支架材料，对照组植入单纯 PLGA 作为对照，术后 5 天、1 周、2 周和 4 周分别处死大鼠，采用原位杂交技术检测拔牙窝内组织中 VEGF mRNA 的表达。结果发现：术后 1 周和 2 周实验组 VEGF 阳性细胞数和染色强度均高于对照组，差异有统计学意义；术后 4 周，实验组和对照组阳性细胞数无统计学差异，且阳性表达细胞少于术后 2 周组。结果提示：局部应用辛伐他汀可能通过增加 VEGF mRNA 的表达促进拔牙窝骨损伤的愈合。

述　评

应用辛伐他汀诱导成骨已有报道，但对其促进骨形成的机制尚不清楚。该研究发现局部应用辛伐他汀可能通过增加间充质细胞和血管内皮细胞中的 VEGF mRNA 的表达，促进成骨细胞和血管新生，促进拔牙窝骨损伤的愈合。

（李铁军）

趋化因子受体 CXCR4 与口腔鳞癌微血管密度及临床病理的关系［徐萌，李五一，吴发印等. 实用口腔医学杂志，2010，26（4）：529～533］

采用流式细胞仪、免疫组化方法检测趋化因子受体 CXCR4 在口腔鳞癌组织中的表达，通过计数 CD34 标记的肿瘤内微血管密度（MVD），分析 CXCR4、MVD 与口腔鳞癌临床病理特点的关系。结果发现：口腔鳞癌的 CXCR4 总体阳性率为 56.1%，与肿瘤的大小、病理分级、淋巴结转移密切相关。CD34 标记的肿瘤微血管在临近癌巢的间质中分布密集，而在远离癌巢的间质中呈散在分布。MVD 也与口腔鳞癌大小、病理分级和淋巴结转移密切相关。口腔鳞癌中 CXCR4 的表达与 MVD 呈显著正相关（$P<0.05$）。结果提示：CXCR4 可能直接或间接参与肿瘤血管新生，进而促进口腔鳞癌的转移。

述　评

趋化性细胞因子受体 CXCR4 是肿瘤细胞表达最普遍的趋化因子受体，作为肿瘤转移相关因子的上游调控蛋白，可促进多种肿瘤中血管生成因子和基质金属蛋白酶的表达，介导肿瘤的局部浸润和转移。该研究证实 CXCR4 在口腔鳞癌细胞中的高表达与 MVD 呈线性正相关，且与肿瘤的大小、病理分级、淋巴结转移密切相关。提示 CXCR4 可能通过促进肿瘤的血管新生而促进肿瘤的转移。

（李铁军）

上皮根鞘细胞表达牙齿矿化相关蛋白 mRNA 的研究［刘晓辉，苑芳，文玲英等. 牙体牙髓牙周病学杂志，2010，20（7）：375～377］

采用分离大鼠磨牙牙胚和酶消化法培养上皮根鞘细胞，通过 RT-PCR 检测上皮根鞘细胞表达牙齿矿化相关蛋白 mRNA 的情况。结果发现：上皮根鞘细胞可表达成釉蛋白和骨钙素 mRNA，但不表达釉原蛋白、牙本质基质蛋白 1、牙本质涎磷蛋白、骨涎蛋白和骨桥蛋白 mRNA。研究结果提示：上皮根鞘细胞表达的一些与牙齿矿化相关的蛋白，可能参与调控牙根形成。

述　评

从大鼠牙胚中分离、纯化和培养上皮根鞘细胞为研究其在牙根发育中的作用提供了必要手段。该研究的结果提示上皮根鞘细胞可能通过诱导、调控成牙本质细胞和成牙骨质细胞来间接参与牙根的形成。

（李铁军）

酪氨酸激酶 A 和血管内皮生长因子受体 2 在涎腺腺样囊性癌侵袭转移中的作用［农晓琳，夏勇，杨亦萍等. 华西口腔医学杂志，2010，28(4)：420～424］

采用免疫组织化学 SP 法检测 47 例涎腺腺样囊性癌（SACC）中酪氨酸激酶 A（TrkA）和血管内皮生长因子受体 2（VEGFR2）的表达情况，结合临床资料评价 TrkA、VEGFR2 与 SACC 侵袭转移特性的相关性。结果发现：TrkA 和 VEGFR2 在 SACC 组织中的阳性率分别是 87.23%（41/47 例）和 85.11%（40/47 例），发生神经侵袭、复发/转移的 SACC 中 TrkA 和 VEGFR2 的表达率均高于无神经侵袭和未复发/转移者，差别具有统计学意义（$P < 0.05$）。组织内微血管密度（MVD）计数与 VEGFR2 的表达率呈正相关关系。结果提示：TrkA 和 VEGFR2 的表达强弱与 SACC 的嗜神经侵袭、复发转移呈正相关关系，因此可能作为评价涎腺腺样囊性癌患者预后的指标。

述　评

涎腺腺样囊性癌（SACC）是临床上难治的恶性涎腺肿瘤之一，具有围绕神经、血管侵袭的特点。该研究发现酪氨酸激酶 A（TrkA）和血管内皮生长因子受体 2（VEGFR2）的表达与 SACC 侵袭转移密切相关，提示这些标记物可能与 SACC 的嗜神经侵袭和肿瘤血管生成有关，故可作为肿瘤患者预后的评价指标。

（李铁军）

过表达外源性 Notch1 对舌鳞癌细胞体外生长及表皮生长因子受体表达的影响［黄红杰，平飞云，胡济安等. 华西口腔医学杂志，2010，28(1)：87～91］

采用脂质体将编码 Notch1 胞内域的表达质粒体外转染人舌鳞癌细胞系 Tca8113 细胞，用甲基噻唑基四唑法（MTT）和流式细胞仪分别检测细胞增殖活性和凋亡情况，用逆转录聚合酶链式反应和 Western Blot 检测 Notch1 和表皮生长因子受体（EGFR）的 mRNA 和蛋白的变化，用免疫细胞化学检测 EGFR 蛋白的表达。结果发现：转染后 Tca8113 细胞的增殖活性降低，细胞凋亡率增高，Notch1 表达上调，而 EGFR 表达下调。这些结果提示：体外过表达外源性 Notch1 可抑制人舌鳞癌细胞增殖、诱导其凋亡，并可下调其表皮生长因子受体的表达。

述　评

Notch 信号途径是通过相邻细胞膜上的受体-配体间相互作用而被激活，在哺乳动物细胞增殖、分化和凋亡等命运决定中起关键作用，其异常调控可引起肿瘤等多种疾病的发生。其主要受体 Notchl 可在多种肿瘤中异常表达，包括舌癌。该研究证实：体外过表达外源性 Notch1 可抑制人舌鳞癌细胞系的增殖并诱导其凋亡，可能对舌癌有治疗作用。

（李铁军）

Bcl-xL 反义寡核苷酸与博莱霉素协同抑制鳞状细胞癌细胞增殖的研究［施磊，张斌，王伟等. 口腔医学研究，2010，26(1)：29～31］

设计合成 Bcl-xL 的反义寡核苷酸（ASODN）在脂质体的介导下转染口腔鳞癌细胞系 Tca8113，设无义寡核苷酸组（NSODN）和空白对照组进行比较；48 小时后博莱霉素

(BLM)作用于转染后的细胞。以荧光原位末端缺口标记法检测 Bcl-xL 反义寡核苷酸与博莱霉素诱导癌细胞发生凋亡的情况,采用流式细胞仪检测细胞凋亡率。结果发现:Bcl-xL 反义寡核苷酸与博莱霉素可激活癌细胞的内源性核酸内切酶,使核小体内 DNA 断裂出现缺口而发生凋亡。ASODN 组、BLM 组和 ASODN 加 BLM 组的凋亡率明显高于 NSODN 组和空白对照组($P<0.05$)。ASODN 加 BLM 组的凋亡率明显高于 ASODN 组和 BLM 组($P<0.05$)。结果提示:Bcl-xL 反义寡核苷酸与博莱霉素能协同促进口腔鳞状细胞癌的细胞凋亡、抑制其细胞增殖。

述　评

反义寡核苷酸是一种用于调控失控基因过度表达的手段。Bcl-xL 基因是近几年发现的细胞凋亡抑制基因,其异常表达与许多肿瘤发生有关。该项研究将人工合成的 Bcl-xL 反义寡核苷酸与传统的化疗药物博莱霉素联合作用于口腔鳞癌细胞系 Tca8113,证实其具有促进 Tca8113 细胞发生凋亡的作用,为口腔鳞癌的基因治疗提供了新思路。

(李铁军)

口腔微生物学

牙龈卟啉单胞菌菌毛蛋白 A 参与诱导小鼠牙槽骨吸收[段星宇,孙拓祺,岗桥畅夫等. 国际口腔医学杂志,2010,37(3):249~251]

用牙龈卟啉单胞菌(*Porphyromonas gingivalis*, *P. gingivalis*)ATCC33277 野生菌株感染 BALB/c 小鼠,构建牙周病动物模型。用 *P. gingivalis* 编码菌毛蛋白 A(fimbrillin A, FimA)的 fimA 基因敲除变异菌株 KDP150 感染 BALB/c 小鼠,测量其牙槽骨的改变情况。结果显示:ATCC33277 组小鼠牙槽骨吸收量高于阴性对照组及 fimA 基因敲除菌株组,而 fimA 基因敲除株组与对照组比较,牙槽骨吸收量无明显差异。推测牙龈卟啉单胞菌 fimA 可能是该菌引起牙槽骨吸收的重要毒力因子。

述　评

P. gingivalis 是牙周病最重要的致病菌之一,可产生菌毛蛋白 A 等多种毒力因子,与成人牙周炎、难治性牙周炎密切相关。fimA 不仅能与宿主细胞表面的分子特异性结合并介导细菌定植于口腔环境,而且还能与其他致病菌的表面蛋白特异性结合,介导细菌在牙菌斑内定植,促进牙菌斑生物膜成熟。该研究比较了野生株及 fimA 基因敲除株感染的牙周炎动物模型,评估了菌毛蛋白 A 在 *P. gingivalis* 引起牙槽骨吸收中的作用。该实验提示 *P. gingivalis* 菌毛蛋白 A 对该菌诱导牙槽骨吸收起重要作用,其作用机制及信号通路是下一步研究重点。

(凌均棨)

变异链球菌荧光报告株与野生菌株生长能力及生物膜形成能力的比较[王玮,胡楠,苏凌云等. 牙体牙髓牙周病学杂志,2010,20(2):61~64]

测定变异链球菌野生菌株(UA140)与荧光报告株(UA140-mrfp)生长曲线,统计生物膜形成量,扫描电镜观察两者不同时间段的生物膜结构。结果显示:野生菌株与报告株的生长曲线无明显差别,均有 3 个明显阶段:0~2 小时为迟缓期,2~6 小时为对数生长期,6 小时以后为稳定期。两菌株生物膜形成量及不同时间段生物膜结构相近。提示可用报告株代替野生株在激光共聚焦显微镜(Confocal Laser Scanning Microscope, CLSM)下研究变异链球菌的生物膜结构。

述　评

变异链球菌是依赖生物膜生存的主要致龋菌,运用 CLSM 研究其生长特点和生物膜形成能力可加深对龋病发病机制的认识。报告基因技术借助荧光蛋白转化入细菌内可发光这一特点,能很好地与 CLSM 结合观察细菌形态及生物膜的结构。该实验比较发现 UA140 和 UA140-mrfp 生长能力、生物膜形成量相似,生物膜形态无明显差异,提示可以用报告株代替野生菌株进行相关实验研究，为可视化研究变异链球菌的生物膜结构提供了新思路。

（凌均棨）

白假丝酵母菌分泌型天冬氨酸蛋白酶与重症婴幼儿龋的相关性［高硕，赵玮，邱荣敏等. 中华口腔医学研究杂志：电子版，2010，4（5）：456～461］

临床分离重症婴幼儿龋（severe early childhood caries，S-ECC）和无龋儿童口腔内的白假丝酵母菌，分别用 YNB-BSA 琼脂平板法及以牛血清蛋白为底物配合四甲基偶氮唑盐（MTT）法比较分泌型天冬氨酸蛋白酶（secreted aspartyl proteinase，SAP）活力。全部白假丝酵母菌均表现为 SAP 阳性，两种方法均显示 S-ECC 组 SAP 活性水平高于无龋组，提示 SAP 表达水平升高可能与 S-ECC 进展相关；25S rDNA 基因分型结果显示 SAP 活力高低与基因分型无相关性。

述　评

白假丝酵母菌是口腔中重要的条件致病菌，在患龋儿童的龈上菌斑和龋坏组织中有高检出率。SAP 是白假丝酵母菌的重要毒力因子，存在于龋损组织中且具有降解牙体胶原的能力，提示 SAP 可能在龋病的发展过程中起重要作用。该研究对 S-ECC 和无龋儿童口腔内白假丝酵母菌临床分离株的 SAP 活性进行检测并分析其与 25S rDNA 基因型的关系，为探讨白假丝酵母菌在龋病发展过程中所起到的作用提供实验数据。针对白假丝酵母菌 SAP 基因型及其表达水平与婴幼儿龋发生发展的相关性值得进一步探讨。

（凌均棨）

变形（异）链球菌特异性单克隆抗体的临床初步应用［伍小臻，陈霄迟. 实用口腔医学杂志，2010，26（5）：618～620］

采用变异链球菌特异性单克隆抗体技术检测 84 名儿童唾液中的变异链球菌水平，比较 25 名儿童接受充填治疗前后唾液变异链球菌水平变化。结果显示：用 PCR 鉴定为变异链球菌感染阳性的 26 份唾液标本，使用单克隆抗体技术检测阳性率为 100%，灵敏度达 100%。治疗后变异链球菌水平低于治疗前。提示特异性单克隆抗体技术可有效观察唾液中变异链球菌水平和龋齿的变化关系。

述　评

目前有较多方法应用于检测口腔变异链球菌，如传统选择性培养基、DNA 探针、聚合酶链反应等。细菌特异性单克隆抗体技术简单可行，能应用于大样本的唾液和菌斑标本的细菌特异性检测，具有很好的灵敏度和特异度。该实验应用变异链球菌特异性单克隆抗体检测受试样本，能够显示患龋儿童干预治疗前后变异链球菌水平的变化，提示该技术是监测患龋幼儿唾液变异链球菌水平的一种可行方法。该研究初步探讨特异性单克隆抗体技术和患龋状况之间的相关关系，为其推广应用于临床提供基础理论依据。

（凌均棨）

自然牙菌斑生物膜模型的构建及应用［董维理，周影虹，李成章等. 上海口腔医学，2010，19（2）：196～201］

将羟磷灰石圆片固定于活动夹板，模拟构建口腔内 6、24、48 小时菌斑生物膜模型，于激光共聚焦显微镜下观察各个时期形成的生物膜及经精油成分漱口液作用 1、5、15 和 30 分钟后生物膜活菌厚度及荧光强度的变化。结果显示：48 小时内菌斑生物膜逐渐增厚；各时间点生物膜经漱口液作用后，活菌厚度和荧光强度明显降低。证实精油成分漱口液对菌斑生物膜有良好的渗透和抑菌作用，提示该模型可用于自然形成完整牙菌斑生物膜的研究。

述　评

牙菌斑是引起龋病和牙周疾病的主要因素，是一个具有三维立体空间结构，由基质包裹的相互黏附或者附着在牙表面的细菌群体。该实验建立了获取在体牙菌斑生物膜模型的方法，采用激光共聚焦显微镜评价了精油成分漱口液对生物膜的渗透和杀菌作用。结果提示:该方法能满足体内连续收集非单一菌种完整生物膜进行体外观察要求,且可利用活-死菌比例进行定量分析,为今后进一步研究生物膜的结构以及如何控制菌斑提供了可借鉴的方法。

(凌均棨)

复方中药制剂对粪肠球菌抗菌作用的体外研究[黄莉莉,夏文薇,马瑞等. 牙体牙髓牙周病学杂志,2010,20(7):378~381]

采用液体二倍稀释法,测定没食子酸、厚朴酚和白芨多糖复方中药制剂对游离态粪肠球菌的最小抑菌浓度和最小杀菌浓度;激光共聚焦显微镜观察制剂作用前后生物膜中的细菌活性。复方中药制剂在 0.527 mg/mL 时对游离状态下的粪肠球菌起杀菌作用,与对照组相比有显著的杀菌效果;中药制剂使用前后粪肠球菌生物膜活菌百分比显著下降。提示复方中药制剂对粪肠球菌有较强的抗菌作用,可应用于新型根管封闭剂的开发。

述　评

粪肠球菌是根管治疗术失败患牙根管内的优势菌之一,并与患牙的肿胀、溢脓相关,能在根管治疗后根管内的苛刻环境形成特殊的生物膜,使根管内感染长期存在,继而引发根管再感染。许多中草药具有一定的抗菌效能,该复方中药制剂的各单味中药组分对专性及兼性厌氧菌均有较好的抑制作用,结果显示:复方中药制剂对游离态和生物膜状态下的粪肠球菌有显著的抗菌作用。为将该制剂进一步整合为根管封闭剂的抗菌成分提供了实验依据。

(凌均棨)

牙龈卟啉单胞菌菌毛蛋白 FimA 基因在大肠杆菌中的融合表达和纯化[李昂,谢红帼,梁平等. 华西口腔医学杂志,2010,28(3):241~245]

克隆牙龈卟啉单胞菌菌毛蛋白 fimA 基因,构建表达载体 pET15b-FimA,转化大肠杆菌感受态细胞;IPTG 诱导表达融合蛋白,Western Blot 鉴定、Co^{2+} 柱亲和层析纯化融合蛋白。克隆并插入表达载体的 fimA 基因与其在 GenBank 数据库中的序列 100% 同源性,经 Western Blot 鉴定及亲和层析法获得纯化的高浓度 FimA 蛋白。成功构建牙龈卟啉单胞菌菌毛蛋白 fimA 基因的原核表达载体,并在大肠杆菌中获得成功表达和纯化。

述　评

牙龈卟啉单胞菌(*Porphyromonas gingivalis*, *P. gingivalis*)的菌毛蛋白 FimA 不仅能介导 *P. gingivalis* 在口腔的定植黏附,诱导内皮细胞表达多种黏附分子、炎性细胞因子,而且具有良好的免疫原性,在体内能诱发保护性免疫反应,抑制多种炎症相关因子的产生,阻断 *P. gingivalis* 感染后牙周组织的进一步破坏,是牙周炎疫苗的一种候选免疫原。该实验通过基因克隆、重组技术构建了 *P. gingivalis* 菌毛蛋白 fimA 基因的原核表达载体,并诱导其在大肠杆菌中表达,最终纯化获得了高浓度的 FimA 融合蛋白,为牙龈卟啉单胞菌菌毛蛋白单克隆抗体的制备和可预防牙周炎的蛋白亚单位疫苗的研发奠定了基础。

(凌均棨)

口腔免疫学

B7-H3 基因体内诱导特异性抗肿瘤免疫的研究[黄冬兰,余术宜,孙顺涛等. 实用口腔医学杂志,2010,26(5):589~592]

通过建立人免疫重建荷人口腔鳞癌 SCID 鼠嵌合模型,向荷瘤鼠瘤体内注射人 B7-H3 基因腺病毒表达载体,定期检测肿瘤的体积,并在其尾静脉取血。ELISA 法检测人 IgG 含量。处死模型动物后,RT-PCR、免疫荧光技术检测肿瘤组织人 B7-H3 mRNA、蛋白质的表达;流式细胞仪检测 SCID 鼠外周血 $CD4^+$、$CD8^+$ T 淋巴细胞。结果发现:干预后第 4、7 周,可在实验小鼠外周血中检测到人 IgG;鼠肿瘤组织中可以发现人 B7-H3 蛋白质及 mRNA 表达;与对照组比较,人 B7-H3 处理组鼠肿瘤体积明显减小,生长受到抑制;免疫重建鼠均能检测

到人 $CD4^+$、$CD8^+$ T 淋巴细胞，B7-H3 处理组水平高于对照组。结果提示：B7-H3 基因在肿瘤组织的表达增强能成功诱导 $CD4^+$、$CD8^+$ T 淋巴细胞增殖，产生有效的特异性抗肿瘤免疫应答。

述　评

B7-H3 基因是协同刺激分子 B7 家族的新成员，可以促进 $CD4^+$ 和 $CD8^+$ 细胞的增殖，参与 T、B 细胞的活化。为了在整体水平探讨 B7-H3 在口腔鳞癌特异性肿瘤免疫中的作用，作者采用构建人免疫重建荷人肿瘤 SCID 小鼠嵌合模型的方法，模拟人口腔鳞癌患者的免疫系统。该模型是目前研究肿瘤免疫较理想的动物模型之一，由于可以同时将肿瘤组织和免疫细胞移植到 SCID 小鼠体内，在研究机体抗肿瘤免疫领域显示出独特优势。该研究结果显示了 B7-H3 基因可以显著增强机体的特异性抗肿瘤免疫功能，为将来的临床应用奠定了实验基础。

（陈万涛　徐骎）

$CD4^+CD25^+$ 调节性 T 细胞在口腔鳞状细胞癌中的变化及临床意义［徐辉，张玮，陈盛. 口腔医学，2010，30（5）：283～285］

采用免疫组化 SP 法，检测 10 例正常口腔黏膜组织和 36 例口腔鳞状细胞癌中 FOXP3 的表达情况。结果发现：FOXP3 阳性的 $CD4^+CD25^+$ 调节性 T 细胞在鳞癌高分化组中的比率为 26.4%、中分化组为 42.7%、低分化组为 63.5%，与正常组 2.81% 相比，差异有统计学意义，且其阳性率与肿瘤分化程度密切相关。提示 FOXP3 阳性的 $CD4^+CD25^+$ 调节性 T 细胞表达水平的增加与机体免疫功能低下密切相关，其在口腔鳞癌的发生发展中可能起着重要的作用。

述　评

$CD4^+CD25^+$ 的调节性 T 细胞在调节肿瘤免疫方面发挥重要作用。这群细胞具有免疫无能和免疫抑制特性，通过与细胞直接接触的方式，或依赖于有免疫抑制作用的可溶性细胞因子抑制细胞免疫反应。该研究发现，口腔鳞状细胞癌患者肿瘤局部组织中，FOXP3 的 $CD4^+CD25^+$ 调节性 T 细胞的比率均明显增高，且与肿瘤的分化程度呈负相关。表明调节性 T 细胞所介导的免疫耐受可能直接参与了恶性肿瘤的发生、发展。对于调节性 T 细胞抑制肿瘤免疫作用机制的进一步研究，有望阐明免疫在肿瘤发生、发展中扮演的角色。

（陈万涛　徐骎）

HIV 感染伴口腔念珠菌病患者全唾液 sIgA 的改变［周辉，陈建钢. 武汉大学学报：医学版，2010，31（1）：100～102］

用放射免疫法测定 HIV 感染伴发口腔念珠菌病患者和非伴发口腔念珠菌病患者全唾液 sIgA 含量，同时用流式细胞仪法计数 HIV 感染伴发口腔念珠菌病患者和非伴发口腔念珠菌病患者 $CD4^+$T 淋巴细胞。结果显示：HIV 感染伴发口腔念珠菌病患者和非伴发口腔念珠菌病患者全唾液 sIgA 含量和 $CD4^+$T 淋巴细胞计数均较正常人明显下降，且 HIV 感染伴发口腔念珠菌病患者全唾液 sIgA 含量和 $CD4^+$T 淋巴细胞计数较 HIV 感染非伴发口腔念珠菌病患者下降。作者认为 HIV 感染患者口腔念珠菌病的发病可能与全唾液中 sIgA 的含量有关，全唾液 sIgA 在局部黏膜免疫过程中具有非常重要的作用。

述　评

艾滋病患者 90% 死于机会性感染，而口腔念珠菌病是艾滋病最常见的机会性真菌感染之一。口腔黏膜局部免疫系统不同于、且不依赖于全身免疫系统。唾液 sIgA 在口腔黏膜免疫中起着至关重要的作用，它能阻抑白色念珠菌黏附到黏膜表面，防止病原体入侵和感染的发生。从该研究结果可以看出，当机体感染 HIV 病毒后，全唾液 sIgA 含量较正常人降低，从而导致其抑制白色念珠菌黏附于黏膜的功能降低，发生白色念珠菌感染的几率增加。该研究发现并提出了唾液 sIgA 的减少与艾滋病患者发生机会性真菌感染的关联性及其可能机制。此研究结果为有效控制艾滋病患者口腔真菌感染提供了可能的策略。

（陈万涛 徐骙）

复发性阿弗他溃疡患者的 T 淋巴细胞免疫因素的研究[张华昌，范小平，向学熔等. 重庆医学，2010，39(10)：1239～1240]

对就诊的 149 例复发性阿弗他溃疡（RAU）患者的 T 淋巴细胞免疫因素相关性进行调查研究，其结果与正常水平相比，95% 以上 RAU 患者的免疫球蛋白 IgG、IgA、IgM 及补体因子在正常范围内，而患者的 CD3、CD4、CD8 阳性细胞及 CD4/CD8 变异率分别为 97.99%、95.30%、97.99%、96.64%，RAU 患者的 CD3、CD4、CD8、CD4/CD8 水平与健康人群中正常水平的差异有统计学意义。提示 T 淋巴细胞亚群失衡可能与 RAU 的发生有关。

述 评

复发性阿弗他性口炎是一种常见、易反复发作而原因不明的口腔黏膜病损。目前普遍认为疾病的发生与患者的细胞免疫功能紊乱以及 T 淋巴细胞亚群失衡有关。该研究结果也证实了这一相关性，结果表明：RAU 患者的免疫球蛋白水平无明显异常，而 T 淋巴细胞亚群比例则出现不同程度的变化，以 CD4 淋巴细胞变化尤其明显。在该实验基础上，通过检测复发性阿弗他性口炎患者的 T 细胞免疫功能，并制订针对性的免疫治疗方案，有一定的临床价值。

（陈万涛 徐骙）

口腔癌中肿瘤坏死因子-α 的表达与巨噬细胞关系的研究[杨建斌，邵月保，魏东义等. 现代口腔医学杂志，2010，24(3)：205～207]

应用免疫组化的方法检测 41 例口腔鳞癌及 10 例癌旁组织中 TNF-α 的表达和巨噬细胞的浸润情况。结果发现：在口腔鳞癌中 TNF-α 的表达与肿瘤分化有关，并与肿瘤内浸润的巨噬细胞有关。由此，作者认为口腔癌中浸润肿瘤的巨噬细胞可能受 TNF-α 趋化作用的影响，参与肿瘤的生长和转移。

述 评

该研究结果表明口腔鳞癌中 TNF-α 的表达及巨噬细胞数量与肿瘤分化相关。基于该研究结果，作者得出肿瘤相关巨噬细胞可以产生 TNF-α，TNF-α 进而通过多种免疫机制参与肿瘤的生长和转移的结论。肿瘤细胞和间质之间的相互作用对肿瘤的发生和发展发挥着重要作用。该研究对于肿瘤细胞微环境对肿瘤发生、发展的影响做了积极探索。但是，论文中关于肿瘤相关巨噬细胞产生 TNF-α 的结论缺少直接的实验证据，希望作者今后在此领域继续开展相关研究，以期进一步阐明其作用机制。

（陈万涛 徐骙）

口腔颊黏膜癌组织中 CD1a⁺ 的树突状细胞的免疫组化分析[马妍，金岩，顾晓明等. 现代口腔医学杂志，2010，24(3)：184～186]

通过免疫组化技术分析树突状细胞在口腔颊黏膜鳞状细胞癌中的表达，探讨其在肿瘤组织中的功能状态。结果显示：口腔颊黏膜鳞状细胞癌患者组与正常口腔黏膜组及口腔非特异性炎症上皮组之间，非成熟树突状细胞的数目差异均有统计学意义；肿瘤不同病理分级中，癌旁组织中非成熟树突状细胞的数量差异有统计学意义；癌旁组织中非成熟树突状细胞的数量在有或无淋巴结转移组中的差别也有统计学意义。

述 评

树突状细胞是目前可证实的功能最强的抗原提呈细胞，可以激活静息性 T 淋巴细胞成为效应性淋巴细胞，特异杀灭肿瘤细胞。在细胞活化过程中，树突状细胞还分泌大量免疫因子增强机体非特异性免疫应答水平，故有“天然免疫佐剂”之称。对树突状细胞在口腔肿瘤免疫中作用的阐明，可以丰富临床口腔肿瘤免疫诊断、免疫治疗的手段。该实验结果表明：在颊癌组织中非成熟树突状细胞浸润数量明显增多，提示颊癌患者抗肿瘤免疫的失败并不是因为树突状细胞数量的缺乏，而是其捕获抗原或提呈抗原功能受损。研究证实了树突状细胞亚群和口腔癌发生的关系,为进一步阐明其作用机制提供了实验基础。

(陈万涛　徐骙)

人类主要组织相容抗原Ⅰ类分子在口腔白斑中表达的临床意义[吴平凡,韩帮锋,夏辉等.华西口腔医学杂志,2010,28(4):439~442]

应用MHC-Ⅰ特异性单抗,通过免疫组织化学方法从蛋白表达水平检测28例正常口腔黏膜、55例口腔黏膜白斑、31例口腔鳞癌内MHC-Ⅰ类抗原的表达。结果显示:伴有重度异常增生的口腔白斑与口腔鳞癌内MHC-Ⅰ类抗原的表达显著低于正常口腔黏膜组。不伴异常增生及伴有轻、中度异常增生的口腔黏膜白斑内MHC-Ⅰ类抗原的表达和正常黏膜无统计学差异。作者认为,MHC-Ⅰ在口腔黏膜白斑中存在有表达降低的现象,特别在伴有重度异常增生时,其降低与异常增生的程度有关,结果对判断口腔黏膜白斑的预后有一定价值。

述　评

近年来研究发现,恶性肿瘤细胞表面MHC-Ⅰ类分子表达降低或缺失,可以导致杀伤性T细胞对肿瘤细胞不能识别,使其得以逃避宿主的免疫攻击,可能是肿瘤发生过程中的重要免疫逃逸机制。口腔黏膜白斑是最常见的导致口腔鳞癌的癌前病变,其MHC-Ⅰ类分子的表达情况的研究报道较少。该研究证实伴有不同异常增生的口腔黏膜白斑均可表达MHC-Ⅰ类分子,而重度异常增生的口腔白斑中MHC-Ⅰ的表达率显著低于正常口腔黏膜组。口腔黏膜白斑在发生初期局部免疫出现反应性增强,后期逐渐减弱出现癌变。该研究初步分析了口腔癌前病变恶性转化过程中MHC-Ⅰ的变化规律,为今后口腔癌的免疫学预防、诊断提供了实验依据。

(陈万涛　徐骙)

口腔生物化学

不同人群唾液中变形(异)链球菌的定量检测及其意义[赵冬,王战勇,王建秋等.中华口腔医学杂志,2010,45(4):223~226]

针对染色体DNA印迹法检测变异链球菌中出现的14 kb的Hae Ⅲ酶切片段,合成特异性引物(Sm*),运用实时荧光定量聚合酶链反应(PCR)技术定量检测变异链球菌;对单纯随机抽样方法抽取的99份唾液标本按照龋齿牙数是否为0分为龋齿组和无龋组,龋齿组72人,无龋组27人(包括从未患过龋齿者和曾患龋齿但经治疗和填充的无新鲜龋齿者),分别进行变异链球菌和细菌总量的检测及统计学分析。结果显示:引物Sm*仅对变异链球菌有特异性,定量PCR可检测的下限为0.1 μg/L;细菌总数在龋齿组和无龋组分别为51.4×10^8个/L和221.6×10^8个/L,变异链球菌所占细菌总数比值分别为0.019 3和0.005 9,细菌总数和变异链球菌所占比值在两组间差异有统计学意义($P=0.022$)。说明引物Sm*可用于变异链球菌的定量检测,唾液中变异链球菌与总细菌数的比值与龋齿患病率相关。

述　评

研究者采用Hae Ⅲ酶切片段中的特异序列作为Sm*引物对唾液标本进行检测,建立了定量检测唾液样本中变异链球菌和细菌总数的方法,比较了变异链球菌和细胞总数的存在与不同人群中龋齿患病率的关系。

(陈智)

基托材料对变形(异)链球菌ftf基因表达的影响[董聪,朱彩莲,张富强.实用口腔医学杂志,2010,26(5):578~581]

将各组材料分为唾液覆盖组和未覆盖组,于体外厌氧环境下(95% N_2,5% CO_2,37 ℃,16小时)在材料表面形成变异链球菌生物膜,收集生物膜菌体,提取总RNA,逆转录。实时荧光定量PCR方法检测各组样本ftf基因的表达差异。结果表明:唾液覆盖组中,材料之间ftf基因表达差异无统计学意义。唾液未覆盖组中,热固性基托树脂表面ftf表达最高($P<0.05$);热固性树脂和钴铬合金在唾液覆盖后的ftf表达量明显降低($P<0.05$)。结果提示:

不同材料表面变异链球菌 ftf 表达量存在一定的差异，唾液覆盖可减少差异。

述　评

研究者以临床上常用的基托材料（热固性树脂和钴铬合金）作为研究载体检测变异链球菌 ftf 基因在 2 种基托材料上的表达差异，从分子水平探索了基托材料对变异链球菌致龋性的影响。

（陈智）

唾液链球菌尿素酶基因的克隆和表达[王艳，冯希平，谢幼华等. 中华口腔医学杂志，2010，45(8)：498～501]

将尿素酶基因分成前、中、后三段，分别设计引物，应用聚合酶链反应（PCR）法进行克隆并测序鉴定；进而采用双酶切的方法将分段克隆的产物逐步连接为完整的尿素酶基因；将含有完整尿素酶基因的质粒转化感受态大肠杆菌 TG-1，经酚红脲酶试验检测其尿素分解活性。结果显示：所克隆的唾液链球菌 57. I 尿素酶基因序列正确；无需添加氯化镍，该克隆能够在大肠杆菌中表达出有活性的尿素酶，分解培养基中的尿素产生氨，升高环境中的 pH 值。该研究克隆的唾液链球菌尿素酶基因无需添加外源性镍离子就能够表达出尿素分解活性。

述　评

作者克隆了唾液链球菌 57. I 的尿素酶基因，并在不添加外源性镍离子的情况下表达出有活性的尿素酶，可用于今后替代疗法防龋研究中构建更适合临床应用的产碱效应菌。

（陈智）

唾液潜血与口腔硫化物水平的相关分析[安悦邦，和璐，孟焕新等. 中华口腔医学杂志，2010，45(7)：431～434]

作者对 50 例菌斑性龈炎或轻、中度慢性牙周炎患者行牙周基础治疗，治疗前、后分别用口气检测仪检测口腔挥发硫化物（volatile sulphur compounds，VSC）水平，用潜血试纸检测唾液潜血，并依次记录全口菌斑指数（plaque index，PLI）、探诊深度（probing depth，PB）、出血指数（bleeding index，BI）及 Ramfjord 指数、牙的附着丧失（attachment loss，AL）。结果显示：治疗前唾液潜血与 BI（$r=0.294$）及 Pu（$r=0.308$）呈显著正相关（$P<0.01$）；治疗后唾液潜血与口腔 VSC 水平（$r=0.386$）、PLI（$r=0.456$）、BI（$r=0.352$）、AL（$r=0.325$）显著正相关（$P<0.05$）；唾液潜血阳性转阴性率达 80%（40/50）；治疗后 PLI（0.4 ± 0.6）、BI（0.4 ± 0.7）、AL[（0.1 ± 0.5 mm）]、PD[（2.7 ± 0.9）mm]、口腔 VSC 水平[$100.0(46.3\sim165.3)\times10^{-9}$]，均较治疗前[（$1.3\pm1.0$）、（$1.8\pm1.2$）、（$1.0\pm1.1$）、（$3.7\pm1.5$）mm、$211.0(111.0\sim389.5)\times10^{-9}$]显著降低（$P<0.001$）。随着唾液潜血由强阳性到阴性的变化，口腔 VSC 水平和各牙周临床指标逐渐降低，该趋势差异有统计学意义（$P<0.001$）。结果提示：唾液潜血是判断个体牙龈炎症程度的客观指标，与治疗后的口腔 VSC 密切相关。

述　评

作者探讨牙周基础治疗后唾液潜血的转归及其与口腔挥发性硫化物、牙周临床指标的关系，以期评价唾液潜血在牙周疾病及口气诊疗中的作用。

（陈智）

口腔生物力学

全瓷修复体残余应力的有限元分析[辛海涛，马新扬，吴玉禄. 实用口腔医学杂志，2010，26(2)：173～176]

参考 ISO96936：1999 标准建立全瓷修复试样的有限元模型，采用 ABAQUS 软件对修复试样高温烧结后冷却过程中，在黏弹性和弹性不同阶段形成的残余应力进行分析，实验结果显示：全瓷修复试样在冷却过程中基底瓷收缩变形大于修饰瓷。趋向基底瓷与修饰瓷界面，残余应力随温度降低逐渐增大；随着修饰瓷层厚度增加，界面处残余应力值逐渐减小。基底瓷与修饰瓷材料热膨胀系数的差异，对于全瓷修复体残余应力分布以及修复体寿命有重要的影响，应进行严格控制。全瓷材料的黏弹性对于准确分析残余应力的分布有十分重要的作用。

述 评

全瓷修复体因美观及良好的生物相容性，已经广泛应用于口腔修复领域。由于全瓷修复体是将修饰瓷烧结到基底瓷表面形成的，因而修复体中就存在基底瓷与修饰瓷结合的薄弱部位，残余应力会对这些部位瓷材料的结合产生较大影响。在临床应用中瓷崩和瓷裂也易发生在此，从而影响修复效果和成功率。该文作者采用有限元方法分析了全瓷修复体冷却过程中黏弹性和弹性不同阶段残余应力分布及其影响因素，为临床在进行全瓷修复过程中预防修复体损坏和延长其使用寿命提供了依据。

（周延民）

牙釉质和牙髓不同材料属性对牙周组织应力分布的影响［刘展，钱英莉，樊瑜波. 四川大学学报：医学版，2010，42（6）：187～190］

选用正常形态的下颌中切牙，基于 CT 扫描建立三维有限元模型，对比分析不同材料属性的釉质和牙髓对牙周组织应力分布的影响。所有结构都采用各自的材料属性，在此基础上，将釉质、牙髓分别考虑为和牙本质相同的材料属性，施加与 5 种典型正畸牙移动相对应的载荷，对 3 个模型在相同载荷作用下牙周组织的 von Mises 应力进行比较，结果表明：将牙本质的材料属性赋予釉质和牙髓导致牙根的最大应力差异分别为 21.43% 和 9.25%，而对牙周膜和牙槽骨的计算结果几乎没有影响，说明当研究对象是牙体时，模型应区分釉质和牙髓，而当研究对象是牙周膜和牙槽骨时，则可不做区分。

述 评

构建准确、完善的模型是有限元分析的基础，是全面评价研究对象生物力学行为的前提。以往研究中牙齿的有限元模型大多不同时区分釉质和牙髓，也没有关于区分釉质和牙髓与否对计算结果影响的研究。作者通过对比分析牙釉质和牙髓的不同材料特性对牙根、牙周膜和牙槽骨应力分布的影响，确定当研究对象是牙根，建立模型时应区分釉质和牙本质，当研究对象是牙周膜和牙槽骨，建立模型时可不区分牙髓和牙本质。该研究结果为牙齿及相关结构的模型建立提供了参考依据。

（周延民）

不同全瓷材料修复种植体支持单冠的应力分析［李智勇，李雅琼，潘新华等. 武汉理工大学学报，2010，32（23）：27～30］

用 COSMOSM 2.85 软件包建立种植体支持的上颌中切牙三维有限元模型，观察在斜向加载时全瓷冠、瓷基台和种植体周围骨组织内部的应力情况。全瓷基台设计为 Procera 氧化锆，全瓷冠分别选用 Procera、Inceram、IPSEmpress 2 和 Cercon 等全瓷材料进行修复，发现不同全瓷材料修复时全瓷冠、全瓷基台和种植体周围骨组织内部的应力分布相似。全瓷冠内部的应力集中在近远中颈部区域，全瓷基台内部的应力集中在腭侧种植体基台连接处和基台冠连接处，种植体周围骨组织内部的应力集中在唇侧颈部皮质骨。全瓷冠内部最大张应力在 Procera 氧化铝修复时最大，比 IPS Empress 2 修复时高约 34%。全瓷基台和骨组织内部的最大应力在不同全瓷修复时差异不大，最大和最小值相差在 4%～9%。

述 评

单个缺失牙的美学修复一直是口腔种植学和口腔修复学研究的重点之一，采用全瓷基台和全瓷冠进行种植体支持单冠修复可以取得理想的美观效果，种植体周围软硬组织没有不良反应，具有良好的应用前景。由于目前临床可选用的全瓷材料很多，其力学性能各有差异，在进行种植支持单冠修复时可能会导致应力分布的不同，从而影响修复体的长期成功率。采用三维有限元方法分析了不同全瓷材料修复时种植体支持全瓷冠、全瓷基台和种植体周围骨组织内部的应力分布情况,为临床选用合适的全瓷修复材料提供了参考。

(周延民)

AZ91D 镁合金种植体三维模型骨界面应力有限元分析[李敏,吴凤鸣,戴宁. 口腔医学研究,2010,26(4):489~492]

建立下颌第一磨牙区 AZ91D 镁合金种植体和钛合金种植体三维有限元模型,根据 Vonmises 标准计算种植体-骨界面应力水平,研究发现:不同载荷下,AZ91D 镁合金种植体和钛合金种植体模型的种植体-骨界面应力分布基本相同,两模型最大应力均位于种植体第一螺纹及颈部皮质骨处;相同载荷下镁合金种植体模型界面应力值稍高于钛合金模型;皮质骨应力分布相似,松质骨区镁合金模型应力分布更均匀;镁合金种植体在水平载荷 50 N 下最大等效应力值是其屈服强度的 98.1%, AZ91D 镁合金种植体与钛合金有着极为相似的应力分布,镁合金种植体骨界面应力值稍高,但垂直载荷下界面应力分布较均匀且更有利于压应力传导。

述 评

钛及钛合金是目前在口腔临床工作中广泛应用的种植材料,对钛及钛合金的表面改性、不同成分的种植体材料的研究一直是近些年研究的热点。由于镁及镁合金优良的生物学性能,更受到国内外学者的广泛关注。作者将最有代表性 AZ91D 镁合金作为实验材料,通过建立三维有限元模型,与现有钛合金种植体进行比较进行生物力学分析,为镁合金作为种植体材料提供了可靠的生物力学数据,为进一步研究打下了坚实的基础。

(周延民)

上颌骨功能性修复中骨性支柱重建的生物力学分析[孙坚,沈毅,李军等. 中国口腔颌面外科杂志,2010,8(1):34~38]

应用 MedGraphics Unigraphics 和 Ansys8.0 软件建立 4 种腓骨重建上颌骨的三维有限元模型,于双侧后牙区垂直加载,研究上颌骨的应力分布,建立了上颌骨 Brown 3 类缺损的 3 段式腓骨、2 段式腓骨加重建钛板、2 段式腓骨加钛网和 2 段式腓骨加颧种植体重建的三维有限元模型,3 段式腓骨重建的应力分布图和应力矢量图与正常上颌骨最为接近,应力分布比较均匀,另 3 种应力主要位于重建侧上颌骨并集中于重建结构转折和颧种植体植入颧骨处。有效的上颌骨骨性支柱重建能使重建后的上颌骨处于比较合理的应力分布状态更接近于正常的上颌骨。

述 评

采用血管化骨组织瓣结合钛植入物以及种植义齿修复上颌骨缺损已被国内外学者广泛采用。其远期疗效取决于重建上颌骨和义齿的生物机械稳定性以及应力分布情况与固有上颌骨和牙的相近程度。该项研究构建了上颌骨缺损的三维有限元模型,通过对三种不同术式的生物力学研究,证明应用血管化腓骨肌皮瓣进行上颌骨的骨性支柱重建,结合钛网或颧种植体修复是最有利于上颌骨缺损的功能性修复,为该项术式方法广泛应用于临床提供了生物力学依据。

(周延民)

西安地区 3 000 年前人颌骨隆起发育相关影响的研究[康婷,邵金陵,刘呆运等. 牙体牙髓牙周病学杂志,2010,20(4):216~219]

选取西安地区出土的 3 000 年前人颌骨标本 40 例,个体年龄范围为 25~60 岁,由同一名研究者在日光环境下,观测上颌颊侧隆起(BE)以及下颌舌侧隆起(LME)的形态,记录了颞下颌关节病理性形态表现、牙齿龋损状况、牙齿生前缺失、牙石状况、牙槽骨水平吸收、第一磨牙(M1)和第二磨牙(M2)磨耗、磨耗率等口颌健康、咀嚼力评估指标,数据用 SPSS 14.0 软件进行统计分析,结果显示:BE、LME 均与颞下颌关节病理性形态表现强相关;LME 与 M1、M2 的磨耗率中等相关;BE 与牙齿龋损状况、牙齿生前缺失、牙石状况、牙槽骨水平吸收弱相关。

述 评

赘生性骨质隆起的生长机制向来有许多争议。学术界多倾向于认为一系列颌骨的轻微结节乃至较大的骨质隆起，具有较复杂的形成机制，提出了颌骨骨质隆起是由多基因遗传和环境因素相互作用的结果。根据群体和家系研究发现这种颌骨隆起的遗传性并不明显，在很大程度上是后天对环境的适应性反应。作者对3 000年前人颌骨骨质隆起的一般情况及其相关影响因素进行分析，有助于研究颌骨隆起在人类进化过程中的变化规律，并进一步认识当时人类生产和生活情况。

（周延民）

平台转换连接对种植体-骨界面应力分布的影响［付丽，周延民，李春艳等. 口腔医学研究，2010，26(6)：827～829］

模拟建立上颌骨前牙区、种植体（直径3.5 mm、长度11 mm）以及修复体模型，实验模型的种植体－基台连接形式为平台转换连接，对照模型为平齐对接式连接，对模型施以100 N的轴向载荷和与牙体长轴呈30°的侧向载荷，分别计算两模型种植体－骨界面的最大等效应力，并进行比较分析，结果显示：不同加载条件下两模型的最大等效应力均位于种植体颈部周围颊侧皮质骨中，松质骨中应力较小，相比对照模型平台转换连接方式的骨应力分布更均匀且等效应力峰值较小。平台转换连接可减小种植体颈周骨组织的应力，从生物力学角度考虑，建议临床上尽量选择平台转换连接式种植体。

述 评

采用有限元法，分析平台转换种植体-基台连接方式及传统连接方式对于种植体周围骨组织的应力分布影响，从生物力学角度说明采用平台转换基台可以获得更佳的应力分布状态，减少前牙区的牙槽骨吸收，获得理想的美学效果，为种植体及基台的进一步研发提供理论依据。

（周延民）

口腔材料学

添加相氧化铝对牙科纳米氧化锆陶瓷性能的影响［蒋丽，赵永旗，张静超等. 中华口腔医学杂志，2010，45(6)：376～380］

在牙科纳米氧化锆中添加不同比例的AL_2O_3，探讨AL_2O_3添加量对复合陶瓷力学性能及半透明性的影响。结果表明：随着AL_2O_3含量的增加，试件的烧结密度和透射比下降，断裂韧性有所提高，AL_2O_3组间三点弯曲强度的差异无统计学意义；AL_2O_3对四方氧化锆晶粒的大小和分布无明显影响。氧化锆复合陶瓷通过添加AL_2O_3，改善了断裂韧性等力学性能，但半透明性明显下降。

述 评

钇稳定四方相氧化锆是口腔常用的全瓷修复材料，但其在口腔环境中存在疲劳现象，而且氧化锆全瓷底层材料的半透明性较差，美观效果有待提高，这些都是目前临床应用中有待解决的问题。该研究通过探讨纳米及亚微米级的AL_2O_3的添加量与复合氧化锆陶瓷机械及光学性能之间的关系，阐述了AL_2O_3的添加量会在一定程度上影响氧化锆复合陶瓷的三点弯曲强度、断裂韧性和半透明性的现象，该实验结果将为在氧化锆陶瓷中如何合理添加AL_2O_3量提供理论依据。

（孙皎）

热触发自组装型羟基磷灰石/胶原复合材料的基础研究［蔡洁明，李玲，王茜. 口腔医学研究，2010，26(1)：38～41］

采用相交融合法制备载Ca^{2+}和Pi脂质体，将其与提取的Ⅰ型鼠尾胶原混合成前驱液，观察前驱液37 ℃时的显微结构及矿物质形成情况。研究表明：在人机体自身的酸碱（pH 7.35～7.45）、温度环境（36～37 ℃）下，$CaCl_2$和Na_2HPO_4可以从脂质体内被释放出来，与胶原混合形成触发自组装型羟基磷灰石（hydroxyapatite，HA）/胶原复合体，形成固态的根尖屏障。从而支持根尖封闭剂——三氧化物聚合物(MTA),防止其超充。

述　评

MTA 是临床常用的根尖封闭材料,其突出的问题在于加压的过程中易于超充。MTA 的大量超充会影响其与牙本质壁的密合程度,同时由于其不可吸收性,不仅会对患牙的应力分布产生不良影响,而且不符合组织修复的生物学机制。该研究中研制的 HA/胶原复合材料,在人体温与 pH 环境下,有可能形成 HA/胶原凝胶,且具有部分类似于天然骨的微结构成分与特征,尽管如此,该材料仍需进一步开展生物学性能和应用性能方面的研究。

(孙皎)

新型钛锆铌锡合金的耐蚀性研究[胡欣,魏强,李长义等. 中华口腔医学杂志,2010,45(9):569～572]

以纯钛和钛铝钒合金(Ti-6A1-4V)作为对照,采用电化学法对钛锆铌锡合金在人工唾液中的耐蚀性进行研究。结果显示:钛锆铌锡合金的击穿电位和极化阻力高于钛铝钒合金,其钝化区的维钝电流密度低于钛铝钒合金;在人工唾液中,钛锆铌锡合金的离子溶出量在各时间点均低于钛铝钒合金。由此说明,钛锆铌锡合金比钛铝钒合金更具有良好的耐蚀性,可用于制作口腔修复体。

述　评

纯钛和 Ti-6A1-4V 作为口腔修复材料已广泛应用于临床,但由于人体环境的复杂性,在外力和体液的侵蚀下,表面钝化膜有可能被剥离、溶解,在生物体内产生毒性或炎症等反应,如何提高纯钛和钛合金的耐腐蚀性是目前口腔材料研究的热点之一。该研究选择 Nb 和 Zr 等可增强钛合金钝化性能的元素加入合金中,掺入后的钛合金可避免物相结构差异造成的表面性质不同,降低腐蚀倾向。该研究工作为进一步优化钛合金开辟了一条新途径。

(孙皎)

磁控溅射氮化铌对钛-瓷结合强度的影响[王舒舒,张蜡宝,光寒冰等. 中华口腔医学杂志,2010,45(5):313～317]

对纯钛表面分别进行 AL_2O_3 喷砂和磁控溅射氮化铌(niobium nitride,NbN)涂层后,采用 X 线衍射仪分析各组涂层物相,万能实验机测试钛-瓷结合强度,扫描电子显微镜-X 线能谱仪观察和分析钛-瓷结合界面。结果显示:纯钛表面经磁控溅射氮化铌涂层处理后,呈现特有的立方晶型的氮化铌新相,钛基底的氧化得到抑制,钛-瓷结合强度明显提高。AL_2O_3 喷砂能够进一步提高钛-瓷结合强度。

述　评

作为烤瓷修复用的金属材料,与传统烤瓷金属相比,钛具有良好的生物相容性、耐腐蚀性和机械性能。但由于钛在高温下易在表面形成过厚的氧化层,该氧化层结构疏松、脆性大、附着性差,是影响钛瓷结合强度的主要原因之一。该研究利用磁控溅射氮化铌涂层作为钛与低熔瓷的中间层,一定程度上隔绝了钛氧接触,控制了钛表面的过度氧化,为改善钛-瓷结合强度提供了一种有效的方法。

(孙皎)

光照射强度和水储存条件对双重固化树脂机械性能的影响[孟翔峰,姚海,骆小平等. 实用口腔医学杂志,2010,26(4):469～472]

3 种双重固化树脂黏接剂(Linkm axHV, Nexus 2 和 Var io linkIIHV)接受不同光强度照射,干燥储存 1 天或水储存 90 天后对其机械性能进行检测。结果表明:光强度的减弱显著降低了 3 种树脂黏接剂的挠曲强度和弹性模量;90 天的水储存只显著降低了 Linkm ax HV 和 Var io linkIIHV 的弹性模量和挠曲强度。提示双重固化树脂黏接剂仍然需要足够的光照射强度才能获得良好的机械性能。

述　评

全瓷修复体与牙体组织间长期稳定的树脂黏接是决定其临床修复效果的重要因素,在口腔潮湿老化的环境下,如何提高树脂黏接剂的黏接强度始终是临床关注的热点问题。该研究从如何提高双重固化树脂黏接剂机械性能的角度出发，分别对光照射强度和水储存条件这两个因素对树脂黏接剂的机械性能的影响进行了探讨，其结果为临床上最大限度发挥双重固化树脂的粘接挠曲强度具有指导意义。

（孙皎）

预聚合纳米填料对丙烯酸树脂机械性能的影响［郭永锦，程辉，李秀容等．口腔医学研究，2010，26(3)：332～335］

对纳米二氧化钛粉末（TiO_2）经硅烷表面处理后，通过原位聚合的方法制备表面包覆聚甲基丙烯酸甲酯的纳米 TiO_2 粉末，采用 X 线衍射、红外光谱、透射电镜观察其结构和表面特性的变化以及纳米 TiO_2 在 MMA 悬浮液中的分散情况，并评价聚甲基丙烯酸甲酯（PMMA）树脂机械强度的变化。结果表明，预聚合处理的纳米 TiO_2 在有机溶剂中具有良好的分散稳定性能，能够提高纳米 TiO_2/丙烯酸树脂复合材料的机械性能。

述　评

PMMA 是口腔修复治疗中最常用的基托材料和临时冠桥材料，但其韧性不足、硬度低，表面易黏附细菌和真菌等现象是临床困惑的问题。在基托树脂中加入纳米 TiO_2 不仅能发挥纳米颗粒优异的抗菌性能，而且还可作为增韧和增强剂提高材料的机械性能。该研究工作将为解决基托树脂的临床不足提供新思路，但尚需关注纳米颗粒应用中可能存在的潜在毒性。

（孙皎）

三种铸钛包埋材料对铸型尺寸的影响［余桂林，李楠，李友胜等．口腔材料器械杂志，2010，19(1)：9～11］

分别采用氧化硅系、氧化铝系和氧化镁系铸钛包埋材料包埋蜡型，经 900 ℃烧结后对铸型进行片切，利用测得的二维结构数据对烧失后的铸型进行三维重建以检测其尺寸变化。结果显示：氧化硅系包埋材料收缩最大，氧化镁系包埋材料的铸型变化在两者之间，氧化铝系包埋材料引起的铸型尺寸变化最小。

述　评

由于包埋材料在包埋、烧结过程中的体积变化将直接影响铸型尺寸的大小、形态的变化，最终影响铸件的精密度。近年围绕铸钛专用铸造包埋材料进行了大量的研究工作，但关于蜡型在烧结过程中所发生变化的报道较少。该研究对三种包埋材料在凝固与加热过程中所发生的永久形变进行了深入的研究，其得出的结果将为临床合理选择铸钛包埋材料提供有益的参考。

（孙皎）

牙体牙髓病学

超声制洞对人牙本质作用的扫描电镜观察［刘斌，倪兵，陈薇敏等．牙体牙髓牙周病学杂志，2010，20(8)：457～460］

选取颊侧或舌侧有牙颈部龋或无龋的离体前磨牙共 16 个，随机分成两组，分别以超声和涡轮在颊侧或舌侧颈部制洞，扫描电镜观察牙本质表面玷污层的形成情况。超声制洞后牙本质表面形成非均一性玷污层，部分牙本质小管口开放。涡轮制洞后牙本质表面形成厚实致密的玷污层，牙本质小管口被严密阻塞。

述　评

龋病是牙体硬组织的常见病、多发病。去除龋损牙体组织、制洞并行充填是目前临床上治疗龋病的常规手段。作者采用扫描电镜比较超声制洞和涡轮制洞后牙本质表面玷污层形成情况，分析超声制洞对清洁度的影响，发现超声制洞和涡轮制洞均不可避免地会在牙本质表面形成玷污层，可能会对后续树脂粘接修复带来不利影响。该研究为临床去除龋损牙体组织、制洞并行充填提供了新的思路。

（边专）

大鼠牙乳头细胞复合微孔滤膜形成牙本质样结构的实验研究［倪伟嘉，李玉成，吴家媛等．中华口腔医学杂志，2010，45(11)：678～683］

取传代培养的第二代 SD 大鼠牙乳头细胞消化、离心，所得细胞团与复合有转化生长因

子 β1(TGF-β1)的微孔滤膜相结合,观察复合物上细胞生长和硬组织形成情况。体外培养观察到靠近微孔滤膜的牙乳头细胞发生极化,呈高柱状沿滤膜排列,并有细胞突起伸入材料的多孔结构中,牙本质涎蛋白(DSP)与牙本质基质蛋白 1(DMP-1)表达阳性;体内移植 2 周移植物可见管状基质沿滤膜表面沉积,扫描电镜可见厚度基本一致的管状牙本质样结构,DSP、DMP-1 在高柱状细胞、管状基质和邻近的牙乳头细胞中均有表达。

述　评

作者采用免疫荧光和扫描电镜等方法观察 SD 大鼠牙乳头细胞在复合有 TGF-β1 的微孔滤膜上形成牙本质样结构的能力。该研究发现复合有 TGF-β1 的微孔滤膜能够有效趋化和诱导成牙本质细胞前体细胞在其表面分化,并均匀分泌基质,矿化形成结构规则的牙本质样结构,为组织工程化具有一定规则形状的牙本质提供实验依据。

(边专)

老年人根面菌斑内氏放线菌临床分离株基因型多样性分析[郭斌,杨帆,贾岳等. 华西口腔医学杂志,2010,28(6):646～648,652]

选择老年根面龋患者 20 例设为根面龋组,无根面龋老年人 20 例设为无龋组,刮取菌斑进行临床株的分离鉴定,并利用基因外重复回文序列聚合酶链反应(REP-PCR)分析内氏放线菌基因型的多样性。2 组共分离出内氏放线菌 299 株,选择 156 株进行 REP-PCR 分析,分离出 61 个不同的基因型。根面龋组无龋根面、根面龋损部位及无龋组分离的内氏放线菌基因型存在多样性。单个取样位点的基因型数目存在差异。

述　评

根面龋是老年人的口腔常见疾病之一。目前认为,内氏放线菌是根面菌斑的主要优势菌,与根面龋的发生发展密切相关。作者采用 REP-PCR 技术研究老年根面龋患者的内氏放线菌基因型的种类及分布,分析老年人根面菌斑中内氏放线菌临床株的基因型多样性,探讨内氏放线菌基因型与根面龋的关系,发现多种基因型的内氏放线菌参与了根面龋的发生。该研究对防治老年人根面龋提供理论依据。

(边专)

三种根管充填技术根管系统充盈致密度的实验观察[周秀娟,董艳梅,高学军. 中华口腔医学杂志,2010,45(8):494～497]

将 57 颗去除牙冠、预备好的上、下颌前磨牙按随机数字表法分为 3 组,分别采用常温流动牙胶技术又称 GuttaFlow 技术(GF 组)、冷侧压技术(LC 组)、热垂直加压技术(VC 组)充填根管。用 ZOOM-630 连续变倍立体显微镜放大 45 倍观测切片截面上根充物中的空隙。VC 组的空隙发生率显著低于 GF 组和 LC 组;GF 组的空隙面积百分比显著高于 VC 组、LC 组;VC 组的充盈完好率显著高于 GF 组和 LC 组。

述　评

根管充填必须是在三维上充满根管系统的所有空间。根充后空隙的存在意味着根管充填材料不能对根管系统形成严密的封闭。作者通过比较 3 种根管充填技术对根管系统充盈的致密度,发现 VC 组根管系统充盈的致密度最高,优于 LC 组与 GF 组。该研究对临床进行根管充填、合理选择充填方法具有指导意义。

(边专)

下颌磨牙根管锥度对垂直加压充填技术根尖封闭性的影响[吴俊,樊明文,范兵等. 口腔医学研究,2010,26(2):251～252,255]

选取 30 颗近中根为单根的下颌磨牙,其根管有两个独立的根管口与根尖孔,截去牙冠及远中根后将近中两根管分别预备为 0.06 与 0.10 锥度,采用垂直加压充填技术进行充填。运用染色透明法观察根管封闭效果及根管充填质量。0.06 锥度根管微渗漏大于 0.10 锥度根管微渗漏,差异具有统计学意义。0.06 锥度根管组超充大于 0.10 锥度根管组,差异具有统计学意义。

述 评

根管治疗的最终目的是实现根管系统的三维充填。为了达到这个目的，热牙胶垂直加压充填技术被推荐运用于临床。作者采用染色透明法研究在下颌磨牙不同锥度的根管中，垂直加压充填技术根尖封闭性与根管充填质量的差异，发现在下颌磨牙采用垂直加压技术时0.10锥度根管能得到更好的充填效果。该研究对临床采用热牙胶垂直加压充填技术时合理选择器械具有指导意义。

（边专）

再治疗根管内粪肠球菌检出及其与临床表征关系的分析研究[牛卫东，宋其义，王丽娜等. 华西口腔医学杂志，2010，28（5）：535～538]

临床收集需根管再治疗的患牙108颗，记录症状和体征，根管内采集细菌样本，提取细菌基因组DNA，用聚合酶链反应定性检测粪肠球菌。根管内粪肠球菌的检出率为47.2%。其中，有体征病例与无体征病例粪肠球菌的检出率差异有统计学意义，既有症状又有体征病例与无体征病例组粪肠球菌的检出率差异有统计学意义；在有症状的病例组中，有咬合痛的病例粪肠球菌的检出率为66.7%，与无咬合痛病例组相比差异有统计学意义。

述 评

粪肠球菌是根管治疗后再感染中最常分离到的细菌种类，作者采用聚合酶链反应定性检测临床再治疗根管内的粪肠球菌，发现再治疗根管内粪肠球菌的存在与临床症状或体征密切相关。但其导致临床症状或体征的致病机制有待于进一步研究。

（边专）

Bioaggregate对成骨细胞矿化相关基因表达的影响[袁正林，闫萍，边专等. 口腔医学研究，2010，26（4）：475～478]

将MC3T3-E1细胞与Bioaggregate（BA）或三氧化矿化聚合物（MTA）共培养分别至1、2、3天后，通过MTT技术检测它们对成骨细胞的毒性。同时，其对成骨细胞矿化相关基因Ⅰ型胶原（COLⅠ）、骨钙素（OCN）、骨桥蛋白（OPN）表达的影响运用定量PCR检测。结果发现：BA和MTA均对MC3T3-E1细胞无毒性作用。与MTA比较，BA能够诱导成骨细胞矿化相关基因COLⅠ、OCN、OPN的表达。

述 评

BA作为一种新型的根管充填材料，被认为是可能替代MTA的新型材料，但是目前还没有关于BA对成骨细胞的生物性能的影响的报道。作者采用MTT技术来检测BA对成骨细胞的毒性，发现BA对成骨细胞无毒性作用，同时诱导成骨细胞矿化相关基因——Ⅰ型胶原（COLⅠ）、骨钙素（OCN）、骨桥蛋白（OPN）的表达。该研究为BA进一步应用于临床奠定了基础。

（边专）

牙周病学

双抗胶原膜应用于引导组织再生的长期疗效观察[尚姝环，李成章，樊明文. 中华口腔医学杂志，2010，45（6）：346～349]

选取24例重度牙周炎患者的26颗患牙随机分组，分别应用双抗胶原膜（试验组）和牛腱胶原膜（对照组）对31处垂直型骨吸收和根分叉病变进行GTR治疗。重点比较术后1年及术后6年的患牙临床附着水平及计算机辅助密度影像分析（CADIA值）。结果显示：GTR术后1年，试验组临床附着获得是（3.93±1.74）mm，对照组是（2.25±1.90）mm（$P<0.05$），CADIA值分别增加（53.14±21.35）和（32.96±17.97）（$P<0.05$）。GTR术后6年与术后1年临床附着水平相比，试验组和对照组仅分别平均有0.35 mm和0.34 mm的附着丧失。实验说明在6年的随访病例中，双抗胶原膜应用于引导组织再生所获得的再生牙周组织可以长期保持稳定。

述 评

近年来，国内在引导组织再生术中屏障膜

材料的研制上取得较快发展。该研究中,作者将其研制出的双抗胶原膜(四环素缓释胶原膜)作为屏障膜材料应用于牙周组织再生,观察其远期疗效并进行评估,证实其 6 年临床疗效的可观性,显示了双抗胶原膜优良的理化性能。国产材料的应用可降低手术成本,带来较大的社会经济效益,该研究为进一步研制更加长效安全的国产胶原膜材料奠定了一定的基础。

(钟良军)

应用表面增强激光解吸电离飞行时间质谱技术筛选牙龈卟啉单胞菌共同外膜蛋白[李昂,孙俊毅,苟建重等. 中华口腔医学杂志,2010,45(10):614~618]

应用超速离心法提取 PgATCC33277、Pg83、Pg301 和 Pg381 菌株外膜蛋白,SELDI 疏水性蛋白芯片 H_{50} 检测外膜蛋白(OMP),Biomarker Wizard 软件分析 4 种菌株 OMP 质谱图。结果显示:PgATCC33277、Pg83、Pg301 和 Pg381 存在 13 种共同 OMP,作者认为发现的 13 种 OMP 可作为牙周病免疫疫苗候选抗原,证实表面增强激光解吸电离飞行时间质谱技术(SELDI-TOF-MS)可用于大规模寻找牙龈卟啉单胞菌的共同 OMP。

述　评

牙周病的免疫学研究一直是国内外该领域关注的焦点之一。作者以慢性牙周炎的主要致病菌为目标筛选其 4 种亚型的共同外膜蛋白,将获得的 13 种共同 OMP 在美国国立生物信息中心蛋白库中进行搜索比对,匹配到一种已知蛋白,编号 gi | 116636495,同时研究中所使用的 SELDI-TOF-MS 技术适合检测相对小分子质量(<20000)、低丰度、疏水性蛋白,且操作简单、重复性好。该研究探索 *P. gingivalis* 的 OMP 找出其中的致病性蛋白,为力求发现新的、有价值的牙周免疫抗原起到了推动作用,为牙周炎的免疫防治奠定了良好的基础。

(钟良军)

中重度牙周炎与焦虑抑郁心理因素相关性的临床研究[王戎机,高承志,高旭光等. 牙体牙髓牙周病学杂志,2010,20(10):584~587]

收集中重度牙周炎患者 39 例,健康对照组 29 例,采用汉密尔顿抑郁量表(Hamilton Depression Scale,HAMD)和汉密尔顿焦虑量表(Hamilton Anxiety Scale,HAMA)进行评价,比较两组分值,并对牙周炎组的评分值和临床指标进行相关性分析。结果显示:牙周炎组患者的 HAMD 评分(10.56 ± 6.58)和 HAMA 评分(12.36 ± 8.80)均显著高于对照组(3.59 ± 2.41;3.76 ± 2.13),两组差异有统计学意义($P<0.05$),临床附着丧失(CAL)与焦虑总分、抑郁总分均呈显著正相关($P<0.05$)。表明中重度牙周炎患者存在焦虑和(或)抑郁情绪。

述　评

随着医学模式向生物-心理-社会模式的转变,越来越多的研究发现精神因素可与各种生物因素相互影响,在多种疾病的发生发展中起重要作用。目前虽然关于心理因素与牙周炎发生的机制并不完全明确,但其对于牙周病的影响日益备受关注。作者通过研究发现中重度牙周炎患者 HAMD、HAMA 分值均显著高于健康人群,提示在通过生物学方法治疗牙周炎的同时,应密切关注患者的心理健康状况并应早期进行干预。

(钟良军)

五倍子牙周缓释凝胶对 Beagle 犬实验性牙周炎疗效的观察[张爽,倪伟嘉,张莹等. 牙体牙髓牙周病学杂志,2010,20(7):272~276]

选择 2 岁健康 Beagle 犬建立牙周炎模型,分别用五倍子牙周缓释凝胶(实验组)、派力奥软膏(阳性对照)进行治疗,并以非药物载体作空白对照。分别于用药 1、2、3、4 周后检查 GI、BOP、PD 等临床指标,并于实验结束后拍 X 线片观察各组的治疗效果。结果显示:五倍子牙周缓释凝胶 PD 下降幅度与派力奥软膏组相比有显著优越性($P<0.05$);X 线片显示五倍子

牙周缓释凝胶组的 CEJ-B 距离明显缩短,而派力奥组和空白载体组相比差异无统计学意义($P<0.05$)。实验证实五倍子牙周缓释凝胶在改善 PD 和牙槽骨高度方面优于派力奥。

述 评

由于口腔环境的复杂性为牙周炎用药造成一定困难,口服及静脉给药难以提高病变局部的药物浓度,而局部直接给药又难以维持长时间的药效且长期使用易产生耐药性,因此,局部缓控释剂的应用受到广泛关注。作者在实验中将由高分子材料 PLGA 和天然药物五倍子冻干粉组成的五倍子牙周缓释凝胶应用于牙周炎动物模型并与派力奥进行疗效比较,表明其在改善 PD 及牙槽骨高度方面明显优于派力奥。该实验通过动物实验观察为牙周缓释药物的开发应用提供参考,并为该药物将来能在人体的应用提供实验依据。

(钟良军)

rhBMP-7 缓释微球的制备及其对人牙周膜干细胞增殖分化的影响[李帅,吴红,吴家媛等. 牙体牙髓牙周病学杂志,2010,20(5):245~249]

采用复乳-溶剂蒸发技术制备缓释 rhBMP-7 的 3-羟基丁酸酯与 3-羟基戊酸酯的共聚物(PHBV)的载体微球,测定微球的粒径和形态、载药率、体外释放率,将其释放液与人牙周膜干细胞共培养,观察其对细胞增殖和碱性磷酸酶活性的影响。结果显示:微球形态均匀圆整,平均粒径为(50±12)μm,载药率为(0.67±0.27)%,体外释放 1 天为(17.22±0.94)%,累计释放量不断增加,56 天时达到(52.75±4.67)%。与空白对照组相比,微球释放液可促进细胞增殖和碱性磷酸酶活性($P<0.05$),且 7 天后的释放液对细胞的影响随时间增加逐渐加强($P<0.05$)。作者认为载有 rhBMP-7 的微球具有较好的缓释作用和生物活性,是一种较为理想的生长因子载体材料和缓释系统。

述 评

生长因子是组织工程三元素中不可缺少的一部分,它对于种子细胞的增殖分化具有重要的促进作用,因此研制具有良好药物缓释功能的生长因子载体材料成为目前组织工程技术研究的热点。作者制备的载有 rhBMP-7 的 PHBV 微球大小均匀,表面光滑,释放 rhBMP-7 时间长且累计释放量不断增加,可有效保持蛋白质的活性,促进牙周膜干细胞 AKP 的活性,对细胞无毒性作用,值得对该材料及其制备方法进行深入研究。

(钟良军)

Vector 超声系统对牙周炎维护期患者的疗效观察和疼痛感受评价[周爽英,曹婕,孟焕新. 现代口腔医学杂志,2010,24(2):86~89]

选择 26 例慢性牙周炎维护期的患者,将每个患者全口四个象限随机分入手工刮治组、传统超声刮治组、Vector 摩擦剂组和 Vector 抛光剂组进行龈下刮治。记录基线和治疗后 3 个月时入选位点的菌斑指数、牙周探诊深度、临床附着丧失、出血指数及刮治时的疼痛程度 VAS 值。结果表明:四组治疗效果相同,Vector 治疗组的疼痛程度明显小于常规的手工刮治和超声刮治。作者认为 Vector 超声系统为牙周炎维护期患者的复查复治提供了一个新的有效手段,有利于增加患者的依从性。

述 评

患者在维护期不能坚持治疗是牙周炎复发的关键因素,虽然传统的手工及超声刮治是牙周基础治疗中的有效手段,但由于在刮治过程中易造成牙骨质表面的损伤,使患者敏感疼痛,降低了患者定期复查的依从性,从而降低了牙周炎治疗的长期疗效。作者通过 Vector 牙周治疗仪与传统刮治术对患者的治疗效果分析得出:Vector 治疗仪在疗效不变的同时明显降低了传统刮治的疼痛程度。虽然该研究病例数较少,研究时间较短,但对于牙周基础治疗新技术新设备的开发与应用具有指导意义。

(钟良军)

从附着水平高度评估牙周膜剩余面积[吴仲恺,尹元正.上海口腔医学,2010,19(2):178~182]

收集除第三磨牙外不同牙位的离体牙模拟出不同程度附着丧失的牙周膜,经扫描后计算机图像处理及统计学数据分析。结果显示:各牙位牙周膜面积对应不同附着水平间的数值变化规律满足一次函数的回归检验($P<0.001$),根据所得回归直线,当附着丧失超过5.37 mm时,各牙位剩余牙周膜面积多降至原有面积的50%以下。作者认为通过检测附着水平高度可为临床医师面对牙周病患牙作出正确的预后判定和治疗计划提供可靠的理论依据。

述　评

该研究通过对离体牙模拟不同附着水平牙周膜的分析,探索附着丧失与剩余牙周膜面积的变化规律从而对患牙的牙周潜力进行评估,提示患牙是否具有足够的支持力,避免牙周组织继发性的损伤。与实际牙周炎患者复杂的牙周情况相比,此研究模拟的牙周附着丧失状况较为理想化,但对于今后探索更精确的数字化方法在牙周病预后评估中的应用积累了重要的理论数据。随着计算机图像处理技术及应用软件开发的迅速发展,对牙周病患牙的保留价值的检测方法将更为简捷准确。

(钟良军)

人牙周膜细胞群多向分化潜能的实验研究[刘娟,赵红宇,轩东英等.华西口腔医学杂志,2010,28(2):185~189]

采用组织块法分离培养人牙周膜细胞群,流式细胞术检测间充质干细胞标记CD146和STRO-1的表达;利用茜素红、油红O染色、免疫组化以及RT-PCR等检测hPDLP的多向分化标志。第1代hPDLP的CD146和STRO-1阳性率分别是27.20%、3.98%和4.23%、4.08%;经矿化诱导可以形成矿化结节,有钙盐沉积;经成脂诱导可见特异性脂滴形成,特异性转录因子过氧化物酶体激活物增生受体2和脂蛋白脂酶(LPL)表达上调。作者认为体外培养的hPDLP具有向成骨和成脂样细胞分化潜能,第1~3代细胞群明显具有牙周膜干细胞的多向分化潜能优势。

述　评

牙周膜干细胞作为成体干细胞的一种同样具有分化增殖能力,其子代能增殖产生成纤维细胞、成骨细胞和成牙骨质细胞。作者就hPDLP的横向分化能力从矿化和成脂方向进行了研究,第1~3代的hPDLP中含有一定比例的干细胞,在体外具有干细胞群的诱导分化能力,为以牙周膜细胞群为种子细胞的牙周组织工程研究奠定了实验基础。但hPDLP目前尚缺乏特异性的表面标记对其进行鉴定和分离纯化,若要将其应用于人工牙周膜的构建和牙周膜再生治疗还需进一步的研究。

(钟良军)

口腔黏膜病学

OLP患者唾液和血清中骨桥蛋白等细胞因子的表达[魏本娟,陈铁君,陆群等.临床口腔医学杂志,2010,26(10):594~596]

酶联免疫吸附试验检测26例扁平苔藓(OLP)患者(充血糜烂型12例,网状/斑块型14例)和26例健康志愿者的唾液和血清中骨桥蛋白(OPN)、肿瘤坏死因子-α(TNF-α)、转化生长因子-β1(TGF-β1)的含量。结果显示:患者唾液和血清中OPN、TNF-α含量与正常对照组相比均有升高($P<0.05$);充血糜烂型的TGF-β1唾液和血清水平显著高于网纹/斑块型($P<0.05$)。三种抗体在唾液和血清中表现出明显的相关关系。唾液作为无创伤性标本可应用于OLP的临床检测。

述　评

以往对OLP的病理机制主要集中于T细胞及相关细胞因子的变化。该研究另辟蹊径,发现OPN在OLP患者血清和唾液中表达增强,说明促血管因素在OLP的病理中也有重要作用,提示OLP发病并非仅与免疫有关,对其病理机制的研究应有多种思路。研究发现的唾液和血清中细胞因子表达相关性,提示唾液有望作为无创性检测标本。

(周曾同)

羟氯喹治疗口腔扁平苔藓前后的唾液双向电泳研究[蒋红柳,王文梅,段宁等.临床口腔医学杂志,2010,26(3):143~145]

固相pH梯度(IPG)双向凝胶电泳(2-DE)分离口腔扁平苔藓(OLP)患者经羟氯喹(HCQ)治疗3个月后唾液中的差异蛋白质,银染显色,Imagemaster图像分析软件分析差异蛋白质点。结果显示:治疗前后患者唾液2-DE图谱平均蛋白质点数分别为(1 894±183)个和(1 920±341)个,凝胶图谱分辨率、重复性较好;用Imagemaste图像分析比较,图谱中差异表达蛋白质点数为21个(6个点治疗后高表达,15个点治疗后低表达)。此研究建立了分辨率高且重复性较好的OLP患者唾液双向凝胶电泳图谱,发现治疗前后存在着差异表达的蛋白质,为进一步研究HCQ治疗机制提供方法。

述　评

口服HCQ对难治性OLP有较好疗效,但机制不清。该文采用蛋白质组学双向电泳技术,分析HCQ治疗OLP前后的唾液改变,得到重复性较好、分辨率较高的蛋白质双向电泳图谱,并发现治疗前后蛋白质表达有差异。提示蛋白质组学是药物靶向作用和细胞信号通路的研究方向。

(周曾同)

口腔扁平苔藓固有层淋巴细胞中Fas及Fas配体的表达变化[雷蕾,谭为霞,周序珑等.中华口腔医学杂志,2010,45(4):219~222]

采用脱氧核糖核苷酸末端转移酶介导的原位缺口末端标记法检测31例口腔扁平苔藓(oral lichen planus,OLP)和10例正常口腔黏膜(normal oral mucosa,NOM)中淋巴细胞凋亡情况;免疫组化法检测组织总淋巴细胞及$CD8^+$、$CD4^+$T细胞Fas、FasL的表达。结果表明:OLP与NOM固有层淋巴细胞的凋亡率分别为(1.9±1.8)%、(11.5±9.0)%。OLP淋巴细胞Fas、FasL表达,$CD8^+$与$FasL^+$细胞双阳性表达率,网纹型$CD4^+$与Fas^+细胞双阳性表达率与NOM组相比明显增强。OLP淋巴细胞凋亡低下;OLP中T细胞亚群Fas、FasL表达不均衡,$CD8^+$细胞和萎缩、糜烂型OLP中$CD4^+$细胞可能逃逸活化诱导细胞死亡(AICD),与炎症的持续和进展有关;网纹型OLP中部分$CD4^+$T细胞可能经历AICD。

述　评

该研究针对OLP固有层淋巴细胞凋亡低下情况,检测促凋亡因子Fas、FasL及效应T细胞的表达,结果提示OLP的发生可能与$CD8^+$细胞和$CD4^+$细胞逃逸AICD有关。由此可以试探通过重建OLP局部AICD、恢复病变局部免疫内环境的平衡,达到治疗OLP的目的。

(周曾同)

SD大鼠放射性舌炎动物模型的建立[李春阳,陈小华,陶小安等.中华口腔医学研究杂志:电子版,2010,4(5):439~446]

自行设计制作锥形铅质罩装置及附件,在SD大鼠舌背舌尖部位形成1 cm×1 cm的照射区域,行单次单剂量(30 Gy)X线、吸收剂量率为每分钟100.75 cGy、每次照射6只,制作放射性舌炎(RTG)大鼠模型,观测RTG大鼠体重、口腔黏膜炎指数、组织病理学变化。结果表明:35天内SD大鼠舌黏膜表现出放射性舌炎的临床及病理改变。成功建立了大鼠RTG模型。

述　评

放射性口腔黏膜炎(RTOM)是鼻咽癌和其他头颈部恶性肿瘤放疗最常见的剂量依赖性不良反应。该研究在原有RTOM动物模型的基础上,通过改进实验装置,成功模拟临床RTOM的损伤过程,与原有的RTOM模型相比,具有操作简单、照射剂量均一、定位准确、重复性好、与人口腔黏膜组织更接近、利于观察等优点。SD大鼠RTG模型的建立,为临床研究 RTOM 生物学发病机制,探索新的防治措施,提供了新的技术平台。

（周曾同）

整联蛋白连接激酶在口腔白斑及早期浸润癌中的表达［郭竹玲,高岩. 中华口腔医学杂志,2010,45(3):163～166］

联合应用免疫组化及过碘酸希夫反应(periodic acid Schiff reaction,PAS)检测 19 例正常黏膜、43 例白斑伴上皮单纯增生、84 例白斑伴上皮异常增生、40 例原位癌及 54 例早期浸润癌中整联蛋白连接激酶(integrin-linked kinase,ILK)的表达情况及分布规律。结果发现:ILK 在白斑及早期浸润癌中的阳性表达率高达 90%,ILK 在间质中的表达随病变程度加重而增加。ILK 在口腔白斑的癌变中可能起重要作用。

述　评

有研究证明 ILK 在不同来源的肿瘤中表达异常,但在口腔癌的发生中担任什么角色尚未知晓。该研究发现在口腔黏膜的异常增生并突破基底膜发展为早期浸润癌的过程中,ILK 阳性率随病变程度加重而增加。提示 ILK 的信号转导参与了口腔白斑癌变进程,是编码细胞表面受体和细胞内蛋白激酶基因突变范畴内口腔癌研究值得深入探讨的靶基因之一。

（周曾同）

PD-L2 融合蛋白对角质形成细胞/T 细胞共培养模型的作用［杜观环,李琴,周永梅等. 临床口腔医学杂志,2010,26(6):337～339］

采用角质形成细胞/T 细胞共培养模型,分别加入人 PD-L2 融合蛋白、人 IgGl,含0.1% BSA 的 PBS,共培养 72 小时。用流式细胞术、MTT 法、ELISA 法检测共培养上清中的 T 细胞凋亡、增殖状态、生长周期的改变及 IL-2、IFN-γ 的表达水平。结果显示:人 PD-L2 融合蛋白抑制了 T 细胞增殖及 IL-2、IFN-γ 的表达,促进了 T 细胞凋亡,但对 T 细胞生长周期没有明显的影响。人 PD-L2 融合蛋白对共培养模型中 T 细胞增殖活化有负性调节作用。

述　评

大量研究证实免疫因素在 OLP 的发生发展过程中占主要地位,但其免疫病理机制尚不明确。该研究借助于体外建立的角质形成细胞/T 细胞共培养模型,发现 PD-L2 融合蛋白对共培养模型中 T 细胞的增殖活化起负性调节作用,仅提供了模拟人体局部 OLP 发病的免疫状况,而且证实人 PD-L2 融合蛋白有望成为治疗 OLP 新的免疫方法。

（周曾同）

转染 Podoplanin 对口腔白斑细胞增殖和细胞周期的影响［孙强,严明,周晓健等. 中华口腔医学杂志,2010,45(1):6～10］

以口腔黏膜白斑细胞系 Leuk-l、转染 pCMV-Podoplanin 表达质粒白斑细胞系 A4-1 和转染空白载体 pCMV 的白斑细胞系 B4-1 为细胞模型,分别用 PCR、激光共聚焦显微镜、蛋白质印迹法、MTT 法、流式细胞仪检测转染目的基因后细胞中 Pedoplanin mRNA 的变化、蛋白的定位和表达水平、细胞增殖活性及细胞周期分布的的变化。结果表明:A4-l 细胞中 Pedoplanin 的 mRNA 相对表达量、蛋白表达水平、细胞生长速度、细胞增殖指数及处于 C2～M 期比例明显高于 B4-l 细胞及 Leuk-l 细胞。口腔白斑细胞过表达外源性 Podoplanin 蛋白后,细胞生长和增殖能力明显增强;Podoplanin 可能是口腔白斑细胞癌变的关键基因之一。

述　评

有研究证实 Podoplanin 在人口腔癌变发生过程中可能起重要作用。该研究发现白斑细胞高表达外源性 Podoplanin 后,具有异常生长、增殖及分裂等恶性细胞的生物学特点,为 Podoplanin 在白斑恶变中发挥的作用提供了体外实验依据。但 Podoplanin 是否确为白斑恶变关键,尚需体内研究资料支持。

（周曾同）

Fractalkine 在糜烂－萎缩型及斑纹型 OLP 中表达的初步研究［杜格非,李成章,周刚等. 临床口腔医学杂志,2010,26(7):394～396］

应用免疫组织化学方法检测 fractalkine (FKN)在34例OLP中的表达情况,分析FKN与OLP临床类型、年龄、性别及发病部位的关系。结果发现:FKN在OLP角质形成细胞中和黏膜下层血管内皮细胞高表达;在糜烂-萎缩型OLP中,角质形成细胞FKN染色分值显著高于斑纹型OLP。提示FKN在角质形成细胞及血管内皮细胞中的高表达,可与T淋巴细胞相互作用,可能通过一种旁分泌反馈机制参与OLP发病机制,加重炎症反应。

述 评

FKN是趋化因子CX3C亚族中的一员,能将外周血管的T细胞NK细胞等招募到炎症局部而加重炎性反应。该研究发现萎缩型-糜烂型与斑纹型OLP中的FKN表达有显著性差异,揭示了OLP是口腔黏膜常见慢性炎症性疾病的本质,以及为什么长期不愈的萎缩型-糜烂型损害可能增加OLP的癌变风险的原因。由此推测,如果阻断FKN可能有助于对OLP病情的控制。

(周曾同)

生存素、半胱氨酸天冬氨酸蛋白酶3在口腔癌前病变及口腔癌中的表达[丁艳平,李曙霞,吴洪儒等.中华口腔医学杂志,2010,45(2):85~88]

采用免疫组化法检测16例白斑伴上皮轻-中度异常增生、12例白斑伴上皮重度异常增生,17例高-中分化鳞状细胞癌、10例正常黏膜组织中生存素和半胱氨酸天冬氨酸蛋白酶3(caspase-3)的表达。结果显示:生存素随着病变的严重程度逐渐增加;caspase-3表达在3个病例组中逐渐下降;正常对照、白斑伴轻、中度异常增生、白斑伴重度异常增生以及口腔鳞状细胞癌组凋亡指数分别为(0.89±0.46)%、(1.29±0.63)%、(0.65±0.40)%和(0.21±0.12)%。结果说明:随生存素表达增加,caspase-3和凋亡指数呈下降趋势;生存素可能通过抑制caspase-3的表达,从而抑制细胞的凋亡,促进口腔癌的发生。

述 评

生存素是凋亡抑制蛋白家族的成员,可通过直接或间接抑制半胱天冬蛋白酶活性而发挥抗凋亡作用。该研究提示生存素可能通过抑制caspase-3的表达参与口腔癌的发生,这种以通路为单元的白斑癌变机制研究比其单个基因的研究更有价值。

(周曾同)

中西医结合口腔医学

局部注射葛根素对鼠拔牙后剩余牙槽嵴吸收影响的实验研究[金为旭,苗波.北京口腔医学,2010,18(2):77~79]

对大鼠下颌中切牙缺失模型的剩余牙槽嵴黏膜下注射葛根素,用X线片和H-E染色检测大鼠相对剩余牙槽嵴高度、骨密度值及组织学形态改变。结果发现:葛根素提高了剩余牙槽嵴相对高度、骨密度值及成骨质量,减少了剩余牙槽嵴骨吸收。表明局部注射葛根素可以抑制拔牙部位剩余牙槽嵴的吸收。

述 评

葛根属辛凉解表类中药,有解肌退热、生津止渴、升阳透疹的功效。葛根素是其提取物,有报道其能抑制血小板凝聚,但少见用于牙科疾病。该报道发现葛根素有抑制拔牙部位剩余牙槽嵴吸收的现象,值得从中医药原理和现代药理的角度深入进行中西医结合研究。

(周曾同)

清热滋阴活血复方制剂对大鼠糖尿病牙周炎的疗效及外周血TNF-α的影响[赵芬,林志勇,赵民等.临床口腔医学杂志,2010,26(1):3~5]

构建大鼠糖尿病牙周炎模型后,将等效剂量的金银花、北沙参、川芎复方水煎剂给大鼠灌胃,H-E染色法检测牙龈组织中炎细胞浸润及第一磨牙近中牙槽嵴顶至釉牙骨质界的距离改变;ELISA法检测外周血中TNF-α的含量的变化。结果发现:复方中药制剂组与模型组相比牙龈组织的浸润炎性细胞数目显著降低;

牙槽嵴顶至釉牙骨质界的距离及外周血中 TNF-α 的含量显著改善。结果说明：清热滋阴活血复方中药制剂可能通过下调炎性细胞因子 TNF-α 的水平发挥对糖尿病牙周炎的治疗作用。

述　评

糖尿病属中医的消渴症范畴，阴虚为本，燥热为标，牙龈红肿是其表征之一。现代流行病学也已证实，糖尿病与牙周病间密切相关。该研究从中医药治疗消渴症的治疗原则出发，组成清热滋阴活血复方中药制剂给予内服取得疗效，提示对于牙周病的治疗应该考虑标本结合，在此方面中医药具有优势。

（周曾同）

中药黄芪促进牙周组织再生的初步观察［施育才，曾健，王佩飞等．口腔医学，2010，30（4）：230～232］

建立犬牙周病模型 12 周后分别植入 BIO-OSS 人工骨粉加黄芪水提液、黄芪粉末、BIO-OSS 人工骨粉加蒸馏水，并设立空白对照组。测量牙周探诊深度及光镜观察牙体-牙周-颌骨联合标本，对以上三种方法的效果进行比较。其结果表明：三种方法的牙周探诊深度较空白组显著降低，但 BIO-OSS 人工骨粉加黄芪水提液组与单纯黄芪粉末植入组无明显差异；实验组的牙体-牙周-颌骨联合标本光学观察有新生牙槽骨生长。由结果可见：中药黄芪对牙周组织再生能力具有较明显的促进作用。

述　评

黄芪属补气类中药，有升阳补气、托疮生肌、利水消肿等功效。现代研究表明，其有效成分具有增强免疫力、保肝、利尿降压等作用。牙周组织的生长需要一定的条件，补气是中医药对机体组织更新的一种保障措施。该研究结果证实，这一理念在牙周病的治疗中是合适的。但其有效成分和机制有待进一步探讨。

（周曾同）

牙周基础治疗联合清热解毒中药合剂对慢性牙周炎患牙龈沟液中白细胞介素-1β 及肿瘤坏死因子-α 水平的影响［程培红，戚向敏，杜朝霞等．中国中西医结合杂志，2010，30（3）：268～270］

24 例慢性牙周炎患者分为两组，对照组行牙周基础治疗，中药组行牙周基础治疗同时服用清热解毒中药合剂。记录治疗前后探诊深度（PD）、临床附着丧失（CAL）、探诊出血点数（BOP）；用放免法检测龈沟液（GCF）中 TNF-α、IL-1β 水平。结果发现：两组治疗后患牙 GCF 中 TNF-α 及 IL-1β 水平及 PD、CAL、BOP 显著降低，且中药组的 TNF-α 及 IL-1β 水平较对照组降低更显著。结果提示：牙周基础治疗联合清热解毒中药合剂可进一步降低 TNF-α 及 IL-1β 水平，减轻牙周炎症反应。

述　评

牙周炎属中医牙宣范畴，与胃火炽盛、肾气虚损有关，需要内治与外治相结合。牙周基础治疗属外治，而清热解毒中药合剂则是内治。该研究不仅证实中医药的有效性，同时也印证了中医药学治疗方面的经验和思维方式的合理性。

（周曾同）

佳蓉片治疗更年期妇女灼口综合征的疗效观察及其对血清性激素水平的影响［毛凯平，周杰，容刚等．口腔医学研究，2010，26（4）：534～536］

将 60 例更年期女性灼口综合征（burning mouth syndrome，BMS）患者随机分为佳蓉片组 30 例，空白对照组 30 例，VAS 法评定治疗前后疼痛强度，比较临床疗效，检测两组治疗前后血清性激素水平。结果显示：治疗后两组疼痛指数有不同程度减轻，但佳蓉片组疼痛指数持续减少（$P<0.01$），而空白对照组疼痛指数在第 1 疗程后无变化。佳蓉片组的总有效率明显优于空白对照组（$P<0.01$）。佳蓉片组 BMS 患者治疗前后雄激素水平显著降低（$P<0.01$），而空白对照组无差异。结果提示：佳蓉片治疗更年期女性 BMS 具有良好疗效。降低其雄激素水平可能是作用机制之一。

述　评

BMS 至今无特殊疗法。以中医辨证施治能从全身角度调节机体功能，更年期女性灼口综合征（BMS）患者的发病更与全身因素有关。佳蓉片有温补肾阳，滋阴养肾，清心安神功效，符合中医对该病的认识。检测还发现治疗前后的雄激素水平变化，证实中医药是治疗 BMS 的有效方案之一。

（周曾同）

中药雷公藤多苷治疗 NOD 小鼠自发性涎腺炎的研究［李春蕾，何菁，华红．现代口腔医学杂志，2010，24（2）：106～109］

8 周龄雌性 NOD 小鼠 27 只，随机分为空白对照、羟氯喹、雷公藤多苷 3 组。9 周始，等效剂量药物溶于 0.4 mL 生理盐水中每天灌胃，12、16、20 周收集唾液流量、血清、颌下腺组织。H-E 染色观察颌下腺改变；ELISA 法检测血清 SSB、α-fodrin 抗体及细胞因子 IL-10、IFN-r。结果发现：治疗后雷公藤多苷、羟氯喹组比对照组唾液流量明显增加，颌下腺炎性浸润减轻，血清自身抗体下降，TH1/TH2 细胞因子失调改善，而中西药组间差异无统计学意义。结果提示：雷公藤多苷对 NOD 小鼠自发性涎腺炎有治疗作用，机制与药物减轻颌下腺淋巴细胞灶性浸润及改善 TH1/TH2 型细胞因子失调有关。

述　评

雷公藤是公认有效的自身免疫性疾病治疗中药，其多苷是用现代科技手段提炼的有效成分。该研究用 SS 小鼠模型，证实了雷公藤多苷对自发性涎腺炎的抑制作用。该研究不仅为探索治疗 SS 副作用小且有较好疗效的药物提供了应用前景，而且符合中医药现代化研究方向。

（周曾同）

养阴益气法治疗口腔扁平苔藓临床疗效评价［关晓兵，柏景坪，张会娜等．北京口腔医学，2010，18（4）：218～221］

将口腔扁平苔藓（OLP）初诊患者 80 例随机分 2 组。实验组采用中药养阴益气合剂，对照组选用白芍总苷，均治疗 3 个月。用半定量 REU（网纹－糜烂－溃疡）评分系统比较两组临床疗效；同时观察治疗前后血清 TNF-α 水平变化。结果发现：两组间总有效率无显著性差异，但对充血糜烂型 OLP 的疗效养阴益气合剂组比白芍总苷组更显著，主观症状和客观体征改善均有显著差异；治疗后血清 TNF-α 水平下降更明显。结果说明：养阴益气法对治疗 OLP 是有效的，尤其是对糜烂型 OLP 疗效显著。

述　评

中医认为气阴两虚是 OLP 发病的根本原因，其中又以阴虚导致局部黏膜失养为主，同时淤血贯穿其病变全程。该研究采用养阴益气法治疗充血糜烂型 OLP 有很好的疗效，并能抑制细胞因子介导的炎症应答反应，说明依照中医的理法方药原则治疗口腔黏膜病是一种可取的思路。

（周曾同）

玉屏风口服液对口腔扁平苔藓差异表达基因干预的初步探讨［曾娟，刘青兰，蔡叶等．口腔医学，2010，30（8）：455～459］

对服用玉屏风口服液后的扁平苔藓（OLP）组织，未经药物治疗的 OLP 组织和正常口腔黏膜组织，采用基因芯片技术进行基因表达谱分析。发现服用玉屏风口服液后的 OLP 组织有 5 条基因表达上调，3 条基因表达下调，异常表达的基因以转录基因为主。说明玉屏风口服液对 OLP 组织的若干转录基因表达有干预作用。

述　评

玉屏风口服液是根据《医方类聚》中的玉屏风散改变剂型加工而成的现代中成药，有益气固表、祛邪扶正、活血化瘀功效。临床已发现该药治疗 OLP 有较好疗效，但现代药理机制尚不清楚。采用基因芯片检测，筛选出差异表达的基因，发现干预作用点，可从分子水平了解中医药的作用机制，是中西医结合研究的一个方向，但因现代研究对基因相互作用及其网络的了解水平有限,因此,此领域还有很多未知数需要不懈地努力去研究。

（周曾同）

芪蓝颗粒对大鼠舌黏膜癌变中 Bcl-2 及 P53 表达的影响［陈作良,郑燕芬,黄亦琦等. 现代口腔医学杂志,2010,24(1):56～59］

将 150 只 SD 大鼠随机分为癌变模型组、芪蓝颗粒干预组(低、中、高剂量)、正常对照组。以 4-硝基喹啉-1-氧化物(4NQO)饮水喂养诱导大鼠舌黏膜癌变,同时给予芪蓝颗粒干预,取 9、18、27、36 周舌标本作组织学观察,Polymer 法检测组织中 Bcl-2 蛋白、P53 蛋白表达。结果显示:芪蓝颗粒干预各剂量组的大鼠癌变率均低于癌变模型组;Bcl-2 蛋白、P53 蛋白阳性表达明显低于癌变模型组。作者认为:芪蓝颗粒可抑制口腔黏膜癌变,对细胞凋亡相关的 Bcl-2 蛋白、P53 蛋白的调控可能是其抑癌机制之一。

述　评

芪蓝颗粒是作者根据中医治疗白斑健脾益气、活血祛淤、解毒止痛大法组建的经验方,已在临床取得疗效并报道。该实验进一步观察了芪蓝颗粒对 Bcl-2 蛋白及 P53 蛋白的影响,推断药物通过对细胞的凋亡影响而发挥作用。但由于中药复方的成分及其相互作用的复杂性,因此该研究结果仅仅提供了一种中医药作用机制研究的可能性。

（周曾同）

儿童口腔医学

酸蚀时间、再矿化时间对乳牙釉质再矿化的影响［汪俊,宋丽媛. 口腔医学,2010,30(10):590～593］

采用随机区组设计,将 28 枚离体乳切牙的唇面分别开 4 个窗,随机分到酸蚀 30、60、90、120 秒 4 个处理组中,采用 32% 磷酸凝胶对标本进行酸蚀处理,而后用人工唾液进行再矿化,分别于脱矿后、再矿化处理 2 小时,再矿化处理 24 小时进行激光共聚焦显微镜扫描,记录其平均荧光量(AF),然后用重复测量的方差分析对数据进行分析,显著性水平为 0.05。结果显示:再矿化时间、酸蚀时间对再矿化后 AF 有显著影响;酸蚀时间对再矿化效果影响中,除 90 秒组与 120 秒组之间的差异无统计学意义,其余各组 AF 两两比较差异均有统计学意义;矿化时间对再矿化的影响中,两两比较 AF 差异均有统计学意义。

述　评

儿童乳牙龋发病率较高,筛选龋病高危人群,制定有的放矢的防治计划,对早期龋及时诊断和干预性治疗非常重要。通过对牙体硬组织抗酸能力及再矿化潜能的检测来评估个体的龋活动性,从而对其龋患风险进行预测。作者应用这一方法进行研究,得出在进行乳牙抗酸能力及再矿化潜能检测时,酸蚀时间不可超过 60 秒,再矿化时间可以为 24 小时。该文为儿童龋病风险预测研究提供了新思路。

（葛立宏）

长春市某小学 7～12 岁儿童牙周致病菌分布状态调查［倪雪岩,伊田博,铃木基之等. 中华口腔医学杂志,2010,45(2):75～79］

以长春市自强小学 151 名 7～12 岁儿童为研究对象,选择右上颌中切牙唇面和右上颌第一磨牙颊面为被检部位,取龈上菌斑、记录探诊出血(bleeding on probing,BOP)、探诊深度(probing depth,PD)、牙龈指数(gingival-index,GI),应用聚合酶链反应(PCR)法对儿童口腔内牙龈卟啉单胞菌(*Porphyromonas gingivalis*,*P. gingivalis*)、伴放线放线杆菌(*Actinobacillus actinomycetemcomitans*,*A. actinomycetem*),分布状态进行检测,探讨检出结果与牙周临床指标之间的关系。结果显示:儿童龈上菌斑中 *P. gingivalis*、*A. actinomycetem* 检出率为 27.6%、54.3%;6|颊面 *P. gingivalis*、*A. actinomycetem* 的检出率均高于1|唇面,*P. gingivalis* 检出率差异有统计学意义;*P. gingivalis* 检出率随年龄增长呈逐渐增高趋势,*A. actinomycetem* 检出率在 11～

12岁组最高,其次为7~8岁组和9~10岁组;BOP阳性部位*P. gingivalis*、*A. actinomycetem*检出率均高于BOP阴性部位。在BOP阳性部位,随PD加深*P. gingivalis*检出率逐渐增高,特别是在PD为94 mm时,*P. gingivalis*检出率明显增高。

述　评

牙周病的发病主要在成人,而开始发生在儿童阶段,目前这方面的研究较少。作者研究了长春市151名7~12岁儿童牙周致病菌的状况,得出7~12岁儿童龈上菌斑中高频度分布着*P. gingivalis*、*A. actinomycetem*;上颌前牙区与磨牙区菌丛构成不同,*P. gingivalis*在磨牙区定植更早;两菌种检出率随年龄增长而增加,且与牙周临床指标密切相关,儿童早期采取牙周病的预防措施是非常必要的。该研究对于儿童时期牙周病的预防有指导意义。

(葛立宏)

抗酒石酸酸性磷酸酶在乳牙生理性根吸收时的表达[谢妮娜,徐稳安,宋光泰等.国际口腔医学杂志,2010,37(1):7~11]

取0、4、10、16、22天龄乳兔包含乳磨牙牙根及其周围组织在内的部分下颌骨,拍摄其X线片,制备石蜡切片,分别行苏木精-伊红和TRAP染色以及TRAP阳性细胞计数。研究家兔下颌第二乳磨牙生理性根吸收时期抗酒石酸酸性磷酸酶(TRAP)在乳牙根周围和恒牙胚周围以及两者之间结缔组织中的表达及其意义。结果显示:家兔下颌第二乳磨牙牙根于出生后第4天开始吸收;至第10、16天时,根吸收约1/3和2/3;至第22天左右,第二乳磨牙脱落。第0天时,TRAP仅表达于恒牙胚的周围单核细胞。第4天时,乳牙根周围的TRAP阳性单核和多核细胞开始增多,并于第10天达到高峰且差异与第0和4天龄组有统计学意义,第16天时TRAP阳性细胞数开始下降。得出TRAP阳性细胞的位置和水平与乳牙生理性的根吸收进程密切相关,TRAP阳性细胞在恒牙胚周围细胞中出现的规律可能起着重要的作用。

述　评

乳牙牙根是人体中唯一可以发生生理性吸收并消失的硬组织。乳牙根的顺利吸收对于牙齿发育和恒牙的正常萌出是非常重要的。而目前对其机制了解较少。作者研究了破骨细胞的标志性酶——抗酒石酸酸性磷酸酶在兔乳牙生理性吸收时的表达。结果有助于了解乳牙生理性根吸收的机制,对了解牙根吸收的调控有一定的参考价值。

(葛立宏)

超声微创手机和工作头在儿童龋病治疗中的应用评价[李静,葛立宏,赵双云.北京大学学报:医学版,2010,42(6):752~755]

选取在儿童口腔科能够配合治疗的3~12岁患儿72名,按照自身同名牙对照将患牙随机分为实验组和对照组。实验组使用超声微创手机去腐,对照组使用高速涡轮手机和慢速手机去腐。记录临床操作时间,去净腐质后牙齿的色、形、质;患儿在治疗中的临床表现,对治疗时疼痛度的评价;纵向观察治疗后充填体的完整性、牙齿的感觉、菌斑情况。评价超声微创手机在龋齿治疗中去腐的效果和效率,以及患儿对微创手机治疗和传统方法治疗的评价和反应。结果显示:两种方法均可有效去净腐质。实验组的临床操作时间平均为4分钟,对照组平均为3分钟34秒,两组相比差异有统计学意义。比较两组患儿的临床焦虑及配合情况,实验组得分低于对照组,两组患儿对治疗时疼痛的感受差异有统计学意义,表现为实验组有89.2%的患儿感觉舒适或稍有不适,对照组有73.1%的感觉舒适或稍有不适。88.2%的患儿表示更愿意使用超声微创手机进行治疗。

述　评

近年来微创牙科的技术发展很快,研究微创技术的现状,并将其应用到临床,是非常有意义的。由于微创技术无痛,最大限度保留牙体组织等优点,特别适合儿童口腔科临床应用。作者进行了超声微创手机和工作头在儿童龋病治疗中的应用评价研究，认为超声微创手机可以有效治疗儿童龋齿，其噪音小、操作精确轻柔、对牙髓刺激性小，患儿更易于接受。建议儿童口腔科医师关注微创和无痛技术的发展，掌握技术并应用于临床治疗中。

（葛立宏）

咪达唑仑口服镇静术在不同年龄段儿童口腔治疗中的效果评价［景泉，万阔，马林等. 中华口腔医学杂志，2010，45(12)：770～774］

选取 109 例对口腔诊疗不配合的儿童患者，在门诊环境下实施咪达唑仑口服镇静术辅助诊疗，给药剂量为 0.50～0.75 mg/kg，记录各项评价指标并对≤3 岁组(40 例)和＞3 岁组(69 例)的治疗效果和安全性进行分析、比较。总结了咪达唑仑口服镇静术对口腔诊疗不配合的儿童患者的临床效果，探讨年龄因素对咪达唑仑治疗效果和安全性的影响。得出结果，镇静治疗总成功率为 71%，≤3 岁组治疗成功率为 58%，显著低于 3 岁以上组 78%；总不良反应发生率为 17%，≤3 岁组不良反应发生率为 28%，显著高于 3 岁以上组 12%。

述　评

我国许多医院口腔科目前对不合作患儿采用束缚下强制治疗，或放弃治疗。强制治疗不仅会对患儿造成负面的心理影响，导致成人阶段牙科恐惧症的发生。家长、医务人员也承受心理压力，治疗效果难以保证，采用口服、吸入或静脉镇静技术可以有效解决不合作儿童治疗困难问题。作者研究了咪达唑仑口服镇静术在不同年龄治疗中的效果，认为此方法对 3 岁以上儿童治疗效果较好，且不良反应相对少。该研究为口服药物镇静提供了有意义的参考，希望今后能更多地看到这方面的研究文章。

（葛立宏）

长沙市盲聋哑学校学生口腔健康状况调查分析［阙国鹰，刘志云，李奉华等. 牙体牙髓牙周病学杂志，2010，20(8)：464～466］

为了解长沙市残障学生口腔健康状况，作者参照第三次全国口腔健康流行病学调查要求，检查了长沙市盲聋哑学校 362 名学生口腔情况，对其进行统计分析，得出结果：362 名残障学生患龋率为 32.3%、龋均 1.0，其中男生患龋率为 31.5%，女生患龋率为 33.6%，智障学生患龋率为 46.4%，失明学生患龋率为 25%，聋哑学生患龋率为 29.4%，男女生患龋率差异无统计学意义($P > 0.05$)，而智障与盲、聋哑学生患龋率的差别有统计学意义($P < 0.05$)，盲与聋哑学生患龋率差异无统计学意义($P > 0.05$)；牙龈出血检出率为63.1%，人均有牙龈出血的牙数为 6.03 个，男女无差异，牙石检出率为 65.7%，人均有牙石的牙数为 9.90个，男女无差异。

述　评

随着社会的进步，人们越来越重视残障人的健康。残障人的牙齿疾病的发病和治疗有其特殊性。一些发达国家的牙科医院都设有残障人齿科。虽然我国多数医院还没有建立残障人齿科，但许多儿童口腔科已开展了残障儿童治疗项目。该研究对长沙市盲聋哑学校学生口腔健康状况进行了调查分析，得出残障学生口腔健康状况差，应特别重视残障学生的口腔卫生宣传教育。残障儿童的口腔健康状况和治疗问题应引起口腔工作者的重视。

（葛立宏）

老年口腔医学

健康成人血清和唾液中丙二醛含量相关性的研究［孙红艳，刘洪臣，吴霞等. 中华老年口腔医学杂志，2010，8(1)：8～10］

丙二醛(malondialdehyde，MDA)是脂质氧化的终产物，它会引起蛋白质、核酸等生命大分子的交联聚合，且具有细胞毒性，机体内 MDA 的水平已成为研究人体衰老的重要指标之一。该研究应用硫代巴比妥酸比色法，测定了 20～39 岁、40～59 岁、60～79 岁、80 岁以上 4 组共 120 名健康成人血清和唾液中 MDA 的含量。结果显示：20～39 岁血清、唾液中 MDA 的含量显著低于 60～79 岁及 80 岁以上组（$P<0.05$），20～39 岁组与 40～59 岁组 MDA 的含量差异无统计学意义；唾液与血清中 MDA 的含量存在相关性（$r=0.79$，$P<0.05$）。表明血清和唾液中 MDA 含量随年龄的增长不断升高，唾液中 MDA 的检测可大体上反映血清中的含量。

述　评

我国已进入老龄化社会，如何预防衰老成为研究热点。唾液标本采集安全、方便、无创伤，唾液检测的研究引起了人们极大的兴趣。随着研究工作不断深入，其不但可应用于疾病诊断，更可应用于健康监控。该研究测定了不同年龄段健康成人血清和唾液中 MDA 的水平，并比较了血清和唾液中含量的相关性，为通过唾液检测 MDA 从而预知人体衰老的状况提供了依据。对于其他可能影响唾液 MDA 水平的因素有待进一步研究。

（栾文民）

老年性骨质疏松症患者下颌骨骨密度的检测分析［林梓桐，王铁梅，葛久禹等. 中华口腔医学杂志，2010，45(4)：214～218］

对 40 例老年性骨质疏松症患者（A 组）、40 名非骨质疏松症老年志愿者（B 组）和 40 名青年健康志愿者（C 组）摄取标准化数字曲面体层 X 线片，应用计算机图像处理软件测量下颌骨下缘皮质骨厚度、曲面体层下颌指数、牙槽骨骨密度、牙槽骨骨高度。使用双能 X 线吸收骨密度仪测量腰椎及髋关节骨密度。结果显示：A 组下颌骨下缘皮质骨厚度与全身骨密度显著相关；A 组与 C 组标准化数字曲面体层 X 线片测量指标差异均具有统计学意义；A 组与 B 组下颌骨下缘皮质骨厚度、曲面体层下颌指数具有统计学意义，B 组牙槽骨骨密度和牙槽骨骨高度与 C 组差异具有统计学意义。结果提示：老年性骨质疏松症患者下颌骨下缘皮质骨丢失明显，其健康牙槽骨骨丢失主要为老龄化改变。

述　评

骨质疏松症是一种常见的严重影响老年人健康的骨代谢疾病，颌骨作为全身骨骼系统的一部分，与全身骨代谢密切相关。该研究通过标准化数字曲面体层 X 线片观测老年性骨质疏松症患者下颌骨骨密度相关指数与非骨质疏松症者的差异以及与全身骨密度改变的相关性，对于应用曲面体层 X 线片筛查骨质疏松症患者有一定的参考价值。但应增加样本量，进行性别及不同年龄组的相关分析。

（栾文民）

广州市老年人根面龋患病情况及影响因素［张莉，林焕彩，赖紫芸. 现代口腔医学杂志，2010，24(2)：138～141］

采用分层多阶段抽样方法，选取广州市城区的 3 个区和郊区的 2 个县级市作为调查点，对 991 名 65～74 岁老年人进行了问卷调查和口腔检查。结果显示：广州市城、郊老年人根面龋患病率分别为 42.4%、61.8%；根面龋好发牙位依次为上颌尖牙、上颌第一磨牙和下颌第一磨牙；易感牙面为上颌邻面和下颌唇颊面。Logistic 回归分析结果显示：城区老年人佩戴局部义齿、LOA（牙龈附着丧失）大于等于 4 mm 牙数目较多、刷牙次数较多者，根面龋患病高；郊区老年人未婚/离异/配偶去世者、LOA 大于等于 4 mm 牙齿数目较多者根面龋患病高。

述　评

根面龋是老年人常见口腔疾病，患病率随着年龄增大而增高，由于其发病部位和病程进展的特殊性，临床治疗比较困难，患牙易发生折断，导致牙齿丧失。随着我国人口的老龄化，应积极采取措施预防老年人根面龋的发生。该研究通过调查广州市城、郊老年人根面龋患病情况，分析影响老年人根面龋的相关因素，为采取有针对性的措施预防老年人根面龋提供了参考依据。该调查显示城区老年人刷牙次数多者，根面龋患病高，这一结果有待进一步研究确认。

（栾文民）

老年人残根的临床保留效果分析[张贤华,欧龙,储冰峰等.中华老年口腔医学杂志,2010,8(2):85～87]

对402例老年患者586颗残根,根据残根的长度、牙周情况以及能否进行完善的根管治疗等,分析临床可保留性。对于121颗位于龈下的残根,根据残根根面位置分成3组进行不同牙周手术。术后4周常规修复,随访1年。结果显示:586颗老年人残根中,148(25.26%)颗被用于覆盖义齿,314(53.58%)颗被用于固定义齿修复,残根临床保留率为78.84%。对于牙槽嵴顶距残根断面大于3 mm的残根,牙龈切除术效果较好,对于小于3 mm的残根,牙冠延长术效果较好($P<0.01$)。结果说明:老年人多数残根是可以保留用于活动或固定修复。

述　评

老年人常由于龋坏或牙外伤等导致牙折,口腔中残冠/残根较常见,由于就诊不及时,许多残根位于龈下或根面覆盖增生的牙龈。随着根管治疗术、冠延长术、桩冠修复术等各种治疗方法的不断完善,越来越多过去认为应拔除的残根得以保留。在条件允许的情况下,尽量选用固定义齿修复,有利于提高咀嚼力,更好地恢复咀嚼功能。该研究结果对临床如何处理老年人残根并用于修复有重要指导意义。

（栾文民）

老年糖尿病患者牙周翻瓣术治疗对血糖水平的影响[苏东华,张贤华,方福生.临床口腔医学杂志,2010,26(11):665～667]

将24例已行牙周洁、刮治术的患有2型糖尿病的老年牙周炎患者随机分成两组,治疗组行牙周翻瓣术,对照组不行翻瓣术。术后12周检查显示,治疗组探诊出血、探诊深度明显减少,糖化血红蛋白明显降低,且上述三项指标明显低于对照组($P<0.05$),而对照组三项指标变化无统计学意义。结果表明:老年糖尿病患者牙周炎症控制能在一定程度上改善糖代谢水平,改善的效果可能与牙周炎症控制程度有关。

述　评

大量的研究表明:糖尿病和牙周病存在共同危险因素,且互为高危因素,糖尿病患者牙周炎发病率和病变程度都高于非糖尿病人,而牙周炎症可能在一定程度上影响血糖的控制。该研究说明老年糖尿病患者牙周翻瓣术后牙周炎症控制较好,同时血糖控制也比对照组好,为老年糖尿病伴牙周炎患者的治疗提供了临床依据。牙周炎症控制对血糖水平影响的远期效果有待进一步观察。

（栾文民）

预防口腔医学

含尿素酶基因的重组变链菌JH1140变链素对变链菌UA159的抑制作用[芮昕,冯希平.上海口腔医学,2010,19(3):281～284]

以变异链球菌UA159为指示菌,选取野生型变异链球菌JH1140和重组变异链球菌JH1140(各20例)与变异链球菌UA159共同培养,观察记录抑菌环直径。采用SAS9.1软件包进行方差分析,比较2种细菌的抑菌环直径,分析抑菌能力。以不同浓度变异链球菌UA159为指示菌,取野生型变异链球菌JH1140和重组变异链球菌JH1140(各20例)与变异链球菌UA159共同培养,观察记录抑菌环直径。采用SAS9.1软件包进行方差分析,比较不同浓度指示菌条件下,重组变异链球菌JH1140的抑菌环直径。结果显示:相同指示菌浓度下,野生型变异链球菌与重组变异链球菌的抑菌环直径之间差别无统计学意义($P>0.05$)。不同浓度指示菌条件下,重组变异链球菌JH1140的抑菌环直径之间差别也无统计学意义($P>0.05$)。表明重组重组变异链球菌JH1140与野生型变异链球菌JH1140相比,抑菌能力未见改变。重组细菌在表达新基因的同时,其变链素分泌未受影响。

述　评

重组细菌在表达新基因的同时，其生物特性与野生型变异链球菌相比是否改变，是研究基因重组变链菌的重要问题。作者把重组变异链球菌JH1140与野生型变异链球菌JH1140相比，其结果表明抑菌能力未见改变，从而推断其变链素分泌未受影响。为进一步研究重组细菌打下了基础。

（王艳）

重庆市12岁人群氟牙症抽样调查报告［蒋琳，林居红，王金华等. 重庆医学，2010，39(10)：1237～1238］

采用多阶段、分层、等容量、随机抽样的方法，抽取重庆市6个区县12岁城乡常住人口749人，男375人，女374人。按照《第3次全国口腔健康流行病学调查方案》中临床氟牙症的检查方法和标准，检查全口恒牙牙冠氟牙症情况。计算出患病率和氟牙症指数，并进行统计学分析。结果表明：12岁组人群氟牙症患病率为6.5%，氟牙症指数为0.13，城乡和性别的差异无统计学意义。

述　评

氟牙症是重要的地方性牙病，影响了患者牙齿的美观与健康，作者调查了解重庆市12岁城乡人群恒牙氟牙症状况，结论表明：重庆市氟牙症患病率和氟牙症指数处于较低水平，为重庆市口腔卫生保健工作提供了信息支持。

（李刚）

我国城市地区成人牙本质敏感的流行病学调查［荣文笙，胡德渝，冯希平等. 中华口腔医学杂志，2010，45(3)：141～145］

调查对象为北京、上海、广州、武汉、成都、西安共6个城市20～69岁居民，采用多阶段、分层、等容量随机抽样的方法，样本来自6个城市的36个抽样点，调查内容包括牙本质敏感的临床检查和问卷调查。牙本质敏感的诊断结合了受检者的自我感觉和临床上冷空气喷吹敏感检查，临床检查是在常温下，距离牙面1 cm处气枪吹压缩空气，受检者确认是否敏感或疼痛，7 939名20～69岁成人完成了牙本质敏感的临床检查和问卷调查，结果表明：在调查人群中，40.7%（3 230/7 939）的受检者自述有牙本质敏感的症状，结合气枪吹气诊断并排除龋齿等其他引起疼痛的疾病，受检人群牙本质敏感的患病率为29.7%（2 354/7 939），人均牙本质敏感牙数为1.4颗，50～59岁年龄组人群牙本质敏感的患病率最高，为39.1%（622/1 592）。牙本质敏感多发于前磨牙，最常见引起牙本质敏感的刺激因素为冷刺激，女性、受教育程度低、牙龈退缩、附着丧失及胃食管反流史等因素与牙本质敏感发生有关。

述　评

随着人们对口腔健康的关注度提高，牙本质敏感问题越来越受到重视，但牙本质敏感在我国的发病率调查却不是很全面。作者通过调查我国6个城市地区20～69岁成人牙本质敏感的患病状况及其影响因素，表明我国城市地区20～69岁成人牙本质敏感很常见，为临床牙本质敏感的防治提供了资料。

（李刚）

孕产妇牙周疾病与早产低体重儿相关性分析［谢惠兰，杨莉，江汉等. 实用口腔医学杂志，2010，26(2)：248～251］

采用横断面调查的方法，根据随机原则并按照纳入标准抽取2006年5月～2007年2月在湖北省妇幼保健院进行生产的已进行婚姻登记的，并且孕前1年内及孕期未曾患有下生殖泌尿系统性疾病的妇女432名进行调查，调查方法包括问卷和临床检查。调查问卷为：被调查人员相关情况的结构式问题调查；牙周检查项目包括软垢指数、龈沟出血指数、牙周袋探诊深度及临床附着丧失水平等，同时记录新生儿体重和分娩时孕周，运用卡方检验及Logistic回归分析的统计学方法对数据进行分析。结果表明：分娩出早产低体重儿的孕产妇53名，占12.3%；正常分娩的孕产妇379名，占87.7%。早产低体重组孕产妇牙龈炎的患病率为86.6%，牙周炎的患病率为64.2%，正常分娩组分别为73.6%和32.7%。患有牙龈炎孕产妇分娩出早产低体重儿的 *OR* 值为 1.30,95% CI 为 0.53 ~3.22;患有牙周炎的孕产妇分娩出早产低体重儿的 *OR* 值为 2.69,95% CI 为 1.37 ~5.27。

述　评

国外有文献报道,孕产妇牙周病可导致早产低体重儿,但在我国两者相关性研究比较少,作者通过横断面调查,研究结果证实了孕产妇牙周疾病与早产低体重儿的相关性。为孕产妇牙周病的研究和防治提供了依据。

（王艳）

红色荧光定量分析法评价釉质早期龋的临床研究[尹伟,冯岩,胡德渝等. 华西口腔医学杂志,2010,28(3):278 ~281]

选择有上颌前牙光滑面釉质早期龋的 96 名小学生为研究对象,指导其在 6 个月的时间内使用含氟牙膏(氟离子质量分数为0.145%)刷牙。分析基线和 6 个月后的上颌前牙光滑面荧光图像,获得红色荧光变量(包括荧光面积 Ar、平均荧光量△R、荧光总量 R),将其与绿色荧光变量(包括荧光面积 Aw、平均荧光损失量△F、荧光损失总量△Q)进行比较,并通过配对 *t* 检验评价使用含氟牙膏后龋损的变化情况。结果显示:红色荧光变量 Ar、△R、lgR 与对应的绿色荧光变量 Aw、△F、lg△Q 的 Pearson 相关系数分别为 0.89、0.54、0.72($P<0.05$),具有高度相关性。使用含氟牙膏 6 个月后,红色和绿色荧光变量均较基线明显降低,其差异有统计学意义($P<0.05$)。

述　评

作者采用定量光导荧光(QLF)技术的红色荧光分析法检测釉质早期龋,研究监测含氟牙膏促进早期龋再矿化的效果,评价该技术诊断早期龋的能力。研究表明:采用 QLF 技术的红色荧光分析法能够评价釉质早期龋的严重程度,并纵向监测病变,适用于评价龋损防治措施的效果。

（李刚）

福建省部分城乡中老年人群咬合支持情况抽样调查报告[林挺,卢友光,苏柏华等. 重庆医科大学学报,2010,35(2):309 ~313]

采用多阶段、分层、等容量、随机抽样的方法对福建省中老年人咬合支持情况进行了抽样调查。结果显示:福建省城市地区中年人群的平均咬合接触牙对数为 12.90,有 98.06% 的中年人有 8 对以上牙齿有咬合,咬合完整率为 54.31%,后牙咬合完整率为 59.44%。中年组农村地区的总咬合对数平均数、后牙咬合对数平均数、咬合完整率均高于城市地区。在老年组,平均咬合对数为 6.19,有 29.86% 的受检者口腔内没有咬合接触牙,44.72% 老年人的口腔内有 8 对以上的咬合接触牙。老年组后牙平均咬合对数为 2.90,仅有 10.69% 受检老年人的后牙咬合接触完整。老年组咬合对数的各项指标,除了老年男性后牙咬合完整率高于女性,其余均无城乡与性别的差异。作者认为老年人群的咬合支持状态总体上远较中年人群差,福建省超过半数的老年人的牙列功能低于可接受的水平。

述　评

作者为了解福建省中老年人群咬合支持的现状,对福建省部分城乡中老年人群咬合支持情况现状进行了调查。结果显示:老年人群的咬合支持状态总体上远较中年人群差,福建省超过半数老年人的牙列功能低于可接受水平。该结果为中老年人口腔健康的防治工作提供参考依据,提示加大预防保健的力度,保护和改善老年人的咬合支持状态刻不容缓。

（王艳）

海军 2 972 名官兵口腔健康状况调查[刘垚,郭静,李刚等. 解放军预防医学杂志,2010,28(3):173 ~175]

制定口腔健康状况调查方案及调查标准,采用分层和整群抽样的方法选择调查样本,共调查 2 972 人。用 FoxPro 6.0 软件建立数据库,用 SPSS 11.5 软件进行统计描述分析。结果显示:龋病患病率为 30.2%,牙周疾病患病率为 56.1%,第 3 磨牙阻生齿检出率为 22.8%。

述　评

由于海军工作环境和条件的特殊性,其口腔健康状况及保健方案有相应的特殊性,作者以海军2 972名官兵为目标人群,调查了口腔健康状况,结果表明:我海军某部官兵口腔疾病患病率较高,口腔医疗需求量较大。为海军口腔医疗人力资源配置提供了参考数据。

（王艳）

都江堰市地震灾区人群口腔医疗需要现况调查[李刚,郭静,荣长根等.上海口腔医学,2010,19(1):37~40]

以WHO口腔健康调查基本方法为标准,采用随机整群抽样调查方法,将口腔医疗需求情况按需要医疗的程度分为4类,分别进行口腔健康问卷和检查。利用FoxPro 6.0软件建立数据库,SPSS 11.5软件包进行统计学分析。完成都江堰市灾区15个平板房社区共计970人的口腔健康调查。结果显示:共有81.3%人次需要定期进行口腔医疗,62.8%人次需要及早口腔医疗,6.1%人次需要口腔医疗急诊,仅有3.8%人次不需要任何口腔医疗。

述　评

对于地震灾害等特殊情况下口腔疾病的发病及相应的医疗需求的研究有重要意义,作者通过对都江堰市地震灾区人群口腔医疗需要进行现况调查,表明地震灾区人群的口腔医疗需求十分普遍,口腔医疗任务十分艰巨,应重视地震灾区人群口腔健康问题。调查结果为灾区口腔疾病预防控制工作提供了依据。

（王艳）

公共口腔卫生学

上海市公立医疗单位口腔卫生人力资源调查分析[张晴,冯希平.上海口腔医学,2010,19(1):28~32]

采用问卷调查方式,对上海市所有公立口腔医疗单位进行普查。采用直接访问和电话访问。调查内容包括上海市公立医院口腔卫生人力资源的数量、结构、层次、分布、设备、门诊状况以及目前上海市公立口腔医疗单位紧缺口腔医师专业等。结果表明:上海市公立口腔医疗单位共有364家,三级医院26家,二级医院99家,一级医院239家;口腔医生2 046人,护士634人,技工281人,椅位2 010台;口腔医生的结构以初级职称、中青年、大学本科学历、口腔综合专业为主,分别占47.85%、77.17%、42.23%和68.04%,护士的结构以初级职称、中专及以下人员学历组成,占66.88%和68.45%,医生、护士、技工比为7:2:1;上海市公立口腔医疗单位和口腔卫生人力资源主要分布在中心城区(占41.48%),68.23%的口腔医生,79.81%的护士和82.21%的技工集中在此区域;2007年门诊量为514.65万人次,其中26.95%选择三级医院就诊,15.79%的单位认为门诊量过多,56.23%认为恰好,27.20%的单位(主要是中心城区)认为缺口腔科医生。其中66.67%的单位认为缺口腔综合医生。

述　评

口腔卫生人力资源一直为公共口腔卫生研究的热点问题,该调查表明:上海市公立口腔卫生人力资源总量不少,但护理人员相对不足,结构层次不合理,主要集中在中心城区和三级医疗机构,同时患者也主要选择中心城区和三级医疗机构就诊。该调查分析结果为上海市口腔卫生人力资源的合理配置和有效利用提供了参考。

（李刚）

上海市非公立医疗单位口腔卫生人力资源的调查分析[刘义,冯希平.上海口腔医学,2010,19(1):11~15]

采用问卷调查方式,对上海市非公立口腔医疗服务单位进行普查。调查采用直接访问和电话访问。调查内容包括上海市非公立口腔卫生人力资源的数量、结构、层次、分布、设备状况、门诊工作情况以及目前上海市非公立口腔医疗单位紧缺的口腔医师专业等。结果表明上海市非公立口腔医疗单位共有488家,医生 1 172 人，护士 848 人，技工 79 人，椅位 1 377台；口腔医生以中级职称、中青年、大学本科、口腔综合为主，分别占 44.88%、86.9%、51.28%和 89.59%，护士以初级职称、中专及以下人员组成，占 81.84%和 75.47%，医生、护士、技工比为 15∶11∶1；上海市非公立口腔医疗单位和口腔卫生人力资源集中分布在中心城区（占 54.1%），57.85%的医生、61.57%的护士和 79.75%的技工集中在中心城区；2007 年门诊量为 97.665 万人次，其中 61.42%选择中心城区就诊，38.97%的单位认为门诊量较少或太少，57.82%认为恰好：20.04%的单位认为本单位缺口腔科医生，其中 68.09%的单位认为缺口腔综合医生。

述　评

非公立医疗单位是我国口腔卫生人力资源重要组成。该调查表明上海市非公立口腔卫生人力资源主要集中在中心城区和浦东新区，结构层次合理。患者也主要选择中心城区的医疗机构就诊，有相当比例的单位认为门诊量少，口腔综合医生的需求量相对最大。为进一步研究全上海的口腔卫生人力资源提供参考。

（李刚）

农村儿童口腔卫生指导工作模式的研究［吕健，王万春，姜辉等. 青岛大学医学院学报，2010，46（3）：260～262］

随机抽取某农村小学 6 年级 12 岁儿童 3 个班，共 180 人，分为儿童口腔卫生指导工作模式指导组（简称模式指导组）60 人，医生指导组 60 人，对照组 60 人，通过指导前后牙齿菌斑指数测定和问卷知识知晓情况的调查，探讨该模式的指导效果。结果显示：模式指导组、医生指导组指导前后牙齿菌斑指数比较有统计学差异（$t=9.79$，$P<0.001$）；模式指导组、医生指导组指导后牙齿菌斑指数与对照组比较有统计学差异（$P<0.01$）。模式指导组、医生指导组指导前后问卷知识知晓情况比较均有统计学差异（$P<0.001$），对照组调查前后问卷知识知晓情况比较差异具有统计学意义（$P<0.05$）；模式指导组、医生指导组指导后问卷知识知晓情况与对照组比较差异有统计学意义（$P<0.01$）。

述　评

农村儿童是我国口腔保健的重点人群，针对农村儿童口腔卫生指导的工作模式的研究具有重要意义。作者通过对比研究，比较了模式指导、医生指导的差异，结果表明：儿童口腔卫生指导工作模式是一种有效、经济的口腔健康教育工作模式，适宜在农村地区广泛、持久开展，能够很大程度改善我国农村儿童口腔卫生状况。

（王艳）

辽宁省口腔卫生机构及人力资源现状调查［路振富，张颖，程睿波等. 上海口腔医学，2010，19（2）：136～139］

采用普查方法，将调查表格分发到辽宁省各级口腔卫生机构中。应用 EpiData 3.02 软件建立数据库，采用 SPSS 12.0 软件包对资料进行统计分析。结果显示：辽宁省共有口腔卫生机构 2 155 个，其中民营口腔诊所占大多数，为 71.0%；口腔医生 5 617 人，有 80.5%的机构和 87.8%的口腔医生服务于城镇。口腔科辅助人员少，口腔医生、护士、技工比例约为 6∶2∶1。全省口腔医生与人口比为 13.02/10 万人口。在农村，口腔医生不仅职称、学历低，而且服务的人群数量巨大。

述　评

作者调查并分析了辽宁省各级各类口腔卫生机构及人力资源的配置现状。结果表明：合理配置口腔卫生资源，加强对农村口腔人力资源的继续教育与培训，是辽宁省口腔事业发展和实现社会卫生公平的关键。

（李刚）

陕西省山区县农村居民口腔保健健康教育效果分析［常爱玲，陈佳. 中国初级卫生保健，2010，24（5）：28～30］

在充分查阅资料的基础上，抽取口腔疾病

高发的2个山区农村县，干预前后分别将2个县按经济好、中、差分类，每类随机抽取1个乡，每个乡按照相同的方法随机抽取1个村，每村随机调查10岁以上常住居民240人，2个县共调查1 440人。调查表明：健康教育与健康促进策略的综合运用使农村居民口腔保健认知水平和口腔保健行为形成率显著提高（$P<0.001$）。

述　评

作者通过评估健康教育健康认识，促进对农村居民口腔保健知识提高率和健康行为形成率的影响，总结农村居民口腔保健的有效方法。提出农村开展健康教育与健康促进工作的有效方法与策略。

（李刚）

某大学口腔医院门诊患者满意度调查与分析［王伊，李刚，高宝迪等. 广东牙病防治，2010，18(5)：243～246］

在某大学口腔医院门诊各科室现场按1∶4的比例抽取就诊患者进行问卷调查，计算各调查项目满意率，进行统计描述分析。共调查就诊患者1 809人，调查结果：某大学口腔医院门诊医疗服务满意率达到90%以上的调查项目分别是接诊医生服务态度、接诊医生医疗质量、辅助人员服务态度、诊疗环境。对医疗价格满意率最低，为21.1%。不同收入水平患者对医疗价格满意率的差异有统计学意义（$P=0.008$），初诊患者和复诊患者对医疗价格满意率的差异有统计学意义（$P=0.001$）。调查表明：某大学口腔医院门诊患者对医院医疗服务满意率相对较高。

述　评

测评患者满意度成为口腔医疗服务行业的重要评价指标，就诊患者满意度调查被认为是能够获得患者对医疗服务评价的最直接方法。作者调查了口腔医院就诊患者对接诊医生服务态度、接诊医生医疗质量、辅助人员服务态度、诊疗环境、医疗收费等满意度，发现对医疗收费满意率低，表明设置合理的医疗收费和降低民众医疗负担是值得引起重视的问题。

（王艳）

牙体缺损修复

存留壁和髓室底厚度对磨牙桩冠修复的应力分析［白保晶，曹文，张振庭. 口腔颌面修复学杂志，2010，11(2)：81～83］

根据牙体缺损程度不同，将存留壁和髓室底厚度进行量化分级，建立上下颌第一磨牙牙体缺损的三维有限元模型。将牙体预备后存留壁厚度分别设定为1 mm、1.5 mm及2 mm，髓室底厚度分别设定为0.5 mm、1 mm及2 mm。计算分析三种牙体缺损状况时存留牙体组织的应力及分布状况。结果表明：存留壁厚度不小于1 mm时，桩冠修复后牙体组织的应力值均小于牙本质的抗力强度。髓室底的薄厚对桩冠修复后髓室底的抗折强度无不利影响。

述　评

牙体缺损修复时，牙体破坏至何种程度不宜进行桩冠修复一直没有量化的标准。该文研究结果表明：存留壁厚度为1 mm时，桩冠修复后牙体组织所受的应力远小于牙本质的抗力强度，存留牙体组织的抗力强度都在安全范围内。由于桩冠修复后应力主要集中在根管口和牙颈部，存留壁不是应力集中区，它主要起辅助的固位作用。因此，建议桩冠修复时应最大限度地保留和利用存留的牙体组织。

（丁仲鹃）

多次烧结对Cercon饰面瓷磨损特性的影响［高清平，巢永烈，翦新春等. 华西口腔医学杂志，2010，28(2)：211～213］

采用体外实验观测多次烧结后Cercon饰面瓷磨斑大小的变化，应用扫描电镜（SEM）和原子力显微镜（AFM）观察磨斑形貌。结果显示：随烧结次数的增加，Cercon饰面瓷磨斑增大，磨斑宽度和烧结次数间存在正相关（$P<0.01$）；磨斑差异具有统计学意义（$P<0.05$）。SEM和AFM观察结果发现，随烧结次数增多，

犁沟减少，组织缺隙明显。表明多次烧结可降低 Cercon 全瓷饰面瓷抗磨损性能。

述　评

全瓷修复体独特的美学性能是金属材料和其他高分子材料无法比拟的。理想的修复体应具有和牙体组织接近的耐磨性，既可以很好地发挥修复功能，又不对天然牙造成过度磨损。作者前期研究发现全瓷饰面瓷的耐磨性优于釉质。该研究对烧结不同次数的 Cercon 饰面瓷试件进行磨损实验，并且观察磨斑形貌，探讨多次烧结对其磨损性能的影响。

（丁仲鹃）

3 种铸造合金全冠戴用后 Ki67 和 P53 蛋白在牙龈组织中的表达［乔广艳，苏俭生. 华西口腔医学杂志，2010，28(5)：547～550］

采用动物实验，研究 3 种牙科常用铸造合金的生物学性能。分别将 58% 金合金、不含铍的镍铬合金、含铍的镍铬合金铸造全冠戴入实验犬的口内。应用免疫组化 Envision 二步法检测戴冠前、戴冠后 2 周，1、2 及 3 个月时 Ki67、P53 蛋白在牙龈组织中的表达。结果表明：含铍的镍铬合金与不含铍的镍铬合金铸造全冠戴用后，Ki67、P53 蛋白在牙龈组织的表达逐渐升高，戴冠 1 个月后达到最高，随后逐渐降低。而 58% 金合金全冠戴用后，Ki67、P53 蛋白的阳性表达率与空白对照组无统计学差异。3 种铸造合金材料均未造成长时期的牙龈上皮异常增殖。

述　评

牙科铸造合金在口腔内可因金属离子的析出而导致不良生物学反应。该文通过对牙龈组织中 Ki67、P53 蛋白的检测，证明含铍的镍铬合金与不含铍的镍铬合金全冠戴用后引起了明显的牙龈上皮细胞增殖和炎症反应，生物相容性较差：而 58% 金合金全冠戴用后并未引起明显的牙龈上皮增殖和炎性反应，生物相容性较好。

（丁仲鹃）

氧化锆全瓷修复中二次扫描的初步应用［刘亦洪，冯海兰，王海涛等. 中华口腔医学杂志，2010，45(3)：168～171］

采用二次扫描完成氧化锆全瓷冠 40 件，其中 Protein 全瓷冠 10 件（使用接触式扫描仪），Everest 全瓷冠 30 件（使用光学扫描仪）。修复后对冠边缘适合性、颜色、固位、折断或破损情况进行临床检查。经 6～24 个月随访，40 件全瓷冠的各项检查结果均为满意。结果说明：二次扫描可以完成复杂形态的计算机辅助设计与辅助制作氧化锆基底冠的制作，保证氧化锆全瓷冠饰瓷厚度均匀适度。应用二次扫描时，光学扫描仪相比接触式扫描仪更适合于完成复杂形态的氧化锆基底冠。

述　评

临床和实验研究均显示，氧化锆全瓷冠的破碎方式是饰瓷的崩瓷或脱瓷，而不是修复体的完全断裂。而饰瓷的厚度不均匀，局部过厚的饰瓷没有基底冠的支持是产生崩瓷的主要原因。该研究采用二次扫描完成氧化锆基底冠的制作，保证了氧化锆全瓷冠饰瓷厚度均匀适度，从而获得满意的修复效果，为临床提供了较理想的氧化锆基底冠制作方法。

（丁仲鹃）

上颌中切牙种植体全瓷基台的计算机辅助设计［孙玉春，赵一姣，王勇等. 中华口腔医学杂志，2010，45(10)：631～634］

选择 1 副右上中切牙种植修复的工作模型，通过三维激光扫描，获取相关数据，建立上颌中切牙种植体全瓷基台计算机辅助设计（CAD）路线，确定了三维图形学功能函数及其组合，初步建立了上颌中切牙种植体全瓷基台 CAD 软件平台。

述　评

在种植体上部进行修复时，由于金属基台的全瓷冠美学效果欠佳，瓷基台的制作和应用受到广泛关注。成品基台由于外形尺寸的局限性，难以达到患者的要求。而手工研磨预成基台坯料时，由于缺乏最终修复体的确切形态，研磨结果的质量较难控制。而该软件平台的应用,可预先设计理想的最终修复体的三维形态,通过计算机软件在虚拟环境中模拟蜡型回切过程,精确满足不同全瓷冠修复材料对三维厚度的定量要求,实现全瓷基台的个性化设计。当然,该软件还需要进行改进和完善。

(丁仲鹏)

牙列缺损修复

双侧末端游离义齿修复前后髁状突位置三维CT观察[丁香巧,陆永健,张冬林等.口腔医学研究,2010,26(5):701~703]

通过三维CT观测和评价19例双侧游离牙列缺损患者可摘局部义齿(RPD)修复前后颞下颌关节(TMJ)结构的变化。结果显示:颞下颌关节前间隙、后间隙在RPD修复前后相比,线性测量改变值有显著性差异;前、后间隙比值较治疗前明显缩小。患者主诉颞下颌关节区不适症状缓解,面下1/3距离得以改善,TMJ髁突位置基本居中。

述 评

将三维CT应用于牙列缺损修复,能客观评价双侧游离缺失患者RPD修复后关节变化,使TMJ髁突前移回复于正常关节位,恢复了䝙、肌肉、关节的协调关系。为提高临床诊治疗效提供量化的评估依据,具有重要的意义。

(余占海 薄磊)

中腭板式和中空式连接体义齿对发音功能影响比较[郑淑珍,祝红伟,梁萍.中国实用口腔科杂志,2010,3(5):300~301]

选择16例上颌肯氏Ⅰ类牙列缺损患者,分别制作中空式和中腭板式连接体义齿。在义齿初戴时,统计患者的语音清晰度,并进行对比分析。结果发现:戴中腭板式义齿时,患者的语音清晰度明显高于戴前、后腭杆组成的中空式连接体义齿时的语音清晰度。因此,采用中腭板连接体,可较快恢复发音功能,且比较舒适,适合临床广泛应用。

述 评

牙列缺损尤其上颌牙列缺损经活动义齿修复后,通常对发音功能产生明显的影响。而不同的修复体形式,尤其连接体放置的区域对发音的影响较大。作者通过比较中空式和中腭板式连接体义齿对发音的影响,发现戴中腭板式义齿对患者语音功能影响小,这对临床医师在设计连接体时,具有一定的指导意义。

(余占海 薄磊)

烤瓷冠和可摘局部义齿联合修复重建牙列缺损伴重度磨耗咬合24例效果分析[于雪宁,杨晓东,刘登峰.中国实用口腔科杂志,2010,3(5):317-318]

选择24例牙列缺损伴重度磨耗患者,对其进行咬合重建后采用烤瓷冠和可摘局部义齿联合修复,随访6~36个月,观察疗效。结果显示:修复后临床效果的主观评价为美观24例、咀嚼有力24例、感觉舒适22例。修复后基牙均无根尖病变、叩痛及松动等现象。修复前牙周膜增宽的基牙,修复后牙周膜宽度基本恢复正常,牙槽嵴高度无明显改变。说明牙列缺损伴重度磨耗患者进行咬合重建后,应用烤瓷冠和可摘局部义齿联合修复方法可得到满意的修复效果。

述 评

烤瓷冠和可摘局部义齿修复方法仍然是目前医生和患者最常选择的修复方式,将这两种方法结合,应用于牙列缺损伴过度磨耗的患者,既能减少可摘局部义齿的面积,又能提高义齿的美观性和舒适性,恢复正常咬合关系,且价格合理,不失为一种值得推广的方法。

(余占海 张菊梅)

可摘局部义齿䝙支托的计算机辅助设计[韩静,吕培军,王勇.北京大学学报:医学版,2010,42(1):111~113]

探讨可摘局部义齿䝙支托的设计方法,为进一步开发可摘局部义齿专用设计软件探索路线。应用层析扫描仪扫描牙列缺损石膏模型获得三维点云数据。以三维设计软件系统为平台,用C++语言开发䝙支托设计模块。

提取基牙点云数据，先以投影法确定𬌗支托组织面轮廓线，然后分别构建组织面及抛光面，形成由两张曲面相互拼合成的一个封闭实体。结果显示：应用新开发的𬌗支托设计模块设计𬌗支托操作简单，形成的𬌗支托表面光顺平滑，外形凸度与牙体表面一致，可达到临床要求。

述 评

CAD/CAM 技术目前较多地应用于固定义齿修复，对于活动义齿的设计制作较难。开发可摘局部义齿专用建模软件非常必要，是将来走向商业化必不可少的一步。作者通过数字化方法设计制作𬌗支托，具有先进性，也为最终实现利用专用软件完成活动义齿的设计制作奠定了基础。

（余占海 张菊梅）

磁性附着体覆盖义齿用于晚期牙周炎患者修复的临床观察［曾东，焦立平，刘钢等. 中华老年口腔医学杂志，2010，8（2）：88～90，127］

对 10 例晚期牙周炎患者 27 颗基牙采用磁性附着体覆盖义齿修复，检查并记录修复前、修复后 1 年和 2 年基牙菌斑指数、牙龈指数、牙周袋深度、牙槽骨高度和松动度，并进行统计学分析。结果显示：义齿修复后，基牙菌斑指数、牙龈指数、牙周袋深度均有增加（$P<0.05$），牙槽骨高度不变（$P>0.05$），松动度降低（$P<0.05$）。作者认为：晚期牙周炎患者采用磁性附着体覆盖义齿修复具备可行性。

述 评

晚期牙周炎患者常缺牙较多，牙槽嵴低平，余留牙也常为中、重度牙周病患牙，不适宜作为可摘局部义齿基牙。临床中应选择不损伤基牙牙周或损伤小的修复方案。作者通过追踪调查晚期牙周炎患者磁性附着体覆盖义齿修复后基牙的牙周状况，发现磁性附着体覆盖义齿修复后，基牙发生牙龈炎症，但无牙周组织的实质性破坏，松动度反而好转，具备可行性。但此类修复的远期效果需要继续观察，而且应加强对牙龈炎症的控制。

（余占海 张轩）

玻璃纤维桩联合双固化树脂水门汀修复前牙残根残冠［王林虎，刘书平，郭家平等. 中国美容医学，2010，19（2）：263～264］

选择 80 颗已行根管治疗的前牙残根残冠，利用双固化树脂水门汀将 Fibra-post 玻璃纤维桩粘接于根管内，再在纤维桩上用复合树脂堆核，最后全冠修复。治疗完成后 6、12 个月复诊，观察临床效果。结果显示，6 个月后复查，成功率为 100%。12 个月时，成功率为 98.7%，3 颗患牙失访，1 颗残根的纤维桩折断，其余 76 颗患牙无不适，桩核冠稳固无松动，均修复成功。因此，玻璃纤维桩联合双固化树脂水门汀修复残根残冠疗效好，可满足临床需要。

述 评

残根残冠的保存一直是口腔修复学研究的重点。纤维桩由于其生物相容性好、耐腐蚀、美观性佳，且因弹性模量与牙本质相当，可减少根折的发生率，逐渐被广泛应用在牙体缺损的保存方面。而如何简化临床操作、加强纤维桩粘接已成为研究焦点。作者通过玻璃纤维桩联合双固化树脂水门汀修复前牙残根残冠的临床效果观察，发现临床修复效果好，且操作简单，更好地指导了临床工作。

（余占海 张轩）

牙科氧化锆全瓷材料［李伟，蒋丽，廖运茂. 中国实用口腔科杂志，2010，3（8）：455 ～ 457］

氧化锆陶瓷是口腔修复材料研究热点，结合计算机辅助设计和计算机辅助制作（CAD/CAM）、粉浆涂塑等技术可以制作冠桥等修复体。从微观结构和组成角度，对牙科常用氧化锆陶瓷种类、特点、美学效果和临床应用进展作了概述，以期为相关医务人员和科研工作者在从事氧化锆全瓷材料相关工作时参考。

述 评

随着经济的蓬勃发展，人们对口腔的日常保健及自我审美意识也不断提升，从而推动口腔材料也出现日新月异的变化，氧化锆陶瓷材料依其良好的生物相容性及优越的美观效果广泛应用于口腔修复的治疗。该文从其微观结构和组成角度，分析牙科常用的四种氧化锆陶瓷材料：四方相氧化锆陶瓷、氧化锆增韧陶瓷、部分稳定氧化锆陶瓷及纳米氧化锆与氧化铝复合陶瓷的各自制作工艺、优点及应用前景，对指导科研与临床工作提供了充分的理论数据及应用说明，具有一定的临床参考价值。

（余占海　刘燕）

固定-可摘联合修复的临床应用要点和进展［杜莉.国际口腔医学杂志，2010，37(4)：373～378］

随着口腔技术和材料的飞速发展，针对临床治疗中的特殊病例，治疗方法已经从单纯的活动或者固定修复方式，逐步发展到固定-可摘联合修复的治疗方式，这种修复方式对于复杂的牙体、牙列缺损修复有良好的效果，这类美观舒适义齿必将成为新的修复发展方向。为此，作者主要从临床角度，对固定-可摘联合修复的种类以及临床应用要点进行归纳概括。

述　评

固定-可摘联合修复是口腔临床修复的发展方向之一，主要包括：精密附着体义齿、套筒冠义齿、磁性附着体义齿等，其为连通口腔固定修复和活动修复2个分支打下了坚实的基础。因此类修复大部分为精密的机构部件，所以对临床和操作工艺要求需高度准确、精巧。该文通过分析三种类型义齿的特点及应用范围，优选治疗设计方案，分别讨论其在固定-可摘联合修复病例中的运用，对比患者治疗前后的口腔功能及美观性，对于临床操作具有较好的实用价值及指导意义。

（余占海　刘燕）

磁性附着体覆盖义齿修复牙列缺损的临床应用［吴利军，王雪，张广耘.口腔医学研究，2010，26(2)：259～261］。

对修复科68例牙列缺损患者安放的磁性附着体覆盖义齿进行临床疗效跟踪观察，发现安放磁体后义齿的固位力及咀嚼效率显著大于磁体粘固前。研究显示磁性附着体覆盖义齿能有效地利用残冠残根，且制作简便、美观耐用，具有广泛的应用前景。

述　评

在口腔临床修复工作中，保留牙根，进行完善的根管治疗后，利用口内的余留牙或残根安放磁性附着体制作覆盖义齿，可有效地减少牙槽骨的吸收，显著增强义齿的固位和稳定，提高咀嚼效率，往往能获得比较满意的效果。实践证明，磁性附着体是改善牙列缺损美容修复效果的一种固位形式，可使传统的卡环式义齿功能提高，同时还利于保护基牙及剩余组织。随着现代美容修复技术的普及，磁性附着体覆盖义齿的应用将越来越广泛。

（余占海　祁晶）

老年牙体重度磨耗伴牙列缺损殆关系处理的临床研究［田力丽，孙强，马鹏华等.现代口腔医学杂志，2010，24(3)：165～167］

对86例老年牙体重度磨耗伴牙列缺损殆关系分为三类处理：1)垂直距离不改变；2)一次升高殆垂直距离修复；3)一次升高殆垂直距离过渡修复，采用了多种修复方式。随访时间为3个月～5年，其中72例随访两年以上。结果发现：患者的咀嚼功能均得到了明显改善，美观方面获得了不同程度的满意度。修复后多数未出现颞下颌关节紊乱病(TMD)问题，偶发者经调殆后消失，修复前有TMD者，经修复治疗得到了缓解或并未加重，牙体牙髓牙周及修复体等一般情况多数良好。

述　评

老年牙列缺损伴牙体重度磨耗，缺牙间隙减小、咬合关系丧失、殆曲线异常等是口腔修复临床的常见病.对于殆垫式可摘义齿修复，有学者主张可采用一次性升高垂直距离(OVD)的方法修复。也有的主张先采用塑料胶连殆垫义齿修复升高OVD，观察患者适应后，再换永久性修复体。该实验根据老年患者这些口颌及全身的生理特点，分别讨论了不同的老年牙体重度磨耗伴牙列缺损殆关系处理方法，临床医生易于掌握，既可以保证患者疗效，又可以适当缩短患者疗程，减少了不必要的复诊次数，此方法值得在临床应用和推广。

（余占海　祁晶）

牙列重度磨损并伴有牙缺失修复治疗的研究［王遵新，张晓蕾，洪婷凤. 口腔医学研究，2010，26(2)：265～266］

选择 2004 年 3 月～2007 年 7 月进行殆重建修复治疗的牙列缺损并伴牙重度磨损患者 48 例，根据不同的缺损类型，制取修复后义齿模型，随访 6 个月～5 年，观察修复治疗效果后发现，修复重建后患者的面部外形、发音、咀嚼肌群功能均明显改善；面下 1/3 垂直高度和咬合高度均得到适当的恢复。作者认为：殆重建修复对于牙列重度磨损并伴有牙缺失患者收到了良好的疗效。

述　评

在口腔修复临床诊疗过程中，许多牙列缺损的患者同时伴有牙重度磨耗，而这些患者在一定程度上存在垂直距离降低，颞下颌关节紊乱症等问题。传统的治疗方法是直接进行缺失牙修复，但是因为口颌系统的紊乱并没有得到改善，后期的疗效不是很理想。该文从咬合重建入手，采用稳定性殆垫进行暂时性修复，在试戴和调磨的过程中寻找最合适殆位，重建口颌系统平衡，在患者适应了新的殆位后进行缺失牙的修复，修复重建后患者的面部外形、发音、咀嚼肌群功能均明显改善。为牙列重度磨损并伴有牙缺失修复的治疗提供了新的思路和方法。

（余占海　陈光）

圆锥型套筒冠义齿在牙周病伴牙列缺损修复中的应用体会［王娥，马玉娟. 大连医科大学学报，2010，32(1)：80～82］

24 例牙周病患者经牙周治疗后采用套筒冠义齿修复，共制作 32 件义齿，平均随访2.5 年。疗效观察发现，24 例患者经修复治疗后，绝大多数患牙牙周袋深度和基牙松动度逐渐变小，骨密度增加，患者主观感觉满意。总有效率达 98.1%。作者认为，套筒冠义齿用于牙周病伴牙列缺损的修复治疗具有较好的临床效果。

述　评

牙周病是口腔常见的慢性疾病，常伴发牙松动、移位甚至缺失，影响咀嚼、语言及美观。去除和控制牙菌斑是牙周病综合治疗及巩固疗效的关键因素之一。该文针对牙周病伴牙列缺损的患者，采用圆锥型套筒冠义齿进行修复。由于圆锥型套筒冠上部结构是可摘取式设计，同时套筒冠的基牙经过预备，原有的伸长牙、扭转牙、倾斜牙得到合理纠正，冠根比例得到改善，所以圆锥型套筒冠义齿能有效控制细菌的聚集，控制牙周病的发展，在牙周病伴牙列缺损的修复治疗方面有较好的应用价值。

（余占海　陈光）

牙列缺失修复

牙槽嵴骨吸收程度不同下颌中性区外形变化初探［刘向晖，徐军. 中华口腔医学杂志，2010，45(4)：228～232］

选择 20 例无牙颌患者，根据徐军无牙颌分类法，将病例分为三类：Ⅰ类：牙槽嵴轻度吸收，Ⅱ类：牙槽嵴中度吸收，Ⅲ类：牙槽嵴重度吸收。通过患者主动的肌功能整塑，形成中性区的外形，以此作为义齿磨光面，使用三维牙颌模型激光扫描仪对上、下颌模型及磨光面进行三维激光扫描和重建。分别在双侧磨牙区和前磨牙区作垂直截面，并在各截面上测量下颌舌侧磨光面外形曲线拟合直线与殆平面所成的角度，Ⅰ、Ⅱ、Ⅲ类分别为：(80.40 ± 3.51)°、(90.38 ± 2.71)°、(96.59 ± 5.00)°。Ⅰ类患者颊舌侧磨光面均呈凹面，Ⅱ类患者颊舌侧磨光面均未见明显凹陷，为略凸或直形，Ⅲ类患者磨光面形态呈倾斜状。该结果提示：临床设计全口义齿磨光面外形时，应考虑牙槽嵴的吸收程度及上下颌弓的关系。

述　评

全口无牙颌患者牙槽嵴进行性吸收，使得

上、下颌关系改变,导致全口义齿固位困难,将上、下颌牙排在中性区和利用义齿的不同的磨光面外形是提高义齿的稳定的重要手段。该研究针对牙槽嵴吸收程度的不同,义齿磨光面形态变化进行研究,所得出的结果对全口义齿磨光面设计提供有意义临床参考。

(朱洪水)

疲劳加载对硅橡胶类义齿软衬材料粘接强度的影响[任诚,张少锋,李冬梅等.实用口腔医学杂志,2010,26(3):302~305]

选用 sofreliner MS 自凝硅橡胶软衬材料和 Silagum 热凝硅橡胶软衬材料,分别与 α-RESIN 加强型热凝基托树脂制作粘接强度测试实验块,模拟口腔咀嚼,应用 Instron5848 材料试验机进行疲劳加载,相当于口内使用0.5、1、2、3 年的情况,然后进行拉伸实验,疲劳加载前自凝组断裂模式均为软衬材料内聚性破坏,疲劳加载后为混合性破坏。热凝组加载前后破坏方式均为混合性破坏。随着疲劳加强,自凝、热凝硅橡胶的粘接强度均有下降趋势,但热凝硅橡胶软衬材料优于自凝组。

述 评

义齿软衬材料可提高义齿的固位,减少戴用义齿后的疼痛。特别对口腔黏膜薄,刃状牙槽嵴,存在局部骨性突起,倒凹的全口无牙颌,颌骨部分缺损修复有临床意义。硅橡胶软衬材料使用后出现的老化,弹性降低,边缘剥脱,以及硅橡胶软衬材料表面抗菌等都是今后这类软材料研究的课题。

(朱洪水)

解剖𬌗型总义齿人工牙几何特征的测量分析[刘明丽,王勇,陈小冬等.口腔医学研究,2010,26(1):74~77]

使用 ATOSⅡ光学多自由度扫描仪测松风总义齿解剖𬌗型全口义齿 28 颗人工牙数据,经逆向工程软件(Surfacer10.0)数据筛减并三维建模,坐标转换建立了基于人工牙解剖概念的局部坐标系,并在这个坐标系下进行人工牙的近远中径、颊舌径、牙尖高度、中央窝深度、牙尖平衡斜面斜度的测量。基于人工牙局部坐标系进行人工牙解剖特征的测量方法简单可行。

述 评

现代计算机图形图像技术在口腔医学领域使用越来越深入。该研究在人工牙数字模型的基础上建立于人工牙解剖学概念上的三维局部坐标系,并在此基础上可以测量计算人工牙解剖的有关数据,为今后进行计算机辅助全口义齿设计、排牙和平衡𬌗的分析等研究提供基础性的工作。

(朱洪水)

无牙上颌骨组织应力分布的影响因素及三维有限元分析[肖敏,百乐康,逯宜.口腔颌面修复学杂志,2010,11(3):154~157]

按标准的无牙颌模型,在计算机上设计成尖、平、凹三种腭穹隆形态;人工牙尖斜度分别设计成0°、20°、30°三种斜度;分别在全牙列、前牙列、双侧后牙列、单侧后牙列进行加载。采用 CS100-2828 型三坐标测量机,获取无牙颌及全口义齿表面数据,并建立有限模型分析后发现:全牙列及前牙列加载,上颌骨前部为应力集中区,后牙列加载时,后牙区牙槽嵴为应力集中区;凹形腭穹隆形态,无牙上颌的受力较平型及尖型的更加显著;牙尖斜度的增加使后牙槽嵴区及上腭区的应力值增加。

述 评

无牙颌骨的形态、人工牙的牙尖斜度和上颌腭窟窿的深浅等因素,都关系到上颌总义齿的固位、咀嚼功能和无牙颌骨槽骨的吸收。应力分布还与总义齿材料的选择和基托增力结构的加强相关。该实验的结果对不同颌骨形态的无牙上颌全口修复临床的优化设计提供基础数据。

(朱洪水)

两种常用确定垂直距离方法与拔牙前记录的比较[钱明,徐军.口腔医学研究,2010,26(4):580~582]

选择6 例要做全口托牙修复的患者,先记

录口内余留天然牙维持的正常垂直距离，然后分次拔除余留的天然牙。在行全口托牙修复时，分别由5位医师对患者应用息止颌位法和发音法测定患者的垂直距离，并与拔牙前的垂直距离进行比较。结果发现：息止颌位法确定的垂直距离高于拔牙前记录（平均2.4 mm），发音法确定的垂直距离更接近拔牙前记录（平均高出0.8 mm）。

述　评

垂直距离的确定，在全口总义齿修复中是非常重要的，因需要患者的合作，是一个较难的操作。目前临床上有多种确定垂直距离的方法，但始终没有定论哪一种方法较好。该研究提示，发音法确定垂直距离较息止颌位法准确。在临床上，对难以确定垂直距离的患者，宁可偏低颌间距离修复，亦不要高颌间距离修复。

（朱洪水）

TiN 涂层对牙科钴铬合金抗菌腐蚀性能的影响［邹洁，陈洁，胡滨. 上海口腔医学，2010，19（2）：173～177］

用临床修复常用钴铬（Co-Cr）合金，制作成10 mm ×10 mm×3 mm 规格试件，采用电弧离子镀物理气相沉积技术，在其表面沉积一层厚为2.5 μm 的 TiN 涂层。将涂层前后的试件分别置于有变异链球菌、黏性放线菌的液体培养基中共同培养，以单纯培养基作对照。24小时后用电化学法对所有试件进行极化曲线分析结果显示：未镀膜的 Co-Cr 合金与变链、黏性放线菌共同培养，自腐蚀电位更负，钝化区间变短；而镀膜的试件的极化曲线变化不明显，细菌对合金的腐蚀作用较镀膜前明显减弱。

述　评

Co-Cr 合金因其良好的机械性能和价格低的优点，目前仍是可摘义齿的主要材料。口腔环境复杂，电位多变化和微生物的定植等都会引起合金的变色，腐蚀。该实验采用电弧离子镀物理气相沉积技术，在 Co-Cr 合金表面镀 TiN 涂层，明显提高合金的抗腐蚀性。这表明在全口托牙的金属基托镀 TiN 涂层有临床意义。

（朱洪水）

钴铬合金表面粗糙度对口内常见细菌黏附的影响［赵军，张任秀，骆一西等. 上海口腔医学，2010，19（6）：616～620］

用 Co-Cr 合金（Bego 公司）制成8 mm×8 mm×3 mm 试件，按常规打磨，分别用200～1 000号形状砂纸抛光打磨，按不同粗糙度分成6组。将试件放入含有变异链球菌、内氏放线菌和牙龈卟啉单胞菌的混合培养基中作厌氧培养24小时后，变异链球菌和内氏放线菌在试件各组表面黏附定植数量有显著增加，牙龈卟啉单胞菌受到强烈的抑制。Co-Cr 合金表面不同的粗糙度导致细菌黏附定植数量显著差异，粗糙度越大，细菌黏附定植越多。

述　评

活动修复体，因其基托大，卡环等附件多，在口腔内容易引起细菌在其表面黏附定植，引起义齿变色，金属腐蚀和牙体、牙周组织病变。因此全口义齿的基托抛光尤为重要，在临床上给义齿修改后应重新抛光后交给患者，义齿抛光要遵循从粗到细抛光的程序，逐步抛光，以减少细菌的黏附定植。

（朱洪水）

口腔修复工艺学

金－瓷结合界面与瓷－瓷结合界面的元素扩散［崔军，巢永烈，刘学恒等. 实用口腔医学杂志，2010，26（6）：743～745］

比较研究金－瓷、瓷－瓷2种结合界面微观形貌以及结合机制。制作15 mm×5 mm×1 mm金－瓷与瓷－瓷双层结构试样各1个，将以上2试样均从中一分为二，自凝塑料包埋，断面经高度打磨抛光并表面喷金，做扫描电子显微镜和能谱分析。结果显示：扫描电镜发现瓷-瓷界面较金-瓷界面结合更加紧密，无明显间隙。能谱分析显示金-瓷结合界面发生 Cr、

O、Si 元素的扩散，瓷-瓷界面发生 Si、Al、K 元素的扩散。作者认为：金-瓷界面与瓷-瓷界面均能达到化学结合，瓷-瓷界面较金-瓷界面结合更紧密。

述　评

钴铬合金烤瓷修复和全瓷修复是近年口腔修复的热点，金-瓷、瓷-瓷之间获得良好的结合力是修复体成功的关键。但涉及钴铬合金的金-瓷结合强度与瓷-瓷结合的强度对比的研究较少。该文通过采用 SEM 扫描来分析结合界面的密合程度，能谱分析研究元素扩散的方法分析了两种修复冠的界面结合强度。以往的结合界面的分析多采用力学方法得出力学数值来进行比较，该文从另一个角度入手，通过研究两种结合界面的元素扩散，来探讨其结合强度，为临床上选择何种类型修复冠提供了一定的指导作用。

（岳莉）

非贵金属铸造卡环比例极限内形变限度的比较研究［李玉梅，莫三心，査年宝. 实用口腔医学杂志，2010，26(6)：751～754］

比较 2 种长度 3 种材料铸造卡环比例极限内的形变限度及其在形变 0.25、0.50 mm 时的加载力。采用成品铸造卡环蜡型经包埋、铸造、喷砂后制得 2 种长度铸造卡环试件共 48 个（短臂组 24 个，长臂组 24 个），每种长度卡环根据所使用材料不同再分为 3 小组（纯钛，钴铬合金，Tilite 含钛医学合金），每组 8 个。6 组铸造卡环在万能材料试验机上进行加载-形变测试，得到每个卡环的载荷-挠曲曲线及其在比例极限内的形变限度。结果得出：短臂组和长臂组 3 种材料卡环的形变限度均不尽相同；3 种材料卡环的形变限度，在短臂组均小于长臂组。卡环形变为 0.25 mm 时，短臂组和长臂组 3 种材料卡环的加载力均不尽相同。卡环形变为 0.50 mm 时，长臂组 3 种材料卡环的加载力不尽相同。提示在前磨牙，钴铬合金铸造卡环进入倒凹的深度应小于 0.25 mm，纯钛和含钛医学合金铸造卡环以 0.25 mm 倒凹为宜；在磨牙，钴铬合金和含钛医学合金铸造卡环以 0.25 mm 倒凹为宜，纯钛铸造卡环则适合 0.50 mm 倒凹。

述　评

在口腔材料和工艺的研究中，关于卡环的研究较少，对于指导具体操作的实验研究更是少之又少。卡环能进入基牙倒凹的深度与其弹性密切相关，卡坏由于材料及形状不同，导致其弹性不同，但在卡环的制作时通常采用铸造卡环进入倒凹深度 0.25 mm 的方法，却未因金属、形状的不同而产生差异，这应用于临床难免会产生不同的固位效果，更为严重者将影响患者的基牙。该实验方法新颖且具有实际意义。对已成型的工艺进行反问探究，得出的理论值不管支持或反对现有工艺，都是一个不错的研究方向。

（岳莉）

2 种退火方式对牙科铸造纯钛力学性能的影响［闫澍，张玉梅，施生根等. 实用口腔医学杂志，2010，26(4)：465～468］

观察不同的退火方式对牙科纯钛铸造后力学性能的影响。在非真空和真空 2 种退火方式下，对牙用纯钛铸件的抗拉强度、屈服强度和延伸率 3 种力学指标进行测试；采用金相显微镜和扫描电镜观察铸件的显微组织结构及断口形貌。结果显示：当非真空退火温度为 700～800 ℃时铸件的抗拉强度、屈服强度和延伸率均有所提高。真空退火温度为 750～850 ℃时，铸件的抗拉强度、屈服强度均有所提高；700 ℃非真空处理组的力学拉伸性能、金相结构及断口形貌均为最佳，即力学性能最优良。结果表明：通过热处理可以提高牙科铸造纯钛的力学性能，真空退火后铸件的力学性能提高值低于非真空退火。

述　评

在钛支架制作过程中，铸钛这一步骤尤为关键，包埋料的选择、铸道的安放、铸造及冷却方式等都影响整个制作的成败。当前铸钛工序通常采用铸模出炉后 23 ℃水冷却，并没有热处理等改善铸造组织的工序。该文提出了两种退火方式对铸钛的延展性的影响，这对以后钛支架中卡环断裂，提高义齿精度都有显著意义。

（岳莉）

烧结次数对稀土氧化物着色齿科四方多晶氧化锆陶瓷的色度学影响［高燕，张富强，黄慧等. 华西口腔医学杂志，2010，28（5）：484～487］

探讨烧结次数对以稀土氧化物作为着色剂制备的与天然牙颜色匹配的齿科四方多晶氧化锆陶瓷颜色的影响。采用内着色法制备6种不同着色剂成分含量的、与天然牙色匹配的齿科钇稳定四方多晶氧化锆陶瓷（S1、S2 、S3、S4、S5、S6）试件，并使用 ShadeEye NCC 电脑选牙色仪对不同烧结次数的试件的颜色进行色度测定，采用 SAS 6.12 统计软件对反复烧结不同次数的颜色参数变化进行单因素方差分析。结果显示：6 种试件反复烧结后的色差变化范围为 0.10～1.47，其中 S1、S2、S6 试件的明度值降低（$P<0.05$），S3 、S4、S5 试件的明度值无明显变化（$P>0.05$），而 6 种试件的色相值和彩度值均无明显变化（$P<0.05$）。结果表明：稀土氧化物着色齿科四方多晶氧化锆陶瓷的颜色稳定性高，反复烧结对其色度无明显影响。

述　评

氧化锆全瓷因为其良好的力学性能在口腔固定修复特别是后牙修复中得到了广泛的应用。但是由于氧化锆本身光学性能缺陷，使得在应用于前牙时得不到良好的美学修复效果。该实验证实了在氧化锆上染色的可行性，为氧化锆的美学效果的提高打好了良好的基础，也为修复制作过程中考虑采用稀土氧化物做内染色提供了理论依据。

（岳莉）

微波等离子体参数对基托材料表面改性的影响［王萍，刘阳，徐会勇等. 南方医科大学学报，2010，30（7）：1615～1617，1620］

探索等离子体在不同工作参数条件下对基托材料表面改性的效果，筛选最佳工艺参数条件。采用正交试验方法将 80 个试件分为 16 组。各组控制气体流量为 13.7 cm^3/min，在不同输出功率（100、150、200、250 W）、不同气体种类（氧气、空气、氩气、氧气和氩气混合）、气体压强（0.4、0.6、0.8、1 kPa）和处理时间（1、2、5、8 分钟）下等离子体对各组试样处理后，测定接触角后并进行统计学分析。结果显示：对采用等离子体处理前后的样品进行瞬间液滴形貌拍照，正交试验所作等离子体处理后测定的接触角有统计学意义。作者认为，处理时间为 8 分钟、输出功率为 150 W、气体压强为 0.8 kPa、气体条件为氧气状态是最佳的基托材料改性效果条件。

述　评

基托在可摘局部义齿中作为连接体连接各个部件，同时在缺失牙较多时，也通过吸附力起到固位的作用，但是目前基托的吸附效果仍有很大的提升空间。该文采用 80 个试件，来研究基托改性的最佳条件，最终的结果具有一定参考价值。但是由于实验组数繁多，导致各组实验样本不多，应考虑针对效果好的部分组，扩大样本量，再次实验，以增加可信度。

（岳莉）

除气和预氧化对纯钛金瓷结合强度的影响［张翠翠，叶剑涛，朱峰等. 现代口腔医学杂志，2010，24（6）：429～432］

研究上瓷前纯钛除气和预氧化对其金瓷结合强度的影响。用标准规定的三点弯曲测试法测定 A 组（除气 + 预氧化）、B 组（无热处理）试件的金瓷结合强度，用电镜扫描和 X 线衍射分析金瓷界面。结果显示：两组金瓷结合强度分别为 A 组（32.61 ± 5.62）MPa，B 组（24.19 ± 3.57）MPa，两者之间具有显著性差异（$P=0.001$）；扫描电镜（SEM）：A 组金瓷之间过渡层约 65 μm，金瓷结合紧密，B 组金瓷间过渡层平均约 35 μm，可见孔洞和裂隙。X 线衍射（EDS）：两组金瓷界面附近的主要元素均为 O、Si、Ti、Sn，A 组 Ti 在界面呈单纯扩散曲线。B 组 Ti 在界面呈不规则扩散。实验说明，纯钛除气和预氧化后能获得较高的金瓷结合强度，大于 ISO 规定的 25 MPa，能满足临床要求；无热处理试件金瓷结合强度较低，小于 25 MPa，不能满足临床要求。

述　评

纯钛具有优异的生物相容性和耐腐蚀性，强度高，抗疲劳性能强，无磁性，X 线半透性，被很多学者认为是 21 世纪口腔修复的主要金属材料。但是钛瓷结合力普遍低于传统合金金瓷结合力，使纯钛烤瓷修复体在临床上的广泛应用受到限制。该实验重在研究除气和预氧化对纯钛金瓷结合强度的影响，并探讨了预氧化最佳温度，提供了操作上的指导。该实验结果对纯钛烤瓷基底的推广将起到积极作用。

（岳莉）

上颌中切牙透明层分布的调查研究［肖毅，岳莉，王魏新等. 现代预防医学，2010，37（3）：594～596］

采用直接观察 216 例被观察者口腔中上颌中切牙透明层分布部位的方法，同时采集被观察者上颌中切牙的照片，分别对被观察者上颌中切牙透明层的分布进行分类总结，分析透明层在天然牙上的分布部位及分布规律。结果显示：研究发现上颌中切牙透明层的分布大致有 3 种类型：A 类透明层覆盖整个牙冠，使牙冠整体看上去明亮；B 类透明层仅覆盖切缘；C 类透明层分布于切缘与邻接面在 16～29 岁人群中，A 类和 B 类所占比例明显高于 C 类，A 类和 B 类的男性共占 90%，A 类和 B 类的女性共占 95.5%；在 30～45 岁人群中，C 类增多，C 类的男性占 14.3%，女性占 7.1%；45 岁以上，A 类之外，邻接面有显著变透明的倾向，即 C 类明显增多，C 类男性占 34%，女性占 30.8%。作者认为：上颌中切牙透明层在牙体组织上有一定的分布规律。不同年龄阶段的天然牙透明层表现出不同的分布特征；同一年龄阶段中，性别不同，其透明层的分布规律不同。

述　评

仿真修复作为义齿修复的最高境界，一直以来都是关注的热点。该文属于调查类研究，对上颌中切牙透明层分布部位进行了调查分析，同时探讨了透明层分布部位与年龄和性别、与牙本质的老龄化、与天然牙的磨耗磨损、与釉柱的走向和排列的关系，为技师进行仿真制作提供重要的参考。若调查样本量增大，将更具指导意义。

（岳莉）

口腔正畸学

不对称性颌间牵引对成年 SD 大鼠髁突胶原成熟和钙盐沉积的影响［吴拓江，许跃，李煌等. 上海口腔医学，2010，19（5）：499～502］

选择 10 周龄雄性 SD 大鼠，使用关节外固定加力装置，加力 28 天，第 56 天取得标本；使用 Masson 染色和活体荧光技术观察软骨下骨的胶原成熟和钙盐沉积。结果正常软骨下骨有成骨活动，负荷加载后加力侧骨胶原成熟度高于非加力侧，较小负荷引发的成骨活动更为活跃。因此，成年个体的髁突软骨下骨在外力刺激下出现成骨活性变化，发生适应机械应力环境的重塑，压应力促进胶原成熟，但旋转位移抑制胶原成熟。负荷增加可促进成骨，轻力的促进效应更强。

述　评

颌间牵引常用于正畸治疗，涉及髁突对机械刺激的生物应答。持续不对称颌间牵引力对软骨下骨成骨活性的影响提示，临床上使用增加关节负荷力量时，应避免重复加载并使用较小的负载。

（周洪）

成人骨性Ⅱ类与Ⅲ类错殆畸形伴异常垂直骨面型的颏联合形态研究［唐娜，赵志河，廖春晖等. 华西口腔医学杂志，2010，28（4）：395～398］

选择中国成年女性骨性错殆畸形患者，分

高、低角骨性Ⅱ类,高、低角骨性Ⅲ类4组,通过头颅侧位片比较颏联合形态。结果高角组骨性Ⅱ类比Ⅲ类有较大的下牙槽高度、较小的颏突度和基骨高度;低角组骨性Ⅱ类比Ⅲ类有较大的下牙槽高度和顶部厚度。矢状骨面型相同时,高角组更易出现葫芦形颏部。因此,异常垂直骨面型的成人骨性Ⅱ类与骨性Ⅲ类错殆畸形者,颏联合形态存在差异;垂直骨面型对颏联合形态的影响较大;高角骨性错殆畸形者移动下切牙的正畸风险较大。

述　评

颏联合形态不仅影响侧貌,而且决定着下切牙的移动范围,探讨异常垂直及矢状骨面型对成人颏联合形态的影响,对临床拔牙矫治及手术方案的选择有指导意义,并在评价侧貌和确定下前牙移动的范围方面有着参考价值。

(周洪)

成人双颌前突患者舌侧正畸的X线头影测量分析[张瑾,吴雯,武冠英等.中国美容医学,2010,19(4):552~554]

选择16例舌侧隐形矫治患者,以X线头影测量分析患者牙齿、颌骨及面部软组织变化情况。结果显示:所有患者经治疗后,上下颌平面角增大。上齿槽座角、上下齿槽座夹角、上唇突度、下唇突度,上切牙唇倾角,下切牙切点至AB平面的距离,下齿槽座点在殆平面上垂足的距离,前牙覆殆、覆盖均减小。因此对双颌前突的成人患者,使用舌侧矫治器治疗获得良好的牙齿排列、牙颌关系的同时,也可获得满意的牙列以及颜面部的美学效果。

述　评

该研究结果提示:经舌侧正畸矫治的双颌前突成人患者口腔与颜面美学特征发生了显著性的改善,舌侧矫治器在治疗过程中和结果上均能够满足成人患者较高的美学诉求。

(周洪)

骨性错殆畸形健康效用值的测定[魏惺,叶瑞,李晓旭等.华西口腔医学杂志,2010,28(6):633~636]

使用评价标尺法和时间权衡技术测定青少年及成人正畸患者对不同骨性错殆畸形的健康效用值。结果显示:对于骨性Ⅱ类(凸面型)低角,青少年患者效用值稍高于成人患者。在青少年患者和成人患者中,骨性Ⅲ类(凹面型)低角的效用值最低,骨性Ⅱ类(凸面型)均角的效用值最高。两种方法测定的健康效用值之间均无统计学差异。结果说明:对特定类型的骨性畸形,青少年和成人测定的效用值有差异。

述　评

正畸治疗越来越注重错殆畸形患者身心双重健康的评估和恢复。测定正畸患者不同骨性错殆畸形的健康效用值,可估测该疾病状态对日常生活、心理状态的损害程度和比较经过正畸干预不同健康状态的生存质量,也为临床方案设计提供了一定的参考。

(周洪)

关于中国人正畸支抗用微种植钉牙槽骨植入安全区的研究[魏惺,赵立星,许桢睿等.国际口腔医学杂志,2010,37(2):128~132]

使用螺旋CT对正常中国人颌骨扫描重建,并测量牙齿根间区近远中向和颊舌(腭)向参数。结果显示:上颌前牙区最大牙根间距位于侧切牙与尖牙之间,后牙区最大牙根间距位于第二前磨牙和第一磨牙之间,最大颊舌向骨厚度位于第一、第二磨牙之间;下颌最大牙根间距及颊舌向骨厚度位于第一和第二磨牙之间。螺旋CT三维重建能够充分识别牙槽骨和牙齿根间区的结构关系,为正畸支抗用微种植钉安全植入提供了临床参考依据。

述　评

微种植体作为一种正畸支抗广泛应用于临床,其安全性及成功率是正畸医生十分关注的问题之一。通过螺旋CT技术测量分析牙齿根间区牙槽骨有关参数,有助于指导临床应用时选择安全稳定的植入区,并对种植体的稳定性有一定的帮助。

(周洪)

三维数字化技术测量矫治前后上颌尖牙与后牙轴倾和转矩变化初探［陈贵，秦一飞，许天民．中华口腔医学杂志，2010，45（11）：650～654］

应用三维数字化技术探索正畸治疗中上颌尖牙、前磨牙和磨牙三维位置的变化规律。结果表明：三维图像配准技术可将矫治前后的数字化牙颌模型置于同一坐标系中测量矫治前后牙齿轴倾和转矩的变化。非减数矫治具有后倾上颌第二前磨牙，颊倾上颌前磨牙的作用，而减数矫治具有舌倾上颌尖牙的作用。

述　评

利用三维数字化技术分析矫治前后牙齿的三维移动是目前的研究热点。该项研究通过数字化模型腭部表面形态重叠及三维图像配准技术转移测量标志点，精确评价了牙齿轴倾及转矩的变化并印证了相关临床经验。为进一步深化三维数字化技术在正畸领域的应用提供了一定的基础。

（周洪）

应用CBCT评价牙周病正畸治疗中牙槽骨状态的价值［马志贵，樊林峰，房兵．上海口腔医学，2010，19（2）：113～117］

选择处于正畸治疗排齐整平阶段牙周病正畸治疗患者20例，应用CBCT自行设计定点方式，对治疗前、后前牙区牙槽骨密度和牙槽骨高度进行检测。结果牙周病患者正畸治疗中，牙槽骨密度的降低差异有统计学意义，而牙槽骨高度变化差异无统计学意义。故CBCT可用于评价牙周病正畸治疗中牙槽骨的状态，自行设计的定点方法具有可行性和可重复性。

述　评

牙槽骨健康状况的评估在正畸治疗整个过程中均非常重要，该文采用对颌骨细微结构成像能力较强的CBCT图像定量分析正畸治疗前、治疗后牙槽骨的密度和高度的改变，为评价牙槽骨状态提供一个可靠的方法，具有临床应用价值。研究建立的个体差异小、可重复性高的定点及测量方法将对利用CBCT图像进一步应用于颌面骨组织结构的测量提供了帮助。

（周洪）

正畸加载对自体移植牙预后影响的显微CT研究［薛涵，杜文婷，郭泾．山东大学学报：医学版，2010，48（10）：29～33］

选取4只犬的16颗中切牙分别在自体牙移植术后第1、4、8、12周行正畸加载。加载1月后对实验牙齿及周围骨块拍摄Micro CT，进行形态学观察、数字化软件分析及三维重建。结果第4、8周进行正畸加载的移植牙无明显骨粘连、牙根吸收、牙周膜间隙增宽及根尖区牙槽骨密度减低；且根尖区骨小梁破坏最少、离散度低。故认为在犬自体牙移植术后第4、8周进行正畸加载，牙周愈合情况较好并可预防骨粘连的发生。

述　评

研究通过Micro CT对正畸需求的移植牙在不同的加载时间、加载力的大小对移植成活率的问题进行了研究，经过在形态学方面的观察和骨结构相关参数的定量测量评价了正畸干预所产生的影响。其结论对临床上移植牙正畸力加载的方案选择有着一定的指导意义。

（周洪）

安氏Ⅱ类错𬌗颅面形态模板分类的研究［那宾，许天民，林久祥．中华口腔正畸学杂志，2010，17（3）：160～162］

收集安氏Ⅱ类错𬌗患者894名，通过影像测量及最小平方和重叠法（PS）进行聚类分析以及亚型划分，分析每组的颅面特征，总结其形成机制。结果聚类分析将样本分出11个具有各自形态特征的类型，并形成各自的图形模板。认为PS重叠法用于形态学分类具有一定的优势。安氏Ⅱ类错𬌗的主要机制为下颌后缩，并且约60%存在垂直向不调，其中高角病例更为多见。

述　评

模板分析已逐步应用于颅颌面结构研究，

建立各类错𬌗畸形的数字化诊断模板,可以为将来实现计算机自动诊断和疗效预测打下基础,有助于临床和科研工作的开展。安氏Ⅱ类错𬌗的模板分类研究结果提示其垂直发育过度的比例较高,严重低角者男性比例稍高。

(周洪)

牙周炎患者的正畸减数治疗及其远期疗效观察[施捷.中华口腔正畸学杂志,2010,17(4):181～187]

选择31例牙周炎患者,其中18例减数四颗双尖牙,6例减数两颗上双尖牙和一颗下前牙,5例减数一颗下前牙,1例减数四颗第二磨牙,1例减数三颗双尖牙。观察正畸减数治疗后咬合关系、牙周支持组织健康状况及稳定程度。结果正畸减数治疗后咬合关系和牙周支持组织改建良好,疗效保持稳定。作者认为牙周炎患者正畸减数治疗可达到稳定的远期效果。

述　评

对于通过常规非减数治疗不能解除咬合创伤或无法满足患者美观需求的牙周炎患者,正畸医师不得不考虑减数治疗。根据牙周病损情况进行拔牙设计,正畸过程中关注牙周维护和正畸力的控制,以及保持阶段的定期复查对于牙周炎减数正畸治疗获得长期稳定疗效至关重要。研究结果对牙周病正畸治疗的临床治疗具有一定的指导意义。

(周洪)

骨性上颌发育不足青少年上气道及周围结构的X线头影测量研究[聂萍,朱敏,卢晓峰.中华口腔正畸学杂志,2010,17(2):85～88]

选择64例恒牙早期青少年,其中32例骨性上颌发育不足者,32例矢状和垂直骨面型均正常者。所有研究对象均拍摄X线头颅定位侧位片行头影测量及上气道间隙分析。结果显示:骨性上颌发育不足青少年的鼻咽气道、腭咽气道间隙以及口咽腔面积明显小于正常骨面型青年。因此认为,骨性上颌发育不足青少年与正常骨面型青少年相比,上气道形态及周围结构存在差异。

述　评

青少年不同矢状骨面型与上气道形态关系的相关研究正引起学者们的关注。上颌骨骨性发育不足的青少年,如果畸形越严重,上气道上部间隙就越小,就越容易发生阻塞并可能出现OSAHS症状。研究结论提示:在矫治青少年上颌骨发育畸形时,不仅要考虑骨畸形的矫治,同时还需要重视解除上气道阻塞及改善功能。

(周洪)

口腔种植学

影响牙种植体早期边缘骨吸收的相关因素的临床初步研究[陆轩,徐晓琦,李振春等.实用口腔医学杂志,2010,26(5):641～644]

探讨白细胞介素-1受体拮抗剂基因(IL-1RN)多态性是否与种植体Ⅱ期手术前边缘骨吸收有关。采用病例对照研究,选取44例种植患者,根据有无边缘骨吸收分为病例组和对照组;同时收集所有患者的颊黏膜拭子提取DNA;采用聚合酶链式反应测定IL-1RN的基因型。结果提示:携带IL-1RN Ⅰ/Ⅱ基因型的患者早期边缘骨吸收的发生率明显高于Ⅰ/Ⅰ基因型和Ⅰ/Ⅳ基因型的患者。据多元logistic回归分析,IL-1RN Ⅰ/Ⅱ基因型相对Ⅰ/Ⅰ基因型和Ⅰ/Ⅳ基因型的比值比是23.036倍($P<0.05$),并且吸烟的比值比是15.385倍($P<0.05$)。结果表明:IL-1RN基因多态性与早期边缘骨吸收发生有关,吸烟可能是早期边缘骨吸收发生的重要危险因素。

述　评

白细胞介素-1是在炎症因子的刺激下所诱导产生的,它主要在病理和生理过程中介导一些炎症和免疫反应。早期边缘骨吸收在种植手术中较为常见,其在一定程度上影响了种植体的稳定性和修复的美学效果。通过对白细胞介素-1受体拮抗剂基因(IL-1RN)多态性的研究,并联系吸烟对种植患者的作用,作者认为 IL-1RN 不同的基因型与早期边缘骨吸收有关,而吸烟仍然是种植的危险因素。引起种植早期边缘骨吸收的因素存在多种可能,该文作者的早期研究主要针对白细胞介素-1 受体拮抗剂基因,在将来的研究中需要逐步明确其他因素对早期边缘骨吸收的作用。

(王佐林)

种植体表面活化修饰对其周围骨缺损愈合的影响[吕晓飞,庄龙飞,刘鑫等.上海口腔医学,2010,19(3):301~305]

研究种植体表面化学活化处理对种植体周围骨缺损愈合的影响。采用 6 只成年 Beagle 犬,拔除下颌双侧前磨牙和第一磨牙 3 个月后行种植体植入术,在下颌第三前磨牙(P3)和第一磨牙(M1)部位常规制备直径 2.8 mm、深 10 mm 的孔洞,其冠方 5 mm 区域进一步扩孔制备成直径 5.3 mm 的种植窝,每侧下颌骨植入直径 3.3 mm、长 10 mm 的化学活化大颗粒喷砂酸蚀(modSLA)和大颗粒喷砂酸蚀(SLA)种植体各 1 颗,形成种植体冠方深 5 mm、宽 1 mm的环形骨缺损。双侧共植入 4 颗种植体,采用非埋入式愈合方式。术后 2 周、4 周和 8 周时收获含种植体的骨组织标本,制成切片后,经苦味酸品红染色,检测骨结合率(BIC%)、新骨填充率(NBF%)以及新骨与种植体接触的最冠方水平至缺损底部的距离(B-D)。应用 SPSS 13.0 软件包对数据进行分析,观察期内无种植体松动脱落。3 个时间段内 2 组种植体周围的骨缺损区域皆有新骨生成,新骨形成始于缺损区的根方和侧方骨壁。2 周和 4 周时 modSLA 种植体的 BIC%、NBF% 和 B-D 值显著高于 SLA 种植体的相应指标值($P<0.05$);8 周时 2 组之间差异无统计学意义($P>0.05$)。表明化学活化表面处理方式有利于促进种植体周围骨缺损的早期骨愈合。

述　评

钛种植体不同的表面处理都有其优点,但共同的特点是形成粗糙表面,使其具有更好的生物活性和骨结合能力。作者使用 modSLA 和 SLA 处理的种植体进行大动物实验,结果发现:在 2~4 周时 modSLA 的成骨指标较 SLA 高,而第 8 周时两者相近。因此,化学活化表面处理的种植体能促进早期骨结合,更适用于早期或即刻种植中。研究一种生物相容性好,并能促进骨结合的表面处理方式,将是近年种植材料的热点。

(王佐林)

RGD 肽修饰的纯钛种植材料表面成骨细胞黏附增殖能力[陈奕帆,黄元瑾,宋光保等.实用口腔医学杂志,2010,26(1):5~9]

评价精氨酸-甘氨酸-天冬氨酸(RGD)肽修饰纯钛表面对细胞早期黏附增殖影响。利用分子自组装技术氨基化纯钛表面,化学接枝 GYRGDS 肽,计算不同时点材料表面黏附细胞数;不同浓度 RGD 肽液预处理接种前细胞,计算材料表面细胞黏附率;MTT 法和扫描电镜分别检测材料表面细胞的增殖、生长。结果显示:RGD 肽修饰的纯钛表面细胞早期黏附率、增殖活性和生长情况在各时点均优于未修饰组,高浓度肽液预处理对 RGD 肽修饰组表面细胞有较强黏附抑制作用。结果提示:采用分子自组装技术可将活性 RGD 肽稳定的化学接枝于纯钛表面,修饰后材料的细胞早期黏附增殖等生物学行为有明显改善。

述　评

组织工程学近年来突飞猛进的发展为组织器官缺损的修复提供了可能。生物材料和细胞间相互作用也成为研究新突破。RGD 被认为是目前促进细胞黏附最有效且应用最广泛的多肽序列。实验利用自主设计的分子自组装技术将 GYRGDS 多肽片段固定到纯钛种植材料表面,结果 RGD 表面细胞增殖情况优于未处理组和溶胶涂层组,细胞倍增时间提前,改善了纯钛表面细胞亲和性并且提高了材料表面对大鼠成骨细胞初期黏附增殖。组织生物学材料的研究为种植体表面处理的方式提供了新的可能,但其效果仍需要长期的观察研究。

（王佐林）

钛表面粗糙度对成骨细胞核心结合因子α1亚基基因表达的影响[范震，贾爽，苏俭生. 中华口腔医学杂志，2010，45(8)：466～470]

通过研究种植体表面粗糙度对成骨细胞黏附、增殖、碱性磷酸酶（alkaline phosphatase，AKP）含量以及核心结合因子α1亚基（core bindingfactor alpha 1 subunit，Cbfα1）基因表达的影响，探讨种植体表面形态影响界面生物学反应的可能途径。用直径15 mm、厚2 mm的纯钛圆盘试件48个，均将其分为4组，每组12个。分别采用粒度为88～125 μm（微度粗糙组）、125～150 μm（中度粗糙组）、250～500 μm（重度粗糙组）的金刚砂颗粒喷砂，后两组试件再用10%的盐酸、硫酸混合液处理5分钟；剩余1组未处理作为对照组。测试4组试件表面粗糙度。将成骨细胞接种于4组试件表面，采用扫描电镜、吖啶橙荧光染色及考马斯亮蓝染色检测试件粗糙度对成骨细胞黏附、增殖的影响。用酶联免疫吸附实验（enzyme linked immunosorbent assay，ELISA）测定成骨细胞K含量的变化。采用荧光实时定量聚合酶链反应测定成骨细胞Cbfα1基因表达的变化。结果显示：处理后微、中、重度粗糙组和对照组的粗糙度分别为（1.00±0.20）、（1.67±0.08）、（2.40±0.20）和（0.12±0.03）μm。3个粗糙组成骨细胞的数量及AKP含量均高于对照组（$P<0.05$）。与对照组相比，粗糙表面上Cbfα1的mRNA水平明显增加（$P<0.05$）；中度粗糙组为（0.93±0.03）；微度粗糙组次之，为（0.50±0.03）；重度粗糙组最低，为（0.37±0.07）；对照组仅为（0.10±0.06）。结果提示：种植体表面粗糙度的差异可造成成骨细胞骨源性基因Cbfα1表达及AKP含量不同。粗糙度在1～2 μm范围内成骨细胞的生长、AKP含量及Cbfα1基因的表达较强。

述　评

种植体表面适宜的粗糙度能增加骨界面的生物力学强度，促进骨结合。与表面光滑的种植体相比，表面粗糙的种植体有更强的抗旋转、抗拉及抗压 稳定性。该实验证实，粗糙的种植体表面通过影响关键性骨源性基因Cbfα1的表达，引起成骨细胞分化水平的不同，最终引起骨结合的差异。这可能是表面粗糙度影响种植体界面成骨的生物学原因之一。但这种影响的具体信号传递通路尚不明确，需进一步实验阐明。

（王佐林）

锶磷灰石涂层钛种植体骨结合的动物实验[闫钧，张玉梅，憨勇等. 中华口腔医学杂志，2010，45(2)：89～93]

观察微弧氧化锶磷灰石（Sr-HA）涂层钛种植体的成骨活性，探讨锶元素掺入羟磷灰石（HA）涂层后对骨结合的影响。分别对实验组（Sr-HA涂层种植体）和对照组（HA涂层种植体）的表面形貌进行扫描电镜观察，并采用X线衍射仪分析膜层相组成。将两组种植体各12枚植入新西兰兔双侧股骨髁下外侧、胫骨结节处，术后对实验动物进行多荧光序列标记，饲养4周和12周取材，采用组织学观察、种植-骨界面线扫描分析评价涂层的骨结合能力。结果发现：种植体微弧氧化膜层均呈现多级孔洞状结构；X线衍射分析显示，锶元素的掺入引起HA的衍射峰向小角度方向偏移，晶格间距增大，稳定性下降；多荧光序列标记显示，Sr-HA涂层早期即表现出成骨活性，实验组骨矿化沉积率（4.75±0.46）μm/d显著高于对照组（3.21±0.44）μm/d；组织染色及能谱分析显示，骨种植界面上有生物类骨磷灰石层形成，12周时该磷灰石层转化为成熟的骨组织并与涂层形成紧密的骨结合。说明锶元素的掺入可提高Sr-HA涂层的生物学活性，加速其表面生物类骨磷灰石层的形成，增强膜层的成骨能力，促进膜层与骨组织的结合。

述　评

通过微弧氧化的方法赋予钛种植体具有生物活性的羟磷灰石（HA）氧化层是近年发展的新技术。将低剂量锶掺杂于HA结构中可提高 HA 的生物可降解性、生物相容性和骨传导性。此外，低剂量锶还具有促进成骨细胞生长和抑制破骨细胞形成的作用。Sr-HA 涂层的生物活性显著优于 HA 涂层，可成为将来种植体表面处理的新方法。

（王佐林）

植入位点不同对颧骨种植义齿种植体周骨应力分布影响的研究［储顺礼，周延民，岳贵平．华西口腔医学杂志，2010，28(1)：81～86］

探讨植入位点不同时颧骨种植义齿种植体-骨界面的应力分布规律。采用计算机模拟建立上颌后牙区重度萎缩三维有限元模型，分别在第一前磨牙区、第二前磨牙区、第一磨牙区和第二磨牙区模拟颧骨种植义齿修复。进行垂直向、颊向 30°和舌向 30°加载 100 N，统计分析植入位点不同时颧骨种植义齿种植体-骨界面的应力。结果显示：1）第一前磨牙区颧骨种植体颊侧暴露较多，与临床不符；2）上颌后牙区拉应力峰值比较：选择第二磨牙区植入时最大，第二前磨牙区次之，第一磨牙区最小。上颌后牙区压应力峰值比较：选择第二磨牙区植入时最大，第一磨牙区次之，第二前磨牙区最小。颧骨区拉应力及压应力峰值比较：选择第二前磨牙区植入时最大，第一磨牙区次之，第二磨牙区最小。由此得出：选择第一磨牙区颧骨种植义齿修复较好。

述　评

上颌窦外提升常用以解决上颌后牙区骨量不足的问题，但该方法有一定操作难度，并发症较多，患者痛苦较大，患牙修复时间较长。随着功能性外科和功能性整复的开展，以及种植技术及相关生物材料学的发展，颧骨种植义齿修复成为解决上颌后牙区重度萎缩的牙缺失修复的一种办法。种植体植入时多大的倾斜角度有利于种植体的长期稳定和远期成功率目前仍无定论。该实验应用三维有限元法，研究植入位点的变化对种植体－骨界面应力分布的影响，为临床实践提供理论依据。但三维有限元法与实际解剖特性仍有一定差别，长期效果有待临床检验。

（王佐林）

牙和牙槽外科

右美托咪定与丙泊酚用于无痛拔牙术清醒镇静的临床观察［顾红政，冯英，汤建高．口腔医学，2010，30(12)：727～728，746］

将 90 例门诊拔牙患者（年龄 14～60 岁，男 46 例，女 44 例，ASA Ⅰ～Ⅱ级，无心血管及肺部疾患，无精神疾患和麻醉药物过敏史）随机分成 3 组，Ⅰ组静脉给予右美托咪定（60 μg/kg）；Ⅱ组静脉给予 10% 丙泊酚（1 mg/kg）；Ⅲ组对照组，静脉液体不加镇静药。观察记录Ⅰ、Ⅱ组患者入睡时间、自然清醒时间、静脉药物追加次数，监测记录 3 组患者术前、术中、术后三个时间段的血氧饱和度（SpO_2）、平均动脉压、心率、呼吸频率及术中Ⅰ、Ⅱ组的镇静程度。结果显示：右美托咪定镇静效果好，患者唤醒后意识不模糊，能够准确按照医师的指令进行合作，不烦躁，无焦虑不安，无语言指令即能接着入睡，镇静时间长，能够满足拔牙手术的要求。

述　评

无痛拔牙技术可有效预防由于患者紧张、恐惧、疼痛不适等造成的机体应激反应及心、脑血管并发症的发生，降低患者的紧张、恐惧及疼痛不适感，提高拔牙术的安全性。作者通过右美托咪定与丙泊酚的对比研究，右美托咪定用于门诊无痛拔牙术与丙泊酚相比，清醒镇静程度满意，术中配合好，使用安全，值得临床推广使用。由于该临床研究右美托咪定仅使用了一种剂量，不足以反应其最小、最有效的血药浓度以及最合适的镇静程度，临床医疗安全匹配的药物剂量和给药方法有待今后进一步的研究界定。

（董福生）

硝酸甘油控制老年患者拔牙术中血压升高的疗效评价［王文英，雍念晖，张育红等．现代口腔医学杂志，2010，24(1)：8～10］

将 90 例平时血压控制在 160/90 mmHg 以下,拔牙术前三次测量血压,收缩压大于等于 180 mmHg,但不超过 260 mmHg,舒张压大于等于 110 mmHg,但不超过 130 mmHg 的患者分为 2 组,观察组 60 例舌下含服硝酸甘油片,对照组 30 例舌下含服开博通。结果显示:观察组 3、6、9 分钟时的降压有效率均高于对照组,心率变化两组比较差别无统计学意义。拔牙术中舌下含服硝酸甘油降压起效快,剂量容易调控,使用安全、方便。

述　评

随着高血压的发病率增加,高血压的拔牙患者越来越多,由于对拔牙术的恐惧,患者在拔牙术前、术中血压和心率会出现波动,增加了心脑血管意外的风险,同时由于血压增高也可引起术中出血增多,影响手术进程和质量。作者通过临床观察对比拔牙术中舌下含服硝酸甘油及舌下含服开博通对血压、心率的影响,得出拔牙术中舌下含服硝酸甘油片降压起效快,剂量容易控制,使用方便安全,值得临床借鉴。

(董福生)

阻生下颌第三磨牙 2 种拔除方法的比较[杨擎天,胡开进,薛洋等.实用口腔医学杂志,2010,26(1):71~74]

将 600 例下颌阻生第三磨牙分为 2 组,每组 300 例,分别使用传统凿骨劈冠法,改良涡轮机法拔除下颌阻生第三磨牙,分别观察拔牙手术时间、术中及术后并发症,进行统计分析。结果改良涡轮机拔除法拔除下颌阻生第三磨牙的手术时间明显短于凿骨劈冠法($P<0.05$),术中及术后并发症的发生率均明显低于凿骨劈冠法($P<0.05$)。

述　评

凿骨劈冠拔除下颌第三磨牙阻生齿是常用的传统方法,锤击去骨劈牙,患者感觉震动明显,也可造成颞下颌关节损伤,术后关节区疼痛,拔牙创损伤大。高速涡轮钻阻生齿拔除,创伤小,减少了并发症,已广泛应用于临床。使用改良涡轮机拔除法,方便了手术,使手术方法和手术技巧也有了很大的改变,有效地控制了手术时间和并发症。值得临床推广。

(董福生)

下颌第三磨牙拔除术后疼痛的临床分析及预防[周宏志,胡开进.华西口腔医学杂志,2010,28(2):153~157]

对下颌阻生第三磨牙拔除患者分两组两个阶段进行临床研究,每组 450 例。第一阶段为第 1 组,第二阶段为第 2 组。第 1 组对 450 例下颌阻生第三磨牙拔出后疼痛的相关因素进行分析,建立预先判断牙齿拔除难度评估模式,制定拔牙术后疼痛的临床干预模式。第 2 组选择 450 例下颌阻生第三磨牙患者,第 1 组已建立和制定的评估及干预模式,进行术前判断拔牙难度和引起疼痛的危险因素,并实施拔牙术后疼痛的临床干预模式,有选择性和针对性地给予术前用药。比较两组患者术后疼痛程度,重度疼痛发生率和止痛药服用量,第 2 组明显低于第 1 组。观察结果表明:术前对拔牙难度的判断,围手术期药物的合理控制,可以实现术后疼痛的个体化预防,减轻或避免术后疼痛,有助于避免过量或不当使用药物。

述　评

下颌阻生第三磨牙拔除术是牙槽外科常见及难度和创伤相对较大的手术,术后疼痛是下颌阻生第三磨牙拔除最常见的并发症,造成患者的恐惧和痛苦。作者通过观察分析 450 例下颌阻生第三磨牙拔除患者术后疼痛的相关因素,建立了预先判断牙齿拔除难度的评估模式及术后疼痛临床干预模式,并应用建立的评估及干预模式合理控制并使用围手术期药物综合处理措施,在控制下颌第三磨牙拔除后疼痛方面取得了较为理想的效果,具有临床参考价值。

(董福生)

2 种方法在下颌水平阻生第三磨牙拔除中的比较[李文超,阮宁.华西口腔医学杂志,2010,28(1):71~73]

将150颗下颌水平低位阻生第三磨牙随机分为2组,每组75颗,分别采用舌侧骨板劈开法和高速手机裂钻去骨法拔除。舌侧骨板劈开法:舌侧骨板折断并向舌侧移位,结合钻分牙法,由舌侧取出牙齿后舌侧骨板复位缝合。裂钻去骨法:用高速裂钻去除第三磨牙上方颊侧的骨壁,结合钻分牙法拔除牙齿。结果表明:舌侧骨板劈开法拔除下颌低位水平阻生第三磨牙的手术时间短,术中、术后并发症较少。

述 评

实质上作者是观察了颊侧去骨法和舌侧去骨法两种方法在下颌低位水平阻生第三磨牙拔除中的比较。该文中的高速手机裂钻去骨法拔除下颌低位水平阻生第三磨牙是采用的颊侧去骨法,颊侧翻瓣、去骨,颊侧去骨法去骨视野好,易于操作,切口偏颊可避免损伤舌侧小血管,减少出血,但颊侧骨板厚,多为密质骨,去骨困难。舌侧去骨法,视野差,操作欠方便,容易损伤舌神经,但切口小,去骨少,对于舌侧低位水平阻生智齿有其优势。正确判断下颌第三磨牙的阻生类型,对于拔牙术方法的选择是很重要的。

(董福生)

牵引拔除压迫下牙槽神经的下颌第三磨牙[汪湧,何冬梅,杨驰等.中国口腔颌面外科杂志,2010,8(6):521~524]

对20例全景片和CT显示下颌第三磨牙牙根压迫或紧贴下牙槽神经的患者,先应用正畸牵引技术,经3~10周的牵引,使牙根远离下牙槽神经后再行拔除。结果显示:20例下颌第三磨牙牙根压迫下牙槽神经的阻生齿拔除后,无1例发生下唇麻木,术后反应轻微。

述 评

下颌阻生第三磨牙拔除并发下牙槽神经损伤最令术者担忧和最容易导致医患纠纷。作者应用牵引拔除压迫下牙槽神经的下颌第三磨牙,避免了下牙槽神经损伤的风险,并指出垂直和远中向阻生作牵引拔牙最佳,水平阻生不适合做牵引拔牙。牵引拔牙技术对于牙根压迫或紧贴下牙槽神经的下颌垂直和远中阻生第三磨牙的拔除,可有效避免下牙槽神经的损伤,值得临床借鉴。

(董福生)

口腔颌面部感染

糖尿病患者颌面颈部间隙感染的临床研究[李志进,郭家平,王虎中等.实用口腔医学杂志,2010,26(5):668~670]

回顾性分析36例糖尿病患者颌面颈部间隙感染的临床特点及治疗要点,并对感染来源及菌群类型进行对比分析。结果表明,对于糖尿病患者的颌面颈部间隙感染,肺炎克雷伯菌是最常见的病原菌,检出率高,治疗上控制血糖和控制感染并重,经验用药的选择需考虑优势菌肺炎克雷伯菌,对于牙源性感染,需加用抗厌氧菌药物。

述 评

糖尿病与口腔颌面部感染相互影响、相互促进,处理不当可导致严重的并发症,在临床上已引起高度重视。除及时的切开引流,严格的血糖控制和针对性的抗感染是治疗的关键。根据脓培养和药敏试验使用抗生素已成为常规,但培养结果回报之前一般有3~5天的用药盲目期。作者提出在此盲目期经验性用药的观点,对于临床具有指导意义。

(曹选平)

Gelatamp胶质银明胶海绵治疗第三磨牙冠周炎的疗效观察[李倜,迟春媛,白建文等.国际口腔医学杂志,2010,37(3):275~276]

将第三磨牙冠周炎患者227例,按其临床症状分为不口服抗生素组和口服抗生素组,两组分别采用随机单盲对照法。试验组将Gelatamp胶质银明胶海绵放于盲袋中1次;对照组将碘甘油放于盲袋中,每日1次,疗程3~7天。结果显示:Gelatamp胶质银明胶海绵组疗效优于碘甘油组。作者认为,应用Gelatamp胶质银明胶海绵治疗第三磨牙冠周炎,可有效地改善其临床症状，提高疗效。

述　评

智齿冠周炎的治疗以局部处理为重点，包括盲袋冲洗、局部用药，但因口腔器官的特殊解剖生理特点，局部用药易流失，影响了临床效果。Gelatamp 胶质银明胶海绵能够保持良好的体积稳定性，且具有持续的、长效的杀菌作用。作者将其应用于冠周炎冲洗后的局部用药，取得了理想的临床效果。这一方法避免了冠周炎因局部治疗效果不佳而拔除的后果，对保存患牙具有积极作用。

（曹选平）

B 超引导下联用甲硝唑与庆大霉素穿刺冲洗治疗颌面间隙感染［杨宁. 湖南中医药大学学报，2010，30(2)：61～62］

对 102 例颌面间隙感染患者，采用 B 超引导下经皮穿刺抗生素冲洗治疗。结果显示：8 例效果不佳，改为切开引流；4 例包块消退缓慢，改为手术切除，术后病理炎性包块及淋巴结核各 2 例；2 例穿刺脓液抗酸染色发现结核菌，转往传染科治疗；其余临床评价满意。该方法的优点是避免形成瘢痕，不影响美观。

述　评

及时的切开引流是治疗颌面部间隙感染的关键之一，但遗留瘢痕是口外切口不可避免的缺点。超声引导经皮穿刺治疗对于颌面部单一间隙、且处于脓肿形成早期的感染具有定位准确、美观、不留瘢痕的优点，对于有特殊美容要求的患者尤其适用。但对于多间隙感染特别是伴发严重的全身中毒症状者还是应以广泛而充分的切开引流为宜，以避免发生严重的并发症。

（曹选平）

口腔颌面外科围手术期抗菌药物应用合理性分析［韩蕊，段京莉. 药物不良反应杂志，2010，12(2)：100～104］

随机抽取 997 份北京大学口腔医院 2009 年 1～12 月出院的颌面外科手术患者病历，对患者的性别、年龄、手术类别、术期抗菌药物应用情况等进行回顾性调查分析，对抗菌药物使用进行合理性评价。研究结果表明：口腔外科围手术期抗菌药物的不合理应用包括无指征用药、药物选用不当、手术预防用药时间不当及术后长时间用药等。因此应进一步落实有关抗菌药物临床使用的指南，并加强合理用药教育。

述　评

抗菌药物的合理应用已引起医务工作者的足够重视，但在临床实践中，仍或多或少地存在抗生素的不合理应用现象。一方面需加大对医护人员的合理用药宣传，临床医师必须熟悉各种抗菌药物的性能，严格遵循抗菌药物应用的基本原则；另一方面，医务监管部门需加强抗菌药物监管，对临床医师合理应用抗菌药物进行监督、指导。

（曹选平）

酸性氧化电位水冠周冲洗临床疗效观察［马丹，刘国勤，张庆福等. 海军医学杂志，2010，31(2)：105～107］

将 120 例智齿冠周炎患者分为 2 组，每组 60 例，分别采用酸性氧化电位水与过氧化氢生理盐水作为冠周冲洗液进行冠周冲洗治疗，治疗 3 天后对 2 组进行疗效观察。结果显示，酸性氧化电位水组有效率为 90%，过氧化氢生理盐水组的有效率为 70%，酸性氧化电位水组明显优于过氧化氢生理盐水组。作者认为，酸性氧化电位水制备方便，冠周冲洗效果良好，可作为急性智齿冠周炎常规冲洗液使用。

述　评

酸性氧化电位水是一种高效低毒、对环境无污染的新型消毒剂，目前在医疗领域已用于手消毒、内镜、血液透析装置等的消毒，由于可以较好地控制感染，保持创面清洁，促进肉芽的形成，因此可用于创口、创面的冲洗，消毒。无色、透明、无强烈刺激气味是其优点，作者将其应用于智齿冠周炎的冲洗治疗，疗效确切，患者无明显不适，避免了过氧化氢冲洗的不适感，且操作简便，一般口腔科医师易掌握、操作,因此在口腔医学领域具有一定的应用前景。

（曹选平）

二维及彩色多普勒超声在颌面部间隙感染诊断中应用价值的探讨［史庆辉,赵莉莉,谢超.实用口腔医学杂志,2010,26(1):64～66］

回顾性分析90例间隙感染及肿瘤患者的超声表现。结果显示:90例中,87例为间隙感染;2例为非霍奇金淋巴瘤,1例为鳃裂囊肿伴感染。超声表现特点,间隙感染回声较肿瘤回声强,但血流较肿瘤少,抗炎后复查改变明显。结果表明:二维及彩色多普勒超声诊断间隙感染符合率高,对于颌面部间隙感染与肿瘤伴感染的鉴别诊断有一定价值,检查费用低,可以作为临床首选检查。

述　评

根据临床表现、发病因素,大多颌面部间隙感染能准确诊断;对于深部间隙感染或不易确诊的病例可借助B超或CT等辅助检查进行诊断和鉴别诊断。作者应用二维及彩色多普勒超声,不但可了解病变范围、与周围组织关系、回声强弱等,还可观察病变区血流分布情况及彩色血流明亮度,诊断符合率高,费用低,且成像迅速,有利于感染的早期诊断和治疗,但应注意结合病理检查,以免因误诊而延误治疗时机。

（曹选平）

口腔颌面部损伤

髁突矢状骨折CT和MRI诊断及其相关性研究［段登辉,张益.中华口腔医学杂志,2010,45(1):2～5］

下颌骨髁突矢状骨折是一类常见但有时易被漏诊的损伤,CT和MRI使临床医生有可能发现髁突矢状骨折和了解有关这类骨折的更多的信息。作者对26例(41侧)髁突矢状骨折的CT检查显示了骨折可以呈现髁突裂隙、髁突骨折段移位或髁突骨折段移位同时伴有髁突外侧移位脱出关节窝等不同类型。MRI检查则可以显示关节盘有无移位及移位的方向和程度,同时还可以借助MRI观察髁突矢状骨折后颞下颌关节上腔积液情况,指出髁突矢状骨折后,关节积液、关节盘移位以及盘后附着形态与骨折段移位程度相关。

述　评

在CT问世之前,下颌骨髁突矢状骨折不为人们所了解,20世纪80年代以后CT的普遍应用,使人们发现髁突矢状骨折是常见的,通过CT影像可以明确地看到髁突矢状骨折是否存在,了解骨折的状况。MRI的应用使临床医生有可能更深入地了解髁突矢状骨折对颞下颌关节造成的损伤,包括关节盘移位的方向和程度以及关节腔内积液的情况,作者的观察比较提示髁突骨折状况与关节损伤之间的关系,对临床治疗和研究均有所帮助。

（胡敏）

中国颌面外科高年资医师髁突骨折治疗观点一致性的调查［张益.中华口腔医学杂志,2010,45(4):196～202］

下颌骨髁突骨折的治疗方式选择一直存在争论,作者将85例髁突骨折归纳为18类损伤形式,通过对国内46位长期从事口腔颌面部创伤、特别是在髁突骨折治疗方面具有高级技术职称的医师对治疗方案的选择来了解目前国内治疗髁突骨折的流行观点。结果发现:除对于成年人双侧髁颈下脱位性骨折采用手术治疗和在儿童髁突骨折首选非手术治疗这两方面观点一致外,约1/3国内医师对髁突骨折是采用手术治疗还是非手术治疗存在严重分歧,而在与国外医师相比时,发现国内医师更倾向于选择手术治疗。

述　评

下颌骨髁突骨折包含了多种多样的情况和非常复杂影像治疗效果的因素,在20世纪70～80年代以前很长一段时期内,国内外学者们多数主张采用非手术治疗。随着计算机技术、影像学、解剖学、手术技巧和器械等发展,采用手术治疗髁突骨折逐渐增多,但是,在国内有适应证掌握过宽的倾向，该文提供的数据说明了目前的状况，国内外对照比较也可使临床工作有一定借鉴，指出外科医师主观上总在努力寻求手术的可能和理由，而手术并发症的真实发生率要比学者们认为的要多，这对临床医师严格掌握手术适应证有所帮助。

（胡敏）

髁突囊内骨折的临床特点和分类研究[杨驰，何冬梅，陈敏洁等. 中国口腔颌面外科杂志，2010，8(3)：208～211]

髁突骨折有各种分类，关节囊内骨折是一种比较特殊的情况，作者在 362 例(492 侧)下颌骨髁突骨折患者的基础上，通过 X 线全景片、CT 和 MRI 检查发现髁突囊内骨折是下颌骨髁突骨折最常见的类型，在其研究的样本中占 66% 以上。髁突囊内骨折常合并有下颌骨骨折，出现下颌支残端向外上移位脱出关节窝，而关节盘则多随髁突骨折段向前内移位。作者提出冠状 CT 可以较全面反映髁突囊内骨折的情况，应作为主要分类依据。同时作者还对致伤原因进行了归纳分析。

述　评

疾病的分类主要服务于临床治疗和研究的需要，依据骨折线的位置、方向及损伤的情况，下颌骨髁突骨折有多种不同分类。随着计算机技术和医学影像学的发展，人们对髁突的认识不断深入，髁突骨折的分类也在修正和细化。作者比较详细地描述了髁突囊内骨折的各种不同情况，对颞下颌关节的相应损伤也进行了观察，对临床治疗有很好的指导作用，同时也为进一步深入研究提供了比较准确和客观的依据。

（胡敏）

人下颌骨枪弹伤有限元仿真及致伤生物力学变化研究[鄢兰元，陈渝斌，张纲等. 实用口腔医学杂志，2010，26(3)：388～392]

火器伤是一类比较特殊的损伤，无论是平时还是战时，颌面部都是火器伤的多发部位。作者利用中国数字化可视人体模型建立的下颌骨三位有限元模型，模拟枪弹从左侧下颌角以不同角度射入后下颌骨的损伤情况，介绍了建模的方法，对不同致伤条件造成的后果进行了比较详细的分析，认为有限元模型和方法可以仿真动态模拟下颌骨枪弹伤的致伤过程，展示了弹丸由一侧下颌角射入后压力波造成的下颌骨不同部分应力变化情况。

述　评

枪弹伤是火器伤的一种类型，火器伤除了原发伤道的严重损伤外，还有瞬时空腔效应造成的强大的侧压力波引起伤道周围组织的严重损伤。有关压力波对下颌骨的影响和致伤作用机制研究有诸多困难，作者在以往研究成果和国内外相关研究的基础上，利用三维有限元方法构建了下颌骨枪弹伤的有限元模型，通过这种模型可以近似地观察下颌骨高速投射物损伤的各种不同情况，而且可以多次重复，为进一步深入研究下颌骨枪弹伤的生物力学机制打下了基础。

（胡敏）

儿童颌面部创伤及家长对其认知的研究[苏吉梅，阮文华，叶笑咪. 华西口腔医学杂志，2010，28(3)：265～267，272]

儿童期是口腔颌面部创伤好发的时期，而且儿童口腔颌面部创伤的致伤因素和损伤程度及预后都有其特殊性。该文针对颌面部创伤患儿和其母亲对孩子损伤的认识情况进行分析研究，结合 216 名口腔颌面部创伤患儿和他们的母亲对损伤的了解和预防常识分析了患儿年龄分布、致伤原因、致伤环境、损伤部位、损伤程度、患儿母亲担心的预后情况及其文化程度与患儿受伤的关系，归纳出男孩易受伤，6 岁以前发生机会率高，家中受伤多见。这些有助于临床医师了解儿童颌面部创伤的概况。

述　评

儿童时期是多种创伤易发的一个时间段，口腔颌面部创伤也不例外，作者的分析归纳结果与国外一些学者的研究结果相近。该文将儿童颌面部创伤与患儿母亲对颌面部损伤的认识和其自身情况结合进一步细分研究，作者着重指出母亲对儿童口腔颌面部创伤的知识缺乏与创伤发生有关，应加强相关的教育宣传，这方面是个弱点，提醒口腔医学工作者要重视科普工作。

（胡敏）

骨桥蛋白在新生大鼠背部皮肤创伤愈合过程中的表达[武金峰，王佐林. 口腔颌面外科杂志，2010，20(4)：232～236]

创伤愈合与瘢痕形成密不可分，而颌面部的美学要求又希望能控制瘢痕形成，皮肤创口愈合是一个复杂的过程，但不是杂乱无章，而是有序的渐进的。作者抓住骨桥蛋白在皮肤创口愈合过程中的表达这一形式来探讨骨桥蛋白的可能作用机制，利用免疫组织化学、RNA提取分析等多种手段观察了骨桥蛋白阳性细胞的分布、不同时间骨桥蛋白相对表达量的变化，为进一步深入研究积累了数据并提供参考。

述　评

皮肤创口愈合过程中有多种细胞、细胞因子和细胞外基质参与，相互协作完成，这一过程有许多未知因素有待研究。多个学科的学者们都在努力研究，有研究表明抑制骨桥蛋白可加速皮肤创口愈合。该文着眼于了解正常皮肤组织中骨桥蛋白的分布情况，在创伤状况下其表达的变化，为以后研究打下基础。

（胡敏）

经皮微创坚强内固定治疗颧骨骨折的疗效观察[马建军，周晓清. 上海口腔医学，2010，19(2)：147～150]

颧骨骨折是临床上常见的颌面部创伤，有时颧骨、颧弓骨折复位固定是较困难的工作，微创外科是近年来的趋势。该文总结了342例不同类型颧骨骨折治疗经验，对临床治疗过程全面分析，介绍了诊断方法、确定治疗方式依据、在骨折线处选择皮肤微小切口的方法和骨折复位、固定的技巧。术后随访除骨折复位固定良好外，皮肤切口瘢痕轻微，这为临床医师提供了参考。

述　评

颌面部手术入路选择常常使临床医师感到困难，既要充分显露术野，使手术操作简单易行，又要考虑美学因素，使切口隐蔽，两者常难以兼顾，而微创外科又常使人们认为切口小就是微创。实际上，微创应是使患者术区组织损伤最小，手术时间最短，术后并发症最少和效果最好的有机结合。作者的临床实践有助于口腔颌面外科医师换个思维角度，重现审视目前常用的手术入路和流行观点，积极地践行微创外科去为患者争取最大的利益。

（胡敏）

口腔颌面部肿瘤学

舌鳞状细胞癌Tca8113细胞系CD133⁺亚群生物学特性的研究[康非吾，王开，吴滑等. 华西口腔医学杂志，2010，28(5)：560～564]

通过流式细胞仪检测舌鳞癌Tca8113细胞系中CD133的表达，利用免疫磁珠分选技术纯化CD133肿瘤细胞，体外培养并观察其增殖及分化能力。结果发现：Tca8113细胞系中有0.95%的CD133肿瘤细胞呈阳性表达，且分选出的$CD133^+$肿瘤细胞的增殖能力均高于$CD133^-$肿瘤细胞及未分选的肿瘤细胞；CD133在培养体系中的比例逐日下降，由培养第1天的92.45%下降至第12天的1.62%。由此认为：Tca8113细胞系中肿瘤细胞具有异质性，CD133可能是肿瘤起始细胞的表型标志之一。

述　评

越来越多的研究发现恶性肿瘤的发生与干细胞密切相关，并且在多种实体瘤中已经证实有肿瘤干细胞的存在。作者观察到舌鳞癌Tca8113细胞系中$CD133^+$亚群增殖能力明显强于$CD133^-$肿瘤细胞，在一定程度上说明CD133有可能是舌鳞癌肿瘤干细胞的分子标志之一，但如果要证实该结论还需大量的实验加以探索。

（李龙江　潘剑）

人黏液表皮样癌裸鼠耐药移植瘤模型的建立及其生物学特性[徐小方，刘斌，吴军正等. 实用口腔医学杂志，2010，26（2）：177～180]

将人涎腺黏液表皮样癌多药耐药细胞接种于裸鼠皮下，成瘤后经腹腔注射小剂量 5-FU 进行体内诱导，建立稳定的黏液表皮样癌裸鼠移植瘤模型。结果发现：裸鼠移植瘤原代培养的 MEC/5-FU/NU 细胞与体外培养细胞结构类似，MEC/5-FU/NU 细胞对 5-FU 的耐药指数为 27.82。RT-PCR 显示耐药相关基因 ABCB1、ABCB11、GSTA1 在 MEC/5-FU/NU 细胞中明显高表达（$P<0.05$）。免疫荧光显示多药耐药蛋白 MDR1 在 MEC/5-FU/NU 细胞中高表达。表明以 MEC/5-FU 建立的黏液表皮样癌裸鼠皮下移植瘤模型仍保持 MEC/5-FU 细胞的形态学特征和多药耐药性。

述　评

尽管以往国内外学者利用肿瘤耐药细胞系在体外对多药耐药机制进行了深入研究，并已筛选出许多肿瘤耐药逆转剂。但由于体外和体内肿瘤微环境存在很大差异，体外研究结果并不能很好地反映活体肿瘤的情况，因此直接在动物体内建多药耐药模型意义重大。该研究的探索可为耐药性人涎腺黏液表皮样癌耐药机制和逆转的研究提供较理想的动物模型。

（李龙江　潘剑）

紫草素对口腔鳞癌 Tca8113 细胞增殖与凋亡的作用[阮敏，杨雯君，周晓健等. 中国口腔颌面外科杂志，2010，8（1）：66～72]

采用四甲基偶氮唑蓝（MTT）法观察紫草素对 Tca8113 细胞的体外增殖抑制作用；采用光镜、透射电镜、琼脂糖凝胶电泳技术及流式细胞术观察紫草素对 Tca8113 细胞凋亡的影响。结果发现：紫草素在 0～50 μmol/L 浓度范围内，对 Tca8113 细胞的增殖抑制作用呈现时间依赖性和浓度依赖性；电镜下可见典型的细胞核皱缩及凋亡小体，DNA 琼脂糖凝胶电泳观察到典型梯状条带，流式细胞仪结果显示亚 G1 期细胞明显增加，各组细胞凋亡率均显著高于对照组。

述　评

紫草素是从天然植物紫草中提纯出的小分子萘醌类化合物，有实验表明紫草素及其衍生物可以在多个层面上抑制多种肿瘤的发生、发展。相对于临床应用的化学制剂，其对人体的毒副作用较小，可能成为一种新型的高效低毒抗肿瘤药物，具有良好的发展应用前景。该研究结果提示：紫草素对口腔鳞癌 Tca8113 细胞具有明显的增殖抑制及诱导凋亡作用，有希望作为一种新的药物用于口腔鳞癌的治疗。

（李龙江　潘剑）

湖南地区 5 443 例口腔颌面部恶性肿瘤临床分析[邓明辉，吴汉江. 中国口腔颌面外科杂志，2010，8（2）：144～148]

调查湖南地区 12 家大型三甲医院 1989—2008 年口腔颌面部恶性肿瘤患者发病情况及各类肿瘤的构成比。结果发现：患者平均年龄 52.7 岁，好发年龄段为 41～70 岁；男女性别比 2.23∶1.00；口腔、唾液腺、颌骨分列口腔颌面部恶性肿瘤原发部位的前 3 位，口腔黏膜恶性肿瘤以舌、牙龈最多见。组织来源以上皮源性肿瘤最多，占 94.9%；病理类型上，鳞癌占 60.0%。唾液腺恶性肿瘤病理类型前 4 位依次为黏液表皮样癌、腺样囊性癌、腺癌、恶性多形性腺瘤。近 10 年来，舌、颊部恶性肿瘤有明显升高趋势，而牙龈部则有下降趋势。

述　评

我国目前尚无全国性的口腔颌面部恶性肿瘤的流行病学资料，部分省市陆续报道了地区患病情况，而湖南地区在口腔颌面部恶性肿瘤流行病学研究方面仍为空白。该研究结果为今后湖南地区口腔颌面部恶性肿瘤的防治提供了依据。

（李龙江　潘剑）

酸性微环境对单核/巨噬细胞分泌血管内皮细胞生长因子及 Tca8113 细胞杀伤作用的影响

[宋宇峰,冯红超,唐路等.华西口腔医学杂志,2010,28(4):364~366]

在微酸和普通条件下,将单核/巨噬细胞和舌癌细胞株Tca8113进行混合培养,检测单核/巨噬细胞对舌癌细胞的杀伤作用。采用ELISA法检测不同微环境下单核/巨噬细胞VEGF的分泌情况。结果显示:在酸性微环境下,单核/巨噬细胞对舌癌细胞株的杀伤作用低于常规环境下($P<0.05$);而分泌VEGF的能力较常规环境下增强($P<0.05$)。可能正是肿瘤组织局部的酸性微环境改变了单核/巨噬细胞的功能,更多地参与了肿瘤的生长。

述 评

近年来,癌细胞微环境成为肿瘤相关机制研究的焦点。该研究通过改变细胞培养条件模拟体内恶性肿瘤细胞生存的酸性微环境,得出单核/巨噬细胞对舌癌细胞株的杀伤作用减弱,从不同角度认识恶性肿瘤发生发展的环境基础,具有很强的创新性及研究潜力。

(李龙江 李一)

口腔鳞癌中微淋巴管密度的检测及其临床意义[黄元清,宋宇峰,张建国.实用口腔医学杂志,2010,26(2):202~204]

对14例正常口腔黏膜组织、40例口腔鳞癌组织标本,应用免疫双重组织化学染色区分血管和淋巴管,人工记数微淋巴管密度(MLVD),分析其与颈淋巴结转移的关系。结果示:40例口腔鳞癌组织中MLVD显著高于14例正常口腔黏膜组织($P<0.01$),口腔鳞癌组织中MLVD与肿瘤的TNM分期及其淋巴结转移密切相关($P<0.01$)。淋巴管生成可能参与了口腔鳞癌的生长、浸润及转移,提示测定口腔鳞癌中MLVD对评估其淋巴结转移和预后判断可能具有重要意义。

述 评

淋巴道转移是口腔癌的重要特点,也是导致治疗失败的主要原因之一,极大影响患者预后。该研究从口腔癌中微淋巴管密度入手,深入探讨其临床意义,可望为口腔癌预后及淋巴转移评估提供新的参考依据。

(李龙江 李一)

PTEN基因联合多西环素抑制黏液表皮样癌细胞系端粒酶活性的研究[刘斌,吴军正,关素敏等.华西口腔医学杂志,2010,28(5):532~538]

用脂质体将野生型PTEN基因导入黏液表皮样癌细胞系,再用不同质量浓度的多西环素处理细胞,采用MTT比色法测定细胞存活,用端粒酶重复扩增法-酶联免疫吸附测定细胞端粒酶活性。结果与对照细胞比较,野生型PTEN基因明显增加癌细胞对多西环素的敏感性,增敏比为1.65~4.75倍。PTEN基因转染或多西环素诱导癌细胞端粒酶活性明显下降($P<0.05$),二者联合应用对癌细胞端粒酶活性抑制更为显著($P<0.01$)。PTEN抑癌基因联合多西环素对人黏液表皮样癌细胞系端粒酶活性具有显著的协同抑制效应。

述 评

PTEN基因在恶性肿瘤发展中具有多向调控作用,是近期研究的热点之一。该研究发现在PTEN基因及多西环素的协同作用下,人黏液表皮样癌细胞系端粒酶活性明显下降,为恶性肿瘤治疗提供全新治疗策略,具有很强的研究价值和临床应用前景。

(李龙江 李一)

苦参碱对腺样囊性癌细胞周期阻滞和端粒酶催化亚基表达的影响[赵军方,谢伟红,李新明等.华西口腔医学杂志,2010,28(3):234~240]

用不同浓度的苦参碱对体外培养的ACC-M细胞进行干预,以流式细胞仪检测对照组和不同浓度苦参碱作用不同时间后细胞周期的变化;RT-PCR检测苦参碱作用48小时后细胞hTERT mRNA的表达改变;流式细胞术定量检测hTERT蛋白的表达变化。结果显示:苦参碱作用后明显抑制ACC-M细胞的增殖,使ACC-M细胞周期阻滞于G_0/G_1期,并与药物浓度和作用时间呈正相关;苦参碱作用后

hTERT 基因和蛋白表达明显下降。苦参碱对 ACC-M 细胞有明显细胞周期阻滞作用，同时显著下调 hTERT 基因表达。细胞周期阻滞作用可能与苦参碱下调 hTERT 基因表达有关。

述　评

中医中药是我国传统文化的精粹，在疾病治疗中发挥重要的作用，但其相关机制仍需要深入研究。该研究采用分子生物学方法研究苦参碱对腺样囊性癌细胞的抑制作用，其结果为中药这一传统医学的全新应用提供了重要的理论依据，具有深远的意义。

（李龙江　李一）

口腔颌面部畸形整复外科学

颏部岛状组织瓣功能性修复全下唇缺损的临床观察［尚德浩，葛淑芬，孙长伏. 中华口腔医学杂志，2010，45(1)：26～27］

6 例下唇癌患者行外科手术切除，切除后下唇缺损 4/5 至全下唇缺损。缺损以双侧颏神经血管束为蒂的颏部岛状组织瓣 V-Y 推进修复下唇全厚缺损，重建口轮匝肌。术后结果显示：6 例皮瓣全部成活，唇外形满意，张口度良好，平均张口度 2.9 cm，下唇括约肌功能和感觉功能得以恢复。作者认为：对于局限于唇红或唇红缘下方 1 cm 内的全下唇缺损，双侧颏神经血管束为蒂的颏部岛状组织瓣 V-Y 推进修复方法是比较理想的功能性重建方法。

述　评

对于下唇组织的缺损必须进行修复，因为下唇位于颌面部的中份，具有很重要的功能及美学意义。选择修复方法时必须二者兼顾，不能偏废。该手术能够恢复下唇组织的缺损，维持下唇的外形和功能，但作者没有从该文献中获得修复后远期下唇游离缘高度值及闭口时的恢复状况和唇红组织的恢复情况。希望作者继续深入研究，提供更多的修复效果信息给读者。

（翦新春）

超量扩张颈部皮肤修复半侧颜面中下部瘢痕［王怀谷，赵永娟，顾斌. 中华医学美学美容杂志，2010，16(6)：364～366］

对 50 例半侧颜面中下部瘢痕患者的颈部埋置单个 100 mL 或 150 mL 容量扩张器进行超量扩张，超量为其额定容量的 4～5 倍，用以修复面部瘢痕，观察皮瓣存活情况及远期随访效果。结果显示：50 例均用扩张术完全修复颜面中下部瘢痕，扩张皮瓣色泽质地良好。随访 3～12 个月，皮瓣肤色接近正常，无严重扩张皮肤回缩发生，扩张皮瓣修复区域表情活动正常。作者认为：在颈部埋置扩张器，行 4～5 倍超量的扩张，可获得大面积的皮瓣，足以修复颜面部大面积瘢痕切除后的创面。

述　评

对于面颈部的皮肤组织缺损，最好的修复方法是选用局部皮肤组织瓣。有时候，由于面颈部瘢痕广泛，皮肤组织缺损较大时，局部组织瓣的面积有限，此时可采用局部皮肤扩张术的方法获得足够的皮肤组织来修复面颈部的皮肤缺损。该文介绍了他们的临床应用经验，值得推广应用。

（翦新春）

岛状皮瓣在面部较大面积皮肤软组织缺损整形修复中的应用［朱飞，宁金龙，李小静等. 中华医学美学美容杂志，2010，16(1)：7～9］

对 48 例各类较大面积皮肤软组织缺损，且无合适局部带蒂皮瓣可供选择的患者，根据缺损部位、面积大小设计应用耳前皮下蒂侧颌颈岛状皮瓣、颏下动脉岛状皮瓣、内眦动脉岛状皮瓣、眼轮匝肌蒂岛状皮瓣及鼻唇沟皮下蒂岛状皮瓣等进行 I 期修复。修复效果显示：48 例修复创面均为 I 期愈合，皮瓣完全成活。35 例获术后随访 1～36 个月，修复皮瓣与周围皮肤组织在色泽、质地、轮廓等方面均有较好的匹配，供区切口的瘢痕平软且较隐蔽；无明显继发畸形；面部外观形态及功能恢复满意。因此，作者认为：岛状皮瓣血供可靠，肤色质地好，供区多较隐蔽，手术操作也较简单，安全快速，是 I 期修复面部较大面积皮肤软组织缺损的理想方法。

述　评

岛状皮瓣属邻位皮瓣的范畴,用以修复缺损后的肤色、质地、厚度、弹性均与周围组织相匹配协调,且能一次完成,效果完美,故成为整形外科经常选用的方法,深受医患双方的青睐。但在选用这种方法时,也要严格遵守手术适应证,才能体现其优越性。

(翦新春)

影响头颈部游离皮瓣移植成活的因素分析[徐中飞,谭学新,秦兴年等. 中国口腔颌面外科杂志,2010,8(3):265~268]

作者对 124 例游离骨皮瓣移植患者的资料进行回顾分析,分析选用年龄、吸烟和饮酒、手术技术和抗凝药物及扩血管药物的使用因素对游离皮瓣移植成功的影响。分析结果显示:皮瓣移植成功率与年龄、吸烟和饮酒、有无高血压和糖尿病以及全身应用抗凝药物等无关,而与手术技术明显相关。因此,精良的显微外科技术以及血管的处理和保护是提高皮瓣游离移植成功率的关键,而性别、年龄、吸烟、饮酒及全身应用抗凝药和扩张血管药物等均不是影响头颈部游离皮瓣移植成活的关键因素。

述　评

应用游离移植显微外科技术修复颅颌面颈部软组织缺损已成为一种常规的修复方法,但该技术在应用过程中仍有一定的难度和风险性。在手术过程中,如果显微外科技术掌握不好,术后就可能导致移植组织的坏死,这样,给经受手术的患者造成的损失是很大的。因此,在对口腔颌面颈部患有软硬组织缺损需行修复治疗的患者时,一定要对各种修复方法的适应证和禁忌证有充分的考虑后作出最后的决定比较可靠。

(翦新春)

面动脉-颏下动脉岛状皮瓣修复半舌缺损[梁衍灿,黄汉民,陈伟良等. 口腔颌面外科杂志,2010,20(4):262~265]

采用面动脉-颏下动脉岛状肌皮瓣修复舌癌根治性切除后半舌缺损以及改良 V-Y 瓣修复颏下供区缺损。25 例患者全部施行半舌切除术及功能性颈淋巴清扫术。面动脉-颏下动脉岛状皮瓣最小为 6.0 cm×4.0 cm,最大为 12.0 cm×5.0 cm。改良 V-Y 瓣皮瓣最小为 3.0 cm×3.0 cm,最大为 4.0 cm×4.0 cm。术后结果显示:面动脉-颏下动脉岛状肌皮瓣存活率为 94.29%(33/35),舌、颈部创面均一期愈合,无并发症,修复的半舌形态良好,患者言语、咀嚼、吞咽功能良好。作者认为:面动脉-颏下动脉岛状肌皮瓣安全、操作简单快速、成活率高,适合同期修复舌癌术后半舌缺损。

述　评

选用面动脉-颏下动脉岛状皮瓣修复舌缺损,不失为一种可供选择的方法。正如作者所说的那样,肌皮瓣安全、操作简单快速,手术与修复可在同一术野中进行。但作者认为:选用该种肌皮瓣修复半侧舌缺损时,仍应严格掌握适应证,因为颏颈部可供组织毕竟有限,切取过大可能会影响患者术后头后仰的功能,限制头的后仰活动度。希望作者继续作临床实践,提供给读者以术后远期效果的更多信息。

(翦新春)

个体化钛金属修复体即刻修复下颌骨缺损的临床应用[魏远坚,胡顺广,黄静娜等. 口腔颌面外科杂志,2010,20(2):113~116]

应用计算机辅助设计和制造技术(CAD/CAM)制造个体化钛金属假体,为 6 例因下颌骨造釉细胞瘤而接受一侧下颌骨截骨术的患者进行下颌骨重建手术,观察术后面部外形、咬合关系及开口度。手术结果显示:6 例患者均按术前设计一次成功完成假体植入,手术时间平均 70 分钟,创口均为Ⅰ期愈合,外形恢复良好。4 例术后张口度达 3.5 cm;2 例术后张口受限,张口度 2.0 cm,但外形恢复满意,咬合关系正常。作者认为:CT 与计算机数字化处理辅助制作的个体化钛金属下颌骨假体即刻植入术,避免了自体骨移植带来的创伤和损失,可修复一侧下颌骨较大的骨缺损,外形恢复好。

述　评

下颌骨缺损修复方法比较多,每种方法均有其自身的适应证和禁忌证,应该严格地根据适应证进行选择。该文报告单独用钛金属移植体来修复下颌骨缺损的方法不应列为首选,钛金属移植体宽与高之比,宽度不够,高而窄的金属移植体在下颌骨反复无数次的活动中会给软组织造成损伤,久后会有创口裂开、金属暴露的可能性;另外,这种修复方法对咀嚼功能的恢复有影响。因此,希望作者对其报告的患者进行定期追踪观察,不断地积累病例,并能提供更多的效果评价报告。

（翦新春）

胸锁乳突肌肌瓣修复腮腺肿瘤术后缺损48例效果观察[廖圣恺,李建成,张凯等. 中国实用口腔科杂志,2010,3(2):106~107]

对48例腮腺良性肿瘤患者,行腮腺肿瘤及腮腺浅叶或全腮腺摘除术后,同时行胸锁乳突肌肌瓣转移修复术。术后随访6个月到3年。手术后效果显示:48例行胸锁乳突肌肌瓣修复患者术后均无感染和组织坏死发生。所有患者术后创口Ⅰ期愈合。术后随访发现:面部凹陷畸形发生率为16.67%(8/48),Frey综合征发生率为8.33%(4/48)。作者认为:胸锁乳突肌肌瓣转移修复术是一种即刻修复腮腺肿瘤术后面部凹陷畸形和降低Frey综合征发生率的较好方法。

述　评

腮腺肿瘤手术在行腮腺肿瘤及浅叶摘除或肿瘤及全腮腺摘除术后,往往有患侧腮腺区局部凹陷畸形和80%左右有Frey综合征出现。为了修复腮腺摘除术后的局部畸形和预防Frey综合征的发生,有些学者采用肌筋膜瓣转移修复患者凹陷畸形和预防Frey综合征;也有学者报告利用生物膜植入预防Frey综合征。该作者使用胸锁乳突肌肌瓣移植充填修复腮腺肿瘤及腮腺摘除的局部凹陷畸形及预防Frey综合征,不失为一种修复方法,可供临床应用,但这种方法仍有其固有的缺点存在,选用时应予以考虑。

（翦新春）

唇裂与腭裂

开展唇腭裂患者心理干预的必要性和途径[石冰,郑谦. 华西口腔医学杂志,2010,28(4):345~347,351]

心理干预是唇腭裂序列治疗的重要组成部分。目前在唇腭裂序列治疗过程中,对患者的心理问题尚未引起足够的重视,缺乏开展实践工作的经验。为此,石冰等人在深入剖析唇腭裂患者心理问题成因和心理特点的基础上,提出把唇腭裂患者心理健康确定为唇腭裂序列治疗的最终目标,并结合我国的实际情况和经验,提出在现阶段开展唇腭裂心理干预的可行途径主要包括:1)在病区内开展以健康教育为主的心理支持小组座谈活动。2)开展义工参与下的社会康复活动。3)开展较为专业的心理咨询与治疗。

述　评

大量的临床研究表明,唇腭裂患者生存质量的优劣不能仅靠鼻唇外形、牙殆情况、语音功能的状况所代表,面部综合形态和功能与生存质量同样有密切关系。相关的调查发现,约44.3%的患者自始至终对现有的外观不满意。因此,尽可能早地开展心理干预和防范,是减轻患者后期心理治疗难度,提高唇腭裂整体治疗水平的重要途径。目前,国内不少医疗单位都在唇腭裂患者的心理干预方面作过积极的探索,但是研究的总体数量偏少,内容单一,代表性不强。因此,在我国大力开展唇腭裂心理干预方面的工作将会是非常有意义的课题。

（黄洪章）

牙槽突裂植骨术后鼻外形的改变[吴忆来,王国民,杨育生等. 中国口腔颌面外科杂志,2010,8(4):290~293]

该研究通过人体学方法测量25例单侧牙

槽突裂患者术前、术后即刻及随访 6 个月的外鼻形态,比较单侧牙槽突裂植骨手术前后鼻外形的变化,评价牙槽突裂植骨术在鼻畸形矫治中的作用。具体测量指标包括健、患侧鼻孔宽度和高度,鼻翼基底宽度及两侧鼻翼基底连线与内眦连线的夹角等。结果发现:患者行牙槽突裂植骨手术后患侧鼻孔宽度大于术前、高度小于术前,鼻翼基底则高于术前($P<0.01$)。随访 6 个月后,虽形态有向术前回复的倾向,与术前相比仍有显著差异($P<0.01$)。该研究认为牙槽突裂植骨术后鼻翼基底的变化是植骨成功与否的一个重要指标,适量的超充填可弥补术后骨质吸收,为以后的鼻畸形整复提供一个对称的基底。另外,牙槽突裂植骨后,鼻孔宽度和高度均有变化,故不主张在牙槽突裂植骨同期或之前行鼻畸形整复术。

述　评

手术年龄一直被认为是影响牙槽突裂植骨手术成功与否的重要因素,在尖牙牙根形成 1/2 ~ 2/3 时植骨,大部分尖牙可正常萌出,而对上颌骨生长发育的影响也较小。但部分患者及家长对美观要求迫切,往往期望早期纠正畸形的鼻外形,减少患儿学龄期的心理障碍。此时,牙槽突裂隙尚未修复,鼻翼基底部塌陷未能得到矫正,单纯鼻畸形矫正的效果往往不尽如人意。该研究结果证实了患者在牙槽突裂植骨术后鼻外形会发生改变,移植骨质往往有部分吸收。如先行鼻畸形矫正,再行牙槽突裂修复,往往使得第 1 次的鼻整形手术功亏一篑。所以,鼻畸形整复术的时间选择应当注意避免在牙槽突裂植骨同期或之前进行,选择替牙期单独行植骨手术更合适。

（黄洪章）

牙槽突裂植骨术后植入骨的定位分析[吴军,王国民. 华西口腔医学杂志,2010,28(2):181 ~ 184]

应用牙三维 CT 对 18 名单侧完全性牙槽突裂患者植骨术后的骨桥位置进行定位分析。并在牙槽突裂植骨术后 3 个月对植骨部位进行牙三维 CT 扫描,将牙槽突裂隙分割后,对移植骨进行定位。结果显示:牙槽突裂植骨术后,近远中向上骨桥的数量没有统计学差异($P>0.05$);唇腭向上唇侧的骨桥数多于腭侧骨桥数($P<0.001$);垂直向上,植入骨的骨桥主要存在于裂隙侧中切牙的根中和根尖 1/3,而鼻底及近牙槽嵴顶的骨桥数量较少($P<0.05$)。结果说明:牙槽突裂植骨术后骨桥的位置主要位于裂隙侧中切牙的根中和根尖 1/3 处,且唇侧的骨量明显多于腭侧的骨量。

述　评

牙槽突裂植骨术是唇腭裂治疗中的重要组成部分,对牙槽突裂骨质缺损量和移植骨的存在情况评价一直是学者们研究的主要方面。由于检查手段的限制,目前只能对移植骨的骨嵴高度进行评价,而对鼻底部位的骨质情况少有评价。但在后期正畸治疗当中,只了解植入骨桥的量和牙槽骨的高度是不够的,还需要了解植入骨成活后位于裂隙中的位置,尤其是横断面上的位置,即唇腭向骨组织的量及未来正畸牙移入后牙根被牙槽骨包围的情况。研究的结果显示了牙槽突裂植骨术后骨桥主要位于裂隙侧相邻中切牙根的根中和根尖 1/3 处,且唇侧骨量明显多于腭侧骨量。该结果对于进一步改进牙槽突裂植骨术式及提高序列治疗效果具有一定指导意义。

（黄洪章）

应用语图分析评价腭裂术后腭咽闭合状况的临床研究[杨增杰,陈仁吉,穆玥. 北京口腔医学,2010,18(1):36 ~ 38]

通过对 59 例腭裂术后语音障碍的患者进行宽带语图的频谱分析、鼻咽镜检查和主观判听,并利用统计学分析对诊断结果进行一致性比较,以探讨语图分析在评价腭裂术后腭咽闭合功能过程中应用的可能性。结果发现:利用语图分析评价腭咽闭合状况与电子鼻咽镜和主观判听结果有良好的一致性。证实宽带语图的声学分析可以作为临床上评价腭咽闭合状况的一种辅助手段。

述　评

语图分析仪是近年来广泛被语音病理学家应用的一种可视、可定量的声音语音分析仪器。既可用来分析、检测各类异常语音,又可客观评价语音治疗的结果。具有无创伤性、无医源性交叉感染风险等优点。该研究通过应用语图分析仪对患者发音时辅音的频谱分析来判断患者的腭咽闭合状况,经过统计学分析证实宽带语图可以作为临床评价患者腭咽闭合状况的一项辅助检查方法。这种检查方法值得在各级单位推广。

(黄洪章)

大龄腭裂患者治疗模式的初步研究[尹恒,赵树蕃,郑广宁等.华西口腔医学杂志,2010,28(3):294~296,302]

为改进大龄腭裂患者的治疗模式,提高大龄腭裂患者术后的腭咽闭合率和语音清晰度。对 37 例年龄大于 6 岁(含 6 岁)的腭裂患者进行同期腭裂与腭咽肌瓣咽成形整复术,并对其术后 10~15 个月的效果进行了随访和语音评估。结果显示:22 例患者术后腭咽闭合完全,15 例术后虽仍有腭咽闭合不全,但在鼻咽纤维镜下腭咽闭合度达 85% 以上;所有患者 X 线侧位咽腔造影显示软腭与咽后壁贴合;语音检测显示,高鼻音和鼻漏气程度显著下降,辅音清晰度提高。说明该研究中建立的大龄腭裂患者治疗模式可以显著提高腭裂患者术后的腭咽闭合率和语音清晰度,为改善其生存质量创造了条件。

述　评

目前在中国仍存在较多的大龄腭裂患者。这部分腭裂患者就诊时已经错过了国际公认的手术和语音治疗的最佳时机。如何为这些大龄患者创造正常语音所需的口咽腔解剖形态,以实施挽救性治疗,是一项重要课题。保证腭裂患者术后形成的腭咽形态,同时满足发音和不发音时的生理功能需要则是建立适宜于大龄腭裂患者治疗模式的核心。因此,作者提出在 Sommerlad 腭帆提肌重建术的基础上,如果同期行腭咽肌瓣成形术,可以有效地缩窄咽腔管径。通过术后相关检测,证实上述治疗模式确实可以显著提高腭裂患者术后的腭咽闭合率和语音清晰度,为探索大龄腭裂患者的最佳治疗模式积累了重要的临床经验。

(黄洪章)

干扰素调节因子 6 基因多态性与非综合征型唇腭裂的相关性研究[任红旺,赵桂治,黄永清等.华西口腔医学杂志,2010,28(4):352~355,360]。

在宁夏地区收集 186 例非综合征型唇腭裂患者,采用聚合酶链反应-限制性片段长度多态性(PCRRFLP)方法检测干扰素调节因子 6(IRF6)基因多态位点 rs642961 和 rs4844880 基因型,进行病例对照分析、传递不平衡检验(TDT)。探讨 IRF6 基因 rs642961 和 rs4844880 位点单核苷酸多态性与非综合征型唇腭裂的相关性。结果证实:唇裂组和唇腭裂组 rs642961 和 rs4844880 位点的 AA 基因型和 A 等位基因的频率与正常对照组比较差异具统计学意义($P<0.05$),腭裂组均没有统计学意义($P=0.15$);TDT 研究发现 IRF6 基因 rs642961 位点的 A 等位基因和 rs4844880 位点的 A 等位基因在唇裂和唇腭裂患者中存在过传递($P<0.05$);2 个位点在腭裂组均没有统计学意义($P=0.91$)。结果提示 IRF6 基因多态性与非综合征型唇腭裂存在较强的相关性。

述　评

非综合征型唇腭裂是一类多基因遗传病,发病较为复杂,具有显著的遗传异质性,在不同人群、不同人种中,每个因素所起的作用是不同的,而在不同人群中相关基因型分布差异很大。在口腔颌面部发育过程中起重要作用的 IRF6 基因是迄今发现的最有价值的与非综合征型唇腭裂致病有关的基因之一。因此,收集人群中 IRF6 基因多态性分布资料,分析其基因多态性差异与不同类型唇腭裂的关系,对于了解中国人群特异性的非综合征型唇腭裂遗传因素具有重要意义。

（黄洪章）

atRA 对 C57BL/6N 小鼠腭突间充质细胞周期分布的影响及其作用机制［汪淼，黄洪章，侯劲松. 中国口腔颌面外科学杂志，2010，8（2）：171～177］

研究通过给予全反式维甲酸（all-trans retinoic acid，atRA）建立 C57BL/6N 鼠腭裂模型，采用流式细胞术及免疫组化检测小鼠胚胎腭突间充质细胞周期分布，并通过实时定量 RT-PCR 和 Western 印记的方法检测 p21 和 pRb 在胎鼠胚胎腭突间充质中的 mRNA 和蛋白表达水平。以期阐明维 A 酸（retinoic acid，RA）诱导腭裂的相关机制。该研究通过流式细胞术及免疫组化检测发现：在小鼠妊娠日（gestation day，GD）第 10 天时给予 atRA 可以诱导胎鼠胚胎腭突间充质细胞在一定妊娠阶段出现 G_1 期细胞周期阻滞；同时也使得胎鼠胚胎腭突间充质内 p21 和 pRb 的表达水平出现改变。而妊娠第 12 天（GD12）时给予 atRA 组则无此现象。上述现象说明 p21 与 pRb 参与了 GD10 时给予 atRA 诱导组胎鼠胚胎腭突间充质细胞 G_1 期阻滞的发生。

述　评

维生素 A 是生物体必需的一种营养素，参与维持上皮组织的正常形态与功能及胚胎正常发育等过程。atRA 系维生素 A 在体内的代谢中间产物及发挥功能的主要形式。它在器官形态发生、细胞的增殖和分化等诸多方面具有重要作用。过量摄入 atRA 会出现毒副作用并导致畸形，腭裂是其中最常见的一种，但是具体机制至今仍未阐明。该研究方法证实：在体内条件下，特定时间给予 atRA 可以诱导 MEPM 细胞在特定胚胎发育时期出现 G_0～G_1 期阻滞，同时 p21 作为一种 G_1/S 限制点有关的负性调节蛋白，参与了 GD10 给予 atRA 诱导的 MEPM 细胞 G_1 期阻滞。这为进一步阐明腭裂发病机制提供了新的实验依据。

（黄洪章）

Millard 法修复单侧唇裂患儿手术前后面部形态的三维分析［李光辉，封兴华，吴国锋等. 中华整形外科杂志，2010，26（2）：99～102］

第四军医大学口腔医院的研究人员随机收集了一期修复 19 例单侧唇裂患儿的临床资料。他们利用可见光三维扫描仪分别扫描获得患儿手术前、后面部形态数据，生成三维数字化模型。在软件中精确测量手术前后健、患侧鼻小柱长度、鼻底宽度、鼻翼长度等数据，以分析评价 Millard 法修复单侧唇裂的效果。通过统计学分析后，该研究认为：Millard 法修复单侧唇裂，患儿术后鼻底封闭，鼻小柱偏斜畸形获得矫治，唇弓形态恢复较好，但患侧唇高均有不同程度地下降不足，健、患侧鼻小柱高度的不对称仍较明显。

述　评

目前各种唇裂整复术后唇部形态仍存在种种不足，所以各种改良术式层出不穷。但是，如何评价各种改进术式的效果，仍缺乏统一规范的方法。该研究提供了一种更为客观、可行的比较方法：采用可见光三维扫描仪结合逆向工程软件评价唇裂术后修复效果。该方法的优点有：安全、无任何副损伤；操作时间短，获得数据便于确定面部标志点；测量精确，数据客观、准确；扫描过程与数据测量分开进行，可操作性好等。这种方法适于在唇裂手术效果评价中推广应用。

（黄洪章）

正颌外科学

下颌下缘截骨术联合外板劈除术矫治低角型方颌畸形［徐誉纯，李继华，祝颂松等. 中华整形外科杂志，2010，26（2）：89～92］

应用下颌下缘截骨术与下颌骨外板劈除术联合矫治 31 例低角型方颌畸形患者，术后随访 6～24 个月，均无张口受限及面瘫等严重并发症，13 例术后自觉口角区下唇麻木，均在 4 个月内恢复。所有患者面下部正、侧面轮廓均得到改善，术后下颌角角度达 110°～120°，下颌平面角达 25°～30°，下颌角间宽度均明显减小,医患双方均对手术后效果感到满意。

述　评

下颌成形的手术设计应根据方颌及求美者不同的容貌特征,下颌神经管的位置与走行,颏部的形态,预计所需调整下颌平面角的幅度决定截骨线的倾斜程度。该研究中新形成的下颌角是下颌升支后缘与截骨线间所形成的角度,一般形成的下颌角位置体表投影距耳垂 2 cm,截骨线到此可以避免第二下颌角的发生,形成协调流畅的面部侧貌轮廓线。该研究证实下颌下缘截骨术与外板劈除术联合应用矫治低角型方颌畸形,可达到较理想效果。

(胡静　冯戈)

牵张成骨后牵张新骨中牙移动的实验研究[陈建,王银龙,凌宁等. 实用口腔医学杂志,2010,26(1):20~23]

以 8 只 beagle 犬为实验对象,Ⅰ组为牵张成骨后第 2 周进行牙移动,Ⅱ组为牵张成骨后第 6 周进行牙移动。对移动牙的牙根、牙周以及牙槽骨的情况实体测量、X 线片、H-E 染色等方法进行分析。结果显示:在牵张成骨后第 2 周和第 6 周用相同的力值将牙齿往新骨区牵引,第一前磨牙与第四前磨牙之间的距离随时间推移而减小,组内差异具有统计学意义($P<0.05$),牵张成骨后第 2 周与第 6 周 2 组之间差异有统计学意义($P<0.05$)。作者认为:在相同力值下,牵张成骨后第 2 周开始牙移动的速度要比第 6 周快,但第 2 周移动牙的牙周吸收较第 6 周的严重。

述　评

牵张成骨区不同时机牙移动的研究是近几年才发展起来的,利用牙槽骨牵张成骨技术可以大幅度提高牙齿的移动速度,同时牙齿倾斜度相应增大。该实验研究表明移动牙进入牵张成骨的新骨区有明显的倾斜,但该研究结果还需更多的动物实验和临床研究加以证实。

(胡静　冯戈)

骨性错殆畸形诊疗中正畸与正颌共生关系初步探讨[宋锦璘,邓锋,王涛. 中国实用口腔科杂志,2010,3(5):273~277]

骨性错殆畸形需要正畸矫治或者正颌外科联合治疗是毋庸置疑的。有些边缘性骨性畸形病例仅凭正畸治疗就获得了可以接受的咬合关系。何种选择是最佳的诊疗方式?其评价标准、优先路径和风险控制均值得深入探讨。作者探讨了正畸与正颌医生的诊疗观念分歧,术前三维诊疗计划的拟定,联合治疗的优先路径遴选,联合治疗中相应合作环节,牵张成骨术(DO)等新进展与早期介入,术后复发认识和术前疗效预测等。

述　评

正畸-正颌联合治疗中双方需要相互支持以维系一种共同发展的态势,简称"共生"关系。只有正畸医生与正颌外科医生更多地了解不同学科之间的进展,越来越了解对方的长处和缺憾,求同存异才可能获得骨性错殆畸形最佳处理。特别是在边缘病例认同、诊疗计划拟定、术前预测、术前预备以及术后复发预防等方面达成共识,才可能为后期的紧密合作与团队工作奠定坚实的基础。该文从这个角度进行分析与讨论,立题具有新意。

(胡静　冯戈)

下颌牵张成骨中应用神经生长因子对神经损伤修复的作用[杜兆杰,雷德林,王磊等. 创伤外科杂志,2010,12(2):150~154]

研究采用新西兰白兔 48 只,全麻下行双侧下颌骨牵张成骨术,术后第 4 天以 12 小时 0.5 mm 的速度牵张,共 10 天。术后即分别每天肌注 0.6 μg 神经生长因子(NGF)和相当量生理盐水,共 20 天。在术前、牵张期结束、固定期 1、2、4 周时行感觉神经动作电位(SNAP)测试。结果在牵张完成时、固定期 1 周,NGF 组和对照组的 SNAP 波幅和潜伏期无统计学差异;在固定期 2、4 周,NGF 组波幅明显高于对照组,而潜伏期明显低于对照组($P<0.05$)。作者认为全身注射 NGF 有利于牵张成骨中下齿槽神经功能的恢复。

述　评

已有许多文献报道局部应用NGF修复外周神经的良好效果,但对骨牵张后神经修复的文献尚未见报道。该实验针对局部注射存在对牵张区造成二次创伤的不足之处,而采用全身给药的方式进行神经修复。结果显示全身注射神经生长因子可以促进牵张成骨中下牙槽神经功能的恢复。一般来说每天使用1 mm的牵张速率不会对神经有明显损伤,如果采用快速牵张模型可能更有意义。

(胡静　冯戈)

单颌与双颌正颌手术后面部软硬组织变化的对比研究[刘迪,张苗苗,刘志杰等. 中国美容医学,2010,19(3):398~401]

选择成人骨性Ⅲ类错殆20例,对其手术前后头颅侧位片进行测量分析。结果显示:G-Sn-Pg′,Cm-Sn-UL,S-N′-Sn,UL-E的改变,两组有所不同。B′与B,PoS与Po,GnS与Gn以及MeS与Me具有高度的相关性。软硬组织位移变化率双颌组均小于单颌组。作者发现:鼻唇关系差的骨性Ⅲ类错殆最好做双颌手术。软硬组织位移比率:双颌手术中上颌小于下颌,且单颌手术高于双颌手术;软硬组织相关性:双颌手术中下颌比上颌强,且单颌比双颌强。

述　评

双颌手术可以较大程度的改善患者的鼻唇角:双颌手术中上颌软硬组织位移的比率小于下颌的软组织,且单颌手术的变化比率高于双颌手术。双颌手术中下颌部分软硬组织位移相关性比上颌部分强,且单颌手术的软硬组织相关性比双颌手术强。该研究所得软硬组织位移比率可以用于正颌外科手术骨位移的设计与预测,但该文的病例数较少,建议增强样本含量。

(胡静　冯戈)

基于快速原型技术的导航辅助下颌骨内置式牵张成骨术的实验研究[蔡鸣,沈国芳,林艳萍等. 中国口腔颌面外科杂志,2010,8(5):427~435]

对1例单侧下颌骨发育不足的患者行螺旋CT扫描后,采用快速原型技术制作5个相同的头模,按导航配准原则植入定位钉后再行CT扫描。应用AccuNavi 1.0软件对三维图像进行测量。然后进行下颌骨三维测量分析与虚拟单侧内置式下颌支牵张成骨术,将制定的手术规划通过实时TBNavis-CMFS导航系统在三维头模上实施,牵引到位后,行CT扫描图像重建,进行三维测量与牵引长轴间成角测量。结果发现:快速原型制作的三维头模与AccuNavi 1.0软件重建的三维图像间各测量指标无统计学差异。

述　评

计算机辅助导航系统将空间立体导航技术、计算机图像处理及可视化技术与临床手术结合起来,在实时导航中,专用手术器械的位置可实时显示,可随时了解手术器械所处的三维空间位置及其与相邻解剖结构间的关系,准确地将术前的计划方案转移到手术操作中,对提高颌骨牵张成骨术的精确性有一定帮助。

(胡静　冯戈)

颞下颌关节疾病

蒙古族与汉族人群颞下颌关节紊乱病患病状况比较研究[曹利,越涑霞,张洋等. 中国实用口腔科杂志,2010,3(2):103~105]

选择内蒙古自治区牧区蒙古族人群817人和城市汉族居民1 006人为调查对象,利用颞下颌关节(TMJ)功能问卷和颞下颌关节紊乱病(TMD)临床检查相结合的方法进行流行病学研究,探讨TMD发病情况及相关致病因素的关系。调查问卷包括身体状况、TMJ既往功能状况以及精神因素。临床检查包括下颌边缘运动、关节功能、咀嚼肌疼痛、牙齿缺失和修复情况。结果表明:蒙古族人群的TMD发病率远低于汉族人群($P<0.05$);临床检查发现蒙古族人群和汉族人群在最大开口度,前伸、侧方最大运动距离上差异无统计学意义($P>0.05$)。蒙古族人群咬合力大于汉族人群($P<0.05$)。在牙齿缺失及修复方面蒙古

族人群的后牙缺失后修复率明显低于汉族人群($P<0.05$);蒙古族人群的肘、膝关节的疼痛发生率高于汉族人群($P<0.05$)。蒙古族人群存在心理问题的比例明显低于汉族人群($P<0.05$)。作者认为心理因素对于 TMD 的发生有决定性作用。

述　评

该研究针对饮食习惯和生活习惯有明显差异的汉族及牧区蒙古族人群进行 TMJ 发病情况的流行病学调查,立题非常有意义。对于咬合力、缺牙情况、下颌运动、心理健康等因素和 TMD 发病的相关分析,有助于了解 TMJ 的致病原因。但是该研究仅使用了成组资料的配对 t 检验统计学分析方法,而没有使用多因素相关分析,还未获得下结论的有力证据,期待更深入的研究。

(姜婷)

透明质酸治疗颞下颌关节盘不可复性前移位临床分析[王梁,李幼华. 实用医学杂志,2010,26(8):1419~1421]

为 35 例不可复性关节盘前移位(ADNR)患者关节上腔注射透明质酸(sodium hyaluronate,HA)治疗,观察其治疗前后的临床指标即疼痛指数和最大开口度的改变。术后开口度 40 mm 以上,下颌无明显偏斜,颞下颌关节肌肉无疼痛及弹响为有效;术后 1、3、6 个月对 35 例患者进行随访。结果显示:1 个月后有效率为 82%,3 个月及 6 个月后维持在 80%,患者的疼痛指数由术前的 4.45 到术后 1 个月的 1.27、最大开口度由术前的 27 mm 到术后 1 个月的 45 mm。提示关节上腔注射 HA 能有效地减缓 ADNR 患者的疼痛,改善开口度。未出现不良反应。

述　评

ADNR 以张口受限、张口型偏向患侧为主要症状,并可伴关节区疼痛,可通过关节造影证实诊断。其治疗在临床上多采用药物、理疗、封闭疗法、殆垫、关节镜手术及开放性关节手术等。如果不治疗其症状也可随时间增长有明显改善,保守治疗的改善率和手术治疗的改善率并没有明显差别。目前认为,由于颞下颌关节(TMJ)结构和功能存在改建及再适应,在治疗上,不一定必须恢复关节内结构到正常关系,而是倾向于采用保守方法,以减轻症状,恢复 TMJ 生理功能为治疗目的。关节上腔注射 HA 的主要目的是帮助恢复滑膜及关节组织基质的流变学特性——黏弹性,缓解滑膜炎症,减轻软骨破坏和改善关节功能。此法在临床上有一定的有效性,可以作为治疗方法之一加以推广。但是该临床研究在设计上不够完整,没有对照组。由于 TMJ 具有一定的自限性,所以并不能判断症状的改善和进程是否是注射 HA 的直接结果。

(姜婷)

糖皮质激素对关节腔灌洗治疗关节盘不可复性前移位疗效的影响[韩扬,傅开元,陈慧敏等. 华西口腔医学杂志,28(6):629~632]

探讨关节腔灌洗后加糖皮质激素注射对治疗关节盘不可复性前移位的短期、长期疗效以及髁突骨质影像改变的影响。按照随机原则将 90 例颞下颌关节盘不可复性前移位患者分为对照组(44 例)和试验组(46 例),对照组在关节腔灌洗后只注入生理盐水,试验组在关节腔灌洗后注入生理盐水与醋酸曲安奈德的混合液。治疗后 3~4 周(短期)和 6 个月(长期)复查,采用疼痛自评视觉模拟尺和 Fricton 颞下颌关节指数评价临床疗效,影像学评价髁突骨质的改变。对有疼痛主诉的患者同时记录治疗后 1 周每天睡前疼痛分值。结果显示:治疗后 1 周,试验组疼痛减轻更显著($P<0.05$);2 组患者治疗前后的临床体征和疼痛均有统计学差异($P<0.001$),两种治疗方法均能有效改善症状和体征,但 2 组之间各项指标的比较均无统计学差异。治疗后大多数患者的髁突骨质没有明显的变化。作者认为除炎症疼痛明显者外,关节腔灌洗治疗关节盘不可复性前移位不必再加激素注射。

述　评

关节盘不可复性前移位的治疗不以恢复理想的关节内盘突结构为目标,而主要以减轻症状,恢复颞下颌关节生理功能为治疗目的。关节腔灌洗可以有效减轻临床症状。该研究对比了灌洗液中添加糖皮质激素的效果,得出此种治疗不必再加激素注射的结论,对于防止由于盲目频繁注射激素引起的关节继发性破坏有重要的提示作用。

(姜婷)

激光与运动疗法相结合治疗颞下颌关节紊乱病疗效分析[刘景月,罗红梅.现代医药卫生,2010,26(6):814~815]

探讨激光治疗与运动疗法相结合对颞下颌关节紊乱病(TMD)的疗效。将颞下颌关节(TMJ)病患者62人随机分为治疗组和对照组,治疗组为激光治疗结合运动治疗,而对照组单纯进行激光治疗。激光采用激光治疗仪及光针仪,取痛侧下关穴为主穴,合谷、翳风为配穴,垂直照射各穴位5分钟,每日1次,10天为1个疗程,疗程间休息2天,共治疗2个疗程。运动疗法主要包括疼痛肌肉的按摩、张口闭口运动、口唇侧向与前向运动、肌肉牵张等。应用TMJ功能评价(Fricton指数法)分别评定两组患者治疗前后TMJ功能状况。治疗后两组TMJ功能评分均较治疗前明显下降($P<0.05$),治疗后治疗组患者的下颌运动分、肌肉压诊分、肌肉触压痛指数、TMJ功能障碍指数及TMD指数明显低于对照组($P<0.05$)。显示激光与运动疗法相结合比单纯激光疗法更可明显缓解TMD的各种症状,尤其是在改善下颌运动和缓解肌肉疼痛方面效果更为显著。

述　评

TMJ的主要症状为疼痛、弹响、开口受限。其中疼痛和开口受限明显影响了生活质量,需要治疗。而疼痛和开口受限的原因有1/3来源于关节滑膜炎、关节盘病变、髁突表面骨质变化和纤维性变等关节内部病变,2/3来源于关节周围肌的疲劳、痉挛等功能异常。对于疼痛和肌功能异常造成的开口受限,保守的综合治疗是首选治疗手段。激光局部照射能扩张毛细血管,加速局部血液循环及细胞代谢,促进炎性渗出物的吸收及炎性细胞浸润消散,还可起到消肿镇痛作用。运动疗法被广泛应用于骨骼肌疾患治疗,TMJ功能锻炼可以促进局部血液循环,改善关节周围肌群的肌力和张力,并且发挥未受损部分的代偿作用,使组织功能得到改善。

(姜婷)

山羊颞下颌关节盘细胞体外培养研究[舒维娜,康宏,张卫平等.实用口腔医学杂志,2010,26(2):165~168]

切取1月龄山羊颞下颌关节盘,用Ⅱ型胶原酶消化获得关节盘纤维软骨细胞。逐日观察细胞的形态变化,测定其生长曲线,甲苯胺蓝染色、I型胶原免疫组化染色鉴定。透射电镜观察细胞超微结构。研究山羊颞下颌关节盘纤维软骨细胞体外培养的生物学特性及其损伤修复的细胞学基础。显示体外分离培养的山羊颞下颌关节盘纤维软骨细胞具有较强的增殖能力,1至3代细胞可作为颞下颌关节盘组织工程的种子细胞。

述　评

组织工程技术的进步,为今后临床使用侵害更少、更为安全的生物工程方法进行更为有效的治疗颞下颌关节病提供了广阔前景。关节盘纤维软骨细胞的体外培养,对于研究纤维软骨组织工程以及关节盘损伤后原位修复具有重要的意义,但是仍然需要大量的工作。

(姜婷)

颞下颌关节滑膜炎动物模型的建立及组织病理学观察[陈彩云,丁寅,刘亚京等.华西口腔医学杂志,2010,28(1):21~24]

将16只6周龄雄性SD大鼠随机分为4组,分别是对照组、升高咬合组、切除咬肌组以及切除咬肌加升高咬合组。通过切除大鼠双侧咬肌来削弱咬合力以及在大鼠双侧上颌第一和第二磨牙上粘接树脂改变大鼠咬合垂直距离来诱导大鼠颞下颌关节(TMJ)滑膜炎的发生。实验结束后取大鼠双侧 TMJ 作石蜡切片,通过组织病理学诊断鉴定 TMJ 滑膜炎动物模型的确立。结果发现,对照组 TMJ 滑膜未出现炎症性改变;升高咬合组和切除咬肌组出现滑膜下组织血管扩张和滑膜固有层细胞增生,但 2 组间炎症表现差异无统计学意义($P>0.05$);与升高咬合组和切除咬肌组相比,切除咬肌加升高咬合组呈现明显的滑膜炎症特征性表现($P<0.05$),包括滑膜下组织血管扩张、纤维素沉积、滑膜固有层细胞增生。该研究所建立的 TMJ 滑膜炎的动物模型能较好地模拟滑膜炎的组织病理学变化过程,且具有效果稳定、可重复性好的优点。

述　评

在颌骨发育过程中,咀嚼肌系统的失调或咀嚼不力有可能导致颌骨发育不良、髁突和下颌骨体偏小。该研究试图通过咀嚼肌切除建立双侧咀嚼肌作用不平衡,单侧咀嚼不力的动物模型,这种模型的建立对研究垂直向不调的错殆有一定意义。研究显示了咀嚼肌力量失衡和咬合干扰对引起关节滑膜炎有一定作用。但如果研究时改为使用发育期的大鼠并观察更长的时期,其目的可能会更为明确。

(姜婷)

偏侧咀嚼对大鼠颞下颌关节滑膜影响的研究[李晓光,杨光,王延秀等. 口腔医学研究,2010,26(2):194~196]

将 30 只大鼠随机分为 6 组,实验组每周一次磨除右上、下颌磨牙牙冠至龈下,造成单侧咀嚼动物模型。对照组未做处理,饲养条件相同。研究偏侧咀嚼对大鼠颞下颌关节(TMJ)滑膜的影响。实验组于磨除牙冠后 4、10、16 周末取其双侧 TMJ 进行光镜切片检查,结果与同期处死的对照组进行比较。结果显示:各个时间点的实验组双侧 TMJ 滑膜均出现受损的病理变化,非咀嚼侧的形态变化比咀嚼侧显著。而对照组没有明显变化。研究认为偏侧咀嚼可引起 TMJ 滑膜损伤,是颞下颌关节紊乱病的病因之一。

述　评

单侧咀嚼对颌面部肌系统作用的不平衡有一定的影响,从而对双侧颞下颌关节压力和髁突运动均可带来影响,已有不少研究提示了其和 TMJ 的发生可能有一定的关系,该研究也力图证实这种关系。但是该研究动物模型的设计是磨除单侧牙冠,其意义不仅是造成单侧咀嚼,还可能导致单侧咬合支持的丧失、关节内结构的变化、关节内压力的改变、肌作用力和肌张力的改变等。所以关于这个课题还需进行更为严谨的设计。

(姜婷)

涎腺疾病

血管内皮细胞生长因子表达和微血管密度与黏液表皮样癌临床病理类型关系的研究[欧阳可雄,梁军,黄志权等. 中国实用口腔科杂志,2010,3(11):664~666]

选取高分化黏液表皮样癌 40 例、中低分化黏液表皮样癌 28 例,以 40 例正常涎腺组织作对照,应用免疫组化技术,检测组织中血管内皮细胞生长因子(VEGF)的表达及微血管密度(MVD),分析其与黏液表皮样癌临床病理特点的关系。结果显示:VEGF 的阳性表达率和 MVD 计数在正常涎腺组织、高分化黏液表皮样癌、低分化黏液表皮样癌中依次增加,MVD 计数随 VEGF 表达增强而升高,发生淋巴结转移的黏液表皮样癌中 VEGF 的阳性表达率和 MVD 计数均高于非转移的黏液表皮样癌,其差异均有统计学意义。研究结果提示:VEGF 的表达和 MVD 与黏液表皮样癌的临床病理特点及生物学行为相关。

述　评

恶性实性肿瘤的病理特征之一是肿瘤血管丰富。“肿瘤血管新生”学说认为,当血管长入瘤体,进入血管期时,肿瘤生长活跃,血管新生处于失控的病理状态,易于造成肿瘤的转移。研究结果表明:MVD 随黏液表皮样癌恶性程度的增高,其计数也相应增加,并与淋巴结是否发生转移相关，提示 MVD 与黏液表皮样癌的临床病理特点及生物学行为相关，是影响黏液表皮样癌发生的多因素中的一个因素。

MVD 计数与 VEGF 的表达呈正相关，VEGF 及其受体是肿瘤血管生成的关键因子。推测可能是肿瘤通过自分泌或旁分泌的方式产生该因子，调节血管生成，促进肿瘤生长和转移。采用肿瘤血管生成抑制剂，有可能对控制肿瘤的快速生长有一定作用。

（俞光岩）

腮腺复发性多形性腺瘤二次复发的多因素分析［刘杰，黄建涛，姜蕾等. 中国口腔颌面外科杂志，2010，8（1）：79～84］

对 46 例腮腺复发性多形性腺瘤患者进行临床病理分析，应用寿命表法计算术后二次复发率。Kaplan-Meier 法分析影响二次复发的因素，Cox 比例风险回归模型筛选其中的危险因素。结果显示：46 例患者中，13 例行局部切除术，二次复发率为 53.85%；21 例行选择性腮腺浅叶切除术，二次复发率为 42.86%；12 例行腮腺全叶切除术，二次复发率为 16.67%。术后 5 年二次复发率为（28.38 ±7.71）%，10 年为（65.57 ± 11.02）%，15 年为（74.18 ± 11.13）%。多结节患者二次复发率随观察时间的延长而增加，故对患者应进行长期随访。为降低再次复发率和防止面瘫的发生，进行保留面神经的腮腺全叶扩大切除是合适的选择。

述　评

腮腺多形性腺瘤具有易于产生瘤细胞种植复发的临床病理特点，一旦出现肿瘤复发，术后再次复发率明显增加，是困扰临床医生的一个难题。腮腺复发性多形性腺瘤的处理，很难制定一个固定的手术方式，常需个体化处理，根据初次手术方式、复发瘤结节数量及部位、肿瘤与面神经的关系等因素综合考虑。肿瘤位置表浅的单个结节可考虑局部摘除，以避免将肉眼不可视的瘤细胞种植手术区其他部位。多发结节及位置深在者需行解剖面神经的肿瘤摘除术。多次复发、广泛种植而且与面神经紧密粘连者，可以考虑大块切除肿瘤、牺牲面神经，同时即刻修复。

（俞光岩）

实验性衰老大鼠下颌下腺 β-半乳糖苷酶、TUNEL 的改变［葛志华，孙立新，李俊玫等. 现代口腔医学杂志，2010，24（2）：125～127］

选用 18 只 SD 雌性大鼠，随机分为正常组（9 只）及模型组（9 只）。亚急性衰老大鼠模型制作按每天 0.05 mL · g^{-1} 腹腔注射 6% D-半乳糖一次，连续 60 天。采用组织衰老特异性的 β-半乳糖苷酶（β-gal）活性检测，观察下颌下腺衰老细胞数量的改变；采用脱氧核糖核苷酸末端转移酶介导的缺口末端标记（TUNEL）法检测凋亡细胞，观察下颌下腺凋亡细胞数量的改变。结果显示：衰老模型组的 β-gal 的阳性表达及凋亡细胞数明显高于正常组。提示下颌下腺的衰老细胞和凋亡细胞数量改变与衰老相关。

述　评

采用 D-半乳糖注射制作衰老动物模型已被逐渐公认，而 β-gal 活性及凋亡细胞计数被认为是体内外衰老研究的重要生物学指标。该研究在衰老大鼠模型上检测到下颌下腺 β-gal 的阳性表达以及凋亡细胞计数明显增高，这为今后研究下颌下腺的老龄化改变提供了重要的实验依据。

（俞光岩）

口腔颌面部神经疾病

神经内镜协助锁孔微血管减压术治疗原发性三叉神经痛［李江安，严正村，李兵等. 中华外科杂志，2010，48（14）：1113～1114］

采用神经内镜结合锁孔技术，对 65 例原发性三叉神经痛患者进行外科治疗。术中 65 例患者均达到满意暴露效果，发现单纯动脉或静脉压迫者分别为 47 和 4 例，动静脉同时压迫者 12 例，11 例内镜探查后调整隔离垫片位置。术后 61 例患者疼痛立即消失。术后复发率为 3.1%。作者认为，术中应用神经内镜协助，能提高手术有效性，降低术后复发率，锁孔技术则能减小手术创伤，两者结合应用，能有效改善患者的术后反应和预后。

述　评

内镜微创手术代表了外科领域未来的发展方向。显微镜下行微血管减压术被认为是原发性三叉神经痛的首选外科治疗方法，而神经内镜技术能弥补手术显微镜管状视野的缺陷，从多个角度观察神经与周围血管的关系，从而确定压迫因素，避免遗漏责任血管。该文作者应用神经内镜协助锁孔微血管减压术治疗原发性三叉神经痛，进行了非常有益的尝试，值得借鉴。

（金海威　马国武）

异种脱细胞神经移植修复大鼠面神经缺损的实验研究［肖红喜，胡敏，牛宇等. 口腔医学，2010，30(8)：449～451］

用兔脱细胞面神经（实验组）或大鼠自体腓神经（对照组）作为移植物，桥接大鼠面神经颊支2 cm缺损。术后5周和12周，取移植段神经组织进行组织学及电生理检测。结果显示：术后12周，实验组移植段远端见大量神经纤维再生，与对照组再生纤维数无显著性差异。术后5周和12周，实验组面神经传导速度恢复与对照组相似。该研究提示：异种脱细胞神经作为神经再生通道，其再生能力与自体神经无显著差异，可以作为自体神经移植的可选替代物。

述　评

目前对于面神经缺损仍以自体神经移植为主，但却存在造成新的神经损伤、供体来源有限等不足。该研究应用化学脱细胞处理法去除兔面神经免疫原性，基本能够克服异体组织间免疫排斥反应，取得了与大鼠自体神经移植类似的促进受损神经再生的效果，具有重要的研究前景和应用价值。

（金海威　马国武）

复方倍他米松治疗三叉神经痛的实验研究［王延秀，任绪华，曹灵敏等. 中国疼痛医学杂志，2010，16(5)：307～308］

行眶下神经环扎术，建立大鼠三叉神经痛动物模型，观察复方倍他米松对实验性三叉神经痛的疗效。结果显示：大鼠术后2周痛觉超敏期，经眶下孔注入复方倍他米松后，手术侧痛阈逐渐上升，抗机械伤害效应升高，痛敏现象逐渐消失。复方倍他米松的镇痛疗效随着用药时间逐渐上升，并且无耐受现象出现。实验结果提示：复方倍他米松具有提高三叉神经痛大鼠痛阈、降低疼痛行为反应的作用，对于三叉神经痛有潜在的治疗价值，值得临床推广应用。

述　评

三叉神经痛被认为是人类最痛苦的疾病之一，它的治疗一直以来为人们所关注。复方倍他米松具有高度的糖皮质激素类活性和轻微的盐皮质激素类活性，药效强大，临床上亦常用于缓解顽固的神经源性疼痛的治疗，其对三叉神经痛的潜在治疗作用，也在该实验中得到证实，可以在临床上试用，如果临床效果被证实，则可进一步推广。

（金海威　马国武）

BK_{Ca}通道激动剂NS1619和Kv通道拮抗剂4-AP对眶下神经慢性缩窄环术大鼠面部机械痛阈的影响［刘蔡钺，李娜，赵云富等. 生理学报，2010，62(5)：441～449］

行眶下神经慢性缩窄环术（ION-CCI），建立大鼠三叉神经痛模型，通过免疫荧光化学法和动物行为学测定，评价了经眶下孔达三叉神经节目标注射法的用药效果，观察药物NS1619和4-AP对大鼠面部机械痛阈的影响。结果显示：神经节目标注射法具有更为有效的用药效果。NS1619可以有效提高ION-CCI大鼠的面部机械痛阈及逆转痛觉过敏反应，而4-AP则显著降低大鼠恢复期的面部痛阈。以上结果提示，激活BK_{Ca}及Kv通道，可能对ION-CCI引起的三叉神经痛具有抑制性治疗作用。

述　评

该研究应用大鼠ION-CCI三叉神经痛模

型,肯定了经眶下孔达三叉神经节目标注射法的用药效果,具有较好的临床参考价值。此外,该研究提示了三叉神经节初级感觉神经元的 BK_{Ca}和 Kv 通道很可能参与三叉神经痛的痛觉传导,为探讨三叉神经痛的病因及明确异位冲动的起源提供了新的方向。

(金海威 马国武)

NGF 及其受体 P75 与肝素酶在口腔腺样囊性癌嗜神经侵袭中的表达及相关性分析[骆树瑜,张玉茹,李宏捷等. 口腔医学研究,2010,26(1):35~41]

选用42例口腔腺样囊性癌组织,应用免疫组化法检测不同病理类型和组织学部位中肝素酶、神经生长因子(NGF)及其受体P75的表达,探讨它们与腺样囊性癌嗜神经侵袭现象之间的关系。结果显示:肝素酶、NGF 和 P75在嗜神经组腺样囊性癌中的表达显著高于非嗜神经组($P<0.05$),并且在嗜神经组中,肝素酶的高表达与P75呈正相关。该研究提示,神经生长因子可以通过结合受体P75,提高肝素酶的表达率和生物活性,进而促进腺样囊性癌对神经组织的浸润。

述 评

口腔腺样囊性癌嗜神经侵袭的特性增加了临床治疗的难度。而恶性肿瘤嗜神经侵袭的机制目前仍不明确。该研究提示了肝素酶、神经生长因子及其受体P75等因子很可能参与腺样囊性癌的嗜神经侵袭过程,并且起着重要的生物学作用,这些分子靶点的利用将为口腔腺样囊的治疗提供新的思维和路径。

(金海威 马国武)

牛痘疫苗接种家兔炎症皮肤提取物治疗三叉神经痛射频热凝术后残余神经症状的疗效观察[江兴华,王亚平,邹定权等. 中国疼痛医学杂志,2010,16(5):266~268]

应用随机单盲对照的方法,选择原发性三叉神经痛射频温控热凝术后面部仍残留有神经症状患者30例,半数患者给予神经妥乐平18AGC单位(加生理盐水250 mL)静脉滴注7天,其余患者给予等剂量安慰剂。患者术后1、3天疼痛评分和术后7、14天麻木感评分结果显示:神经妥乐平组具有显著的残余神经症状改善率,且无不良反应。这提示了神经妥乐平静脉注射可有效治疗原发性三叉神经痛射频温控热凝术后面部残留的疼痛感和麻木感。

述 评

神经妥乐平含有从牛痘疫苗接种家兔后炎症皮肤中提取的非蛋白性生理活性物质,它对慢性疼痛性疾病具有明显的镇痛作用,但作用机制尚不清楚。临床观察证明,神经妥乐平静脉注射可有效治疗原发性三叉神经痛术后残留的面部疼痛和麻木,具有重要的临床参考价值,其作用机制有待在今后的基础和临床研究中深入探讨。

(金海威 马国武)

精神因素及疼痛的临床分组对口腔健康相关生活质量的影响[郑军,王春美. 中华口腔医学研究杂志:电子版,2010,4(5):487~493]

横断面调查研究100名年龄在55~70岁之间、患有口腔颌面部疼痛的香港居民,探讨影响老年口腔颌面疼痛人群口腔健康相关生活质量(OHRQOL)的相关因素。结果显示:中、重度的抑郁及牙源性或骨源性口腔颌面疼痛与较差的OHRQOL显著相关。说明在诊治有疼痛症状、特别是慢性痛症状的患者时,有必要对患者精神状况进行评估,并进行有效干预。此外,应该有针对性地对社区老年口腔颌面疼痛人群提供医疗服务,以提高其OHRQOL。

述 评

口腔颌面疼痛人群十分多见,对人们的日常生活、生理功能及心理健康都有着不同程度的影响。该研究是在香港社区人群中进行的横断面研究,研究提示牙源性疼痛及精神因素对OHRQOL有着相当程度的负面影响。该研究结果为医疗机构有针对性地提供医疗服务及提高人群OHRQOL提供了理论依据。

(金海威 马国武)

口腔麻醉学

口服咪唑安定镇静术在儿童口腔科临床应用的效果评价[夏斌,刘克英,王春丽等. 北京大学学报:医学版,2010,42(1):78~81]

选择在门诊常规条件下进行治疗时属于极不配合或无有效交流的 23 名 4~14 岁身体健康的儿童为研究对象,共进行了 45 人次的口服咪唑安定(0.15~0.70 mg/kg)镇静下治疗。每次镇静治疗时记录患者的心率、血氧饱和度、呼吸频率、镇静和行为分度,治疗结束时记录患者及其家长对镇静方式的满意度和接受度。结果显示:在所有的 45 人(次)治疗中,患儿的生命体征平稳、安全,施治医师对其中 40 人(次)的镇静效果满意并完成了预定的治疗,3 名儿童的镇静效果不理想转为全身麻醉下治疗,只有 2 名儿童的家长对再次镇静下治疗提出异议。7 名按期复查的儿童中有 6 名能接受常规条件下的口腔诊疗。作者认为:儿童口腔治疗时口服镇静是一种有效的方法,可以使一部分常规治疗有困难的病例顺利接受治疗,有广阔的应用前景。

述　评

由于儿童受年龄、认知能力、语言能力发展的限制,以及公众常把口腔治疗等同于疼痛恐惧等因素,造成儿童容易对口腔治疗产生抵触恐惧情绪;另外,口腔治疗具有一定的侵袭性,儿童在口腔治疗中出现不合作行为是一个普遍存在的现象。从应用的结果看,口服咪唑安定镇静术具有实施简便,所需设备简单、安全,患儿监护人接受度高,能有效缓解医师工作压力等特点,虽然该方法不能对所有不合作儿童均取得满意的镇静效果,但从长远看此方法具有很好的发展潜力及广阔的应用前景。

(朱也森)

婴儿唇腭裂修复术中输注不同浓度含糖液的效果分析[关明,刘瑞昌,杨旭东等. 北京大学学报:医学版,2010,42(1):74~77]

通过监测术中婴儿(2~12 月)血糖浓度,探讨输注葡萄糖的可行性。选择唇腭裂患儿(2~12 月)90 例按输液成分不同分为 3 组:分别输注生理盐水、2.5% 葡萄糖和 5% 葡萄糖,均按 6~8 mL(kg·h)$^{-1}$输注。监测麻醉诱导前(即输注液体前),诱导后 10、30 分钟及术毕时的血糖浓度。结果显示:3 组患儿的麻醉诱导前血糖浓度差异无统计学意义。各组内诱导后血糖浓度均高于诱导前。生理盐水组血糖浓度偏低的发生率达 13.3%,最低血糖为 3.1 mmol·L^{-1};2.5% 葡萄糖组高血糖的发生率为 10%,最高血糖浓度为 12.7 mmol·L^{-1};5% 葡萄糖组高血糖的发生率达 70%,最高血糖浓度达 22.1 mmol·L^{-1}。作者认为:婴儿唇腭裂全麻术中以 6~8 mL·(kg·h)$^{-1}$速度输注2.5% 葡萄糖液较为适合。

述　评

由于婴儿的高代谢率,术中应输注葡萄糖液以免婴儿发生低血糖,然而输注葡萄糖亦可导致高血糖的发生,因此术中输注葡萄糖与否存在争议。研究表明:即便是血糖浓度正常的患儿也应谨慎地使用5% 葡萄糖。在术中婴儿以 6~8 mL·(kg·h)$^{-1}$速度输注 2.5% 葡萄糖较为适宜,但麻醉医师在术中仍应加强血糖浓度的监测。

(朱也森)

乌拉地尔用于正颌手术控制性降压的效果评价[张凌,徐辉,姜虹. 中国口腔颌面外科杂志,2010,8(1):40~42]

40 例 ASA Ⅰ~Ⅱ级正颌手术患者随机分为乌拉地尔复合异丙酚组和异丙酚组。2 组均由 2% 七氟烷和异丙酚维持麻醉。乌拉地尔复合异丙酚组在异丙酚的基础上复合乌拉地尔行控制性降压。异丙酚组仅用异丙酚行控制性降压。2 组都以平均动脉压(MAP)维持在 60~65 mmHg 为目标。记录 2 组在诱导前后及降压前后各个时间段的心率、收缩压、舒张压及 MAP 的值,比较手术视野质量。研究发现:使用乌拉地尔行控制性降压的患者,在用药后 5 分钟基本上能达到目标血压,与对照组相比，控制性降压手术过程中，血压波动小，降压时间较长，术野质量更加清晰。

述　评

控制性降压技术约在半个世纪以前即已开始用于临床手术，从最早的正颌外科手术、神经外科开颅手术、骨科的关节置换手术，到如今的鼻内镜手术、心胸外科手术和器官移植手术等，这项技术已经被越来越广泛地运用。在正颌手术中更是不可或缺，不仅可以减少出血，还可以让术野暴露清晰，使手术顺利进行。在正颌手术中，乌拉地尔与瑞芬太尼相比，其降压作用较为温和，先将血压维持在一个较低的水平，之后辅以一定的麻醉深度就可达到降压目的，且血压相对平稳。乌拉地尔用于正颌手术控制性降压的作用迅速、平稳，且安全有效，值得推广。

（朱也森）

术中保温对 Le Fort Ⅰ型截骨术患者的影响［陈志峰，蒋珏，董翔等. 上海口腔医学，2010，19(2)：155～157］

选择全身麻醉下行上颌骨 Le Fort Ⅰ型截骨术的患者40例，随机分为对照组和保温组，每组各20例。保温组患者术中使用循环水床垫装置保温，设定温度于37 ℃；对照组不使用保温装置。麻醉诱导时，以及其后每隔30分钟记录1次肛温至手术结束，同时记录术中出血量、输血量。结果显示：2组患者麻醉诱导时体温差异无统计学意义，其余各时间点的测量值对照组患者均低于保温组。对照组术毕体温明显降低，前后差异有统计学意义，而保温组差异无统计学意义。对照组术中出血量显著大于保温组。结果表明：对于 Le Fort Ⅰ型截骨术患者，术中采用保温措施，能防止患者术中出现低温，减少术中出血。

述　评

口腔颌面部围术期体温监测经常被忽略，麻醉、手术和手术室相对低温环境的共同作用常常导致围术期轻度低温，可能影响凝血，从而影响出血量。Le Fort Ⅰ型截骨术患者行上颌骨截骨时，术中出血量较多。对于 Le Fort Ⅰ型截骨术患者术中采用保温措施，能防止患者术中出现低温，减少术中出血量，这种方法简单易行，值得提倡。

（朱也森）

可弯曲喉罩在口腔短小手术的应用［杨旭东，韩芳，刘克英等. 临床麻醉学杂志，2010，26(2)：168～169］

80例年龄18～65岁，体重50～80 kg，择期行颌骨囊肿刮治、鼻唇畸形修复、舌下腺摘除等口腔短小手术的患者随机分为可弯曲喉罩组和气管插管组。记录两组置入导管或喉罩所需的时间，首次置入的成功率，两组患者苏醒和拔管的时间，术中和拔除时是否呛咳、术后咽痛、躁动等并发症情况。记录术中发生低氧血症、辅助呼吸情、动脉血气情况。结果显示：与气管插管组比较，可弯曲喉罩组患者术中较少发生呛咳体动，拔管（罩）时呛咳较少，并不增加术中低氧血症和血液或冲洗液误吸的发生。

述　评

研究结果表明：可弯曲喉罩置入时心血管反应轻微，患者易于耐受，在术中维持和拔除时较少发生呛咳体动。然而，可弯曲喉罩在口腔手术应用能否有效地防止血液或冲洗液误吸应引起重视。可弯曲喉罩在口腔手术中的适应证主要包括上颌囊肿和鼻唇修复等短小手术，此类手术的特点是术中头位改变较少，易于管理。而对于舌根、口咽等涉及口腔深部的手术、需要颌骨劈开的手术以及估计时间长出血多的手术，由于误吸危险增加和干扰手术操作，应慎用可弯曲喉罩。

（朱也森）

β淀粉样蛋白1-40与老年患者颌面外科手术后并发谵妄的关系［郁葱，张青，陈思路等. 华西口腔医学杂志，2010，28(5)：498～501］

选择50例颌面外科手术患者，按照年龄分为T组(30例，年龄62～78岁)和C组(20例，年龄20～60岁)，均采用静吸复合麻醉，以谵妄评定量表 1998 年修订版(DRS-R-98)来诊断和评估术后谵妄发生状况,记录术前 0 小时术后 24、48、72、96 小时的 DRS-R-98 评分,并测定 Aβ1-40 质量浓度。结果显示:T 组患者术后谵妄的患病率为 20.0%。T 组 Aβ1-40 质量浓度在各时段的 DRS-R-98 评分明显高于 C 组,且持续时间更长。结论认为:Aβ1-40 在全身麻醉后持续升高可能是老年患者发生术后谵妄的重要原因之一。

述　评

谵妄是由多种原因引起的急性可逆性意识障碍,以认知、情感、注意力、意识水平、自我感知与精神运动性行为等功能出现波动性紊乱为特征,是老年人全身麻醉后常见的严重并发症之一。非心脏择期手术中,术后谵妄的发生率为 5% ~15%,它与早期手术后认知功能障碍相关。从该研究结果可以看出,老年患者 Aβ1-40 基础水平较高,若手术后 24 小时和 48 小时仍维持较高水平者发生术后谵妄的可能性明显增高,应引起足够重视。

(朱也森)

口腔颌面医学影像诊断学

上颌窦底与上颌磨牙牙根关系的锥形束 CT 研究[张智勇,张晓,宋辉. 口腔医学研究,2010,26(5):690 ~692]

应用锥形束 CT 分析上颌窦底与上颌磨牙牙根的关系,为临床治疗提供参考。收集具备上颌后部锥形束 CT 扫描数据的患者资料,应用 CT 配套软件观察上颌窦底与上颌磨牙牙根的关系并测量上颌磨牙牙根与上颌窦底间距离。结果显示:共收集 40 例,男 26 例,女 14 例,平均年龄 35.5 岁(19 ~55 岁)。12 例牙根根尖与上颌窦底在同一水平;16 例牙根根尖水平高于上颌窦底水平,平均距离为(3.62 ± 0.52)mm;12 例牙根根尖水平低于上颌窦底水平,平均距离(3.16 ± 0.42)mm。在距离上颌窦底最近的牙根方面,上颌第一磨牙腭根最为多见(20/40)。结果说明:锥形束 CT 在判断上颌窦底与上颌磨牙牙根关系方面有较高应用价值。上颌窦底与上颌磨牙牙根关系密切,其中,与第一磨牙腭根关系最为密切,临床治疗中应预防上颌窦穿孔或上颌窦炎的发生。

述　评

临床上了解上颌牙牙根与上颌窦底的关系对于治疗非常重要,文章中已有详细的讨论。常规影像检查如根尖片、曲面体层等因投照角度、重叠、放大率等因素,不能准确判断。牙科锥形束 CT 可以显示各个层面上上颌牙根根尖与上颌窦的关系,并可精确测量,很有临床价值。但因上颌窦变异很大,而且随着年龄的改变上颌窦底的位置会发生改变,所以大样本量的研究会更有价值。

(傅开元)

锥形束 CT 测量离体下颌磨牙Ⅱ°根分叉病变效果的评价[钟金晟,欧阳翔英,柳登高等. 北京大学学报:医学版,2010,42(1):41 ~45]

利用锥形束 CT(cone-beam computed tomography,CBCT)对 9 个干下颌骨上有Ⅱ°根分叉病变的 20 颗第一、第二磨牙进行检查,并测量相关的 8 个参数,与直接探诊测量结果、根尖片测量结果进行比较。结果显示:采用 CBCT 可对全部根分叉病变进行准确分度,对于全部 8 个参数中的 5 个,CBCT 和直接探诊测量结果之间的差异无统计学意义($P>0.05$),而根分叉开口至骨嵴顶、骨袋底及水平骨缺损最深处距离 3 个参数则 CBCT 小于探诊结果($P<0.05$),究其原因可能是两种方法对根分叉开口位置的判定不一致。两颗磨牙的根分叉病变无法通过根尖片进行诊断,且根尖片测量只能获得全部 8 个参数中两个参数的相关数据。结果说明:在体外,CBCT 可以为下颌磨牙Ⅱ°根分叉病变提供较为准确、全面的三维信息。

述　评

该文应用牙科锥形束 CT 测量离体下颌磨牙Ⅱ°根分叉病变的 8 个参数,并与直接探诊测量和根尖片测量进行比较。锥形束 CT 可以对全部根分叉病变进行准确的测量，其中 5 个参数与直接的探诊测量结果相近无统计学差异。牙科锥形束 CT 临床应用越来越广泛，它可多方向观察和测量根分叉病变，获得的测量结果可反映临床实际情况，是目前最为准确的一种影像测量方法，同一患者多次检查和测量有很好的重复性和可比性，将来可以用作根分叉病变的诊断工具，也可以为治疗后追踪预后提供一个无创的评价方法。牙科锥形束 CT 在牙周病领域将会有很好的应用前景。

（傅开元）

CBCT 在牙齿纵裂中的临床诊断价值评价［杜毅，唐开亮，于西佼等. 牙体牙髓牙周病学杂志，2010，20（8）：450～453］

在病人知情同意下选取临床上怀疑有牙根纵裂病人 40 例(40 个牙)，均拍摄 X 线根尖片并进行 CBCT 扫描。分别由 2 位专家用单盲法对 CBCT、根尖片影像进行诊断，比较两种影像学方法诊断牙齿纵裂中的真实性。结果显示：CBCT 扫描诊断牙齿纵裂的敏感性 Sen、粗符合率 CA、约登指数 γ、阴性预测值 PV-分别为 97.37%、97.50%、97.37%、66.67%，而 X 线根尖片则为 73.68%、72.50%、23.68%、9.09%，在诊断牙齿纵裂方面，CBCT 扫描与 X 线根尖片相比有更高的敏感性和准确度，差别具有统计学意义（$P<0.05$）。与 X 线根尖片相比，CBCT 扫描对牙齿纵裂的诊断具有更高的准确度，有重要的临床应用价值。

述　评

临床常规的根尖片对于确切的诊断牙根纵裂很困难，容易漏诊。与其他影像检查相比包括螺旋 CT，牙科锥形束 CT 显示牙和颌骨的影像最佳，并且可以多方向多层面显示。对于牙根纵裂，在牙根的轴向层面上可以比较容易发现折裂线，大大提高了牙根纵裂的检出率。随着牙科锥形束 CT 的广泛应用，我们发现在牙体牙髓病领域也有很好的应用前景，如对于牙根纵裂、牙内吸收、牙外吸收、牙根和根管数目和方向的确定、根尖病变的具体位置及与每一牙根的关系等，要明显优于常规根尖片。因此，临床上当常规根尖片不能确认时，可以考虑牙科锥形束 CT 进一步检查。

（傅开元）

锥形束 CT 转化头颅侧位片定点精确性的研究［刘怡，赵健慧，丁云等. 中华口腔正畸学杂志，2010，17（2）：61～65］

研究对比锥形束计算机断层扫描（Cone-beam computed tomography，CBCT）转化的头颅侧位片与传统头颅侧位片（cephalogram，Ceph）的定点精度。对 20 例需要正畸的患者（男 7 例，女 13 例，平均年龄 18.8 岁）进行锥形束 CT 扫描。同时拍摄 Ceph 作为对照。在 InvivoDental 5.0 软件中按统一条件将 CBCT 数据转化成头颅侧位片（cephalogram from CBCT，CCB）。选择 23 个常用标志点，由三名操作者分别对 CCB 与 Ceph 进行定点，间隔进行两次。对 CCB 与 Ceph 上的定点误差，以及不同操作者之间的定点误差进行统计分析，采用方差分析与 t 检验。结果显示：三名操作者在 CCB 上定点的精度明显优于 Ceph（$P<0.05$），19 个定点的精度有 8 个点的定点误差差异有统计学意义（$P<0.05$）。操作者之间的相关性 CCB 比 Ceph 好。操作者自身两次测量值重复性好，相关系数 0.99。结果说明：CCB 由于可以选择性生成单侧或双侧头颅侧位片，定点的精度普遍要优于 Ceph，尤其是颅底点、耳点、眶点、前鼻棘点、上齿槽座点、下颌角点以及切牙及磨牙根尖点在 CCB 上的定点更精确。对于一些定点误差较大的点可能是由于在三维空间中点的定义还不明确。

述　评

该文比较牙科锥形束 CT 转化的头颅侧位片与传统头颅侧位片的定点精度，三名操作者在锥形束 CT 转化的头颅片上的定点精度明显优于传统头颅片，操作者之间的相关性也比传统头颅片好。牙科锥形束 CT 在正畸学中的应用，使得三维头影的测量将成为可能，但方法还不成熟，尚没有被广泛的接受和认可，不能成为临床常规。不过,将锥形束 CT 图像转化成二维头颅侧位片,使得某些定点更为精确,解决了传统的头影测量有些标志点确定的困难,如前鼻棘点和上齿槽座点。这一方法的临床应用会给传统的头影测量又带来一次质的飞跃。

(傅开元)

螺旋 CT 在埋伏牙正畸治疗中的应用[杨文静,苗朝旭. 牙体牙髓牙周病学杂志,2010,20(10):592~595]

选择有前牙或前磨牙埋伏的病人 60 例共 68 个埋伏牙,分别采用根尖定位片和多层螺旋 CT,分析其位置、形态和萌出方向,并与翻瓣导萌术或拔除术中的实际情况进行比较。结果表明:用根尖定位片诊断埋伏牙时,各指标与金标准的符合率分别为 91.18%,形态 61.76%,萌出方向 95.59%;多层螺旋 CT 判定位置、形态的符合率均为 98.53%,萌出方向为 100%。在判定埋伏牙的位置、形态上,螺旋 CT 较根尖定位片具有明显优势。多层螺旋 CT 三维重建技术能更加清晰、直观地展现埋伏牙的位置、形态以及三维空间位置关系,对于制定合理的治疗方案具有重要的指导意义。

述　评

多层螺旋 CT 三维重建能更清晰、更直观地展现埋伏牙的位置、形态和三维空间位置关系。埋伏牙定位以往通常应用根尖片法,即不同角度的球管水平转动法,可以判断埋伏牙位于牙列的颊侧或舌侧,但有时判断较为困难,如当埋伏牙位于牙列层时。目前,有条件的单位多采用 CT 定位,包括螺旋 CT 和牙科锥形束 CT。不过,我们必须注意放射剂量问题,根据放射防护原则,我们应该选用牙科锥形束 CT。在临床应用上,特别是对于青少年患者,不建议常规用螺旋 CT 来进行埋伏牙定位。

(傅开元)

口腔医学美学美容学

应用无创瓷贴面技术改善种植区域美学效果的临床研究[李健慧,邸萍,胡秀莲等. 北京大学学报:医学版,2010,42(1):103~107]

探讨应用无创瓷贴面技术改变种植区域天然邻牙外形,减小或关闭种植修复体与邻牙间的黑三角,改善种植区域美学修复的临床效果。将北京大学口腔医院种植中心接受上颌前牙种植修复的患者 10 人共 14 个牙位,种植体骨结合完成后采用种植体支持的暂时冠对牙龈成型 3~6 个月。开始永久修复时,对相邻的天然牙冠缺隙侧的邻面以无创瓷贴面改善牙型,加宽邻牙缺隙侧邻面颈部至外形高点之间的近远中宽度,改善美学修复效果。结果显示:10 位患者共 14 个种植体邻牙接受邻面无创瓷贴面修复,修复后追踪观察 6~27 个月,平均 10.4 个月。修复前黑三角的水平向距离平均为(3.1±0.8)mm,修复后的水平向距离平均为(1.1±0.5)mm,修复前黑三角的垂直向距离平均为(5.3±1.1)mm,修复后的垂直向距离平均为(2.9±0.7)mm,至最后一次复查均未见瓷贴面脱落或破损,牙龈出血指数为 0~1。结果说明:采用无创瓷贴面技术改善牙周病患者种植区域邻牙外形,减小或关闭黑三角,改善美学效果的方法易行,近期效果好,患者满意度高,远期效果需要进一步观察。

述　评

牙周病患牙、修复体以及与邻牙之间存在的黑三角问题,一直是影响上前牙固定修复美学效果的难题。目前解决这一问题的方法主要有 3 种方法:1)通过牙周手术改善牙龈及龈乳头形态;2)通过正畸治疗调整牙轴、缩小间隙;3)将患牙及邻牙进行全冠、瓷贴面或树脂粘接修复,关闭间隙等。前两种方法因其创伤性或正畸疗程长,且效果不确定,在临床应用中具有一定局限性。树脂粘接、全冠、瓷贴面修复方式可以不同程度地改变天然牙的外形,达到美学修复的目的。无创瓷贴面方法更可以在不磨除牙体组织的前提下,通过对邻面和邻唇轴面角形态的调整,修复由于牙龈乳头退缩导致的黑三角。该方法简便易行,效果好,值得临床推广应用。

（刘洪臣　李鸿波）

上、下颌前牙宽度间比例关系的初步探讨［尹吾琛，郑元俐，许全林等. 上海口腔医学，2010，19（1）：41～44］

通过测量前牙宽度间的比值，研究其间是否存在特定的比例关系，为临床美学修复提供参考依据。通过对实验对象常规取模、倒模，利用圆规及游标卡尺在模型上测量前牙的近远中宽度。多次测量，得到每个前牙宽度的平均值。使用 SAS6.12 软件包对相关数据分别进行团体 t 检验、配对 t 检验及 REG 回归分析。结果显示：上、下颌前牙宽度间的比值为 0.618 或 1.618，差异有统计学意义（$P<0.01$），而宽度间的相关系数差异有显著意义（$P=0.0001$）。说明上、下颌前牙宽度间不存在黄金比例，但存在明显的相关关系。

述　评

前牙的美容修复一直是临床医师关注的焦点。中切牙、侧切牙、尖牙的龈缘位置、牙齿宽度/长度比值、中切牙/侧切牙/尖牙宽度比值对前牙美学修复的效果具有重要的影响。通常认为，正面观察时，上颌中切牙的宽度与侧切牙的宽度间存在黄金分割律，侧切牙的宽度与尖牙的宽度间也存在黄金分割律。该研究对普通人群前牙近远中宽度的实际数值进行了研究和分析，结果表明，上颌中切牙、侧切牙、尖牙间不存在黄金比例，同时上颌中切牙与下颌中切牙的宽度间也不存在黄金比例，得出了男、女性前牙宽度间的其他比例关系。研究结果对临床工作具有较好的指导意义。

（刘洪臣　李鸿波）

Andrews 口颌面协调六要素在侧貌美学中的应用［张珂，白丁. 国际口腔医学杂志，2010，37（2）：236～239］

传统正畸治疗过于关注是否达到中性咬合关系这个目标，而对于是否能获得协调美观的软组织侧貌则很难预测。Andrews 提出了口腔颌面协调六要素，通过使用面部外标志进行诊断，可以最大化协调口腔与颌面部关系，获得美学上的最佳治疗结果，并有利于保持口腔长期健康稳定。Andrews 口腔颌面协调六要素的提出基于公认的口腔颌面协调的牙齿、颌骨的位置及关系，适用于各种种族、年龄、性别的患者。

述　评

获得正常的牙齿咬合关系、改善面部美观是口腔正畸治疗的目标，但口腔内部标志点的位置与口腔颌面美观却没有必然关系。而面部美的定义非常广泛、复杂和模糊，且美的标准不是一种固定的面部轮廓，而是随着个体、种族、时代的改变而改变的。Andrews 口腔颌面协调六要素基于使用 X 线头影测量外部标志点、面、角来达到诊断和确定治疗计划的目的。有助于正畸医生明确单纯采用正畸矫治还是正畸-正颌联合治疗方法，为患者带来最佳的治疗效果。

（刘洪臣　李鸿波）

数码摄影在前牙全瓷美学修复中的应用［李劲. 广东牙病防治，2010，18（11）：610～612］

将 90 例患者随机分为常规组和拍照组，每组 45 例，共修复前牙 165 颗。常规组在备牙前使用 Vita 3D-Master 选牙色板选牙色，填写设计单；拍照组在常规组选牙色的基础上，术前、术中使用数码相机拍摄基牙和邻牙，术后传送给技师参考。采用卡方检验对 2 组病例修复效果的医生和患者评价分别进行比较。结果显示：医生、患者评价中，拍照组对修复体颜色、切端半透明性、个性特征的满意度优于常规组（$P<0.05$），但是在形态及表面结构上两者相差不大（$P>0.05$）。说明使用数码摄影对于提高前牙烤瓷修复美学效果有一定的辅助作用。

述　评

在美容修复中，准确描述并向技师传递牙齿的颜色和形态信息非常重要。单纯通过绘图、分区选牙色、言语描述等方法进行牙齿特征信息的表达和传递是远远不够的。数码图像能够获得牙齿的完整信息,同时可以放大观察,提供一些肉眼不易察觉的细微特征,将牙齿的信息直观、客观、准确地反映和传递给技师,是美学修复中不可缺少的方法手段。不同的相机、设置、操作者以及图片的观看方式等会对数码图片的质量有一定影响,该领域的研究对于增进医生-技师交流、提高美学修复效果具有重要意义。

(刘洪臣　李鸿波)

46 颗上前牙美容性牙冠延长术的疗效评价[倪杰,梅幼敏,陈武等.南京医科大学学报:自然科学版,2010,30(5):717~720]

对 40 例患者 46 颗上前牙行冠延长术,术后 6 个月行贵金属烤瓷冠永久修复,并随访至修复后 1 年。于术前、术后 6 周、术后 6 个月(修复前)、修复后 6 个月和 1 年随访观察并记录评价指标。结果表明:修复后 1 年颈缘适合性好,未出现牙周组织病变,牙龈颜色无明显染色。外观良好美观。上前牙美容性牙冠延长术联合贵金属烤瓷冠修复可以达到良好的美容修复目的。

述　评

冠延长术是残根残冠保存修复中经常采用的方法,对修复后的义齿固位、抗力、美观具有重要意义。

冠延长术后龈缘位置的稳定性直接影响到术后义齿修复时机和修复效果。冠延长术后龈缘位置的变化,与牙位、延长量、牙龈分型、生物学宽度大小、冠根比、冠延长术式选择、与邻牙的协调性、术后修复的时机以及患者的个体差异有关,目前国内外研究结果尚无定论,其远期效果有待临床观察验证。

(刘洪臣　李鸿波)

牙周病患者种植修复的美学问题初探[林野,邱立新,胡秀莲等. 中国口腔种植学杂志,2010,15(3):101~102]

2001—2009 年,对 309 例在北京大学口腔医院种植科就诊的牙周病患者进行了种植修复,共植入 1 399 枚种植体,并进行了相应的外科及修复处理以改善美学效果。其中 191 例患者种植修复冠改变了缺失牙的牙冠形态;11 例患者接受了无创瓷贴面邻牙处理;39 例患者接受了双侧上颌窦提升植骨种植覆盖义齿修复术;18 例患者接受了外置法自体骨移植种植术; 9 例患者接受了 Le Fort Ⅰ型截骨术纠正不良颌关系;5 例患者接受了前牙区种植修复体牙龈瓷修饰;36 例患者接受了 All-On-Four 种植修复技术。结果表明:1)牙周病患者前牙区种植修复,通过改变牙冠形态,可以关闭牙周病导致出现的黑三角。2)单牙缺失时除改变种植牙冠形态,还要应用非创伤性贴面改变邻牙形态,以关闭黑三角。3)上颌无牙颌、上唇塌陷的牙周病患者,通过上颌后部种植术,覆盖义齿修复支持上唇,达到恢复功能及面部外形的效果。4)牙周病伴有重度水平骨吸收患者,自体骨外置法植骨重建水平骨量,同时以正颌外科手术纠正不良颌关系可达到恢复面形的美学效果。5)重度牙周病伴重度垂直骨吸收,即刻种植应用牙龈瓷纠正龈颌距离过大,可达到美学效果,避免垂直向植骨。6)重度牙周病导致无牙颌患者,通过 A1l-On-Four 技术可即刻修复。7)重度牙周病患者行即刻种植、即刻修复,A1l-On-Four 技术可重建咬合功能及达到美学效果。

述　评

牙周病是导致牙列缺损(失)的主要原因之一,牙周病患者的种植修复一直是种植修复的难点。牙周病患者因炎症导致牙槽骨吸收,出现骨量不足、牙间隙增大、牙龈退缩、颌关系不良等问题。对于这些问题,目前可以采用上颌窦提升、牙周诱导再生(骨粉、诱导膜、生长因子)、自体骨移植、截骨术纠正不良颌关系、All-On-Four 种植修复技术、无创瓷贴面邻牙处理、牙龈瓷修饰等方法。但总的来讲,牙周病患者的种植美学问题仍是国际性难题,目前尚没有简单有效的方法可以推荐,需要进一步研究和实践。

(刘洪臣　李鸿波)

口腔临床药物学

氢氧化钙糊剂根管消毒的临床疗效观察[孙晓娟. 口腔医学,2010,30(4):253～254]

对 85 例 96 颗有根管治疗指征的患牙随机分为试验组与对照组,每组 48 颗牙。均两次完成根管治疗,试验组患牙约诊期间根管内封 $Ca(OH)_2$ 糊剂,对照组患牙约诊期间根管内封甲醛甲酚(Fc)棉球或樟脑酚(CP)棉捻。分别于封药后 1 周和充填后 1 周复诊,记录约诊期间和根管充填术后 1 周内患牙自发疼痛、咬合及叩痛情况,分三个等级进行疗效评价,Ⅰ度无自发痛,正常咬合,无叩痛;Ⅱ度轻度自发痛,咬合轻微不适,轻微叩痛;Ⅲ度有自发痛,明显咬合痛及叩痛。结果显示:试验组封药后 1 周和根管充填术后 l 周内Ⅰ度与Ⅱ度的发生率均明显低于 B 组($P<0.05$)。作者认为氢氧化钙作为根管内消毒药物可有效预防根管治疗封药期间及充填后疼痛的发生。

述　评

作者通过随机临床对照试验评价氢氧化钙作为根管内消毒药物预防术后疼痛的效果,尽管未使用盲法,由此产生的测量偏倚可以影响结论的准确性,但两种治疗措施的疗效差异达到 12.5%～31.3%,具有临床意义。提示氢氧化钙作为根管消毒剂可比传统使用的根管消毒剂达到更好的治疗效果。

(史宗道)

氢氧化钙封闭剂治疗慢性根尖周炎的临床疗效[张殿明. 医学信息,2010,2(5):1257～1258]

通过对 116 例 116 个罹患慢性根尖周炎的恒牙随机分配治疗方案探讨氢氧化钙封闭剂治疗慢性根尖周炎的临床疗效。试验药物为氢氧化钙糊剂,对照药为传统的根管消毒药物甲醛甲酚(FC),两组各 58 例、58 颗牙,均为封药后 1 周复诊评定疗效,症状消失则根充,否则再以同样方法封药。根据复诊时有无症状、患牙咀嚼功能、是否叩痛、如有瘘管是否闭合,根管是否干燥无异味,X 线片根尖骨质破坏区是否缩小等将疗效评定为显效、有效和无效三级,前二者相加计算有效率。结果显示:采用氢氧化钙封闭剂治疗的试验组显效 11 例,有效 42 例,总有效率达 91.38%。而采用传统的根管消毒药物甲醛甲酚治疗的对照组显效 5 例,有效 36 例。总有效率达 70.69%;经统计比较发现试验组的有效率均明显高于对照组($P<0.05$)。作者认为氢氧化钙治疗的临床疗效明显优于根管内封药 FC,是一种较为理想的根管消毒剂,值得临床推广。

述　评

该研究采用了随机对照试验的设计来验证氢氧化钙糊剂作为根管消毒剂的疗效。没有报道是否采用盲法,但是该项研究的疗效指标包括的内容较多,与传统根管消毒药物相比较近期疗效更好。作者在文章中提到根管充填后一年要结合患者自觉症状、临床检查及牙片检查等进行根管治疗疗效的评估,但未报道具体结果,希望早日看到后续报道。

(史宗道)

氢氧化钙糊剂与 Vitapex 糊剂对根尖诱导成形术的临床对比[何健慧,王钰,黄丰. 中国现代医生,2010,48(17):32,39]

应用随机对照试验方法比较普通氢氧化钙糊剂和 Vitapex 糊剂两种材料应用于根尖诱导成形术的疗效。纳入口腔门诊 7～11 岁患者 91 例,患牙共 108 颗,病种包括外伤性牙冠折断、畸形中央尖磨损或龋病导致牙髓炎、牙髓坏死或根尖周炎,根尖孔均未完全发育者。随机分为两组,试验组 55 颗,对照组 53 颗。常规完成根管清理、根管消毒后,分别用普通氢氧化钙糊剂及 Vitapex 糊剂行根尖诱导成形术。2 年后随访结果显示:普通氢氧化钙糊剂组成功 42 例,成功率为 79.25%;Vitapex 糊剂组成功 51 例,成功率为 92.73%,其差异具有统计学意义($P<0.05$)。作者认为 Vitapex 糊剂对年轻恒牙根尖的诱导成形效果较普通氢氧化钙糊剂好。

述　评

在对牙根尚未发育完成的年轻恒牙进行根管治疗时，使用能促进牙根继续发育，对恒牙胚无损害的药物非常重要。氢氧化钙不仅可以作为根管的消毒药物，也可作为根管充填药物。对此卫生部规划第六轮全国高等学校教材《口腔临床药物学》、《儿童口腔医学》都有相应论述。但对不同品牌的氢氧化钙类糊剂进行细致的比较仍然是非常必要的。该研究证明增加了油性成分，促进氢氧化钙糊剂流动性，同时增加了具有良好消毒性能的碘仿后的氢氧化钙糊剂具有疗效更好、更易于操作使用的特点。希望国内口腔专业的科研团队及有关口腔厂家按照临床的迫切需要，研制和开发更好的氢氧化钙产品，从而提高儿童及成人牙髓疾病及根尖周病的临床治疗水平。

（史宗道）

三种药物辅助治疗瘘道搔刮术后患牙的疗效比较[杨益雄，李冠文. 家庭医药：医药论坛，2010，2(3)：169～171]

采用临床随机对照试验设计观察派力奥、牙康和碘酚液治疗瘘道型根尖周炎的效果。选择瘘道型慢性根尖周炎、根尖区炎性 X 线阴影 5 mm 以内，根充后一个月根尖瘘道未愈患者 87 例 138 颗患牙，随机分为 3 组，向经过刮匙搔刮、并经 3% 过氧化氢液及 0.9% 生理盐水反复冲洗的瘘道按随机方案注入派力奥，插入牙康或导入碘酚液，每 3 天 1 次，一般治疗两次，术后六个月进行随访观察。咀嚼功能良好，瘘道闭合，X 线片根尖周病变基本消失，有新生骨小梁形成判为成功；咀嚼功能良好，瘘道闭合，X 线片根尖周病变明显变小，少量新生骨小梁形成判为显效，以成功及显效计算有效率。结果显示：派力奥和牙康的有效率分别为 93.5% 和 89.1%，两者差异无统计学意义；但均显著高于碘酚液的 58.7%，差异有统计学意义。作者认为派力奥和牙康治疗瘘道型根尖周炎效果好。

述　评

派力奥和牙康分别为盐酸米诺环素及甲硝唑的缓释剂型。其主要优点是在病变局部的药物浓度高，作用时间长。可减少用药次数及药物对全身的不良反应。碘酚虽然具有良好的消毒、杀灭细菌的效果，但是在瘘道局部的存留时间短，多系其疗效较差的主要原因。该研究结果提示开发和应用抗菌药的缓释剂型可以提高口腔临床治疗质量。

（史宗道）

局部应用 2% 米诺环素软膏治疗慢性牙周炎疗效的系统评价[马晓丽，康宏，龙飞等. 实用口腔医学杂志，2010，26(4)：507～511]

应用系统评价的方法评价局部应用 2% 米诺环素软膏治疗慢性牙周炎的有效性及安全性。作者检索了 Cochrane library(2009 年第 3 期)、PubMed(1966～2009.5)、Embase(1984～2009.5)、中国生物医学文献数据库(CBM 1978～2009.5)、中国期刊全文数据库(CNKI 1994～2009.5)和中文科技期刊数据库(VIP 1994～2009.5)，手工检索了《中华口腔医学杂志》、《现代口腔医学杂志》(1994～2009.5)等 5 种中文期刊。纳入局部应用 2% 米诺环素软膏治疗慢性牙周炎的随机对照试验，其中包括平行和自身对照试验共 6 个 336 例受试者。Meta 分析结果显示：治疗后 3 个月时，局部使用 2% 米诺环素的治疗组的牙周袋探诊深度比对照组减少更多，牙周附着丧失的恢复更多，差异有统计学意义；但在治疗后 12 个月时，治疗组与对照组在牙周袋探诊深度减小、牙周附着丧失减少的差异无统计学意义。未报道有严重的不良反应。现有证据表明常规牙周洁治后局部应用 2% 米诺环素软膏能促进牙周病变的好转，而长期疗效尚待进一步观察。

述　评

作者在对纳入研究进行偏倚风险分析时指出，仅有 1 项研究详细报告了具体的随机方法和分配隐藏，仅 2 项研究采用了双盲，其余 4 项研究均采用单盲法。这无疑增大了测量偏倚的风险，有可能夸大治疗效果。现有证据仅能提供在常规牙周洁治、根面平整的基础上，局部应用米诺环素缓释剂型有短期改善牙周炎症状，减少牙周袋深度，增加附着的微弱证据。但考虑到该结论是在全面收集文献并进行严格质量评价的基础上做出的，仍然有一定把握在牙周炎治疗中推广应用抗菌药物缓释剂型——2%米诺环素软膏。然而要获得良好的长期治疗效果，还必须综合应用常规牙周治疗措施，特别是注意口腔卫生的维护。

（史宗道）

曲安奈德与泼尼松龙治疗口腔扁平苔藓的临床疗效对比观察［陈刚. 中国医药导报，2010，7(10)：122～123］

应用临床随机对照试验对比观察曲安奈德与泼尼松治疗口腔扁平苔藓(OLP)的临床疗效。作者将其门诊诊治的71例OLP患者随机分为两组，治疗组39例采用曲安奈德治疗，曲安奈德注射液与2%利多卡因1∶1混合后在糜烂区病损基底点状注射，每次10～40 mg，不超过50 mg，每周一次，4～8周为一个疗程，对照组32例采用泼尼松治疗，第一周每日口服30 mg，第二周每日15 mg，第三周每日5 mg，维持4～8周。用药8周后对比两组的临床疗效。结果显示：治疗组显效率79.5%，总有效率92.3%，分别高于对照组显效率31.3%，总有效率71.9%，其差异具有统计学意义($P<0.05$)。治疗组在治疗6个月及12个月后的复发率分别为12.8%、20.5%，均低于对照组且差异具有统计学意义($P<0.05$)。治疗组不良反应发生率为7.7%，明显低于对照组，其差异具有统计学意义($P<0.05$)。作者认为曲安奈德治疗OLP药效维持时间长，多数患者疗效较好，不良反应少，复发率低。

述　评

该文未报告如何产生随机序列，是否将随机方案隐藏，未报告是否使用盲法，有可能使治疗疗效非正常增加。但是作为随机对照试验，其结论与既往发表的研究报告方向一致，尽管偏倚风险较大，仍可视为提供了一定的临床证据，但论证强度较弱。OLP病因尚不清楚，缺乏有效治疗手段，该研究结论具有一定临床参考价值，对症状较重的糜烂型OLP不失为一种可行的减轻症状的治疗方法，希望长期追踪，报道曲安奈德治疗后在远期OLP症状体征复发的情况将更具临床意义。

（史宗道）

Cochrane系统评价在口腔黏膜病诊治中的应用［李琼华，陈谦明，曾昕. 华西口腔医学杂志，2010，28(5)：573～575］

作者检索截至2009年第3期Cochrane图书馆发表的与口腔黏膜病诊治有关的系统评价全文，以对该领域系统评价证据的现状进行分析。结果显示：口腔黏膜下纤维化：对口服番茄红素及病损区注射类固醇进行过评价，仍缺乏可靠证据。预防癌症患者放疗和化疗后口腔黏膜炎：有证据显示氨磷汀、水解酶、冰片、中药有效；个别研究提供证据的有苄达明、磷酸钙、依托泊苷、蜂蜜、抗菌多肽、磷酸锌和口腔护理等，别嘌呤醇漱口液、粒细胞巨噬细胞集落刺激因子、免疫球蛋白和人胎盘提取物等。有证据支持阿昔洛韦预防和治疗癌症患者单纯性疱疹的效果；癌症患者放疗和化疗后口腔假丝酵母菌病患病率可达20%，应用肠道吸收或部分吸收的抗真菌药物予以预防的疗效明显。口腔白斑：应用β胡萝卜素、番茄红素、维生素A或视黄醇类药物治疗疗效较明显，临床缓解率提高，易被患者接受，但应重视其常见的不良反应。口腔扁平苔藓：环孢菌素全身应用或溶液漱口、视黄醇类、皮质类固醇以及光疗法等部分研究报告疗效，但应注意全身用药时的毒性。疱疹性龈口炎：已有应用阿昔洛韦治疗6岁以下儿童原发性疱疹性龈口炎有效的报告。灼口综合征：采用α硫辛酸、氯硝西泮及行为认知疗法有一些证据支持。

述　评

及时总结本专业内由随机对照试验、meta分析或系统评价提供的证据，对提高该领域各类疾病的治疗水平，必有极大促进作用。黏膜病专业的该项报告提供了一个范例。

（史宗道）

氯诺昔康控制智牙拔除术后疼痛的系统评价［吕俊，李春洁，王艳等. 中国口腔颌面外科杂志，2010，8(6)：487～493］

通过系统评价的方法评估氯诺昔康在智齿拔除术后疼痛控制中的效果及安全性。计算机检索了 Medline（Ovid，1950～2010.1）、Cochrane 图书馆 2010 年第 1 期及 CBM（1978～2010.1）并手工检索了相关文献，按照事先拟定的计划纳入相关研究，共纳入 6 篇文献。提取数据并进行质量评价，将其中 4 个关于氯诺昔康与安慰剂比较的研究进行 Meta 分析。结果显示：氯诺昔康 4、8、16 mg 剂量组在最大疼痛缓解程度方面均好于安慰剂（$P<0.05$），其中 8 mg、16 mg 剂量组的患者总体评价均优于安慰剂，其不良反应与安慰剂组相比，差异均无统计学差异。疼痛缓解方面，氯诺昔康8 mg 优于芬必得（$P=0.004$）和硫酸吗啡10 mg与 20 mg 剂量组（$P=0.002$），但较酮咯酸和阿司匹林并无表现出明显优势；其不良反应与其余 NSAIDs 相比较无明显差异，但优于硫酸吗啡 10 mg 与 20 mg 组（$P<0.0001$）。作者认为，氯诺昔康可作为智齿拔除术后的安全有效的镇痛药物，并推荐 8 mg 剂量。

述　评

应用系统评价的方法对临床常用药物进行评价，有助于在同类药物中选择疗效更好、不良反应更少的药物，为病人提供最佳治疗方案。该文实际上是在比较多种药物治疗第三磨牙拔除后镇痛效果后得出结论的。其结论及方法学过程均值得借鉴。

（史宗道）

阿替卡因与比利多卡因对不可逆转性牙髓炎麻醉效果比较的 Meta 分析［肖佳灵，李亚丽，马彬等. 中国循证医学杂志，2010，10(9)：1058～1062］

应用系统评价方法评估阿替卡因与利多卡因对于不可逆转性牙髓炎的麻醉效果。电子检索 PubMed、EMBASE、Cochrane 图书馆（2009 年第 4 期）、CNKI、VIP 及 CBM 等英文及中文生物医学数据库，纳入阿替卡因与利多卡因对不可逆转性牙髓炎麻醉效果的随机或半随机对照试验 9 个，包括 985 例患者，对纳入研究评价方法质量学，提取有效数据进行 Meta 分析。结果显示：阿替卡因的麻醉成功率、上颌麻醉成功率优于利多卡因。

述　评

在纳入的研究中，有的英文文献作者明确说明阿替卡因与利多卡因比较时都是应用了含有同样浓度肾上腺素的制剂，其可比性较强；但如果相比较的 2% 利多卡因不含肾上腺素，则会得出更偏向阿替卡因的结论，如系统评价作者对此进行讨论，则结论更加有说服力。

（史宗道）

沙培林瘤内注射治疗体表血管瘤、脉管畸形的国内文献系统评价［魏海刚，邱雅，陈玉婷等. 中国美容医学，2010，19(10)：1472～1475］

应用系统评价方法对沙培林瘤内注射治疗体表血管瘤、脉管畸形的疗效和安全性进行客观评估。计算机及人工检索中文文献，将纳入文献的人口学资料、体表血管瘤、脉管畸形类型、部位、大小，治疗方法及效果等进行合并，按照不同病变类型统计疗效。纳入 22 篇中文文献，均为回顾性研究，2 篇有对照，20 篇无对照，沙培林为注射用链球菌制剂，生理盐水配制成 0.1 mg/10 mL 溶液瘤体内多点注射，因制剂含有青霉素，应避免用于青霉素过敏者。一般成人首剂 0.1～0.2 mg，儿童每次少于0.1 mg，视情况可间隔 14～21 天重复，重复 3～5 次为一个疗程，不同类型血管瘤、脉管畸形的治愈率依次为海绵状血管瘤 57.07%，毛细血管瘤 71.43%（其中鲜红斑痣血管瘤 80%），囊状淋巴管瘤 76.83%，混合及海绵状淋巴管瘤 53.6%。认为沙培林瘤内注射治疗血管瘤、脉管畸形有一定疗效；与平阳霉素相比，其对淋巴管畸形的疗效更好一些。

述　评

该文实际上是对系列病例报道的综述，且仅仅限于中文文献。鉴于血管瘤、脉管畸形等病变诊断明确，疗效指标确切，被观察对象也可看作是群组研究或队列研究的对象，其结论有一定临床参考价值。建议注意观察其远期疗效及不良作用。

（史宗道）

口腔颌面外科围手术期抗菌药物应用合理性分析［韩蕊，段京莉.药物不良反应杂志，2010，12(2)：100～104］

从北京大学口腔医院2009年1～12月出院的颌面外科手术患者病历4 037份中随机抽取997份，分析和评价口腔颌面外科围手术期患者抗菌药物应用的合理性。清洁手术183例，清洁－污染手术806例，污染手术8例。在围手术期使用抗菌药物一种者486例，2种联用者511例。最常用的抗菌药物依次为青霉素类(38.53%)，硝基咪唑类(29.64%)，头孢菌素类(21.29%)。甲硝唑与青霉素、甲硝唑与头孢呋辛是常见的联用方式。术前预防用药多以静脉途径、术前0.5～2.0小时给药。18例患者预防用药时机不合理，其中14例小于0.5小时，4例大于2.5小时。193例患者术后用药不合理，主要为长时间用药，甚至长达10天。围手术期应用抗菌药不合理为264例(26.48%)，主要表现为无指征用药、药物选用不当。

述　评

经常对常规的医疗工作进行总结，及时发现诸如不合理用药现象、不合理治疗方案等，与国外先进经验、国家级、地区级或本单位相应规范进行比较，分析原因，必将大大提高口腔医疗质量。该文提供了落实有关抗菌药物临床使用的指南，加强合理用药教育的范例。

（史宗道）

口腔护理学

口含冰对恶性肿瘤患者头颈部放疗后防治口腔黏膜炎的临床研究［龚国梅，刘花，李文霞等.护士进修杂志，2010，25(10)：873～875］

将68例放疗患者分为对照组和试验组。对照组在整个放疗期间进行常规口腔护理，试验组除常规口腔护理外，从放疗开始每天于放疗后预防性给予口含冰至放疗结束。结果显示：首次放疗至30 Gy时及剂量大于30 Gy至放疗结束时，两组疗效比较差异具有统计学意义($P<0.05$)。试验组较对照组口腔黏膜炎的发生率降低，重度发生例数减少；试验组有两例患者由重度转化为轻度，且未发生不良反应；首次发生口腔黏膜炎的平均时间试验组也较对照组延迟1周左右。因此，口含冰可用于防治放疗后发生放射性口腔黏膜炎，降低发生率，减轻黏膜炎严重程度，延迟其发生时间，延缓其进展。

述　评

头颈部放疗中最常见的不良反应是急性放射性口腔炎，其发生率高达85%～100%。口腔冷疗法能减轻放疗后患者口腔溃疡的严重程度，同时防治口腔黏膜炎症的发生。该研究让肿瘤患者在进行头颈部放疗后，除常规口腔护理外，口含用生理盐水冻制而成的冰块，明显地预防并降低了患者放射性口腔黏膜炎的发生率，减轻了黏膜炎的严重程度，并延迟其发生时间，延缓其进展。对恶性肿瘤患者头颈部放疗后采用口含冰来保护口腔黏膜，此方法应用方便，患者易于接受，能减轻患者痛苦、紧张情绪等，可借鉴。

（赵佛容　邓立梅）

沟通机制在消毒供应中心管理中的应用及效果评价［熊茂静，曾淑蓉.中国感染控制杂志，2010，9(2)：136～137］

对某院消毒供应中心与临床科室进行定期沟通与非定期沟通，并对效果进行评价。结果显示：定期沟通满意度为95.31%，高于建立沟通机制前(89.72%)，非定期沟通其沟通次数和发挥的作用大于正式沟通，且具有即时、快速、便捷、双向性好、时效性好的特点。作者认为:建立有效的沟通机制后,临床科室对消毒供应中心的满意度明显提高,消毒供应中心工作质量显著改进。

述　评

消毒供应中心在医院工作中的主要职责,就是为临床科室提供达标的清洁、消毒、灭菌物品,以保证临床工作顺利开展,保证医院医疗卫生服务质量,而消毒供应中心直接服务对象是各临床科室,因此,如何让消毒供应中心与临床科室之间建立有效的沟通机制并保证沟通的效果,一直以来是临床医护人员关注的问题。作者采用定期沟通和非定期沟通机制的方法,有效地与临床各科室进行沟通,及时了解临床科室需求以及供需的矛盾和不协调,并及时地改进,从而解决临床的问题,并共同把好灭菌物品质量关,预防和减少医院感染的发生。这一做法,在临床其他科室都值得学习和推广。

(赵佛容　邓立梅)

心理暗示疗法对缓解口腔超声洁治术中疼痛的效果[刘建,释栋,孟焕新. 中华护理杂志,2010,45(8):687~689]

选择 88 例轻中度慢性牙周炎患者,随机选择患者口腔的左半侧或右半侧作为试验侧,另一侧为对照侧。试验侧进行治疗时,护士将一球形、质软、有弹性的玩具置于布袋中交给患者,并向患者强调将其握紧可以缓解治疗中的疼痛不适。对照侧由医生采用常规超声洁治操作。每侧治疗完成后,由患者用视觉模拟量表(visual analog scale, VAS)对疼痛程度进行评价。结果显示:试验侧 VAS 值与对照侧差异有统计学意义($P<0.01$)。女性患者对照侧 VAS 值高于试验侧,差异有统计学意义($P<0.01$);男性患者对照侧和试验侧的 VAS 均值差异无统计学意义($P=0.142$)。年龄小于 35 岁的患者中,试验侧 VAS 值对照侧差异有统计学意义($P<0.01$);35 岁以上患者试验侧和对照侧 VAS 值的差异无统计学意义($P=0.085$)。作者认为,心理暗示疗法可以有效缓解超声洁治术中的疼痛,尤其对于女性及年龄小于 35 岁的患者效果更明显。

述　评

对疼痛的恐惧是许多患者拒绝口腔治疗的主要原因,镇痛也因而成为口腔治疗过程中不可忽视的环节。在口腔医学领域,研究者多使用视频、音频设备等心理护理方法来转移患者的注意力,减轻患者紧张情绪,并在一定程度上缓解牙科治疗中的疼痛不适。该研究并没有借助昂贵的视频、音频设备,护士仅仅使用简单的工具和暗示性的语言就在一定程度上缓解了超声洁治中的疼痛,方法具体、简便,可操作性好。

(赵佛容　邓立梅)

喉头喷雾器用于经口气管插管患者口腔护理体会[刘萍,杨海燕,朱进. 江苏医药,2010,36(14):1676~1677]

随机将经口气管插管行机械通气的 121 例患者分为两组,试验组 62 例用氧气驱动喉头喷雾器冲洗加纱布球擦洗行口腔护理,对照组 59 例使用 20 mL 注射器冲洗加纱布球擦洗行口腔护理,定期观察并记录发生口臭、口腔炎症和呼吸机相关性肺炎(VAP)的病例数及操作时间。结果显示:试验组口臭、口腔炎症和 VAP 的发生率及操作时间均低于对照组。使用喉头喷雾器冲洗加口腔擦洗方法消除经口气管插管患者的口臭,预防口腔炎症和呼吸机相关性肺炎,缩短护理时间,有明显效果。

述　评

口腔是病原微生物侵入机体的途径之一。经口气管插管患者由于不能进食,吞咽、咀嚼功能受限,口腔无法闭合,容易造成患者口腔黏膜干燥,唾液减少,使大量细菌在口腔内繁殖,可引起口腔黏膜出现糜烂、溃疡、口腔感染。目前,临床上常常采用口腔冲洗和口腔擦洗两者联合方法保证病人的口腔卫生。该研究采用喉头喷雾器进行口腔冲洗配合口腔擦拭来保持口腔清洁。但在临床工作中若患者配合不佳或吞咽反应不良等原因,很容易导致误吸或引起呛咳，安全使用有待进一步研究。

（赵佛容　邓立梅）

不同方法去除口腔科低速车针锈渍的效果比较［刘建，袁超，王华等. 中华医院感染学杂志，2010，20(14)：2073～2075］

选取临床使用后的低速车针 208 支，根据锈蚀面积分为小面积锈蚀车针（锈蚀面积1/2）和大面积锈蚀车针（锈蚀面积 > 1/2），所有车针根据除锈方法随机分为 4 组，A 组使用去污粉擦拭除锈；B 组使用稀盐酸浸泡除锈；C 组使用除锈剂浸泡除锈；D 组使用除锈剂浸泡加超声清洗除锈；用除锈后车针的划痕、残留锈渍、亮度以及 1 周后返锈 4 项指标的合格率评价除锈效果。结果显示：小面积锈蚀车针中，B、C、D 组除锈后划痕合格率均为100.0%，显著高于 A 组；C 组和 D 组除锈后的亮度合格率均显著高于 A 组（$P < 0.05$）；D 组除锈后的锈渍评价合格率均显著高于 B 组和 C 组（$P < 0.05$）；大面积锈蚀车针中，B、C、D 组的划痕合格率均为 100.0%，均显著高于 A 组（$P < 0.05$）；D 组的亮度和锈渍合格率两项指标均显著高于其他 3 组（$P < 0.05$）。作者认为：除锈剂浸泡加超声清洗的除锈效果综合评价优于其他 3 组，是一种除锈彻底且返锈率低的新方法。

述　评

低速车针是治疗龋病时使用最频繁的非一次性器械之一，在临床使用过程中，低速车针生锈较常见，这主要与车针的材质和清洗、消毒、灭菌的方法有关。目前，因去除锈渍的方法陈旧，经消毒灭菌后返锈率较高，造成生锈的车针仍在使用，因此寻找一种除锈彻底，返锈率低的清洗方法，是护理工作者的重要任务之一。该研究采用四种不同方法对车针进行除锈，发现采用除锈剂浸泡和除锈剂加超声清洗的除锈方法在划痕、锈渍、亮度和返锈各项评价指标中均有较高的合格率。该研究具有一定的临床指导意义。

（赵佛容　邓立梅）

颞浅动脉埋置化疗泵治疗口腔癌的不良反应观察及护理［石兴莲，邹亚莉，吴榜静等. 中华护理杂志，2010，45(6)：533～534］

采取颞浅动脉插管并植入化疗泵行局部灌注化疗，是治疗口腔癌的一种辅助疗法，作者针对化疗后的不良反应采取了相应的护理措施，有效地减轻了患者的不适，安全度过了化疗期。作者认为：加强颞浅动脉植入化疗泵化疗后不良反应的观察，及时采取有效的护理措施是保证化疗顺利进行的关键。

述　评

颞浅动脉插管并植入化疗泵行局部灌注化疗，是近十几年来开展的一项治疗口腔癌的一种化疗辅助手段，它是用表层进行了肝素化处理的医用高分子材料导管，导管尖端有控制血液逆流阀，插管埋泵于皮下可长期、多疗程、反复给药，推注药物操作简单，患者无痛苦，埋管后不影响患者的自由活动和正常生活、工作，因此为患者综合治疗的完成，创造了十分有利的途径。由于该方法是将化疗药物直接注入病变区域，增加肿瘤内药物浓度，提高杀伤癌细胞的效力，从而减少了化疗药物与血浆蛋白的结合，降低了药物的毒副作用等。该方法在治疗口腔癌患者期间，临床患者出现的毒副作用和不良反应，以及护理过程中应注意哪些问题，文中进行了较为详细的总结和分析，并且提出了相应的护理措施，供临床护理借鉴。

（赵佛容　邓立梅）

国家级教学团队和国家精品课程

口腔医学课程建设教学团队简介

北京大学口腔医学院　郭传瑸　刘宏伟　刘杰

北京大学口腔医学院始建于 1941 年，是国家重点口腔医学院校，实行口腔医学院、口腔医院、口腔医学研究所三位一体的管理体制。全院总编制为 721 人，其中教授、副教授为 172 人，在岗博士研究生导师 28 人，硕士研究生导师 42 人。设有 11 个基础教研室（组）和 10 个临床教研室（组），担负全院的教学工作。口腔医学院是教育部批准的首个可以招收口腔医学专业八年制学生的学院，每年招收八年制学博连读生 40 名；同时还是首批口腔医学一级学科硕士、博士点授权单位，每年招收硕士、博士研究生 50 名，并培训国内外进修生、留学生，开办修复工艺大专班等。由人民卫生出版社出版的 16 部全国高等医药院校口腔专业规划教材中约半数（7 部）由北京大学口腔医学院教授担任主编。

北京大学口腔医学院口腔医学专业本科教育始办于 1943 年，已有 67 年历史，1985 年开办口腔修复工艺专业（三年制），1988 年开始口腔医学专业七年制学硕连读招生，2001 年起全部招收口腔医学专业八年制学博连读学生，2003 年开始招收口腔医学专业五年制本科留学生。已有 2 873 名学生毕业，其中口腔医学专业本科毕业生 2 519 名，七年制学硕连读毕业生 141 名，八年制学博连读毕业生 49 名，三年制口腔修复工艺专业毕业生 82 名。现有在校学生 350 名。

一、口腔医学教学团队特色

1. 教学团队人员结构合理　北京大学口腔医学院具有教师资格的人员 296 名，其中具博士学位者 145 名，占 49%，具硕士学位者 70 名，占 24%；具教授或主任医师职称者 76 名，占 26%，具副教授或副主任医师职称者 85 名，占 29%；年龄 35 岁以下的教师 90 名，占教师总人数的 30%。每年教授、副教授授课时数占总授课时数 80% 以上。

2. 坚持名师带队，打造精品教师队伍　许多国内外负有盛名的知名专家、教授及训练有素的中青年教师坚持在教学第一线。团队带头人郭传瑸教授是全国知名的口腔颌面外科学专家、博士研究生导师。他兼任中华口腔医学会口腔医学教育专业委员副主任委员、口腔颌面外科专业委员会常委、口腔颌面部肿瘤学组副组长，中国抗癌协会头颈外科专业委员会常委，教育部高等学校口腔医学专业教学指导委员会副主任委员，《中华耳鼻咽喉头颈外科杂志》等 9 种学术期刊编委。他长期从事口腔颌面外科学教学、临床和基础研究，在口腔颌面及咽旁颅底肿瘤诊治方面有较高造诣。主持完成国家级课题 2 项、市级 2 项。迄今共发表论文 131 篇，其中 20 篇（第一作者 11 篇）被 SCI 收录；获 2008 年北京大学杨芙清、王阳元院士优秀教学科研奖，获各种科技奖励 8 次，获 2001 年度北京市科学技术进步奖三等奖。目前主持科技部“863”重点项目 1 项，国家自然科学基金项目 1 项，“十一五”科技支撑计划项目分课题 1 项。已指导和培养硕士研究生 8 名、博士研究生 6 名。

在团队中，有多名优秀教师。2008 年王嘉德教授获北京市教学名师奖，高岩、冯海兰、葛立宏 3 名教授获北京市教育创新标兵称号。周永胜和王泽泗老师获北京市师德先进个人称号。曹采方、傅民魁和王嘉德等多名教授获北京大学医学部桃李奖。在这些优秀教师的带领和指导下，各学科青年教师迅速成长，成为教学骨干。

3. 团队建设成效显著　在口腔专业课程建设过程中，团队成员齐心协力，推动课程改革，取得多项成果。如王嘉德教授主持的“中国高等口腔医学教育课程和教学模式体系改革”获得国家级教育教学成果一等奖。冯海兰教授主持的“长学制口腔医学人才培养模式的优化和创新研究”和刘宏伟教授主持的“口腔医学仿真教学模式的建设”获得北京市教育教学成果二等奖。此外，团队还获得北京大学教育教学成果奖 7 项，北京大学医学部教育教学成果奖 10 项。精品课程建设取得显著成果，已有口腔正畸学、口腔颌面医学影像诊断学和儿童口腔医学 3 门课程为国家精品课程，口腔颌面医学影像诊断学课程获得北京市级精品课程。另有牙周病学、儿童口腔医学、预防口腔医学、口腔组织病理学等课程获得北京大学精品课程。主编的 16 部教材获得北京市级以上奖励。

二、具有中国特色的课程建设

北京大学口腔医学院是教育部批准的首所可以招收口腔医学专业八年制学生的学院。根据医学部的总体部署，口腔医学专业八年制教学计划遵循以下原则设置课程：1）体现“一贯制”的培养理念，对于学生的职业素养、人文与社会科学教育、自主学习能力、创新精神及科研训练、外语学习能力等要突出全程设计和培养；2）从单纯的专业教学向涵盖德、智、体、美教育教学转变，在重视核心课程教学的同时，提高隐形教育的地位，特别应该加强“第二课堂”的教育；3）调整必修课和选修课的结构，大力增加选修课的比重；4）适应医学教育和医学模式的转变，合理增加新专业课程，调整过时的专业课程；5）强调专业课程之间的衔接与融合，减少不必要的重复；6）加强德育与专业教育的交流与融合，体现“整体优化”的理念。

我院通过“中国高等口腔医学教育课程和教学模式体系改革”的教育部课题，主要解决了口腔医学专业课程体系完整性的问题，增加了 9% 的口腔专业基础课学时。从 1999 至 2004 年，逐渐形成了早期接触口腔医学专业的系列课程模式，加强了专业教学。从 2002 至 2005 年，成功进行了龋病学课程融合研究，将原来分散在 5 个教研室（组）的重叠又相互联系的教学内容整合成一门课程，实现了知识的系统化、教学整体化，减少不必要重复，优化教学资源的改革。通过一系列有效的课程改革，转变传统的三段式口腔医学教学模式（基础医学、临床医学和口腔医学）为宽基础、循序渐进式口腔医学教学模式。

精品课程建设受到团队的高度重视，效果明显，取得国家精品课程 3 门、北京市精品课程 1 门、校级精品课程 6 门的好成绩。

三、独具北医特色的教材建设体系

学院在教材建设上所做的工作是：1）积极争取和支持学校专家承担全国统编教材主编任务；2）充分利用学院高水平专家相对集中的优势，组织编写力量，努力开发有新意、有特色、有利于教学改革及提高教学质量的教材，近几年已经编写了 16 部供长学制口腔医学专业使用的、全部由学校专家担任主编的系列教材。该系列教材在承载我校教育思想、教学理念和教学内容的同时，力求充分反映最新的学科发展理论和现代应用技术，突出加强了双语教学的内容，形成了我校教材的特色。其中，曹采方、傅民魁、马绪臣、刘宏伟 4 位教授分别主编的长学制课程教材《牙周病学》、《口腔正畸学》、《口腔颌面医学影像诊断学》、《口腔黏膜病学》被推荐为教育部国家“十五”规划教材;3)着手解决当前教学中无适用书而影响教学质量的教材的编写,如《口腔修复工艺学》、《临床医学基础》;4)鼓励编写随教学改革应运而生的融合课程的新教材,以适应教学的需要,如《龋病学》。

张震康教授为主编之一的《口腔颌面外科学》(第四版)和马绪臣教授主编的《口腔颌面医学影像诊断学》(第三版)分获 2002 年全国普通高等学校优秀教材一等奖和二等奖。

由张震康、俞光岩教授主编的《口腔颌面外科学》被列为 2003 年北京市高等教育精品教材建设立项项目。

牙周科曹采方教授主编的《牙周病学》(第二版)获得 2005 年全国高等学校医药优秀教材二等奖,口腔病理科于世凤教授主编的《口腔组织病理学》(第五版)和放射科马绪臣教授主编的《口腔颌面医学影像诊断学》(第四版)获得三等奖。

四、不断推进教学改革,进一步提高教学质量

2002 年至今,在口腔黏膜病学和口腔正畸学教学中开展以问题为中心的教学法(PBL)的研究与实践,尝试以学生为中心,教师为引导者,自我指导学习及小组讨论为教学形式的课程模式,有效地训练了学生发现问题、解决问题的能力,有助于创造力的培养;初步构建了 PBL 教学体系(PBL 教案设计、PBL 教学资源体系、PBL 指导教师培训、PBL 教学管理、PBL 教学评价)。近两年,口腔颌面外科学、儿童口腔医学、牙体牙髓病学教研室开始尝试 PBL 教学,2009 年再次派出 10 余名教学骨干参加国际 PBL 教学研讨会。

加强双语教学。1994 年北京大学口腔医学院开始专业英语的独立教学,1997 年后要求专业课教师授课必须有一定比例的双语教学,2002 年开展了《口腔预防医学理论课双语教学》课题研究,双语教学比例达到 30%,2001—2005 年完成制作的多媒体网络课件普遍运用了双语教学方法,近期出版的 16 部口腔医学系列教材全部运用双语教学。

五、大力加强师资培训,确保教学质量

北京大学口腔医学院于 2003 年 3 月 1 日,颁布了《北京大学口腔医学院教学工作质量指标》,提倡名师上本科生教学讲台,鼓励教授参与本科生教学工作及对青年教师的指导工作,量化了教授必须承担的本科生教学任务量。为了利用优秀的师资资源,以保障教学质量,2004 年 2 月 5 日,学院又颁布了《北京大学口腔医学院教师承担教学任务准入制度》,规定了本院教师承担各类教学任务应具备的条件,教师必须参加学院“青年教师讲课培训和比赛”后,获得院教学质量委员会认可,方可承担讲课任务。

北京大学口腔医学院自 1993 年开始举办青年教师讲课培训和比赛,1999 年后每年举办青年教师讲课培训和比赛,不仅提高了广大青年教师教学理论水平和教学技能,而且促进了他们将现代信息技术更多地应用于教学实践,促进了教学手段的不断改进和日益更新。学院还对本科教学授课资格进行严格审核和选拔。到目前为止,已有总计 400 名青年教师参加了培训或比赛,先后有 211 名教师通过了教师授课上岗资格认定。

六、进一步加强教学团队建设

大力推进八年制教育教学改革:进一步推广 PBL 教学法,培养学生的自主性、创新性;建设八年制配套教材,力争打造一批精品教材;继续推进精品课程建设,打造一批国家级和北京市级精品课程;构建、运行和优化实践教学体系,加大实践教学经费投入,改善实践教学条件,建设实践教学基地;并从人才培养方案修订、管理体制与运行机制的建立与完善等方面,把实践教学与理论教学紧密地结合起来。

精益求精 持之以恒 追求卓越
——口腔颌面外科学国家级教学团队建设

上海交通大学口腔医学院 郑家伟 张志愿

2010 年,上海交通大学口腔医学院口腔颌面外科学教学团队荣获国家级教学团队荣誉称号,这是继四川大学华西口腔医学院口腔医学教学团队之后,又一个获此殊荣的口腔医学专业教学团队。该团队由中国工程院邱蔚六院士全面指导,上海市教学名师张志愿教授领衔,以国家精品课程口腔颌面外科学为基础,以 2 项国家科学技术进步奖二等奖为支撑,汇集了口腔颌面外科学教研室的学术精英和骨干,为培养具有扎实专业基础、强烈创新意识和宽广国际视野的高素质复合型口腔医学专业人才搭建了一个高水平的师资平台。

口腔颌面外科学现为教育部“十一五”、“211 工程”重点建设学科、教育部高等学校重点建设学科,上海市重点学科(优势学科)、上海市口腔临床医学中心与上海市口腔临床质量控制中心单位学科,卫生部规划教材《口腔颌面外科学》和《中国口腔颌面外科杂志》主编单位。经过 50 多年的实践和发展,该科已形成了口腔颌面肿瘤、口腔颌面整复、口腔外科等 3 个专业小组,在晚期口腔癌综合序列治疗和肿瘤术后缺损立即修复重建、口腔颌面部血管瘤与脉管畸形诊治、牙颌面畸形功能和外形重建、口腔颌面部微创外科以及唇腭裂综合序列治疗等方面开展了大量卓有成效的工作,先后两次获得国家科学技术进步奖二等奖。2007 年获得全国五一劳动奖章,全国工人先锋号等称号。

2006 年,口腔颌面外科学获得国家精品课程,学科师资与科研力量雄厚,拥有一支年富力强、爱岗敬业、学术各有专长又相得益彰、整体实力优势明显的教师队伍,为该课程高水准、可持续发展提供了有力保证。现拥有中国工程院院士 1 名,博士研究生导师 15 名,硕士研究生导师 18 名,每年培养硕士、博士研究生各 20 余名。目前承担研究生、本科生及继续教育等多层次的教学任务。教学梯队结构合理,设 1 位首席教授,5 位责任教授,每位责任教授下各有若干名中青年骨干教师,为本团队的中坚力量,承担了大部分教学工作。首席教授张志愿,责任教授沈国芳、杨驰、张陈平、张瑛、张伟杰,青年骨干教师何悦、季彤、王旭东、张诗雷、陈敏洁、蔡协艺、郑凌艳、张善勇。

口腔颌面外科学教学团队主要承担上海交通大学医学院口腔医学专业七年制及三年制硕士研究生教学,课程以口腔颌面外科学为主,并有进展课程口腔颌面外科学(本科生)、口腔颌面外科学进展(三、七年制硕士研究生)、老年口腔医学,以及夜大专科、专升本的口腔颌面外科学教学,同时承担口腔医学院七年制及夜大专升本学生的临床实习任务。另外,每年还举办各类国家级继续教育学习班若干次,为全国各级医院培养数以百计的口腔颌面外科专业人才。

口腔颌面外科学教学团队梯队合理,岗位责任明确,奖惩制度严格。规定授课教师每人必须有 1 项在研课题,本科理论授课必须在 2 个学时以上。每学年 68 学时的口腔医学生理论授课,90% 为副高级以上职称教师承担;夜大理论授课,高级职称教师达 70% 以上。经验丰富的老教授带领中青年教师,承担大部分理论授课任务;青年教师为实习学生进行小讲课、教学查房、典型病例讲解等,在实践中培养青年教师的授课能力,鼓励青年教师在讲课和查房中使用双语或全英语与学生对话。

团队高度重视临床实习，依托口腔颌面外科学教研室强大的综合实力，合理安排学生的实习环节。在口腔颌面外科门诊，学生可以接触初诊、牙槽外科、小手术，掌握常见病、多发病的诊治原则，初步了解疑难杂症的诊治；在口腔颌面外科病房，学生掌握了口腔颌面外科的基本技能、手术原则等。

为加强学生的英语交流能力，培养具有国际竞争力的创新人才，2004 年开始尝试双语教学，七年制课程的 30% 更新为英语教学，编写了相应的英语教材，并鼓励青年教师进行双语或全英语授课，授课比例占双语课时数的 50% 以上。

过去由于多人带教，管理措施不完善，学生的部分操作又必须在患者身上进行，造成了一些不必要的医疗纠纷。为减少或杜绝此类问题的发生，自 2007 年开始，教研室配备具有丰富临床及教学经验的主任医师专职带教，深受学生欢迎，并得到兄弟院校督查教师的赞许。同时，改进实验课内容和教学方法，将部分操作，如脓肿切开、阻生牙拔除、清创缝合等，先在教学模拟治疗机上操作，再过渡到临床。目前因学生毕业后就业渠道多为非专科医院，口腔病房工作很少，经学院调研及论证，调整了实习时间安排，增加牙槽外科实习时间（5 周增至 6.5 周），减少病房实习时间（5 周减至 3.5 周）。为适应口腔医学院七年制学生教学，口腔颌面外科教研室设立两段制导师制度，为第 4、第 5 学年学生配备专门的指导教师，进行临床和科研指导。

为充分利用网络资源的优势，2003 年建立精品课程网站，申请到原上海第二医科大学校级精品课程，2005 年申请到上海市级精品课程，2006 年获得国家级精品课程。网络互动可以及时将学生们的问题反馈至带教教师，改进教学效果，达到“以生为本”的教学效果。

自 2007 年开始，在临床实习中试行以问题为中心的教学法（PBL）教学，编写相应的 PBL 案例，收到良好的效果。PBL 将基础与临床贯通，解决了医学基础理论与临床实践严重脱节的问题，提高了学生发现问题、分析问题和解决问题的能力。

口腔颌面外科学教学团队已获得校级、市级、国家级精品课程及上海市教学团队立项，每年约有近 20 万的教学经费资助，并有多项院、校级在研教学课题，使得改善教学条件、培养青年教师进修学习有了充足的经费来源。同时，学院根据课题等级，配备相应的教学经费支持，并通过申请各种基金，资助青年教师前往美国、德国、法国、日本、新加坡等国家和中国香港、台湾等地区学习兄弟院校的先进教学经验。

注重教学改革和创新，强化临床能力培养和师资队伍建设，口腔颌面外科学教研室先后获得“上海交通大学教学成果一等奖”、“上海市教学成果三等奖”和“全国高等医药院校优秀教材一等奖”等多项教学成果奖和教材优秀奖，发表教学论文 15 篇。首席教授张志愿荣获上海市教学名师、上海市十大科技精英和上海市优秀学科带头人称号。

在人才培养与团队建设方面，近 5 年来，教研室大力鼓励青年教师进入教学第一线，特别是具有博士学位、出国进修经历、35 岁以下的青年教师。指定老教授一对一传帮带，青年教师正式上大课前先行预讲，由团队骨干教师根据讲课内容提出指导性意见和建议，预讲通过后方可上岗授课；同时，经常组织教授示范性讲课、教研室主任检查性听课，提高青年教师的教学水平。对获得市、校和院优秀青年教师培养基金的教师重点培养，发挥青年教师外语水平较高的特点，要求他们积极参加双语或全英语教学，50% 以上课时的双语教学由优秀青年教师担任。目前，授课教师的平均年龄为 45 岁。

团队十分注重教学梯队建设。安排青年

教师对实习生每周进行针对性小讲课 1 次、专题教学查房 1 次以及 2 个典型教学病例讨论。在理论教学的同时,结合实际病例,将书本知识和临床经验相结合,强化了教学效果,也锻炼了青年教师的教学能力。

教研室针对实际情况,选派优秀青年教师前往国外学习先进的医疗技术和教学经验,考察不同院校课程设置和实习实施制度。每年有 1 ~ 2 名青年教师通过各种计划项目如"百人计划"、"曙光计划"、"李氏基金"、"霍英东基金"等赴国外深造,并参加国内各种教师高级研修班等。

近年来,团队成员每年举办国家级继续教育学习班 5 ~ 6 次,学员人数以百计,覆盖口腔颌面外科各领域的热点;每年接受全国各地师资培养和高级医师进修约 20 名,许多人已成为所在单位的教学和医疗骨干。其中,张陈平教授主持的"显微外科技术在口腔颌面外科的应用"学习班在马来西亚、泰国等国家举办,将本团队的先进技术推广至国外。

持之以恒,终有收获。口腔颌面外科学教学梯队建设效果显著,由学生打分的双语及实验教学评教在口腔医学院均名列前茅。本团队青年教师亦不断获得各种荣誉称号及奖项,例如 IADR 杰出青年学者奖、益达奖学金、明治乳业生命科学奖、宝钢教育基金优秀学生特等奖、医学院优秀教师奖、优秀教案奖、优秀带教奖、高露洁口腔医学教育奖等。

2010 年度国家精品课程口腔基础医学建设简介

四川大学华西口腔医学院口腔基础医学系 李伟 李晓箐

口腔基础医学是从 20 世纪 80 年代迅速发展起来的学科,是现代口腔医学的重要基础学科,也是口腔医学教育中不可缺少的重要内容。该学科应用现代生物化学、分子生物学、遗传学、免疫学、微生物学、医学生理学、生物材料学和生物力学等基本理论和实验技术、测试手段来研究口腔特定环境中各种生理与生化过程以及口腔疾病发生和发展的机制及防治方法。主要内容包括口腔基础医学基础理论知识和实验技术与口腔疾病如龋病、牙周病、牙髓根尖周感染、黏膜病、颌面部感染病因机制、临床诊治有关的知识等。

四川大学华西口腔医学院口腔基础医学课程于 2010 年被教育部批准为国家精品课程以来,学院领导和基础、临床各科室给予了本课程建设大力的支持。现将该课程建设的情况总结如下。

一、悠久的课程历史

华西协合大学牙学院创建于 1917 年,是我国现代口腔医学的发源地。口腔解剖生理学及口腔组织病理学是最早开设的口腔基础医学课程。华西口腔医学院在 20 世纪 70 年代就开设了口腔材料学课程,20 世纪 80 年代又增设了殆学课程。

从 20 世纪 80 年代开始,华西口腔医学院利用本院临床科室和卫生部口腔生物医学工程重点实验室(现为口腔疾病研究国家重点实验室)的师资和教学条件进行口腔基础医学研究及教学的探索。1984 年,在国内首先为研究生开设了口腔生物力学课程;1991 年,在国内首先为七年制口腔医学生和研究生开设了口腔微生物学课程;1994 年,开设了口腔生物化学课程;2003 年,为口腔医学五年制、七年制本科生、研究生(包括台湾班研究生和本科生)开设了口腔基础医学课程。

2008年,华西口腔医学院经过学科调整,口腔基础医学学科得到迅速发展。学院整合口腔解剖生理学、口腔生物学、口腔生物材料学、口腔生物力学、口腔病理学5个教研室成立了口腔基础医学系,下设5个相应的教研室。次年,口腔基础医学系开始招收硕士和博士研究生。经过几年的建设发展,口腔基础医学系已逐步形成了明确的学科建设指导思想和学科发展思路,并形成了集教学、科研于一体的专业体系,形成多专业、多层次的应用型人才培养模式。口腔基础医学系始终坚持以教学为中心,以能力培养为重点,以人才质量为根本,以教书育人为目标,为社会培养适应21世纪我国口腔医学科研和临床发展需要的高级应用型人才。

二、明确的教学目标

结合华西口腔医学院的办学定位人才培养目标以及生源情况,口腔基础医学课程的宗旨是:培养懂理论、重实践、知发展、求创新的高级人才,让学习本课程的学生掌握口腔基础医学的基础理论、基本知识;同时了解学科的发展方向,具备创新意识。在教学内容上理论教学和实践教学并重,教师在教学中做到基础知识讲清、重点难点讲透、延伸知识讲到。要求学生做到基本理论能运用、基本技能要具备、基本方法要掌握、基本问题能解决。

学习口腔基础医学是为了使学生掌握相关基本理论、基本知识,以便更好认识口腔疾病的发生、发展规律,更好理解各类口腔疾病治疗的原则和方法,达到使学生成为具备科学研究能力的口腔医学高级创新性人才的最终目标。

三、先进的教学内容

口腔基础医学是口腔医学的专业基础课程。其内容主要涉及口腔解剖生理学、口腔病理学、口腔生物化学、口腔微生物学、口腔生物力学和口腔材料学等,主要授课对象为五、七、八年制学生、研究生。本课程采取在一个学科里容纳多种专业的专家和教授进行授课。口腔基础医学是理论教学和实践教学并重的课程,教学设计思想是将理论与实践结合,将理工学知识与医学知识结合,将口腔医学基础与口腔临床医学结合。实践证明这样的教学方式对学生的思维和创新意识发挥了正确的导向作用,有效地提高了综合分析能力、独立思考和实际操作能力。

口腔基础医学课程坚持在教学中大胆改革与创新,不断探索新的教学模式,引进现代化的教学理念及教学设施,坚持传统与创新相结合、理论与实践相结合,以保证本课程取得优良的教学效果。

四、完善的教学条件

(一)师资队伍的建设

经过20多年教学经验的积累,口腔基础医学课程已培养出一支以中青年教师为主体的、具有高素质和高水平的教学队伍,本课程现有专任教师23人,包括教授11人、副教授9人、讲师3人。教师中有博士和硕士学位者18人,占教学人员的78%,教学小组中45岁以下者占67%。授课教师主编或参编了多部专著(部分获奖励),并有多篇高水平论文发表。实验人员具有丰富的带教或准备实验教学的经验,均为从事口腔病理与解剖生理学、口腔微生物学、口腔生物化学及口腔分子生物学等方面的专门实验教学人才。

口腔基础医学的教学整合了口腔基础医学和口腔临床医学方面的优秀师资,拥有实力雄厚、梯队完整的教学队伍,教学水平在国内居领先地位。

为了保证教学队伍,特别重视青年教师的培养,成立由教授、副教授、分管教学主任组成的“青年教师教学指导小组”,专门负责对青年教师教学各个重要环节进行指导。成立由教研室主任、书记和各个专科主任组成的“教学培训评估小组”与“青年教师教学指导小组”，共同指导和监督青年教师的培训。建立青年教师培训档案，对青年教师参与的各个教学环节进行记录、考评和建议。每一学期填写青年教师培养登记表，建立青年教师培训指导教师制度，解决青年教师培训中的具体问题。建立健全青年教师培训考评制度，包括半年一次的读书报告会、学生问卷调查、学术墙报展示等。建立健全青年教师培训激励机制，为青年教师年终评估、专业技术职称聘任、岗位聘任和个人工作考核的重要参考依据。通过定向、委培培养或在职攻读硕士和博士学位，提高青年教师学历层次，完善知识结构。同时还积极争取各种科研合作课题，加强国际交流，扩大青年教师的学术视野。

在一系列的措施和保障下，青年教师教学效果在教学督导组评教、学生评教、领导评教中受到普遍好评，年终考评均为优秀。近 3 年有 11 人(次)获得四川大学优秀青年骨干教师称号；4 人(次)获四川大学优秀带习教师称号。4 人(次)被选派到国外进修学习 1 年以上，并已学成归国，成为本课程双语教学的主力军。所有青年教师均通过国家计算机能力 A 级考试和外语能力 A 级考试。青年教师均具有博士学位，为建设高学历、高水平、可持续发展的教师队伍打下了良好的基础。青年教师在课程建设的双语教学、PBL 教学、电子教案制作等发面发挥了突出作用。

(二)教材使用和建设

口腔基础医学是一门以多学科理论和现代技术为基础的口腔医学前沿学科，根据学科发展的现状及趋势，使其保持科学性和新颖性，不断丰富和调整教学内容是教材建设和编写的指导思想。本学科已编写出版了大量的教材、专著、论文，这些专著和辅助教材较好地补充和完善了口腔基础医学课程的内容。近年来主编的教材、讲义和参考书如下：

主编出版了国内第一本口腔微生物学专著《口腔微生物学及其实用技术》(肖晓蓉主编，1993 年)，出版了《口腔生物力学》(赵云凤主编，1996 年)、《口腔疾病的微生物学基础》(刘天佳主编，1998 年)、《口腔生态学》(周学东、胡涛主编，2000 年)、《口腔微生物学》(周学东、肖晓蓉主编，2003 年)、《口腔生物化学》(周学东主编，2004 年)、《口腔基础医学》(王翰章主编，2004 年)、《口腔微生物学》(周学东主编，2006 年)、《口腔分子生物学》(陈谦明主编，2004 年)、《口腔基础医学》(李伟主编，2011 年)、《口腔生物化学与技术》(李伟主编，2011 年)。

另外，还出版了与本课程配套的实验教材《口腔医学实验教程》(肖丽英参编，2004 年)，《口腔医学实验教程》的使用让学生较好掌握了口腔微生物学、生物化学、生物力学涉及的实用技术，取得学生好评。还制作出版了卫生部医学视听教材《口腔材料与临床应用》教学片。

为了促进学生主动学习，在教学中本课程还结合学科发展的最新动态，向学生提供多本教学参考书，供学生选用。

本课程还积极开展网络教学，课程涉及的内容(含多媒体教学与学习网络系统、课程教学大纲、实验大纲、实验指导书、思考与习题集、参考文献等)挂在四川大学网站上供学生学习和复习。

(三)实践教学环境

华西口腔医学院基础实验教学中心(国家级实验教学示范中心)和口腔疾病研究国家重点实验室先进的教学与实验设备可顺利完成口腔基础医学教学及实验。

五、丰富的教学手段

口腔基础医学是一门与多学科交叉的新学科，口腔基础医学教学内容涉及多学科的前沿理论知识、先进的实验技术和测试手段，教学对象是医学学生，学习时常存在一定的困难。因此，我们在理论课教学方面，让学生掌握牢固而扎实的口腔解剖生理学相关理论及知识。课堂讲课中采用了多种现代化的教学手段和工具，包括多媒体幻灯片、录像、动画及相片、投影、实物教具和多种多样的教学模型，使抽象的内容形象化，并易于理解和掌握，并达到了最佳的教学效果。在教学方法上突破了传统的单纯教师讲授的模式，引入专题讨论和读书报告及 PBL 教学方法，让学生到图书馆及互联网上查阅资料，请教临床医生，扩展其学习空间，提高学生的自主学习能力。为适应口腔基础医学的发展趋势，注意更新教学内容，随时在理论课中增加口腔基础医学最新知识和发展动态方面的内容，以保证学生知识的实时性。

此外，我们还特别注重实践环节与理论授课的互补和衔接。在实验课中针对理论课程的知识模块和知识点，通过学生的独立操作加深和掌握。并且，随临床的发展科学地安排和更新实验内容，使学生学到的东西马上能应用到实践。实验教学手段采用模型及操作演示的方法。实验教学中主要采用实习前小讲课、观看录像、教师演示或学习标本，然后学生进行操作，自我评估及教师个别点评、讲解和总结的形式。为增加学生的学习兴趣，提高学生的创造力和分析问题的能力，实验课还安排了个人作品制作及展示单元。在每一个实验结束时均准备了思考讨论题，以帮助学生进行自我检测和学习提高。

由于口腔基础医学涉及学科面广，内容繁多，加之新概念、新材料、新技术和新设备等又不断涌现和更新，而教材的内容变化往往滞后于实际，在今后的口腔基础医学课程建设中，我们将力争能通过参考书或补充教材内容以及开设专题讲座等方式加以改进，探索加强"互动式"教学，根据本课程特点采用启发式、互动式教学，使口腔基础医学课程的教学效果得到更大的提高，更受广大学生的欢迎。

面向临床　夯实基础　强化实践　突出创新
——口腔组织病理学国家精品课程建设

吉林大学口腔医学院　孙宏晨

口腔组织病理学为我国最早开设的口腔医学专业 5 门课程之一。通过阐述正常和疾病状态下口腔颌面部各组织和器官的细胞形态学表现以及组织病理学变化，进而了解、熟悉和掌握各组织器官发生的过程及其机制、相关疾病发生机制与临床的联系。因此，口腔组织病理学课程具有联系医学基础知识与专业临床知识的桥梁课特点。

掌握坚实的口腔组织病理学理论，对深入认识口腔颌面部疾病的症状、体征和诊治方法，了解口腔颌面部疾病发生发展与转归的规律，更好地为患者服务等具有重要的理论意义及实际意义。作为最直观和客观的研究手段，通过口腔组织病理学的科研训练等实践环节还为进一步从事创新性科研工作奠定理论和研究技术基础，所以口腔组织病理学作为口腔医学专业的主干课和核心课当之无愧。

鉴于此，吉林大学口腔病理学教研室以培养高水平的口腔医学人才为目标，面向口腔医学临床实际，利用吉林大学的综合学科优势、研究基地和开放合作优势，通过夯实基础、强化实践、突出创新等方式方法，创建了具有鲜明特色的口腔组织病理学课程。

一、发挥综合大学优势，凝练桥梁课三大特色

口腔病理学教研室改变传统的口颌系统正常组织学和疾病病理学为主的口腔组织病理学教学模式，建立了以疾病的症状和体征为主线，以疾病发生器官的发育生物学、正常组织学和疾病病理学为主要内容的教学模式。通过建立跨口腔医学各临床教研室协作方式和跨理工学学科门类合作方式，以问题为中心（PBL）教学手段和科研训练为载体，结合研究进展适当拓展病因和发病机制，旨在以科研和医疗工作促进教学的本科生口腔组织病理学的教学方法。

这样的知识结构既纵向连贯，又横向联系；既体现基础理论，又向疾病临床辐射；既有基本理论、基本知识和基本技术，又有新的观点和新的进展，使学生在掌握口颌系统的组织学和病理变化的基础上，熟悉疾病的症状和体征的病理学基础，了解疾病的发生发展及其转归，认识当今该领域存在的问题和研究热点。对于培养学生发现问题、分析问题与解决问题的能力以及创新能力等方面具有重要的作用。

二、采用多种途径和方法，建设高水平师资队伍

（一）用先进的教学思想和理念武装教师

教研室组织教师学习国内外先进的教育理论与教育思想，以此引领教师教育教学改革行为，并贯穿到教学改革实践中。具体包括：精细的教学准备，如教室、教具、教材、教师、教学方法、教学会议和集体备课活动等；精美的教学课件，如教学目标清楚、文字精练、色彩鲜明、图片典型、动画运用恰到好处；精彩的教学课堂，主要是通过精湛的教学技巧和精辟的教学讲解，达到促进师生互动的目的，而设计各种临床场景，树立以问题为中心、以学生为主体的教学理念则是重点；精优的教学成果，以申请各级各类创新研究计划为依托，优化课程体系，完善人才培养模式，积极开展教学研究。目前，本教研室承担包括教育部面向 21 世纪高等口腔医学改革项目、国家精品课程建设项目、吉林省高等教育改革项目、吉林省精品课程建设项目、吉林大学教学改革项目和精品课程建设项目共 6 项，获得包括国家级教学成果一等奖、省级教学成果二等奖和吉林大学教学成果一等奖和三等奖共 4 项。

（二）强化对青年教师的培养和队伍建设

教研室针对口腔医学具有理工科学属性这一特点，利用吉林大学超硬材料国家重点实验室、超分子结构与材料国家重点实验室的师资优势，通过跨学科联合培养博士研究生、博士后合作研究和科研合作经历，加强青年教师在国内的培养。教研室还利用国家留学基金渠道派出去等方式，增加已获博士学位的青年教师在国际著名大学或科研机构的学习经历。并且，充分利用教育部外国专家项目和吉林大学在人才引进方面的政策，通过请进来等方式，邀请国内外著名专家来科室讲学，吸引优秀人才回科室工作。

教师通过这些经历和途径，给科室带来了“新鲜血液”和新的思维，保持学科的创造力和活力。通过几年建设，目前本教研室 5 名中青年教师中，有 4 名博士毕业，有 4 名教师曾赴国外著名大学留学 1 年以上，2 名从事博士后合作研究，其中 1 名博士后合作研究已出站。

（三）突出科技创新对提高教师素质的作用

教研室利用吉林大学的相关优势，通过 7 年制科研训练、联合培养研究生、博士后合作研究和科研项目合作，突出科技创新对提高青年教师素质的促进作用。迄今为止，本教研室主持国家自然科学基金重点项目 1 项，国家自然科学基金面上项目 3 项，国家自然科学基金国际交流与合作项目 1 项，教育部

高等学校博士学科点专项基金 2 项，卫生部基金 4 项，吉林省科技厅基金 4 项；获得吉林省科技进步二等奖和三等奖 9 项。已发表论文近 300 篇，其中 10 篇被 SCI 收录。

三、充实研究性教学内容，创立研究型教学方法

实践证明，开展研究型教学，不仅对于提高学生的实践能力和创新能力具有重要的理论意义，而且对于提高学生的综合素质也具有重要的实际意义。

（一）建立早期进入科室的全程导师制，夯实学生的病理学基础

通过在第三学期开设的口腔医学导论课，引导学生在课余时间早期进入科室，使学生了解口腔组织病理学的历史、临床、教学和科研工作，培养他们学习口腔组织病理学的兴趣，为主动参与科研工作奠定基础。设计思想是以口腔病理学教研室的日常工作为基础，以正在从事的科研工作为着眼点，通过为本科室的研究生们当助手、参加研究生组会等方式，了解本科室科研方向、科研内容，进而加入到本科室研究生进行的科研工作中。自 2004 年以来，先后有 30 余名学生早期进入口腔病理科，其中近 10 名学生主动选择本学科教授为导师，有 1 名在毕业之前就被美国 University Illinois at Chicago 牙学院授予博士学位，并获得全额奖学金继续学习。一些学生在早期进入病理科后的反馈意见中写到："通过在口腔病理科的见习、参加讨论和做科研助手，使我真正了解了科研工作与科技创新"，"入科后更增进了我对以往所学理论知识的认识和实验技术的了解"等。

（二）建立协作机制，采用 PBL 教学方法，推进研究型教学

以口腔组织病理学教研室的教师为主，整合牙周病学科等吉林大学口腔医学院其他学科的师资，实施以疾病症状与体征为主线、以疾病病理变化为主要内容、适当拓展病因和发病机制的 PBL 教学模式。此教学组织在设计 PBL 病例的同时，针对疾病症状和体征的组织病理学基础共同指导。成立由口腔组织病理学、口腔内科学、口腔颌面外科学和口腔修复学师资参加的整合教学组，根据教学大纲建立包括疾病症状、体征、肉眼观察和光镜观察的以问题为中心（PBL）病例库，实施 PBL 的教学方法。

通过整合口腔组织病理学与有关基础医学知识及相关临床学科知识，旨在充分调动学生学习积极性和主动性，培养学生的自学能力、分析问题与解决问题的能力、实践能力和创新能力。通过实施 PBL 教学，使学生在专业临床前学习阶段就能自觉贯彻循证医学的思想。在掌握常见口腔颌面部疾病病理变化的同时，通过恰当的病理临床联系，熟悉这些疾病的临床表现，了解这些疾病的发生发展、诊断及其转归等内容，结果将充实教师的教学内容，优化学生的知识结构，培养学生发现问题、分析问题与解决问题的能力，调动学生学习的积极性，使学生的实践能力、科研能力和综合素质都得到提升。自 2006 年以来，我们在口腔组织病理学教学过程中实施了 PBL 教学方法，效果较好。

（三）建立与国家重点实验室合作机制，加强学生创新能力训练

以口腔组织病理学教师为主，联合吉林大学超分子结构与材料国家重点实验室、超硬材料国家重点实验室的教师，组成教师指导组，联合指导学生参加科研训练活动。设计思想是使学生在认识口腔颌面部各组织结构特点的基础上，以牙体组织为主要内容，以牙体组织的生物学特性、物理学特性、化学特性和化学模拟为切入点，向口腔修复材料的加工、合成与制备方向拓展，实现口腔医学与理工科学学科的交叉、融合与渗透，进而培养学生的创新能力和实践能力。

自 2004 年以来，先后有 6 届共 36 名学生在本教研室进行科研训练，所完成的相关综

述文章发表在吉林大学编辑出版的论文集中,有8名学生获得吉林大学创新性研究计划的资助。一些学生在科研训练活动结束后的反馈意见中写到:"通过在口腔病理学教研室的科研训练,使我真正感受到了口腔医学的魅力和神奇"。

四、医教研相互促进,学科建设全面发展

吉林大学口腔组织病理学课程的发展历经了几代人的艰辛努力,不断探索、寻求发展才取得了现在的成绩。

通过临床病理诊断、口腔组织病理学教学以及科学研究,医教研相互促进。1993年,口腔组织病理学学科创始人欧阳喈教授被国务院学位委员会遴选为博士研究生导师,开始招收培养博士研究生。随着研究内容的充实和研究方向的扩展,在原有白求恩医科大学口腔病理研究室的基础上发展为口腔医学研究所。以此为依托,2000年吉林大学口腔临床医学被确定为省重点学科,2003年吉林大学口腔医学被批准为一级学科博士学位授权点,2005年被批准为博士后科研流动站,口腔医学研究所也发展为口腔生物医学工程吉林省卫生厅重点实验室。2010年,牙发育及颌骨重塑机制与再生修复重点实验室被遴选为吉林省重点实验室。

随着吉林大学口腔医院新医院的落成,重新改装了口腔组织病理学实习室,新购置学生实习显微镜,实现了多媒体教学。成功地申请到吉林大学、吉林省和国家精品课程建设项目。主持完成了《口腔组织病理学》CAI课件和 *English for Oral Medical Sciences*(吉林大学出版社出版)专业外语教材,参加编写了由人民卫生出版社出版的《口腔组织病理学》、《口腔科学》、《口腔生物化学》、《口腔殆面发育与再生医学》、《口腔分子生物学和实验动物模型》等教材和《中华口腔科学》等专著。并且,开发完成授课用的网络课程,师生可上网查询、资源共享。

努力耕耘 无私奉献 争创国家一流精品课程

北京大学口腔医学院儿童口腔医学教研室 葛立宏 张笋

儿童口腔医学是研究胎儿至青少年时期,牙、殆系统生长发育规律、口腔健康保健、牙齿疾病诊断、治疗和预防的口腔医学学科。儿童口腔医学教学具有悠久的教学历史。早在1950年,我国儿童口腔医学创始人之一、著名口腔医学专家李宏毅教授,在原北京大学牙医学系建立了公共卫生牙科,1951年更名为儿童牙科(Department of Pedodontics),1955年儿童牙科成为口腔内科中的一个儿童诊室,1984年正式恢复成立儿童口腔科(Department of Pediatric Dentistry)。

北京大学口腔医院儿童口腔科自创建至今,经历了50余年的积累,特别是近20年来,儿童口腔医学的教学和科研有了长足发展。2004年,儿童口腔科成为独立的儿童口腔医学教研室并且出版了长学制《儿童口腔医学》双语教科书等多部教材和参考书。2006年被国务院学位办授予儿童口腔医学博士学位授权点,葛立宏教授被北京大学医学部增列为儿童口腔医学博士研究生导师。该博士点是全国各口腔医学院校儿童口腔科中第一个也是唯一的一个博士点。2006年,儿童口腔医学被评为北京大学医学部和北京大学精品课程;2010年被评为国家精品课程。

目前是中华口腔医学会儿童口腔医学专业委员会主任委员单位。

一、儿童口腔医学学科主要研究方向和发展沿革

20世纪50年代初期，在李宏毅教授带领下，原北京大学儿童牙科主要进行流行病学调研和充填材料在乳牙、年轻恒牙中应用效果的研究。1960年，儿童口腔科牵头在北京市开展中小学龋病调查与预防工作，并设计我国第一代儿童保健牙刷，研制成功获国家专利的口香糖。采用扫描电镜观察，应用激光、物理、化学和生物学理论深入细致地研究了氟防龋机制、激光防龋机制、釉质脱矿和再矿化机制、釉质发育缺陷与龋易感性。这些研究为儿童口腔医学发展奠定了基础。20世纪80年代末期，开始采用双生子法研究儿童牙殆生长发育和遗传因素与儿童口腔疾病的相关性研究。

目前，在葛立宏教授的领导下，主要从事牙殆生长发育与发育异常的临床及实验研究，牙髓干细胞和牙齿再生的组织工程学研究，儿童牙齿外伤的修复技术和临床综合防治，儿童龋齿的发病机制与易感性的相关研究，牙齿的活髓保存和牙髓血管再形成的临床及实验室研究，镇静与全身麻醉下特殊儿童牙齿治疗的临床研究等课题。在临床上，对儿童咬合诱导、牙齿外伤、微创与无痛治疗、儿童青少年牙齿美容修复、儿童牙髓根尖周病等临床课题分别进行了研究。其中乳牙牙髓干细胞、破骨细胞在牙根吸收中的作用、低膦酸酯酶症患者的牙髓干细胞研究、颅骨锁骨发育不全综合征的分子生物学研究、牙髓再生等课题分别获国家自然科学基金资助，与国际研究同步并有创新。

儿童口腔科科学研究取得了丰硕成果。截至2010年底，在国内外专业期刊上发表学术论文226篇，参加国际学术会议报告82篇，国内学术会议188篇，其中30篇发表在国际专业杂志上。先后获部级科技成果奖2项，主编或参加编写著作12部，获国家专利1项。先后独立或联合培养博士生16名，硕士生34名。目前承担国家自然科学基金、卫生部临床重点学科基金、首都特色医疗项目基金、北京市自然科学基金、“十一五”国家科技支撑计划子课题、首都医学发展基金、高等学校博士学科点专项科研基金、国家教委留学归国人员科研启动基金等在研项目，获基金资助350余万元。

二、儿童口腔医学学科在国际和国内的影响

北京大学口腔医学院儿童口腔医学学科在全国口腔医学院校中被公认为处于领先地位，儿童口腔科分别于1988年和2003年主持召开了第一届和第五届全国儿童口腔医学学术会议，已连续17年举办全国新技术新疗法学习班，学员遍布我国除台湾和西藏外的各省、市、自治区。许多院校和口腔医院、儿童口腔科学科带头人都曾到北京大学口腔医院儿童口腔科进修学习过。科室先后举办国际儿童口腔医学学术会议6次，先后接待来自世界各地儿童口腔医学同行近千人次。与美国、日本、韩国、法国、丹麦、瑞典、德国、英国、澳大利亚、泰国和中国台北、香港、澳门地区十几所院校儿童口腔科有密切交流。

三、教师队伍建设和师资力量的培养

北京大学口腔医学院儿童口腔科拥有李宏毅、李珠瑜、石广香、邓辉、葛立宏、秦满和郑树国教授等为代表的一批国内著名、国际知名的学科带头人。拥有教师27名、研究生导师6名。拥有1个实验室，1个技工室，1个全麻治疗室，8个诊室，25台综合治疗椅，是中国口腔医学院校中规模最大、学术水平处于国内同行中领先的科室。

儿童口腔医学教研室81%的中青年教师具有研究生以上的学历，骨干教师都曾在国

外进修学习，有 5 名教师在国外获得博士学位。经过多年的教师队伍建设，儿童口腔医学教研室形成了老、中、青三结合，以中、青年为主，年龄结构合理的学科梯队。

教研室制定了青年教师培训计划，包括青年教师试讲制度、年轻医师听课制度、科主任听课评课制度。青年教师上岗前都要经过培训，参加院内的讲课比赛。教师们除了参加院内组织的教学活动，还定期到国外进修学习。

教研室坚持集体备课制度，由教学主任、秘书、已经带过教学的教师和即将带教的青年教师一起集体备课，帮助他们制订教学计划，探讨教学方法和教学内容。教授还每月固定指导生产实习一次，经过传、帮、带，使青年教师积累了教学经验。近 5 年来，教研室教师在年终考核中全部合格，取得了较好成绩。

四、深入研究教学理论和深化教学改革

儿童口腔医学课程的宗旨在于通过系统的理论课讲授、生产前期实习、生产实习和网上资源等，使学生学习和掌握儿童口腔医学的基本知识、基本理论及基本技能，为学生将从事的口腔临床工作打下坚实的基础。教研室重新修订了教学大纲，不断更新和完善课程内容，借鉴国际儿童口腔医学教学经验，采用灵活多样的教学手段，既有传统课程讲授，又开发应用先进教学手段，大课、小讲课、提高课、专题课互相补允，以利于学生对课程的学习、对知识的理解和应用。理论课以大课形式全部由副教授、教授采用多媒体教学，提高课以讲座形式对某个专题进行深入讲解。

医学是一门实践科学，根据儿童口腔科的特点，教研室加强了临床前期实验室实习的力度，加强了前期教学组的力量。采取老教师、新教师配合的滚动教学模式，老教师负责培训下一轮带教的新教师，使每个教学组的主要带教老师参加两次带教，这样保持了课程的规范性和完整性。每个教师同一内容带教 2 次，也可以总结经验，完善教学方法和内容。同时每个带教老师参加教学改革项目，在保证教学延续性的前提下，必须改革创新。教研室先后进行了多媒体课件包括各种治疗技术的录像的开发，前期教学评估系统的完善等教学改革。学生在仿头模上进行各种操作，利用教学录像根据评估标准反复练习，熟练掌握技术规范，为生产实习做准备。在生产实习中，教研室配备了有经验的教师和带教教师共同备课，教授坚持每月一次亲自指导本科生的实习。除了亲自接诊病人，教师安排了与临床相关的小讲课，病例讨论，还开展了 PBL 教学。教研室建立了临床病例库，为教师和学生提供临床病例。除了教学方法的改革，教研室还对临床考核进行改革，对于实习的不同阶段采取不同的考试手段。增加了标准病例考核，专门建立了标准考试病例库，加强学生的临床思辨能力的培养，使他们掌握临床工作的思维方法并于临床实习中熟练运用。学生除了临床的考试外，还要进行临床病例汇报，由考核小组统一评定。

教研室积极参加高等院校统一教材的编写，引进国际知名的教材，同时也注重自主教材的编写，出版了一系列儿童口腔医学配套用书。其中，用于长学制教育的《儿童口腔医学》双语教材，邓辉教授主译的《咬合诱导》，葛立宏教授主持翻译的国际经典教材《儿童口腔医学》、《牙齿外伤学》等受到了广大儿童口腔科医务工作者的好评。

医学是需要终身学习的学科，现代社会信息量越来越多，网络越来越发达。因此，本教研室开通了《儿童口腔医学网络教学》，教学大纲、理论课教学内容、骨干教师的讲课录像都可在网上浏览，学生还可以应用网上互动反复学习和答疑，教研室派专门的教师对网页进行维护和更新，还计划在将来开通远程教育等教学。依托网络这个平台，将有更多地区、更多学生、从医工作者从中受益。

儿童口腔医学学科自 1950 年发展至今，厚积薄发，课程内容不断更新和完善，力求与国际儿童口腔医学教学接轨。今后，儿童口腔医学教研室计划进一步与国际同行进行教学内容、教学方法的交流。加强教学改革的步伐，适应日益发展的教学需要。北京大学口腔医学院儿童口腔医学教研室全体教师将会更加努力耕耘，不断创新，无私奉献，使儿童口腔医学更加发展，争创一流水平。

凝练课程特色　创建国家精品课程

南京医科大学口腔医学院　王林

在南京医科大学学校领导的支持下，在教学职能管理部门和兄弟教研室的帮助下，通过多年的积累和努力，2010 年，南京医科大学口腔医学院口腔正畸学被批准为国家精品课程。在申报过程中，我们对本学科的课程特色、学科建设、师资培养和教学改革等均进行了认真的总结和提炼，现就以上几点作一介绍。

一、口腔正畸学课程特色

（一）主要教学方法

1. 以问题为中心的教学方式　在教学中开展 PBL 教学，即教师课前提出问题，学生课下查阅资料，课上小组讨论、总结发言。这种形式，对于激发学生学习的兴趣，发挥学生的学习自主性，提高分析问题、解决问题的能力具有重要意义。

2. 别开生面的读书报告和病例分析　对于五年制的学生，由教师准备病例，要求学生就该病例中所涉及的教学内容予以回答。如教师提供一个牙列拥挤的病例，就可能伴有错殆畸形的特征、病因、分类等问题要求学生回答。这样，学生不再是死记硬背专业概念，而是活学活用，并可将学期不同阶段所学内容串联起来，加深记忆，提高学习效果。

对于七年制的学生，在新学期开始，由高年资教师针对一个或多个主题，如上颌快速扩大、计算机辅助成像、微种植体支抗等，收集近 5 年各类国外专业杂志中的相关文献或外文书籍中的相关章节，集合成册。将学生分为 2 组，分别安排各自的阅读任务，每周四上午每组派一名学生进行读书报告，要求就所读文献进行报告，并由高年资教师进行提问和考评。

通过读书报告，让学生走上讲台，展示读书体会，这样激发了学生的学习热情，扩大了知识面，为后期的科研工作打下基础，读书报告表现记入最后的考核成绩。

3. 双语教学　结合当代青年学生思维活跃、外语好的特点，在各个教学环节中融入双语教学。目前在七年制的教学中，双语教学内容超过 50%，其中像错殆畸形的病因、错殆畸形的早期矫治等多媒体课件，基本上是全程英语教学。五年制教学中也在逐年增加双语教学的比重。

通过这种模式，既保证知识的正确传授，又能提高医学生的专业英语水平。同时以此为契机，激发学生阅读本专业相关国际最新文献、登录国际专业网站搜寻相关信息的热情。此外，在理论考试过程中，鼓励有能力的学员用英语回答个别问题。

每学期均聘请南京医科大学口腔医学院的客座教授进行英语授课。

4. 网络互动式教学　利用网络开展互动

式教学，网络课程包含大量多媒体课件，可供阅读下载。开设网上论坛，实行网上通知、网上答疑、布置作业等，充分调动了学生的参与意识，活跃师生之间的交流。同时链接了国内外相关网站，使学生可以方便地进入不同国家和地区的专业领域，方便学生了解国际热点、新技术新进展。

5. 电化教学　大力推广 CAI 教学课件制作和应用，所有理论课和实验课的小讲座均采用多媒体或 Powerpoint 课件。2003 年，对口腔医学院 43 名学生进行口腔正畸临床课的传统教学和 CAI 多媒体教学效果的研究对比，并进行双盲检测和统计学处理，结果 CAI 多媒体教学效果明显优于传统教学方法。教学测评结果显示，所有被调查对象均认为使用 CAI 课件教学，方式较好。对教学内容的考试测评结果表示，课后在网上使用 CAI 课件复习的学生成绩明显高于用课本复习的学生成绩。口腔正畸学教研室编辑并由人民卫生出版社出版了《错殆畸形的检查和诊断》、《错殆畸形的正畸治疗》、《错殆畸形的病因》3 部正畸学教学视听教材。

(二) 多媒体和网络教学的应用

口腔正畸学教研室多年来坚持走信息化教学之路，取得了丰硕的教学成果。2003 年 11 月，与南京医科大学网络中心合作创建了我校第一个教学网站——口腔正畸学网站，2008 年升级为江苏口腔正畸医学网，拥有独立的 IP 地址，有专人进行网络维护。网页包含学科介绍、教师风采、学科建设、教学大纲、授课教案、教学课件、授课实况、师生信箱等。网站链接了丰富的专业教学资料，如专业书籍的电子版、CAI 课件、教学录像等。学生可以在线阅览，同时设立了留言板，学生可以提出问题并得到解答。

另外，本网站还和国内外其他口腔网站建立了链接，学生可以方便地进入其他网站。这一改革顺应了现代化教学的潮流，为学生创立了良好的学习环境，可以培养学生主动学习和从多种渠道获得知识的能力。

2004 年 4 月，依托南京医科大学网站，筹建了正畸学精品课程教学平台，链接教案和课件，以利于学生预习和复习。网上布置课后思考题和作业，并设立教师信箱，随时解答学生的疑难问题，与学生讨论。

二、口腔正畸学学科建设发展

1984 年 10 月，南京医科大学口腔医学院口腔正畸科诊室从口腔矫形科分出独立。1986 年，第一任科主任张世采教授成为中华医学会口腔科分会正畸学组成员。1987 年，口腔正畸科正式成立。在老一辈专家张世采等教授的带领下，经过几辈人的努力，口腔正畸科已逐渐发展成为现有的以王林教授为学术带头人的学科规模和学科体系，成为学科发展独具特色、省内领先、有一定国内影响力的学科点。2006 年，南京医科大学口腔医学院被批准为口腔临床医学博士学位授权单位，2007 年成为江苏省"科教兴卫工程"医学重点学科，2009 年被批准为口腔临床医学博士专业学位授权点，同年成为口腔医学博士后流动站、国家第四批高等学校特色专业建设点，全国首批 6 个口腔正畸专业医师培训基地之一，全国牙颌面畸形诊疗中心之一。

在口腔正畸学学科点的支撑下，口腔正畸学课程经过几代人的艰苦努力，逐渐发展成为师资队伍整齐、教学管理完善、教学方法先进、教学质量上乘的优质课程。参与了人民卫生出版社出版的全国高等学校教材《口腔正畸学》(第 5 版)的编写工作，出版了卫生部医学 CAI 课件《错殆畸形的病因》及《错殆畸形的检查和诊断》，学科点专家们沉淀的丰厚的学术底蕴为口腔正畸学课程的建设奠定了坚实的基础。2008 年，南京医科大学口腔正畸学被批准为江苏省精品课程。

回顾过去，口腔正畸学教研室随着学科的发展逐渐形成了以"学生为主体、教师为主导"的新的教学理念，通过计算机信息技术构建了多载体网络化教学的框架，成立了南京医科大学第一个教学网站——口腔正畸学教学网站。充分考虑到口腔正畸学具有操作技能非常强的特点，运用现代化教学技术，强化临床前训练，在实验课上采用 Typodont 示教，使学生了解正畸治疗程序，对矫治中牙齿的移动形成感性认识，进一步提高了学生的学习兴趣。开展的口腔仿真头模操作，使学生可以在该系统上进行各种口腔正畸临床技能训练，完全模拟临床基本操作方法、技能、程序，并练习了许多以往实验课无法进行的临床基本操作，丰富了口腔医学实验教学的内容。利用仿真头模系统的数字化评估系统，率先对学生的实验操作结果进行数字化评估，更为客观准确地评价学生的操作成绩，使口腔医学实验教学更加规范化、科学化，提高了实验教学的学习效果和教学质量。2004 年，利用电化教室的网络平台，尝试口腔正畸学理论课程计算机机考模式。2008 年，利用网络对海外学生进行远程面试，丰富了考核手段。

在新的历史时期，口腔正畸学教研室在中华口腔医学会口腔正畸专业委员会副主任委员王林教授的带领下，教学、科研、医疗等多方面均取得了长足的发展，每年招收博士研究生 3 名、硕士研究生 6 ~ 8 名，王林教授成为教育部高等学校口腔医学专业教学指导委员会委员、江苏省高等学校教学名师、江苏省医学领军人才、《口腔医学》杂志主编。

三、口腔正畸学师资培养

1. 一流的课程必须有一流的师资，青年教师的培养是课程保持先进性和延续性的基础。为此，我们在培养青年教师方面采取以下措施并取得一定的成效。

根据学科的发展，依托学校精品战略体系下的“精品课程”和“精品学科”建设的大背景，结合口腔正畸学教研室实际，稳步开展教师尤其是青年教师的队伍建设。

2. 教学工作上，坚持青年教师逐级试讲制度，高年资教师示范、指导，做好传帮带，督导青年教师讲课。同时每学年定期举办青年教师讲课比赛，请教学名师点评。

3. 强化对外交流，将青年教师的培训推向国际。近年来，本教研室先后与美国哈佛大学、美国哥伦比亚大学、美国加州大学洛杉矶分校、德国弗赖堡大学、韩国庆北大学等多所知名大学开展了交流互访。教研室每年派遣 1 ~ 2 名青年教师赴国外交流学习，截至目前，教研室的 13 名青年教师都有出国学习经历，为课程实施专业外语授课提供了更为有力的保障。

4. 科研方面，以学科带头人为龙头，发挥团队优势。鼓励青年教师积极申报各类课题，集科学研究与人才培养于一体的人才梯队模式，让青年教师脱颖而出。

5. 学校分年度举办英语口语培训班，选派口腔正畸学科年轻教师参加，提高口语水平，为双语教学的进一步开展提供师资准备。

经过 5 ~ 7 年的培养，这些年轻师资已经成为本岗位的支柱人才。他们具有较深厚的专业基础理论和较宽广的口腔科学知识，从而逐渐成为能为人师表，教书育人，具有驾驭口腔正畸学理论与实践教学能力，引导与启发学生创造性思维能力的培养医学通才与精品的教师。

四、教学改革与教学研究

（一）强化临床前训练

口腔正畸学是一门理论性、实践性都很强的学科，其学习的最终目的是让学生学会在正确理论的指导下，进行合理的操作从而为患者解除病痛。因此，将临床技能培训融入基础课程的教学过程中，不但有利于学生对相关枯燥理论知识的掌握，激发学生的学习热情，还会为今后的临床课程学习乃至今后的临床治疗奠定技能基础。

口腔正畸学教研室在国内较早引进德国

多媒体仿真头模系统并利用网络技术将其联网，可以实现内镜视频实时传输示教、实时提问、个别辅导等功能，切实模拟临床实际情况。学生通过训练，可以得到类似的操作训练结果，提升了临床操作能力。国内多家口腔医学院校，包括台湾地区的口腔医学专业相继效仿。

（二）教学科研一体化

把教学和科研有机地融合在一起，鼓励学生在学习知识的同时发散思维多思考，通过进行一定的科学研究来解答学习中的疑惑，甚至发现自己的兴趣而投身于科研工作。教师在教学过程中不仅传授书本上的知识，而且要将自己在科研工作中的一些收获、发现与学生讨论共享，这样往往会迸发出新的闪光点，起到教学相长的作用。

（三）不断推进考核模式改革，建立正畸专业电子题库

口腔正畸学教研室与相关院校合作，开发了题库软件，根据不同考试题型输入近千条题目，通过电脑随机出卷，实现教考分离，以全面考核学生的学习掌握情况。2003年5月起教研室开展了口腔正畸学机考及网络考核，尝试新型考试模式，并撰写相关教学论文，取得良好效果。

构建数字化评估系统——利用现有的仿真头模实验室平台，与德国KAVA公司合作，开发数字化评估系统，对学生的托槽粘接等实验结果进行数字化评估。通过评估，更加客观准确地评价学生的操作结果，使口腔医学实验教学更加规范化、科学化，提高了实验教学的学习效果和教学质量。

教　育

中国高等学校口腔医学专业招生及培养简况

资料由我国高等学校口腔医学院系提供,中国香港、澳门特别行政区和台湾省口腔医学专业招生培养简况未统计在内。统计时限从2010年1月至2010年12月。

表1　2010年度我国在岗口腔医学师资队伍简况

单位	学科专业	教师人数			教师职称			教师学历		
		硕士生导师	博士生导师	其他教师	正高	副高	中级	博士研究生	硕士研究生	本科/专科
四川大学										
	口腔基础医学	9	3	5	8	9		9	5	2
	口腔内科学	13	11	7	18	13		21	7	3
	口腔颌面外科学	12	12	2	12	14		22	2	2
	口腔修复学	13	8	4	12	12		20	2	3
	口腔正畸学	6	6		5	5		10	2	-
北京大学										
	口腔病理学	1	2	4	2	2	2	7	-	-
	口腔材料学	1	-	5	2	-	3	3	2	1
	口腔颌面外科学	9	11	49	16	12	11	48	14	7
	口腔医学影像学	5	-	26	7	-	1	14	10	7
	口腔修复学	7	5	58	10	12	9	39	11	20
	口腔正畸学	7	5	41	11	14	8	32	12	9
	牙体牙髓病学	6	1	86	6	8	8	20	16	57
	牙周病学	6	2	42	6	6	9	26	16	8
	儿童口腔医学	4	1	26	5	3	9	12	9	10
	口腔预防医学	5	1	6	3	6	1	7	1	4
	口腔黏膜病学	-	2	5	2	1	1	4	2	-
上海交通大学										
	口腔基础医学	1	3	15	4	4	7	6	8	5
	口腔临床医学	47	26	174	32	56	95	113	87	47
第四军医大学										
	口腔基础医学	4	3	7	4	3	7	12	2	-
	口腔临床医学	32	19	80	29	30	72	116	12	3
武汉大学										
	口腔医学	54	19	127	69	77	54	113	68	45

续表 1

单位	学科专业	教师人数			教师职称			教师学历		
		硕士生导师	博士生导师	其他教师	正高	副高	中级	博士研究生	硕士研究生	本科/专科
首都医科大学										
	口腔基础医学	4	2	4	1	2	–	6	–	–
	口腔内科学	7	2	121	2	11	–	7	1	1
	口腔颌面外科学	11	2	39	2	6	–	13	–	–
	口腔修复学	7	2	23	1	8	–	6	3	–
	口腔正畸学	9	1	36	2	5	–	8	–	2
吉林大学										
	口腔基础医学	2	–	–	1	1	–	2	–	–
	口腔临床医学	34	5	–	16	23	37	21	20	3
中国医科大学										
	口腔基础医学	3	3	10	6	1	6	3	9	4
	口腔临床医学	39	12	88	30	37	51	55	70	14
浙江大学										
	口腔医学	31	7	33	21	44	6	32	35	4
山东大学										
	口腔临床医学	39	5	10	20	30	14	30	20	14
中山大学										
	口腔医学	63	21	96	27	50	103	74	57	21
同济大学										
	口腔医学	19	7	36	12	19	31	41	16	5
南京医科大学										
	口腔医学	34	3	140	7	35	46	72	50	55
福建医科大学										
	口腔医学	20	2	80	25	29	29	21	52	27
哈尔滨医科大学口腔医学院										
	口腔医学	21	3	66	24	17	27	11	75	4
哈尔滨医科大学附四院										
	口腔临床医学	3	1	14	4	4	4	5	12	1
哈尔滨医科大学附二院										
	口腔医学	12	1	31	12	11	10	6	30	8
军医进修学院										

续表1

单位	学科专业	教师人数			教师职称			教师学历		
		硕士生导师	博士生导师	其他教师	正高	副高	中级	博士研究生	硕士研究生	本科/专科
	口腔医学	9	4	-	9	4	-	11	1	1
北京协和医学院										
	口腔临床医学	4	1	-	4	1	-	3	2	-
天津医科大学										
	口腔基础医学	3	-	3	3	1	-	1	3	2
	口腔临床医学	15	3	80	15	26	43	21	40	37
南开大学										
	口腔临床医学	7	2	36	16	12	16	17	7	21
复旦大学										
	口腔临床医学	3	1	34	3	10	19	5	23	10
重庆医科大学										
	口腔医学	28	2	81	17	30	64	17	62	41/2
河北医科大学										
	口腔基础医学	2	1	3	3	2	1	3	2	1
	口腔临床医学	13	1	39	15	20	19	13	26	15
山西医科大学										
	口腔医学	13	-	10	7	9	6	4	13	6
大连医科大学										
	口腔医学	26	1	13	6	11	14	10	20	9
大连大学										
	口腔医学	3	-	7	2	4	4	5	5	-
大连市口腔医院										
	口腔临床医学	12	-	-				-	13	1
内蒙古医学院										
	口腔临床医学	13	-		5	7	-	3	5	1/2
内蒙古自治区医院										
	口腔临床医学	1	-		1	-	-	-	-	1
佳木斯大学										
	口腔临床医学	29		43	18	25	29	7	23	42
南京大学										
	口腔医学	12	1	30	16	10	6	21	14	-

续表1

单位	学科专业	教师人数			教师职称			教师学历		
		硕士生导师	博士生导师	其他教师	正高	副高	中级	博士研究生	硕士研究生	本科/专科
浙江中医药大学										
	口腔医学	4	1	30	8	12	15	10	20	5
温州医学院										
	口腔临床医学	3	0	63	3	8	19	4	55	6/1
安徽医科大学										
	口腔临床医学	13	1	-	10	5	19	7	5	2
南昌大学										
	口腔医学	24	0	66	8	23	23	4	50	36
青岛大学										
	口腔基础医学	4	-	2	4	1	1	1	3	2
	口腔临床医学	30	-	34	20	15	29	16	35	13
滨州医学院										
	口腔临床医学	26	-	-	9	17	-	4	13	9
郑州大学										
	口腔临床医学	20	-	65	3	16	21	8	49	9
华中科技大学										
	口腔医学	6	4	15	5	7	12	8	10	1
中南大学										
	口腔医学	24	4	30	14	27	17	22	23	13
暨南大学										
	口腔基础医学	1	-	5	1	1	5	2	1	3
	口腔临床医学	16	-	7	12	10	1	6	15	2
南方医科大学										
	口腔临床医学	7	1	-	4	4	-	5	-	-
广东省口腔医院										
	口腔临床医学	13	2	14	21	6		15	10	2
广西医科大学										
	口腔医学	20	1	72	14	30	49	13	57	23
泸州医学院										
	口腔临床医学	6	-	50	10	3	23	5	36	13
川北医学院										
	口腔医学	1	0	18	2	4	9	0	12	7
贵阳医学院										
	口腔临床医学	12	1	25	10	11	9	4	15	18

续表 1

单位	学科专业	教师人数			教师职称			教师学历		
		硕士生导师	博士生导师	其他教师	正高	副高	中级	博士研究生	硕士研究生	本科/专科
遵义医学院	口腔临床医学	17	–	38	10	13	19	9	32	14
昆明医学院	口腔医学	23	2	70	6	43	60	13	33	49
西安交通大学	口腔医学	20	1	76	14	39	113	17	67	10
兰州大学	口腔医学(学术型)	10	4	29	11	9	21	8	16	19
	口腔医学(专业学位)	8						2		6
新疆医科大学	口腔医学	7	2	45	7	4	18	6	41	11
宁夏医科大学	口腔医学	7	–	19	10	4	5	4	10	12
第二军医大学(长海医院)	口腔临床医学	3	1	–	3	1	–	2	–	1
第二军医大学(长征医院)	口腔临床医学	3	–	16	2	4	–	3	15	1
第三军医大学(大坪医院)	口腔临床医学	1	–	–	1	–	–	1	–	–
	生物医学工程	–	1	–	1	–	–	1	–	–
第三军医大学(新桥医院)	口腔医学	2	–	–	2	–	–	1	–	–
	外科学	–	1	–	1	–	–	1	–	–

表 2　2010 年度我国口腔医学本科生招生培养简况

单位	在校生人数			招生人数			毕业人数		
	8 年制	7 年制	5 年制	8 年制	7 年制	5 年制	8 年制	7 年制	5 年制
四川大学	152	274	361	30	40	84	–	9	60
北京大学	308	–	87	39	–	15	43	–	11
上海交通大学	–	266	81	–	40	18	–	32	14
第四军医大学	49	–	138	10	–	34	–	–	34
武汉大学	54	109	209	5	14	31	–	27	32
首都医科大学	–	151	98	–	18	21	–	26	22
吉林大学	–	196	40	–	32	20	–	22	–
中国医科大学	–	–	321	–	–	64	–	–	59

续表 2

单位	在校生人数			招生人数			毕业人数		
	8 年制	7 年制	5 年制	8 年制	7 年制	5 年制	8 年制	7 年制	5 年制
浙江大学	–	157	–	–	人数不定	–	–	30	–
山东大学	–	180	256	–	29	58	–	20	53
中山大学	–	199	284	–	30	60	–	28	64
同济大学	–	–	185	–	–	47	–	–	25
南京医科大学	–	148	231	–	25	50	–	28	42
南京大学	–	34	–	–	15	–	–	–	–
哈尔滨医科大学	–	–	254	–	–	50	–	–	59
福建医科大学	–	–	467	–	–	101	–	–	85
南开大学附属口腔医院	–	–	36	–	–	23	–	–	–
天津医科大学	–	195	53	–	30	–	–	30	–
重庆医科大学	–	–	246	–	–	80	–	–	42
河北医科大学	–	–	151	–	–	31	–	–	30
山西医科大学	–	–	277	–	–	83	–	–	92
大连医科大学	–	–	439	–	–	94	–	–	44
大连大学	–	–	160	–	–	34	–	–	34
佳木斯大学	–	–	454	–	–	114	–	–	122
浙江中医药大学	–	–	314	–	–	60	–	–	63
温州医学院	–	–	155	–	–	28	–	–	29
安徽医科大学	–	–	297	–	–	60	–	–	56
南昌大学	–	–	231	–	–	35	–	–	60
青岛大学	–	–	160	–	–	32	–	–	39
滨州医学院	–	–	656	–	–	130	–	–	140
郑州大学	–	–	75	–	–	75	–	–	40
华中科技大学	–	–	110	–	–	30	–	–	–
中南大学	–	211	28	–	30	28	–	28	–
暨南大学	–	–	186	–	–	39	–	–	28
南方医科大学	–	–	238	–	–	50	–	–	64
广西医科大学	–	–	245	–	–	35	–	–	65
泸州医学院		–	294	–	–	63	–	–	70
川北医学院	–	–	256	–	–	59	–	–	30
贵阳医学院	–	–	296	–	–	121	–	–	43
遵义医学院	–	–	322	–	–	60	–	–	64
昆明医学院	–	–	303	–	–	87	–	–	63
西安交通大学	–	66	151	–	20	17	–	–	39
兰州大学	–	–	252	–	–	73	–	–	35
新疆医科大学	–	–	304	–	–	43	–	–	–
宁夏医科大学	–	–	35	–	–	35	–	–	26
包头医学院	–	–	185	–	–	43	–	–	26

表 3　2010 年度我国口腔医学硕士研究生招生培养简况

硕士学位授予单位	学科专业	指导教师人数	在读硕士生人数	招生人数	毕业人数
四川大学	口腔基础医学	8	54	19	10
	口腔临床医学	48	428	117	121
北京大学	口腔组织病理学	3	5	2	3
	牙体牙髓病学	7	11	4	-
	牙周病学	8	11	4	-
	儿童口腔医学	5	8	3	-
	口腔预防医学	6	2	2	1
	口腔黏膜病学	2	5	2	1
	口腔颌面外科学	20	47	20	3
	口腔颌面医学影像学	5	2	1	2
	口腔修复学	12	28	9	3
	口腔材料学	1	4	1	1
	口腔正畸学	12	31	11	3
上海交通大学	口腔基础医学	5	12	3	2
	口腔临床医学	37	81	28	18
第四军医大学	口腔基础医学	4	13	4	4
	口腔临床医学	31	266	129	74
武汉大学	口腔基础医学	1	1	1	1
	口腔临床医学	44	65	65	47
首都医科大学	口腔基础医学	4	6	3	3
	口腔临床医学	34	37	21	8
吉林大学	口腔基础医学	1	2	1	-
	口腔临床医学	44	96	35	40
中国医科大学	口腔基础医学	6	14	7	3
	口腔临床医学	51	180	83	49
浙江大学	口腔基础医学	2	1	-	1
	口腔临床医学	31	29	11	11
山东大学	口腔基础医学	3	4	1	1
	口腔临床医学	36	133	40	28
中山大学	口腔基础医学	4	3	-	1
	口腔临床医学	88	157	56	42
同济大学	口腔基础医学	2	4	2	2
	口腔临床医学	14	57	20	21
南京医科大学	口腔基础医学	2	5	1	1
	口腔临床医学	34	109	42	15
南京大学	口腔临床医学	12	11	3	5
哈尔滨医科大学	口腔临床医学	21	70	26	40
福建医科大学	口腔临床医学	20	65	27	16
北京协和医学院	口腔临床医学	3	6	2	-

续表3

硕士学位授予单位	学科专业	指导教师人数	在读硕士生人数	招生人数	毕业人数
南开大学天津医学院	口腔临床医学	10	27	4	7
天津医科大学	口腔基础医学	3	6	1	2
	口腔临床医学	18	70	14	10
复旦大学	口腔临床医学	3	17	13	2
重庆医科大学	口腔基础医学	3	3	0	2
	口腔临床医学	21	119	40	29
	麻醉学	1	1	1	-
河北医科大学	口腔基础医学	2	3	2	2
	口腔临床医学	10	24	19	11
山西医科大学	口腔临床医学	15	134	39	28
大连医科大学	口腔基础医学	3	15	10	9
	口腔临床医学	23	152	62	48
大连大学	口腔基础医学	1	2	1	-
	口腔临床医学	2	2	2	2
辽宁医学院	口腔临床医学	8	7	8	8
哈尔滨医科大学附四院	口腔临床医学	1	10	4	6
哈尔滨医科大学附二院	口腔临床医学	12	43	19	15
佳木斯大学	口腔临床医学	29	183	73	46
浙江中医药大学	口腔颌面外科学（挂靠康复医学）	4	3	5	-
温州医学院	口腔临床医学	3	42	14	2
安徽医科大学	口腔临床医学	12	51	25	15
南昌大学	口腔基础医学	2	3	2	-
	口腔临床医学	17	55	17	20
青岛大学	口腔基础医学	2	13	3	2
	口腔临床医学	32	140	48	32
滨州医学院	口腔临床医学	8	27	8	5
郑州大学	口腔临床医学	20	71	25	19
华中科技大学	口腔临床医学	8	29	9	5
中南大学	口腔临床医学	27	63	24	16
暨南大学	口腔临床医学	16	5	3	9
南方医科大学	口腔临床医学	6	35	17	3
广东省口腔医院	口腔临床医学	12	52	19	12
广西医科大学	口腔临床医学	17	85	36	12
泸州医学院	口腔科学学位	11	60	20	16
贵阳医学院	口腔临床医学	12	44	15	13
遵义医学院	口腔基础医学	4	12	5	2
	口腔临床医学	31	124	35	24
昆明医学院	口腔基础医学	2	6	2	1
	口腔临床医学	21	86	37	20

续表3

硕士学位授予单位	学科专业	指导教师人数	在读硕士生人数	招生人数	毕业人数
西安交通大学	口腔临床医学	21	54	39	20
兰州大学	口腔临床医学	11	116	34	24
新疆医科大学	口腔临床医学	7	64	31	18
宁夏医科大学	口腔临床医学	6	38	15	12
军医进修学院	口腔临床医学	8	11	10	6
第二军医大学(长征医院)	口腔临床医学	2	6	2	2
第三军医大学(新桥医院)	口腔临床医学	2	10	2	4
第三军医大学(大坪医院)	口腔临床医学	2	3	-	3

表4 2010年度我国口腔医学博士研究生招生培养简况

博士学位授予单位	学科专业	指导教师人数	在读博士生人数	招生人数	毕业人数
四川大学	口腔基础医学	3	10	5	-
	口腔临床医学	35	169	57	47
北京大学	口腔组织病理学	2	4	3	1
	牙体牙髓病学	1	3	1	2
	牙周病学	2	6	1	2
	儿童口腔医学	1	5	1	-
	口腔颌面外科学	11	20	7	10
	口腔修复学	5	9	3	5
	口腔正畸学	5	13	7	7
上海交通大学	口腔基础医学	3	8	4	2
	口腔临床医学	17	72	19	21
第四军医大学	口腔基础医学	5	4	1	2
	口腔临床医学	17	136	45	36
武汉大学	口腔临床医学	17	26	36	24
首都医科大学	口腔基础医学	2	4	2	1
	口腔临床医学	7	22	6	8
军医进修学院	口腔临床医学	4	11	7	5
吉林大学	口腔临床医学	5	29	9	9
中国医科大学	口腔基础医学	3	5	1	2
	口腔临床医学	12	44	12	4
浙江大学	口腔临床医学	7	14	5	2
山东大学	口腔临床医学	5	36	5	8
中山大学	口腔临床医学	21	51	18	13
同济大学	口腔临床医学	5	21	9	3
南京医科大学	口腔临床医学	3	20	10	2
福建医科大学	口腔临床医学	2	7	4	1

续表4

博士学位授予单位	学科专业	指导教师人数	在读博士生人数	招生人数	毕业人数
北京协和医学院	口腔基础医学	1	1	-	-
哈尔滨医科大学	口腔临床医学	3	12	3	3
哈尔滨医科大学附四院	口腔临床医学	1	7	-	-
哈尔滨医科大学附二院	口腔临床医学	1	8	2	-
复旦大学附属中山医院	外科学*	1	1	1	-
重庆医科大学					
	生物医学工程*	1	6	1	1
河北医科大学	病理学与病理生理学*	1	3	2	1
	外科学(整形外科)*	1	6	1	1
大连医科大学	病理学与病理生理学*	1	1	-	-
南京大学	外科学*	1	5	3	-
华中科技大学	外科学*	4	7	2	2
南方医科大学	外科学*	1	7	2	-
	人体解剖与组织胚胎学*	1	15	8	2
广西医科大学	耳鼻咽喉科学*	1	2	1	-
新疆医科大学	内科学、外科学*	2	5	2	-
第三军医大学(大坪医院)	生物医学工程*	1	5	1	-
第三军医大学(新桥医院)	外科学*	1	8	2	1

注：*均为挂靠有关学科专业招生。

表5　2010年度我国口腔医学院系博士研究生毕业人员一览表

博士学位授予单位	姓名	性别	出生年月	获学位年月	所授学科专业	指导教师	毕业论文题目
四川大学							
	吴　煜	女	1969.09	2010.06	口腔临床医学	周学东	氟中毒大鼠牙髓组织差异基因表达谱的研究
	张　岚	女	1981.09	2010.06	口腔临床医学	周学东	热刺激对人牙周膜细胞RANKL、OPG表达的影响
	程　磊	男	1981.04	2010.06	口腔临床医学	周学东	中药五倍子调节牙菌斑生物膜和牙釉质矿化的研究
	杨　燃	女	1980.12	2010.06	口腔临床医学	周学东	严重早期儿童龋口腔乳杆菌多样性研究
	邓　辉	男	1978.07	2010.06	口腔临床医学	吴亚菲	牙龈卟啉单胞菌对血管内皮细胞黏附功能的影响及其分子机制
	刘　奕	女	1982.04	2010.12	口腔临床医学	吴红崑	十肽作用于致龋变异链球菌的差异蛋白质组学研究

续表 5

博士学位授予单位	姓名	性别	出生年月	获学位年月	所授学科专业	指导教师	毕业论文题目
	阙克华	男	1979.01	2010.06	口腔临床医学	胡德渝	牙本质敏感的流行病学调查及唇颊侧牙颈部牙本质敏感的分析研究
	刘　迪	女	1978.06	2010.06	口腔临床医学	胡德渝	盐酸米诺环素纳米脂质体的研制及其对 LPS 诱导巨噬细胞分泌肿瘤坏死因子-α 的影响
	洪　潇	女	1981.04	2010.06	口腔临床医学	胡德渝	唾液变异链球菌的水平测量在龋风险评价中的初步应用
	周　瑜	女	1983.03	2010.06	口腔临床医学	陈谦明	ORAOV1 基因与口腔鳞状细胞癌相关性的扩展研究
	葛　林	女	1983.02	2010.06	口腔临床医学	周红梅	YAP 在头颈部鳞状细胞癌上皮及癌旁间质中的表达及生物学作用研究
	贠晓非	男	1981.08	2010.06	口腔临床医学	李　伟	修复体－口腔硬组织界面力学分析和优化研究
	张静超	女	1982.04	2010.06	口腔临床医学	李　伟	氧化锆全瓷材料及其在模拟口腔环境中的表面微结构和力学性能研究
	蒋　丽	女	1978.09	2010.06	口腔临床医学	李　伟	牙科纳米氧化锆陶瓷类牙质光学效应的研究
	蔡潇潇	女	1983.01	2010.06	口腔临床医学	宫　苹	外周细胞分化机制及其在组织工程血管化中的应用研究
	张华林	女	1982.06	2010.06	口腔临床医学	陈治清	静电纺丝法制备 PLGA/多壁碳纳米管/羟基磷灰石复合生物支架的研究
	潘领战	男	1973.04	2010.06	口腔临床医学	陈治清	孔径和孔隙率可控的 n-HA/KGM 复合材料的研究
	杨　俊	女	1977.12	2010.06	口腔临床医学	陈治清	壳聚糖/多壁碳纳米管复合膜的生物学研究
	方　园	女	1980.09	2010.06	口腔临床医学	朱智敏	高频振动对大鼠骨折愈合影响的实验研究
	廖　娟	女	1982.12	2010.06	口腔临床医学	朱智敏	纳米银构建钛种植体表面抗菌体系的研究
	郭大伟	男	1974.10	2010.06	口腔临床医学	梁　星	镍铬合金烤瓷修复体拆除前后患者尿和血镍铬含量及龈下菌群的变化
	张山川	男	1982.11	2010.06	口腔临床医学	巢永烈	新型纳米氧化铝涂层的二氧化锆陶瓷的树脂粘接性能的研究
	高姗姗	女	1982.04	2010.06	口腔临床医学	于海洋	几种临床治疗方法处理前后的牙釉质和牙本质的微摩擦学性能研究

续表5

博士学位授予单位	姓名	性别	出生年月	获学位年月	所授学科专业	指导教师	毕业论文题目
	王兰磊	女	1970.09	2010.12	口腔临床医学	陈扬熙	应用PBCP促进牙周再生及再生术后正畸牙移动的动物实验研究
	徐晓梅	女	1977.11	2010.06	口腔临床医学	陈扬熙	Bmal1对小鼠骨髓间充质干细胞(BMSC)增龄性衰老影响的体外研究
	黄　兰	女	1981.05	2010.06	口腔临床医学	陈扬熙 白　丁	机械压应力调控成牙骨质细胞生物学行为的体外研究
	孟　耀	男	1980.01	2010.06	口腔临床医学	陈扬熙 白　丁	肌成纤维细胞参与正畸张力侧牙周组织改建的体内外研究
	赵立星	男	1972.02	2010.06	口腔临床医学	赵志河	缺氧条件下血管内皮细胞对共培养的人牙周膜干细胞成骨分化的影响
	张淋坤	男	1975.12	2010.06	口腔临床医学	赵志河	周期性应力作用下人牙周膜干细胞成骨分化和破骨调节作用的研究
	王　艳	女	1981.12	2010.06	口腔临床医学	赵志河 赖文莉	孤啡肽对原代培养三叉神经节神经元疼痛相关受体表达的影响
	肖金刚	男	1975.11	2010.06	口腔临床医学	田卫东	脂肪组织再生关键问题的实验研究
	杨苗苗	女	1981.10	2010.06	口腔临床医学	田卫东	小鼠牙齿形态发育相关基因的筛选
	吴　剑	男	1981.01	2010.12	口腔临床医学	李龙江	CD133基因与涎腺腺样囊性癌侵袭转移的关系及相关机制的研究
	王　寅	女	1970.06	2010.06	口腔临床医学	李龙江	miR-21在口腔鳞癌中的异常表达及AS-miR-21对口腔鳞癌生长抑制的体内外研究
	张　轶	男	1977.04	2010.06	口腔临床医学	李龙江	MicroRNA-200b调节口腔鳞癌E-钙黏着蛋白的研究
	冯　扬	男	1981.10	2010.06	口腔临床医学	唐休发	组织工程化骨骼肌舌下神经植入的初步研究
	姚　瑶	女	1980.08	2010.06	口腔临床医学	唐休发	SDF-1α基因转染成骨细胞联合动脉蒂植入非血管化自体骨血管生成和骨生成的实验研究
	王斯华	男	1981.11	2010.06	口腔临床医学	唐休发	整合素连接激酶(ILK)对舌癌细胞株Tca8113生物学行为的影响
	蒋校文	男	1981.08	2010.06	口腔临床医学	胡　静	bFGF基因转染BMMSC促进下颌快速牵张成骨的实验研究

续表 5

博士学位授予单位	姓名	性别	出生年月	获学位年月	所授学科专业	指导教师	毕业论文题目
	沈庆冉	男	1977.07	2010.06	口腔临床医学	胡　静	MAPK 在大鼠颅骨矢状缝体外牵张中的表达与作用
	叶　斌	男	1976.12	2010.06	口腔临床医学	胡　静	VEGF/BMP2 基因修饰 BMMSC 促进兔下颌牵张成骨的研究
	张　碧	男	1980.05	2010.06	口腔临床医学	胡　静	BMSC/PLGA-PEG-PLGA 复合物修复山羊下颌髁突软骨缺损的实验研究
	王雪梅	女	1980.12	2010.06	口腔临床医学	胡　静	Wnt 信号通路在牵张成骨中的表达及作用
	郑　玮	女	1981.10	2010.12	口腔临床医学	郑　谦	Jaggedl-Notch 信号通路在小鼠腭胚突发育过程中的作用研究
北京大学							
	张建运	男	1981.05	暂未获	口腔组织病理学	李铁军	牙源性角化囊性瘤间质中成纤维细胞的初步研究
	田　华	女	1977.12	2010.07	牙体牙髓病学	高学军	Wnt/-catenin 对釉蛋白基因的转录调控研究
	邹晓英	女	1982.11	2010.07	牙体牙髓病学	高学军 岳　林	阻断 Notch 信号通路对人牙髓细胞老化的作用
	刘凯宁	男	1983.04	2010.07	牙周病学	孟焕新	维生素 D 与牙周炎的关系及在牙周成纤维细胞中的活化
	田　雨	女	1983.01	2010.07	牙周病学	孟焕新	侵袭性牙周炎相关基因多态性的研究
	韩　静	女	1975.02	2010.07	口腔修复学	吕培军 王　勇	可摘局部义齿支架的计算机辅助建模及快速成形初步研究
	谢立本	男	1978.08	2011.01	口腔修复学	冯海兰	扩散系统中树枝状分子及氟离子对磷酸钙盐形成的影响
	张　晋	女	1971.02	暂未获	口腔修复学	冯海兰	单纯型先天缺牙流行病学和分子遗传学研究
	许永伟	男	1981.02	2010.07	口腔修复学	冯海兰 周永胜	脂肪基质细胞、载他汀支架与富血小板血浆构建组织工程骨
	刘　鹏	男	1982.07	2010.07	口腔修复学	王新知	CAD-CAM 一体化玻璃纤维桩核的研究与临床应用观察
	钟　喆	女	1983.03	2011.01	口腔正畸学	曾祥龙	成骨细胞受压缩力和牵张力后基因改变的高通量比较研究
	曹　喆	女	1982.11	2010.07	口腔正畸学	曾祥龙 贾绮林	牵引成骨新成骨中牙移动的动物实验研究
	柳大为	男	1981.08	2010.07	口腔正畸学	周彦恒 谷　岩	个体化舌侧矫治器矫治力学的三维有限元研究

续表5

博士学位授予单位	姓名	性别	出生年月	获学位年月	所授学科专业	指导教师	毕业论文题目
	陈歆	男	1977.08	2010.07	口腔正畸学	林久祥 周彦恒	舌侧二维矫治器的临床应用初步研究
	高琳	女	1981.06	2010.07	口腔正畸学	李巍然 林久祥	排齐整平阶段支抗变化的数字化模型研究
	陈桦	男	1979.02	2010.07	口腔正畸学	许天民	基于曲面断层片的牙长轴角度研究——从二维到三维
	雷菲菲	女	1982.11	2010.07	口腔正畸学	周彦恒	Incognito个体化舌侧矫治技术的临床初步应用研究
	田燕	女	1978.04	2010.01	口腔颌面外科学	俞光岩	用变性梯度凝胶电泳技术在群体水平研究口腔微生物的体外培养条件
	丁谦文	男	1981.03	2010.07	口腔颌面外科学	俞光岩	辣椒素受体在人颌下腺中的表达及其促唾液分泌机制的研究
	宋冰	男	1982.01	暂未获	口腔颌面外科学	俞光岩	自体移植颌下腺分泌液成分的分析
	卢旭光	男	1982.01	2011.01	口腔颌面外科学	俞光岩 蔡志刚	周围性面神经损伤外科治疗的临床研究
	何锦泉	男	1978.06	2010.07 （硕士）	口腔颌面外科学	张益	口腔颌面部创伤患者术后长期生存质量的研究
	贺洋	男	1983.04	2011.01	口腔颌面外科学	张益	眼眶骨折继发眼球内陷的临床研究
	余画	男	1983.02	暂未获	口腔颌面外科学	郭传瑸	舌鳞状细胞癌侵袭前沿的临床病理研究
	张凯	男	1982.01	暂未获	口腔颌面外科学	王兴 伊彪	口服云南白药对骨愈合影响的研究
	葛献鹏	男	1982.08	2010.07	口腔颌面外科学	马绪臣	Wnt-5A在颞下颌关节骨关节炎软骨破坏中作用机制的研究
	毋育伟	男	1981.04	2010.07	口腔颌面外科学	马绪臣 甘业华	雌激素对大鼠实验性颞下颌关节炎疼痛影响机制的研究
	贺玲	女	1981.10	2010.07	口腔颌面外科学	林野	富血小板血浆与富血小板纤维蛋白在体外对大鼠成骨细胞增殖分化效果影响的比较性研究
上海交通大学							
	谢广平	男	1979.10	2010.07	口腔基础医学	孙皎	三种无机纳米颗粒体内分布与排泄途径的研究
	姜葳	女	1981.05	2010.12	口腔临床医学	梁景平	龋病发病与预防机制研究
	蒋少云	女	1972.10	2010.07	口腔临床医学	束蓉	釉基质蛋白对牙周骨组织调节机制的研究

续表5

博士学位授予单位	姓名	性别	出生年月	获学位年月	所授学科专业	指导教师	毕业论文题目
	李希庭	女	1981.02	2010.07	口腔临床医学	束　蓉	rPAm对人牙周组织相关细胞生物学特性的影响
	于卫强	男	1980.05	2010.07	口腔临床医学	张富强	钛表面TiO_2纳米管仿生修饰的实验研究
	关呈超	男	1980.01	2010.07	口腔临床医学	张富强	高糖及SHH信号通路对BMC成骨影响的实验研究
	董　聪	女	1983.01	2010.07	口腔临床医学	张富强	两种基托材料对S. mutans基因表达影响的实验研究
	王晓洁	女	1979.10	2010.07	口腔临床医学	张富强	釉基质蛋白修饰纯钛表面仿生矿化的实验研究
	高利敏	女	1980.01	2010.12	口腔临床医学	张富强	基于凝胶铸模技术的玻璃渗透氧化锆支架研究
	嵇国平	男	1974.10	2010.07	口腔临床医学	沈　刚	微种植支抗稳定性机制的临床及基础研究
	贺　捷	男	1981.12	2010.07	口腔临床医学	邱蔚六	骨髓基质干细胞治疗山羊放射性颌骨坏死的实验研究
	程　杰	男	1981.07	2010.07	口腔临床医学	沈国芳	microRNA在无瘢痕和糖尿病创口愈合中的功能研究
	刘夏诚	男	1968.07	2010.07	口腔临床医学	张陈平	LTC结合SLN技术处理cN0舌癌颈淋巴微转移实验研究
	邹德荣	男	1962.07	2010.07	口腔临床医学	张志愿	组织工程骨上颌窦底提升同期种植的动物实验研究
	魏魁杰	男	1972.09	2010.07	口腔临床医学	张志愿	口腔黏膜癌变相关差异蛋白的表达及功能研究
	王绍义	男	1967.10	2010.07	口腔临床医学	张志愿	冻存骨与新鲜骨成骨细胞再生颌面骨组织研究
	张善勇	男	1972.02	2010.12	口腔临床医学	杨　驰	TMJ盘移位及粘连的临床研究和基础实验
第四军医大学							
	郭维华	男	1976.06	2010.06	口腔基础医学	金　岩	牙囊细胞及牙本质基质构建生物牙根相关试验研究
	付善民	男	1973.10	2010.12	口腔基础医学	吴军正	用RNAi技术逆转人涎腺腺样囊性癌和黏液表皮样癌细胞耐药性的初步研究
	何　勇	男	1974.10	2010.06	口腔临床医学	文玲英	牙周膜干细胞膜片在牙周再生中的实验研究
	周　静	女	1981.10	2010.12	口腔临床医学	文玲英	牙髓牙周组织中骨髓来源细胞特性的实验研究
	苏丽萍	女	1978.03	2010.06	口腔临床医学	肖明振	小鼠牙胚发育早期间充质细胞的蛋白质组研究

续表 5

博士学位授予单位	姓名	性别	出生年月	获学位年月	所授学科专业	指导教师	毕业论文题目
	王　静	女	1976.07	2010.06	口腔临床医学	倪龙兴	纳米纤维左旋聚乳酸支架材料在牙本质牙髓组织工程中的应用研究
	高　阳	男	1981.03	2010.06	口腔临床医学	王忠义	激光快速成形技术制备磷酸钙陶瓷涂层及其生物学性能研究
	刘一涵	女	1981.07	2010.06	口腔临床医学	王忠义	激光快速成形镍铬合金的烤瓷性能研究
	李健学	男	1976.05	2010.06	口腔临床医学	赵铱民	卤素在钛经皮植入种植体表面处理中的应用和研究
	周　琳	女	1981.11	2010.06	口腔临床医学	赵铱民	Parylene 涂敷技术用于赝复硅橡胶表面改性的研究
	周　炜	男	1980.10	2010.06	口腔临床医学	赵铱民	组织工程种植体构建及植入放疗区的实验研究
	董　岩	男	1981.05	2010.06	口腔临床医学	赵铱民	汉族人外鼻三维形态数据库的建立与应用
	李　娜	女	1982.07	2010.06	口腔临床医学	陈吉华	牙体硬组织抗酸碱层（ABRZ）形成机制及其影响因素研究
	柴志国	男	1977.12	2010.06	口腔临床医学	陈吉华	季铵盐抗菌单体改性牙本质黏接剂理化性能及粘接性能研究
	李　锋	男	1975.11	2010.12	口腔临床医学	陈吉华	季铵盐型抗菌单体改性窝沟封闭剂的基础研究
	吴　丹	男	1981.01	2010.12	口腔临床医学	陈吉华	应用重组 Perlecan 构建自组装血管发生材料
	高　婧	女	1981.11	2010.12	口腔临床医学	陈吉华	齿科二硅酸锂玻璃陶瓷的应用基础研究
	陈　磊	女	1980.06	2010.06	口腔临床医学	段银钟	人牙囊细胞克隆分选及其分化功能的相关研究
	宁　芳	女	1982.03	2010.06	口腔临床医学	段银钟	诱导小鼠胚胎干细胞向牙齿上皮样细胞分化的实验研究
	高　原	女	1981.04	2010.06	口腔临床医学	段银钟	牙龈间充质干细胞与牙周膜、真皮干细胞的比较及成牙能力的研究
	姜　琳	女	1978.06	2010.06	口腔临床医学	段银钟	微种植体支抗宏观结构的生物力学优化设计和分析
	谭家莉	女	1980.11	2010.12	口腔临床医学	段银钟	应力调节下成肌细胞增殖、分化和凋亡的调控及其分子机制的探讨
	沈　焕	男	1979.10	2010.12	口腔临床医学	段银钟	不同部位来源的牙周膜干细胞成骨能力的动物实验研究

续表 5

博士学位授予单位	姓名	性别	出生年月	获学位年月	所授学科专业	指导教师	毕业论文题目
	王　蕾	女	1981.04	2010.12	口腔临床医学	段银钟	牙槽窝来源牙周膜干细胞生物学特性及牙周再生中应用的研究
	田美玉	女	1974.03	2010.12	口腔临床医学	段银钟	电压门控式氯通道在鸡喙下颌早期发育中作用的研究
	汪银雄	男	1978.03	2010.12	口腔临床医学	段银钟	用牙髓干细胞构建牙齿样结构的实验研究
	王　欢	女	1980.01	2010.06	口腔临床医学	丁　寅	氯通道 ClC-3、ClC-4 和 ClC-5 在成骨细胞分化中的作用
	原工杰	女	1979.12	2010.06	口腔临床医学	丁　寅	孕激素受体在人牙周膜细胞中的表达及孕酮对细胞增殖和成骨分化影响的研究
	郭　涛	男	1977.03	2010.06	口腔临床医学	丁　寅	雌激素对颏舌肌功能的影响及其相关作用机制的研究
	张　璇	女	1981.04	2010.06	口腔临床医学	丁　寅	雌激素受体基因多态性与慢性牙周炎及骨密度相关性的研究
	潘　峰	男	1977.05	2010.06	口腔临床医学	丁　寅	雌激素受体在人牙周膜干细胞的表达及雌激素对人牙周膜干细胞骨分化能力影响的研究
	汪　昆	男	1976.07	2010.06	口腔临床医学	刘宝林	牙种植体共振频率影响因素的三维有限元研究
	吴高义	男	1976.08	2010.06	口腔临床医学	刘宝林	超声波治疗下颌骨放射性骨坏死的动物实验研究
	敖建华	男	1975.08	2010.06	口腔临床医学	刘彦普	6-羟多巴胺诱导的去交感神经支配对大鼠骨代谢的影响
	马东洋	男	1973.11	2010.06	口腔临床医学	毛天球	基于骨髓基质干细胞构建无外支架组织工程骨的实验研究
	郑　军	男	1980.06	2010.12	口腔临床医学	孙沫逸	miR-21 在 $P12CD^{K2AP1}$ 表达调控中的作用及其对细胞侵袭和增殖的影响
	每晓鹏	男	1981.12	2010.12	口腔临床医学	徐礼鲜	星形胶质细胞参与氯胺酮治疗神经病理性痛的基础研究
	刘春然	男	1975.12	2010.12	口腔临床医学	徐礼鲜	异氟烷在脊髓水平的镇痛作用及其相关机制研究
武汉大学							
	邢　泉	男	1978.06	2010.06	牙体牙髓病学	樊明文	靶向防龋 DNA 疫苗增强黏膜免疫的分子机制研究
	刘高霞	女	1978.10	2010.12	牙体牙髓病学	樊明文	靶向防龋 DNA 疫苗 pGJA-P/VAX 免疫新生期大鼠的研究

续表5

博士学位授予单位	姓名	性别	出生年月	获学位年月	所授学科专业	指导教师	毕业论文题目
	陈　曦	女	1982.05	2010.06	牙体牙髓病学	樊明文	新型玻璃离子窝沟封闭剂预防儿童恒牙龋病实验室研究
	卢冠凡	女	1981.11	2010.06	牙体牙髓病学	樊明文	MTA对LPS诱导巨噬细胞细胞因子表达的影响
	尹　伟	男	1983.02	2010.06	牙体牙髓病学	边　专	中国X连锁无汗性外胚叶发育不良家系分子遗传学研究
	袁正林	男	1982.04	2010.06	牙体牙髓病学	边　专	Bioaggregate对成骨细胞和牙周韧带成纤维细胞生物学行为的影响
	胡　珂	女	1979.08	2010.06	牙体牙髓病学	陈　智	Giomer修复Ⅰ、Ⅱ和Ⅴ类洞的6个月临床评价
	苏　征	女	1982.01	2010.06	牙体牙髓病学	范　兵	上颌前磨牙根管峡区的形态研究
	丁江峰	男	1980.12	2010.12	牙体牙髓病学	范　兵	根尖定位仪测量机制及相关影响因素研究
	熊浩飞	男	1981.12	2010.06	牙体牙髓病学	彭　彬	IL-17在根尖周炎中的表达及作用研究
	柳莉华	女	1984.04	2010.06	牙周病学	李成章	EMMPRIN/CypA及其相互作用在牙周炎中的意义
	廖　锋	男	1977.10	2010.06	口腔修复学	程祥荣	β-磷酸三钙/壳聚糖支架在牙周组织工程中应用的研究
	张　超	男	1981.09	2010.06	口腔修复学	程祥荣	利用人牙囊细胞和双层支架再生牙骨质/牙周膜复合体的研究
	陈东平	男	1972.06	2010.06	口腔修复学	王贻宁	口腔金属修复体与1.5T核磁共振的交互作用
	于　皓	男	1982.06	2010.06	口腔修复学	王贻宁	含过氧化脲的牙漂白剂对口腔修复材料影响的实验研究
	严全梅	男	1965.06	2010.12	口腔颌面外科学	龙　星	异位成骨致张口受限的临床与实验研究
	房　维	男	1981.05	2010.06	口腔颌面外科学	龙　星	软骨调节素-1在颞下颌关节软骨及软骨分化中的表达
	熊　卉	女	1971.10	2010.06	口腔颌面外科学	龙　星	基因转染兔颞下颌关节滑膜间充质干细胞向纤维软骨转化实验研究
	魏丽丽	女	1981.04	2010.06	口腔颌面外科学	龙　星	颞下颌关节紊乱病滑液润滑作用研究
	龚忠诚	男	1974.09	2010.12	口腔颌面外科学	龙　星	滑膜成纤维样细胞与壳聚糖/Ⅰ型胶原复合支架构建关节软骨的研究
	蔡　育	男	1982.11	2010.06	口腔颌面外科学	赵怡芳	同种异体移植炎症因子1在婴幼儿血管瘤中表达及作用机制的研究

续表 5

博士学位授予单位	姓名	性别	出生年月	获学位年月	所授学科专业	指导教师	毕业论文题目
	邵　喆	男	1982.01	2010.06	口腔颌面外科学	尚政军	基于体外共培养模型的腺样囊性癌嗜神经侵袭分子机制的初步研究
	万启龙	男	1979.11	2010.06	口腔颌面外科学	李祖兵	间歇/持续应用 PTH(1-34)对髁突软骨细胞双重效应的研究
首都医科大学							
	李静远	男	1977.01	2010.07	口腔基础医学	王松灵	特异性敲除间充质中 Smad4 基因导致牙本质形成缺陷和腭裂的发生
	吕武龙	男	1972.12	2010.11	口腔修复学	张振庭	钛表面不同处理方法对成骨细胞行为和钛瓷结合强度的影响
	李景辉	男	1975.02	2010.11	口腔修复学	张振庭	基于牙槽骨缺损原型构建个体化组织工程骨的实验研究
	孙玉娟	女	1970.10	2010.11	口腔内科学	孙　正	口腔白斑及口腔鳞状细胞癌局部免疫细胞和细胞因子研究
	果益竹	女	1971.04	2010.11	口腔内科学	孙　正	酒精对 4NQO 诱导的小鼠口腔癌促进作用的研究
	吴　颖	女	1977.11	2010.11	口腔内科学	章锦才	体外培养成骨细胞细胞外基质对骨髓间充质干细胞增殖和分化的影响
	周冬青	女	1971.11	2010.11	口腔正畸学	白玉兴	大鼠下颌功能性前伸后嚼肌浅层的超微结构和蛋白质组学研究
	杨　芸	女	1981.06	2010.11	口腔正畸学	白玉兴	正畸力对自体牙移植后牙周愈合影响的实验研究
	周　建	男	1979.05	2010.07	口腔颌面外科学	王松灵	转化生长因子Ⅱ型受体调控成牙本质细胞分化及牙源性上皮转归的研究
吉林大学							
	储顺礼	男	1979.09	2010.06	口腔临床医学	周延民	涉密论文
	孟维艳	女	1964.10	2010.06	口腔临床医学	周延民	纯钛表面微米-纳米微结构的构建及生物学研究
	赵静辉	女	1977.08	2010.06	口腔临床医学	周延民	纯钛种植体表面氨基等离子体改性的实验研究
	张志民	男	1963.09	2010.06	口腔临床医学	周延民	变异链球菌耐氟株和亲代菌株蛋白质表达谱及数据库的初步构建
	张　莉	女	1967.11	2010.06	口腔临床医学	周延民	PRP/nHA/Co 复合材料促进牵张成骨的实验研究
	李秋实	女	1981.11	2010.06	口腔临床医学	周延民	低能量激光照射对成骨细胞及骨愈合的影响及相关研究

续表5

博士学位授予单位	姓名	性别	出生年月	获学位年月	所授学科专业	指导教师	毕业论文题目
	李祥伟	男	1975.01	2010.06	口腔临床医学	孙宏晨	缓释辛伐他汀明胶软膏促进牙槽骨再生的研究
	王　敏	女	1976.10	2010.06	口腔临床医学	孙新华	MicroRNAs调控人脂肪源性干细胞成骨分化及ODN影响其调控的研究
	申玉琴	女	1970.08	2010.06	口腔临床医学	孙新华	寡核苷酸促进骨髓间充质干细胞向成骨分化作用及机制研究
中国医科大学							
	刘欢叶	女	1982.06	2010.06	口腔临床医学	艾红军	纳米晶羟基磷灰石/胶原/硫酸钙复合材料的实验研究
	孙　伟	男	1977.04	2010.06	口腔临床医学	艾红军	不同表面处理技术对镁合金体内降解及成骨作用影响的研究
	郝玉全	男	1975.02	2010.06	口腔临床医学	艾红军	Ti2448合金表面不同管径纳米管氧化膜对成骨细胞生物学行为影响的实验研究
	谭海松	男	1976.03	2010.06	口腔临床医学	王绪凯	生存素对血管瘤血管内皮细胞凋亡的影响
	魏振辉	女	1972.11	2010.06	病理学	钟　鸣	β-catenin、AXIN2与成釉细胞瘤相关研究
	李自娟	女	1978.07	2010.06	病理学	钟　鸣	Cyclin G2在人成釉细胞瘤和舌鳞癌细胞中表达与功能的研究
浙江大学							
	张　锋	男	1979.10	2010.06	口腔临床医学	赵士芳	钛基种植体表面仿细胞外基质活性涂层的设计、构建及其生物学评价
	郑园娜	女	1982	2010.06	口腔临床医学	谷志远	骨形态发生蛋白(BMP)异源二聚体在诱导成骨发生及破骨发生的体外研究
山东大学							
	陈正岗	男	1973.03	2010.06	口腔临床医学	魏奉才	沉默Id-1基因对腺样囊性癌生物学行为影响的实验研究
	董作青	男	1973.10	2010.06	口腔临床医学	魏奉才	Id-1基因沉默抑制口腔鳞状细胞癌生长转移的研究
	来庆国	男	1975.04	2010.06	口腔临床医学	徐　欣	OSX基因修饰的骨髓MSCs促进兔下颌骨牵张成骨的实验研究
	朱震坤	女	1983.07	2010.12	口腔临床医学	徐　欣	热休克蛋白27在头颈部鳞状细胞癌细胞迁移和侵袭中的作用研究
	孙钦峰	男	1967.02	2010.06	口腔临床医学	杨丕山	超声介导微泡破裂法促进骨形成蛋白-2基因转染的实验研究

续表 5

博士学位授予单位	姓名	性别	出生年月	获学位年月	所授学科专业	指导教师	毕业论文题目
	段学静	女	1981.04	2010.12	口腔临床医学	杨丕山	釉基质蛋白在体外对诱导性多能干细胞的作用及其共同在牙周再生中的应用
	颜世果	男	1979.11	2010.12	口腔临床医学	杨丕山	SATB2 基因转染促进钛种植体的骨结合
	张　凡	女	1974.05	2010.06	口腔临床医学	王春玲	白细胞介素 17 促进成骨细胞诱导破骨样细胞分化的作用和机制
中山大学							
	王劲茗	女	1974.12	2010.06	口腔临床医学	凌均棨	人牙髓侧群细胞生物学特性及体外诱导分化研究
	古丽莎	女	1980.11	2010.06	口腔临床医学	凌均棨	混合层仿生再矿化机制及应用研究
	黄湘雅	女	1977.08	2010.06	口腔临床医学	凌均棨	根尖周初次感染和持续感染的根管微生物生态学研究
	刘红艳	女	1977.11	2010.06	口腔临床医学	凌均棨	饥饿状态下粪肠球菌生物膜形成机制的实验研究
	刘　路	女	1981.12	2010.06	口腔临床医学	凌均棨	牙髓和牙周韧带细胞体外培养和诱导矿化的基因表达研究
	谷海晶	女	1974.06	2010.12	口腔临床医学	凌均棨	锌元素在防龋及矿化过程中生物学机制的研究
	李　彦	女	1963.10	2010.06	口腔临床医学	张志光	咬合垂直距离升高对颞下颌关节髁突软骨影响的研究
	麦理想	男	1978.09	2010.06	口腔临床医学	张志光	纳米 C60/TiO_2 涂层微型支抗种植体的实验研究
	郑有华	男	1962.03	2010.12	口腔临床医学	张志光	bFGF 基因转染 BMSCs 复合珊瑚骨构建下颌髁突的初步研究
	李春阳	男	1969.02	2010.06	口腔临床医学	程　斌	奥替普拉对放射性舌炎的预防作用及其机制的实验研究
	王　红	女	1975.07	2010.12	口腔临床医学	程　斌	大鼠口腔黏膜移植模型的建立及其免疫病理学特征的初步研究
	周　燕	女	1981.09	2010.06	口腔临床医学	林焕彩	早期婴幼儿龋发病危险评估的生命历程研究
	王　萍	女	1975.11	2010.12	口腔临床医学	林焕彩	广州市 12～13 岁儿童牙齿酸蚀症调查及与唾液关系的实验研究
	王　琳	女	1970.11	2010.06	口腔临床医学	廖贵清	自体骨移植修复下颌骨缺损
	陈霞云	女	1979.02	2010.06	口腔临床医学	陈松龄	CAD/CAM 模板在正颌和种植中应用及种植体即刻负载的有限元分析

续表 5

博士学位授予单位	姓名	性别	出生年月	获学位年月	所授学科专业	指导教师	毕业论文题目
	李　祥	男	1971.03	2010.12	口腔临床医学	陈松龄	组织工程骨及 GBR 技术在上颌窦提升同期牙种植中的实验研究
	李建平	男	1971.05	2010.12	口腔临床医学	陈松龄	计算机辅助手术模拟系统及个体化模板在颧眶颌复合体骨折对称性复位的研究
同济大学							
	甄　蕾	女	1980.07	2010.11	口腔临床医学	刘宏伟	人牙周膜干细胞的鉴定.microRNA 表达谱分析及永生化的初步研究
	贾珊珊	女	1982.06	2010.11	口腔临床医学	刘月华	雌激素对慢性间歇性低氧大鼠颏舌肌内低氧信号通路影响的研究
	李　文	男	1979.09	2010.11	口腔临床医学	刘月华	植物雌激素对大鼠颏舌肌功能的影响及其生物学机制的研究
南京医科大学							
	吴明月	男	1969.01	2010.07	口腔临床医学	陈　宁	牙种植体表面生物化修饰及构建组织工程支架的实验研究
	严　斌	男	1975.02	2010.07	口腔临床医学	王　林	上颌尖牙埋伏的生物力学分型与个体化诊疗
哈尔滨医科大学							
	史金娜	女	1974.01	2010.07	口腔临床医学	焦晓辉	中国北方人群 CRISPLD2 基因 SNPs 与非综合征唇腭裂相关性的研究
	陈　东	男	1968.03	2010.07	口腔临床医学	焦晓辉	舌癌和周围淋巴管面积及密度动物模型的建立
	张　冰	女	1969.11	2010.07	口腔临床医学	焦晓辉	非综合征性唇腭裂环境危险因素筛选的研究
福建医科大学							
	郭建斌	男	1982.04	2010.06	口腔临床医学	闫福华	人白细胞介素-10 基因治疗对去卵巢大鼠骨代谢及种植体骨结合影响的实验研究
军医进修学院							
	汪　林	女	1978.05	2010.07	口腔临床医学	刘洪臣	IR 和 IGF-1R 在糖尿病大鼠拔牙窝愈合过程中的表达及作用
	朱东望	女	1970.07	2010.07	口腔临床医学	刘洪臣	米诺环素对口颌面部炎性疼痛及 p38MAPK 通路作用的研究
	王　懿	女	1980.06	2010.07	口腔临床医学	刘洪臣	米诺环素对伴放线共生放线杆菌的抑菌作用及对人牙周膜成纤维细胞的生物学作用

续表 5

博士学位授予单位	姓名	性别	出生年月	获学位年月	所授学科专业	指导教师	毕业论文题目
	赵　弘	女	1968.09	2010.07	口腔正畸学	刘洪臣 顾晓明	正畸支抗种植钉的稳定性研究
	张　勇	女	1970.04	2010.07	口腔临床医学	刘洪臣	生长分化因子-5 诱导人脂肪基质细胞成骨的实验研究
	邓　斌	男	1971.07	2010.07	口腔临床医学	刘洪臣 田杰谟	牙科氧化锆与衡饰面瓷双层瓷结构的界面观察及相关影响因素研究
重庆医科大学							
	范小平	男	1969.10	2010.07	组织工程与细胞工程	邓　锋	涎腺腺样囊性癌细胞中 PTEN 基因启动子区甲基化状态的研究
河北医科大学							
	卢海燕	女	1967.03	2010.06	病理学与病理生理学	王　洁	下颌前移矫治器治疗 OSAHS 的动物实验研究及临床应用
	单丽华	女	1964.04	2010.06	外科学	董福生	影响微型种植体-骨界面应力分布和骨整形成的因素分析
华中科技大学							
	白宇明	男	1977.03	2010.07	外科学	毛　靖	利用增龄性指标判定华中地区青少年生理年龄的研究
	王　丹	女	1981.10	2010.07	外科学	毛　靖	融合肽 minTBP-I-PRGDN 涂层影响肽表面成骨细胞黏附、增殖及分化功能的体外研究
中南大学							
	李　明	女	1979.07	2010.12	临床医学	彭解英	槟榔碱对上皮细胞周期、凋亡、恶性转化影响的初步研究
	吴颖芳	女	1971.09	2010.06	临床医学	彭解英	丹参联合小剂量波尼松龙治疗黏膜下纤维性变临床和蛋白质组学研究
	周雄文	女	1966.10	2010.06	临床医学	翦新春	αD_3 对不同月龄雄性大鼠颌骨股骨 RANK/RANkL/OPG 的影响
	谢晓莉	女	1964.07	2010.06	临床医学	凌天牖	LTA 及 LPS 对人牙周膜细胞凋亡和炎性细胞因子的影响
	张　胜	男	1969.02	2010.06	临床医学	凌天牖	舌鳞癌基因组 DNA 甲基化谱的初步构建
	王　铠	男	1973.01	2010.06	临床医学	凌天牖	染色体 3p21.3 区域中口腔鳞癌相关候选抑瘤基因的筛选及其功能的初步研究
第三军医大学							
	陈渝斌	男		2010.07	外科学	谭颖微	下颌骨火器伤有限元仿真及生物力学机制的初步研究

表 6　2010 年度我国口腔医学院 8 年制毕业生一览表

博士学位授予单位	姓名	性别	出生年月	获学位年月	所授学科专业	指导教师	毕业论文题目
北京大学	张　瑶	女	1984.11	2010.07	口腔医学	高学军 沈　嵩	低聚合收缩复合树脂 Filtek™ P90 充填封闭性的研究
	米姗姗	女	1984.05	2010.07	口腔医学	高学军 董艳梅	溶胶-凝胶生物活性玻璃对人牙髓细胞作用的研究
	闫　鹏	男	1983.06	2010.07	口腔医学	高学军 岳　林	复合树脂的成分与表面粗糙度关系的研究
	谢克贤	男	1984.01	2010.07	口腔医学	高学军 王晓燕	复合树脂修复根管治疗后上颌前磨牙的抗力研究
	刘　浩	男	1984.08	2010.07	口腔医学	高学军 张　清	牙本质液压通透模型的建立和应用
	乔　敏	男	1983.02	2010.07	口腔医学	孟焕新 徐　莉	侵袭性牙周炎不同亚型的牙槽骨吸收特点和牙根形态的遗传度分析
	乐　迪	男	1983.11	2010.07	口腔医学	孟焕新 胡文杰	上前牙牙龈形态与临床牙冠关系的初步研究
	廖雁婷	女	1985.01	2010.07	口腔医学	孟焕新 和　璐	Ⅱ型糖尿病患者牙周状况分析及唾液五种牙周致病菌的检测
	肖文美	女	1984.01	2010.07	口腔医学	欧阳翔英	牙周治疗对牙周炎伴冠心病患者 E 选择素水平的影响
	江双凤	女	1982.10	2010.07	口腔医学	欧阳翔英 栾庆先	唾液 C 反应蛋白检测方法的探索
	邢海霞	女	1983.11	2010.07	口腔医学	刘宏伟 王传社	HIV 携带者/AIDS 患者舌象特点的研究
	封　帅	女	1984.01	2010.07	口腔医学	华　红	中西医结合治疗口腔黏膜病的 Meta 分析
	赵　鑫	女	1983.07	2010.07	口腔医学	葛立宏 秦　满	计算机控制下局部麻醉注射系统在儿童中的应用及医患对疼痛认识的分析
	范新新	女	1984.01	2010.07	口腔医学	葛立宏	非综合征性单侧完全性唇腭裂儿童恒牙发育异常发生情况的研究
	雷　玥	女	1986.10	2010.07	口腔医学	葛立宏 郑树国	儿童口腔不良习惯的相关因素分析
	黄山娟	女	1985.01	2010.07	口腔医学	葛立宏 刘　鹤	387 颗年轻恒牙外伤牙冠折断的回顾性研究
	刘　曦	女	1984.06	2010.07	口腔医学	徐　韬 王伟健	北京市城镇和农村地区成人牙本质敏感的流行病学调查及抗敏感牙膏的临床试验研究
	赵河川	女	1984.01	2010.07	口腔医学	徐　韬 阮霄迟	应用 Real-time PCR 研究 1.23% 氟化泡沫对儿童变异链球菌的作用

续表 6

博士学位授予单位	姓名	性别	出生年月	获学位年月	所授学科专业	指导教师	毕业论文题目
	师晓蕊	女	1984.04	2010.07	口腔医学	徐　军	偏侧咀嚼无牙颌患者建颌位置的初步研究
	杜　阳	女	1984.07	2010.07	口腔医学	冯海兰 谭建国	133 例青年人上颌前牙区牙龈颜色的色度学研究
	董　静	女	1983.09	2010.07	口腔医学	冯海兰	下颌种植覆盖义齿的三维有限元受力分析
	王玉波	男	1985.01	2010.07	口腔医学	王新知 郑　刚	离体牛牙储存条件对釉质粘接剪切强度的影响
	李　阳	女	1984.02	2010.07	口腔医学	王新知	傲丹特全冠用金合金、烤瓷用金合金临床试验观察
	梁　峰	男	1984.09	2010.07	口腔医学	王新知 邓旭亮	口腔金属材料对巨噬细胞的影响
	刘志强	男	1984.09	2010.07	口腔医学	谢秋菲	含钾临时黏接剂的释钾能力及对牙髓的影响
	张津京	女	1984.02	2010.07	口腔医学	吕培军 刘玉华	排龈时间对龈沟宽度影响的临床研究
	宋　杨	女	1984.01	2010.07	口腔医学	吕培军	嵌体 CAD 路线的探索和自动化 CAD 软件的初步开发
	刘晓默	女	1983.09	2010.07	口腔医学	林久祥	不同托槽-弓丝组合的摩擦力临界角的实验研究
	宋广瀛	女	1983.06	2010.07	口腔医学	许天民	正畸疗效满意度主观评价一致性的研究
	关　心	女	1984.08	2010.07	口腔医学	周彦恒	微螺钉种植体支抗内收前牙的长期疗效评价研究
	罗　漪	女	1983.03	2010.07	口腔医学	李巍然	自锁托槽与传统托槽对切牙区牙周健康状况影响的研究
	张　薇	女	1983.12	2010.07	口腔医学	傅开元	咀嚼肌痉挛的临床和肌电图研究
	王　瞳	女	1985.02	2010.07	口腔医学	王　兴 李自力	高角骨性安氏Ⅱ类错𬌗畸形正颌术后稳定性初步研究
	石钿印	女	1984.10	2010.07	口腔医学	俞光岩	液氮冷冻加术后放疗在治疗腮腺癌保留面神经中的应用
	耿远明	男	1983.11	2010.07	口腔医学	俞光岩 毛　驰	游离桡侧前臂皮瓣供区并发症的临床分析
	周　侠	男	1983.12	2010.07	口腔医学	郭传瑸 刘　宇	基于逆向工程技术测量分析云南白药对下颌阻生第三磨牙拔除术后面部肿胀程度的影响
	陆长玺	男	1983.11	2010.07	口腔医学	郭传瑸	成釉细胞瘤侵袭深度与 MMP-2 表达的初步研究
	石　妍	女	1984.10	2010.07	口腔医学	张建国	^{125}I 粒子治疗舌下腺恶性肿瘤的临床和剂量学实验研究

续表6

博士学位授予单位	姓名	性别	出生年月	获学位年月	所授学科专业	指导教师	毕业论文题目
	高 明	女	1984.01	2010.07	口腔医学	林 野	3D-CT引导下计算机辅助设计种植外科导板临床应用初步研究
	葛雯姝	女	1983.02	2010.07	口腔医学	冯海兰 周永胜	视网膜母细胞瘤结合蛋白2抑制人脂肪基质细胞成骨分化的机制
	蔡建蕊	女	1983.01	2010.07	口腔医学	蔡志刚	自体颌下腺移植术后泪溢的非手术治疗——A型肉毒毒素和阿托品临床应用的初步研究
	钟 研	女	1985.04	2010.07	口腔医学	马 莲 罗 奕	咽后壁瓣成形术对于腭咽闭合不全患者中耳功能及听力影响的初步研究
	任抒欣	女	1984.07	2010.07	口腔医学	马 莲	腭隐裂患者犁骨腭板融合程度与上颌骨发育的关系研究

教育部 财政部关于立项建设2010年国家级教学团队的通知

教高函[2010]12号

各省、自治区、直辖市教育厅(教委)、财政厅(局),新疆生产建设兵团教育局、财务局,有关部门(单位)教育司(局)、财务司(局),解放军总参谋部军训和兵种部,教育部直属各高等学校:

根据《教育部财政部关于实施高等学校本科教学质量与教学改革工程的意见》(教高〔2007〕1号)的总体安排,经各地推荐,专家评审,现确定北京大学"宪法与行政法教学团队"等308个教学团队(含8个军队院校团队)为2010年国家级教学团队(名单见附件)。现就项目建设有关事项通知如下:

一、各地方教育行政部门、有关高等学校要按照《教育部关于进一步深化本科教学改革全面提高教学质量的若干意见》(教高〔2007〕2号)和《教育部关于全面提高高等职业教育教学质量的若干意见》(教高〔2006〕16号)的要求,做好教学团队的建设工作。通过国家级教学团队的建设,改革教学内容和方法,开发教学资源,促进教学研讨和教学经验交流,推进教学工作的传、帮、带和老中青相结合,提高中青年教师的教学水平;探索教学团队在组织架构、运行机制、监督约束机制等方面的运行模式,为兄弟院校培训教师提供可推广、借鉴的示范性经验。鼓励高校和地方教育行政部门建设校级、省级教学团队。

二、中央财政将安排每个团队30万元专项资金(军队院校团队除外),资助国家级教学团队进一步开展教学研究、编撰出版教材、培养中青年教师、接受教师进修等工作。各国家级教学团队应按照财政部、教育部的《高等学校本科教学质量与教学改革工程专项资金管理暂行办法》(财教〔2007〕376号),严格管理和使用经费,专款专用。

三、请各有关高等学校组织专家对国家

级教学团队提出的“团队今后建设计划”进行论证，编制今后三年的建设任务书（任务书模板可在国家级教学团队主页 http://jxtd. zlgc. org/上下载）。任务书一式两份，一份留学校教务处备案，另一份于2010 年9 月20 日前寄到教育部高等教育司教学条件处（地址：北京西单大木仓胡同35 号，邮编：100816），同时向教学条件处提交任务书的电子版（邮箱：gaojs_jxtj@ moe. edu. cn）。教学条件处联系电话：010-66096925。

四、国家级教学团队主页上设有教学团队建设模块，作为对立项团队进行宣传、推广、监督、检查、评估的平台。各团队应根据建设任务书中分年度建设计划，及时填报项目建设情况，填报办法见国家级教学团队主页上《关于填报 2010 年度国家级教学团队建设进展信息的通知》。

中华人民共和国教育部
中华人民共和国财政部
二〇一〇年七月七日

附件：1. 2010 年度国家级教学团队名单（见表7）

表7　2010 年度国家级教学团队名单

序号	团队名称	带头人	所在学校
3	口腔医学课程建设教学团队	郭传瑸	北京大学
105	口腔颌面外科学教学团队	张志愿	上海交通大学

教育部 财政部关于批准 2010 年度国家精品课程建设项目的通知

教高函〔2010〕14 号

各省、自治区、直辖市教育厅（教委），新疆生产建设兵团教育局，有关部门（单位）教育司（局），解放军总参谋部，部属各高等学校：

为贯彻落实《教育部 财政部关于实施高等学校本科教学质量与教学改革工程的意见》（教高〔2007〕1 号）和《教育部关于进一步深化本科教学改革全面提高教学质量的若干意见》（教高〔2007〕2 号）精神，按照 2010 年度高等学校本科教学质量与教学改革工程项目申报工作要求，经过网络评审、专家会评以及上网公示，决定批准 2010 年度国家精品课程 763 门。其中，普通高等学校本科课程 438 门、高职高专课程 229 门、网络教育课程 60 门，军队院校（含武警）课程 36 门（名单见附件）。现予公布。

一、国家精品课程要按规定将课程内容全部上网，取消登录用户名和密码，向全国免费开放。用户可登录“高等学校本科教学质量和教学改革工程”网（www. zlgc. edu. cn），点击“国家精品课程建设”，或直接登录“全国高等学校精品课程建设工作”网（www. jpkcnet. com），浏览国家精品课程内容和了解全国精品课程建设工作的相关信息。

二、有关高等学校要按照《教育部办公厅关于印发＜国家精品课程建设工作实施办法＞的通知》（教高厅〔2003〕3 号）和《教育部办公厅关于＜国家精品课程建设工作实施办法＞补充规定的通知》（教高厅〔2004〕13 号）要求，进一步加强课程建设，不断改善网络条件，更新和完善课程网上教学资源。军队院校的国家精品课程由总参谋部负责管理。

三、各地教育行政部门和高等学校要进

一步加大教学投入和政策支持,推进优质资源的建设与共享。高等学校要充分利用国家精品课程的优质资源和建设经验,推进本校课程改革,不断提高教学质量。

四、未经著作权人许可,任何人不得将国家精品课程内容用作商业目的的活动。

教育部 财政部

二〇一〇年六月二日

附件:2010年度国家精品课程名单(见表8)

表8 2010年度国家精品课程名单

序号	学科门类	专业类	课程名称	学校名称	负责人
404	医学	口腔医学类	口腔基础医学	四川大学	李 伟
405	医学	口腔医学类	儿童口腔医学	北京大学	葛立宏
406	医学	口腔医学类	口腔组织病理学	吉林大学	孙宏晨
407	医学	口腔医学类	口腔正畸学	南京医科大学	王 林

教育部 财政部关于批准2010年度双语教学示范课程建设项目的通知

教高函[2010]11号

各省、自治区、直辖市教育厅(教委)、财政厅(局),新疆生产建设兵团教育局、财务局,有关部门(单位)教育司(局)、财务司(局),教育部直属各高等学校:

为贯彻落实《教育部财政部关于实施高等学校本科教学质量与教学改革工程的意见》(教高〔2007〕1号)和2010年度高等学校本科教学质量与教学改革工程项目申报工作要求,经专家评审,现批准北京大学《应用分析》等151门课程为2010年度双语教学示范课程(名单见附件)。现将有关事宜通知如下:

一、双语教学示范课程的建设内容包括双语师资的培训与培养、聘请国外教师和专家来华讲学、先进双语教材的引进与建设、双语教学方法的改革与实践、优秀双语教学课件的制作、双语教学经验的总结等。有关高等学校应积极利用现代教育技术手段,发挥示范辐射作用。

双语教学示范课程的项目管理按照教育部、财政部《高等学校本科教学质量与教学改革工程项目管理暂行办法》(教高〔2007〕14号)执行。

二、双语教学示范课程建设项目每门课程资助经费10万元。有关高等学校应为双语教学示范课程提供配套经费,重点做好双语师资的培养。资金管理按财政部、教育部《高等学校本科教学质量与教学改革工程专项资金管理暂行办法》(财教〔2007〕376号)执行。

三、各高等学校要充分利用示范课程的资源和经验,不断提高本校的双语教学质量,不断探索与国际先进教学理念和教学方法接轨的、符合中国实际的双语课程教学模式,为全面提高我国高等教育教学质量做出新成绩。

附件:2010年度双语教学示范课程名单(见表9)

中华人民共和国教育部

中华人民共和国财政部

二〇一〇年七月七日

表 9　2010 年度双语教学示范课程名单

序号	课程名称	课程负责人	所属学校
46	口腔正畸学	沈　刚	上海交通大学

第六批高等学校特色专业建设点名单

摘自教育部教高函[2010]15 号文“教育部 财政部关于批准第六批高等学校特色专业建设点的通知”附件。

表 10　第六批高等学校特色专业建设点名单

项目编号	学校名称	专业名称
TS12203	山东大学	口腔医学

关于下达 2010 年新增硕士专业学位授权点的通知

学位[2010]32 号

各省、自治区、直辖市学位委员会、教育厅(教委),新疆生产建设兵团教育局,中国科学院研究生院、中国社会科学院研究生院,有关部委属高等院校:

2010 年硕士专业学位授权审核结果,已经国务院学位委员会批准,现将批准的新增硕士专业学位授权点名单发给你们,请省级学位委员会下达有关学位授予单位。

新增硕士专业学位授权点列入 2011 年全国研究生统一招生专业目录。请有关主管部门加大研究生教育结构调整力度,完善硕士专业学位教育布局,对所属学位授予单位的专业学位教育工作予以支持。各学位授予单位应加强建设,积极主动适应国家和区域经济社会发展需要,不断调整、优化硕士研究生类型结构,推进研究生专业学位教育的培养模式和管理机制创新,不断提高硕士专业学位人才培养质量。

国务院学位委员会

二〇一〇年九月二日

表 11　2010 年新增硕士专业学位授权点名单(按省市区排序)

所在省市	单位名称	硕士专业学位类别	主管部门
北京市	北京协和医学院	口腔医学	卫生部
山西省	山西医科大学	口腔医学	山西省教育厅
江苏省	南京大学	口腔医学	教育部
山东省	滨州医学院	口腔医学	山东省教育厅
重庆市	第三军医大学	口腔医学	中国人民解放军学位委员会

教育部关于公布 2010 年度高等学校专业设置备案或审批结果的通知

摘自教育部教高[2011]4 号文“教育部关于公布 2010 年度高等学校专业设置备案或审批结果的通知”附件 1、2、5。

表 12　2010 年度经教育部备案或审批同意设置的高等学校本科专业名单

序号	主管部门 学校名称	专业代码	专业名称	修业年限	学位授予门类
	内蒙古自治区				
326	赤峰学院	100401	口腔医学	五年	医学

表 13　2010 年度经教育部审批同意设置的高等学校医学类专科专业名单

序号	主管部门	学校名称	专业代码	专业名称	修业年限
2	河南省	南阳医学高等专科学校	630102	口腔医学	三年

表 14　需考察或评估的高等学校医学类专业名单

序号	主管部门	学校名称	专业代码	专业名称	修业年限	学位授予门类	备注
1	安徽省	蚌埠医学院	100401	口腔医学	五年	医学	
2	河南省	新乡医学院	100401	口腔医学	五年	医学	待考察合格后方可招生
5	青海省	青海大学	100401	口腔医学	五年	医学	
7	重庆市	重庆三峡医药高等专科学校	630102	口腔医学	三年		专科专业，待评估合格后方可招生
9	贵州省	黔东南民族职业技术学院	630102	口腔医学	三年		

关于下达 2010 年审核增列的博士和硕士学位授权一级学科名单的通知

学位[2011]8 号

各省、自治区、直辖市学位委员会，中国人民解放军学位委员会，有关学位授予单位：

2010 年审核增列的博士和硕士学位授权一级学科名单，已经国务院学位委员会第二十八次会议审议批准，现将批准的授权学科名单发给你们。请各省、自治区、直辖市学位委员会和中国人民解放军学位委员会，将属本委员会组织审核或初审的授权学科名单下达到有关学位授予单位并抄送相关的学位授予单位主管部门。

附件：2010 年审核增列的博士和硕士学位授权一级学科名单（见表 15、16）

国务院学位委员会

二〇一一年三月三日

表15　2010年审核增列的博士学位授权一级学科名单

学位授予单位名称	一级学科名称	学位授予单位名称	一级学科名称
天津医科大学	口腔医学	山东大学	口腔医学
中国医科大学	口腔医学	中山大学	口腔医学
同济大学	口腔医学	解放军总医院(军医进修学院)	口腔医学
南京医科大学	口腔医学		

表16　2010年审核增列的硕士学位授权一级学科名单

学位授予单位名称	一级学科名称	学位授予单位名称	一级学科名称
北京协和医学院	口腔医学	暨南大学	口腔医学
南开大学	口腔医学	广西医科大学	口腔医学
中国医科大学	口腔医学	重庆医科大学	口腔医学
辽宁医学院	口腔医学	贵阳医学院	口腔医学
哈尔滨医科大学	口腔医学	遵义医学院	口腔医学
南京大学	口腔医学	西安交通大学	口腔医学
安徽医科大学	口腔医学	兰州大学	口腔医学
福建医科大学	口腔医学	新疆医科大学	口腔医学
南昌大学	口腔医学	南方医科大学	口腔医学
郑州大学	口腔医学	第二军医大学	口腔医学

（薛玉萍）

人　物

第七届中国医师奖获奖医师

（按姓氏笔画排序）

王大章

王大章，男，1935年生，四川成都人。1956年毕业于四川医学院口腔医学系（现四川大学华西口腔医学院），留校任教。1982—1984年在美国哈佛大学口腔颌面外科系麻省总医院口腔颌面外科研修，1999年日本齿科大学授予荣誉博士学位。先后受聘为日本齿科大学、美国哈佛大学、韩国国立汉城（现首尔）大学客座教授及国内首都医科大学、天津医科大学荣誉教授。历任华西医科大学副校长，华西医科大学口腔医学院及口腔医院院长、口腔医学研究所所长、口腔颌面外科主任，口腔颌面外科学教授、主任医师，博士研究生导师、博士后合作导师，卫生部口腔生物医学工程重点实验室学术委员会主任委员，国务院学位委员会临床学科评议组及国家自然科学基金委临床学科评审组成员，亚洲口腔颌面外科医师协会理事，中华口腔医学会副会长、口腔颌面外科专业委员会副主任委员，中国抗癌协会头颈肿瘤外科专业委员会常委、顾问及澳门口腔医学会荣誉会长。现任中华口腔医学会荣誉会长、口腔颌面外科专业委员会顾问，中国医师协会口腔医师分会顾问，国际牙医师学院院士（FICD），国际口腔颌面外科医师协会（IAOMS）及国际牙科研究学会（IADR）会员。曾任《华西口腔医学杂志》主编，《中华口腔医学杂志》及 *The Chinese Journal of Dental Research* 副主编，*Journal of the Nippon Dental University* 编委。现任《中国口腔颌面外科杂志》副主编，《中国口腔医学年鉴》荣誉主任委员，《华西口腔医学杂志》荣誉主编以及14种专业杂志编委。

王大章教授在医、教、研战线勤奋工作近55年，与同道一起为我国口腔医学及口腔颌面外科学的建设、发展作出了重要贡献。擅长口腔颌面部整复、重建与肿瘤外科，与同道一起开拓、发展了我国的现代正颌外科及颞下颌关节镜外科。其医德好、医术精，积极钻研新技术、新疗法，诊疗救治了大量口腔颌面外科伤病员。研究成果先后获全国科学大会奖1项，国家发明四等奖1项，国家科技进步二等奖1项，部、省级科技进步奖13项，发明及实用专利各1项。近年先后获得“中国口腔颌面外科建设发展突出贡献奖”、“中华口腔医学会建设与发展杰出贡献奖”和中国口腔颌面外科“华佗奖”。

主编、参编专著16部，国内外发表论文260余篇。已培养博士后4名、博士生36名、硕士生10名。1992年享受国务院政府特殊津贴，1994年获卫生部有突出贡献专家称号，1998年及2005年连续评为四川省学术与技术带头人，2002年获四川省师德标兵。

栾文民

栾文民，男，1940年生，河北人。1964年

毕业于北京医学院口腔医学系，毕业后分配到卫生部北京医院工作至今。1982—1984 年在丹麦奥胡斯皇家牙科学院进修老年牙科学。现任北京医院口腔科主任医师，北京大学口腔医学院兼职教授、博士研究生导师。兼任中国医师协会口腔医师分会会长，中华口腔医学会副会长。先后担任 *Journal of Oral Rehabilitation* 等 4 种国际杂志编委，曾任《中华口腔医学杂志》、《中国牙科学研究杂志》（英文版）副主编。

从事口腔医疗、保健、科研和教学工作 40 余年，是北京医院首届知名专家，我国老年口腔医学的创建者之一，在国际老年口腔医学界有一定知名度。主要从事老年口腔医学的临床和科研工作，他从国外进修回国后，积极推动我国口腔医学的发展，在全国各地讲授老年口腔医学。在担任中华口腔医学会第一、二届老年口腔医学专业委员会主任委员期间，积极组织各种形式的研讨会，邀请国内外知名专家讲学，普及和推广老年口腔医学的知识，促进了我国老年口腔医学的发展。

栾文民教授在北京延庆县古城村进行了长达 10 年的口腔健康状况纵向研究。该研究内容在 SCI 收录杂志发表论文 10 篇，其中 2 篇在国际权威牙科杂志 *JDR* 发表，论文内容被国外教科书 *Textbook of Geriatric Dentistry*（《老年牙科学》）及英国剑桥大学出版社出版的专著 *Dental Caries*（《龋病》）引用。曾多次在国际牙科研究学会（IADR）年会等国际学术会议上报告该项研究，并应邀在美国、英国、日本、丹麦和瑞士的牙科学院讲学。该项研究在国际上被誉为是经典的纵向研究。

栾文民教授非常关心农村的卫生保健，在延庆调查期间，免费为农民和养老院的老人治疗牙病，广受欢迎；曾 4 次积极参加医疗队，支援贫困地区为基层百姓提供口腔诊疗服务，事迹曾在人民日报上宣传报道。在参加唐山大地震抗震救灾医疗队期间，他日以继夜的工作，抢救了大批伤员，被选为唐山丰南地震抗震救灾模范。在大寨医疗队的一年中，除为患者服务外，还培养赤脚医生，帮助建立口腔科，方便患者当地就医，得到当地群众的赞扬。在云南抗震救灾医疗队，除抢救伤员外，还在帐篷中为群众做唇裂手术，受到群众的欢迎。

栾文民教授自 2003 年 12 月担任中国医师协会口腔医师分会会长职务以来，从组织筹备口腔医师分会成立，到主持日常工作都作出很大贡献。任职两届以来顺利完成总会各项任务与工作，口腔师分会获得“优秀专科医师分会”称号。

近年来在国内外杂志发表论文 41 篇，其中 12 篇在 SCI 收录杂志发表，主编《实用口腔内科学》等专著 7 部，参编《实用口腔医学》及 *Dental Caries* 等专著 8 部。获卫生部医药卫生科技进步奖、中华医学科技奖及北京市科技进步奖各 1 项。1989 年被评为卫生部有突出贡献的中青年专家，1990 年被评为全国卫生系统优秀留学回国人员，1993 年享受国务院颁发的政府特殊津贴。

章锦才

章锦才，男，1962 年生，浙江长兴人。1983 年浙江医科大学口腔医学系毕业，1983—1989 年在华西医科大学口腔医学院攻读硕士和博士学位，1989 年赴美国加州大学旧金山分校进行博士后研究，1993 年初回华西医科大学口腔医学院工作。历任华西医科大学副教授、教授,博士研究生导师,口腔医学院、附属口腔医院副院长。2001年6月调广东省口腔医院,现任广东省口腔医院、南方医科大学附属口腔医院院长,主任医师、教授,博士研究生导师。兼任中华口腔医学会常务理事、牙周病学专业委员会副主任委员、口腔医院管理专业委员会常委,为国际牙科研究会(IADR)会员,亚太牙周病学学会主席(2007—2009),国际牙医师学院院士(FICD),中国医师协会理事,中国医师协会口腔医师分会副会长,广东省医师协会副会长,广东省口腔医学会副会长。《广东牙病防治》杂志主编,《中华口腔医学杂志》等国内十几种专业杂志编委。

章锦才教授长期从事牙周病病因与防治的研究。主要研究领域有牙周炎敏感性相关基因的研究、牙周炎微生物病因学研究、牙周炎对全身健康影响及其机制的研究。主编、参编专著8部,发表学术论文150余篇,其中SCI论文10篇。相继承担了国家自然科学基金、国家教委、科技部、省级等各类科研项目。曾获四川省科技进步二等奖、教育部科技进步三等奖、北京市教学成果一等奖、国家级教学成果一等奖。享受国务院政府特殊津贴。他指导硕士和博士研究生40多名、博士后2名,为我国牙周病学界培养了大批专门人才。多次应邀在重要国际学术会议做专题报告并在国际知名大学、国内多所医院及大学讲学。近年来,作为中华口腔医学会"口腔健康与口腔医学发展西部行"授课老师多次为基层医师讲课,为我国牙周病学学术水平的提高和临床诊治水平的提高作出了重要贡献。

章锦才教授任广东省口腔医院院长以来,带领全院医务人员开拓进取,锐意改革,制定和完善了适合口腔专科医院发展的一整套规章制度,使医院在口腔临床医疗、科研、教学、牙防工作以及人才队伍建设等方面都取得了可喜的成绩。积极推动全省的牙病防治工作,经常下乡指导基层口腔病防治队伍和机构建设。作为院长,他安排医院的专家到基层技术扶持;作为专家,他身先士卒,每年都到全省各地讲课和技术指导,为缓解当地口腔病患者的就医难问题作出了重要贡献。

(以上获奖医师事迹介绍摘自中国医师网第七届中国医师奖获奖医师先进事迹)

2010年全国优秀科技工作者

王松灵

王松灵,男,1962年生。1984年毕业于北京医科大学口腔医学院,1989年获该校医学科学博士学位。1991至1992年在日本东京齿科大学做博士后研究,1996至1998年及2001年5月至9月在美国国立卫生研究院、国立牙颅颌研究所做高级访问学者。历任首都医科大学口腔医学院副院长、北京口腔医院副院长、北京口腔医学研究所副所长,教授、主任医师,博士研究生导师,2005年2月至今任首都医科大学副校长。兼任中国高等医学教育学会常务理事,中国高等医学教育学会口腔医学研究会理事长,教育部高等学校口腔医学专业教学指导委员会副主任委员;中华口腔医学会常务理事、口腔医学教育专业委员会主任委员、口腔颌面外科专业委员会涎腺疾病学组组长、口腔生物医学专业委员会首任主任委员;全国口腔医学教材评审委员会委员，国际涎腺学会理事，*Oral Diseases*、*Journal of Oral Rehabilitation* 等 5 种国际期刊编委，《中华口腔医学杂志》等 6 种口腔医学杂志副主编，10 余种杂志编委及特邀编委。

主要研究方向为涎腺疾病的诊治及基础研究、牙齿生长发育和再生研究。发表论文 150 余篇，其中 SCI 收录英文论文 66 篇，英文 review article 5 篇，主编专著 5 部，参编 12 部。曾获 2007 年国际及美国牙科研究学会联合颁发的威廉盖茨奖（William J. Gies Award）和 *J Dent Res* 最佳封面论文奖，2009 年 Royan International Stem Cell Research Award，2003 年及 2010 年作为第一完成人两次获国家科技进步二等奖，获北京市及卫生部科技进步奖 10 项，为 2006 年全国百篇优秀博士学位论文、2008 年北京优秀博士学位论文指导教师。被评为卫生部有突出贡献中青年专家，入选人事部跨世纪学科学术带头人，获全国卫生系统十大杰出青年岗位能手和全国优秀科技工作者荣誉称号。获国家杰出青年科学基金、“973”和“863”重大专项课题、国家自然科学基金重点项目、北京市重大专项等多项科研基金资助。指导博士研究生 28 名、硕士研究生 16 名、博士后 7 名。

2010 年新增列口腔医学博士研究生导师

（按姓氏笔画排序）

仇丽鸿

仇丽鸿，女，1968 年 1 月生，辽宁沈阳人。1986 年毕业于中国医科大学口腔医学系，1996 年和 2004 年分别获得该校医学硕士和医学博士学位。2005 年被教育部派往日本德岛大学做访问学者并研修 1 年。历任中国医科大学口腔医学院讲师、主治医师、副教授、副主任医师。现任该院教授、主任医师，博士研究生导师，牙体牙髓病学教研室和牙体牙髓科主任、口腔黏膜病学教研室和口腔黏膜科主任，兼任辽宁省口腔医学会第三届理事会理事、口腔内科专业委员会副主任委员，《中国实用口腔科杂志》编委。

主要从事龋病、非龋性疾病、牙髓病和根尖周病等的教学、科研及临床工作，尤其对深龋的充填、磨损牙齿的无创治疗、外伤牙的治疗，显微根管治疗、根尖切除术、根管倒充填术等方面有深入的研究。目前主要的研究方向为牙髓病致病菌对根尖周骨组织的致病作用。已发表学术论文 40 余篇，其中 SCI 收录 2 篇，CA、BA、Medline 收录 20 余篇。主持省、市课题 3 项。作为第一负责人，获得辽宁省、沈阳市科技进步三等奖各 1 项。多次被评为优秀教师，多次获得先进医务工作者、优秀医生的荣誉称号。指导硕士研究生 11 名。

（中国医科大学口腔医学院供稿）

王　军

王军，男，1974 年 8 月生，山西大同人。1997 年毕业于白求恩医科大学口腔医学院（现吉林大学），2003 年毕业于四川大学华西口腔医学院（硕博连读），获医学博士学位并留校任教。同年进入四川大学生物医学工程博士后流动站，主要从事细胞生物力学方面的研究。2010 至 2011 年于美国南加州大学颅颌面分子生物学研究中心（CCMB，USC）

从事间充质干细胞免疫方面的基础研究工作。历任四川大学华西口腔医学院正畸科讲师、主治医师、副教授、副主任医师，硕士研究生导师。现任华西口腔医学院口腔正畸学系副主任、口腔正畸科主任，博士研究生导师。兼任中华口腔医学会正畸专业委员会委员兼秘书。

临床主要从事牙颌面畸形的矫治及预防，科研方向为间充质干细胞生物力学与口腔组织重建。先后获得国家自然科学基金4项(青年基金1项、面上项目2项、国际合作项目1项)，四川省应用基础及支撑计划研究项目各1项。参研国家自然科学基金重点项目、“十五”国家科技攻关计划项目各1项。近5年来发表SCI论文10篇，EI论文1篇，获得发明专利和实用新型专利各1项。2009年获教育部科技进步奖一等奖(排名第三)，2010年获教育部新世纪优秀人才支持计划资助。

(四川大学华西口腔医学院供稿)

王　彦

王彦，女，1962年9月4日生，黑龙江宁安人。1983年毕业于佳木斯医学院口腔医学系并留校任教，1988年获白求恩医科大学医学硕士学位。1993年获中国卫生部日本笹川医学奖学金资助，赴日本大阪大学齿学部研修。1996年获日本文部省奖学金资助，赴日本国德岛大学攻读医学博士学位，2000年3月获该校医学博士学位。在日留学期间，主要从事口腔正畸学临床和研究工作。对Vitamin D analogues以及TGF-beta 1在正畸牙齿移动过程中牙周组织代谢的影响进行了系列的基础和临床研究。2000年7月至2010年3月在美国宾夕法尼亚大学牙学院微生物系进行博士后研究，任研究助理。历任佳木斯医学院讲师、主治医师。2010年入选中山大学引进国外杰出人才“百人计划”，受聘于中山大学光华口腔医学院口腔医学研究所，任研究员，博士研究生导师。

主要从事卡波西氏肉瘤相关病毒(KSHV)致瘤机制的研究。近10年来，在KSHV DNA复制机制的系列研究中有了重要的突破，鉴定了该病毒溶解性DNA复制的起始部位，重要的基因序列。鉴定并阐明了ORF50、K8、PPF等病毒蛋白在病毒DNA复制过程中的作用。近期又鉴定了以TopI、PARP1、MSH6、Ku86、RecQL等为代表的宿主蛋白在病毒复制过程中的重要作用。相关的研究成果已发表在国际一流专业杂志，并受到研究领域中学者的关注。

(中山大学光华口腔医学院供稿)

王　智

王智，女，1978年5月生，四川泸州人。2003年毕业于四川大学华西口腔医学院(本硕连读)，2007年获四川大学口腔医学博士学位并留校工作，历任讲师、教授。2010年12月调入中山大学光华口腔医学院，任教授，博士研究生导师。兼任中华口腔医学会中西医结合专业委员会委员，*Regulatory Peptides*，*International Journal of Oral Science* (*IJOS*)，*Tohoku Journal of Experimental Medicine*

(*TJEM*)等 SCI 杂志审稿专家。

主要研究方向为口腔黏膜病的病因及防治。现主要进行口腔黏膜癌变相关标记物的研究,该研究首次提供一种蛋白组与功能基因组学联合探讨肿瘤发生发展机制的崭新策略。由于该研究工作的创新性和应用潜能,荣获 2009 年全国百篇优秀博士学位论文,并获得 2008 年度国家自然科学基金、教育部博士点新教师基金,2009 年度霍英东基金、高等院校青年教师基金及教育部高等学校全国优秀博士学位论文作者专项资金资助。获得中华口腔医学会优秀青年口腔基础研究论文一等奖,中华口腔医学会 - 香港大学牙学院优秀青年人才奖。已发表中英文论著 20 余篇,其中 SCI 论著 20 篇。

(中山大学光华口腔医学院供稿)

王小竞

王小竞,女,1963 年 3 月生,山东五莲人。1984 年毕业于第四军医大学口腔医学系,1999、2002 年分别获得第四军医大学医学硕士和博士学位。2002 年和 2006 年(特研)获日本笹川医学奖学金赴东京齿科大学进行合作研究。历任解放军 520 医院口腔科医师,第四军医大学口腔医院讲师与主治医师、副教授与副主任医师。现任第四军医大学口腔医院儿童口腔科主任,主任医师、教授,博士研究生导师。兼任中华口腔医学会儿童口腔医学专业委员会委员,东京齿科大学小儿齿科学讲座客座教授,日本小儿齿科学学会会员,西安市医学会口腔医学分会常委,陕西省优生优育协会专家委员会委员,国家自然科学基金课题申请评审专家,《牙体牙髓牙周病学杂志》和《实用口腔医学杂志》编委。

主要从事儿童口腔医学医疗、教学和科研工作,研究方向为乳恒牙根替换机制研究和吸烟在牙周炎发生发展中作用机制的研究,以乳牙干细胞为切入点探讨其在乳恒牙替换中的作用;首次提出牙周组织中存在乙酰胆碱受体 α7 亚型,部分阐明吸烟相关性牙周炎发生发展的机制。发表国际及统计源期刊论文 76 篇,其中 SCI 收录 15 篇(第一和通讯作者 9 篇),教学论文 2 篇。主译《儿童咬合诱导》,主编《儿童牙齿外伤诊疗新技术及进展》,参编专著 3 部。作为负责人承担国家自然科学基金 2 项、省部级基金 5 项、国际合作课题 5 项、卫生部科教司教学课件项目 1 项。参与了 10 余项国家和省部级科研课题研究。作为第一负责人获国家实用新型专利 1 项。培养硕士、博士研究生 20 名。

(第四军医大学口腔医学院供稿)

余　擎

余擎,男,1967 年 11 月生,浙江杭州人。1990 年毕业于第四军医大学口腔医学院。1999 年和 2002 年分别获第四军医大学口腔医学硕士及博士学位。2005 至 2006 年在日本朝日大学齿学部做访问学者。历任第四军医大学口腔医学院讲师、主治医师、副教授、副主任医师,硕士研究生导师,牙体牙髓科副主任。现任该院教授、主任医师(资格),博士研究生导师,牙体牙髓科主任。兼任中华口腔医学会牙体牙髓病学专业委员会常务委员,IADR、国际牙外伤学会和日本齿科保存学会会员,国家自然科学基金项目评议专家,西安市医学会医疗事故鉴定专家等,《牙体牙髓牙周病学杂志》副主编,《实用口腔医学杂志》、《华西口腔医学杂志》等多种期刊编委和审稿专家。

擅长根管治疗术，残根残冠的保存修复等。率先在全国制定了牙科临床技术操作规范。致力于牙齿发育矿化的分子调控机制研究和感染根管控制技术方面的研究。已发表学术论文 53 篇、SCI 收录 8 篇，主编（译）专著 4 部、课件 1 部，参编 3 部。先后承担国家自然科学基金 2 项，教育部基金 1 项，陕西省和西安市科研基金各 2 项，同时参与了 3 项国家自然科学基金、1 项全军“十五”重点课题以及 3 项国际合作课题的研究工作；先后获陕西省科技进步二等奖 1 项，军队医疗成果三等奖 2 项。为国家重点学科的学科和学术带头人，指导培养硕士研究生 18 名。

（第四军医大学口腔医学院供稿）

张　萍

张萍，女，1973 年 8 月生，四川仁寿人。1994 年毕业于华西医科大学口腔医学院，2001 年毕业于华西医科大学口腔颌面外科专业，获医学博士学位。2001 至 2003 年在上海第二医科大学博士后科研流动站从事博士后研究。2005 至 2006 年在日本和歌山县立医科大学第二病理教研室访问学习肿瘤干细胞相关研究技术，2007 至 2008 年在美国匹兹堡大学短期访问交流，2009 年至今在美国马里兰大学牙学院访问。曾任兰州铁路中心医院口腔科口腔医师。2003 年出站至今在上海第九人民医院口腔颌面外科工作，先后担任助理研究员、副研究员、研究员，硕士研究生导师及博士研究生导师。

科研方向主要为头颈肿瘤化疗耐药及肿瘤干细胞研究。发表相关文章 41 篇，SCI 收录 14 篇。负责和承担多项国家自然科学基金、上海市启明星、上海市科委及教委科研项目，获得教育部提名国家科学技术进步奖二等奖、上海市科技进步奖、上海交通大学医学院优秀青年教师、上海市科委科技启明星、贺利氏－古莎口腔医学教育奖等。

（上海交通大学医学院附属第九人民医院供稿）

李长义

李长义，男，1963 年 9 月生，天津人。1986 年毕业于天津医科大学口腔医学系并留校在口腔修复科工作。1998 年获天津医科大学医学硕士学位，2003 年赴澳大利亚昆士兰大学做访问学者，2005 年获天津大学材料学博士学位。历任天津医科大学口腔医学院住院医师、副主任医师、副教授，硕士研究生导师，口腔修复科副主任，教学办公室主任，口腔综合科主任。现任该院副院长兼口腔综合科主任，教授、主任医师，博士研究生导师。兼任中华医学会疼痛分会口腔颌面疼痛专业学组副组长，中华口腔医学会医院管理专业委员会口腔医院信息学组成员，《口腔颌面修复学杂志》、《中国口腔医学年鉴》和《天津医药》杂志编委。

主要从事口腔修复学教学、医疗和科研工作。主研口腔生物材料及口腔生物力学。发表论文被 SCI/EI 收录 5 篇，主编及参编专著 5 部。主持和参与国家及省部级科研项目 10 余项，获省部级科技进步奖 7 项。指导硕士研究生 20 名，协助指导博士生 3 名。

（天津医科大学口腔医学院供稿）

阿地力 · 莫明

阿地力 · 莫明，男，1964 年 12 月生，新疆

人。1989 年毕业于华西医科大学口腔医学院,1994 年获新疆医学院医学硕士学位。历任新疆医科大学第一附属医院主治医师、讲师、副主任医师、副教授,硕士研究生导师,颌面外科副主任。现任新疆医科大学口腔医学系副主任、第一附属医院口腔颌面创伤正颌外科主任,主任医师、教授,硕士和博士研究生导师。中华口腔医学会口腔颌面外科专业委员会创伤学组成员。

一直从事口腔颌面外科临床、教学和科研工作,积累了丰富的临床经验,具有扎实的基础理论知识和熟练的外科操作技巧。擅长口腔颌面、头颈肿瘤的诊治和术后缺损的修复以及颌面部创伤的诊疗。近 5 年来,在全疆率先开展唇、舌再造,颌骨畸形的正颌外科矫治,眶周大面积缺损的修复重建等新项目、新技术,并先后多次获新疆医科大学一附院医学科技奖及疑难危重抢救成功优秀病例奖,获得国家自然科学基金资助项目、新疆维吾尔自治区科技厅科技人才特培项目和新疆维吾尔自治区教育厅高校科研重点项目各一项。已发表学术论文 10 余篇。为新疆医科大学"168 人才培养工程"学科带头人和第一附属医院学科骨干。已培养近 20 名从事口腔医学专业的高级技术人才。

(新疆医科大学口腔医学系供稿)

林云锋

林云锋,男,1977 年 10 月生,四川德阳人。2003 年毕业于四川大学华西口腔医学院,获口腔医学硕士学位(七年制),2006 年获该校口腔医学博士学位并留校任教。2009 年 1 月赴美国哈佛大学麻省总医院整形外科及哈佛医学院再生医学中心从事临床和科学

研究工作,受聘为讲师。历任四川大学华西口腔医院颌面外科主治医师和四川大学"985"工程口腔疾病的生物学基础科技创新平台讲师,硕士研究生导师。现任该校研究员,口腔颌面外科学博士研究生导师,口腔疾病研究国家重点实验室副主任。兼任 *Biomaterials* 等 10 余种 SCI 杂志审稿人。

主要研究方向为口腔颌面外科相关疾病再生医学理论与技术的应用基础研究。已发表中英文论著 60 余篇,其中 SCI 论著 40 余篇;参编专著 3 部,译著 1 部。作为课题负责人,获国家自然科学基金、教育部全国优秀博士学位论文专项基金、教育部新世纪优秀人才支持计划、教育部博士点基金新教师基金、四川省科技厅应用基础项目、口腔疾病研究国家重点实验室自主研究课题等基金的资助。获得国家发明专利 2 项,荣获 2008 年全国百篇优秀博士学位论文和 2007 年四川省优秀博士学位论文,2009 年获 Scopus 未来科学之星生命科学领域银奖等。2010 年被评为四川省杰出青年学术带头人。

(四川大学华西口腔医学院供稿)

林晓萍

林晓萍,女,1963 年 11 月生,辽宁朝阳人。1987 年毕业于中国医科大学口腔医学系,留校工作。1994 年和 1998 年分别获中国医科大学医学硕士和医学博士学位。1998 至 1999 年,在

日本昭和大学齿学部做访问学者，从事牙周病的基础与临床研究。2007 至 2008 年，在美国 Forsyth Institute 口腔免疫教研室做访问学者，专攻牙周病与口腔免疫的实验研究。历任中国医科大学盛京医院讲师、主治医师、副教授、副主任医师。现任该院教授、主任医师，博士研究生导师，口腔医学教研室副主任，辽宁省口腔医学研究所盛京医院牙周病研究室主任。兼任辽宁省口腔医学会常务理事，辽宁省口腔医学会口腔内科专业委员会副主任委员，辽宁省医疗鉴定专家库成员，沈阳市口腔医学会副主任委员等职务。

从事口腔内科医、教、研工作。擅长牙周疾病的早期预防及综合治疗，牙周美容手术治疗；对牙体牙髓疾病的保存治疗、手术治疗和疑难口腔黏膜病的综合治疗等方面具有丰富的临床经验。目前主要研究方向为牙周疾病的基础与临床治疗。在国内外核心期刊发表论文 40 余篇，其中 SCI 收录 2 篇，PubMed、BA 及 CA 收录 20 余篇。承担国家、省市科研基金 7 项，培养博士及硕士研究生 13 名。

（中国医科大学口腔医学院供稿）

罗　恩

罗恩，男，1977 年 8 月生，四川泸州人。2003 年毕业于四川大学华西口腔医学院，获口腔医学硕士学位（七年制），2006 年获该校口腔临床医学博士学位，同年留校任教。2010 至 2011 年于美国 Tufts 大学牙学院从事基础研究工作。历任四川大学华西口腔医学院颌面外科讲师、主治医师、副教授、副主任医师，硕士研究生导师。现任华西口腔医学院院长助理、口腔颌面外科学系副主任，博士研究生导师。兼任教育部科研项目评审专家，中国生物材料委员会成员。

主要从事牙颌面畸形的外科矫治与面部轮廓整形，科研方向为颌面部缺损与畸形的修复重建研究。已发表中英文论著 50 多篇，其中 SCI 和 EI 期刊论文 30 多篇。获得国家自然科学基金 2 项，教育部新世纪优秀人才支持计划、教育部博士点基金、四川大学青年科研基金、华西口腔医学院实验教学示范中心的创新实验项目各 1 项，四川大学大学生创新性实验计划项目 2 项。2008 年获教育部提名国家科技进步奖一等奖，2005 年获国际磷灰石及相关生物材料会议（ISACB）优秀全文论文奖，2010 年中国国际口腔医学大会“临床口腔医学论坛”优秀论文奖，两次获四川大学青年骨干教师奖。为四川省卫生厅学术和技术带头人后备人选。

（四川大学华西口腔医学院供稿）

范新东

范新东，男，1964 年 12 月生，黑龙江宝清人。1987 年毕业于哈尔滨医科大学口腔医学系，1993 年获哈尔滨医科大学医学硕士学位，1998 年获上海交通大学口腔医学院医学博士学位。曾经在日本大阪医科大学、荷兰阿姆斯特丹大学、北京大学口腔医学院以及北京医院神经介入中心进修学习。历任哈尔滨医科大学附属第一医院主治医师，上海交通大学附属第九人民医院放射科、介入中心副主任医师，硕士研究生导师。现任该院主任医师、教授，博士研究生导师，科副主任。为中华口腔医学会口腔颌面外科专业委员会脉管性疾病学组成员。

主要从事口腔颌面部血管性病变的诊断和介入治疗。1995 年师从邱蔚六院士，成功将口腔颌面外科学、放射诊断学以及介入医学有机地结合到一起，形成了自己鲜明的医疗特色，即以头颈部影像诊断为基础，专于头颈部介入。对头颈部动静脉畸形、外伤性动脉瘤以及恶性肿瘤的介入治疗有较深的造诣。特别是在颌骨中心性血管瘤的影像诊断和非手术的介入治疗方面取得重大突破。已发表论文 38 篇，其中 9 篇发表在国际英文期刊。以第一负责人申请并完成课题 4 项。获得国家科技进步二等奖 1 项，上海市临床医疗成果奖 1 项，上海市临床科技一等奖 1 项。

（上海交通大学医学院附属第九人民医院供稿）

俞创奇

俞创奇，男，1965 年 6 月生，江苏无锡人。1988 年毕业于上海第二医科大学口腔医学院，1998 年获该院医学博士学位，2005 年赴瑞士日内瓦大学医学院相关学科进修。1988 年至今工作于上海第九人民医院口腔颌面外科，历任住院医师、主治医师、副主任医师、主任医师，硕士研究生导师。现任该院主任医师，博士研究生导师。兼任中华口腔医学会口腔颌面外科专业委员会涎腺疾病学组副组长。

从事口腔颌面外科临床工作，主要研究方向是涎腺非肿瘤性疾病的诊断与治疗。擅长微创内镜技术在涎腺疾病诊治中的应用及涎腺非肿瘤性疾病的综合序列治疗。共发表学术论著 20 篇，其中 SCI 收录 3 篇，参编专著 6 部。以第一负责人负责上海市卫生局、市教委课题，通过课题鉴定 1 项，市卫生局课题验收 1 项。现有在研市科委课题 1 项。2006 年 11 月受邀为第十届国际涎腺镜及涎腺外科学习班客座讲师并做专题报告。指导培养硕士研究生 5 名。

（上海交通大学医学院附属第九人民医院供稿）

胡开进

胡开进，男，1963 年 3 月生，陕西安康人。1985 年毕业于西安医科大学口腔医学系，1991 年获得第四军医大学医学硕士学位，1996 年获得华西医科大学医学博士学位，1998 年在第四军医大学博士后科研流动站出站，2007 年至 2008 年在美国哈佛大学、南加州大学、加州大学洛杉矶分校等 6 所著名院校参观学习。历任成都军区总医院口腔科主治医师，第四军医大学口腔医院副主任医师、主任医师。现任第四军医大学口腔外科主任，教授、主任医师，博士研究生导师。兼任中华口腔医学会首任牙槽外科学组组长，中华口腔医学会颞下颌关节及𬌗学专业委员会委员，中华口腔医学会镇静镇痛专家组成员，中国光学学会激光医学专业委员会委员，全军激光医学专业委员会常务委员，西安市口腔医学会常务委员等，国家自然科学基金评审专家。《牙体牙髓牙周病学杂志》、《实用口腔医学杂志》编委，《中华口腔医学杂志》、《中国口腔颌面外科杂志》审稿专家。

主要从事颞下颌关节疾病及口腔颌面外科疾患的临床、教学和科研工作。开展临床新技术、新业务 10 余项。已发表教学和科研论文 100 余篇，其中 SCI 论文 20 余篇，已出版专著 20 余部，其中主编及主译专著 10 部。获得国家、军队、省部和院校级基金 15 项，获得国家级专利 2 项，获得国家、军队、省部级教学及科研奖励 13 项，2010 年获军队院校育才奖银奖。

（第四军医大学口腔医学院供稿）

秦春林

秦春林,男,1963年6月生,黑龙江人,1983年毕业于哈尔滨医科大学口腔医学院,1989年获该校医学硕士学位。1992至1993年在日本朝日大学牙学院口腔外科做访问学者,1993至1994年在日本冈山大学牙学院口腔病理学科做访问学者,1998年获日本冈山大学牙医学系口腔病理/生物化学博士学位。1998至2002年,在美国得克萨斯大学健康科学中心休斯敦牙学院基础科学系从事博士后研究。历任哈尔滨医科大学口腔医学院助教、讲师,美国得克萨斯大学健康科学中心休斯顿牙学院和美国得克萨斯A&M大学贝勒牙学院生物医学科学系助教授,美国得克萨斯A&M大学贝勒牙学院生物医学科学系副教授(终身教职)。现任哈尔滨医科大学特聘教授、口腔医学博士研究生导师,口腔医学研究所副所长,黑龙江省"龙江学者"讲座教授。目前担任IADR矿化学组秘书长,《牙科研究杂志》等多种国际知名专业期刊编委。

主要研究方向为应用蛋白质化学和基因工程技术,硬组织矿化机制的研究。通过对转基因动物和基因敲除动物的深入研究,在硬组织矿化机制研究方面取得了重要突破。2004年所提出的硬组织细胞外基质蛋白DMP1、DSPP的蛋白活化理论,为研究该类蛋白质的功能提供了最新理论基础和研究方向。两次获得美国NIH重大课题项目资助,相关研究成果均发表于《生物化学杂志》,《牙科研究杂志》等期刊。发表SCI文章28篇,参编美国牙科学生教材用书《牙髓生物学》。曾获得2001年第七届国际矿化组织研究年会杰出青年学者奖和2007年第九届国际矿化组织研究年会最佳壁报奖。2009年获得得克萨斯A&M大学健康科学中心"基础研究科学家奖"。

(哈尔滨医科大学口腔医学院供稿)

高　平

高平,男,1955年4月生,河北人。1980年毕业于天津医科大学口腔医学系。1989年和1996年分别赴日本昭和大学齿学部与大阪大学齿学部研修学习,2010年获日本昭和大学齿学博士学位。历任天津医科大学口腔医学院、口腔医院主治医师、副主任医师、副教授、主任医师、教授,硕士和博士研究生导师,口腔修复科主任、副院长、院长。兼任日本昭和大学客座教授,国际牙医师学院院士,中华口腔医学会理事、口腔修复学专业委员会和口腔计算机专业委员会常务委员,天津市口腔医学会副会长,中国医师协会口腔医师分会常务委员,全国卫生管理教育学会常务理事,《中华口腔医学杂志》、《中华口腔医学研究杂志》、《实用口腔医学杂志》、《中国实用口腔科杂志》、《现代口腔医学杂志》、《天津医药》编委及常务编委。

主要从事口腔修复学教学、医疗和科研工作。研究方向为口腔修复学中生物力学研究、计算机辅助设计与制作在口腔医学领域的应用等。已发表学术论文50余篇,主编专著3部,参与编写卫生部"十一五"规划研究生教材。先后负责或参与承担国家"863"课题、国家自然科学基金、天津市自然科学基金、天津市教委等科研课题10余项,获得天津市科技进步奖2项。指导硕士研究生30余名,协助指导博士研究生2名。

(天津医科大学口腔医学院供稿)

高　勃

高勃，男，1965年12月生，山东临朐县人。1989年毕业于第四军医大学口腔医学系，留校任教。1998年获得第四军医大医学博士学位。2000年获西北工业大学材料科学与工程博士后证书。历任第四军医大学口腔医院修复科助教、讲师、主治医师、副教授、副主任医师。现任第四军医大学口腔医院修复科教授、主任医师，博士研究生导师。兼任中华口腔医学会口腔医学计算机专业委员会副主任委员。

主要从事口腔修复体的先进制造技术和新材料的研究，率先提出了激光立体成形技术制作口腔修复体甚至植入体的技术构想，在该方面进行了大量探索性工作，制作出了全口义齿钛基托和金属基底冠，并进行了初步临床应用；同时采用激光快速成形技术制备出了钛基生物陶瓷梯度材料。已发表论文70余篇，其中被SCI/EI收录11篇。副主编《疑难口腔科学》专著1部，参编专著4部。作为第一发明人被授权中国发明专利2项。主持完成了国家“863”计划项目2项、国家自然科学基金青年科学基金1项、陕西省与军队科研基金课题4项。作为项目组主要成员参加了包括国家“十一五”重点科技支撑项目、国家“973”项目、国家自然科学基金重点项目等10余项国家和省部级科研项目。获得军队科技进步一等奖1项，陕西省科技进步二等奖1项。指导培养硕士研究生22名。

（第四军医大学口腔医学院供稿）

蒋欣泉

蒋欣泉，男，1971年10月生，上海人。

1994年南京医科大学口腔医学本科毕业，2000年获同济大学医学硕士学位，2003年获上海第二医科大学口腔临床医学博士学位，2002年至2003年在加拿大Alberta大学学习，2004年至2006年期间赴美国加州大学洛杉矶分校从事访问研究。历任上海交通大学医学院附属第九人民医院口腔生物工程/再生医学实验室主任，口腔修复科副主任，助理研究员、副研究员、副教授，硕士研究生导师。现任该院研究员，博士研究生导师，口腔生物工程/再生医学实验室主任和口腔修复科副主任。为国际牙科研究学会、国际组织工程再生医学协会、加拿大及中国生物材料协会和国际口腔修复学会会员。担任亚洲口腔修复学会秘书，中华口腔医学会口腔修复学专业委员会常委兼学术秘书、口腔生物医学专业委员会委员以及《中国口腔医学年鉴》等多种专业刊物编委、*Biomaterials* 等国内外期刊的审稿专家和国家自然科学基金等同行评议专家。

长期从事口腔医学医、教、研工作，潜心探索口腔颌面部骨组织再生修复的机制与应用。在国内外知名期刊发表SCI论著35篇，参编3种卫生部口腔医学研究生规划教材。以第一负责人承担或完成国家自然科学基金或部市级课题9项，共同负责或参与“863”组织器官重大专项子课题、加拿大地区政府国际合作基金等17项重要课题的研究。入选教育部新世纪人才支持计划、上海市曙光计划和启明星跟踪计划及白玉兰人才基金等7项。曾代表中国首次获国际牙科研究学会IADR/Hatton大奖，获上海市科技进步一等奖，上海卫生系统青年最高荣誉银蛇奖一等奖和上海市十大科技英才荣誉称号。

（上海交通大学医学院附属第九人民医院供稿）

2010年逝世人物

韩宗琦(1923—2010)

我国著名口腔医学专家、口腔医学教育家、中国老年口腔医学主要奠基人、卫生部北京老年医学研究所名誉所长、卫生部北京医院原副院长、保健专家韩宗琦教授,因病医治无效,于2010年2月21日在北京逝世,享年87岁。

韩宗琦教授1947年毕业于南京中央大学医学院牙医专科,之后在天津中央医院(天津医科大学总医院前身)工作。曾任天津医科大学口腔系主任、医教处主任,卫生部北京医院副院长,卫生部北京老年医学研究所名誉所长,中华医学会口腔分会常委,老年口腔医学学组组长,中华口腔医学会老年口腔医学专业委员会名誉主任委员。

在学科研究领域,由韩教授牵头主持的全国两病(口腔白斑与扁平苔藓)的研究协作组,从基础研究、临床诊断、药物治疗等诸多方面展开了系统研究。协作组发表论文上百篇,获得国家科技进步二等奖。他长期承担着党和国家领导人的口腔保健工作,他在几十年的干部保健工作中做出了突出贡献,多次获得中央保健委员会的表彰,1989年被评为北京市劳动模范。长期参与北京医院口腔科及各类口腔专业领域的青年人才培训工作,他培养了一大批口腔医疗专业的青年骨干人才,曾享受国务院政府特殊津贴。

(中国口腔医学年鉴编辑部收集整理)

王毓英(1922—2010)

我国著名口腔医学专家,口腔修复学、口腔生理学与殆学专家,我国口腔生理学与殆学的主要创始人之一,北京大学口腔医学院咀嚼生理研究室创建者王毓英教授因病医治无效,于2010年5月18日在北京逝世,享年91岁。

王毓英教授,1922年2月6日生于河北省武强县。1950年毕业于华西协合大学牙医学院,获牙医学博士学位。毕业后受聘北京大学医学院口腔医学系,历任口腔修复学助教、讲师、副教授、教授,博士研究生导师。曾任口腔修复科副主任和咀嚼生理研究室副主任等职务。兼任《中华口腔医学杂志》口腔修复编审组成员,《现代口腔医学杂志》常务编委。

从事口腔修复学和口腔生理学与殆学的教学工作,特别是对咀嚼生理学与殆学进行了大量研究工作,并发表了大量殆学方面的研究论文。主编《殆学》、《口腔生理学与殆学》,参编教材《口腔矫形学》、《口腔实用矫形学》、《口腔解剖生理学》、《殆学》。

王毓英教授毕生致力于中国口腔医学事业的发展,以严谨的科学态度及实事求是的工作作风,为我国口腔修复学、口腔生理学与殆学的发展做出卓越贡献。他的逝世是我国口腔医学界的重大损失。

(中国口腔医学年鉴编辑部收集整理)

潘可风(1942—2010)

我国著名口腔颌面外科专家、口腔医学教育家潘可风教授因突发心脏病,经抢救无效,于2010年11月29日在上海逝世,享年68岁。

潘可风教授1942年7月生,上海人。1965年毕业于原上海第二医学院口腔医学系,留校并在瑞金医院口腔颌面外科工作,后调往上海第九人民医院口腔颌面外科,历任该院副主任医师、副教授、主任医师、教授,上海第二医科大学口腔医学院办公室主任、副院长、口腔解剖学教研室主任。1995年作为高级人才引进原上海铁道大学口腔医学院，任原上海铁道大学口腔医学院·附属口腔医院副院长，同济大学口腔医学院常务副院长，同济大学口腔医学研究所所长，口腔颌面外科学教研室主任，教授、主任医师，博士生导师。兼任中华医学会口腔医学教育专业委员会副主任委员，中华医学会医学美学·美容学会常务委员，中华医学会上海分会医学美学·美容学会副主任委员，中华口腔医学会医院管理分会副主任委员，中华口腔医学会上海分会副会长，上海市口腔质控闸北区中心主任，上海市口腔医学会顾问，《中国口腔医学年鉴》首届至第十二届编委和《口腔颌面外科杂志》常务副主编等。

潘可风教授多年来从事口腔医学教育、科研、医疗工作，在口腔生物材料应用、口腔医学美学等方面做了大量研究，设计出“镍钛形状记忆骑缝钉”，并首先应用在口腔颌面外科领域。他为初步建立具有中国特色的口腔医学体系做出了卓越贡献，先后获国家级教学成果一等奖1项，上海市教学成果一等奖1项、二等奖2项、三等奖1项。主持国家教委、部级教学改革重点项目以及科研项目10多项，先后发表论文121篇，主编或参编口腔医学有关教材和专著49部，主编的《美容牙医学》、《实用颌面美容医学》获得同济大学优秀教材一等奖、上海市优秀教材三等奖，《口腔医学美容》获得卫生部优秀教材三等奖。享受国务院政府特殊津贴。

潘可风教授几十年如一日全身心投入到口腔医学教育教学工作中，他孜孜不倦地辛勤工作，培养了大批优秀口腔医学人才，为中国口腔医学事业的发展贡献了毕生心血。直至生命的最后时刻，他依然奋斗在同济大学本科教学评估的工作岗位上。潘可风教授爱岗敬业的品格、严谨治学的态度、锲而不舍的精神、志存高远的风范将永远铭记在人们心中！

（摘自同济大学口腔医学院讣告）

口腔医学组织机构

中华口腔医学会口腔医学专业委员会及其学组

▲**中华口腔医学会第一届口腔生物医学专业委员会组成人员名单(2010年3月20日成立)**

顾　　问　张震康　邱蔚六　樊明文
　　　　　王　兴
主任委员　王松灵
副主任委员　李铁军　陈谦明　金　岩
　　　　　边　专　陈万涛

(以下按姓氏笔画排序)

常务委员　王佐林　王松灵　田卫东
　　　　　边　专　孙宏晨　李铁军
　　　　　杨丕山　步荣发　陈万涛
　　　　　陈谦明　金　岩　胡　雁
　　　　　钟　鸣　徐　艳　闫福华
　　　　　谢志坚
委　　员　于金华　马　健　王东胜
　　　　　王佐林　王松灵　王　洁
　　　　　付　钢　甘业华　田卫东
　　　　　边　专　农晓琳　刘进忠
　　　　　刘　鹏　孙卫斌　孙宏晨
　　　　　朱慧勇　米丛波　何永文
　　　　　余占海　张　芳　李全利
　　　　　李志民　李　昂　李铁军
　　　　　杨丕山　杨佑成　步荣发
　　　　　肖　晶　陈万涛　陈谦明
　　　　　孟雪梅　尚　伟　林云锋
　　　　　林敏魁　范志朋　金幼虹
　　　　　金　岩　姚　晖　段小红
　　　　　胡　冰　胡　雁　钟　鸣
　　　　　唐瞻贵　夏德林　徐　艳
　　　　　高　杰　扈英伟　曹颖光
　　　　　梁　敏　闫福华　黄永清
　　　　　蒋欣泉　谢志坚　潘乙怀
青年委员　丁　刚　孔　亮　王元银
　　　　　王　福　叶　玲　叶晓茜
　　　　　刘习强　刘　怡　朱永进
　　　　　苏　彤　轩东英　周永胜
　　　　　郭　艳　高原荣　黄正蔚
　　　　　黄旋平
学术秘书　范志朋
工作秘书　祁森荣

▲**中华口腔医学会第一届口腔医学设备器材分会组成人员名单(2010年12月1日成立)**

主任委员　赵铱民
副主任委员　刘福祥　李　勇　李　强
　　　　　李爱国　罗　奕　顾磊敏

(以下按姓氏笔画排序)

常务委员　于大光　白玉兴　刘福祥
　　　　　宋　欣　张　克　张志兴
　　　　　张志君　张　芳　张轶昊
　　　　　李　勇　李　强　李　超
　　　　　李爱国　陈小华　陈永进
　　　　　罗　奕　赵铱民　徐穗芝
　　　　　郭　莲　顾磊敏　傅宏宇
　　　　　傅柏平
委　　员　于大光　马云岫　马红芳
　　　　　王双伟　王　刚　王迎智
　　　　　王鸿娟　王　强　王　遒
　　　　　王　鹏　白玉兴　关萧栋
　　　　　刘　谊　刘福祥　孙　潮
　　　　　闫卓群　余良标　宋　欣
　　　　　张　权　张　克　张志兴
　　　　　张志君　张　芳　张轶昊
　　　　　张朝标　李少纯　李学俊
　　　　　李泽瑞　李　勇　李继义
　　　　　李　强　李　超　李嘉卉
　　　　　杨　方　杨继庆　杨铁军
　　　　　李爱国　陈小华　陈永进

陈　刚　陈　欣　陈　骏
林子楠　罗　奕　范宝林
郑根建　胡　民　赵　宏
赵铱民　钟笑萍　凌建军
徐　兵　徐穗芝　郭　莲
郭裕春　顾磊敏　高晓东
曹新明　黄　欢　龚红茜
傅宏宇　傅柏平　曾文彬
程东明　蒋　玮　蒋　通
韩　亮

学术秘书　杨继庆

工作秘书　韩　亮

▲中华口腔医学会第四届口腔病理学专业委员会组成人员名单

顾　　问　于世凤　杨连甲　凌涤生
孙开华　王兆元

主任委员　李　江

前任主任委员　高　岩

候任主任委员　李铁军

副主任委员　孙宏晨　金　岩　陈新明
陈　宇　钟　鸣

（以下按姓氏笔画排序）

常务委员　王　洁　孙宏晨　宋晓陵
李　江　李铁军　陈小华
陈　宇　陈新明　金　岩
胡济安　钟　鸣　高　岩
黄晓峰　蒋　勇

委　　员　王　力　王丽京　王　洁
田　臻　刘进忠　刘荣森
刘晓勇　孙宏晨　孙善珍
朱恩新　汤晓飞　齐　红
何志秀　宋晓陵　宋　琦
张玉茹　张泽兵　李　江
李铁军　李翠英　杜启涛
杨亦萍　肖　晶　陈小华
陈乔尔　陈　宇　陈新明
陈瑞扬　卓夏阳　周　峻
罗海燕　金　岩　姚丽艳
胡济安　赵尔杨　钟　鸣
钟　滨　唐瞻贵　高　岩
黄晓峰　蒋　勇

青年委员　刘　源　余东升　张佳莉
陈　艳　南晓利　耿　宁

学术秘书　田　臻

工作秘书　张春叶

▲中华口腔医学会口腔颌面外科专业委员会唇腭裂学组第五届成员名单（2010 年 6 月 25 日）

组　　长　马　莲

副 组 长　王国民　石　冰　傅豫川
封兴华　黄洪章

成　　员（按姓名汉语拼音顺序排列）
曹　强　陈　涌　陈仁吉
陈伟辉　黄永清　李　盛
李　健　刘春丽　刘　强
柳新华　罗　奕　贾绮林
江宏兵　焦晓辉　蒯新春
钱玉芬　宋庆高　孙晋虎
王洪涛　王　如　王　涛
王予江　文抑西　杨学财
杨育生　叶钟泰　郑苍尚
郑　谦

秘　　书　贾绮林（兼）

地方口腔医学会及其专业委员会

▲青海省口腔医学会第一届理事会常务理事名单（2010 年 6 月 28 日成立）

会　　长　李子坤

常务副会长　常群安

副 会 长　李洪涛　高东旺　马晨麟
袁青生　焉　钰

秘 书 长　马晨麟

常务理事（按姓氏笔画排序）
马晨麟　冯秀娟　刘晓明
许雪静　张开放　李　伟
李子坤　李迎春　李洪涛

保森竹　袁青生　袁益屏
高东旺　常群安　焉　钰
甄江玲　霍智勇
秘　　书　田广庆　张志清
学会地址　青海省西宁市共和路 2 号
邮政编码　810007
联系电话　0971-8066959 兼传真
0971-8066180(会长电话)

▲贵州省口腔医学会第一届理事会常务理事名单(2010 年 9 月 19 日成立)

会　　长　宋宇峰
副 会 长　余小明　刘建国　罗　洪
秘 书 长　王　永
副秘书长　张绍伟　马丽霞　徐卫华
谢　红
常务理事(按姓氏笔画排序)
马丽霞　马　洪　王可彦
王　永　王　忠　王金生
王秀玲　王怡丹　令狐昌智
刘宝珍　刘建国　刘　琪
田茂能　李卫斌　余小明
宋宇峰　宋黔英　何良涛
张玉奎　张绍伟　张　磊
陈黎明　陈　燕　杨文龙
杨振祥　罗　洪　郑之峻
徐卫华　殷　立　黄桂林
葛　颂　谢永志　谢　红
程华刚　蔡　扬
学会地址　贵阳市北京路 9 号
贵阳医学院口腔医学系
邮　　编　550006
电　　话　0851-6910051
传　　真　0851-6910051

▲甘肃省口腔医学会第一届理事会成员名单(2010 年 10 月 22 日成立)

名誉会长　刘维忠
会　　长　栗震亚
副 会 长　余占海　杨　兰　何健民
张卫平
秘 书 长　何健民(兼)
副秘书长　李志强
常务理事　栗震亚　余占海　杨　兰
何健民　张卫平　李志强
理　　事　李继英　鱼灵会　谢富强
安海民　李志强　文绍先
马红新　王景辉　张永相
王小虎　杨　芒　满仓位
姚　宏　王　珍
学会地址　兰州市东岗西路 204 号
甘肃省人民医院口腔医疗中心
邮　　编　730000
电　　话　0931-8281088

▲江苏省口腔医学会第一届理事会成员名单(2010 年 11 月 6 日成立)

名誉会长　黄祖瑚
会　　长　胡勤刚
副 会 长　王　林　王文梅　吴燕平
邢树忠
常务理事(按姓氏笔画排序)
尹　林　毛　钊　王　林
王文梅　王鹏来　刘正彤
刘景跃　安　钢　朱正宏
邢树忠　吴燕平　沈云娟
周　平　段义峰　胡勤刚
唐丽琴　徐宏志　郭　军
傅成扬
理　　事(49 名,名单略)
秘 书 长　王文梅(兼)
办公室副主任　沈道洋
学会地址　南京市中央路 30 号
南京大学口腔医学院
邮　　编　210008
联 系 人　沈道洋
电话/传真　025-83620389,13814548112

▲上海市口腔医学会第一届口腔基础医学专业委员会委员名单(2010 年 12 月 11 日成立)

名誉主任委员　邱蔚六

顾　　问　毛　力　施松涛
主任委员　陈万涛
副主任委员　马　健　李　江
（以下按姓氏笔画排序）
常务委员　马　健　刘　佳　余优成
　　　　　吴　洋　张　萍　李　江
　　　　　陈　栋　陈万涛　蒋欣泉
委　　员　王纾宜　田　臻　刘　渊
　　　　　吕　臻　孙红英　孙康德
　　　　　朱　霖　严拥庆　吴春云
　　　　　张庆福　张　梅　陈小平
　　　　　陈彤箴　俞律峰　钟　滨
　　　　　钟来平　唐子圣　徐晓刚
　　　　　徐　骎　袁　爽　康非吾
　　　　　蒋伟文

▲上海市口腔医学会第一届儿童口腔专业委员会委员名单

名誉主任委员　石四箴
主任委员　汪　俊
副主任委员　赵玉梅　梁　勤　曹新明
（以下按姓氏笔画排序）
常务委员　池政兵　汪　俊　汪　隼
　　　　　沈庆平　赵玉梅　曹新明
　　　　　梁　勤
委　　员　王晓丽　冯靳秋　朱　红
　　　　　许世梃　束陈斌　沈永琴
　　　　　周瑞庆　俞　芳　俞　明
　　　　　徐建民　钱文昊　曹慧珍
　　　　　焦红卫

▲上海市口腔医学会第一届口腔预防医学专业委员会委员名单

主任委员　冯希平
副主任委员　李存荣　蒋备战
（以下按姓氏笔画排序）
常务委员　王晓丽　冯希平　叶　玮
　　　　　李存荣　施　乐　曹新明
　　　　　蒋备战
委　　员　由江涛　张鸿军　张　黎
　　　　　李昌盛　李耀俊　杜　琴
　　　　　束陈斌　金鸿莱　常　青
　　　　　曹志中　曹春花　曹慧珍
　　　　　焦红卫　瞿虹霞

▲上海市口腔医学会第一届口腔修复学专业委员会委员名单（2010 年 7 月 26 日成立）

主任委员　张富强
副主任委员　邹德荣　苏剑生　汪大林
（以下按姓氏笔画排序）
委　　员　吕俊邦　张修银　张鸿军
　　　　　李月玲　李国强　汪饶饶
　　　　　陈开祥　陈建荣　郑元俐
　　　　　俞立英　徐培成　高益鸣
　　　　　焦　婷　程　竑　蒋丽萍
　　　　　蒋欣泉　颜培德

▲上海市口腔医学会第一届口腔颌面外科专业委员会委员名单（2010 年 9 月 9 日成立）

名誉主任委员　邱蔚六　张志愿
顾　　问　吕春堂　袁文化　周正炎
　　　　　张孟殷　何荣根
主任委员　沈国芳
副主任委员　宋　萌　赵云富　杨　驰
　　　　　廖建兴
（以下按姓氏笔画排序）
常务委员　余卫星　宋　萌　张陈平
　　　　　杨　驰　杨　柳　沈国芳
　　　　　周中华　赵云富　廖建兴
委　　员　王　艺　王一霖　王旭东
　　　　　王国民　王新军　卢晓峰
　　　　　孙　坚　何　悦　何冬梅
　　　　　张伟杰　张诗雷　杨育生
　　　　　杨雯君　陈敏洁　周国瑜
　　　　　季　彤　房　兵　郑家伟
　　　　　俞创奇　姜晓钟　段世勇
　　　　　徐　兵　涂文勇　郭　伟
　　　　　顾章愉　高益鸣　康非吾
　　　　　黄远亮

▲上海市口腔医学会第一届口腔正畸专业委员会委员名单

主任委员　沈　刚

副主任委员　刘月华　钱玉芬　华咏梅
（以下按姓氏笔画排序）
委　　员　叶消暑　刘泓虎　吴丽萍
张国华　李　强　陈　骊
陈　挺　陈丹鹏　陈凤山
陈荣敬　陈振琦　房　兵
查　玮　费　瑛　唐卫忠
唐国华　秦　飞　游清玲
潘晓岗

▲上海市口腔医学会第一届口腔种植专业委员会委员名单（2010年12月20日成立）

主任委员　张志勇
副主任委员　王佐林　黄远亮　沈庆平
（以下按姓氏笔画排序）
常务委员　王佐林　余优成　吴铁群
张志勇　李　涛　沈庆平
邹德荣　周　洁　徐晓刚
黄远亮　赖红昌
委　　员　王佐林　王国世　孙　竞
许全林　余优成　吴伟恂
吴春云　吴轶群　张庆福
张志勇　李月玲　李　钧
李　涛　沈庆平　邹德荣
陆加梅　陆晓曙　周　艺
周　洁　范　震　郁　利
徐晓刚　钱文昊　黄　伟
黄远亮　程　竑　赖红昌

▲上海市口腔医学会第一届全科专业委员会委员名单

主任委员　朱亚琴
副主任委员　俞立英　周中华　徐培成
（以下按姓氏笔画排序）
常务委员　王海宁　刘国勤　朱亚琴
宋　萌　汪饶饶　周中华
范德鑫　俞立英　徐培成
郭建青　顾章愉
委　　员　马　健　王　伟　王国华
任吉芳　朱　红　朱　炎
许全林　张　洁　李　涛
杨　华　单　伟　文周洁
周瑞庆　罗礼君　金鸿莱
胡哲雄　徐汉文　袁　爽
贾　兰　游素兰　韩俊力
蔡展文

▲上海市口腔医学会民营口腔医疗专业委员会委员名单

主任委员　刘泓虎
副主任委员　颜培德　徐维宁　单伟文
王　艺
（以下按姓氏笔画排序）
常务委员　王　艺　刘　佳　刘　炜
刘泓虎　陈　康　陈光大
单伟文　徐维宁　董宏伟
楼云飞　颜培德
委　　员　马宗霆　王栋华　王　钢
冯报刚　冯寒松　叶消暑
田　杰　朱丽雅　许恩龙
宋　青　张水龙　张西文
杨　茜　卓文磊　周丕光
周　蕾　孟长民　胡昕远
董　亮　覃荣林　谭建芳
戴　瑛

其　他

▲卫生部疾病预防控制专家委员会慢性病防治分委会专家委员会名单（口腔医学专家）

副主任委员　王　兴
委　　员　边　专　刘洪臣　孙　正
张志愿　周学东　俞光岩
胡德渝　赵铱民　凌均棨
徐　韬　章锦才

记　事

2010年中国口腔医学大事记

1　首届全球华人口腔医学大会在厦门召开

2010年12月1～4日，由中华口腔医学会、国药励展展览有限责任公司主办，福建省口腔医学会、中国国际科技会议中心、港澳台及海外口腔医学团体、中国牙病防治基金会协办的首届全球华人口腔医学大会在厦门召开。

该次会议是国内口腔医学界最高学术水平的盛会。来自美国、德国、日本、加拿大、丹麦、荷兰、新加坡等40多个国家和中国港澳台地区的万余名口腔医学工作者专程赴会。为期3天的医学大会推出了"学术活动"、"展览展示活动"与"社会交流活动"相结合的新模式。学术活动包括"特别讲演"、"全体学术大会"、6个论坛及14个专题分会场的"专题学术会议"。大会邀请了7位口腔医学顶尖专家做专题报告，280位演讲专家登台演讲，代表了全球华人口腔医学的最高水准，展览会得到了国内外口腔医学企业的大力支持，近300家厂商参展，涉及口腔医学的各个领域，除了传统的参展商产品展示，大会还特别设立了"中华口腔医学会公益活动展"、"创新、发展——首届华人口腔专利展"、"种植病例壁报展"、"口腔护理论坛壁报展"、"口腔医学基础研究、临床研究科研论文壁报展"等丰富多彩的学术展览形式。与此同时，"2010年第七届国际微笑列车唇腭裂学术会议"、"第十三届ICOI亚太年会"、"第六届IADR中国分部杰出青年学者奖比赛"也与该次大会同期举行。

大会还设立了杰出华人口腔医师奖、杰出海外学子奖、杰出华人慈善贡献奖等多个奖项，以表彰杰出海外学子、杰出口腔医师以及在各自领域作出突出贡献的优秀代表。

据大会组委会主席、中华医学学会会长王兴介绍，中国的口腔医学在改革开放后出现非常快速的发展，改革开放初期，中国只有5 000多个口腔医生，现在已增长到18.2万多名，而且每年新通过执业(助理)医师考试的医生超过1.8万人。发展速度表明，随着民众需求的增加，中国的口腔保健水平也进一步提高。

此次大会促进了全球华人口腔医学工作者的团结、合作与友谊，促进了海内外华人口腔医生专业水平、学术水准的提高。

2　中华口腔医学会口腔正畸专业委员会成功加入世界正畸联盟

2010年3月，中国口腔正畸组织加入世界正畸联盟。世界正畸联盟(WFO)成立于1995年，是一个国际性的民间学术机构，目前已有99个国家的107个正畸学会加盟。由于台湾正畸组织的名称问题及世界正畸联盟宪章中关于不能强迫任何一个会员组织做自己不愿意做的任何事情的条款规定，使中国正畸组织被阻挡在该组织之外13年之久。经过本届口腔正畸专业委员会领导层的外交努力及全国口腔正畸会员的大力支持，中国正畸组织终于克服重重困难，于2008年12月以一种创新性处理两岸关系的模式申请加入审核，卫生部于2010年3月正式批准文件。中国口腔正畸组织加入世界正畸联盟为中国口腔正畸学走向世界构建了桥梁，开创了中国口腔正畸学对外交流的新时代。

3　首本口腔医学英文期刊*IJOS*被SCI收录

由中华人民共和国教育部主管，四川大学主办，华西口腔医学院及口腔疾病研究国家重点实验室承办的全英文杂志 *International Journal of Oral Science*(*IJOS*),经过汤森路透科技信息所期刊评估部门的严格评估,于2010年6月正式被《科学引文索引》(*Science Citation Index Expanded*, *SCIE*)数据库收录,同年7月,*IJOS* 又被美国国家医学图书馆(National Library of Medicine)旗下的MEDLINE/PubMed/Index Medicus数据库收录,时间从2009年创刊号开始。

IJOS 是中国口腔医学界第一本被SCI数据库收录的专业期刊。国内统一连续出版物号(CN号):51-1707/R,国际标准连续出版物号(ISSN号):1674-2818,于2009年3月创刊,现为季刊。主编由四川大学口腔疾病研究国家重点实验室周学东教授、美国加州大学洛杉矶分校Cunyu Wang教授共同担任。该刊内容涵盖口腔医学各分支领域。创办 *IJOS* 的初衷是为中国口腔医学走向世界搭建学术交流平台,宗旨是坚持国际化理念。来自世界多个国家的著名口腔医学专家组成的编委会对 *IJOS* 的学术水平予以严格把关。从主编的国际定位到学者办刊、专家指导、编辑努力,多角度出发使该杂志获得了国际出版界的认可和口腔医学界的认同,成为中国口腔医学界第一本走向国际的英文专业期刊。

4　国际牙医师学院(ICD)中国区2010年院士(FELLOW)授予仪式在成都隆重举行

2010年9月28日上午,国际牙医师学院(ICD)中国区2010院士授予仪式在成都新会展中心拉开帷幕。会议由ICD中国区秘书长陈谦明教授主持,国际牙医师学院全球主席Manfred Seidemann教授、中华口腔医学会副会长栾文民教授、ICD中国区主席周学东教授分别致词。

会上,来自全国各重点高校及各省口腔医学会的40名专家学者荣膺ICD中国区院士的称号。此外,邱蔚六院士、张震康教授、王大章教授因其对中国口腔医学事业做出的突出贡献,被授予ICD中国区杰出院士的殊荣。在ICD中国区主席周学东教授宣布当选的新院士名单后,Manfred Seidemann教授、栾文民教授、周学东教授为新当选院士颁发了院士证书和金钥匙。

5　第七届中国医师奖颁奖大会在北京举行

2010年11月5日,中国医师协会第七届"中国医师奖"在京颁奖,95位医师获奖。中国医师协会会长殷大奎介绍,获得本次"中国医师奖"的95位医师,涵盖西医、中医、口腔医学、公共卫生等多个医学专业。其中,有19位获奖医师来自基层,所占比例比以往有所提升。

卫生部副部长陈啸宏在发言中指出,在医疗体制改革中,提高职业道德水平、全心全意为患者服务是医德医风建设的重要内容,钻研业务、爱岗敬业是医德医风的内在要求与实际表现。几届医师奖的评选,树立了一批医德高尚、医技精湛的优秀医生典型。

"中国医师奖"是我国医师行业的最高奖项。前七届每年评选一次,根据卫生部的指示,今后的"中国医师奖"评选每两年进行一次。

口腔医学界有3位教授荣获该奖:四川大学华西口腔医学院王大章,北京医院栾文民,广东省口腔医院章锦才。他们的先进事迹请见本卷年鉴《人物》栏。

6　口腔健康监测试点启动

2010年12月,卫生部疾控局从全国慢性病监测点中选出湖北省天门市、重庆市大足县、广东省南雄市为口腔健康监测试点。卫生部疾控局为此发布了《口腔健康监测试点方案》。

口腔疾病是一类重要的慢性病,与糖尿病、心血管疾病等慢性病有共同危险因素。2010年,卫生部和财政部已将口腔疾病纳入中央财政转移地方支付项目。根据《方案》,口腔健康监测对象为18岁及以上常住居民。每个试点县(市)内口腔健康监测检查人数为

600 人。监测内容包括开展口腔健康问卷调查和对监测对象进行口腔检查,包括牙列状况、牙周健康状况、义齿修复状况等。

据悉,卫生部疾控局最近还启动了持续 3 年的儿童口腔健康状况及危险因素调查。调查依照高、中、低 3 个层次经济状况,选出 54 个调查点(城市、农村各 27 个),共计调查 5 400人,以观察和分析调查对象口腔疾病、医疗服务利用和相关行为的动态变化以及影响因素等。

7　四川大学华西口腔医学院刘钧博士学位论文荣获 2010 年全国优秀博士论文

2010 年 10 月 18 日,中华人民共和国教育部、国务院学位委员会文件教研[2010]3 号,公布了全国优秀博士学位论文评选结果,教育部、国务院学位委员会共批准 100 篇学位论文为“2010 年全国优秀博士学位论文”。四川大学华西口腔医学院刘钧博士(导师赵志河教授)的论文“压应力对骨髓间充质干细胞成骨分化早期阶段成骨和破骨生成能力的影响”荣获 2010 年全国优秀博士论文。全国百篇优博奖是衡量全国各研究生培养单位博士生培养质量的重要标志,已成为全国重点学科评选、一级学科整体水平评估、相关大学排行评比等各类高等教育评估的重要指标,越来越得到各高校的重视,并将其作为人才培养的重要战略来抓。

此次全国优秀博士学位论文评选是继 1999 年首届评选后的第 12 次评选。经过学位授予单位推荐、省级学位委员会或研究生教育主管部门初选、同行专家通讯评议 3 个阶段,由专家审定会最后确定入选论文名单。入选的 100 篇优秀博士学位论文,涵盖哲学、经济学、法学、教育学、文学、历史学、理学、工学、农学、医学、军事学、管理学 12 个学科,来自北京大学等多家单位。

2010 年在中国召开的国际和全国性口腔医学学术会议

“2010 年口腔医学前沿论坛”——口腔局部麻醉风险因素、前沿问题分析及战略讨论会

时间:2010 年 2 月 5 日

地点:北京市

主办单位:中华口腔医学会、国药前景口腔科技(北京)有限公司联合主办

会议内容提要:国内口腔医院 30 多位院长、美国纽约大学牙周与种植专家 Dr. Hochman 和卫生部医政司焦雅辉处长应邀参加此次论坛。

论坛由中华口腔医学会会长王兴教授致开幕词,卫生部医政司焦雅辉处长就中国麻醉安全管理方面问题发表讲话。会议上,纽约大学牙周与种植科专家、美国 Milestone 产品研发顾问、世界公认的齿科学及医药领域的麻醉药传输系统的权威 Dr. Hochman 针对美国口腔局部麻醉进展与继续教育现状进行了重点阐述。另外,来自北京大学口腔医学院儿科秦满教授、武汉大学口腔医学院颌面外科赵吉宏教授、广东省口腔医院种植修复专家黄建生教授对目前世界上最先进的计算机控制下口腔局部麻醉传输系统(STA)分别在不同学科的临床应用进行了交流。最后,国药前景口腔科技(北京)有限公司总经理张芳女士对《规范口腔局部麻醉技术及医学评估》、《口腔门诊急诊医学》等继续教育合作项目的宗旨及与大学的合作计划进行了阐述,并与在座的口腔医院院长进行相关讨论。

该会是国内首次针对口腔局部麻醉领域的全国研讨会,让中国口腔医生掌握全球口腔局部麻醉相关领域的最新进展,实现与国际真正接轨,让中国的口腔患者得到更加安全、舒适的牙科治疗。

中华口腔医学会口腔生物医学专业委员会成

立暨学术研讨会

时间:2010年3月19~20日

地点:北京市

主办和承办单位:中华口腔医学会口腔生物医学专业委员会主办,首都医科大学口腔医学院、北京大学口腔医学院"973"口腔项目组承办

参会代表人数:160人

会议内容提要:国家自然科学基金委员会副主任沈岩院士,中华口腔医学会会长王兴、秘书长王渤等到会祝贺。口腔生物医学专业委员会顾问邱蔚六院士发来贺电。国内16家口腔医学院及专业委员会送了花篮庆祝生物医学专业委员会成立。会议期间选举了王松灵教授为首任主任委员,专业委员会由54名委员组成,其中常委16人,青年委员16人。到会嘉宾为中华口腔医学会口腔生物医学专业委员会成立揭牌。会议以8个特约专题报告形式进行学术交流。中国科学院贺林院士以精神的"魅力"为题讲授了什么是精神,精神看护不当,就会导致其他类疾病的产生,如何认识精神的正反作用等。中国科学院孟安明院士做了Cenph突变导致染色体分离异常和胚胎死亡及其单体型缺陷抑制肿瘤发生的专题报告。口腔生物医学专业委员会顾问张震康教授就现阶段如何发展我国口腔生物医学做了专题演讲。

口腔生物医学专委会顾问樊明文教授做了关于龋病预防的思考报告,美国南加州大学施松涛教授做了题为颌面部的间充质干细胞(MSCs)的专题报告,美国罗切斯特大学蒋如朗教授做了题为腭裂致病的遗传基础的专题报告。中华口腔医学会口腔生物医学专业委员会的成立对我国口腔生物医学学科及研究领域的发展将会起到良好的推动作用。该会交流了当今口腔生物医学最新研究成果,体现了学科交叉优势,为我国口腔医学事业的发展做出应有的贡献。

2010年中国口腔医院发展论坛

时间:2010年3月29~30日

地点:广东省广州市

主办单位及主持人:广东省口腔医院主办,主持人张志愿

参会代表人数:104人

收到论文篇数:10篇

会议内容提要:广东省卫生厅副厅长耿庆山、北京大学口腔医学院院长徐韬、卫生部疾病控制局口腔处处长夏刚分别就"医院发展过程中的人文思考"、"从口腔医学的特点谈口腔医疗服务的发展"、"我在口腔卫生工作中面临的主要问题和工作思路"进行发言。北京市口腔医学会进行工作汇报:"积极承担政府委派工作,促进口腔医学发展";成立上海市口腔医学会的过程和感想;"辽宁省口腔医疗服务能力调查"的实施与体会;2009年"口腔健康促进与口腔医学发展西部行"大型公益活动进展情况汇报;"健康口腔,微笑中国"全国口腔建康教育项目在昆明实施情况汇报。

第二届全国口腔医疗发展论坛暨2010中国(济南)口腔种植与正畸新技术研讨会

时间:2010年4月17~19日

地点:山东省济南市

主办单位:中华口腔医学会主办

会议内容提要:会议邀请了Sung-Min Chung博士,Dentium总裁,中华口腔医学会正畸专业委员会顾问曾祥龙教授,北京大学口腔医院口腔修复科主任医师谭建国教授等专家出席研讨会。各级口腔医院、专业美容医院主管院长,口腔科主任,美容科主任,临床口腔种植、正畸、修复、牙体牙髓医师,义齿加工单位负责人和技术人员等参会。会议围绕种植修复中常见问题的处理、种植美学修复原则与挑战、经典牙周治疗和维护在修复、正畸和种植治疗中的应用、成人正畸治疗及其新进展、正畸治疗中的医疗纠纷与案例分析、口腔院所经营与管理、如何保持民营口腔诊所的可持续发展状态等进行了讨论。会议

形式以专题报告和主题报告为主。

第九届泛太平洋口腔种植学会议

时间:2010 年 6 月 4 ~7 日

地点:浙江省杭州市

主办和承办单位及主持人:泛太平洋口腔种植学会、中华口腔医学会口腔种植专业委员会主办,浙江大学医学院附属第一医院、浙江大学医学院附属口腔医院承办,主持人王慧明

参会代表人数:250 人

收到论文篇数:300 篇

会议内容提要:中华口腔医学会会长王兴教授、邱蔚六院士及泛太平洋口腔种植学会日本会长 Mataga 教授等著名国内外专家、学者出席大会并作学术演讲。会议内容涉及即刻种植及即刻负重,牙周病、糖尿病患者的口腔种植,CAD-CAM 引导技术在口腔种植中的应用,牙槽骨量不足的种植修复技术,种植美学,骨增量技术在种植中的应用等。该次大会成为各位口腔同仁与国外医生学者相互学习、交流的平台,也是各位同仁走向世界的桥梁。

血管化自体颌下腺移植治疗重症角结膜干燥症国际研讨会

时间:2010 年 4 月 24 ~26 日

地点:北京市

主办单位及主持人:北京大学口腔医学院主办,主持人俞光岩

参会代表人数:30 人

收到论文篇数:16 篇

会议内容提要:来自德国、日本以及中国北京、广州、沈阳的多名专家介绍了各自在颌下腺移植领域的经验,对临床工作中遇到的问题展开讨论。国内外多家医院先后利用这一技术治疗重症角结膜干燥症 200 余例,随访时间超过 10 年,并有多篇文章发表。目前大家一致认为,自体颌下腺移植手术成功后,患者怕风畏光和眼干症状消失或减轻,可停用或很少用人工泪液,部分患者视力有不同程度的改善,实践证明自体颌下腺移植技术已成为治疗重症角结膜干燥症行之有效方法。对于移植腺体分泌调控通过大量研究,已经取得显著成绩和明显进展,移植术后远期的眼科问题尚需更加深入的研究。

通过此次国际研讨会,进一步推动了血管化自体颌下腺移植课题的协作研究,并向更多的医院和医生推广这一治疗技术,使更多的重症角结膜干燥症患者得到有效治疗。

中美口腔医学精萃论坛暨口腔医学博士论坛

时间:2010 年 4 月 26 ~28 日

地点:四川省成都市

主办单位:口腔疾病研究国家重点实验室、华西口腔医学院主办

参会代表人数:400 人

会议内容提要:美国华盛顿大学牙医学院院长 Martha J. Somerman 教授,密歇根大学牙学院院长 Peter J. Polverini 教授,马里兰大学牙学院院长 Christian S. Stohler 教授,美国国立卫生研究院牙科和颅面研究所主任 Kenneth M. Yamada 教授,中华口腔医学会会长王兴教授,本次论坛美方主席、加州大学洛杉矶分校牙学院口腔生物医学系主任王存玉教授,四川大学常务副校长李光宪教授,口腔疾病研究国家重点实验室主任和华西口腔医学院院长、论坛中方主席周学东教授出席了开幕式。论坛开幕式由美方主席王存玉教授主持。常务副校长李光宪教授、中华口腔医学会会长王兴教授、口腔疾病研究国家重点实验室主任和华西口腔医学院院长周学东教授分别在开幕式上致辞。

Kenneth M. Yamada 教授应邀在开幕式上作了题为《New Dimensions and Dynamics in Craniofacial Development and Regeneration》精彩学术报告。会议演讲内容主要涉及干细胞、组织工程、肿瘤生物学、生物材料等,主要目的是为国内口腔医学界借鉴国际先进成果及其相互交流学习提供一个高水准的学术平台,分享最先进的科学理念、最高端的学术成

果。同期还举办了口腔医学博士论坛,为各位青年口腔医学研究者提供了一个展示学术研究成果、表达新思维、交流新思想的宝贵机会。

2010 年首届中国牙病学与种植学国际研讨会

时间:2010 年 5 月 6 ~9 日

地点:浙江省杭州市

主办和承办单位:北京大学口腔医学院、香港大学牙医学院主办,北京大学 - 香港大学牙周专业高级培训中心承办

参会代表人数:400 人

会议内容提要:研讨会邀请了国际和国内知名的牙周病学、种植学专家授课,内容涉及牙周和种植体周围组织的生物学结构以及感染的特征、患有牙周病的种植风险评估和决策、种植前后的牙周治疗及维护、种植体周围组织感染的预防、诊断及治疗原则等。牙周、种植学科相互结合的理论阐述和临床应用,成为该次研讨会的特色。

澳大利亚的 Lisa 教授就“牙周及种植体周围细菌生物膜”探讨了种植体周围疾病的患病率。提出种植体表面形成的生物膜对口腔细菌生长环境的影响,可能是导致种植失败的重要原因,所以最大限度地净化种植体表面生物膜显得极为重要。欧阳翔英教授的“种植治疗前的牙周准备”让从事种植的医生意识到在未得到良好控制的牙周炎患者口内不能轻易种植,再次强调了牙周基础治疗的重要性。香港大学牙学院的金力坚教授对“牙周和种植体周围疾病的易感性评估和临床策略”进行了阐述。强调医生和患者都应该重新审视患者口腔自洁的重要性。香港大学牙学院的 Lang 教授对“种植体周围感染的治疗”进行了详尽的阐述,强调了种植体维护检查的重要性,解释了种植体周围黏膜炎、种植体周围炎的概念以及相应的临床治疗策略,种植体的维护治疗总则。Lang 教授在阐述“复杂病例治疗计划的制定”中,同样给出了不同方案在循证医学中的科学依据,让长期从事牙周种植修复治疗的医生有据可依。此次研讨会帮助临床医生对患者的治疗及预后提供了更为全面的评估资料和方法。

北京口腔正畸学术研讨会

时间:2010 年 6 月 7 ~8 日

地点:北京市

主办和协办单位:北京大学口腔医学院主办,中华口腔正畸学杂志协办

参会代表人数:700 余人

收到论文篇数:89 篇(展示病例数)

会议内容提要:针对正畸临床难点热点问题进行学术研讨。内容涵盖功能矫治、口腔美学,正畸种植体支抗、隐形矫治、骨性错𬌗矫治、舌侧矫治、关节病与正畸学的关系,牙周患者正畸治疗、高角患者垂直向控制计算机辅助治疗、三维影像辅助诊断以及矫治过程中心理学因素等诸多方面问题;同时对口腔正畸学特有的病例进行了展示;会议期间还举办了北京大学口腔医学院副院长、正畸科主任傅民魁教授从医执教 50 周年纪念活动。

2010 年中华口腔医学会口腔医学教育学术研讨会

时间:2010 年 6 月 9 日

地点:北京市

主办单位和主持人:中华口腔医学会口腔医学教育专业委员会主办,主持人王松灵

会议内容提要:中华口腔医学会会长王兴教授出席会议并在开幕式上致辞。会议主题是口腔临床实践教学标准研讨,王松灵教授、郭传瑸教授、于海洋教授、郑家伟教授、陈永进教授、台保军教授、凌均棨教授和杨凯教授分别应邀做专题报告,题目分别是:“国家中长期教育改革和发展规划纲要分析”、“口腔颌面外科前期实习和生产实习的规范”、“口腔修复实习培养与执业医师考试接轨的思考与实践”、“口腔颌面外科临床实习的现状与思考”、“口腔临床综合实习模式的建立”、“预防口腔医学实践教学环节设置的探

讨”、“口腔医学实践教学基地标准化模式的探索与思考”、“口腔正畸规范化实践教学的探索”。

8 位专家从不同角度和专业，探讨和分析了口腔临床实习的内容要求、存在问题和改进措施，认为制定和发布针对 5 年制学生的口腔临床实践教学标准已经迫在眉睫。在学制方面，应该遵循国家医学教育改革的总体思路和要求，以 5 年制为主体，严格控制长学制，控制扩招规模，紧跟世界口腔医学的发展趋势，借鉴国外口腔医学人才培养的先进经验和模式，培养新一代具有出色实践能力、创新能力和拓展能力的高素质口腔医学人才。

会议同时对 2011 年第七届全国口腔医学教育会议的举办地点进行了申报和表决，经过申述，吉林大学口腔医学院和广西医科大学口腔医学院分别获得 2011 年全国口腔医学教育研讨会和口腔医学教育委员会全委会的承办权。

2010 年国际口腔种植牙、正畸学术峰会

时间：2010 年 6 月 26 ~27 日

地点：广东省深圳市

主办单位：陕西省口腔医学会、深圳市口腔医学会、深圳市医学会口腔专业委员会民营学组主办

会议内容提要：“国际口腔种植牙、正畸学术峰会”是 2010 年中国口腔种植领域最大、最专业的巅峰学术盛会，此次峰会是为了加强和促进口腔专业厂商经理人、技术人员与院校专家学者、口腔一线临床专家以及基层医生之间的全方位交流，推动口腔行业快速成长而举办的。西安交通大学口腔医院院长周洪教授、中山大学附属口腔医院邓飞龙教授、西安交通大学口腔医院种植中心主任、口腔颌面外科及口腔种植学专家常晓峰教授、深圳五洲医院数字口腔中心主任卢志磊教授等口腔种植牙领域的学术权威及临床领军人物在会议上分享了自己临床实践中遇到的各种种植牙和牙齿正畸案例，并就不同病例所使用的治疗方法以及治疗过程中的问题互相交换了心得体会，也有一线医生针对临床中遇到的问题向各位专家进行提问和请教。

6 月 27 日，牙周病患者全口示范种植牙手术演示会设在五洲医院数字口腔举行，手术由五洲医院数字口腔中心主任卢志磊教授进行。

口腔种植专题研讨会（上海）

时间：2010 年 7 月 10 ~ 11 日

地点：上海市

主办单位：同济大学口腔医学院·附属口腔医院主办

参会代表人数：160 人

会议内容提要：研讨会特别邀请中国工程院院士邱蔚六教授、中华口腔医学会会长王兴教授、名誉会长王大章教授、中华口腔医学会口腔种植专业委员会名誉主任委员刘宝林教授担当该次研讨会的学术顾问，同济大学口腔医学院·附属口腔医院院长王佐林教授担任该次研讨会组委会主席。会议由《口腔颌面外科杂志》常务副主编潘可风教授主持，院长王佐林教授致开幕词。邱蔚六院士、王兴教授、王大章教授、刘宝林教授分别在开幕式上致辞。

专题研讨会主要议题为无牙颌和上颌后牙区骨量不足。全国种植专家进行了精彩的病例展示，与会者展开积极讨论。此次研讨会为国内口腔种植学医师提供了一个展示学术研究成果、交流创新思维的宝贵机会，借鉴和分享最前沿的知识，搭建最先进的科学理念平台。会后王兴、王大章、刘宝林教授分别作了点评。

第三届粤港澳台口腔种植高峰论坛

时间：2010 年 7 月 16 ~ 19 日

地点：广东省惠州市

主办和承办单位：广东省口腔医院·南方医科大学附属口腔医院等单位主办，惠州市口腔医院承办

参会代表人数:400人

会议内容提要:会议由广东省口腔医院口腔种植中心徐世同主任主持论坛开幕式,论坛组委会主席——广东省口腔医院副院长周磊教授致词。邀请了德国法兰克福JW Goethe大学口腔修复科Paul Weigl教授、上海交通大学医学院附属第九人民医院口腔种植科主任张志勇教授、南京医科大学口腔医学院陈宁教授、浙江大学口腔医学院院长王慧明教授、武汉大学口腔医学院种植中心主任施斌教授,还有30多位省内各大口腔医院及院校教授前来讲课,为同行介绍国内外先进技术,促进我国口腔种植医学领域的学术交流与合作,推动我国口腔技术进步和服务水平。会议论坛还就目前国际口腔种植领域内的最新技术做精彩学术演讲,共同探讨国内外口腔种植最新技术。不仅是学习和沟通的交流平台,更是口腔种植行业的一次高端盛会。

2010年仁爱国际口腔种植新技术研讨会

时间:2010年7月17日

地点:上海市

主办单位:德国费亚丹公司、上海雅旭医疗器材有限公司以及上海仁爱医院联合主办

参会代表人数:100余人

会议内容提要:德国费亚丹口腔种植医生Paul Weigl教授、上海第九人民医院赖红昌教授、广东省口腔医院种植领军人物黄建生医生、香港口腔种植资深医生张达良先生、国际牙科学会院士叶庆良博士、上海仁爱医院口腔科负责人陶肃雄等口腔专业人士应邀出席了会议。

研讨会采用全球网络直播的形式,同步播报会议盛况。以"国际口腔种植新技术"为主题的大会,由专题演讲、互动讨论、手术观摩等环节组成,研讨内容涵盖了口腔种植学领域技术与临床研究的最新进展以及国际口腔种植领域的现状和发展前景。其中Paul Weigl教授就《即刻种植即刻修复的全新理念——仿真牙再植术》主题作了精彩讲演,从现实案例中论证了口腔种植技术的新航向。

2010年国际放射性粒子组织间近距离治疗肿瘤学术大会

时间:2010年9月2~5日

地点:北京市

主办单位及主持人:中国抗癌协会微创治疗委员会粒子治疗分会、北京大学第三医院、北京大学口腔医院主办,主持人王俊杰、张建国等

参会代表人数:300人

收到论文篇数:150余篇

会议内容提要:大会以专题报告和壁报讨论形式为主,与会专家分别从粒子治疗的基础研究、头颈部肿瘤、胸腔肿瘤、胃肠、肝、胰腺、前列腺等肿瘤的粒子治疗进行学术报告和讨论,会议中大会组委会对国内粒子治疗有突出贡献的专家和学者进行表彰。

全国口腔科护理学术交流暨专题讲座会

时间:2010年9月17~22日

地点:浙江省杭州市

主办单位:中华护理学会

参会代表人数:500余人

会议内容提要:会议分为专题讲座和学术交流两大部分。专题讲座邀请了国内多位知名护理专家围绕2010年初卫生部启动的"优质护理服务示范工程"进行专题演讲。卫生部医政司护理管理处郭燕红处长发表了题为"适应形势,锐意进取,促进护理事业持续发展"讲话。中华护理学会理事长李秀华发表了题为"护理专业发展面临着新机遇与挑战"就"全球的课题带来新挑战和医药卫生体制改革迎来新机遇"作了分析。此外,多名护理专家分别就实施"优质护理服务示范工程"的实践体会,以及优质护理服务对护理专业发展的影响及意义作了介绍。最后,围绕落实"优质护理服务示范工程"中的难点与对策、"医改"中护理工作的亮点及创新点进行分组讨论。

第三届全国口腔种植专题研讨会

时间:2010 年 10 月 13～14 日

地点:北京市

主办单位及主持人:北京大学口腔医院种植科主办,主持人林野

参会代表人数:250 人

会议内容提要:牙周炎患者的种植治疗是我们临床必须面临的课题,也是国际种植学界研究的热点课题。由 28 位专家对牙周病患者的种植修复进行了专题演讲,探讨"牙周病患者种植修复的技术进展与问题"。进行发言的 28 名专家为参会代表带来基于多年临床工作积累的经验和体会,与同道们汇报交流。该研讨会对种植新技术的扩散,牙周病患者种植治疗的程序、风险与治疗指南的明确,种植学科的进步,起到了积极的促进作用。

第六届北京国际种植学术会议

时间:2010 年 10 月 15～16 日

地点:北京市

主办和承办单位及主持人:中华口腔医学会口腔种植专业委员会主办,北京大学口腔医院承办,主持人林野

参会代表人数:250 人

会议内容提要:会议报告介绍了种植学外科、修复学、修复工艺学、基础研究方面的新技术和新动向。Hammerl 教授和 Neukam 教授介绍了为获得良好的种植外科达到最佳的美学效果,临床上常用的外科软硬组合处理方法;Gracis 博士和 Yung 博士介绍了种植修复的临床技巧和基台牙冠材料的选择;Mankoo 博士展示了大量的种植美学修复临床病例,提出美学修复的指导原则;Burkhardt 博士介绍了种植基础研究方面的新进展。发言人均是口腔种植学领域的知名专家,介绍了国际上口腔种植领域最前沿的技术进展。与此同时,来自国内有代表性的三大院校介绍了中国口腔种植的临床与研究工作,也向国际同行展示了目前中国口腔种植的工作。与会专家们还与现场参会代表们就目前种植学科临床治疗中的重点难点等问题进行了广泛而深入的交流。

第五次全国口腔颌面－头颈肿瘤内科综合治疗研讨会

时间:2010 年 10 月 15～17 日

地点:北京市

主办和承办单位:中华口腔医学会口腔颌面外科专业委员会口腔颌面－头颈肿瘤内科协作组主办,中国人民解放军总医院承办

参会代表人数:200 人

会议内容提要:会议特别邀请中国工程院院士邱蔚六教授、第四军医大学口腔医学院刘宝林教授、北京大学口腔医学院俞光岩教授、上海交通大学医学院附属第九人民医院张志愿教授、中国台湾阳明大学台北荣民总医院高寿延教授、瑞典斯德哥尔摩大学卡洛琳斯卡医学院曹义海教授等国内外知名专家出席会议。中华口腔医学会会长王兴教授和解放军总医院院领导亲临大会指导并发表讲话,祝贺会议的顺利召开。

会议的主题是口腔颌面－头颈肿瘤的分子靶向治疗和规范化治疗。张志愿教授首先阐述了转换医学和口腔医学的关系,展望了当前口腔颌面外科的研究趋势和发展方向;曹义海教授系统介绍了血管内皮抑素的临床应用、抗血管生成获得临床疗效的潜在机制、血管正常化、PDGF-B 和 FGF-2 协同诱导血管形成的机制、血管形成与肿瘤侵袭和转移、优化肿瘤抗血管生成治疗等;协作组组长郭伟教授就晚期口腔颌面-头颈癌的靶向综合治疗作了主题报告;俞光岩教授、张陈平教授分别就唾液腺肿瘤和口腔癌的规范治疗做了主题报告。此次会议集中讨论了口腔癌诱导化疗的地位和作用,^{125}碘放射粒子植入也是代表们非常感兴趣的一个议题,该技术在我国正逐步开展。大会还组织与会代表学习了磁共振和 PET-CT 在口腔科的应用、口腔癌的放疗、口腔癌的化疗和分子靶向治疗等继续教

育项目。

该会议促进了口腔颌面-头颈肿瘤内科治疗的普及和开展。代表们希望今后能定期举办此类学术会议,建立一个口腔颌面-头颈肿瘤内科学术交流的平台。

第二届中国-东盟国际口腔医学交流与合作论坛

时间:2010年10月29日

地点:广西壮族自治区南宁市

主办单位及主持人:由中华人民共和国卫生部、广西壮族自治区人民政府主办,主持人李康

参会代表人数:200人

会议内容提要:中华人民共和国卫生部疾控局局长孔灵芝、广西壮族自治区主席马飚、老挝共和国卫生部部长本梅·达拉洛、柬埔寨王国卫生部副秘书长赫姆·钦、菲律宾共和国卫生部部长助理保利恩·让·尤比尔等先后致辞。

论坛围绕"中国-东盟自贸区背景下,中国及东盟各国口腔医学发展面临机遇与挑战"、"中国及东盟各国口腔医学教育交流与合作的状况与展望"、"中国及东盟各国口腔公共健康教育的经验交流"三个议题在论坛上发表主旨演讲,并就中国与东盟各国在口腔医学教育、口腔医疗信息以及各国之间的交流与合作进行陈述与展望。

"颅颌面创伤-眼眶骨折诊断和治疗"专题研讨会

时间:2010年12月1日

地点:福建省厦门市

会议主办(承办)单位及主持人:中华口腔医学会口腔颌面外科专业委员会口腔颌面创伤学组主办,北京大学口腔医学院口腔颌面外科颌面创伤中心承办,主持人张益

参会代表人数:105人

收到论文篇数:19篇

会议内容提要:会议邀请了20余位国内著名的口腔颌面外科、眼科专家和教授针对眼眶骨折诊断和治疗的相关问题进行报告、讨论,并介绍了近年来眼眶骨折诊治的最新进展。专业涉及横跨口腔颌面外科和眼科两个领域。

通过会议报告和讨论,最终参会者达成以下共识:首先,眼眶骨折的相关领域一直是国内外近20年来的研究热点,大量新技术被应用于眼眶骨折相关疾病的治疗,但至今仍然存在许多有争议的问题需要继续研究。其次,眼眶骨折的研究应打破学科壁垒,提倡口腔颌面外科、眼科、神经外科等多学科合作,合作才能创新,合作才能全面提高眼眶骨折相关疾病的治疗水平。

此次会议引起参会者的强烈反响,纷纷表示将在各地、各区域举行类似的专业研讨会议、医师沙龙,以专题会议形式解决专业问题,并期待下一次专题研讨会的召开。

首届全球华人口腔医学大会口腔医学教育论坛

时间:2010年12月1日

地点:福建省厦门市

主办单位:四川大学华西口腔医院

会议内容提要:论坛演讲嘉宾包括周学东教授,王松灵教授,郭传瑸教授,中国台湾林俊彬教授,中国香港西门雅慨教授、金力坚教授,日籍华人方一如教授以及美籍华人陈华教授、冯健全教授等。演讲内容包括中国口腔医学人才培养模式之创新、中国口腔医学本科教育标准、中国8年制口腔医学教育,也包括中国台湾、中国香港的牙医学教育现况与未来。此外,论坛还涉及美国、日本等国际牙(齿)医学教育介绍,表达了全球华人共同促进中国口腔医学教育事业发展的美好愿景。

教育部口腔医学专业教学指导委员会2010年全体会议与该会同步举行。委员会主任委员周学东教授总结和通报了前期口腔医学专业教学指导委员会的主要工作,并对下一步的工作计划进行了部署。

第七次国际“微笑列车”唇腭裂学术会议

时间:2010 年 12 月 2 ~3 日

地点:福建省厦门市

主办和协办单位:中华口腔医学会主办,美国微笑列车基金会、中华人民共和国卫生部、中华慈善总会共同协办

参会代表人数:1 500 余人

会议内容提要:大会就唇腭裂麻醉、手术、修复、语音治疗等内容进行了交流和研讨,为唇腭裂医学同行搭建了一个相互了解、共同发展的交流平台。大会同期还举办了微笑列车项目颁奖仪式及微笑列车项目宣传工作座谈会。四川大学华西口腔医院、北京大学口腔医院、上海交通大家医学院附属第九人民医院等 20 所口腔医院被评为“2010 年微笑列车唇腭裂修复慈善项目优秀合作医院奖”。

首届全球华人口腔医学大会牙体牙髓病学专题学术研讨会

时间:2010 年 12 月 3 ~4 日

地点:福建省厦门市

主办单位:中华口腔医学会牙体牙髓病学专业委员会

会议内容提要:牙体牙髓病学专业委员会在首届全球华人口腔医学大会期间,举办了 2 场专题学术会议,共邀请了 9 位海内外华人学者作为特邀演讲嘉宾。四川大学华西口腔医学院院长周学东教授,介绍了根管治疗难度评估标准;伊利诺伊大学芝加哥分校(UIC)牙学院吴大如教授,介绍了茶多酚防治口腔疾病的研究进展;第四军医大学口腔医学院倪龙兴教授,分析了口腔微环境对牙色材料修复性能的影响;美国伯明翰阿拉巴马大学张平助理教授,分析了牙周病骨吸收的分子机制;武汉大学口腔医院彭彬教授,介绍了镍钛根管器械折断的临床特点及防治;美国 Loma Linda 大学牙科学院李一鸣教授,介绍了牙体修复材料的进展;中山大学光华口腔医学院凌均棨教授,介绍了牙体微创治疗美学新进展;美国私人执业医师王伟博士,分析了根管治疗或者种植牙的治疗方案选择;香港大学牙医学院张成飞副教授,介绍了单根中多个根管的寻找和临床处理。特邀嘉宾就牙体牙髓病学的临床及基础研究进展的精彩演讲,受到了与会者的热烈欢迎。

首届全球华人口腔医学大会老年及全科口腔医学专题学术会议

时间:2010 年 12 月 4 日

地点:福建省厦门市

主办单位:中华口腔医学会老年口腔医学专业委员会和全科口腔医学专业委员会共同主办

会议内容提要:老年口腔医学专业委员会主任委员刘洪臣教授和全科口腔医学专业委员会主任委员李伟力教授共同担任会议的联合主席。此次学术会议以老年口腔医学和全科口腔医学为中心议题,共邀请了 14 名来自中国内地和台湾、美国著名院校的教授和开业医师进行学术讲座,内容涉及牙体、牙周、修复、正畸、种植、科室管理等多个层面,充分突出了老年口腔的特殊性和全科口腔的综合性特点,吸引了众多参会者的热情参与,获得了非常成功的效果。

首届全球华人口腔医学大会口腔修复学专题学术会议

时间:2010 年 12 月 3 ~4 日

地点:福建省厦门市

主办单位:中华口腔医学会口腔修复学专业委员会联合口腔修复工艺学专业委员会、口腔医学计算机专业委员会主办

会议内容提要:来自中国内地、中国香港和台湾及美国、新加坡等国家和地区的 20 多位专家学者就“种植与修复”、“美学与口腔修复”、“口腔修复新进展”等专题进行了精彩演讲,数百位口腔修复学、修复工艺学和计算机相关的工作者会聚一堂展开了学术讨论,促进了学术交流与合作。

**全球华人口腔医学大会颞下颌关节病学、殆

学和口腔颌面医学影像学专题学术会议

时间:2010 年 12 月 3 ~4 日

地点:福建省厦门市

主办单位:中华口腔医学会口腔颌面放射专业委员会、颞下颌关节病学及殆学专业委员会共同主办

会议内容提要:在该次学术会议上,口腔颌面放射专业委员会共邀请到包括美国 Temple 大学牙学院口腔颌面放射科主任杨杰教授在内的 12 位国内外知名专家学者做大会报告,内容涵盖了放射治疗学、放射生物学、放射诊断学等。与会代表就当今的热点问题口腔颌面锥形束 CT 在临床中的具体应用、对患者的放射辐射剂量以及诊断中偶然发现的非口腔颌面部疾病等内容进行了热烈讨论。

首届华人口腔医学大会儿童口腔医学专题学术会议

时间:2010 年 12 月 3 ~4 日

地点:福建省厦门市

主办单位:中华口腔医学会儿童口腔医学专业委员会主办

会议内容提要:大会邀请了美国、加拿大、中国香港、中国台湾、中国内地的知名儿童口腔医学及相关领域的专家进行特别演讲,约 200 余人参加了报告会,提高和推动了中国儿童口腔医学事业的发展。

与此同时,召开了第三届儿童口腔医学专业委员会第四次常务委员会议。4 日中午召开了第三届儿童口腔医学专业委员会第三次全体委员会议,主任委员葛立宏教授向全体委员汇报了 2010 年专委会的工作情况和 2011 年工作计划,并完成如下议题:1)通知并组织大家准备参加 2011 年 6 月在希腊举行的国际儿童牙科学术会议;2)筹备并准备参加 2011 年 9 月在南京举行的中华口腔医学会的换届大会;3)通过常委会和全体委员会议决定将第 7 届全国儿童口腔医学学术会议暨儿童口腔医学专业委员会的换届会议举办时间定在 2012 年的上半年,并与举办单位第四军医大学进行了沟通。

首届全球华人口腔医学大会预防口腔医学与口腔公共卫生的发展状况和研究方向专题学术会议

时间:2010 年 12 月 3 ~4 日

地点:福建省厦门市

主办单位:中华口腔医学会预防口腔医学专业委员会

会议内容提要:会议邀请了香港大学卢展民教授、美国纽约大学李仪红教授、美国 Luma Linda 大学李一鸣教授、泰国朱拉隆功大学杨子豪副教授以及国内各大院校预防口腔医学教授共 11 人做了专题报告,展开了深入的讨论。探讨了预防口腔医学和口腔公共卫生的国内外发展状况和研究方向。

首届全球华人口腔医学大会口腔黏膜病学以及中西医结合新进展专题学术会议

时间:2010 年 12 月 3 ~4 日

地点:福建省厦门市

主办单位:中华口腔医学会口腔黏膜病专业委员会、中西医结合专业委员主办

会议内容提要:大会共邀请 10 位海内外的专家就近年口腔黏膜病专业的学术研究发展状况以及临床工作中的诊疗问题进行了演讲。

与会同时,还召开了中华口腔医学会中西医结合专业委员会第一届四次全委会和口腔黏膜病专业委员会的全委会。会议由口腔黏膜病专业委员会主任委员孙正教授主持。中西医结合专业委员会主委、口腔黏膜病专业委员会前任主委周曾同教授代表两个专委会作了题为“2009 年至 2010 年的工作简要回顾和 2011 年工作初步计划”的报告。周曾同教授汇报了 10 项工作并提出明年工作的 5 项工作计划。会议还进行了“口腔诊疗常规和临床路径方案”专题讨论,就口腔黏膜白斑、扁平苔藓、复发性口腔溃疡等 3 病种的“口腔诊疗常规”和“临床路径”方案进行了

充分讨论，取得了基本共识。

首届全球华人口腔医学大会口腔医学产业论坛

时间：2010 年 12 月 4 日

地点：福建省厦门市

会议内容提要：首届全球华人口腔医学大会口腔医学产业论坛汇集了国内外从事口腔行业各领域精英人士，论坛由中华口腔医学会口腔医学设备器材分会主任委员、第四军医大学口腔医学院赵铱民院长担任主席，由副主任委员、北京大学口腔医院罗奕副院长主持。赵铱民院长题为"牙科生物材料市场与研究现状"的精彩演讲拉开了序幕，他详细分析了这些材料在世界牙科市场的份额、应用种类以及在中国的市场状况，重点介绍了牙科种植体 2010 年的市场增长率、市场份额、种植体发展、种植体表面改性及生物学研究。随后，各知名专家教授陆续发言。

论坛收效显著，不仅出色完成了口腔界产－学－研交流，而且极大地鼓舞了口腔医学工作者创造和发明的积极性。

2010 年在中国举办的口腔设备器械展览会暨技(学)术交流会

第十二届中国东北国际口腔设备及材料展览会

时间：2010 年 3 月 11 ~ 14 日

地点：辽宁省沈阳市

主办和承办单位：中国国际贸易促进委员会辽宁省分会主办，北方工商业展览有限公司承办

会议内容提要：展览在沈阳辽宁工业展览馆举行，展览面积达 10 000 余平方米，参展企业 216 家，特装比例达 55% 以上，观众数量达 8 000 人次。参展范围有：口腔治疗设备、口腔辅助设备、口腔技工器材与设备等。

中华口腔医学会会长王兴教授出席展会开幕式。与会同时举行高峰论坛，研讨行业发展和学术交流。学术交流邀请了武汉大学口腔医学院的樊明文教授，上海交通大学口腔医学院的钱玉芬教授、张富强教授，首都医科大学口腔医学院的孙正教授，北京大学口腔医学院的葛立宏教授、杨亚东教授，四川大学华西口腔医学院的孟玉坤教授等国内口腔界知名教授、专家进行讲学。

东北国际口腔展览会多年的成功举办不仅规范了口腔设备市场的无序竞争，也促进了更多的口腔诊所的健康快速发展。

2010 年第十五届华南国际口腔展

时间：2010 年 3 月 29 日 ~4 月 1 日

地点：广东省广州市

主办和承办单位：广东省科学技术厅主办，广东省对外科技交流中心、广东国际科技贸易展览公司承办

会议内容提要：2010 年第十五届华南国际口腔展在广东省广州交易会琶洲展馆举行，展会展览面积达 28 600 平方米，参展商共 570 家。其中，中国展商 453 家，国外参展商 117 家，分别来自美国、德国、日本、韩国等 14 个国家。展会参观人数达 30 118 人，参观人次为 84 029 人次。该届展会汇聚了国内外知名牙科品牌，展出范围涵盖牙科医疗器械、设备、材料、工具、义齿产品、口腔保健用品等多种口腔产品。

展会期间，邀请了国内外 89 位口腔专家进行 61 场精彩实用的学术讲座，涵盖了牙体牙髓、正畸、种植、修复、牙周、口腔预防、医院诊所管理等多个热门专题。同期还召开了"中国口腔医院发展论坛"、"中小型口腔医院管理与发展论坛"、"民营口腔管理与发展论

坛”、“中华口腔医学会第二次全国省级口腔医学会会长工作会议”。专题会议针对我国口腔医院的管理现状和问题进行了深度剖析,为我国口腔事业未来的发展方向提供了崭新思路。

第九届中国西部口腔医学学术会议暨第九届中国西部国际口腔设备及材料展览会

时间:2010年4月11~13日

地点:四川省成都市

主办和协办单位:四川大学华西口腔医学院、医讯科技发展中心主办,四川大学华西口腔医学院承办,西部地区十二省、自治区、直辖市的口腔医学院/系、口腔医院共同协办

会议内容提要:国际牙医师协会(ICD)亚太分区主席、四川大学党委副书记、华西口腔医学院院长、口腔疾病研究国家重点实验室主任周学东教授致辞。会议邀请了口腔界著名专家学者,分别围绕当前最热门的临床实用技术、口腔修复学、口腔内科学、口腔正畸学、种植及牙槽外科进行了专题演讲和讨论。

会议同期举办了第九届西部国际口腔设备与材料展览会、第二届中国口腔颌面锥形束CT论坛和口腔医学新进展国家级继续教育项目班。该次口腔设备及材料展览会,一方面是为配合各专业学术会议,邀请各专业产品的生产厂商,为专业代表和厂商之间提供一个密切交流与合作的机会,另一方面还积极地邀请国内外优秀的口腔器材厂商到成都来,希望厂商与中国西部口腔医学协作组建立起更加密切的协作关系,在整个西部地区推广口腔新技术、新产品,推动西部地区口腔医疗市场的发展与口腔专业技术水平的提高。

第十五届中国国际口腔设备材料展览会暨技术交流会

时间:2010年6月9~12日

地点:北京市

主办单位:卫生部国际交流与合作中心、中华口腔医学会主办

会议内容提要:该展览在北京国家会议中心举办。展会参展企业约600家,展出面积近30 000平方米,德国、日本、韩国、美国以国家展团形式参展。2010年适逢中国国际口腔设备材料展览会暨技术交流会15周年庆典。来自80个国家和地区的60 000多名专业人士参观、参会。展品涵盖口腔器械、设备、材料、保健品等各个领域。国际最先进的产品、技术和质优价廉的中国产品同台展示,满足各方需求。

该展会是国内最具权威性的专业盛会。展会期间举办了多场先进、适用的学术、技术交流活动,专题和场次都超过往年纪录。其中德国口腔日、日本口腔日、法国口腔日、全球牙科种植大会带来国际先进的牙科技术;北京口腔新进展报告会、牙髓病临床诊治技术系列培训班、牙周和种植体周感染的预防及控制、种植治疗并发症预防与处理、瓷修复讲座、口腔影像学讲座、口腔感染控制等讲座提供了适用的操作技能指导;牙科工业峰会、高层管理论坛、经销商大会等邀请国内外管理学、投资学专家就公立口腔医院、牙科诊所、经销企业的管理进行分析和讨论;部分优秀参展企业也在展会期间举办各种新产品、新技术讲座。

该展会在促进口腔学科发展的同时,也为专业人士提供更多学习与交流的平台。

2010年中国(上海)口腔清洁护理及设备展览会

时间:2010年6月22~24日

地点:上海市

主办和承办单位:中国医学促进会、亚洲国际口腔护理协会、中国医疗保健国际交流促进会主办,上海展亚展览服务有限公司承办

会议内容提要:此次展会以“建设国际口腔清洁护理用品市场,不断满足我国人民口腔健康”为目的,总展出面积达10 000平方

米。参展商数量180家，来自美国、英国、德国、瑞士、丹麦、日本、韩国、印度、中东、非洲等20 000人参观了该展览会，创下了历史最高记录。展会同时还举办了“中国口腔清洁护理用品行业发展高层论坛”、“中国口腔清洁护理用品行业科技成果颁奖活动”、“产业链接技术交流会”、口腔专家现场咨询等内容丰富、形式多样的现场活动。参展范围涵盖口腔清洁护理用品、口腔清洁护理原辅材料、口腔清洁护理包装材料、口腔清洁护理包装材料、口腔清洁护理生产设备及包装设备、口腔医疗设备及材料。展览会的整体规模再次印证了中国(上海)在口腔清洁护理展会中的国际领先地位。

第十四届中国国际口腔器材展览会暨学术研讨会

时间:2010年11月2~5日

地点:上海市

主办和协办单位:中国国际科技会议中心、上海交通大学医学院附属第九人民医院主办，中华口腔医学会、上海口腔医学会、上海交通大学口腔医学院、同济大学口腔医学院、上海市口腔病防治院、上海展星展览服务有限公司协办

会议内容提要:展会展出面积达15 800平方米，吸引了来自巴西、丹麦、德国、法国、芬兰、韩国、荷兰、加拿大、列支敦士登、马来西亚、美国等500多家参展商。展品分为三大区:口腔医疗器械展区、义齿加工展区、口腔保健品展区。与此同时，由中华口腔医学会和上海口腔医学会共同协办的“2010国际口腔保健展览会暨研讨会”与“国际口腔器材展览会暨学术研讨会”在上海光大会展中心同期举行。组委会邀请了国内外著名口腔医学专家80余人，进行了多场专题学术讲座、5场workshop培训班、5场技术交流会和“民营口腔医疗发展论坛”，新增了“口腔临床案例报告及讨论专场”，学术报告会总共吸引了近1 800名学员参加。

2010年华中(武汉)口腔设备与材料展览会暨学术研讨会

时间:2010年9月1~3日

地点:湖北省武汉市

主办和承办单位:武汉市卫生局、武汉市食品药品监督管理局、武汉口腔医学会和武汉医疗器械行业协会主办，武汉口腔医学会、武汉雅博(展览)工贸有限公司承办

会议内容提要:该届展会“立足武汉，面向华中，辐射全国”，本着“高水平、大规模、重采购、求实效”的原则，着重探讨口腔医学领域新成果、新技术、新设备。15家知名医院院长出席开幕式并在主席台就座，150家口腔医院、大型医院领导作为贵宾出席开幕式，1 500位医院器械科长、口腔科主任出席嘉宾区开幕庆典，236个国际标准展位、219家企业、36家医院1 500平方米医疗成就联袂参展；15 000名医疗单位代表、口腔医学专家参观展会、洽谈与交流。展品涵盖:口腔设备及材料、口腔清洁保健用品、口腔医疗及护理产品等。

展会期间举办了华中口腔学术研讨会暨口腔新技术学习班、中外口腔医疗技术讲座、湖北武汉口腔医学学术交流会、口腔种植、修复、正畸、牙体牙髓专题学术会议，口腔修复与种植、保健与护理技术讲座，口腔保健知识科普宣传与公益义诊等活动。

第10届华东国际口腔设备材料展览会暨学术研讨会

时间:2010年12月2~4日

地点:江苏省南京市

主办单位:中华全国口腔护理用品工业协会、南京市医院协会、南京市口腔医学会和江苏省医院管理专业设备委员会主办

会议内容提要:华东国际口腔展除展示涵盖口腔诊断设备、口腔治疗设备、口腔技工器材与设备、口腔卫生用品等丰富的口腔展品，同期还举办20多个专题50余场次的高水平技术研讨会。邀请到国内外知名口腔专

家100多人分别作专题演讲。参会的牙科医生、专家、制造商达6 000人以上。一系列高质量的论坛、技术交流活动以及专家讲座成为深入解读前沿学术思想的汇聚之地。

该届展会一直秉承高规格、专业化的宗旨、以帮助客户拓展东部广阔市场作为经营理念,致力于打造成为医疗口腔行业国内国际最先进技术产品亮相的舞台、高端展示和商业交流的平台。

2010年召开的地方性口腔医学学术会议

河北省口腔医学新进展研讨会

时间:2010年3月3~5日

地点:河北医科大学口腔医学院

主办单位及主持人:河北医科大学口腔医学院主办,林瑞华主持

参会代表人数:250人

会议内容提要:会议邀请了北京大学口腔医学院赵奇教授和首都医科大学附属北京友谊医院张方明教授分别就"牙齿保存的新认识"、"牙体缺损修复的有关问题"做了专题讲学,并在会议上进行了广泛的探讨与交流,为河北省口腔医师了解口腔医学前沿搭建了平台。

第2届中国口腔颌面锥体束CT论坛

时间:2010年4月12日

地点:四川省成都市

主办和协办单位:四川大学华西口腔医学院、医讯医学科技发展中心主办,四川省口腔医学会以及中国西部的25所知名口腔医学院协办

会议内容提要:该次论坛由四川大学华西口腔医学院种植科刘福祥教授主持,主题为"CBCT,应用技术与影像网络管理"。华西口腔医学院党委副书记赵志河教授讲话并作展望。四川大学华西口腔医院放射科王虎教授做了"CBCT的问题与对策"的报告。中国香港种植与颌面外科中心的周国辉医生就口腔颌面CBCT应用过程中影像整体解决方案上提出了三维重建制作输出及手术模拟的建议。北京大学口腔医学院的张刚教授与大家探讨了口腔医院网络系IT如何适应影响传输的需要问题。中山大学附属口腔医院放射科的曾东林教授、四川大学华西口腔医学院种植科的刘福祥教授、武汉大学口腔医学院的程勇教授分别就CBCT在种植科、牙体科、牙周科、正畸科等学科中的临床应用发表了自己的看法,最后,四川大学华西口腔医学院的史宗道教授和南京大学口医学院的王铁梅教授就CBCT在颞下颌关节疾病的诊断与治疗中的应用进展及口腔颌面影像存储与传输系统临床应用做了报告。

2010年口腔医学新进展研讨会

时间:2010年5月22~23日

地点:湖南省长沙市

主办单位:中南大学口腔医学院主办

参会代表人数:200余人

会议内容提要:中南大学校长和中国工程院院士黄伯云教授、党委副书记陶立坚教授、国际口腔颌面外科医师协会基金会主席Nabil Samman教授、中华口腔医学会会长王兴教授和秘书长王渤教授、首都医科大学副校长王松灵教授、北京大学口腔医学院院长徐韬教授、上海交通大学口腔医学院院长张志愿教授、武汉大学口腔医学院院长边专教授、中山大学光华口腔医学院院长凌均棨教授、南方医科大学口腔医学院副院长殷学民教授、湘雅医院党委书记唐友云教授、院长陈方平教授等领导及来自四川大学、第四军医大学等高校的口腔医学专家出席了会议。开幕式由中南大学口腔医学院副院长唐瞻贵教

授主持，院长黄俊辉教授致欢迎辞，陈方平院长、王兴会长、Nabil Samman 主席、黄伯云院士分别做了讲话。

研讨会为期 2 天，包括 Nabil Samman 主席和王兴会长在内的一批著名的口腔医学专家在会议上进行了 14 场授课和专题研讨，内容涉及口腔医学新理论、新技术和新进展。研讨会不仅为该领域同行提供了一个相互学习和交流的机会，而且也将对中南大学乃至我国口腔医学教育、医疗和科学研究以及口腔疾病的防治带来积极地推动作用。

湖北省口腔医学会第七次学术研讨会暨武汉市口腔医学会 2010 年学术年会

时间:2010 年 7 月 30 日

地点:湖北省恩施市

主办和协办单位:湖北省口腔医学会主办，恩施州中心医院协办

参会代表人数:200 人

会议内容提要:中华口腔医学会会长王兴教授和王渤秘书长参加会议。会议开展了一系列的学术交流活动，特邀王兴会长和省内 4 位知名专家为该次大会作了学术报告。王兴会长作了“口腔医学与全身健康”的专题演讲;王渤秘书长代表中华口腔医学会介绍了 2010 年全球华人口腔医学大会的筹备情况;台保军常务理事介绍了中央补助地方专项资金儿童口腔疾病综合干预试点项目开展情况。各专业委员会分别进行了分会场口头交流报告。会议共收到来自全省各口腔医疗单位论文摘要 74 篇，其中作为口头发言的有 33 篇。

在会议召开的同时，恩施市口腔医学会也宣告成立，王兴会长、边专副会长、王渤秘书长及湖北省口腔医学会樊明文会长、周先略副会长到会祝贺。

2010 年上海口腔正畸疑难病例汇报与专家点评讨论会

时间:2010 年 9 月 8 日

地点:上海市

主办和协办单位:上海交通大学口腔医学院、同济大学口腔医学院主办，杭州新亚齿科材料有限公司协办

参会代表人数:300 人

收到论文篇数:120 篇

会议内容提要:大会从全国口腔医学院校及各级口腔医疗机构挑选具有相当难度、并有一定代表性的疑难正畸病例，邀请病例主管医生汇报病例、提出疑惑，由著名正畸专家进行详尽点评并提出解决方案，国内正畸界老前辈还对各种类型疑难错㢡畸形的诊治要点进行专题讲解，同时与中青年医师分享临床治疗经验。会议特邀我国著名口腔正畸学家、中华口腔医学会正畸专业委员会前任主任委员林久祥教授为大会专门讲授传动直丝弓矫治技术。

第 8 届华西口腔医学学术会暨四川省第 11 次口腔医学学术会

时间:2010 年 9 月 29 日

地点:四川省成都市

主办单位:四川省口腔医学会、四川大学华西口腔医学院主办

参会代表人数:300 人

会议内容提要:会议由四川省口腔医学会副会长巢永烈教授主持。来自首都医科大学的白玉兴教授、中国医科大学的潘亚萍教授、第四军医大学的胡开进教授、南方医科大学的周磊教授分别作了“自体牙移植术在正畸临床诊断与治疗中的应用”、“牙周病重要病原菌之一:牙龈卟啉单胞菌研究进展”、“现代标准拔牙术新理念”、“牙槽嵴严重骨量不足的上颌窦提升同期种植体植入”的讲座。巢永烈教授代表华西口腔医学院和四川省口腔医学会为专家颁发了感谢状。

甘肃省口腔医学会成立大会暨 2010 年甘肃省口腔学术年会

时间:2010 年 10 月 22 日

地点:甘肃省兰州市

收到论文篇数:70 篇

参会代表人数:250余人

会议内容提要:中华口腔医学会会长王兴、秘书长王渤、中华口腔医学会种植专业委员会主任委员林野、省卫生厅厅长刘维忠、省民政厅民间组织管理局局长辛广楠等应邀参加会议。甘肃省政协副主席、省口腔专业委员会主任委员栗震亚致开幕词。随后与会代表举手表决一致通过了甘肃省口腔医学会章程,通过了首届甘肃省口腔医学会理事会理事和常委理事名单;大会一致选举栗震亚为首届甘肃省口腔医学会会长,杨兰、余占海、何健民、张卫平为副会长,何健民为秘书长(兼),李志强为副秘书长;辛广楠代表省民政厅宣读了省民政厅同意成立甘肃省口腔医学会的批文,栗震亚会长代表学会特别聘请刘维忠厅长为省口腔医学会名誉会长。随后王兴会长、刘维忠厅长分别代表中华口腔医学会和省卫生厅致贺词。

开幕式之后,大会开始为期两天的2010年甘肃省口腔学术年会的学术交流,王兴会长、王渤秘书长和林野教授作了专题报告。该大会共收到了包括口腔内科、口腔颌面外科、口腔修复科、口腔正畸及流行病调查等各方面论文共68篇,大会交流16篇,其论文的水平、深度和多媒体制作的观赏性以及演讲者的现场发挥状况均超过往届。在23号的闭幕式上,大会组委会经过对所有论文认真评审,分别评选出一等奖4名、二等奖8名、三等奖12名,并颁发了荣誉证书。

江苏省口腔医学会成立大会暨江苏省第十次口腔医学学术会议

时间:2010年11月6 ~7日

地点:江苏省南京市

主办单位及主持人:江苏省口腔医学会主办,主持人王文梅

收到论文篇数:250篇

参会代表人数:400人

会议内容提要:中华口腔医学会会长王兴教授,副会长张志愿教授,中华口腔医学会秘书长王渤教授,江苏省卫生厅黄祖瑚副厅长,江苏省卫生厅人事处毛庭龙处长,江苏省卫生厅科教处孙宁生处长,江苏省民政厅社会组织管理局孙斌副局长,江苏省卫生厅人事处张宜清副处长,江苏省医学会任华轶秘书长,南京市卫生局胡万进局长等领导和嘉宾出席会议,并召开了江苏省口腔医学会一届一次理事会,选举产生了第一届常务理事会、正副会长、秘书长;宣布审议通过学会章程、会员会费收取的决议。

与此同时还召开了江苏省第十次口腔医学学术会议,会长王兴教授、秘书长王渤教授、原上海第二医科大学校长王一飞教授、上海市口腔医学会会长周曾同教授、美国密西根大学Kapila教授、江苏省口腔医学会会长胡勤刚教授、南京大学口腔医学院葛久禹教授分别做了题为“口腔健康与生命质量——我的认识”、“社会团体所应承担的社会责任”、“医学科学走向何方——反思与展望”、“儒医眼中的孔孟之道——读裘沛然《人学散墨》”、“颞下颌关节紊乱征的诊断治疗在未来的创新突破”、“江苏省颌面外科的现状与展望”、“根管治疗不容忽视的八大问题”的主题报告。该会议是年度规模最大、水平最高、与会代表最多的全省性口腔医学学术会议。

河北省口腔正畸医学研讨会

时间:2010年12月25 ~26日

地点:河北省石家庄市

主办单位及主持人:河北省口腔医学会主办,主持人河北医科大学口腔医学院教授马文盛

参会议代表人数:120人

会议内容提要:会议特别邀请了我国著名口腔正畸专家北京大学口腔医学院正畸科主任、中华口腔医学会副秘书长、正畸专委会副主任委员周彦恒教授,北京口腔医院副院长、中华口腔医学会口腔正畸专委会副主任委员白玉兴教授,武汉大学口腔医学院口腔正畸科主任、中华口腔医学会正畸专业委员

会常务委员贺红教授。三位教授对无托槽隐形矫治技术、Mini-UniTwin 矫治系统的临床应用、种植体支抗技术的临床应用、个性化舌侧矫治技术、自锁矫治与传统直丝弓矫治技术的渊源和比较进行了精彩的讲解，另外，河北医科大学口腔医学院卢海燕教授和马文盛教授指导学员们进行了疑难病例分析，受到学员们的强烈反映。

短　讯

2010 年口腔材料医药行业标准宣贯/研讨会在北京举行

2010 年 1 月 21 日，由北京大学口腔医学院口腔材料研究室主办的 2010 年口腔材料医药行业标准宣贯/研讨会在北京举行，会议由林红主持。出席会议的代表 82 人。

会议对技术委员会研究制定并获发布的十项医药行业标准进行了宣贯讲解。宣贯/研讨会获得了与会代表的一致好评，确实方便了使用单位理解和使用。与会代表认真听取了标准起草人员对每一项标准研制的意义、指标的确定、检验方法的实施和结果的判定进行的细致、全面的讲解，对其中的重点难点进行研讨。

口腔颌面部肿瘤治疗指南研讨会在北京召开

2010 年 1 月 31 日，由中山大学光华口腔医学院主办的口腔颌面部肿瘤治疗指南研讨会在北京召开，会议由张陈平教授主持，中华口腔医学会口腔颌面外科专业委员会主任委员俞光岩教授、中华口腔医学会副会长黄洪章教授、肿瘤学组组长张陈平教授以及张文峰教授、廖贵清教授、潘朝斌教授等出席会议。

黄洪章教授、俞光岩教授、季彤副教授、孙沫逸教授、张文峰教授和郑家伟教授分别就“成釉细胞瘤的诊疗规范——临床路径”、“唾液腺肿瘤的诊断和治疗指南”、“NCCN 头颈部肿瘤临床实践指南”、“ACC 的诊断与治疗”、“颌骨囊性病变的治疗策略”以及“口腔颌面部癌瘤治疗指南”作了简要汇报，与会专家对相关问题进行了热烈讨论和深入探讨，在某些方面达成了共识。

国家“973”项目“牙发生发育分子机理及牙齿再生研究”启动仪式及研讨会在成都召开

2010 年 3 月 21 日，国家“973”项目“牙发生发育分子机理及牙齿再生研究”启动仪式及研讨会在四川大学华西口腔医学院科教楼华西厅举行。

启动会由教育部科教司基础处处长明炬主持，四川大学副校长李光宪教授、华西口腔医学院院长周学东教授分别致欢迎词。四川省科技厅副厅长杨起全、科技部基础研究中心副主任郭哲等领导分别发言。来自美国南加州大学的柴洋教授和施松涛教授、美国杜兰大学的陈一平教授、中国军事医学科学院的裴雪涛教授、中国科学院广州生物医药与健康研究所的裴端卿教授、首都医科大学的王松灵教授等多位专家出席了会议。

“973”首席科学家、四川大学华西口腔医学院创伤整形外科专家田卫东汇报项目总体情况，各课题组汇报了年度工作计划，项目组专家一致认为项目组研究计划具有重要的意义和较高的可行性，并对项目组工作计划提出了一些有益的建议，在与会专家的共同努力下，对该项目的工作计划达成了共识，为顺利完成该项目奠定了基础。

复合创伤的坚强内固定 AO 理念会议在广州举行

2010 年 3 月 27 日，由南方医科大学口腔医学院主办的“复合创伤的坚强内固定 AO 理念”会议在广州举行。参会代表约 100 多人。

此次会议邀请了著名的上海交通大学医学院附属第九人民医院竺涵光教授，徐斌教授,第四军医大学刘彦普教授,湘雅医学院唐瞻贵教授和南方医科大学口腔医学院殷学民教授一起作有关“复合创伤的坚强内固定-AO理念”的专题演讲。

中华口腔医学会第二次省、直辖市、自治区医学会会长会议在广州召开

2010年3月30日,中华口腔医学会第二次省、直辖市、自治区、副省级城市口腔医学会会长工作会议在广州召开。共29个省、自治区、直辖市以及13个副省级城市共计160名代表参会。会上邀请了北京口腔医学会、上海市口腔医学会、辽宁省口腔医学会、云南省口腔医学会做了有关积极承担政府工作及学会公益活动的经验介绍。同时会上还对“首届全球华人口腔医学大会”筹备情况做了汇报。会后各省学会积极领取了宣传资料,并表示将大力促进、宣传此次大会。

广东省口腔医学会民营口腔医疗分会成立大会暨民营口腔医疗发展论坛在广州召开

2010年3月28日,广东省口腔医学会将民营口腔工作委员会更名为民营口腔医疗分会,成立大会暨民营口腔医疗发展论坛在广州召开。大会宣读广东省口腔医学会关于成立民营口腔医疗分会的决定。中华口腔医学会会长、广东省口腔医学会会长、广东省卫生厅领导分别致辞并讲话,并向委员颁发证书。民营口腔医疗发展论坛分别就“广东省民营医疗发展趋势”、“ISO9000质量管理认证与口腔诊所的发展”、“牙科医疗服务竞争优势策略——软性转型与内部营销”等内容进行了演讲。

辽宁省口腔医学会民营口腔医疗分会在大连成立

2010年5月31日,辽宁省口腔医学会民营口腔医疗分会成立大会暨首届民营口腔可持续发展论坛大连举行。中华口腔医学会王兴会长、王渤秘书长,辽宁省口腔医学会路振富会长、卢利秘书长,中华口腔医学会民营口腔医疗分会刘泓虎会长均到会祝贺并讲话。大会推荐以甘宝霞为主任委员,邵永新、刘丽萍等为副主任委员的29人的民营分会。分会明确了2010年的主要工作任务是:1)尽可能多地组织全省民营口腔医生参加2010年的全球华人口腔大会并号召投稿;2)组成辽宁民营口腔代表团访问台湾:学习台湾同行的经营管理经验,参观诊所;3)响应民营总会的号召在全省范围内组织捐款,支持我国西部地区的口腔事业的发展;4)完成民营口腔医疗机构的调查;5)筹备2011年3月在沈阳展会期间举行第二届民营口腔可持续发展论坛;6)完成民营分会的内部建设,进一步分工成立几个工作组。

亚洲口腔修复学会(AAP)第13次理事会会议在北京举行

2010年6月6日,由中华口腔医学会口腔修复学专业委员会主办的亚洲口腔修复学会(AAP)第13次理事会会议在北京举行。亚洲口腔修复学会主席、上海交通大学口腔医学院张富强教授主持会议,来自中、日、韩等亚洲7个国家和地区的18位理事及代表400人出席会议。亚洲口腔修复学会是口腔修复学领域发展迅速的国际性组织。会议讨论决定,亚洲口腔修复学会第七届学术大会将于2011年10月29~30日在上海世博会展中心召开,这是中华口腔医学会口腔修复学专业委员会首次承办的亚洲口腔修复学会的高水平国际会议。理事会会议还就如何扩大亚洲修复学会的影响力,增加组织和个人会员,促进交流,推动各个国家、地区口腔修复学事业的发展进行了充分探讨,并对2011年AAP大会的筹办工作提出了建设性意见。

青海省口腔医学会成立暨第一次会员代表大会在西宁举行

2010年6月28日,青海省口腔医学会成立暨第一次会员代表大会在西宁举行。会议表决通过《青海省口腔医学会章程(草案)》,选举第一届理事会理事、常务理事以及会长、副会长、秘书长。省政协副主席陈资全和中华口腔医学会会长王兴出席会议。陈资全被推选为名誉会长。

学会成立后,将在青海省卫生厅的领导下,普及口腔医学卫生知识,提高广大群众的口腔卫生知识水平及自我保健意识;逐步完善青海省口腔诊疗工作的规范化操作;积极开展继续口腔医学教育工作;以学会为平台,加强与外省区的交流。

全国口腔专科医院评价标准首次专家讨论会在北京召开

2010 年 6 月 31 日,全国口腔专科医院评价标准首次专家讨论会在北京召开,卫生部医疗服务监管司陈虎主任、中华口腔医学会王兴会长到会,参会人数 31 人。

陈虎首先介绍了本次医院评价标准的基本框架,提出本次标准注重的是医院管理软件建设、医疗服务和医疗安全,其中医院内涵建设尤为重要。本次评审将实行"ABC"等级制,王兴会长指出:医院等级评审工作对促进医院发展有着深远重要的意义和作用,医院评价标准的建立是一个国家医院管理水平的标志,口腔专科医院评价标准应当充分考虑和结合全国口腔专科医院现状,标准制定中应当在综合医院评价标准的基础上尽量体现口腔专科特色。

中华口腔医学会医疗管理学组组长沈曙铭,就中国医院评审的背景和基本框架及需要本次重点讨论的《口腔专科医院评价标准(草案)》进行了全面汇报,与会代表重点围绕口腔专科医院的床位与椅位设置、医师与护理的人力资源配置、诊疗科目与执业范围设置等问题进行了讨论。

中华口腔医学会第四届口腔修复学专业委员会第二次全体委员会在昆明召开

2010 年 8 月 5 日,中华口腔医学会第四届口腔修复学专业委员会第二次全体委员会在云南昆明召开。出席会议的有中华口腔医学会口腔修复学专业委员会顾问刘洪臣教授、主任委员张富强教授、前任主任委员冯海兰教授、候任主任委员王贻宁教授以及其他副主任委员等。会议由主任委员张富强教授主持,讨论了专业委员会近一年来的工作及 2011 年度的工作计划,汇报了口腔修复学专业委员会与口腔技工工艺专业委员会及口腔医学计算机专业委员会共同组织筹备"种植与口腔修复"、"美学与口腔修复"、"口腔修复进展"3 个专题讲座的进展情况;通报了亚洲口腔修复学会(AAP)理事会 2010 年工作会议情况,AAP 会议确定第七次亚洲口腔修复学大会于 2011 年 10 月 29 ~ 30 日在上海世博会展中心举办,同时召开全国口腔修复学学术大会。会上宣布了中华口腔医学会口腔修复学专业委员会网站已于 2010 年 5 月开通,并通报了网站的作用和功能。会议还通报了 2010 年中华口腔医学会口腔修复学专业委员会北京和昆明 2 个继续教育班以及上海常委会的举办情况,确定 2011 年学习班的举办地点。

口腔公共卫生政策与策略高级研讨班在北京举办

2010 年 8 月 25 ~ 27 日,由北京大学口腔医学院、世界卫生组织预防牙医学科研与培训合作中心(WHOCC)、中国牙病防治基金会主办的口腔公共卫生政策与策略高级研讨班在北京召开,来自全国 39 个单位的 61 名代表出席了会议,大会由郑树国教授主持。

研讨班邀请到国内知名公共卫生及口腔公共卫生专家授课,分别来自卫生部疾控局口腔卫生处、中国疾病预防控制中心、上海交通大学口腔医学院及北京大学口腔医学院。授课内容涉及国内外公共卫生的研究新进展、中国慢性病预防控制与口腔公共卫生的策略与影响因素、中国居民口腔健康状况的发展趋势及口腔公共卫生的现状与发展。会议收到了 6 篇论文。

该研讨会使大家深入了解了国内外公共卫生及口腔公共卫生发展的最新信息,共同探讨口腔公共卫生与公共卫生的相互联系,并分析全国及各地区口腔卫生工作政策与策略的影响因素及现况。

北京口腔医学会民营口腔医疗分会在北京成立

2010 年 8 月 29 日，北京口腔医学会民营口腔医疗分会成立，会议以“团结、互助、规范、发展”为宗旨，倡导提升行业价值，树立和维护行业的社会形象。

伴随着中国经济的高速发展，民营口腔医疗机构也获得了前所未有的发展机遇，并逐步成为国有口腔医疗体系的一种有效补充。

据北京南区口腔医院院长吕军介绍，北京民营口腔医疗机构的数量已超过 1 000 家，从业的牙医超过 1 万余人，民营口腔专业椅位数量已经占到北京市口腔医疗资源的 50% 左右。北京民营口腔医疗分会的成立能促进民营口腔行业内的信息交流的行业发展，共同倡导行业的规范与自律，树立民营口腔良好的公众形象。

上海市口腔医学会口腔正畸专业委员会在上海成立

2010 年 8 月 30 日，上海市口腔医学会在上海交通大学附属第九人民医院举行会议，宣布口腔正畸专业委员会正式成立。口腔医学会会长周曾同等领导出席会议，沈庆平副会长宣读上海市科协关于同意成立口腔正畸专业委员会的批文。来自全市各医疗机构及民营诊所的 23 名新当选委员、11 名青年委员出席了成立大会。沈刚当选为正畸专业委员会主任委员，刘月华、钱玉芬、华咏梅当选为副主任委员。周曾同会长为新当选主任委员、副主任委员颁发了聘书。周会长在讲话中对正畸专业委员会的工作提出了具体的要求，对新当选的委员及青年委员寄予了殷切希望。

在随后举行的专业委员会第一次全体会议上，沈刚主任委员对专业委员会今后一个时期的工作思路作了汇报。

2010 年全国口腔材料和器械设备标准化技术委员会标准审定会在银川召开

2010 年 9 月 1 日，由北京大学口腔医学院口腔材料研究室主办的 2010 年全国口腔材料和器械设备标准化技术委员会标准审定会在宁夏回族自治区银川市召开，会议由北京大学口腔医学院口腔材料研究室林红主持，参会代表 123 人。

会议对 16 项标准进行研讨和审定，与会代表对审定的每一项标准中性能指标的确定，试验方法的选择和结果的制定等进行了认真讨论，提出建议和意见。最终，会议共审定通过了医药行业标准 12 项及国家标准 1 项；同时，技术委员会委员还对 2011 年标准制修订项目和“十二五”工作展望等技术委员会工作进行深入研讨，并达成一致共识。

上海市口腔医学会口腔颌面外科专业委员会在上海成立

2010 年 9 月 9 日下午，上海市口腔医学会口腔颌面外科专业委员会成立大会暨第一次全体委员会议在上海交通大学医学院附属第九人民医院隆重举行。上海市口腔医学会会长周曾同教授、上海市科学技术协会郭巧林秘书长、王春明部长，上海交通大学医学院附属第九人民医院院长张志愿教授，上海市口腔医学会副会长沈国芳、张富强、黄远亮、沈庆平教授出席会议。会议由上海市口腔医学会口腔颌面外科专业委员会副主任委员宋萌教授主持。首先由上海市科学技术协会郭巧林秘书长、上海市口腔医学会会长周曾同教授致贺词。沈庆平副会长宣读了上海市民政局、社会团体管理局准予筹备成立上海市口腔医学会口腔颌面外科专业委员会的批复。沈国芳教授当选为口腔颌面外科专业委员会主任委员，并宣读了上海市口腔医学会口腔颌面外科专业委员会委员名单，周曾同会长向名誉主任委员、顾问委员、主任委员和副主任委员颁发聘书。

随后即召开了颌面外科专业委员会第一

次全体会议，主任委员沈国芳教授汇报了口腔颌面外科专业委员会 2010—2011 年度的工作计划。委员们在会上对如何更好地促进上海口腔颌面外科的发展进行了讨论，为口腔颌面外科专业委员会的发展提出了许多建设性的意见，并对今后口腔颌面外科专业委员会的各项工作达成了共识。

贵州省口腔医学会成立大会在贵阳举行

2010 年 9 月 19 日，贵州省口腔医学会成立大会在贵阳医学院隆重举行，全省 20 余家医院的领导和口腔医学专业技术人员共 300 余人出席了这次代表大会。贵州省科协党组书记任湘生和中华口腔医学会会长王兴教授为贵州省口腔医学会揭牌，贵州省卫生厅周惠明副厅长、贵州省科协路贵副主席、中华口腔医学会名誉会长樊明文教授及王渤秘书长、贵州省民政厅社团管理局许文益局长等领导出席开幕式并讲话，会议选举产生了由 148 人组成的第一届理事会和由 35 人组成的常务理事会，贵阳医学院院长宋宇峰教授当选首任会长，贵阳医学院口腔医学系口腔修复教研室主任王永教授任学会秘书长。

会议特邀樊明文教授、王兴教授、唐瞻贵教授等多名专家作了精彩的学术报告。贵州省口腔医学会的成立，有利于推进贵州省口腔医学学术研究，提高口腔医疗诊治水平。

2010 年全国“爱牙日”活动主题和主题信息

2010 年 9 月 20 日是第二十二个全国“爱牙日”。该年的活动主题为“窝沟封闭，保护牙齿”，旨在普及口腔卫生保健知识，推动全社会关注儿童口腔健康。主题信息摘录如下：

1. 窝沟龋影响儿童牙齿健康。

2. 窝沟封闭是预防儿童窝沟龋的有效方法。

3. 窝沟封闭操作安全简便。

4. 窝沟封闭与氟化物的联合使用，可以最大限度地预防龋病的发生。

中华口腔医学会“口腔健康促进与口腔医学发展西部行活动——云南省现代根管治疗技术培训班”在昆明举办

2010 年 9 月 24 ~ 26 日，由中华口腔医学会主办，昆明医学院附属口腔医院和云南省口腔医学会承办的“中华口腔医学会口腔健康促进与口腔医学发展西部行活动——云南省现代根管治疗技术学习班”在昆明医学院举行，200 余名口腔医生参加会议。

学习班邀请了国内知名专家樊明文教授、岳林教授、高学军教授、沈曙铭研究员等到昆明市讲学。北京大学口腔医学院医务处长沈曙铭讲座题目为“口腔医疗纠纷与医疗安全”；武汉大学口腔医院樊明文教授讲授了根管治疗技术新进展与根管治疗失败原因及处理；北京大学口腔医学院高学军教授介绍了根管治疗成功的关键因素；北京大学口腔医学院岳林教授讲授了根管治疗中感染控制的难点、根管预备的关键（器械和方法的选择）及弯曲、狭窄、钙化根管的疏通与预备。

张琼仙教授百岁生日庆祝宴会在成都举办

2010 年 9 月 28 日，中国历史上第一位女牙科博士、著名的口腔修复学专家，毕业于华西协合大学牙学院的张琼仙教授迎来了她的百岁生日。来自医学界两百多名张琼仙教授的学生前来为她祝寿。张琼仙教授于 1929 年考入华西协合大学牙学院，1936 年毕业并获牙医学博士学位。下午 6 时许，张琼仙教授在大家的搀扶下来到了位于岷山饭店二楼的会客厅，张琼仙教授的得意门生蔡绍敏，对老师的一生给予了高度的评价。蔡教授告诉记者，张教授在医学界有两个创造：切割修复和针型固位，这两项创造都获得了国内外一致好评并沿用至今。

2010 年全国口腔卫生工作研讨会在杭州召开

2010 年 10 月 9 日，全国口腔卫生工作研讨会在杭州召开，卫生部疾病控制局官员和中华口腔医学会秘书长等 20 余名全国口腔卫生顶级专家出席了会议，大会对于杭州市开展的口腔卫生工作进行了总结，并对下一阶段工作的任务做了部署。会议期间，卫生部疾控局口腔卫生处处长夏刚和专家们对滨江区文涛小学窝沟封闭治疗场地、口腔医疗队携带的设备、器械进行了考察，观看了窝沟封闭治疗过程，对接受治疗的学生进行了交流。并建议杭州市在保持现有优势项目的基础上，借鉴北京等地为"全口无牙低保老人免费镶牙"的做法，进一步扩大和推进口腔卫生保健等公共卫生服务项目。

"重生行动"第二届语音训练培训班在上海举办

2010年10月24～29日，由重生计划项目办公室主办，同济大学口腔医学院·附属口腔医院承办的"重生行动"第二届语音训练培训班在上海举行，培训班由陈仁吉主持，参加培训人员约53人。

培训班就进一步完善"重生计划"项目的语训工作标准，提高该项目的整体语训康复指导水平，达成序列治疗的预期目标。培训课程内容包括：腭裂语音治疗现状及发展、发音器官的解剖学、正常语音基本知识——汉语普通话基本特点、腭裂语音的产生及其特点、腭裂语音障碍的评价及治疗方案的选择、腭裂语音治疗的基本方法、语音治疗方法临床运用技巧、生物反馈治疗在腭裂语音治疗中的运用、腭裂语音治疗的原则及注意事项、实验室实习（语音辨听、鼻咽镜检查或看鼻咽镜检录像）。

广东省口腔医疗质量管理研讨会在广州举行

2010年11月18日，由广东省医院协会口腔医疗管理分会主办的"广东省口腔医疗质量管理研讨会在"在广州举行，有140人参加了这次会议，会议收到论文34篇。

会议从口腔医疗质量管理、口腔科医疗技术质量标准、口腔科治疗路径、口腔科医疗安全风险防范、口腔科感染控制、口腔科门诊护理对医疗质量与医疗安全的作用6个方面进行了讨论。

2010年公共卫生专项资金河北省儿童口腔疾病综合干预试点项目启动会在石家庄举行

2010年11月27日，由河北医科大学口腔医学院主办的"2010年公共卫生专项资金河北省儿童口腔疾病综合干预试点项目启动会"在河北医科大学口腔医学院举行，会议由河北医科大学口腔医学院马哲教授主持，50多人出席了此次会议。

会议针对部署国家2010年中央补助地方口腔疾病综合干预试点项目工作，就"项目方案内容介绍及工作任务部署"、"规范化技术培训及要求"、"网络数据中心的使用及常见问题"展开讨论并开展技术培训。

2010年SAC/TC 99标准化技术委员会标准研讨审定会在厦门召开

2010年12月1～4日，由北京大学口腔医学院口腔材料研究室主办的2010年SAC/TC 99标准化技委会标准研讨审定会在福建省厦门市召开，会议由北京大学口腔医学院口腔材料研究室林红主持，参会代表89人。

会议共对7项标准进行研讨、审定，包括临床试验指南标准3项，定制式义齿标准2项和口腔材料产品标准2项。与会代表对研讨审定的每一项标准进行了认真讨论，提出意见和建议。最后会议共审定通过了2项口腔材料产品标准，并对3项临床试验指南标准和2项定制式义齿标准作了更进一步的明确规定。

2010年"中华口腔医学会－登士柏口腔医学生研究论文英文壁报比赛"在厦门成功举行

2010年12月3日，由中华口腔医学会（CSA）和登士柏（天津）国际贸易有限公司共同举办的"中华口腔医学会－登士柏口腔医学生临床研究英文壁报比赛"在福建厦门举行。

该届比赛历时5个月，资格审核和评分标准公开透明，审核严格，网评实行双盲法，保证了入围结果的客观性、公正性。100篇投稿者获得参加厦门全球华人口腔医学大会壁报展示资格，10名选手获得该届比赛优秀奖，

6 名选手获得赴厦门参加决赛的资格。2010 年 12 月 3 日上午，在厦门国际会展中心 114 室，由 6 名参加决赛选手按抽签顺序上场，四川大学华西口腔医学院李春洁获得冠军，铁思久、葛雯姝获得二等奖，朱玲新、何伟健和杜令倩获得三等奖。

“全球华人口腔医学大会——杰出华人口腔医师奖”、“杰出海外学子奖”等奖项在厦门分别举行颁奖

2010 年 12 月 2 ~ 3 日，“全球华人口腔医学大会——杰出华人口腔医师奖”及“全球华人口腔医学大会——杰出海外学子奖”等奖项分别在全球华人口腔医学大会开幕式和颁奖晚宴上举行颁奖，获奖名单如下：

“杰出华人口腔医师奖”获奖者：香港牙医学会梁世民医师、左伟国医师，澳门口腔医学会黄立舒医师，台湾中华牙医学会周汝川医师、李稚健医师等；

“杰出海外学子奖” 获奖者：美国南加州大学柴洋教授、施松涛副教授，美国加州大学洛杉矶分校王存玉教授，美国塔芙茨大学陈锦坤教授等；

“中华口腔医学会、香港大学牙医学院及香港牙医学会优秀青年人才奖”获奖者：第四军医大学口腔医学院白石柱，首都医科大学附属北京同仁医院吴健有等 10 人；

“中华口腔医学会 - 登士柏口腔医学青年人才奖”获奖者：武汉大学口腔医院蒋滔等 3 人；

“中华口腔医学会 - 登士柏口腔医学生临床研究英文壁报比赛”第一名获奖者：四川大学华西口腔医学院李春洁。

中华口腔医学会民营口腔医疗分会第一届委员会第二次全委会在厦门召开

2010 年 12 月 4 日，中华口腔医学会民营口腔医疗分会第一届委员会第二次全委会在福建厦门召开。中华口腔医学会黄洪章副会长、王渤秘书长出席了会议，会议由民营口腔医疗分会副主任委员颜培德主持。全会同意增补 4 位委员为常务委员，另增补 4 位委员并报中华口腔医学会审核批准。

刘泓虎主任委员作了 2010 年的工作报告和 2011 年工作安排。甘宝霞副主任委员对这次由民营口腔医疗分会发起的“西部行发展基金募捐活动”情况进行了介绍。最后，中华口腔医学会黄洪章副会长作了重要讲话，对民营口腔医疗分会成立以来开展的工作特别是“西部行发展基金募捐活动”表示了充分的肯定，并希望大家能更好地发挥民营医疗分会的作用，取得更大成绩。

上海市口腔医学会口腔基础医学专业委员会成立暨第一次学术会议在上海举行

2010 年 12 月 11 ~ 12 日，由上海口腔医学会主办的上海市口腔医学会口腔基础医学专业委员会成立暨第一次学术会议在上海举行。陈万涛教授当选为第一届上海市口腔医学会口腔基础医学专业委员会主任委员，李江、马健教授当选为副主任委员。黄远亮副会长代表上海市口腔医学会对口腔基础医学专业委员会的工作提出了具体要求和殷切期望，邱蔚六院士在致辞中强调该专业委员会成立的必要性和重要性。在随后举行的第一次全体委员会议上，陈万涛主任委员提出了专业委员会近期和远期工作任务和目标。成立大会结束后，专业委员会召开了第一次学术会议，邀请 12 位国内外著名专家对肿瘤、种植、遗传性疾病、干细胞、牙周病、口腔感染等口腔医学相关研究领域作了专题报告，并展开了热烈讨论；与会同时还设立教育专场，邀请国内 3 位著名专家，分别对 SCI 收录口腔医学论文的撰写及发表、基金项目申请和传染性疾病床边检测在口腔临床的应用等热点问题作了专题演讲。

中国高等院校口腔医学院和口腔医院科技成果获奖及获科研基金资助简况

本栏目收录范围主要为中华人民共和国各部委、省(自治区)、直辖市和中国人民解放军军级以上单位授予的口腔医学科技成果奖(表1)及资助的科研基金项目(表2),收录时限为2010年。

表1 2010 年度中国高等院校口腔医学院和口腔医院科技成果获奖一览表

获奖项目名称	获奖单位	获奖人员	奖励名称与等级	授奖部门
口腔颌面组织修复及功能重建技术的研究及应用	首都医科大学附属北京口腔医院,四川大学华西口腔医学院,武汉大学口腔医学院,北京大学口腔医学院,中山大学光华口腔医学院	王松灵 胡 静 龙 星 张 益 廖贵清 刘 怡 王大章 胡 冰 范志朋 张春梅	国家科学技术进步奖二等奖	中华人民共和国国务院
口腔颌面部血管瘤与脉管畸形的临床治疗研究	上海交通大学医学院附属第九人民医院,武汉大学口腔医学院,临沂市肿瘤医院	张志愿 赵怡芳 周国瑜 郑家伟 秦中平 范新东 赵吉宏 竺涵光 张陈平 王延安	国家科学技术进步奖二等奖	中华人民共和国国务院
老年口腔病微创治疗的基础研究及临床应用	解放军总医院	储冰峰 刘 洪 温 宁 李鸿波 张贤华 徐 娟 肖 杰 张 勇 阎黎津	军队医疗成果二等奖	总后勤部卫生部
唇腭裂外科修复新理论与方法的研究	四川大学华西口腔医学院	石 冰 蒙 田 李 杨 李 盛 王 炎等	中华医学科技奖三等奖	中华医学会
下颌骨缺损的形态与功能重建	上海交通大学医学院附属第九人民医院	张陈平 张志愿 孙 坚 竺涵光 徐立群 胡永杰 季 彤 范新东 吴轶群 叶为民 等	上海市科学技术进步奖一等奖	上海市人民政府
应力对微型支抗种植体周骨反应的影响及其力学规律的研究	大连大学	王学金 刘慧颖 彭 巍 徐颖华 孙晓琳 刘 巍 刘立新 金 磊 李 芳 杜 波	辽宁省科学技术进步奖二等奖 大连市科学技术进步奖一等奖	辽宁省人民政府 大连市人民政府
翼腭窝及邻近结构肿瘤治疗新术式及应用研究	中南大学口腔医学院	蓟新春 蒋灿华 郭 峰 胡延佳 陈新群 刘景平 刘志敏 高 兴	湖南省科学技术进步奖二等奖	湖南省人民政府
口腔颌面部伤病现代修复技术的基础和临床研究	第三军医大学新桥医院口腔科	谭颖徽 张 纲 裘松波 何 飞 王建华 张 萍 胡 静 于 娜 王雪飞	重庆市科学技术进步奖二等奖	重庆市人民政府

续表 1

获奖项目名称	获奖单位	获奖人员	奖励名称与等级	授奖部门
牙体牙髓疑难病例临床治疗的系列研究	中山大学附属口腔医院	徐　琼	广东省科学技术奖二等奖	广东省人民政府
平阳霉素注射治疗口腔颌面部血管瘤和脉管畸形的临床及基础研究	四川大学华西口腔医学院	高庆红　王晓毅　郑根建　刘　坤　李一松等	四川省科学技术进步奖三等奖 成都市科学技术进步奖三等奖	四川省人民政府 成都市人民政府
柠檬提取物对口腔微生态平衡的影响及临床初步应用研究	天津医科大学口腔医院	张向宇　李晓眠　陈双璐　郭卯丁　刘　颖	天津市科学技术进步奖三等奖	天津市人民政府
口腔黏膜癌浸润前沿细胞增殖的研究	哈尔滨医科大学口腔医学院	赵尔杨	黑龙江省科学技术进步奖三等奖	黑龙江省人民政府
颧骨复合体肥大的三维 CT 测量诊断系统及形态学基础研究	佳木斯大学	杜晓岩	黑龙江省科学技术进步奖三等奖	黑龙江省人民政府
PRP 在构建血管化口腔颌面部骨组织中作用机制的研究	青岛大学医学院口腔医学院	李宁毅　金晓明　陈　涛　陈立强　杨学财　袁荣涛	山东省科学技术进步奖三等奖	山东省人民政府
先天性唇腭裂与遗传和环境因素相关性的研究	宁夏医科大学	黄永清	宁夏回族自治区科技进步奖三等奖	宁夏回族自治区人民政府
瓷贴面修复的牙体预备三维分型基础及临床研究	中山大学附属口腔医院	李　彦	广东省科学技术奖三等奖	广东省人民政府
促进种植体早期骨整合相关因素的研究	中国医科大学	艾红军	辽宁省科学技术进步奖三等奖	辽宁省科学技术奖励委员会
面神经损伤与缺损修复的基础及临床研究	中国医科大学	王绪凯	辽宁省科学技术进步奖三等奖	辽宁省科学技术奖励委员会
正畸治疗技术在上下颌骨骨折治疗中的应用	中国医科大学	刘　奕	辽宁省科学技术进步奖三等奖	辽宁省科学技术奖励委员会
			沈阳市科学技术进步奖三等奖	沈阳市人民政府
微型种植体的基础和临床应用研究	南京医科大学口腔医学院/附属口腔医院	王　林　马俊青　王震东　张卫兵　陈文静	江苏省科学技术进步奖三等奖	江苏省科技厅
口腔健康教育基地模式在口腔病防治工作中的作用研究	青岛市口腔医院	王万春　吕　健　于艳玲　王青梅　尹成方　何晓丹　武志鹏　吴迎涛	山东省软科学优秀成果奖二等奖	山东省科技厅
TGFβs 与间充质干细胞在周围神经损伤和再生中作用的研究	第四军医大学口腔医院	金　岩	陕西省科学技术奖一等奖	陕西省科技厅

续表1

获奖项目名称	获奖单位	获奖人员	奖励名称与等级	授奖部门
表面处理与牙齿硬组织/羟基磷灰石粘结的研究	浙江大学	傅柏平 张 玲 王慧明 孙雪梅 沈 晴 陈冉冉 沈燕青 毕 玲 梁 兵 徐 英 金雪青	浙江省科学技术奖二等奖	浙江省科技厅
致龋菌中耐酸相关基因ffh的检测及克隆	吉林大学口腔医学院	张志民 韩 冰 高 心 王成坤 赵洪岩 张家颖	吉林省科学技术进步奖二等奖	吉林省科技厅
晶须-纳米颗粒牙修复材料的研制与应用	吉林大学口腔医学院	张颖丽 李保泉 别春娟 张天夫 黄 洋 张 恺 张影杰	吉林省科学技术进步奖三等奖	吉林省科技厅
牙科材料的仿生优化设计和制备	兰州大学口腔医学院 中国科学院兰州化学物理所	刘 斌 杨生荣 王金清 鱼灵会	甘肃省科学技术进步奖三等奖 兰州市科学技术进步奖一等奖	甘肃省科技厅 兰州市科技局
颞下颌关节疾病的基础与临床	白求恩国际和平医院 上海交通大学医学院附属第九人民医院	焦国良 杨 驰 薛 毅 张善勇 蔡协艺 陈敏洁 孙 辉 陈 光 马 飞 刘秀明	河北省科学技术进步奖三等奖	河北省卫生厅
中药藓化饮治疗口腔黏膜癌前病变的基础与应用研究	河北医科大学第四医院	许彦枝 刘 健 田晓玲 刘亚娴 刘铁军 刘凤英 仇永乐 杨凤英 安智广	河北省科学技术进步奖三等奖	河北省卫生厅
根管治疗术的基础与临床研究	河北医科大学第二医院 北京大学口腔医学院	池学谦 曹翠丽 张成飞 张金延 陈惠珍 侯逢春	河北省科学技术进步奖三等奖	河北省卫生厅
重庆地区Delaire颅颌面头影测量技术研究及其软件系统开发	重庆医科大学附属口腔医院	王 涛 黄丽雯 宋锦璘 王培容 唐兴亮 邓 锋 王 茜 陈梦苇 冯 格	重庆市卫生局医学科技成果奖励二等奖	重庆市卫生局
重庆市口腔健康流行病学抽样调查及口腔卫生需求评估	重庆医科大学附属口腔医院	林居红 胡 赟 王金华 王 琳 胡 渝 汪新丽 周 智 刘渝嘉	重庆市卫生局医学科技成果奖励二等奖	重庆市卫生局
Damon矫治技术的临床应用及比较研究	重庆医科大学附属口腔医院	戴红卫 张定铭 吴 杨 冯 刚 周建萍 张 翼 冒叶琳	重庆市卫生局医学科技成果奖励三等奖	重庆市卫生局
重组hBMP2对人牙髓干细胞分化的影响	重庆医科大学附属口腔医院	向学熔 范小平 邓 锋 林居红 张慧宇 萧智利 杨明聪	重庆市卫生局医学科技成果奖励三等奖	重庆市卫生局

续表 1

获奖项目名称	获奖单位	获奖人员	奖励名称与等级	授奖部门
牵张成骨修复下颌骨缺损中 Angiopoietin-1 及其受体 Tie-2 的表达	浙江大学	谢志坚　谷志远 葛魏立　胡济安 何剑锋	浙江省医药卫生科技奖三等奖	浙江省卫生厅
上颌骨埋伏阻生尖牙的诊断与正畸治疗	温州医学院附属口腔医院	胡荣党　林新平 倪振宇　郑敏玲 李伟宏	浙江省医药卫生科技奖三等奖	浙江省卫生厅
基于牙种植技术的下颌骨复杂缺损的功能重建	南京医科大学口腔医学院/附属口腔医院	陈　宁　王培志 袁　华	江苏省医学新技术引进奖一等奖	江苏省卫生厅
改良前臂皮瓣修复舌癌、口底癌术后缺损的临床研究	南京医科大学口腔医学院/附属口腔医院	吴煜农　宋晓萌 袁　冶	江苏省医学新技术引进奖二等奖	江苏省卫生厅
新型牙科硅烷偶联剂在玻璃陶瓷树脂粘接中的应用研究	南京市口腔医院	孟翔峰　周　峰 骆小平	江苏省医学新技术引进奖二等奖 南京市医学新技术引进奖二等奖	江苏省卫生厅 南京市卫生局
牙冠延长术－全冠修复联合治疗冠根联合折的新技术	南京市口腔医院	吴文蕾　谭葆春 肖健平	江苏省医学新技术引进奖二等奖	江苏省卫生厅
中、重度牙周炎的临床规范化序列研究	郑州大学口腔医学院	陈　栋	河南省医学新技术引进奖二等奖	河南省卫生厅
第一鳃弓外胚间充质细胞多向分化	佳木斯大学	闫征斌	黑龙江省医疗卫生新技术应用三等奖	黑龙江省卫生厅
热休克蛋白 70 及疼痛物质 LEK 神经肽 Y 在牙髓炎时的修复作用	佳木斯大学	王健平	佳木斯市科学技术进步奖一等奖	佳木斯市人民政府
MMP-9 在去势牙周炎大鼠牙周组织中的表达	佳木斯大学	朱建华	佳木斯市科学技术进步奖一等奖	佳木斯市人民政府
激光熔接钛的结合强度	佳木斯大学	刘　杰	佳木斯市科学技术进步奖一等奖	佳木斯市人民政府
口腔颌面部的数字化虚拟成像研究	青岛大学医学院口腔医学院	李宁毅　谷　方 贾暮云　马彦博 王　钰　夏玉军 左书耀　王良忠 王　科　单　涛	青岛市科学技术进步奖二等奖	青岛市人民政府
热化疗对荷瘤鼠及口腔癌患者免疫功能影响的基础与临床研究	青岛大学医学院口腔医学院	王昇志　郭　军 毕洪广　高向东 金慧军　修彩梅 成　州	烟台市科学技术进步奖二等奖	烟台市人民政府
内氏放线菌细胞壁提取物及菌毛免疫学特性的研究	大连大学	赵丽娟　方　颖 朴海南　管庆华 张　慧	大连市科学技术进步奖三等奖	大连市人民政府
颅面软组织形态激光扫描三维自动测量系统	西安交通大学 西北工业大学	周　洪　司新芹 张艳宁　王　菲 侯玉霞　宋剑炜 冯耀浦	西安市科学技术进步奖三等奖	西安市科技奖励工作办公室

续表1

获奖项目名称	获奖单位	获奖人员	奖励名称与等级	授奖部门
经皮扩张气管切开术在口腔颌面外科困难气道中的临床应用	南京市口腔医院	李　刚　董迎春　苏荣祥	南京市医学新技术引进奖二等奖	南京市卫生局
涎腺肿瘤治疗新技术的研究及应用	北京大学口腔医学院	俞光岩　马大权　高　岩　彭　歆　郭传瑸　黄敏娴　孙开华　吴奇光　毛　驰	中国抗癌协会科技奖一等奖	中国抗癌协会
上颌骨大型缺损功能性重建的数字技术与临床应用	上海交通大学医学院附属第九人民医院	孙　坚　沈　毅　李　军　翁雁秋　马宏涛　吴轶群　黄　伟　张志愿	上海医学科技奖三等奖	上海市医学会
CT、SPECT 和 SPECT/CT 在口腔恶性肿瘤侵犯下颌骨检查中应用价值的研究	青岛大学医学院口腔医学院	贾暮云　段青云　袁荣涛　卜令学　尚　伟　李玉军　王国明	山东省医学科技奖二等奖	山东省医学会
超声波应用于牙髓根尖周病治疗的机制研究	广西医科大学口腔医学院	陈文霞　曾启新　张平娟　谢方方　李　兰　刘鸿雁　何克新　罗智杰　钟小奕	广西医药卫生适宜技术推广奖一等奖	广西卫生科教管理学会

表2　2010年度中国高等院校口腔医学院和口腔医院获科研基金资助一览表

项目名称	项目负责人	单位	基金来源及名称	批准号或编号	资助金额（万元）
干细胞在骨衰老与再生中的作用及关键信号分子调控	金　岩	第四军医大学	国家重点基础研究发展计划（“973”课题）	2011CB964700	2260.00
牙颌面创伤中大面积骨缺损及牙周修复重建关键技术的应用基础研究	赵志河	四川大学	国家自然科学基金重点项目	81030034	250.00
Gorlin 综合征及相关疾病的分子发病机制及治疗干预研究	李铁军	北京大学	国家自然科学基金重点项目	81030018	230.00
炎症影响下干细胞分化调控及其在牙周组织构建再生中的作用	金　岩	第四军医大学	国家自然科学基金重点项目	31030033	200.00
相关间充质干细胞在低碱性磷酸酯酶症发病中的作用及其分子调控机制研究	金　岩	第四军医大学	国家自然科学基金重大国际合作项目	81020108019	200.00
城乡居民牙病综合防治模式的推广应用研究	胡德渝	四川大学	卫生部卫生行业科研专项		474.00
牙髓根尖周病临床路径和诊疗新标准的临床研究	胡　涛	四川大学	卫生部临床学科重点项目		400.00
数字化精确诊疗技术在颅颌面畸形整复中的应用研究	田卫东	四川大学	卫生部临床学科重点项目		400.00

续表 2

项目名称	项目负责人	单位	基金来源及名称	批准号或编号	资助金额（万元）
显微牙髓治疗导航技术提高再处理患牙疗效的研究	凌均棨	中山大学	卫生部临床学科重点项目	卫规财［2010］439 号	200.00
构建颞下颌关节紊乱病个性化调压治疗新体系	张志光	中山大学	卫生部临床学科重点项目	卫规财［2010］439 号	195.00
纳米磷酸三钙/明胶/鹿茸多肽复合材料在再生医学中的应用研究	邓旭亮	北京大学	卫生部国际合作项目	2010DFA51500	100.00
口腔癌前损害危险性转归分子标志的整合性	陈谦明	四川大学	国家自然科学基金国际(地区)合作与交流项目研究(中加健康研究合作计划)	81061120531	45.00
颞下颌关节发育与骨关节病发生机制研究	蒋如朗	四川大学	国家自然科学基金海外及港澳学者合作研究基金	81028005	20.00
正畸应力刺激下 MSCs 对慢性牙周炎局部 T 细胞功能调节作用的研究	王　军	四川大学	国家自然科学基金面上项目	31070825	33.00
力学因素复合 cbfα1 修饰的脂肪干细胞促进骨质疏松下颌骨牵张成骨的实验研究	龙　洁	四川大学	国家自然科学基金面上项目	31070833	33.00
Tgfβ3 通过 PAR/aPKC 蛋白调节腭中嵴上皮细胞极性影响腭发育的基础和应用研究	郑　谦	四川大学	国家自然科学基金面上项目	81070498	32.00
Wnt5a 在牙乳头分化中的作用及与 BMP2 的串话	叶　玲	四川大学	国家自然科学基金面上项目	81070801	32.00
脐血间充质干细胞牙向分化潜能及诱导技术研究	刘　磊	四川大学	国家自然科学基金面上项目	81070802	32.00
rs7205289 位点多态性与吸烟相互作用对唇腭裂致病微小 RNA(miRNA-140)成熟的影响	石　冰	四川大学	国家自然科学基金面上项目	81070816	32.00
ASC 调控牙龈卟啉菌诱导根尖周炎骨吸收的机制	黄定明	四川大学	国家自然科学基金面上项目	81070827	32.00
Notch 信号通路在颞下颌关节骨关节炎中的作用及调控机制研究	祝颂松	四川大学	国家自然科学基金面上项目	81070850	32.00
实验性牙移动中孤啡肽及其受体(N/OFQ-NOP 系统)的疼痛调控机制研究	赖文莉	四川大学	国家自然科学基金面上项目	81070858	35.00
TGF-β/Smad 信号传导通路对骨缝牵张成骨分子调控的研究	邹淑娟	四川大学	国家自然科学基金面上项目	81070859	32.00
髁突软骨的扭－切微动损伤机制研究	于海洋	四川大学	国家自然科学基金面上项目	81070867	33.00
仿生构建牙种植体颈部类天然牙龈牙附着结构的研究	欧国敏	四川大学	国家自然科学基金面上项目	81070868	33.00

续表2

项目名称	项目负责人	单位	基金来源及名称	批准号或编号	资助金额（万元）
含镁、锌HA涂层材料对骨质疏松状态下植入体骨整合的影响	胡　静	四川大学	国家自然科学基金面上项目	81070869	33.00
外周细胞分化机制及其在组织工程血管化中的应用研究	林云锋	四川大学	国家自然科学基金面上项目	81071273	33.00
缺氧肿瘤细胞与其诱导的MDSCs在口腔鳞癌侵袭转移中相互作用及机制研究	梁新华	四川大学	国家自然科学基金面上项目	81072215	36.00
癌周LEC分泌CXCL1促进舌癌细胞淋巴道转移的分子机制研究	潘　剑	四川大学	国家自然科学基金面上项目	81072216	30.00
IL-17相关信息通路在口腔黏膜癌变中的作用及防治意义研究	曾　昕	四川大学	国家自然科学基金面上项目	81072218	36.00
干预变异链球菌vicRKX信号通路对生物膜糖代谢平衡的影响研究	胡　涛	四川大学	国家自然科学基金主任基金	81041104	10.00
建立三维组织模型进行加速正畸牙移动的体外研究	李　宇	四川大学	国家自然科学基金青年科学基金	11002095	24.00
口腔变异链球菌srtA基因功能的代谢组学研究	邹　玲	四川大学	国家自然科学基金青年科学基金	31000058	19.00
Dkk-1与OPG/RANKL/RANK的"交互对话"调控牙移动破骨细胞分化的研究	韩向龙	四川大学	国家自然科学基金青年科学基金	31000419	19.00
DNA甲基化在先天性腭裂发病中的表观遗传调控机制研究	蒙　田	四川大学	国家自然科学基金青年科学基金	81000425	20.00
Rho-Wnt/β-catenin新交互通路在牙髓细胞早期修复的作用及分子机制研究	程　然	四川大学	国家自然科学基金青年科学基金	81000429	20.00
革氏链球菌AtlS蛋白在龋病防治中的分子生物学机制研究	刘娅玲	四川大学	国家自然科学基金青年科学基金	81000430	20.00
防龋釉基质蛋白功能多肽对釉质龋脱矿与再矿化作用的研究	张凌琳	四川大学	国家自然科学基金青年科学基金	81000431	20.00
FDC-SP对牙周膜细胞异质性定向表达的调控及分子机制研究	魏　娜	四川大学	国家自然科学基金青年科学基金	81000443	20.00
低强度脉冲超声用于骨质疏松缺牙患者牙种植治疗的机制研究	陈文川	四川大学	国家自然科学基金青年科学基金	81000455	20.00
基于三叉神经节神经元VGCs机械敏感性的种植体骨感知研究	沈颉飞	四川大学	国家自然科学基金青年科学基金	81000456	20.00
多功能碳纳米管基靶向药物联合近红外激光抗肿瘤实验研究	王　剑	四川大学	国家自然科学基金青年科学基金	81000659	20.00

续表 2

项目名称	项目负责人	单位	基金来源及名称	批准号或编号	资助金额（万元）
生物电活性膜的制备及促成骨机制研究	满　毅	四川大学	国家自然科学基金青年科学基金	81000789	20.00
调控 TLRs 信号通路候选 miRNAs 靶基因 3′UTR 内 SNPs 对口腔鳞状细胞癌发病的影响及其后续功能分析	廖　乍	四川大学	国家自然科学基金青年科学基金	81001208	20.00
ARHI 与 p53 交联网络对口腔癌程序化细胞死亡的调控机制研究	李　一	四川大学	国家自然科学基金青年科学基金	81001209	18.00
表观遗传与 microRNA 共同诠释 SCF/c-kit/Slug 信号通路调控涎腺腺样囊性癌侵袭转移的分子机制	汤亚玲	四川大学	国家自然科学基金青年科学基金	81001210	20.00
中美口腔医学精萃论坛	陈谦明	四川大学	国家自然科学基金国家(地区)合作与交流项目——国际学术会议项目	81010308002	6.00
全球华人口腔医学大会——口腔黏膜病学专题学术会议	曾　昕	四川大学	国家自然科学基金国家(地区)合作与交流项目——国际学术会议项目	81010308032	6.00
同源盒基因 DLX3 在釉质发育中的调控机制	高学军	北京大学	国家自然科学基金面上项目	81070800	33.00
Sclerostin 在创伤性颞下颌关节强直发病中的作用及机制研究	张　益	北京大学	国家自然科学基金面上项目	81070808	32.00
组蛋白 H3K4 去甲基化酶 RBP2 在人脂肪基质细胞成骨向分化中的作用及机制	周永胜	北京大学	国家自然科学基金面上项目	81070809	32.00
单纯型牙齿发育异常的大样本多基因 SNP 研究及 GlI 基因的功能分析	冯海兰	北京大学	国家自然科学基金面上项目	81070814	32.00
颅骨锁骨发育不全致病基因 RUNX2 的功能分析及其对牙髓细胞和破骨细胞分化影响的研究	郑树国	北京大学	国家自然科学基金面上项目	81070815	32.00
NOD 样受体在牙龈卟啉单胞菌引起内皮细胞活化中的作用	欧阳翔英	北京大学	国家自然科学基金面上项目	81070840	32.00
激活辣椒素受体对颌下腺紧密连接蛋白的调控及机制研究	俞光岩	北京大学	国家自然科学基金面上项目	81070847	35.00
雌激素对实验性颞下颌关节炎的作用及机制	甘业华	北京大学	国家自然科学基金面上项目	81070849	35.00
纤维粘连蛋白 EDA 片段对腺样囊性癌侵袭能力的影响	李翠英	北京大学	国家自然科学基金面上项目	81072214	33.00
双磷酸盐对成骨细胞功能和活性的影响	李小彤	北京大学	国家自然科学基金	81041010	10.00

续表 2

项目名称	项目负责人	单位	基金来源及名称	批准号或编号	资助金额（万元）
粪肠球菌基因敲除突变株的构建及其在根管内致病性的研究	朱笑菲	北京大学	国家自然科学基金青年科学基金	81000428	20.00
脂氧素 A4 促进牙周组织炎症消退的作用机制	高　丽	北京大学	国家自然科学基金青年科学基金	81000440	20.00
益生菌拮抗口腔念珠菌作用及机制的研究	闫志敏	北京大学	国家自然科学基金青年科学基金	81000441	20.00
KIND1 基因对人牙龈结合上皮生物学行为的调控	钟金晟	北京大学	国家自然科学基金青年科学基金	81000442	20.00
唾液中 rhEPO、rhGH 快速检测的研究	张　雷	北京大学	国家自然科学基金青年科学基金	81000450	20.00
咬合干扰致慢性咀嚼肌疼痛的外周神经机制	曹　烨	北京大学	国家自然科学基金青年科学基金	81000452	20.00
舌侧正畸生物力学模拟分析及舌侧矫治器国产化的研究	梁　炜	北京大学	国家自然科学基金青年科学基金	81000454	20.00
牙周膜细胞和骨细胞对力应答的比较研究	张　丁	北京协和医学院	国家自然科学基金面上项目	31070829	33.00
基于染色体 22q11.2 候选基因与腭心面综合征表型的分子诊断研究	王国民	上海交通大学	国家自然科学基金面上项目	81070813	35.00
变异链球菌 luxS 代谢旁路的研究初探	黄正蔚	上海交通大学	国家自然科学基金面上项目	81070826	32.00
重组 Amelogenin 和 EMPs 诱导骨髓基质细胞成骨分化及其调控机制的比较研究	束　蓉	上海交通大学	国家自然科学基金面上项目	81070838	35.00
FAK-PI3K/Akt 通路对钛材料骨结合的影响及其调控机制研究	赖红昌	上海交通大学	国家自然科学基金面上项目	31070842	33.00
新型"时空可控"血管瘤动物模型的建立及其发病机制研究	徐　骎	上海交通大学	国家自然科学基金面上项目	81070845	34.00
血管瘤组织中肿瘤干细胞的成瘤作用及干预试验	郑家伟	上海交通大学	国家自然科学基金面上项目	81070846	10.00
颞下颌关节盘移位对发育期髁突软骨内成骨的影响	杨　驰	上海交通大学	国家自然科学基金面上项目	81070848	32.00
钛种植体表面 TiO_2 纳米管控释 rhBMP-2 的研究	张富强	上海交通大学	国家自然科学基金面上项目	81070866	32.00
Snail1 蛋白介导的乳腺癌肿瘤转移的表现遗传学研究	吴亚娣	上海交通大学	国家自然科学基金面上项目	81072171	38.00
DNA 修复蛋白及其基因启动子甲基化与涎腺腺样囊性癌化疗耐药性研究	李　江	上海交通大学	国家自然科学基金面上项目	81072211	34.00
牙槽骨骨细胞在正畸牙移动力－化学信号转导中的作用	赵　宁	上海交通大学	国家自然科学基金青年科学基金	81000420	20.00

续表 2

项目名称	项目负责人	单位	基金来源及名称	批准号或编号	资助金额（万元）
不同环境压力状态下粪肠球菌生物膜特性研究	姜　葳	上海交通大学	国家自然科学基金青年科学基金	81000427	20.00
口腔白斑癌变过程中患者唾液中 DNA 的阶段性改变研究	杨　娅	上海交通大学	国家自然科学基金青年科学基金	81000439	20.00
CCL2/CCR2 信号轴调控口颌面炎性疼痛——基于牙移动疼痛模型的诠释	杨　秩	上海交通大学	国家自然科学基金青年科学基金	81000451	20.00
YAP 基因对 Wnt/β-catenin 通路影响口腔上皮细胞癌的机制研究	张　雷	上海交通大学	国家自然科学基金青年科学基金	81001206	20.00
E3 泛素连接酶 Smurf1 介导的对 Runx2 表达调控在牙髓干细胞向成牙本质细胞分化中的作用	杨　帆	第四军医大学	国家自然科学基金面上项目	81070803	32.00
外周神经纤维在牵张成骨过程中的作用及机制	雷德林	第四军医大学	国家自然科学基金面上项目	81070811	35.00
CFTR 参与氟斑牙发生的分子机制	段小红	第四军医大学	国家自然科学基金面上项目	81070819	35.00
间充质干细胞成血管微环境的构建及促进脂肪颗粒血管化的实验研究	刘彦普	第四军医大学	国家自然科学基金面上项目	81070820	32.00
NFI-C 调控根尖牙乳头干细胞定向分化分子机制的研究	何文喜	第四军医大学	国家自然科学基金面上项目	81070831	32.00
分化相关转录因子 Hey1 在成牙本质细胞样细胞发生中的作用及其分子机制	孙汉堂	第四军医大学	国家自然科学基金面上项目	81070832	32.00
复合心理应激状态下口颌系统的肌－骨/关节效应及肌梭在其机制中的作用	陈永进	第四军医大学	国家自然科学基金面上项目	81070851	33.00
可交联聚合型抗菌单体的合成、筛选及其用于修复材料抗菌改性的基础研究	陈吉华	第四军医大学	国家自然科学基金面上项目	81070861	35.00
种植体基台表面纳米管/载银结构的构建及其生物与抗菌性研究	张玉梅	第四军医大学	国家自然科学基金面上项目	81070862	35.00
基于 Emilin-5 蛋白作用的牙根吸收阻断途径的建立	曹　军	第四军医大学	国家自然科学基金面上项目	81070870	32.00
球形挤压传力曲线牵张与成骨特性研究	何黎升	第四军医大学	国家自然科学基金面上项目	81070872	32.00
HIF-1 转染骨髓基质细胞移植治疗局部早性脑缺血再灌注损伤的应用基础研究	徐礼鲜	第四军医大学	国家自然科学基金面上项目	81070997	31.00
多孔凝胶微囊膜接枝温敏“开关”实现双重生长因子智能化控释的实验研究	陈发明	第四军医大学	国家自然科学基金面上项目	81071253	33.00

续表2

项目名称	项目负责人	单位	基金来源及名称	批准号或编号	资助金额（万元）
去抗原异种神经诱导支架的免疫反应机制及其在周围神经再生中的作用	张勇杰	第四军医大学	国家自然科学基金面上项目	81071265	32.00
抑制GABA效应转化——复苏后脑保护的潜在新途径	张　惠	第四军医大学	国家自然科学基金面上项目	81071528	33.00
牙齿的动力学特性与牙周组织的功能性改建	辛海涛	第四军医大学	国家自然科学基金面上项目	11072261	36.00
ClC-3在成骨细胞力学信号传导中的作用	毛　勇	第四军医大学	国家自然科学基金面上项目	31070835	33.00
应力作用下骨改建下游信号分子mTOR的研究	冯　雪	第四军医大学	国家自然科学基金面上项目	31070836	33.00
炎性牙周膜干细胞的分离及其再生潜能和免疫特性探讨	王勤涛	第四军医大学	国家自然科学基金面上项目	81070842	10.00
外周血 $CD34^+$ 细胞促进牵张成骨的实验研究	张浚睿	第四军医大学	国家自然科学基金面上项目	31070873	33.00
p12CDK2-AP1与新发现的结合蛋白Nbp相互作用的相关研究	孙沫逸	第四军医大学	国家自然科学基金面上项目	81072230	36.00
TCDD诱发牙根发育不良疾病的致病机制研究	轩　昆	第四军医大学	国家自然科学基金面上项目	81072273	10.00
L型钙离子通道α1亚基D亚型相互作用分子对修复性牙本质形成的作用机制研究	吕海鹏	第四军医大学	国家自然科学基金青年科学基金	81000433	21.00
原花青素稳定牙本质粘接界面的机制及应用研究	方　明	第四军医大学	国家自然科学基金青年科学基金	81000458	21.00
长链增韧型硅烷偶联剂用于提高牙科修复体粘接效果的应用基础研究	王迎捷	第四军医大学	国家自然科学基金青年科学基金	81000464	20.00
TAT表面修饰的pH敏感NEP-40纳米水凝胶的研究	徐瑞芬	第四军医大学	国家自然科学基金青年科学基金	81000597	20.00
钛种植体表面新型功能性抗菌涂层的构建及其抗细菌生物膜感染的研究	吴　江	第四军医大学	国家自然科学基金青年科学基金	51001116	20.00
高强度、高透光性齿科二硅酸锂玻璃陶瓷的应用基础研究	王　富	第四军医大学	国家自然科学基金青年科学基金	51002185	21.00
Notch信号转导通路对成骨细胞谱系增殖与分化进程的调控	刘　鹏	武汉大学	国家自然科学基金面上项目	81070689	38.00
miR-145和miR-143调控成牙本质细胞分化的研究	陈　智	武汉大学	国家自然科学基金面上项目	81070797	33.00
ERK1/2的活化与口腔黏膜上皮钉突形态发生的联动机制	何三纲	武汉大学	国家自然科学基金面上项目	81070812	32.00
CSCS根管分叉和侧支感染的控制研究	范　兵	武汉大学	国家自然科学基金面上项目	81070821	34.00

续表 2

项目名称	项目负责人	单位	基金来源及名称	批准号或编号	资助金额(万元)
M、B 细胞双靶向修饰防龋 DNA 纳米疫苗的研制及其黏膜免疫反应机制研究	李宇红	武汉大学	国家自然科学基金面上项目	81070822	32.00
S1P/S1P1 信号轴负调控 Treg 在根尖周骨破坏中的作用	彭彬	武汉大学	国家自然科学基金面上项目	81070823	32.00
矿化抑制因子 HtrA1 在牙本质矿化形成中作用的研究	张旗	武汉大学	国家自然科学基金面上项目	81070824	35.00
牙本质分子仿生再矿化的研究	黄翠	武汉大学	国家自然科学基金面上项目	81070852	35.00
基于分光光谱仪测色数据的 BP 神经网络配色模型的研究	王贻宁	武汉大学	国家自然科学基金面上项目	81070853	30.50
激光拉曼/荧光光谱用于龋病早期检测的基础研究	蒋滔	武汉大学	国家自然科学基金面上项目	81071190	32.00
细胞层工程结合基因修饰再生颞下颌关节滑膜的研究	龙星	武汉大学	国家自然科学基金面上项目	81071266	34.00
自噬在人涎腺腺样囊性癌应激生存及化疗耐受中的分子机制	孙志军	武汉大学	国家自然科学基金面上项目	81072203	34.00
Wnt16 信号通路在小鼠腭发育及腭裂形成中的作用机制研究	孟柳燕	武汉大学	国家自然科学基金青年科学基金	81000250	20.00
成牙本质细胞中 BMP2 诱导 DLX3 表达和细胞核转位的分子机制研究	杨国斌	武汉大学	国家自然科学基金青年科学基金	81000418	20.00
CX3CL1-CX3CR1 轴在根尖骨吸收中的作用机制研究	王莉	武汉大学	国家自然科学基金青年科学基金	81000434	20.00
CCL19/CCL17 协同增强口腔黏膜免疫及分子机制研究	许庆安	武汉大学	国家自然科学基金青年科学基金	81000435	20.00
DSP 作为胞外信号分子正反馈调控 DSPP 基因表达的机制研究	袁国华	武汉大学	国家自然科学基金青年科学基金	81000436	20.00
$CD8^+$ 效应及中心记忆性 T 细胞在口腔扁平苔藓中生存机制的研究	杜格非	武汉大学	国家自然科学基金青年科学基金	81000448	20.00
人牙髓诱导性多能干细胞的建立及其在牙组织工程中的应用研究	杨雪超	武汉大学	国家自然科学基金青年科学基金	81000679	20.00
组蛋白去甲基化酶 FBXL11 对牙齿间充质干细胞功能的调控作用研究	范志朋	首都医科大学	国家自然科学基金面上项目	81070798	32.00
非神经性乙酰胆碱系统在牵张引起骨改建中的作用	车晓霞	首都医科大学	国家自然科学基金面上项目	81070804	35.00
不同牙周状态正畸力诱导 IL-23/Th17 表达及其对骨吸收调节作用的研究	陈莉	首都医科大学	国家自然科学基金面上项目	81070805	30.00

续表2

项目名称	项目负责人	单位	基金来源及名称	批准号或编号	资助金额（万元）
抗氧化蛋白Prx1对氧化应激诱导的口腔白斑细胞凋亡的影响	汤晓飞	首都医科大学	国家自然科学基金面上项目	81070836	32.00
腺相关病毒介导水通道基因治疗小型猪腮腺放射损伤研究	单兆臣	首都医科大学	国家自然科学基金面上项目	81070843	32.00
iPS细胞在涎腺损伤和修复中的作用	颜　兴	首都医科大学	国家自然科学基金面上项目	81070844	33.00
三种不同扩弓方法后颊侧牙槽骨骨板动态变化的研究	厉　松	首都医科大学	国家自然科学基金面上项目	81070854	32.00
粪肠球菌fsr基因在根管治疗后疾病相关生物膜调控机制的研究	朱　晒	首都医科大学	国家自然科学基金青年科学基金	81000437	20.00
低氧促进乳牙干细胞增殖的作用机制研究	王劲松	首都医科大学	国家自然科学基金青年科学基金	81000419	20.00
维生素D在牙周炎促进慢性阻塞性肺疾病发病中的机制研究	韩　静	首都医科大学	国家自然科学基金青年科学基金	81000449	21.00
Asporin基因在自体牙移植骨性粘连发生机制中的研究	白玉兴	首都医科大学	国家自然科学基金主任基金	81041021	10.00
MicroRNAs调控口腔鳞癌化疗耐药机制的研究	黄洪章	中山大学	国家自然科学基金面上项目	81072223	35.00
超声温控记忆合金牵张器个体化矫治颌面部骨缺损的实验基础研究	曾融生	中山大学	国家自然科学基金面上项目	81070818	32.00
MAPK信号通路在NOD2介导的牙髓防御反应中的作用机制研究	林正梅	中山大学	国家自然科学基金面上项目	81070829	32.00
人颊黏膜上皮干细胞诱导突变为癌干细胞模型的建立	陶　谦	中山大学	国家自然科学基金面上项目	81072227	33.00
转录因子Oct-4及其亚型调控牙髓干细胞参与牙髓损伤修复的作用研究	韦　曦	中山大学	国家自然科学基金面上项目	81070830	35.00
CXCR7配体依赖的细胞间通讯在口腔白斑发生与癌变中的作用及机制研究	夏　娟	中山大学	国家自然科学基金面上项目	81070841	34.00
口腔鳞癌MTUS1表达的临床病理学意义及其抑癌的分子机制	王安训	中山大学	国家自然科学基金面上项目	81072228	35.00
非可控性炎症恶性转化的调控网络及其分子机制	程　斌	中山大学	国家自然科学基金	91029712	65.00
miRNA调控口腔扁平苔藓FOXP3+ Treg细胞功能的研究	陶小安	中山大学	国家自然科学基金青年科学基金	81000446	20.00
IGS1499双向启动子介导口腔变链菌自溶性死亡与菌间残杀阀门机制的研究	张　恺	中山大学	国家自然科学基金青年科学基金	81000432	20.00

续表 2

项目名称	项目负责人	单位	基金来源及名称	批准号或编号	资助金额（万元）
MicroRNA 对舌鳞癌侵袭转移的调控作用研究	李劲松	中山大学	国家自然科学基金面上项目	81072225	38.00
c-myc/RECK/MMP-2 通路抑制成釉细胞瘤侵袭机制的研究	张　彬	中山大学	国家自然科学基金面上项目	81072229	32.00
miRNAs 对受力状态成骨细胞信号传导的调控作用	艾　虹	中山大学	国家自然科学基金面上项目	81070860	32.00
用 BMP7 基因修饰的牙周膜干细胞和快速成型技术再生牙周缺损组织	贺慧霞	解放军总医院	国家自然科学基金面上项目	81070833	32.00
量子点标记特异性鳞癌细胞角蛋白抗体探针检测口腔鳞癌早期淋巴结转移的活体荧光成像研究	步荣发	解放军总医院	国家自然科学基金面上项目	81071781	31.00
不同龋敏感性变异链球菌临床分离株差异 ssDNA 配基的筛选及功能研究	王成龙	解放军总医院	国家自然科学基金主任基金	81041028	10.00
牙科无痛治疗用新型纳米麻醉剂应用基础研究	张连云	天津医科大学	国家自然科学基金面上项目	81070871	32.00
L 型钙离子通道羧基末端对成牙本质细胞多基因转录调控作用	赵守亮	同济大学	国家自然科学基金面上项目	81070825	32.00
气体信号分子硫化氢在正畸牙牙周组织和骨改建作用的研究	华咏梅	同济大学	国家自然科学基金面上项目	81070856	32.00
口腔扁平苔藓患者外周血炎性细胞因子与颊黏膜表面微生物群落变化的相关性研究	何　园	同济大学	国家自然科学基金青年科学基金	81000438	20.00
SENP5 在口腔鳞状细胞癌细胞分化相关线粒体改变中的作用	丁小军	复旦大学	国家自然科学基金青年科学基金	81001202	21.00
DDR1 介导 TAM 活化调控人成釉细胞瘤上皮间质转化的机制研究	钟　鸣	中国医科大学	国家自然科学基金面上项目	81072197	32.00
牙龈卟啉单胞菌 PG2135 蛋白抑制人类牙龈上皮细胞凋亡的研究	潘亚萍	中国医科大学	国家自然科学基金面上项目	81070834	32.00
内质网应激在氟斑牙形成中的作用和机制	张　颖	中国医科大学	国家自然科学基金面上项目	81072245	28.00
纯钛种植体表面胺基等离子体活化及促进骨结合机制研究	周延民	吉林大学	国家自然科学基金面上项目	81070855	35.00
树脂基托表面亲水自清洁抗菌涂层的基础研究	朱　松	吉林大学	国家自然科学基金面上项目	81070865	32.00
牙种植体周神经显微结构的三维可视化研究	梁　欣	大连医科大学	国家自然科学基金青年科学基金	81000459	20.00
“肽－钛”牙种植体的表面修饰及其生物相容性和抗菌性研究	刘慧颖	大连医科大学	国家自然科学基金青年科学基金	81000669	21.00

续表2

项目名称	项目负责人	单位	基金来源及名称	批准号或编号	资助金额(万元)
纯钛表面跨膜系统Laminin-5/整合素α6β4基因薄层在种植体牙龈生物学封闭形成中的作用研究	杨国利	浙江大学	国家自然科学基金青年科学基金	81000462	20.00
牙龈卟啉菌蛋白酶R在牙周炎中的作用及其相关机制研究	张迪亚	浙江大学	国家自然科学基金青年科学基金	81000447	20.00
涎腺腺样囊性癌中Jab1调控RUNX3蛋白的分子机制研究	何剑锋	浙江大学	国家自然科学基金青年科学基金	81001213	18.00
表观遗传修饰不同胚源MSCs促进颌骨成骨修复及相关机制研究	江宏兵	南京医科大学	国家自然科学基金面上项目	81070810	32.00
免疫耐受在牙周炎发生发展中的作用和机制研究	孙　颖	南京医科大学	国家自然科学基金青年科学基金	81000444	20.00
微型种植体植入上皮细胞的示踪和转归研究	马俊青	南京医科大学	国家自然科学基金青年科学基金	81000457	20.00
口腔鳞癌VEGF诱导向DC内皮细胞转分化及其机制研究	胡勤刚	南京市口腔医院	国家自然科学基金面上项目	81072213	35.00
吸烟对口腔黏膜上皮细胞NOD1信号通路和防御能力的影响	王文梅	南京市口腔医院	国家自然科学基金面上项目	81070839	28.00
内皮网应激(ERS)在压应力加载所致的髁突软骨生理改建/病理变化过程中的作用及其机制研究	李　煌	南京市口腔医院	国家自然科学基金面上项目	81070807	35.00
重度慢性牙周炎家系的遗传学研究	任秀云	山西医科大学	国家自然科学基金	31050002	10.00
牙龈干细胞的牙周再生功能及其机制研究	杨丕山	山东大学	国家自然科学基金面上项目	81070835	35.00
HIF-1α通过CEACAM1调控口腔癌脉管生成及间质液压的机制研究	孙善珍	山东大学	国家自然科学基金面上项目	81072202	34.00
靶向求源探索Dhcr7基因沉默影响腭胚突融合的机制及防治的基础研究	肖文林	青岛大学	国家自然科学基金面上项目	81070817	32.00
拔牙创骨质改建与机械应力刺激对相邻微种植体及移动牙影响的时效特性和生物力学研究	郑雷蕾	重庆医科大学	国家自然科学基金青年科学基金	81000463	20.00
骨髓基质干细胞募集性口腔颌面骨仿生修复材料的研究	周　健	安徽医科大学	国家自然科学基金面上项目	81070864	28.00
分子仿生诱导釉质微结构的宏观再生	李全利	安徽医科大学	国家自然科学基金委员会与香港研究资助局联合科研基金项目	81061160511	31.00
抑制变异链球菌Sortase A酶预防龋病的应用基础研究	胡　萍	华中科技大学	国家自然科学基金青年科学基金	81000426	20.00

续表2

项目名称	项目负责人	单位	基金来源及名称	批准号或编号	资助金额（万元）
口腔黏膜下纤维性变癌变机制中重要靶标蛋白的筛选和功能研究	李　宁	中南大学	国家自然科学基金青年科学基金	81000445	20.00
口腔黏膜下纤维性变癌变特异性基因的研究	翦新春	中南大学	国家自然科学基金科学部主任基金	81041052	10.00
医用复杂形状凝胶－金属复合材料的应用基础研究.	邵龙泉	南方医科大学	国家自然科学基金面上项目	31070857	33.00
眼弓形虫病的免疫病理和免疫调节机制:肥大细胞的作用	黄世光（共同负责人）	暨南大学	国家自然科学基金面上项目	81071387	32.00
艾滋病患者ART治疗过程中口腔健康及唾液防御素表达与调控机制研究	陶人川	广西医科大学	国家自然科学基金地区科学基金	81060085	26.00
广西优势药源青蒿琥酯联合珍珠液治疗皮肤瘢痕的机制研究	农晓琳	广西医科大学	国家自然科学基金地区科学基金	81060156	26.00
注射式多孔磷酸钙骨水泥引导萎缩牙槽嵴重建的探索研究	廖红兵	广西医科大学	国家自然科学基金地区科学基金	81060091	25.00
唇裂动物模型的建立及伪受体BAMBI在唇裂发生中的作用	孙晋虎	广西医科大学	国家自然科学基金	31060167	26.00
基于代谢组学方法研究云南白药对大鼠实验性关节炎作用及其机制	和红兵	昆明医学院	国家自然科学基金地区科学基金	81060086	24.00
种植体支抗后牵引猴上颌骨的矫形作用研究	张晓蓉	昆明医学院	国家自然科学基金地区科学基金	81060089	25.00
数学建模联合动物实验用于热刺激诱发牙髓神经痛的预测研究	朱永进	西安交通大学	国家自然科学基金青年科学基金	81000453	20.00
雌激素调节颏舌肌功能的中枢途径及生物学机制研究	侯玉霞	西安交通大学	国家自然科学基金青年科学基金	81000030	20.00
基于变异链球菌蛋白晶体结构的靶向防龋药物筛选与设计	赵望泓	兰州大学	国家自然科学基金	81050035	10.00
三维打印构建组织工程化牙槽骨的实验研究	何惠宇	新疆医科大学	国家自然科学基金地区科学基金	81060088	24.00
没食子鞣质对口腔细菌生物膜及牙体硬组织矿化作用机制研究	赵　今	新疆医科大学	国家自然科学基金地区科学基金	81060312	24.00
β-TCP复合BMP-2基因修饰的犬ASCs组织工程化骨修复种植体周围炎骨缺损的研究	孙小娟	宁夏医科大学	国家自然科学基金地区科学基金	81060092	26.00
骨折愈合过程中降钙素基因相关肽对成骨细胞信号通路调控的研究	谭颖徽	第三军医大学	国家自然科学基金面上项目	30973334	31.00
骨质疏松对磷灰石生物结合的影响研究	罗　恩	四川大学	教育部新世纪优秀人才计划	NCET-10-0597	50.00

续表 2

项目名称	项目负责人	单位	基金来源及名称	批准号或编号	资助金额（万元）
MSCs 免疫调节功能对正畸牙移动过程的干预研究	王　军	四川大学	教育部新世纪优秀人才计划	NCET-10-0603	50.00
PA28 家族在口腔黏膜癌变中的预后判断及靶向治疗潜能探究	王　智	四川大学	2009 年度全国优秀博士学位论文作者专项基金	201080	46.00
基于宏基因组学的龋易感人群口腔微生物群分子流行病学研究	周学东	四川大学	中央高校基本科研业务费“重点基础研究专项”	2010SCU21012	30.00
CBCT 对牙体牙髓疾病诊断的基础研究	郑广宁	四川大学	中央高校基本科研业务费“重点基础研究专项”	2010SCU21021	10.00
老年人口腔智能化电子病例模型的研究	楼北雁	四川大学	中央高校基本科研业务费“重点基础研究专项”	2010SCU21022	10.00
基于仿生矿化的牙体硬组织损伤原位多层修复的研究	李继遥	四川大学	高等学校博士学科点专项科研基金	20100181110056	6.00
微结构芯片初探经皮/穿龈器件软组织密封相关细胞及细菌生物学行为	包崇云	四川大学	高等学校博士学科点专项科研基金	20100181110058	6.00
Ang-Ⅱ对成骨细胞分化成熟的影响及机制研究	王　敏	四川大学	高等学校博士学科点专项科研基金	20100181110059	6.00
正畸疼痛刺激下的人大脑活动的功能磁共振成像研究	赖文莉	四川大学	高等学校博士学科点专项科研基金	20100181110060	6.00
建立三维组织模型研究正畸牙移动核心生物学过程	李　宇	四川大学	高等学校博士学科点专项科研基金新教师基金	20100181120051	3.60
SUMO1 基因拷贝数变异（CNVs）与中国西南部非综合征性唇腭裂相关性的研究	蒙　田	四川大学	高等学校博士学科点专项科研基金新教师基金	20100181120055	3.60
基于分子自组装技术诱导仿生矿化再生牙釉质的实验研究	薛　晶	四川大学	高等学校博士学科点专项科研基金新教师基金	20100181120056	3.60
调控 TLRs 信号通路候选 miRNAs 靶基因 3′UTR 内 SNPs 对口腔鳞状细胞癌发病的影响及其后续功能分析	廖　生	四川大学	高等学校博士学科点专项科研基金新教师基金	20100181120057	3.60
bFGF 在成牙本质细胞对口腔致龋菌免疫应答中的作用	邹　玲	四川大学	高等学校博士学科点专项科研基金新教师基金	20100181120063	3.60
一条新的串话通路——Rho 和 Wnt/β-catenin 通路调控牙髓细胞早期修复的机制研究	程　然	四川大学	高等学校博士学科点专项科研基金新教师基金	20100181120066	3.60
低温常压等离子体对病原微生物灭活效果及机制的研究	周彦恒	北京大学	高等学校博士学科点专项科研基金	20100001110045	6.00

续表2

项目名称	项目负责人	单位	基金来源及名称	批准号或编号	资助金额（万元）
改性PAMAM促进磷灰石晶体封闭牙本质小管的研究	冯海兰	北京大学	高等学校博士学科点专项科研基金	20100001110092	6.00
高氟区龋敏感人群变异链球菌基因型与致龋性关系研究	徐 韬	北京大学	高等学校博士学科点专项科研基金	20100001110096	6.00
Nov对软骨内成骨过程的影响及作用机制研究	宋 杨	北京大学	高等学校博士学科点专项科研基金新教师基金	20100001120116	3.60
激光诱导红外热像/荧光技术(IR/FL)在牙齿龋病早期诊断中的应用基础研究	马 霄	武汉大学	高等学校博士学科点专项科研基金新教师基金	20100141120039	3.60
MAPK信号通路在NOD2介导的牙髓防御反应中的作用机制研究	林正梅	中山大学	高等学校博士学科点专项科研基金	20100171110083	6.00
IGS1499双向启动子介导口腔变链菌自溶性死亡与菌间残杀阀门机制的研究	张 恺	中山大学	高等学校博士学科点专项科研基金新教师基金	20100171120102	3.60
口腔扁平苔藓患者唾液miRNA特征谱的构建及其应用基础研究	陶小安	中山大学	高等学校博士学科点专项科研基金新教师基金	20100171120105	3.60
提高牙本质粘接耐久性的拟生态诱导研究	麦 穗	中山大学	高等学校博士学科点专项科研基金新教师基金	20100171120059	3.60
涎腺多形性腺瘤种植性生长机制的研究	王 洁	河北医科大学	高等学校博士学科点专项科研基金联合资助课题	20101323110007	12.00
微结构芯片研究经皮/穿龈器件软组织密封部位形貌特征	包崇云	四川大学	教育部留学回国人员科研启动基金	20101174-4-1	3.00
基于锥体束CT的三维虚拟牙颌模型的建立	刘 怡	北京大学	教育部留学回国人员科研启动基金	第39批-教外司留(2010)1174号	3.00
潮湿力学环境下不同全瓷材料粘结裂解失效机制的研究	何冬梅	上海交通大学	教育部留学回国人员科研启动基金	-	3.50
牙龈卟啉单胞菌分子伴侣Dnak重组蛋白表达、纯化以及抗体制备	刘大力	上海交通大学	教育部留学回国人员科研启动基金	-	4.50
lasp-1蛋白表达异常在口腔鳞状细胞中的分子机制研究	潘红芽	上海交通大学	教育部留学回国人员科研启动基金	-	3.00
应用种植体支抗口内抑制上颌骨发育的研究	吴 晶	首都医科大学	教育部留学回国人员科研启动基金	-	3.50
人类乳牙和恒牙牙髓细胞外ATP释放的对比研究	赵玉梅	同济大学	教育部留学回国人员科研启动基金	教外司留［2010］1174号	4.50
牙周骨组织细胞凋亡的信号通路	梁 敏	中山大学	教育部留学回国人员科研启动基金	教启2009-134号	4.50
间充质干细胞对颌位重建后颞下颌关节髁突软骨改建的影响	王 军	四川大学	四川省应用基础研究项目	2010JY0010	10.00

续表2

项目名称	项目负责人	单位	基金来源及名称	批准号或编号	资助金额（万元）
锥形束CT在牙体牙髓疾病诊断治疗中的应用基础研究	郑广宁	四川大学	四川省应用基础研究项目	2010JY0114	10.00
*P.g*诱导血管内皮细胞TLRs表达的应用基础研究	黄定明	四川大学	四川省应用基础研究项目	2010JY0115	5.00
防龋中药多向调节牙齿生物矿化的关键环节研究	李继遥	四川大学	四川省应用基础研究项目	2010JY0056	5.00
骨形态发生蛋白质-2对涎腺腺样囊性癌生长的影响	高庆红	四川大学	四川省应用基础研究项目	2010JY0063	5.00
RAS对成骨细胞发育及破骨细胞激活影响机制的研究	王　敏	四川大学	四川省科技支撑项目	2010SZ0065	10.00
壳聚糖驻极体支架的成骨效应研究	屈依丽	四川大学	四川省科技支撑项目	2010SZ0099	10.00
磁性附着体义齿及赝复体修复地震中颌面及牙列创伤的研究	杜　莉	四川大学	四川省科技支撑项目	2010SZ0100	10.00
Rho和Wnt通路共同调控牙髓细胞迁移和分化的机制研究	陈　然	四川大学	四川省科技支撑项目	2010SZ0101	10.00
四川省婴幼儿龋的早期生态防治	邹　静	四川大学	四川省科技支撑项目	2010SZ0102	10.00
应用认知行为疗法治疗正畸疼痛的临床随机对照试验研究	赖文莉	四川大学	四川省科技支撑项目	2010SZ0116	15.00
前牙树脂美齿修复研究	苏　勤	四川大学	四川省科技支撑项目	2010SZ0118	15.00
先天性唇腭裂易感人群遗传标志的筛查和早期干预	蒙　田	四川大学	四川省科技支撑项目	2010SZ0098	10.00
癌周LEC分泌CXCL1促进舌癌细胞定向淋巴道转移的分子机制研究	潘　剑	四川大学	四川省科技支撑项目	2010FZ0012	10.00
釉基质蛋白功能多肽靶向防治龋病的应用模型研究	张凌琳	四川大学	四川省科技支撑项目	2010FZ0079	20.00
牙科用多目的钯基铸造合金的研制	孟玉坤	四川大学	四川省科技支撑项目	2010FZ0086	10.00
骨性下颌发育畸形遗传机制的高通量研究	陈　嵩	四川大学	四川省科技支撑项目	2010FZ0087	10.00
表面生物功能化处理的新型生物医用钛及合金材料研制	龙　洁	四川大学	四川省科技支撑项目	2010GZ0225	30.00
应用Dkk-1中和抗体修复雌激素缺乏诱导牙槽骨骨质疏松的可行性研究	韩向龙	四川大学	四川省科技支撑项目	2010SZ0174	5.00
多数牙先天缺失PAX9、MSX1、DLX基因突变位点及人群分布的相关研究分析	赖文莉	四川大学	四川省科技支撑项目	2010FZ0042	10.00

续表2

项目名称	项目负责人	单位	基金来源及名称	批准号或编号	资助金额（万元）
变异链球菌 VicRKX 信号转导系统消解牙菌斑生物膜的机制研究	胡　涛	四川大学	成都市科技局公关项目	10GGYB635SF-02-3	5.00
社区人群活动性牙周炎对心脑血管疾病的影响	栾庆先	北京大学	首都医学科研发展基金	2009-1019	30.00
龋齿治疗干预对儿童牙菌斑微生物多样性影响及其与新发龋相关关系的纵向研究	秦　满	北京大学	首都医学科研发展基金	2009-2032	20.00
牙周干预治疗对牙周炎患者血液炎症因子和代谢指标的影响	徐　莉	北京大学	首都医学科研发展基金	2009-2023	20.00
新一代传动直丝弓矫正器及技术的研发和临床初步应用研究	林久祥	北京大学	首都医学科研发展基金	2009-3036	8.00
颞下颌关节盘前移位𬌗垫复位的治疗机制及影响因素	傅开元	北京大学	首都医学科研发展基金	2009-3037	10.00
不同扫描和重建模式对口腔专用锥形束 CT 图像质量的影响	李　刚	北京大学	首都医学科研发展基金	2009-3038	6.00
近红外光谱监测系统在游离移植组织血运检测中的应用研究	蔡志刚	北京大学	首都医学科研发展基金	2009-3039	8.00
种植体支抗矫治严重骨性Ⅱ类高角错𬌗畸形的综合研究	周彦恒	北京大学	首都医学科研发展基金	2009-3040	6.00
中药有效成分抑制 HIV/AIDS 感染者口腔念珠菌生长	刘晓松	北京大学	首都医学科研发展基金	2009-3041	6.00
老年人应用抗血小板药物及抗凝血药物与拔牙出血的相关性研究	张　伟	北京大学	中央保健课题	B2009B004	8.00
miRNA 调控淋巴管生成在口腔鳞癌颈淋巴转移中的作用及其机制	赵继志	北京协和医学院	北京市自然科学基金	7112113	11.00
口腔鳞癌早期分子诊断和个体化综合序列治疗随机、多中心研究	张陈平	上海交通大学	上海市科委（生药重大项目）	10DZ1951300	350.00
颅颌面外科精确治疗机器人系统	沈国芳	上海交通大学	“863”计划子课题	SQ2009AA04ZX1485930	175.00
高果糖玉米糖浆（HFCS）致龋力及致龋机制的实验研究	夏文薇	上海交通大学	上海市科委（基础研究重点项目）	10JC1408800	30.00
Wnt1-Cre 介导 Dlx2 基因在小鼠颅神经嵴细胞特异性过表达参与第一鳃弓畸形发生的机制研究	沈国芳	上海交通大学	上海市科委（基础研究重点项目）	10JC1408700	30.00
钛种植体表面 TiO_2 纳米管/KRSR 活性肽修饰的实验研究	张富强	上海交通大学	上海市科委（基础研究重点项目）	10JC1408600	30.00
基于纳米控释技术的血管化组织工程颌骨及功能重建研究	张志愿	上海交通大学	上海市科委（研发基地）	10DZ2211600	50.00

续表 2

项目名称	项目负责人	单位	基金来源及名称	批准号或编号	资助金额（万元）
国产种植牵引装置应用方法和相关技术研究	徐立群	上海交通大学	上海市科委（科学仪器）	10142201500	30.00
建立基于口腔鳞癌体外细胞癌变模型的动物模型	钟来平	上海交通大学	上海市科委（动物研究）	10140902200	20.00
膈－舌下神经传导协调性改变及髁突软骨生长改建机制——OSAS 动物模型研究	卢晓峰	上海交通大学	上海市科委（动物研究）	10140904300	30.00
血清多肽的纳米磁珠质谱在口腔癌早期诊断中的研究	钟来平	上海交通大学	上海市科委（纳米专项）	1052nm04700	30.00
钛种植体表面 RGD 活性肽纳米阵列构建的实验研究	张富强	上海交通大学	上海市科委（纳米专项）	1052nm04300	50.00
TiO_2 纳米管负载 HA 修饰钛表面系统的研发及其调控成骨过程的机制研究	赖红昌	上海交通大学	上海市科委（纳米专项）	1052nm04500	30.00
口腔颌面－头颈恶性黑色素瘤疫苗防治转移的基础及临床研究	郭　伟	上海交通大学	上海市科委（国际合作项目）	10410711200	45.00
新型纳米生长因子缓释系统促进口腔颌面部血管化骨组织再生的研究	蒋欣泉	上海交通大学	上海市科委（国际合作项目）	10430710900	35.00
口腔颌面部鳞癌分子分型诊断方法的应用研究	陈万涛	上海交通大学	上海市科委（学科带头人）	10XD1402500	40.00
人牙周膜细胞机械力学信号转导途径的研究	胥　春	上海交通大学	上海市科委（启明星计划）	10QA1404200	15.00
应力耦合 wnt 信号促进上颌骨缝生长改建的研究	唐国华	上海交通大学	上海市科委（启明星后计划）	10QH1401600	15.00
口腔黏膜白斑症临床诊疗方案研究	周曾同	上海交通大学	上海市科委（中药现代化）	10DZ1974200	10.00
解剖特异性与下颌下腺涎石形成的相关基础研究	俞创奇	上海交通大学	上海市科委（医学引导）	10411964400	10.00
颗粒蛋白前体参与炎症反应信号传导通路的机制研究	陶　疆	上海交通大学	上海市科委（医学引导）	10DZ1974200	10.00
外科手术辅助上颌骨快速扩弓的生物力学机制研究	王旭东	上海交通大学	上海市自然科学基金	10ZR1418200	10.00
VEGFR 抑制剂联合 TGF-β 及 FGF-2 抗体阻断 TMJ 粘连形成的实验研究	张善勇	上海交通大学	上海市自然科学基金	10ZR1418200	10.00
诱导性多潜能干细胞修复骨缺损的实验研究	徐袁瑾	上海交通大学	上海市自然科学基金	10ZR1418100	10.00
TGF-β1 介导的纤维萎缩机制在放射性颌骨坏死形成中的作用机制研究	何　悦	上海交通大学	上海市教委（曙光计划）	10SG19	15.00

续表 2

项目名称	项目负责人	单位	基金来源及名称	批准号或编号	资助金额（万元）
基于呼吸功能数值模拟的阻塞器优化设计与个性化制作	焦　婷	上海交通大学	上海市教委（重点项目）	11ZZ102	15.00
美容牙科美学指数（AICD）研发	葛起敏	上海交通大学	上海市卫生局	2010246	3.00
口腔鳞癌上皮细胞间质转型相关 miRNA 的筛选及功能验证	徐　骎	上海交通大学	上海市卫生局	2010238	3.00
口腔技术室质量监测系统的研发	徐　侃	上海交通大学	上海市卫生局	2010268	3.00
以量子点示踪镍、铬离子体内代谢过程的动物实验研究	李　静	上海交通大学	上海市卫生局	2010258	3.00
口腔颌面鳞癌干细胞表面标志物的筛选及临床意义的研究	严　明	上海交通大学	上海市卫生局（青年）	2010Y146	2.00
基于优化正畸临床治疗研究 P2X3 受体调控牙移动疼痛	杨　秩	上海交通大学	上海市卫生局（青年）	2010Y142	2.00
牙龈组织中 microRNA 表达谱及 miR-146 调控牙周炎症 TLR 信号机制的研究	谢玉峰	上海交通大学	上海市卫生局（青年）	2010Y165	0.50
牙颌面畸形的正颌－正畸联合治疗	沈国芳	上海交通大学	上海市申康基金（适宜技术）	SHDC12010205	25.00
Xxxxxxxxxx（涉密）	顾　宜	第四军医大学	军队中医药重点项目	xxxx	30.00
xxxxxxxxxx（涉密）	余　擎	第四军医大学	军队中医药面上项目	xxxx	10.00
成牙本质细胞分化的表观遗传网络调控的研究	陈　智	武汉大学	“973”前期研究专项	2010CB534915	65.00
牙周牙髓联合病变骨缺损治疗的临床研究	宋亚玲	武汉大学	湖北省基金及研究开发项目（杰出青年基金项目）	2010CBD0610	10.00
NLK 在骨改建中的作用及分子机制	黄声富	武汉大学	湖北省基金及研究开发项目（一般项目）	2010CDB07001	2.00
ATF4 在牙周膜细胞向成骨细胞分化过程中的调控机制研究	韩光丽	武汉大学	湖北省基金及研究开发项目（一般项目）	2010CDB07002	2.00
p38 MAPK 信号转导途径在雌激素缺乏根尖周炎中的作用机制研究	张　睿	武汉大学	湖北省基金及研究开发项目（一般项目）	2010CDB07003	2.00
Cryopyrin 信号通路与牙髓根尖周炎的发生发展及 FSH 对此通路的影响	刘生波	武汉大学	湖北省基金及研究开发项目（一般项目）	2010CDB07004	2.00
口腔种植修复三维电子病历系统雏形的开发	胡　建	武汉大学	湖北省卫生厅（青年科技人才项目）	QJX2010-22	4.00

续表 2

项目名称	项目负责人	单位	基金来源及名称	批准号或编号	资助金额（万元）
新型热敏矿化交联胶原凝胶的基础研究	王　茜	武汉大学	湖北省卫生厅（青年科技人才项目）	QJX2010-23	4.00
武汉市口腔疾病诊治工程技术研究中心	边　专	武汉大学	武汉市科学技术计划项目	201061038386	20.00
预防龋齿黏膜疫苗的研究与开发	李宇红	武汉大学	武汉市科学技术计划项目	201060938367	10.00
Le Fort Ⅰ型截骨术后上颌窦外侧骨壁及黏膜缺损修复的实验研究	杨学文	武汉大学	湖北省卫生厅（一般项目）	JX5B18	3.00
新型口腔固定修复黏结剂 BMP2 纳米囊改性玻璃离子水门汀研究	陈小晖	武汉大学	湖北省卫生厅（一般项目）	JX5B19	3.00
电化学治疗静脉畸形疗效评价的实验及临床研究	赵吉宏	武汉大学	湖北省卫生厅（一般项目）	JX5B20	3.00
下颌髁突肥大的基础及临床治疗研究	陈国新	武汉大学	湖北省卫生厅（一般项目）	JX5B60	1.00
中药有效成分熊果酸复合药膜治疗口腔溃疡的研究	王　茜	武汉大学	湖北省卫生厅（中医药、中西医结合科研项目）	2010Z-Y16	1.00
全瓷基台周围的组织反应和临床初步研究	夏海斌	武汉大学	上海市面上项目实验费（合作课题）	20100001	3.90
一个评价两个牙膏在快速缓解牙齿敏感有效性的研究	杜民权	武汉大学	葛兰素史克（上海）医药研发有限公司	20100002	30.00
佳洁士某含锡和氟牙膏抗牙龈炎试验的临床研究	江　汉	武汉大学	宝洁公司	20100003	20.00
计算机辅助设计与制作个体化舌侧托槽系统的实验研究	郭宏铭	首都医科大学	北京市自然科学基金	4112023	11.00
Asporin 基因在自体牙移植后骨性粘连发生中的调控作用	白玉兴	首都医科大学	北京市自然科学基金	5112013	11.00
口腔黏膜固有层前体细胞不同生物矿化方向分化机制的研究	董　蕊	首都医科大学	北京市自然科学基金	7112057	11.00
骨髓间充质干细胞移植在下颌骨放射性骨坏死预防中的作用	郑宗梅	首都医科大学	北京市自然科学基金	7112058	11.00
管状骨增宽牵引成骨的实验研究	韩正学	首都医科大学	北京市自然科学基金	7112059	11.00
神经生长因子对糖尿病犬种植体骨结合影响的探究	曾剑玉	首都医科大学	北京市自然科学基金	7112060	11.00
大鼠硝酸盐、亚硝酸盐转运蛋白及其功能研究	秦力铮	首都医科大学	北京市自然科学基金	7113154	4.00
口腔黏膜脱落细胞在口腔癌早期诊断中的应用研究	孙　正	首都医科大学	北京市科技计划	Z101107050210012	20.00

续表2

项目名称	项目负责人	单位	基金来源及名称	批准号或编号	资助金额（万元）
应用锥形束CT和三维数字化模型对不同扩弓方法引起的牙弓颌骨变化的比较研究	厉　松	首都医科大学	北京市科技计划	Z10110705021001-1	20.00
干细胞介导的组织工程技术再生牙齿及其支持组织	范志朋	首都医科大学	北京市教委科技创新平台	PXM2011_014226_07_000066	100.00
纳米桩核树脂研发及生物力学性能改进研究	张振庭	首都医科大学	北京市教委科技创新平台	PXM2011_014226_07_000065	60.00
牙源性角化囊性瘤上皮细胞培养以及转化的基础研究	韩正学	首都医科大学	北京市教委科技计划项目	KM201110025022	15.00
牙周感染和遗传因素的累加作用与动脉粥样硬化的关系	胡　颖	首都医科大学	北京市优秀人才专项资助	2010D0030340000-13	4.50
RANKL/OPG通路在牙周感染与动脉硬化性心血管病相关机制中的作用	王冬青	首都医科大学	北京市优秀人才专项资助	2010D0030340000-27	5.00
淫羊藿苷抑制牙龈卟啉单胞菌作用的研究	张凤秋	首都医科大学	北京市中医局课题	JJ2009-26	5.00
上颌骨缺损早期序列修复治疗的临床效果评价	任卫红	首都医科大学	首都医学科研发展基金	2009-2083	20.00
北京市口腔医疗服务能力研究	赵丽颖	首都医科大学	首都医学科研发展基金	2009-3189	10.00
第一恒磨牙殆面窝沟形态与窝沟封闭剂脱落的相关性研究	张　辉	首都医科大学	首都医学科研发展基金	2009-3140	8.00
应用锥形束CT比较研究三种不同扩弓方法引起的牙弓及颌骨变化	厉　松	首都医科大学	首都医学科研发展基金	2009-3141	6.00
前磨牙薄弱根管重塑后桩核冠修复的力学与临床研究	张振庭	首都医科大学	首都医学科研发展基金	2009-3142	10.00
口腔种植修复即刻负荷技术的临床研究	耿　威	首都医科大学	首都医学科研发展基金	2009-3143	8.00
组织面调磨对氧化锆全瓷冠修复体强度的影响研究	高卫民	首都医科大学	北京市卫生局青年基金	QN2010-034	2.00
滑膜间充质干细胞治疗颞下颌关节骨关节病研究	秦力铮	首都医科大学	北京市卫生局青年基金	QN2010-035	2.00
牙龈卟啉单胞菌致病岛基因的功能研究	潘亚萍	中国医科大学	国家人力资源与社会保障部留学人员科技活动项目	人社厅函〔2009〕416号	2.00
rhBMP-2复合壳聚糖-胶原支架的构建及成骨作用的研究	于静涛	中国医科大学	辽宁省科学技术计划项目	2010225001	10.00
舌鳞癌的新辅助化疗与凋亡通路相关因子的研究	王智明	中国医科大学	辽宁省科学技术计划项目	2010225006	10.00
用固定修复方法对牙列重度磨耗进行咬合重建的临床研究	李　波	中国医科大学	辽宁省科学技术计划项目	2010201003	7.00

续表 2

项目名称	项目负责人	单位	基金来源及名称	批准号或编号	资助金额（万元）
中国东北汉族人群非综合征性唇腭裂的遗传研究	卢　利	中国医科大学	辽宁省科学技术计划项目	2010225034	5.00
医用抗菌不锈钢关键技术攻关及其生物学性能的研究	张　扬	中国医科大学	辽宁省科学技术计划项目	2010225025	5.00
应用 VTK 技术建立颞下颌关节外科手术导航系统可视化模型功能模块	周　青	中国医科大学	辽宁省科学技术计划项目	2010225034	5.00
组织工程口腔黏膜的研制	武志强	中国医科大学	辽宁省科学技术计划项目	2010225007	5.00
内质网应激在氟斑牙形成中的作用和机制	张　颖	中国医科大学	辽宁省自然科学基金项目	20102278	5.00
牙龈卟啉单胞菌毒力基因研究	林　莉	中国医科大学	辽宁省自然科学基金项目	20102290	5.00
利用蜂巢结构原理制作全口义齿组织面材料的研究	张忠提	中国医科大学	辽宁省教育厅高等学校科研计划项目	L2010674	6.00
caspase-1 在大鼠正畸牙移动牙根吸收中作用的研究	阎秀林	中国医科大学	辽宁省教育厅高等学校科研计划项目	L2010620	6.00
不同化学功能集团影响脂肪干细胞成骨分化能力的研究	白　冰	中国医科大学	辽宁省教育厅高等学校科研计划项目	L2010631	6.00
MSCs 复合 nHAC/PLA 构建组织工程骨的实验研究	伊　哲	中国医科大学	辽宁省教育厅高等学校科研计划项目	L2010632	4.00
表面处理工艺对镁合金/骨界面影响的生物学评价研究	孙　伟	中国医科大学	辽宁省教育厅高等学校科研计划项目	L2010644	4.00
正畸治疗技术在上下颌骨骨折治疗中的应用	刘　奕	中国医科大学	辽宁省教育厅高等学校科研计划项目	L2010670	4.00
三维有限元分析法用于治疗牙中牙齿受力的分析	房伯君	中国医科大学	辽宁省教育厅高等学校科研计划项目	L2010679	4.00
表面磷酸三钙修饰对 AZ31B 镁合金诱导成骨及骨改建机制的研究	艾红军	中国医科大学	沈阳市科学技术计划项目	F10-149-9-42	10.00
塑料基托表面亲水自清洁抗菌层的基础研究	朱　松	吉林大学	教育部留学服务基金	-	3.00
机体硬组织矿化的体外实验研究	李　毅	吉林大学	吉林省科技局基础处	201015202	4.00
Leptin 转基因细胞 HPMSCS 对放疗下创区及皮瓣组织愈合影响的实验研究	刘春丽	吉林大学	吉林省科技局基础处	201015201	4.00
殊异韦荣菌乳酸脱氢酶的基因克隆及重组表达	高　心	吉林大学	吉林省科技局基础处	201015204	4.00
寡核苷酸促成骨细胞活化及其机制研究	孙新华	吉林大学	吉林省科技局基础处	201015203	4.00

续表 2

项目名称	项目负责人	单位	基金来源及名称	批准号或编号	资助金额（万元）
口腔鳞癌肿瘤干细胞的分选和鉴定	吴国民	吉林大学	吉林省科技厅（青年基金）	20100134	5.00
促红细胞生成素对面神经损伤后神经元死亡的保护作用及其机制	张　伟	吉林大学	吉林省发改委	-	5.00
义齿基托表面纳米疏水抑菌涂层的研究	朱　松	吉林大学	吉林省发改委	-	5.00
β-磷酸三钙/N,O-羧甲基壳聚糖的合成及其成骨性能基础研究	胡　敏	吉林大学	吉林省发改委	-	5.00
二氧化碳共聚物支架/肾上腺髓质素复合材料的制备及其生物学活性的研究	周延民	吉林大学	吉林省发改委	-	5.00
种植体表面电解蚀刻粗化处理的应用基础研究	孟维艳	吉林大学	吉林省发改委	-	5.00
纳米 $CaCO_3$/PMMA 义齿基托复合材料的制备及其性能研究	刘　红	吉林大学	吉林省发改委	吉发改高技[2010]302 号	10.00
缓释双磷酸盐的明胶纳米微球治疗牙槽骨吸收的实验研究	孙宏晨	吉林大学	吉林省卫生厅	2009Z012	2.00
BMP 基因/Co/PLGA 复合生物膜对腭裂骨缺损修复的实验研究	徐　洋	吉林大学	吉林省卫生厅	2009Z019	2.00
Nd:YAG 激光与氢氟酸联合处理瓷面对金属托槽与瓷冠黏结强度的影响	朱宪春	吉林大学	吉林省卫生厅	2009Z006	2.00
应用辛伐他汀促进牙周炎正畸治疗后牙齿稳定性的实验研究	陈远萍	吉林大学	吉林省卫生厅	2009Z016	2.00
骨修复材料——煅烧牛骨粉系列产品	高　心	吉林大学	长春市科技局	长科技合(2008025)	6.00
腺病毒载体介导 mda-7/IL-24 转基因治疗头颈鳞癌的机制	李吉辰	哈尔滨医科大学	黑龙江省留学归国人员科学基金项目	LC2009C04	5.00
牙源性角化囊性瘤中 PTCH1 基因的基因型与临床表型分析	潘　爽	哈尔滨医科大学	黑龙江省政府博士后资助基金	LR809-406	4.00
牙源性角化囊性瘤中 PTCH1 基因的基因型与临床表型分析	潘　爽	哈尔滨医科大学	中国博士后科学基金	20100471013	3.00
黑龙江省成人正常殆安氏Ⅱ、Ⅲ类错殆软组织侧貌的对比研究	赵红艳	哈尔滨医科大学	黑龙江省自然科学基金	D201040	5.00
MKPTN 在慢性牙周炎中的表达研究	王　丽	哈尔滨医科大学	黑龙江省自然科学基金	QC2010008	5.00
牙周炎与冠心病相关性研究	林　江	哈医大附四院	黑龙江省青年科学基金项目	QC2009C103	4.00

续表2

项目名称	项目负责人	单位	基金来源及名称	批准号或编号	资助金额（万元）
糖尿病兔上颌窦植骨及延期口腔种植的实验研究	侯传记	哈医大附四院	黑龙江省青年科学基金项目	QC2009C96	5.00
SOX9基因在大鼠腭中缝快速扩弓过程中的表达及意义	李　鹍	哈医大附二院	哈尔滨市科委青年科技创新人才基金	2010RFQXS113	3.20
CPP-ACP和Nd:YAG激光联合用于牙齿酸蚀症的治疗	谢晓华	哈医大附二院	黑龙江省卫生厅课题	2010-101	
涎腺腺样囊性癌血液供应方式及血管生成拟态(VM)的研究	付兆臣	哈医大附二院	黑龙江省卫生厅课题	2010-053	
下颌前突畸形的分子遗传学研究	陈凤山	同济大学	上海市科委2010年创新行动计划，基础研究重点	10JC1415500	25.00
牙种植体骨感知现象传导通路的研究	王佐林	同济大学	上海市科委2010年创新行动计划，基础研究重点	10JC1415400	30.00
睡眠磨牙患者节律性咀嚼肌运动对微觉醒反应性增强机制的穿颅磁刺激及脑干反射研究	刘伟才	同济大学	上海市科委启明星计划	10QA1407400	15.00
基于骨形成-吸收平衡三维多孔性支架的组织工程化骨的构建	张　磊	同济大学	上海市科委浦江人才计划	10PJ1410500	20.00
L型钙离子通道可溶性羧基末端对成牙本质细胞的多基因转录调控	赵守亮	同济大学	上海市科委面上项目	10411964600	10.00
Glut1功能抑制对舌癌化疗的增敏作用研究	李生娇	同济大学	上海市科委自然科学基金	10ZR1432900	10.00
固定义齿外形与牙龈形态位置关系的研究	陈建荣	同济大学	上海市卫生局	2009156	4.00
慢性牙周炎患者唾液中的蛋白质组和转录组分子标记物的研究	武　影	同济大学	上海市卫生局	2009154	4.00
$Ca_3SiO_5/CaCl_2$复合根管充填材料的制备与性能研究	王晓虹	同济大学	上海市卫生局	2009155	4.00
齿科金属过敏的研究	刘　月	复旦大学	上海市科学技术委员会	10451900950	15.00
骨髓基质干细胞与转录因子Satb2促进牙种植体骨整合作用研究	余优成	复旦大学	上海市科学技术委员会	10JC1402600	30.00
破骨细胞中Dvl2在细胞分化、功能中的作用及其分子机制研究	赵　鹏	浙江大学	浙江省自然科学基金	Y2100333	10.00
口腔种植骨增量治疗中新型温敏组织工程支架的设计、制备及其生物学评价	李晓东	浙江大学	浙江省科技厅公益类	2010C33127	5.00

续表 2

项目名称	项目负责人	单位	基金来源及名称	批准号或编号	资助金额（万元）
表面功能化修饰涂层的生物学性能评价	王慧明	浙江大学	浙江省科技厅公益类	2010C33088	15.00
胶原酶抑制剂在牙本质粘结中的应用	陈　晖	浙江大学	浙江省科技厅公益类	2010C33030	15.00
温敏组织工程水凝胶支架在口腔种植骨增量技术中的作用研究	李晓东	浙江大学	浙江省卫生厅省部共建	WKJ2010-2-015	15.00
基质金属蛋白酶组织抑制因子(TIMP)在牙种植体周围骨整合调节机制研究	孙　平	浙江大学	浙江省医药卫生优秀青年科技人才	2010QNA014	3.00
锥形束 CT 辅助咬合重建减少颞下颌关节症状的临床研究	张烈焚	浙江大学	浙江省卫生厅 B 类	2010KYB067	自筹
SDF-1 和 BMP-2 复合促进种植体骨组织界面形成实验研究	胡济安	浙江大学	浙江省卫生厅 B 类	2010KYB068	自筹
黄芩苷对脂多糖延迟中性粒细胞凋亡效应的抑制作用研究	蔡　霞	浙江大学	中医药科学研究基金计划(A 类)	2010ZA079	3.00
七叶莲治疗三叉神经样疼痛的机制和临床应用	朱赴东	浙江大学	浙江省中医药优秀青年人才基金计划	2010ZQ006	3.00
五倍子对牙科综合治疗台水路管道微生物膜清除作用研究	俞雪芬	浙江大学	中医药科学研究基金计划(B 类)	2010ZB081	自筹
钛种植体表面含葛根素涂层在骨质疏松症骨结合中的作用	杨国利	浙江大学	中医药科学研究基金计划(B 类)	2010ZB082	自筹
稳定表达 ICN 基因的人牙囊细胞模型的构建	陈学鹏	浙江大学	浙江省教育厅一般项目	Y200909021	1.00
Klfs 家族在牙胚发育中的基因表达及蛋白定位	陈　卓	浙江大学	浙江省教育厅一般项目	Y200909390	1.00
荧光定量 PCR 技术检测牙周病患者牙周可疑致病菌分布	戚刚刚	浙江大学	浙江省教育厅一般项目	Y200909376	1.00
正畸-正颌联合手术三维模拟预测系统的开发	施洁珺	浙江大学	浙江省教育厅一般项目	Y200909776	1.00
口腔种植体周围骨细胞凋亡	孙　平	浙江大学	浙江省教育厅一般项目	Y200908995	1.00
纯钛烤瓷修复体的颜色匹配性和稳定性研究	苏智伟	浙江大学	浙江省教育厅一般项目	Y200909413	1.00
浙江省妊娠期妇女口腔知识状况分析	孙　威	浙江大学	浙江省教育厅一般项目	Y200909830	自筹
线粒体 DNA 突变与腺样囊性癌发生机制的研究	李怡宁	浙江大学	浙江省教育厅一般项目	Y201017802	1.00
锥形束 CT 辅助咬合重建修复减少颞下颌关节症状的临床研究	张烈焚	浙江大学	浙江省教育厅一般项目	Y201018001	1.00

续表 2

项目名称	项目负责人	单位	基金来源及名称	批准号或编号	资助金额（万元）
流体应力对破骨细胞共刺激分子 OSCAR 基因表达的影响	周　怡	浙江大学	浙江省教育厅一般项目	Y201018976	1.00
miR-140 在小鼠骨髓基质细胞成骨分化中的作用	宋　晖	山东大学	山东省科技厅	2010GSF10270	10.00
镀金对金属支架表面微生物黏附的影响	胡以俊	山东大学	山东省科技厅	2010GSF10267	10.00
hBMP2/hβ-NGF 双基因修饰 GFs 在牙周创伤修复过程中的作用研究	葛少华	山东大学	山东省科技厅	2010GSF10248	25.00
正畸治疗对偏颌畸形患者颞下颌关节及下颌边缘运动的影响	王春玲	山东大学	山东省科技厅	2010GSF10269	14.00
肿瘤坏死因子 TNF 对 BMP 信号通路调控作用的研究	王旭霞	山东大学	山东省科技厅	2010GSF10239	20.00
种植牙即刻/早期负重的多中心联合临床研究	徐　欣	山东大学	山东省科技厅	2010GSF10268	10.00
牵张应力下低氧诱导因子-1α 对间充质干细胞向成骨细胞分化的影响	刘东旭	山东大学	山东省科技厅	2010G0020232	8.00
p75NTR 在舌鳞状上皮癌细胞凋亡中的作用及分子机制研究	张风河	山东大学	山东省科技厅	2010G0020244	5.00
高效 DNA 疫苗防治种植体周围炎的实验研究	蓝　菁	山东大学	山东省科技厅	2010G0020237	10.00
根尖乳头细胞用于牙髓牙本质再生的研究	王　燕	山东大学	山东省科技厅	2010G0020230	5.00
一种新型中药根管冲洗剂对根尖周组织致炎及抗炎性细胞因子表达的调控	熊世江	山东大学	山东省科技厅	2010G0020259	8.00
双因素干预下种植体周骨改建信号通路及其“串话”分析方法的研究	孙惠强	山东大学	山东省自然科学基金	ZR2010HM035	6.00
周期性牵张应力下低氧诱导因子-1 及 p38MAPK 通路对间充质干细胞向成骨细胞分化的影响	刘东旭	山东大学	山东省自然科学基金	ZR2010HM053	6.00
TNF-α 介导的 PLAP-1 通路在牙周膜细胞分化中的作用	李　纾	山东大学	山东省自然科学基金	ZR2010HM050	6.00
牙髓干细胞的牙周再生功能及其机制研究	郭红梅	山东大学	山东省青年基金	ZR2010HQ015	4.00
低糖基化 E-钙粘蛋白基因转染对舌癌细胞增殖、侵袭和迁移的影响及其机制研究	高振南	山东大学	山东省博士基金	BS2010YY021	5.00
新型纳米抗菌复合树脂的制备及性能研究	吴峻岭	山东大学	山东省博士基金	BS2010YY020	5.00

续表 2

项目名称	项目负责人	单位	基金来源及名称	批准号或编号	资助金额（万元）
口腔医学图像三维处理平台建设经费补助	刘东旭	山东大学	山东省财政厅教科文专项经费		30.00
自噬诱导调控口腔鳞癌细胞恶性表型的机制研究	侯劲松	中山大学	广东省自然科学基金	10151008901000025	5.00
NOS/NO 系统在牙齿损伤炎症中的伤害感受性作用机制研究	范文国	中山大学	广东省自然科学基金	10451008901006145	3.00
调控骨组织力学敏感性对骨改建影响的研究	付　强	中山大学	广东省自然科学基金	10151008901000140	5.00
口腔扁平苔藓患者唾液 miRNA 特征谱的构建及其应用研究	陶小安	中山大学	广东省自然科学基金	10451008901005050	3.00
MAPK 信号通路在 NOD2 介导的牙髓防御反应中的作用机制研究	林正梅	中山大学	广东省自然科学基金	10151008901000053	5.00
牙周韧带相关蛋白在牙移动和牙周组织结构改建中的调控机制	吴莉萍	中山大学	广东省自然科学基金	10451008901005923	3.00
提高牙本质粘接耐久性的拟生态诱导研究	麦　穗	中山大学	广东省自然科学基金	10451008901005926	3.00
RhoA 调控 hMSCs 在聚合物-Mg-Ca 仿生表面成骨分化的机制研究	毛学理	中山大学	广东省自然科学基金	10451008901005929	3.00
Oct-4A/B 参与牙髓干细胞对低氧的协同应答作用研究	韦　曦	中山大学	广东省科技计划项目	2010B031600063	5.00
中医辨证与咬合板联合治疗 TMD 的效果研究	范丹妮	中山大学	广东省科技计划项目	2010B030700052	3.00
基于微流控芯片滑液检测系统的颞下颌关节紊乱病 ANN 诊断模型的开发	许　跃	中山大学	广东省科技计划项目	2010B080701012	5.00
复合喷砂酸蚀和微弧氧化表面处理的新型种植体的临床前期研发	邓飞龙	中山大学	广东省科技计划项目	2010B031100007	4.00
炎性介质调控破牙细胞性牙根吸收的实验研究	赵　玮	中山大学	广东省科技计划项目	2010B050700004	10.00
牙周膜干细胞膜片构建功能性牙周组织工程的研究	俞少杰	中山大学	广东省科技计划项目	2010B031100010	4.00
牙颌面畸形审美认知规律的研究	包柏成	中山大学	广东省科技计划项目	2010B080701068	6.00
粪肠球菌基因多位点序列分型及毒力因子致病机制研究	徐　琼	中山大学	广东省科技计划项目	2010B050700007	10.00
载银纳米生物活性玻璃的制备及其在根管消毒中的应用研究	高　燕	中山大学	广东省科技计划项目	2010B031100023	5.00

续表2

项目名称	项目负责人	单位	基金来源及名称	批准号或编号	资助金额（万元）
生物渐进舌侧正畸技术体系的数字化设计及配套矫治器的开发	蔡　斌	中山大学	广东省科技计划项目	2010B080701101	30.00
小鼠对三株白色念珠菌免疫应答机制的研究	章小缓	中山大学	广东省科技计划项目	2010B060900036	3.00
巨噬细胞PRRs识别白色念珠菌PAMPs及其免疫应答效应机制	胡　雁	中山大学	广东省科技计划项目	2010B060900047	3.00
新型义齿黏附剂性能改进及生物学与临床评价	赵　克	中山大学	广东省科技计划项目	2010B06090004	3.00
前牙全瓷美学修复对口腔相关生活质量的影响及患者满意度的相关因素	郑　军	中山大学	广东省科技计划项目	2010B060900038	3.00
广东省口腔健康科普教育基地建设	凌均棨	中山大学	广州市科技计划	2010kp012	8.00
口腔癌防治系列音像制品制作及宣传教育	侯劲松	中山大学	广州市科技计划	2010kp037	4.00
小白菊内酯parthenolide通过调控NF-κB相关炎症反应治疗牙周炎的实验研究	毛学理	中山大学	广东省中医药局项目	2010105	0.50
口腔变链菌IGS1499启动子介导自溶死亡和残杀机制研究	张　恺	中山大学	广东省医学科研基金	A2010197	1.00
树脂牙本质粘接界面高分子聚合物诱导的拟生态再矿化	麦　穗	中山大学	广东省医学科研基金	A2010118	0.50
唾液miRNA提取方法学的建立及其在口腔扁平苔藓中的应用研究	陶小安	中山大学	广东省医学科研基金	A2010120	0.50
P63在非综合征性腭裂中作用机制的研究	汪　淼	中山大学	广东省医学科研基金	A2010115	0.50
复发性重度早期儿童龋患者口内致龋性链球菌定植影响因素的研究	林家成	中山大学	广东省医学科研基金	A2010117	0.50
糖基化终产物对人牙龈成纤维细胞RACE、NF-κB、MMP-1表达的影响	邓雨泉	中山大学	广东省医学科研基金	A2010119	1.00
自研屏障膜结合骨髓基质细胞自体移植修复牙周骨缺损的实验研究	李春阳	中山大学	广东省医学科研基金	2010A202	0.50
聚乙烯磷酸诱导人工龋树脂牙本质粘接界面的拟生态再矿化	麦　穗	中山大学	广东省教育厅育苗工程	LYM09009	3.00
口腔变链菌IGS1499启动子介导自溶死亡和残杀机制研究	张　恺	中山大学	广东省教育厅育苗工程	LYM10002	3.00
锰超氧化物歧化酶调控口腔鳞癌侵袭转移机制的研究	王安训	中山大学	广东省科技计划项目	1011420600001	6.00

续表2

项目名称	项目负责人	单位	基金来源及名称	批准号或编号	资助金额（万元）
口腔鳞癌MTUS1表达的临床病理学意义及其抑癌的分子机制	王安训	中山大学	广东省自然科学基金	10151008901000093	5.00
AEG-1在舌癌发生发展中的动态变化及其调控血管生成的分子机制研究	冯崇锦	中山大学	广东省科技计划项目	2010B031600047	5.00
AVE8062（AC-7700）抑制血管瘤的实验研究	丁学强	中山大学	广东省科技计划项目	2010B031600218	5.00
Combretastatin A4P抑制血管瘤增殖的效能与机制研究	陈　丹	中山大学	广东省卫生厅项目	A2010147	0.50
《护牙宝贝》口腔卫生保健宣传动漫系列	连克乾	中山大学	广东省科技计划项目	2010B031300020	4.00
口腔卫生保健宣传动画漫画《护牙宝贝》	连克乾	中山大学	广州市科技计划	2010kp033	6.00
颞下颌关节盘前移位对颅面骨骼、牙颌型影响及早期治疗	吉　利	中山大学	广东省科技计划项目	2010B060900028	3.00
舌鳞癌侵袭转移的MicroRNA调控机制研究	李劲松	中山大学	广东省自然科学基金	10251008901000022	20.00
涎腺腺样囊性癌远处转移风险评估的miRNA分级	张　彬	中山大学	广东省科技计划项目	2010B050700005	10.00
Let-7慢病毒载体构建及对舌鳞癌增殖调控机制研究	潘朝斌	中山大学	广东省自然科学基金	10151008901000184	5.00
改良生物化屏障膜联合可注射型水凝胶在牙周组织工程中的可行性研究	陈建洪	中山大学	广东省科技计划项目	2010B031100020	3.00
上中切牙两种桩全瓷冠修复体冠向微渗漏的实验研究	刁惠波	中山大学	广东省科技计划项目	2010B031100011	5.00
人牙周韧带细胞在SGBG/PHBV三维支架上定向分化的研究	黄楠楠	中山大学	广东省科技计划项目	2010B031100021	5.00
乏氧诱导因子-1alpha在放射性口腔黏膜炎中的作用研究	李春阳	中山大学	广东省科技计划项目	2010B031600085	3.50
应用蛋白组学方法筛选ORNJ患者血清中反映颌骨电离辐射损伤进程的骨代谢标志物	房思炼	中山大学	广东省科技计划项目	2010B060900052	3.00
CD105用于甄别口腔癌前病变恶性转化研究	汪跃平	中山大学	珠海市科技局	2010B040102024	1.00
RNAi干扰HIF-1α基因对腺样囊性癌细胞活性及Survivin表达影响的研究	梁　军	中山大学	珠海市科技局	2010B040102014	2.00
牙发育中上皮-间充质细胞相互作用分子机制及微环境的影响	江宏兵	南京医科大学	973子项目	2010CB944800	34.70

续表 2

项目名称	项目负责人	单位	基金来源及名称	批准号或编号	资助金额（万元）
牙发育关键基因 Pitx2 在牙齿发生发育再生机制中的作用	李　谨	南京医科大学	江苏省自然科学基金	BK2010528	8.00
Neuropilin1 对舌鳞状细胞癌神经轴突芽生及血管生成的影响	吴煜农	南京医科大学	江苏省自然科学基金	BK2010531	8.00
口腔颌面部鳞癌个体化综合序列治疗多中心前瞻性研究	吴煜农	南京医科大学	国家“十一五”科技支撑计划合作项目（横向合作）		3.00
腭中缝牵张成骨 RhoA-Rock 信号通路的调控作用	张卫兵	南京医科大学	江苏省教育厅	10KJB320004	3.00
Neuropilin1 对舌鳞状细胞癌神经轴突芽生及血管生成的影响	宋晓萌	南京医科大学	江苏省教育厅	10KJB320003	3.00
钛膜阻断下颌骨单侧骨断面的牵张成骨的实验研究	吴煜农	南京医科大学	江苏省卫生厅	Z201008	3.00
基于口颌系统力学模型的 CAD/CAM 种植体个性化模板临床研究	汤春波	南京医科大学	江苏省卫生厅	H201034	4.00
NF-Ⅲ型护齿仪的研发和推广应用	陈亚明	南京医科大学	高校科研成果产业化推进工程项目	JH10-25	12.00
全瓷修复体黏结面的纳米硅涂层处理	章非敏	南京医科大学	高校科研成果产业化推进工程项目	JH10-27	12.00
NF-II 护齿仪预防龋齿	夏　露	南京医科大学	横向合作（江苏康达实业开发总公司）		1.10
The influence of two self-adhesive resin cements on the microleakage and bond strength of dentin to amalgamrestorations; Microtensile Bond Strength of Cad-Cam crowns and glod alloy PFM crowns to titanium implant abutment	王培志	南京医科大学	横向合作（日本 kuraray 医学公司）		1.50
微纳米拓扑结构对骨-种植体界面的影响和机制研究	王培志	南京医科大学	江苏省自然科学基金	BK2010530	8.00
生长期下颌前突患者血清 microRNA 指纹谱的建立	马俊青	南京医科大学	江苏省自然科学基金	BK2010529	8.00
口腔修复常用非镍基烤瓷合金材料的反复熔铸再利用研究	程　辉	福建医科大学	福建省科技重点项目	2010Y0024	10.00
AD2 殆架系统在口腔正畸临床的应用	张端强	福建医科大学	福建省科技重点项目	2010Y0025	10.00
骨修复生物材料的研制与开发	吴　东	福建医科大学	福建省科技重点项目	2010N0013	10.00
粪肠球菌根管再感染动物模型的建立及其致病机制和 PAD 治疗研究	黄晓晶	福建医科大学	福建省自然科学基金面上项目	2010J01159	5.00

续表 2

项目名称	项目负责人	单位	基金来源及名称	批准号或编号	资助金额（万元）
FZD2、FZD3 基因与涎腺腺样囊性癌侵袭转移的关系	丁林灿	福建医科大学	福建省自然科学基金面上项目	2010J01157	5.00
酪蛋白磷酸肽钙磷复合体对根面龋预防机制的研究	马忠雄	福建医科大学	福建省自然科学基金面上项目	2010J01161	5.00
蜂胶壳聚糖膜制剂对牙周炎治疗的体内外研究	郑瑜谦	福建医科大学	福建省自然科学基金面上项目	2010J01160	2,00
错殆畸形与上呼吸道的关系研究	钟萍萍	福建医科大学	福建省自然科学基金面上项目	2010J01158	2.00
凋亡在牙龈卟啉单胞菌脂多糖致牙周炎症发生及修复改建过程中的作用及其机制研究	李厚轩	福建医科大学	福建省科技厅青年人才项目	2010J05061	3.00
新型牙科种植体表面涂层的研究与开发	杜志斌	福建医科大学	福建省科技重大项目	2010H6009	40.00
白介素-10 基因治疗对骨质疏松大鼠牙周炎发生的影响	闫福华	福建医科大学	福建省科技重点项目-国际合作项目	2010I0006	15.00
龈沟液中瘦素的变化在牙周炎活动期诊断中的意义	刘崇武	福建医科大学	福建省卫生厅青年科研课题	2010-1-38	1.00
16s rRNA 基因定量 PCR 检测牙周可疑致病菌与慢性牙周炎相关性的研究	朱丽芳	福建医科大学	福建省卫生厅青年科研课题	2010-1-37	1.00
新型口腔咬合力测定仪的前期研制开发	陈　润	福建医科大学	福建省教育厅科技计划项目	JA10152	1.00
新型牙科种植体的研究与开发	陈　江	福建医科大学	福建省发改委第二批产业技术开发项目	闽发改高技[2010]1002 号	35.00
柠檬提取物抑制牙菌斑生物膜形成的研究	张向宇	天津医科大学	天津市应用基础及前沿技术研究计划项目	10JCYBJC13600	10.00
正畸力促进自体移植牙牙周愈合机制的实验研究	郑　朝	天津医科大学	天津市高等学校科技发展基金项目	20090119	3.00
小儿先天性胆道闭锁肝移植治疗及口腔感染控制规范的建立	孙丽莹 郭　斌	天津市第一中心医院 解放军总医院	天津市卫生局	11KG103	35.00
静磁场机械力复合加载对成骨细胞功能活性的影响及其机制的研究	王胜国	重庆医科大学	重庆市科委自然科学基金	CSTC，2010BB5382	3.00
低强度脉冲超声促进牙周膜干细胞成骨分化的作用机制初步研究	宋锦璘	重庆医科大学	重庆市科委自然科学基金	CSTC，2010BB5355	3.00
控释柚皮苷纳米纤维膜修复骨质疏松状态下骨临界缺损的研究	吴小红	重庆医科大学	重庆市科委自然科学基金	CSTC，2010BB5102	3.00
聚焦超声治疗金地鼠颊囊白斑的实验研究	陈方淳	重庆医科大学	重庆市科委自然科学基金	CSTC，2010BB5364	3.00

续表2

项目名称	项目负责人	单位	基金来源及名称	批准号或编号	资助金额（万元）
超声图像定量分析系统与低频超声治疗设备的研发及产业化	向学熔	重庆医科大学	重庆市科委	2010AB50952	8.00
构建永生化人牙囊细胞系应用于牙周组织再生的实验研究	宋锦璘	重庆医科大学	重庆市教委		10.00
未成熟树突状细胞作用于小鼠同种异体牙移植后排异反应的相关研究	王豫蓉	重庆医科大学	重庆市教委	KJ100302	2.00
拔出第二前磨牙患者正畸治疗前后第一前磨牙的冠根比的研究	秦　朴	重庆医科大学	重庆市教委	KJ100315	2.00
超声微泡诊治舌癌及颈部转移淋巴结的实验研究	邱丽华	重庆医科大学	重庆市教委	KJ100322	2.00
唇腭裂鼻畸形术后硅橡胶仿生鼻模的研制与开发	李万山	重庆医科大学	重庆市卫生局	2009-2-234	1.50
LIPUS对口腔扁平苔藓病变组织病理学转归作用的初步研究	董　妮	重庆医科大学	重庆市卫生局	2010-2-228	1.50
大鼠急性阿片耐受中NMDA受体表达的变化	郁　葱	重庆医科大学	重庆市卫生局	2010-2-227	1.50
小鼠牙囊干细胞与纳米羟基磷灰石生物玻璃陶瓷复合体的体内植入实验研究	李丛华	重庆医科大学	重庆市卫生局	2010-2-225	1.50
重庆市口腔护理从业人员现状调查及其专业技能培训模式研究	徐俊丽	重庆医科大学	重庆市卫生局	2010-2-231	1.50
低强度脉冲声促进牙周膜细胞成骨分化活性的初步研究	刘珉懿	重庆医科大学	重庆市卫生局	2010-2-232	1.00
2010年第七届悉尼国际正畸大会交流与智力引进	宋锦璘	重庆医科大学	重庆市科学技术协会		1.00
一种新型齿科直丝弓矫治器的研发	宋锦璘	重庆医科大学	重庆市渝北区科委		5.00
正颌截骨术对牙齿移动效率影响的实验研究	王　涛	重庆医科大学	重庆市渝北区科委		5.00
口腔疾患的社区医疗及健康促进	辜向东	重庆医科大学	重庆沙坪坝区科委	201012	0.60
变异链球菌双组分信号系统中药先导抑制剂的筛选研究	周　智	重庆医科大学	重庆市卫生局中医处	2010-2-64	3.00
赤芍总苷诱导扁平苔藓中T细胞免疫和细胞凋亡机制的研究	杨　霞	重庆医科大学	重庆市卫生局中医处	2010-2-67	2.00
穴位电针对功能矫治大鼠咀嚼肌生物学效应的初步探讨	王豫蓉	重庆医科大学	重庆市卫生局中医处	2010-2-93	2.00
唇腭裂序列治疗技术	董福生	河北医科大学	河北省医学适用技术跟踪项目	GL2010-28	10.00

续表 2

项目名称	项目负责人	单位	基金来源及名称	批准号或编号	资助金额（万元）
口腔扁平苔藓癌变机制的研究	马　哲	河北医科大学	河北省教育厅科学研究青年基金项目	2010263	2.00
种植钛与冠修复合金电偶腐蚀的实验研究	袁　硕	河北医科大学	河北省教育厅科学研究青年基金项目	2010264	2.00
人性化健康教育应用于口腔种植护理的研究	李建英	河北医科大学	河北省卫生厅医学科学研究重点课题指导计划	20100447	自筹
LPS 刺激人牙龈成纤维细胞对破骨细胞分化的影响	许丽华	河北医科大学	河北省卫生厅医学科学研究重点课题指导计划	20100448	自筹
难治性根尖周疾病粪肠球菌生物膜致病机制及药物作用研究	牛卫东	大连医科大学	辽宁省自然科学基金	20102044	5.00
抗菌活性钛种植材料对成骨细胞与细菌相互作用的影响	刘慧颖	大连医科大学	辽宁省教育厅高等学校科研计划	L2010110	3.00
P2X3 受体在正畸疼痛中作用机制的相关研究	常　新	大连医科大学	辽宁省教育厅高等学校科研计划	L2010106	3.00
EGFR-siRNA 对口腔鳞癌细胞多药耐药机制影响的研究	李德超	佳木斯大学	黑龙江省自然科学基金面上项目	D201025	5.00
细胞电化学抗癌药物筛选方法的建立及机制研究	刘继光	佳木斯大学	黑龙江省自然科学基金面上项目	D201016	5.00
铸钛及钛合金表面的污染层对钛及钛合金与树脂结合强度的影响	刘　杰	佳木斯大学	黑龙江省教育厅海外学人科研资助项目	1155h021	5.00
以 CREB 信号为靶点研究 NGF、EGFP 基因修饰神经干细胞移植对 AD 模型鼠基底前脑神经网络重建	程春凤	佳木斯大学	黑龙江省教育厅科学技术研究面上项目	11551497	1.80
“案例式”教学法在口腔黏膜病理论教学中的应用	朱建华	佳木斯大学	黑龙江省新世纪高等学校教改工程项目		0.80
机械离心力对成骨细胞 BMP 信号通路的影响	段　峰	佳木斯大学	黑龙江省教育厅科学技术研究面上项目	11551493	0.50
以 CREB 信号为靶点探讨 NSCs 对 AD 鼠海马脑区的突触修复作用	程春凤	佳木斯大学	黑龙江省卫生厅项目	2010531	自筹
金融危机背景下大学生就业问题研究	李大卓	佳木斯大学	佳木斯市社科联立项	10045	自筹
诱导牙槽窝内骨再生的基础研究	严洪海	浙江中医药大学	浙江省自然科学基金	Y2101392	10.00
牙种植体周围组织中基质金属蛋白酶组织抑制因子的表达及骨整合调节机制研究	王利民	浙江中医药大学	浙江省自然科学基金	Y2101440	10.00

续表2

项目名称	项目负责人	单位	基金来源及名称	批准号或编号	资助金额(万元)
自锁托槽合并微种植体非拔牙矫治中重度牙列拥挤临床研究	郑敏玲	温州医学院	温州市科技局,温州市科技计划项目	Y20100111	自筹
龈沟液中MMPs含量与再植牙牙根吸收相关性实验研究	王剑锋	温州医学院	温州市科技局,温州市科技计划项目	Y20100167	自筹
腮腺多形性腺瘤的硬度与其生物学行为之间的关系	马　锴	温州医学院	温州市科技局,温州市科技计划项目	Y20100041	2.00
Satb2、hVEGF165双基因转染对于骨髓基质细胞的生物学特性及对血管生成的影响	刘传通	温州医学院	温州市科技局,温州市科技计划项目	Y20100015	8.00
LIM矿化蛋白1在第三期牙本质形成中的表达及其对牙髓细胞的生物学效应	方平娟	温州医学院	温州市科技局,温州市科技计划项目	Y20100297	自筹
利用BMP2、壳聚糖胶原支架及HDPSCs构建牙体组织再生的组织工程模型	赵　瑜	温州医学院	温州市科技局,温州市科技计划项目	Y20100298	自筹
牙周组织工程中Stab2基因转染骨髓基质细胞的研究	王惠宁	温州医学院	浙江省教育厅,浙江省高校科研计划项目	Y201016376	1.00
“导杆式矫治器”的研制及在埋伏阻生牙治疗中的应用	胡荣党	温州医学院	浙江省科技厅,浙江省公益性技术应用研究计划项目	2010C33124	5.00
经皮/穿龈器件生物密闭关键微结构及其制造技术研究	麻健丰	温州医学院	浙江省科技厅,浙江省公益性技术应用研究计划项目	2010C31089	10.00
人工牙周膜被覆型齿科种植体的实验研究	赵佳明	大连市口腔医院	大连市科学技术局	2010E15SF173	3.00
细胞生长因子对人牙周膜干细胞增殖、分化作用及钙化影响的实验研究	曲晓娟	大连大学	大连市科学技术局,大连市科技计划项目	2010E15SF174	5.00
用于牙种植的新型复合纳米材料研究	孙卫斌	南京市口腔医院	世界大学联盟研究发展基金(WUN)	2010-01-168(院内编号)	10.00
光触媒技术在义齿清洁抗菌中的应用研究	孟翔峰	南京市口腔医院	南京市科技发展计划(社发)	201001083	10.00
DC疫苗协同靶向阻遏VEGF-VEGFR信号通路药物治疗口腔鳞癌的研究	王志勇	南京市口腔医院	南京市科技发展计划(社发)	201001084	5.00
海峡两岸三地口腔医学创新人才培养高峰论坛	叶发明	南京市口腔医院	南京市科技发展计划(国合)	201001120	20.00
纳米自组装钙磷基质生物矿化仿生复合种植牙涂层材料的合成与性能研究	孙卫斌	南京市口腔医院	江苏省自然科学基金项目	BK2010118	8.00
种植体表面TiO_2/HA梯度涂层的应用基础研究	聂蓉蓉	南京市口腔医院	江苏省卫生厅青年科研课题	H201069	4.00

续表 2

项目名称	项目负责人	单位	基金来源及名称	批准号或编号	资助金额（万元）
调节性 T 细胞在口腔扁平苔藓发病机制和临床治疗中的研究	王文梅	南京市口腔医院	南京市卫生局重点项目	ZKX10030	20.00
树突状细胞在荷瘤裸鼠体内迁徙、分布和肿瘤微环境中内皮化及阻断的实验研究	胡勤刚	南京市口腔医院	南京市卫生局重点项目	ZKX10031	25.00
激光焊接在齿科镍铬/钴铬合金固定桥体上的应用基础研究	聂蓉蓉	南京市口腔医院	南京市卫生局一般性课题	YKK10125	5.00
hr-CEMP1 自组装人工牙骨质材料的研究	刘　玉	南京市口腔医院	南京市卫生局一般性课题	YKK10126	5.00
RANKL 抑制剂在牙周治疗中的作用及其机制分析	陈　斌	南京市口腔医院	南京市卫生局青年启动项目	QYK10166	5.00
贝壳多孔羟基磷灰石骨修复材料修复牙周骨缺损的实验动物研究	吴文蕾	南京市口腔医院	天津市生物医学材料重点实验室开放性课题	2010-24-178（院内编号）	1.20
三叉神经痛与嘌呤类受体亚型相关性研究及其细胞内信号转导机制	王元银	安徽医科大学	上海市博士后资助计划	10R21415000	4.00
HIF-1α 基因修饰 BMSCs 在下颌骨缺损修复中的作用	何家才	安徽医科大学	安徽省自然科学基金	11040606M173	5.00
反义寡核苷酸阻断舌鳞癌细胞免疫逃逸实验研究	陈乔尔	安徽医科大学	安徽省自然科学基金	11040606M175	5.00
三叉神经痛与 P2X 受体亚型相关性及细胞内信号转导机制	王元银	安徽医科大学	安徽省自然科学基金	11040606M204	5.00
防治慢性牙周炎的被动免疫 IgY 抗体的研制	徐　燕	安徽医科大学	安徽省教育厅省级重点项目	KJ2010A159	5.00
多肽适配子构建成骨细胞特异性识别牙种植体表面的研究	吴明月	安徽医科大学	安徽省教育厅省级重点项目	KJ2010A182	5.00
计算机模拟前牙列修复重建后形态的研究	杨　瑛	南昌大学	江西省科技厅科技支撑项目	2010BS00601	1.50
心理干预对口腔复杂牙列修复缺损治疗的影响研究	吴润发	南昌大学	江西省科技厅科技支撑项目	2010BS00602	1.50
Alveolar bone augument 技术解决成年患者口腔种植骨量不足的临床疗效评估	赵　杰	南昌大学	江西省科技厅科技支撑项目	2010BS00603	1.50
金属表面改性对套筒冠循环摘戴后固位力的影响	曾利伟	南昌大学	江西省科技厅科技支撑项目	2010BSA16000	2.00
Wolceram 电泳沉积氧化铝全瓷冠适合性的研究	李东方	南昌大学	江西省科技厅科技支撑项目	2010BSA16100	2.00
正畸热激活弓丝力学性能的体外实验研究	吴建勇	南昌大学	江西省科技厅科技支撑项目	2010BSA16300	2.00
数字化虚拟可视人体在牙髓病学的研究应用	杨　健	南昌大学	江西省科技厅科技支撑项目	2010BSA16500	2.00

续表 2

项目名称	项目负责人	单位	基金来源及名称	批准号或编号	资助金额（万元）
改良牙殆型总义齿患者的 OHRQOLD 的评价	曾利伟	南昌大学	南昌市科技局科技支撑项目	2010-5801	3.00
不同类型窝沟封闭剂封闭性能的实验研究和临床研究及成本效益分析	欧晓艳	南昌大学	南昌市科技局科技支撑项目	2010-5802	3.00
四种自酸蚀黏结系统对龋影响牙本质的粘结效果的比较	杨　健	南昌大学	南昌市科技局科技支撑项目	2010-5803	2.00
口腔修复科学科建设专项基金	朱洪水	南昌大学	江西省卫生厅	2010	7.00
全口义齿垂直距离恢复不当的脑功能性磁共振成像的研究	胡晓萍	南昌大学	江西省卫生厅	20101065	0.40
三叉神经节神经元嘌呤 $2X_3$ 受体在三叉神经痛的痛觉传递中的作用机制研究	熊　伟	南昌大学	江西省卫生厅	2010	0.40
应用盘钻法(DSR)行上颌窦内提升同期种植体植入术的实验研究	赵保东	青岛大学	山东省自然科学基金	ZR2010HM036	6.00
靶向下调胆固醇代谢关键基因 Dhcr7 诱发腭裂形成的机制	肖文林	青岛大学	山东省自然科学基金	ZR2010HM54	7.00
可注射壳聚糖基温敏水凝胶支架联合 BMP-2 基因靶向治疗和局部仿生控释促进牙槽骨再生的研究	吉秋霞	青岛大学	山东省优秀中青年科学家科研奖励基金	BS2010CL015	7.00
氧化锆种植体骨结合的动物实验研究	杨建军	青岛大学	山东省科技厅科技攻关项目	2010G0020229	5.00
多样化教学与考试模式相结合创新口腔医学专业学位研究生培养机制	陈　杰	青岛大学	山东省教育基金	SDYC10053	自筹
牙周优势菌内毒素对牙髓细胞矿化作用的研究	邓　婧	青岛大学	青岛市科技局	10-3-3-3-6-nsh	8.00
Caspase 家族介导的成肌细胞凋亡在功能矫形状态下 翼外肌适应性改建中的作用及其调控机制研究	袁　晓	青岛大学	青岛市科技发展计划	10-3-3-4-4-nsh	8.00
青岛市小学生口腔健康干预方式的研究	王万春	青岛市口腔医院	青岛市 2010 年公共领域科技支撑计划	10-3-3-10-nsh	6.00
上皮下结缔组织移植在牙龈退缩治疗中的应用	秦红霞	郑州大学	河南省卫生厅医学科技攻关计划普通项目	201003066	2.00
上皮结缔组织移植在牙龈退缩治疗中的应用	秦红霞	郑州大学	郑州市科技局科技攻关项目	10PTGS483-19	1.00
电刺激舌下神经治疗阻塞性睡眠呼吸暂停综合征的临床观察研究	曹选平	郑州大学	郑州市科技局科技攻关项目	10PTGS483-6	2.00

续表 2

项目名称	项目负责人	单位	基金来源及名称	批准号或编号	资助金额（万元）
微螺钉种植体感染后骨界面的实验研究	崔淑霞	郑州大学	河南省教育厅科技攻关计划项目	2010A320022	1.00
牙周病正畸牙移动的临床和实验研究	崔淑霞	郑州大学	郑州市二七区科技局科技攻关项目	20103373	2.00
舌侧矫治技术的临床应用研究	张月兰	郑州大学	河南省卫生厅医学科技攻关计划普通项目	201003068	2.00
Th1/Th2 漂移与口腔黏膜癌变	张媛媛	郑州大学	河南省卫生厅医学科技攻关计划普通项目	201003067	2.00
上颌第一磨牙桩核冠的三维重建和可视化研究	邱晓霞	郑州大学	河南省教育厅自然科学研究计划项目	2010A320033	1.00
金属烤瓷冠修复后牙龈变色的实验研究	张秋霞	郑州大学	河南省科技厅科技攻关项目	102102310066	10.00
口腔修复体数字化制造及服务	刘进忠	郑州大学	河南省科技厅重大项目	102106000016	50.00
HAART 对 HIV 感染者牙周 Z 致病菌定植的分布研究	陈　栋	郑州大学	河南省科技厅科技攻关项目	102102310132	2.00
HA-GEPIs 抑制碳酸饮料对牙脱矿作用的研究	陈卫民	华中科技大学	湖北省自然科学基金	2010CDB095	3.00
高迁移率族蛋白 B1 对牙髓干细胞增殖分化的生物学效应	崔　春	华中科技大学	湖北省自然科学基金	2010CDB095	2.00
载药等离子体射流对根管生物膜影响的研究	马净植	华中科技大学	湖北省自然科学基金	2010CDB095	3.00
革兰阳性菌脂磷壁酸对人牙周膜细胞炎症和凋亡的影响	谢晓莉	中南大学	湖南省科技厅	2010FJ3067	3.00
CXCL9 在口腔黏膜下纤维性变致病及癌变过程中的动态研究	李　宁	中南大学	湖南省科技厅	2010TD2023	2.00
丹参联合小剂量泼尼松龙治疗口腔黏膜下纤维化的蛋白质组学研究	吴颖芳	中南大学	湖南省科技厅	2010JT4035	2.00
OSF 癌变侵袭转移与 Wnt 途径异常激活关系的研究	郭　峰	中南大学	湖南省科技厅	2010FJ3160	2.00
长株潭城市群口腔医疗与保健资源现状调研和未来配置的前瞻性研究	黄俊辉	中南大学	湖南省科技厅	2010ZK3134	1.00
牙科全瓷修复材料摩擦磨损的基础与临床研究	高清平	中南大学	湖南省科技厅	2010JT5030	2.00
中国-荷兰麻风病防治合作项目	冯云枝	中南大学	卫生部疾控中心	02-2010-09-15-01	3.00
可控降解 Mg-Zn-βTCP 复合材料的制备与性能评价	陈良建	中南大学	湖南省科技厅	2010FJ3091	2.00

续表2

项目名称	项目负责人	单位	基金来源及名称	批准号或编号	资助金额（万元）
牙体硬组织激光切割设备关键技术的开发	赵 彬	山西医科大学	山西省科技攻关计划项目	20100321061	20.00
Toll样受体-4及其基因多态性与侵袭性牙周炎的家系研究	任秀云	山西医科大学	山西省科技攻关计划项目	2010011050-1	4.00
新型微种植体支抗的研制	武秀萍	山西医科大学	山西省科技攻关计划项目	20100321104	15.00
种植牙三维设计及导航模板制作、应用研究	何东宁	山西医科大学	山西省自然科学基金	2010011051-3	5.00
城乡居民牙病防治模式的研究	吴补领	南方医科大学	卫生部专项课题（分题）		15.00
环氧化酶2抑制剂阻断口腔黏膜白斑恶变的临床前研究	李伟忠	南方医科大学	广东省科技计划项目	2009B060700053	5.00
稀土元素氧化物着色的纳米3Y-TZP色度调控	邵龙泉	南方医科大学	广州市白云区科技计划项目	2010-KZ-20	5.00
自固化可快速吸收复合人工骨材料的研制与应用研究	邵龙泉	南方医科大学	广东省科技计划项目	2010B010800023	10.00
Toll样受体信号对成牙本质细胞天然免疫反应作用的研究	高 杰	南方医科大学	广东省科技计划项目	2010B060900053	3.00
齿科氧化锆陶瓷材料的颜色调控和色度学研究	邵龙泉	南方医科大学	广东省自然科学基金项目	9151051501000072	3.00
个性化牙色氧化锆陶瓷托槽的应用基础研究	孙风阳	南方医科大学	广东省自然科学基金	10151051501000043	4.00
自固化可快速吸收复合人工骨材料的研制与应用研究	张 宇	南方医科大学	广东省科技计划项目	2010B010800023	10.00
基因多态性对环氧合酶-2的表达和功能的影响	谢成婕	广东省口腔医院	广东省卫生厅	B2010038	1.00
种植体表面改性对成骨细胞OPG/RANKL mRNA表达的影响	杨晓喻	广东省口腔医院	广东省卫生厅	A2010094	1.00
流体剪切力对不同钛表面成骨细胞FAK表达的影响	刘长虹	广东省口腔医院	广东省卫生厅	A2010090	1.00
Notch信号通路在胚胎期二恶英化合物暴露之牙胚发育过程中的表达	耿华欧	广东省口腔医院	广东省卫生厅	A2010083	1.00
放射性损伤骨的脂肪间充质干细胞亚群的分离及归巢作用探索	许曼波	广东省口腔医院	广东省卫生厅	A2010092	自筹
六手操作在口腔专业牙体牙髓科可行性的研究	林金伏	广东省口腔医院	广东省卫生厅	A2010091	自筹
关于2型糖尿病与宿主牙周炎易感性的相关研究分析	赵 华	广东省口腔医院	广东省卫生厅	B2010037	自筹

续表 2

项目名称	项目负责人	单位	基金来源及名称	批准号或编号	资助金额（万元）
Th1/Th17 对 PED 发病的调控机制研究	孙书昱	广东省口腔医院	广东省卫生厅	A2010085	自筹
抗原提呈细胞在抗鼠口腔白色念珠菌感染中的作用	蒋李懿	广东省口腔医院	广东省卫生厅	A2010088	自筹
差异蛋白质组学与牙周炎关系的研究	程晓华	广东省口腔医院	广东省卫生厅	A2010087	自筹
上颌后牙区骨量不足人工牙种植的技术创新——经牙槽骨嵴顶偏腭侧斜植入种植体的可行性研究	黄建生	广东省口腔医院	广东省科技计划	2010B031600111	5.00
RACK1 为核心的癌变相关关键蛋白群组在口腔黏膜癌变中的作用机制的蛋白组学研究	罗　刚	广东省口腔医院	广东省科技计划	2010B031600118	3.00
C 反应蛋白在伴糖尿病性牙周炎中作用及机制研究	章锦才	广东省口腔医院	广东省科技计划	2010B031600117	5.00
正畸综合治疗台水、气路污染的动态监控及感染控制体系的构建	李　琳	广东省口腔医院	广东省科技计划	2010B080701049	3.00
骨髓间充质干细胞移植在放疗后颌骨骨内种植治疗中的应用研究	黄元瑾	广东省口腔医院	广东省科技计划	2010B031600253	5.00
Ⅱ型糖尿病患者口腔种植义齿修复的临床研究	高　海	广东省口腔医院	广东省科技计划	2010B031600255	3.00
癌周注射量子点载化疗药物对口腔鳞状细胞癌颈淋巴结转移灶的靶向治疗的实验研究	赵建江	广东省口腔医院	广东省科技计划	2010B031500032	5.00
PLGA 生物膜体内组织工程化修复即刻种植术中牙龈软组织缺损的可行性研究	许　竞	广东省口腔医院	广东省科技计划	2010B031100028	2.00
Molecular epidemiology of drug resistance and population genetic structure of Plasmodium falciparum and *P. vivax* in Yunnan and Hainan, China	黄世光（共同负责人）	暨南大学	美国国立卫生研究院（NIH/FIC）	1R01 TW008151-01A1	$25.38
眼弓形虫病的免疫病理和免疫调节机制：肥大细胞的作用	黄世光（共同负责人）	暨南大学	广东省自然科学基金资助项目	10151008901000006	5.00
靶向抑制 CXCR4 对腺样囊性癌干细胞样细胞生物学特性的影响及其机制	农晓琳	广西医科大学	广西科学基金重点项目	桂科自 1013047	15.00
中老年人牙髓钙化的研究	刘梦灵	广西医科大学	广西科学基金	桂科回 1013019	4.00
唇腭裂随访系统的研究与应用	黄素华	广西医科大学	广西科学基金	桂科自 1013190	4.00
肥胖与牙周炎的相关性研究	曾启新	广西医科大学	广西科学基金	桂科自 1013192	4.00

续表2

项目名称	项目负责人	单位	基金来源及名称	批准号或编号	资助金额（万元）
干细胞技术应用于牙髓组织再生的机制研究	陈文霞	广西医科大学	广西科技攻关与新产品试制	桂科攻10124001A-42	5.00
Epstein-Barr病毒A73基因在涎腺淋巴上皮癌中的表达及多态性研究	卿海云	广西医科大学	广西区卫生厅	桂卫Z2010328	自筹
广西儿童口腔疾病综合干预项目效果评价	邓汉辉	广西医科大学	广西区卫生厅	桂卫Z2010329	自筹
预氧化工艺对钴铬烤瓷合金金瓷结合强度影响的研究	苏晓晖	广西医科大学	广西区卫生厅	桂卫Z2010330	自筹
口腔癌生物学年龄、播散细胞与淋巴道转移关系的临床研究	于大海	广西医科大学	广西医疗卫生重点科研课题	重2010081	3.00
MRN复合体在涎腺细胞放射性损伤中的表达变化	王代友	广西医科大学	广西医疗卫生重点科研课题	重2010082	3.00
CB2受体激动剂HU-308对骨质疏松症种植骨整合影响的实验研究	冯　青	广西医科大学	广西医疗卫生重点科研课题	重2010083	3.00
微型钛钉种植体支抗矫正露龈微笑的临床应用研究	莫水学	广西医科大学	广西医疗卫生重点科研课题	重2010084	3.00
不同温度下机械循环对CAD/CAM氧化锆全瓷材料性能的影响	苏晓晖	广西医科大学	广西区教育厅	201012MS047	3.00
数字化比色仪在冷光美白治疗着色牙	麦志松	广西医科大学	广西区教育厅	201010LX030	自筹
舌侧矫治技术力学性能的三维有限元分析及实验研究	黄　跃	泸州医学院	四川省科技厅自然科学基金	川科计[2010]19号2010HH0055	自筹
舌侧矫治系统力学性能的三维数字化模拟分析	黄　跃	泸州医学院	四川省科技厅自然科学基金	川科计[2010]19号2010JY0127	自筹
人脂肪干细胞再生血管化脂肪组织的实验研究	肖金刚	泸州医学院	四川省教育厅自然科学基金	川教函[2010]597号10ZB030	2.00
雌激素周期性波动对正畸牙移动速率影响的初步研究	徐晓梅	泸州医学院	四川省教育厅自然科学基金	川教函[2010]597号10ZB115	自筹
普及型全可调解剖式殆架的研制与应用	郑立舸	泸州医学院	四川省卫生厅自然科学基金	川卫办发[2010]493号100246	1.00
htrA与儿童口腔变异链球菌致龋性的关系	刘兴容	泸州医学院	四川省卫生厅自然科学基金	川卫办发[2010]493号100247	1.00
CK19和细胞间隙连接通讯与口腔黏膜癌变的关系研究	聂敏海	泸州医学院	四川省卫生厅自然科学基金	川卫办发[2010]493号100248	1.00
女性患者月经周期内最佳加力时机的初步探讨	徐晓梅	泸州医学院	四川省卫生厅自然科学基金	川卫办发[2010]493号100249	自筹
膨胀铸造桩核增强前牙桩冠固位力的实验研究及牙根应力分布的三维有限元分析	余　科	泸州医学院	四川省卫生厅自然科学基金	川卫办发[2010]493号100250	自筹

续表2

项目名称	项目负责人	单位	基金来源及名称	批准号或编号	资助金额（万元）
Wnt/β-catenin在IGF-I促进成骨细胞增殖分化过程中的作用研究	郭 玲	泸州医学院	泸州市科技局重点科技项目基金	泸市财企[2010]41号 2010-s-17(3/1)	1.00
弯曲根管预备过程中根部牙体组织应力分布影响的三维有限元分析	徐 皑	泸州医学院	泸州市科技局重点科技项目基金	泸市财企[2010]41号 2010-s-17(3/2)	1.00
舌侧矫治器力学性能的计算机仿真模拟研究	黄 跃	泸州医学院	泸州市科技局重点科技项目基金	泸市财企[2010]41号 2010-s-17(3/3)	1.09
云南白药在牙周组织工程中应用的研究	税艳青	昆明医学院	云南省自然科学基金	2010CD214	10.00
Wnt信号系统在实验性牙周炎骨丧失与修复中的作用及其机制	和红兵	昆明医学院	云南省自然科学基金	2010CD215	10.00
抗VEGF单抗联合紫杉醇对涎腺导管癌影响的实验研究	黎 明	昆明医学院	云南省自然科学基金	2010CD216	10.00
不同表面处理钛片对成骨细胞粘着斑及生物学性能影响的研究	牛 涛	昆明医学院	云南省自然科学基金	2010CD217	10.00
种植体支抗后牵引上颌骨矫形作用的三维有限元研究	张晓蓉	昆明医学院	云南省自然科学基金	2010CD077	7.50
云南地区成人磨牙牙体及根管系统的形态学研究	张明珠	昆明医学院	云南省自然科学基金	2010ZC115	5.00
应力对髁突软骨下骨及成骨细胞作用的实验研究	罗应伟	昆明医学院	云南省自然科学基金	2010ZC116	5.00
雷公藤对单核/巨噬细胞在口腔癌中功能影响的实验研究	宋宇峰	贵阳医学院	贵州省教育厅自然科学研究项目	黔教高发[2010]305号	8.00
人骨髓间充质干细胞与PHBHHx体外构建血管化组织工程骨的研究	马敏先	贵阳医学院	贵州省科技厅	黔科合J字[2010]2177号	4.00
牙龈卟啉单胞菌促进动脉粥样硬化发生的机制	葛 颂	遵义医学院	贵州省科技厅社会攻关计划	黔科合SY字[2010]3048	12.00
不同龋敏感人群牙菌斑中微生物耐酸因子F-ATPase表达差异性研究	徐仰龙	遵义医学院	贵州省科学技术基金	黔科合J字LKZ[2010]02	3.00
使用含氟牙膏引起氟中毒的危险性研究	张绍伟	遵义医学院	贵州省科学技术基金	黔科合J字LKZ[2010]06	3.00
雌激素对颞下颌关节发育的影响	张跃蓉	遵义医学院	贵州省科技厅自然科学基金	黔科合J字[2010]2170	3.50
唇腭裂易感与非易感孕鼠血浆代谢组学研究	何 苇	遵义医学院	贵州省科技厅自然科学基金	黔科合J字LKZ[2010]01	4.00
颌骨骨折愈合过程中分子机制的动物实验研究	蒋 练	遵义医学院	贵州省科技厅自然科学基金	黔科合J字LKZ[2010]03	3.00

续表 2

项目名称	项目负责人	单位	基金来源及名称	批准号或编号	资助金额(万元)
纳米细菌与牙周炎的相关性初步研究	杨　岚	遵义医学院	贵州省科技厅自然科学基金	黔科合 J 字 LKZ [2010]04	3.00
茶多酚调节牙槽骨成骨细胞功能的实验研究	范　芹	遵义医学院	贵州省科技厅自然科学基金	黔科合 J 字 LKZ [2010]05	3.00
银杏叶提取物对内毒素诱导牙周韧带成纤维细胞分泌相关因子的影响	孔宁静	遵义医学院	贵州省科技厅自然科学基金	黔科合 J 字 LKZ [2010]50	3.50
从医学生入学动机角度探讨人文医学教育模式创新	程华刚	遵义医学院	贵州省教育厅人文	10JD72	1.20
银杏叶提取物治疗牙周疾病的机制研究	管晓燕	遵义医学院	贵州省教育厅自然科学基金	黔教科 [2010]045	6.00
不同给药途径在小儿口腔治疗前镇静效果的比较	钟文怡	遵义医学院	贵州省卫生厅基金	Gzwkj010-1-016	0.90
PHT 对牙周膜干细胞、骨髓基质干细胞附着牙骨质能力影响的研究	王宝彦	西安交通大学	陕西省科技攻关	2010K15-04(1)	10.00
不同浓度 TGF-β 对体外培养大鼠牙胚中光蛋白聚糖 mRNA 表达的影响	黄瑞哲	西安交通大学	陕西省科技攻关	2010K15-04(2)	8.00
黄芩片对实验性牙周炎大鼠的临床及代谢组学研究	陈　悦	西安交通大学	陕西省科技攻关	2010K12-01(4)	5.00
简化种植技术解决咬合功能重建应用研究	常晓峰	西安交通大学	陕西省科技攻关	2010K15-04(3)	4.00
siRNA 靶向抑制 VEGFR-3 对舌癌淋巴道转移的影响及机制研究	荔　鹏	西安交通大学	陕西省科技攻关	2010K14-03(13)	3.00
年轻恒牙外伤的临床研究	郭青玉	西安交通大学	陕西省科技攻关	2010K01-144	4.00
胶质原性神经营养因子与三叉神经痛关系的分子机制研究	张引成	西安交通大学	陕西省科技攻关	2010K01-145	4.00
超前镇痛对炎症痛大鼠应激反应及血小板 CD62p 的影响	刘　颖	西安交通大学	陕西省科技攻关	2010K15-08(6)	3.00
促进牙本质再矿化的树枝状高分子材料的研制与实验研究	韩　影	西安交通大学	陕西省自然科学基金	2010JQ4011	2.00
Podoplanin 和 VEGF-C 在口腔鳞状细胞癌的表达及化疗前后的对比研究	齐　红	西安交通大学	陕西省卫生厅	2010D37	0.50
真空压膜改良式 Activator 临床研究	李湘琳	西安交通大学	陕西省卫生厅	2010E08	0.50
口腔重大疾病的攻关研究(6)——锥体束 CT 在颅颌面三维成像中的应用研究	周　洪	西安交通大学	西安市科技攻关	SF1023(3)	5.00

续表 2

项目名称	项目负责人	单位	基金来源及名称	批准号或编号	资助金额（万元）
神经生长因子在神经损伤和神经退行性疾病治疗中的应用——在义齿基牙牙髓组织中的表达	安　虹	西安交通大学	陕西省科技财政专项(子课题)		3.00
高氟区儿童牙齿状况的抽样调查及氟斑牙发病机制的研究(2)	黄瑞哲	西安交通大学	陕西省卫生厅		3.00
口腔重大疾病的攻关研究——游离皮瓣在头颈部肿瘤术后缺损修复重建中的应用研究	郅克谦	西安交通大学	西安市科技攻关	SF1023(4)	3.00
口腔重大疾病的攻关研究(6)——锥体束 CT 在颅颌面三维成像中的应用研究	王晓荣	西安交通大学	西安市科技攻关	SF1023(5)	3.00
西安地区城乡中老年人义齿护理状况的调查	阮建平	西安交通大学	中华口腔医学会资助课题		1.50
西安两地区孕期妇女口腔保健知识、态度、行为调查及相关因素分析	阮建平	西安交通大学	中华口腔医学会资助课题		1.00
Slit-Robo 信号对口腔癌转移及侵袭性的研究	赵　媛	兰州大学	甘肃省科技计划	1007RJYA009	5.00
IFRD 预防控制根面继发龋的研究	李　欣	兰州大学	甘肃省科技计划	1010RJZA220	3.00
纳米氧化锌对感染根管内厌氧菌抗菌性能研究	王雪梅	兰州大学	甘肃省科技计划	1010RJZA112	3.00
动态压力作用下软骨改建的差异蛋白质组学研究	任利玲	兰州大学	中央高校基本科研业务费	lzujbky-2010-141	8.00
RQ-PCR 对口腔念珠菌菌种检测及耐药性快速定量分析	郑　艳	兰州大学	中央高校基本科研业务费	lzujbky-2010-142	5.00
抗菌性牙科藻酸盐印模材料的制备与应用研究	柳文娟	兰州大学	中央高校基本科研业务费	lzujbky-2010-195	2.00
TRAIL 联合化疗药物诱导人舌鳞癌细胞凋亡的实验研究	张　洁	兰州大学	中央高校基本科研业务费	lzujbky-2010-196	2.00
人参皂甙 Rh2 对口腔癌机体微血管变化及细胞外基质的影响的研究	李志革	兰州大学	兰州市科技项目	2010-1-87	1.00
人牙周膜干细胞体外培养分离及生物学特性的研究	封　艳	新疆医科大学	新疆维吾尔自治区自然科学基金面上项目	2010211A49	5.00
SUMO1 基因拷贝数变异(CNVs)和先天性唇腭裂(CLP)的相关性研究	黄永清	宁夏医科大学	宁夏自然科学基金	NZ10135	2.00
WNP 信号通路抑制因子 WIF-1 在细胞中的作用研究	刘　峰	宁夏医科大学	宁夏自然科学基金	NZ10120	2.00

续表2

项目名称	项目负责人	单位	基金来源及名称	批准号或编号	资助金额（万元）
β-TCP复合BMP-2基因修饰的兔ASCs组织工程化骨修复种植体周围炎骨缺损的研究	孙小娟	宁夏医科大学	宁夏自然科学基金	NZ10131	2.00
雌激素受体基因多态性与宁夏地区回族慢性牙周炎的关系	马　敏	宁夏医科大学	宁夏教育厅	宁教高［2010］297号	1.00
靶向调控-肌营养不良蛋白聚糖后涎腺腺样囊性癌侵袭和转移能力改变研究	景　捷	宁夏医科大学	宁夏教育厅	宁教高［2010］297号	1.00
透明压膜保持器在咬合调整方面的应用研究	雍　敏	宁夏医科大学	宁夏教育厅	宁教高［2010］297号	1.00
Dsg3的表达与腺样囊性癌临床生物学特性的关系	刘　峰	宁夏医科大学	宁夏卫生厅	2009041	1.00
自然牙根和种植体支持的磁性附着体覆盖义齿的三维有限元分析	高　翔	包头医学院口腔学院	包头市科委立项课题		1.00
老年口腔保健	储冰峰	解放军总医院	北京市科委	Z10111000201033	5.00
ADAM28反义核酸治疗先天性牙根发育不良疾病的研究	赵　征	解放军总医院	中国博士后科学基金特别资助	201003774	10.00
老年人牙周组织再生修复研究	欧　龙	解放军总医院	军队“十一五”计划保健专项课题	10BJZ03	30.00
生物靶向治疗联合放射治疗对晚期口腔癌疗效观察	张　蕾	解放军总医院	吴阶平科研基金会	320.6750.1082	10.00
包裹肿瘤特异性Snail沉默质粒的壳聚糖纳米载体靶向转染对口腔癌细胞的顺铂化疗增敏研究	卓贤露	第三军医大学新桥医院	中国博士后基金	20100471001	3.00
复方奥硝唑甲磺酸培氟沙星缓释牙栓的临床应用研究	刘鲁川	第三军医大学附属第三医院	重庆市科技攻关课题	2009AC5019	10.00
基于脂肪干细胞牙向诱导分化的功能性牙骨质再生及机制的研究	温秀杰	第三军医大学附属第三医院	重庆市自然科学基金	CSTC2010BB5161	3.00
诱导脂肪干细胞向成牙骨质细胞分化及细胞膜片组织工程法修复牙周缺损的研究	邓蔓菁	第三军医大学附属第三医院	重庆市重点课题		20.00

（薛玉萍）

2010年度国家科学技术进步奖获奖项目简介

一、口腔颌面组织修复和功能重建技术的研究及应用

由首都医科大学王松灵教授牵头并联合四川大学、武汉大学、北京大学及中山大学课题组共同完成的课题“口腔颌面组织修复及功能重建技术的研究及应用”荣获2010年度国家科学技术进步奖二等奖。

口腔颌面部包括涎腺、颌骨、牙齿、颞下颌关节(TMJ)等软硬组织,因先天或后天原因造成形态异常及功能缺陷在临床上极为常见,严重影响患者的颜面外形、口颌系统功能、身心健康及社交活动。传统治疗方法主要包括自体组织移植或赝复体修复,因组织来源有限,并可造成患者新的创伤或组织丧失,且很难实现形态和功能的修复,目前尚无较为理想的修复重建方法。

有鉴于此,本项目组以首都医科大学牵头,历经18年研究,主要以北京市重大专项“牙齿及其支持组织修复再生与功能重建”为依托,联合四川大学、武汉大学、北京大学及中山大学课题组,围绕牙齿、颌面骨及提供口腔支撑环境分泌唾液的涎腺进行了较系统专题研究。针对慢性炎症及放射损伤造成的涎腺功能低下进行了病因学研究,发展了涎腺内镜微创及涎腺基因转导技术,重建了涎腺的形态和功能。针对颌骨及关节的畸形进行了研究,获得牵张成骨的关键技术参数,研发新装置及牵张成骨新方法,研究并应用新的颞下颌关节疾病诊疗技术,研发颌面创伤新的诊疗技术,良好修复了严重颌面畸形及缺损的形态和功能。针对牙齿及牙周组织缺损,利用干细胞及组织工程技术实现了生物牙根及牙周组织再生。在此基础上建立并完善了涎腺内镜、颌骨骨折坚固内固定的诊疗指南和操作规范并予以积极推广,规范了临床诊疗工作。

该项目得到了以下基金资助:国家杰出青年科学基金(30125042),国家杰出青年科学基金(B)(30428009),国家重点基础研究发展计划(2007CB947304),北京市科技重大专项(D090600704191),国家自然科学基金面上项目(39300147,30271400)。

(一)项目研究内容

1. 应用涎腺内镜微创技术重建阻塞性涎腺疾病的功能,发现了新病因并发明了新的导管支架;首次应用数字技术构建三维涎腺形态。

在国内引进涎腺内镜微创技术,并参照国际涎腺内镜操作程序及国内内镜管理条例制定,建立我国的11项操作诊疗程序。根据涎腺内镜下导管内的病因分类和特点,选用不同的微创方法包括管球囊扩张术,导管扩张灌洗术和药物联合灌注术诊治516例,观察时间5个月到3年,平均约1.5年,良好实现涎腺功能重建的有效率为96%,发现了新病因。本组287例结石取石成功率为84%。2006年模拟三维空间解剖建立了头颅、腮腺、下颌下腺、Stensen's duct和Wharton's duct的数字化三维模型及其空间定位。在此基础上,采用三维CT数据经容积再现技术,率先成功实现了CT仿真内镜重建,可应用于涎腺导管管腔内形态的重建及模拟涎腺内镜手术过程。

2. 小型猪腮腺放射损伤模型建立及转导腺病毒介导水通道基因(AdCMVAQP1)重建腮腺放射损伤功能。

1992年开始对正常小型猪腮腺、颌下腺解剖,造影,组织结构,超微结构及口腔常见菌群进行观察,并与其他4种常用哺乳动物实验模型进行比较,发现小型猪是一种涎腺研究工作中较为理想的大型动物实验模型。

建立了在组织像及大体形态变化上与临床放射损伤相似的小型猪放射损伤模型，为研究涎腺放射损伤机制及防治提供了可靠的大型动物模型。转导腺病毒介导的水通道基因(AdCMVAQP1)至小型猪放射损伤腮腺发现，转导外源性水通道基因后，水通道蛋白表达增加致唾液分泌增加，而且对全身没有明显的影响。

3. 利用牵张成骨(DO)及其相关辅助技术实现内源性颌骨再生，修复重建颌面畸形及缺损的形态和功能。

通过建立山羊下颌牵张成骨模型，研究了不同牵张速率对下齿槽神经和颞下颌关节的影响发现，以1 mm/d的速率延长下颌骨可以诱导对神经纤维和关节软骨发生适应性改建。利用骨生长因子在牵张成骨中的重要调控作用，率先开展了DO成骨因子*ex vivo*基因治疗研究。结果表明骨髓间充质干细胞(MSC)和基于MSC的BMP-7基因治疗可有效促进牵张间隙内骨痂形成，为将来临床上针对一些成骨不良的患者寻找合理方法促进牵张成骨的新骨再生探索了一条新的可能途径。采用自行设计与研制的多平面三焦点牵张装置及DO新术式成功修复了恒河猴的颏部骨与黏膜组织缺损，这种具有多向调节功能的牵张器与牵引术式为解决下颌颏部组织缺损的整复难题提供了新方法。用自行研制的牵张装置及输送盘DO技术成功再造恒河猴TMJ髁突。利用自行研制的口内腭裂牵张器对腭裂及其腭部骨质缺损进行牵张整复显示DO可以通过修复软硬组织而关闭裂隙。通过860例各类颌面畸形与缺损患者的临床应用，取得良好外形改善与功能重建效果。

4. 研发新的颞下颌关节疾病诊疗技术，应用于颞下颌关节功能重建。

本研究发现关节滑液成分作为标志物可诊断不同类型颞下颌关节紊乱病，并探讨其发病机制，分离鉴定了滑膜干细胞，并进行多向分化的研究，为颞下颌关节的再生及重建提供理论基础。建立了多种动物模型，包括颞下颌关节盘前移位动物模型，所建立的关节盘前移位动物模型采用的是非暴露关节腔的手术方法，保持了关节的完整性；高位切除髁突后经髁突颈部牵引成骨，重建颞下颌关节以及外伤性颞下颌关节强直的动物模型等。用基因转染的方法建立了稳定表达基质金属蛋白酶抑制因子(TIMP)-1的滑膜干细胞系，并探讨了细胞因子和基质金属蛋白酶(MMP)等病变产物在颞下颌关节疾病发病中的作用。应用K6-I评价系统作为颞下颌关节疾病的辅助检查手段，改良了关节盘穿孔修补术等多种传统术式，提出了关节下腔治疗颞下颌关节紊乱病的理念。探索出新的手术方法及对已有的手术方法的改进，共治疗503例疑难病例，取得了良好的效果，解决了TMJ整复的技术难题。

5. 利用间充质干细胞及组织工程技术率先实现了牙齿及其支持组织再生。

在国际上首先提出生物牙根再生的理念，将根尖牙乳头与牙根形三维支架材料HA/TCP复合，牙周膜干细胞与明胶海绵复合包裹其外，回植于小型猪颌骨内，实现了功能性生物牙根再生。在小型猪上建立临床相似的牙周炎动物模型，并利用自体牙周膜干细胞复合生物支架材料HA/TCP能修复再生牙周炎导致的牙周组织缺损。使用ICR小鼠胚胎下颌第一磨牙帽状期和蕾状期牙胚，率先利用解离重组技术通过体内体外方法实现了小鼠全牙再生，形成了包含釉质、牙本质、牙髓结构的正常牙冠形态及牙本质牙周膜的牙根；建立了帽状期成釉器体外重建模型。磁珠分选C-kit阳性的小鼠骨髓间充质细胞能够产生成釉细胞和成牙本质细胞，有望成为牙再生的种子细胞。

6. 利用坚固内固定与计算机辅助技术良好地修复和重建了各类颌骨骨折、继发畸形和骨缺损的形态和功能。

通过动物实验等研究发现，颌骨骨折是

以内骨痂的"纤维性成骨"和外骨痂的"软骨性成骨"实现骨折修复,稳定固定时表现为膜性骨化过程。通过尸体颅骨结构和体表形态测量、基于 CT 数据的计算机辅助三维测量、颅面骨折固定的三维有限元分析和可视化模型建立,研究各种骨折的畸形特征和形成机制、骨折复位顺序、面中部骨折力柱固定原理和下颌骨骨折张力带固定原理。进一步通过 1 500例骨折和骨畸形的分类治疗,细化了张力带固定方法和增加补偿固定的条件,发展了颏及颏旁骨折拉力螺钉固定方法。采用反射光弹应力分析法发现,近中接骨端固位螺钉周围呈现由力矩和剪切力造成的、以挤压应力为主要形式的过度应力集中。这种过度的、非生理性的应力作用可能是导致临床固位螺钉周围骨吸收的直接原因。通过大样本应用研究,提出颌骨骨折解剖复位的标准和程序,确定了按主应力轨迹实施固定的稳定性原则,研发了辅助面中部骨折解剖复位的三维 CT 测量系统、面弓转移和三维头模技术。

(二)项目的推广应用

项目组在积极进行研究的同时,还注重项目的推广应用。以上临床诊治技术和相关研究成果通过研究生培养,举办国家级继续教育学习班,指导进修生,在全国性及地方性学术会议进行学术交流和参观咨询等方式已在国内 85 家口腔医院或综合医院口腔科推广应用,良好地修复重建了口腔颌面畸形患者的形态及功能,取得良好的社会效益。研究成果共发表 4 篇英文综述论文及 77 篇英文论著,英文论文总影响因子 157,他引 508 次。多次在国际会议特邀作专题报告,如 2005 年 8 月奥地利维也纳第 17 届国际颌面外科会议,2006 年及 2008 年瑞士日内瓦第 10、12 届国际涎腺内镜学习培训班作为指导教官及专题报告,2007 年美国匹兹堡第 2 届国际涎腺学术大会。项目中的涎腺基因转导技术、涎腺内镜技术、颌面创伤坚固内固定结合计算机辅助技术、牵张成骨技术分别被全国高等医药院校统编教材——邱蔚六主编《口腔颌面外科学》第 5、6 版、王翰章和周学东主编《中华口腔科学》等不同的口腔学科教科书及重要专著收录引用。通过本项目的实施,明显推动了我国口腔颌面外科学及口腔生物医学学科的发展。

(三)项目研究成果和推广意义

通过上述推广活动,使得口腔颌面组织修复和功能重建的研究与治疗方面的研究成果在国内普遍应用。通过该项目的推进,推动口腔领域转化医学的研究,丰富了再生医学、数字医学的内容;开发了中国实验用小型猪在口腔医学领域中的应用,丰富实验动物学的内容;本项目的研究及应用对提高我国口腔颌面外科及口腔生物医学在国际上的影响,产生了重大的社会和经济效益。

(王松灵)

二、口腔颌面部血管瘤与脉管畸形的临床治疗研究

由上海交通大学口腔医学院张志愿教授主持完成的研究成果"口腔颌面部血管瘤与脉管畸形的临床治疗研究"荣获 2010 年度国家科学技术进步奖二等奖。

课题组率先提出气管切开下以数字减影血管造影(DSA)引导的无水乙醇栓塞为主、辅以平阳霉素注射或手术整形的综合序列治疗概念和方法,治疗危及生命、过去无法医治的巨大静脉畸形患者 83 例,成功挽救了患者生命,外形和功能显著改善。率先采用无水乙醇、弹簧圈、弹簧圈加二氰基丙烯酸正丁酯(NBCA)栓塞辅助手术治疗口腔颌面部软组织及颌骨动静脉畸形 628 例,有效率达 94.5%,严重并发症发生率控制在 1% 以下,使随时面临大出血死亡的动静脉畸形患者得到有效救治。首创手术翻瓣激光治疗面颈深部静脉畸形 517 例,治愈率达 62.8%,保存了面神经等重要组织结构的功能。首次提出激

光光源与光敏剂相匹配的光动力治疗理论，率先开展氪激光光动力治疗微静脉畸形3 619例，治愈率达 79.2%，获得病灶消除而不留瘢痕的理想效果，成果被编入国际权威专著*Photodynamic therapy*。制定出首部《口腔颌面部血管瘤和脉管畸形治疗指南》，对规范血管瘤和脉管畸形的治疗起到了重要作用。相关内容被写入邱蔚六院士主编的第 5、6 版全国高等学校教材《口腔颌面外科学》，改写了对血管瘤和脉管畸形的认识和治疗理念。

应用该研究成果成功治疗疑难危重患者651 例。出版专著《头颈部血管瘤与脉管畸形》，发表论文 157 篇，被 SCI 收录 21 篇，待收录 14 篇，共被他引 691 次。参加国际学术会议大会交流 5 次，举办专题学术研讨会 4 次，国家级继续教育学习班 6 次，共 500 余人(次)参加。

（郑家伟）

出版动态

本栏目收录的图书目录为我国内地口腔医学或相关学科教师、医师所编（著、译）并公开出版发行的口腔医学专业图书和视听教材，时限自 2010 年 1 月至 12 月。按书名的首字汉语拼音字母顺序排序。

2010 年口腔执业医师考前押题必做［国家执业医师资格考试（含部队）唯一指定辅导用书］

主　　编　梁源
出　　版　人民军医出版社
出版日期　2010 年 3 月
开　　本　16 开
字　　数　285 千字
页　　数　180 页
定　　价　35.00 元

2010 年口腔执业医师考试全真模拟及精解（2010 年国家医师资格考试用书）

编　　写　北京大学医学部专家组
出　　版　北京大学医学出版社
出版日期　2010 年 1 月
开　　本　16 开
字　　数　460 千字
页　　数　284 页
定　　价　35.00 元

2010 年口腔执业医师历年考点考题（精编）［国家执业医师资格考试（含部队）唯一指定辅导用书］

主　　编　柯小亮
出　　版　人民军医出版社
出版日期　2010 年 2 月
开　　本　16 开
字　　数　877 千字
页　　数　443 页
定　　价　75.00 元

2010 年口腔执业医师模拟试卷（解析）［国家执业医师资格考试（含部队）唯一指定辅导用书］

主　　编　柯小亮
出　　版　人民军医出版社
出版日期　2010 年 3 月
开　　本　16 开
字　　数　549 千字
页　　数　348 页
定　　价　55.00 元

2010 年口腔执业助理医师考前押题必做（国家执业医师资格考试唯一指定辅导用书）

主　　编　董广艳
出　　版　人民军医出版社
出版日期　2010 年 2 月
开　　本　16 开
字　　数　154 千字
页　　数　90 页
定　　价　25.00 元

2010 年口腔执业助理医师模拟试卷（解析）［国家执业医师资格考试（含部队）唯一指定辅导用书］

主　　编　王丹

出　　版　人民军医出版社
出版日期　2010年2月
开　　本　16开
字　　数　293千字
页　　数　184页
定　　价　38.00元

2010年口腔执业助理医师历年考点考题(精编)[国家执业医师资格考试(含部队)唯一指定辅导用书]
主　　编　王丹
出　　版　人民军医出版社
出版日期　2010年2月
开　　本　16开
字　　数　493千字
页　　数　249页
定　　价　45.00元

2010年口腔助理医师资格考试临考押题试卷及解析(医师资格考试历年真题纵览与考点评析丛书)
主　　编　赵文峰
出　　版　军事医学科学出版社
出版日期　2010年4月
开　　本　16开
字　　数　362千字
页　　数　220页
定　　价　35.00元

2010年口腔助理医师资格考试考前评估测试卷
主　　编　颐恒
出　　版　第四军医大学出版社
出版日期　2010年7月
开　　本　16开
字　　数　495千字
定　　价　35.00元

2011年口腔执业医师过关冲刺3套卷(2011年国家医师资格考试)
编　　写　北京大学医学部专家组
出　　版　北京大学医学出版社
出版日期　2010年11月
开　　本　16开
字　　数　289千字
页　　数　150页
定　　价　27.00元

2011年口腔执业医师资格考试 试题金典
编　　写　医师资格考试指导用书专家组
出　　版　人民卫生出版社
出版日期　2010年12月
开　　本　16开
字　　数　690千字
页　　数　449页
定　　价　65.00元

2011年口腔执业助理医师应试习题集(2011年国家医师考试用书)(第2版)
编　　写　北京大学医学部专家组
出　　版　北京大学医学出版社
出版日期　2010年11月
开　　本　16开
字　　数　526千字
页　　数　330页
定　　价　38.00元

2011年口腔执业助理医师资格考试 冲刺模考
编　　写　医师资格考试专家组
出　　版　人民卫生出版社
出版日期　2010年12月
开　　本　16开
字　　数　180千字
页　　数　128页
定　　价　28.00元

2011年口腔执业助理医师资格考试 试题金典
编　　写　医师资格考试专家组
出　　版　人民卫生出版社
出版日期　2010年12月
开　　本　16开
字　　数　310千字
页　　数　208页
定　　价　28.00元

SmartClip™自锁托槽矫治器系统概念和生物力学

原　　著　(巴西)Hugo Trevisi
主　　译　白玉兴
出　　版　人民卫生出版社
出版日期　2010 年 8 月
开　　本　16 开
字　　数　380 千字
页　　数　174 页
定　　价　96.00 元

贝氏口颌面痛——口颌面痛的临床处置(第 6 版)

原　　著　(美)Jeffrey P. Okeson
主　　译　陈永进　赵铱民　张旻
出　　版　人民军医出版社
出版日期　2010 年 6 月
开　　本　16 开
字　　数　413 千字
页　　数　383 页
定　　价　180.00 元

标准拔牙手术图谱(口腔临床操作技术丛书第二辑)

编　　写　胡开进
出　　版　人民卫生出版社
出版日期　2010 年 3 月
开　　本　16 开
字　　数　240 千字
页　　数　168 页
定　　价　65.00 元

唇裂或唇腭裂术后继发畸形的Ⅱ期整复治疗

著　　者　翦新春
出　　版　科学技术文献出版社
出版日期　2010 年 8 月
开　　本　16 开
字　　数　274 千字
页　　数　185 页
定　　价　48.00 元

当代实用口腔正畸技术与理论

主　　编　罗颂椒
出　　版　科学技术文献出版社
出版日期　2010 年 6 月
开　　本　16 开
字　　数　665 千字
页　　数　386 页
定　　价　59.00 元

儿童口腔健康指导(口腔健康指导丛书)

主　　编　葛立宏
出　　版　人民卫生出版社
出版日期　2010 年 9 月
开　　本　小 16 开
字　　数　60 千字
页　　数　72 页
定　　价　15.00 元

耳鼻咽喉头颈外科学(8 年制)(第 2 版)

主　　编　孔维佳
出　　版　人民卫生出版社
出版日期　2010 年 8 月
开　　本　大 16 开
字　　数　1 310 千字
页　　数　712 页
定　　价　125.00 元

非依从性Ⅱ类患者的正畸治疗 现代原理和技术

原　　著　(希)Moschos A. Papad
主　　译　戴娟　刘建林　陈曦
出　　版　世界图书出版公司
出版日期　2010 年 6 月
开　　本　大 16 开
字　　数　300 千字
页　　数　327 页
定　　价　198.00 元

根管治疗学－牙髓之路(第 8 版)

原　　著　(美)柯恩　伯恩斯
主　　译　李昂
出　　版　世界图书出版公司
出版日期　2010 年 2 月
开　　本　大 16 开
字　　数　1 740 千字

页　　数　909 页
定　　价　328.00 元

根尖外科临床操作技术
编　　写　苏凌云
出　　版　人民卫生出版社
出版日期　2010 年 7 月
开　　本　16 开
字　　数　164 千字
页　　数　98 页
定　　价　45.00 元

国家医师资格考试 模拟试卷——口腔执业医师(2011 修订版)
编　　写　医师资格考试专家组
出　　版　人民卫生出版社
出版日期　2010 年 12 月
开　　本　16 开
字　　数　640 千字
页　　数　432 页
定　　价　55.00 元

国家医师资格考试 模拟试卷——口腔执业助理医师(2011 修订版)
编　　写　医师资格考试专家组
出　　版　人民卫生出版社
出版日期　2010 年 12 月
开　　本　16 开
字　　数　280 千字
页　　数　192 页
定　　价　35.00 元

国家医师资格考试 模拟试题解析——口腔执业医师(2011 修订版)
编　　写　医师资格考试指导用书专家组
出　　版　人民卫生出版社
出版日期　2010 年 12 月
开　　本　16 开
字　　数　414 千字
页　　数　264 页
定　　价　48.00 元

国家医师资格考试 实践技能考试一本过关——口腔执业医师(2010 最新修订版)
编　　写　医师资格考试专家组
出　　版　人民卫生出版社
出版日期　2010 年 3 月
开　　本　16 开
字　　数　595 千字
页　　数　365 页
定　　价　38.00 元

国家医师资格考试 实践技能考试一本过关——口腔执业医师(2011 修订版)
编　　写　医师资格考试专家组
出　　版　人民卫生出版社
出版日期　2010 年 12 月
开　　本　16 开
字　　数　560 千字
页　　数　339 页
定　　价　39.00 元

国家医师资格考试 实践技能考试一本过关——口腔执业助理医师(2010 最新修订版)
编　　写　医师资格考试专家组
出　　版　人民卫生出版社
出版日期　2010 年 3 月
开　　本　16 开
字　　数　480 千字
页　　数　304 页
定　　价　36.00 元

国家医师资格考试 实践技能应试指南——口腔执业医师(2011 修订版)
编　　写　医师资格考试指导用书专家组
出　　版　人民卫生出版社
出版日期　2010 年 12 月
开　　本　16 开
字　　数　220 千字
页　　数　144 页
定　　价　21.00 元

国家医师资格考试 实践技能应试指南——口腔执业助理医师(2011 修订版)
编　　写　医师资格考试指导用书专家组
出　　版　人民卫生出版社
出版日期　2010 年 12 月

开　　本　16开
字　　数　179千字
页　　数　112页
定　　价　21.00元

国家医师资格考试 医学综合笔试应试指南——口腔执业医师(2011修订版)
编　　写　医师资格考试指导用书专家组
出　　版　人民卫生出版社
出版日期　2010年12月
开　　本　16开
字　　数　1 680千字
页　　数　1 044页
定　　价　120.00元

国家医师资格考试 医学综合笔试应试指南——口腔执业助理医师(2011修订版)
编　　写　医师资格考试指导用书专家组
出　　版　人民卫生出版社
出版日期　2010年12月
开　　本　16开
字　　数　960千字
页　　数　608页
定　　价　89.00元

华西口腔　百年史话(第2版)
主　　编　周学东　吴亚菲
出　　版　人民卫生出版社
出版日期　2010年9月
开　　本　16开
字　　数　758千字
页　　数　493页
定　　价　78.00元

精密附着体——通向成功的修复治疗
主　　编　(美)Garcth Jenkins　John Gidden
主　　译　张玉梅　许智轩
出　　版　人民军医出版社
出版日期　2010年9月
开　　本　16开
字　　数　172千字
页　　数　128页
定　　价　120.00元

可摘义齿的初级理论设计(可摘义齿生物力学理论探究丛书)
著　　者　黄庆杰
出　　版　知识产权出版社
出版日期　2010年12月
开　　本　16开
字　　数　275千字
页　　数　230页
定　　价　45.00元

口腔保健与常见病防治
主　　编　刘菲菲
出　　版　金盾出版社
出版日期　2010年7月
开　　本　大32开
字　　数　180千字
页　　数　238页
定　　价　16.00元

口腔常见疾病彩色图谱
原　　著　(美)Robert P. Langlais
　　　　　Craig S. Miller
　　　　　Jill S. Nield-Gehrig
主　　译　赵继志
出　　版　人民卫生出版社
出版日期　2010年7月
开　　本　大16开
字　　数　513千字
页　　数　240页
定　　价　110.00元

口腔颌面外科学(2011全国卫生专业技术资格考试指导)(适用专业口腔颌面外科学中级)
编　　写　全国卫生专业技术资格考试专家委员会
出　　版　人民卫生出版社
出版日期　2010年12月
开　　本　16开
字　　数　760千字
页　　数　480页
定　　价　86.00元

口腔颌面外科学(口腔医学精品课程丛书)

主　　编　王翰章　郑谦
出　　版　科学技术文献出版社
出版日期　2010年7月
开　　本　大16开
字　　数　616千字
页　　数　358页
定　　价　49.00元

口腔颌面外科学精选模拟习题集(2011全国卫生专业技术资格考试习题集丛书)

主　　编　黄洪章　廖贵清
出　　版　人民卫生出版社
出版日期　2010年12月
开　　本　16开
字　　数　310千字
页　　数　216页
定　　价　38.00元

口腔颌面医学影像诊断学(口腔医学专业必修课考试辅导教材)(供口腔医学类专业用)

主　　编　李国菊
出　　版　科学技术文献出版社
出版日期　2010年11月
开　　本　16开
字　　数　205千字
页　　数　111页
定　　价　14.00元

口腔颌面种植学词汇

主　　编　(美)W. R Laney
主　　译　林野
出　　版　人民军医出版社
出版日期　2010年3月
开　　本　16开
字　　数　497千字
页　　数　348页
定　　价　210.00元

口腔急症处理(第6版)

原　　著　(美)Stanley F. Malamed
主　　译　胡开进
出　　版　人民卫生出版社
出版日期　2010年10月
开　　本　16开
字　　数　898千字
页　　数　452页
定　　价　180.00元

口腔疾病病案分析(临床病案分析丛书)

主　　编　刘洪臣　张海钟
出　　版　科学出版社
出版日期　2010年2月
开　　本　16开
字　　数　305千字
页　　数　242页
定　　价　49.00元

口腔疾病防治(非医学专业健康教育教材)

编　　著　沈丽佳
出　　版　华中科技大学出版社
出版日期　2010年4月
开　　本　16开
字　　数　323千字
页　　数　272页
定　　价　28.80元

口腔疾病诊疗与护理

主　　编　袁道英
出　　版　山东大学出版社
出版日期　2010年11月
开　　本　32开
字　　数　267千字
页　　数　332页
定　　价　22.00元

口腔检查DVD(卫生部医学视听教材)

制作单位　第四军医大学口腔医学院
出　　版　人民卫生电子音像出版社
出版日期　2010年11月
定　　价　48.00元

口腔科疾病临床诊断与治疗方案

主　　编　冯崇锦
出　　版　科学技术文献出版社
出版日期　2010年5月
开　　本　16开
字　　数　1 047千字

页　　数　935 页
定　　价　118.00 元

口腔临床护理与预防保健(全国中等卫生职业教育规划教材)
主　　编　马惠萍
出　　版　人民军医出版社
出版日期　2010 年 4 月
开　　本　16 开
字　　数　318 千字
页　　数　204 页
定　　价　26.00 元

口腔内科学(口腔医学精品丛书)
主　　编　周学东
出　　版　科学技术文献出版社
出版日期　2010 年 6 月
开　　本　大 16 开
字　　数　525 千字
页　　数　305 页
定　　价　45.00 元

口腔内科学(2011 全国卫生专业技术资格考试指导)
编　　写　全国卫生专业技术资格考试专家委员会
出　　版　人民卫生出版社
出版日期　2010 年 12 月
开　　本　16 开
字　　数　760 千字
页　　数　480 页
定　　价　82.00 元

口腔内科学精选模拟习题集(2011 全国卫生专业技术资格考试习题集丛书)
主　　编　凌均棨　林正梅
出　　版　人民卫生出版社
出版日期　2010 年 12 月
开　　本　16 开
字　　数　369 千字
页　　数　238 页
定　　价　39.00 元

口腔黏膜病学(口腔医学专业研究生卫生部规划教材)
主　　编　周曾同
出　　版　人民卫生出版社
出版日期　2010 年 12 月
开　　本　16 开
字　　数　461 千字
页　　数　272 页
定　　价　35.00 元

口腔黏膜病药物治疗精解
主　　编　周红梅　周刚　周威
出　　版　人民卫生出版社
出版日期　2010 年 3 月
开　　本　16 开
字　　数　317 千字
页　　数　270 页
定　　价　68.00 元

口腔生物力学(华夏英才基金学术文库丛书)
主　　编　陈新民　赵云凤
出　　版　科学出版社
出版日期　2010 年 6 月
开　　本　16 开
字　　数　645 千字
页　　数　424 页
定　　价　118.00 元

口腔修复的磁附着固位技术
著　　者　赵铱民
出　　版　世界图书出版西安公司
出版日期　2010 年 1 月
开　　本　大 16 开
字　　数　280 千字
页　　数　226 页
定　　价　182.00 元

口腔修复学(2011 全国卫生专业技术资格考试指导)(适用专业口腔修复学中级)
编　　写　全国卫生专业技术资格考试专家委员会
出　　版　人民卫生出版社
出版日期　2010 年 12 月
开　　本　16 开
字　　数　670 千字

页　　数　432 页
定　　价　75.00 元

口腔修复学精选模拟习题集(2011 全国卫生专业技术资格考试习题集丛书)
主　　编　李彦　赵克
出　　版　人民卫生出版社
出版日期　2010 年 12 月
开　　本　16 开
字　　数　340 千字
页　　数　240 页
定　　价　38.00 元

口腔医师实践技能应试指导(含助理医师)(2010 国家执业医师资格考试推荐用书)
编　　写　《口腔医师实践技能应试指导》专家组
出　　版　中国协和医科大学出版社
出版日期　2010 年 1 月
开　　本　16 开
字　　数　260 千字
页　　数　184 页
定　　价　32.00 元

口腔医师应试习题集(含光盘)(2010 国家执业医师资格考试推荐用书)
编　　写　《口腔医师应试习题集》专家编写组
出　　版　中国协和医科大学出版社
出版日期　2010 年 1 月
开　　本　16 开
字　　数　970 千字
页　　数　661 页
定　　价　80.00 元

口腔医师应试指导(2010 年国家执业医师资格考试推荐用书)
编　　写　《国家执业医师资格考试应试指导》专家组
出　　版　中国协和医科大学出版社
出版日期　2010 年 1 月
开　　本　16 开
字　　数　1 580 千字
页　　数　4 041 页
定　　价　108.00 元

口腔医学(综合)(2011 全国卫生专业技术资格考试指导)(适用专业口腔医学中级)
编　　写　全国卫生专业技术资格考试专家委员会
出　　版　人民卫生出版社
出版日期　2010 年 12 月
开　　本　16 开
字　　数　690 千字
页　　数　432 页
定　　价　76.00 元

口腔医学(综合)精选模拟习题集(2011 全国卫生专业技术资格考试习题集丛书)
主　　编　朱亚琴
出　　版　人民卫生出版社
出版日期　2010 年 12 月
开　　本　16 开
字　　数　400 千字
页　　数　264 页
定　　价　36.00 元

口腔医学病案分析
主　　编　何巍　谢文忠　李沙
出　　版　郑州大学出版社
出版日期　2010 年 8 月
开　　本　16 开
字　　数　776 千字
页　　数　513 页
定　　价　56.00 元

口腔医学技术(2011 全国卫生专业技术资格考试指导)(适用专业口腔医学技术士、师、中级)
编　　写　全国卫生专业技术资格考试专家委员会
出　　版　人民卫生出版社
出版日期　2010 年 12 月
开　　本　16 开
字　　数　650 千字
页　　数　408 页
定　　价　69.00 元

口腔医学技术精选模拟习题集(2011 全国卫生

专业技术资格考试习题集丛书)
主　　编　林雪峰　付强
出　　版　人民卫生出版社
出版日期　2010年12月
开　　本　16开
字　　数　290千字
页　　数　208页
定　　价　35.00元

口腔医学实验学(口腔医学精品丛书)
主　　编　石冰
出　　版　科学技术文献出版社
出版日期　2010年4月
开　　本　16开
字　　数　711千字
页　　数　413页
定　　价　58.00元

口腔正畸工艺技术实用教程
编　　著　王春梅　韩光丽
出　　版　清华大学出版社
出版日期　2010年1月
开　　本　16开
字　　数　477千字
页　　数　333页
定　　价　98.00元

口腔正畸临床技术大全(第2版)
主　　编　段银钟　戴娟
出　　版　人民军医出版社
出版日期　2010年6月
开　　本　16开
字　　数　884千字
页　　数　567页
定　　价　139.00元

口腔正畸思路与临床操作技巧
主　　编　武广增
出　　版　科学技术文献出版社
出版日期　2010年2月
开　　本　16开
字　　数　426千字
页　　数　288页
定　　价　118.00元

口腔正畸学(2011全国卫生专业技术资格考试指导)(适用专业口腔正畸学中级)
编　　写　全国卫生专业技术资格考试专家委员会
出　　版　人民卫生出版社
出版日期　2010年12月
开　　本　16开
字　　数　690千字
页　　数　432页
定　　价　79.00元

口腔正畸学精选模拟习题集(2011全国卫生专业技术资格考试习题集丛书)
主　　编　王大为　蔡斌
出　　版　人民卫生出版社
出版日期　2010年12月
开　　本　16开
字　　数　290千字
页　　数　208页
定　　价　35.00元

口腔正畸治疗常用弓丝弯制技术(口腔临床操作技术丛书第二辑)
主　　编　李小彤
出　　版　人民卫生出版社
出版日期　2010年9月
开　　本　16开
字　　数　207千字
页　　数　126页
定　　价　55.00元

口腔执业(助理)医师实践技能考试通关宝典(2010+光盘)
主　　编　荣丽　舒静媛　徐军
出　　版　化学工业出版社
出版日期　2010年2月
开　　本　16开
字　　数　284千字
页　　数　147页
定　　价　30.00元

口腔执业医师过关冲刺3000题(附解析)(2011国家医师资格考试)(2010修订版)

主　　编　高平
出　　版　北京大学医学出版社
出版日期　2010年11月
开　　本　16开
字　　数　632千字
页　　数　413页
定　　价　49.90元

口腔执业医师考试全真模拟及精解(2011国家医师资格考试)(第4版)

编　　写　北京大学医学部专家组
出　　版　北京大学医学出版社
出版日期　2010年11月
开　　本　16开
字　　数　460千字
页　　数　284页
定　　价　35.00元

口腔执业医师模拟试卷(2010国家执业医师资格考试)(医学综合笔试部分)

编　　写　《国家执业医师资格考试模拟试卷》专家编写组
出　　版　中国协和医科大学出版社
出版日期　2010年5月
开　　本　16开
字　　数　300千字
页　　数　248页
定　　价　29.00元

口腔执业医师通关宝典——实践技能精讲与实战模拟(第3版)(国家执业医师资格考试推荐用书)

主　　编　刘洪臣　顾斌
出　　版　人民军医出版社
出版日期　2010年3月
开　　本　16开
字　　数　360千字
页　　数　231页
定　　价　45.00元

口腔执业助理医师模拟试卷(2010国家执业医师资格考试)(医学综合笔试部分)

编　　写　《国家执业医师资格考试模拟试卷》专家编写组
出　　版　中国协和医科大学出版社
出版日期　2010年5月
开　　本　16开
字　　数　230千字
定　　价　20.00元

口腔执业助理医师通关宝典——实践技能精讲与实战模拟(第3版)(国家执业医师资格考试推荐用书)

主　　编　刘洪臣　李鸿波
出　　版　人民军医出版社
出版日期　2010年3月
开　　本　16开
字　　数　316千字
页　　数　203页
定　　价　42.00元

口腔种植临床操作图解(口腔临床操作技术丛书第二辑)

主　　编　谷志远
出　　版　人民卫生出版社
出版日期　2010年7月
开　　本　16开
字　　数　122千字
页　　数　74页
定　　价　36.00元

口腔种植治疗的基础研究与临床应用

主　　编　陈卓凡
出　　版　人民军医出版社
出版日期　2010年4月
开　　本　16开
字　　数　416千字
页　　数　258页
定　　价　198.00元

口腔助理医师考试指南(2010国家执业医师资格考试推荐用书)

编　　写　《口腔助理医师考试指南》专家编写组
出　　版　中国协和医科大学出版社
出版日期　2010年1月
开　　本　16开

字　　数　1 280 千字
页　　数　820 页
定　　价　88.00 元

口腔助理医师应试习题集(含光盘)(2010)
编　　写　《口腔助理医师应试习题集》专家编写组
出　　版　中国协和医科大学出版社
出版日期　2010 年 2 月
开　　本　16 开
字　　数　580 千字
页　　数　404 页
定　　价　56.00 元

老年口腔疾病防治指南 · 保健大课堂
主　　编　李刚
出　　版　人民军医出版社
出版日期　2010 年 2 月
开　　本　大 32 开
字　　数　95 千字
页　　数　144 页
定　　价　15.00 元

临床老年口腔医学
主　　编　陈作良　陈宏柏　朱友家
出　　版　厦门大学出版社
出版日期　2010 年 11 月
开　　本　16 开
字　　数　357 千字
页　　数　308 页
定　　价　35.00 元

临床美容牙科学彩色图谱
编　　著　施长溪
出　　版　第四军医大学出版社
出版日期　2010 年 6 月
开　　本　16 开
字　　数　200 千字
页　　数　110 页
定　　价　90.00 元

临床实用牙髓病学——牙科最新进展
主　　编　(美)Phillip Lumley　Nick Adams　Phillip Tomson
主　　译　王英
出　　版　世界图书出版公司
出版日期　2010 年 12 月
开　　本　16 开
字　　数　160 千字
页　　数　118 页
定　　价　86.00 元

临床综合牙科学
编　　著　毛渝
出　　版　人民卫生出版社
出版日期　2010 年 7 月
开　　本　16 开
字　　数　535 千字
页　　数　342 页
定　　价　98.00 元

美容口腔医学
主　　编　韩科　刘峰
出　　版　人民卫生出版社
出版日期　2010 年 4 月
开　　本　大 16 开
字　　数　473 千字
页　　数　239 页
定　　价　99.00 元

美容牙科技术(全国高职高专卫生部规划教材，供医疗美容技术专业用)
主　　编　张秀华
出　　版　人民卫生出版社
出版日期　2010 年 7 月
开　　本　16 开
字　　数　365 千字
页　　数　228 页
定　　价　31.00 元

美容牙科学(第 2 版)
主　　编　王海林
出　　版　人民卫生出版社
出版日期　2010 年 11 月
开　　本　16 开
字　　数　330 千字
页　　数　208 页

定　　价　22.00元

颞下颌关节疾病诊疗手册(口腔科临床精品系列)

主　　编　张俊杰　张卫东
出　　版　人民军医出版社
出版日期　2010年9月
开　　本　32开
字　　数　700千字
页　　数　528页
定　　价　58.00元

颞下颌关节紊乱病的诊治

编　　著　(美)Gunnar E. Carlsson
　　　　　Tomas Magnusson
主　　译　王美青　吴尧平
出　　版　人民军医出版社
出版日期　2010年10月
开　　本　16开
字　　数　220千字
页　　数　177页
定　　价　150.00元

颞下颌紊乱病手册

主　　编　(美)Edward F. Wright
主　　译　蒋泽先
出　　版　世界图书出版公司
出版日期　2010年2月
开　　本　16开
字　　数　480千字
页　　数　241页
定　　价　192.00元

普通人群口腔健康指导(口腔健康指导丛书)

主　　编　台保军
出　　版　人民卫生出版社
出版日期　2010年9月
开　　本　小16开
字　　数　90千字
页　　数　104页
定　　价　16.00元

前牙固定修复美学

主　　编　(美)Gerard J. Chiche
　　　　　Alain Pinault
主　　译　刘荣森　李亚男
出　　版　人民军医出版社
出版日期　2010年10月
开　　本　16开
字　　数　265千字
页　　数　218页
定　　价　180.00元

上颌窦种植外科学

主　　编　耿建平
出　　版　江苏科学技术出版社
出版日期　2010年10月
开　　本　16开
字　　数　130千字
页　　数　104页
定　　价　85.00元

实践技能考试辅导口腔分册(国家执业医师资格考试)

主　　编　毛钊　牛光良
出版日期　2010年1月
出　　版　人民军医出版社
开　　本　16开
字　　数　198千字
页　　数　125页
定　　价　38.00元

实用口腔疾病诊疗手册

编　　著　张雅俐
出　　版　宁夏人民出版社
出版日期　2010年3月
开　　本　32开
字　　数　280千字
页　　数　342页
定　　价　58.00元

实用口腔免疫学与技术

主　　编　张平
出　　版　人民卫生出版社
出版日期　2010年10月
开　　本　16开
字　　数　486千字
页　　数　285页

定　　价　58.00元

实用口腔镇静技术

主　　编　张国良　万阔
出　　版　人民军医出版社
出版日期　2010年9月
开　　本　36开
字　　数　140千字
页　　数　245页
定　　价　22.00元

实用眼耳鼻咽喉口腔科手册(第2版)(现代中西医结合丛书)

主　　编　李凡成　萠新春
出　　版　湖南科学技术出版社
出版日期　2010年9月
开　　本　32开
字　　数　642千字
页　　数　556页
定　　价　25.00元

新口腔摄影方法与技巧

主　　编　(日)熊谷崇　熊谷ふじ子
　　　　　鈴木昇一
主　　译　包扬
出　　版　辽宁科学技术出版社
出版日期　2010年6月
开　　本　16开
字　　数　300千字
页　　数　105页
定　　价　128.00元

新型磁性附着体固位的种植义齿——最少的种植体、最好的结果

原　　著　(日)前田芳信　A. Damien Walsley
主　　译　马楚凡
出　　版　人民军医出版社
出版日期　2010年5月
开　　本　16开
字　　数　216千字
页　　数　121页
定　　价　120.00元

袖珍口腔椅旁教育手册

主　　编　孙正
出　　版　人民卫生出版社
出版日期　2010年10月
开　　本　32开
字　　数　75千字
页　　数　124页
定　　价　33.00元

牙齿美学漂白

原　　著　(美)So-Ran Kwon
　　　　　Seok-Hoon Ko
　　　　　Linda H. Greenwall
主　　译　樊聪
出　　版　北京大学医学出版社
出版日期　2010年5月
开　　本　16开
字　　数　303千字
页　　数　183页
定　　价　175.00元

牙颌面畸形功能矫形

主　　编　赵美英　罗颂椒　陈扬熙
出　　版　科学技术文献出版社
出版日期　2010年10月
开　　本　大16开
字　　数　422千字
页　　数　245页
定　　价　39.00元

牙髓病学(口腔医学研究生卫生部规划教材)

主　　编　彭彬
出　　版　人民卫生出版社
出版日期　2010年12月
开　　本　16开
字　　数　499千字
页　　数　286页
定　　价　36.00元

牙周检查技术与常见牙周疾病诊断(口腔临床操作技术丛书第二辑)

编　　著　栾庆先
出　　版　人民卫生出版社
出版日期　2010年10月

开　　本　16 开
字　　数　116 千字
页　　数　67 页
定　　价　35.00 元

眼耳鼻咽喉口腔科护理（全国中医药高职高专院校教材，供护理专业用）
主　　编　肖跃群
出　　版　人民卫生出版社
出版日期　2010 年 6 月
开　　本　16 开
字　　数　292 千字
页　　数　176 页
定　　价　20.00 元

眼耳鼻咽喉口腔科护理学
主　　编　徐淑秀　马士崟
出　　版　安徽科学技术出版社
出版日期　2010 年 1 月
开　　本　16 开
字　　数　575 千字
页　　数　379 页
定　　价　49.00 元

眼耳鼻咽喉口腔科护理学习指导与习题集（中医药高职高专护理专业配套教材）
主　　编　肖跃群
出　　版　人民卫生出版社
出版日期　2010 年 10 月
开　　本　16 开
字　　数　180 千字
页　　数　120 页
定　　价　18.00 元

医师资格考试大纲——口腔执业医师(2011 年版)
编　　写　卫生部医师资格考试委员会
　　　　　国家医学考试中心
出　　版　人民卫生出版社
出版日期　2010 年 12 月
开　　本　16 开
字　　数　150 千字
页　　数　96 页
定　　价　17.00 元

医师资格考试大纲——口腔执业助理医师(2011 年版)
编　　写　卫生部医师资格考试委员会
　　　　　国家医学考试中心
出　　版　人民卫生出版社
出版日期　2010 年 12 月
开　　本　16 开
字　　数　90 千字
页　　数　64 页
定　　价　15.00 元

医师资格考试同步训练习题与答案精解——口腔执业医师(2010 年国家医师资格考试用书)
编　　写　医师资格考试专家组
出　　版　化学工业出版社
出版日期　2010 年 1 月
开　　本　16 开
字　　数　715 千字
页　　数　406 页
定　　价　48.00 元

暂时性修复体——对修复体功能和美观的要求
主　　编　（日）伊藤雄策
主　　译　姜婷
出　　版　人民军医出版社
出版日期　2010 年 5 月
开　　本　16 开
字　　数　269 千字
页　　数　146 页
定　　价　120.00 元

正颌外科学（全国高等学校研究生规划教材）
主　　编　胡静
出　　版　人民卫生出版社
出版日期　2010 年 12 月
开　　本　16 开
字　　数　486 千字
页　　数　282 页
定　　价　33.00 元

正畸治疗中的风险管理
主　　编　（美）T. M. Graber

Theodoes Eliades
Athanasion E. Athana
主　　译　白玉兴
出　　版　人民军医出版社
出版日期　2010年10月
开　　本　16开
字　　数　328千字
页　　数　251页
定　　价　150.00元

《中国居民口腔健康指南》解读
编　　著　李刚
出　　版　中国医药科技出版社
出版日期　2010年10月
开　　本　16开
字　　数　178千字
页　　数　194页
定　　价　29.80元

中国口腔医学年鉴(2009年卷)
主　　编　周学东
出　　版　四川科学技术出版社
出版日期　2010年9月
开　　本　16开
字　　数　500千字
页　　数　308页
定　　价　75.00元

中日英实用牙科诊疗会话
主　　编　孙健
出　　版　人民卫生出版社
出版日期　2010年12月
开　　本　大64开
字　　数　30千字
页　　数　112页
定　　价　13.00元

种植美容修复术(现代手术技巧图谱)
原　　著　(埃及)Abd El　Salam El
主　　译　文抑西
出　　版　世界图书出版西安公司
出版日期　2010年7月
开　　本　16开
字　　数　230千字
页　　数　120页
定　　价　88.00元

种植修复学临床操作指南(第2版)
主　　编　(美)Carl Drago
主　　译　宋应亮　朱文忠
出　　版　世界图书出版公司
出版日期　2010年8月
开　　本　16开
页　　数　215页
定　　价　145.00元

种植牙周围的组织重建
原　　著　(日)佐藤直志
主　　译　段建民　大井 毅
出　　版　人民军医出版社
出版日期　2010年4月
开　　本　16开
字　　数　382千字
页　　数　207页
定　　价　168.00元

专家谈口腔疾病
编　　著　林培炎
出　　版　电子工业出版社
出版日期　2010年8月
开　　本　16开
字　　数　170千字
页　　数　179页
定　　价　22.80元

阻生牙外科联合正畸治疗
原　　著　(法)Jean-Marie Korbendau
Antonio Patti
主　　译　田岳红　赵波
出　　版　人民军医出版社
出版日期　2010年5月
开　　本　16开
字　　数　171千字
页　　数　118页
定　　价　98.00元

(薛玉萍)

文献法规

教育部办公厅关于印发《授予博士、硕士学位和培养研究生的二级学科自主设置实施细则》的通知

教研厅[2010]1号

各省、自治区、直辖市教育厅(教委),新疆生产建设兵团教育局,有关部门(单位)教育(人事)司(局),中国人民解放军学位委员会,中共中央党校学位评定委员会,各学位授予单位:

根据国务院学位委员会、教育部印发的《学位授予和人才培养学科目录设置与管理办法》(学位〔2009〕10号)的规定和要求,为规范二级学科自主设置,优化学科结构,加快创新人才培养,特制订《授予博士、硕士学位和培养研究生的二级学科自主设置实施细则》。现印发给你们,请遵照执行。

附件:授予博士、硕士学位和培养研究生的二级学科自主设置实施细则

教育部办公厅

二〇一〇年十一月二十四日

授予博士、硕士学位和培养研究生的二级学科自主设置实施细则

根据《学位授予和人才培养学科目录设置与管理办法》(学位〔2009〕10号,以下简称《管理办法》)的规定,二级学科由学位授予单位依据国务院学位委员会、教育部发布的一级学科目录,在一级学科学位授权权限内自主设置与调整。为规范授予博士、硕士学位和培养研究生的二级学科(以下简称二级学科)自主设置,特制订本实施细则。

一、二级学科的自主设置与调整,应遵循学科发展规律,要有利于人才培养,有利于学科特色的形成,与国家经济建设和社会发展对高层次人才的需求相适应。

二、二级学科设置的基本条件:

(一)与所属一级学科下的其他二级学科有相近的理论基础,或是所属一级学科研究对象的不同方面。

(二)二级学科要具有相对独立的专业知识体系,已形成若干明确的研究方向。

(三)社会要对该二级学科有一定规模的人才需求。

(四)学位授予单位应具备设置该二级学科所必需的学科基础和人才培养条件,有一支知识结构、年龄结构和专业技术职务结构合理的教师队伍,能开设培养研究生所需的系列课程。

三、学位授予单位可在本单位具有博士学位授权的一级学科下,自主设置与调整授予博士学位的二级学科;在具有硕士学位授权的一级学科下,自主设置与调整授予硕士学位的二级学科。

四、学位授予单位自主设置与调整可分为目录内二级学科自主设置与调整和目录外二级学科自主设置与调整。

二级学科目录由教育部按照《管理办法》的要求定期编制。已列入该目录的二级学科称为目录内二级学科,未列入该目录的二级

学科称为目录外二级学科。

五、目录内二级学科的自主设置与调整。

(一)学位授予单位在一级学科学位授权权限内,增设本一级学科下的目录内二级学科,须符合本细则第二条第四款的要求。

(二)学位授予单位应根据经济和社会发展对高层次人才的需求,适时调整学科设置;增设目录内二级学科,须结合本单位学科特色和人才培养所具备的条件,进行必要性、可行性论证。

(三)学位授予单位增设或撤销目录内二级学科,须经本单位学位评定委员会审核,表决通过后,做出增设或撤销目录内二级学科的决定。

(四)学位授予单位增设或撤销目录内二级学科的论证报告、专家评议意见、学位评定委员会表决意见等材料由本单位归档、备查。

六、目录外二级学科的自主设置与调整。

(一)学位授予单位在一级学科学位授权权限内,增设或更名目录外二级学科,须符合《管理办法》第四章之规定及本细则第二条所列基本条件。

(二)学位授予单位增设或更名目录外二级学科,须遵循以下程序:

1. 根据经济和社会发展对高层次人才的需求,国内外学科的最新发展,结合本单位人才培养条件,提出目录外二级学科的增设或更名方案,并进行必要性、可行性论证;

2. 聘请7人以上(含7人)外单位的同行专家(须是博士学位授予单位的博士生导师)对增设或更名方案进行评议;

3. 学位授予单位应在每年9月30日前,将目录外二级学科增设或更名方案、专家评议意见表等材料在教育部学位管理与研究生教育司指定的信息平台进行公示,接受同行专家及其他学位授予单位为期30天的评议和质询;

4. 学位授予单位根据公示结果,经本单位学位评定委员会审核并表决通过后,做出增设或更名目录外二级学科的决定。

(三)学位授予单位应根据国家人才需求和本单位人才培养条件的变化,经本单位学位评定委员会审核,表决通过后,及时撤销不满足本细则第二条之规定的目录外二级学科。

(四)目录外二级学科的学科代码为六位,前四位为该学科所在的一级学科代码,第五位为“Z”,第六位为顺序号(从“1”开始顺排)。

七、交叉学科的自主设置与调整。

(一)拟设交叉学科应是跨学科门类或多个一级学科的交叉学科,其基础理论、研究方法已经超出一级学科的范围,并且由于研究对象的不同,将促进新的理论形成和发展或产生新的研究方法。

(二)自主设置与调整授予博士学位的交叉学科,所涉及的一级学科本单位均须已获得博士学位授权;自主设置与调整授予硕士学位的交叉学科,所涉及的一级学科本单位均须已获得博士或硕士学位授权。

(三)学位授予单位增设或更名交叉学科须按照学位授予单位增设或更名目录外二级学科的程序进行论证。

(四)交叉学科按照目录外二级学科管理,挂靠在学生所授学位的一级学科下进行教育统计。

(五)学位授予单位应根据社会需求、学科发展和创新人才培养的变化,经本单位学位评定委员会审核,表决通过后,及时撤销不符合条件的交叉学科。

(六)交叉学科的学科代码为四位,前三位为“99J”,第四位为顺序号(从“1”开始顺排)。

八、学位授予单位自主设置的目录内二级学科、目录外二级学科、交叉学科,都应纳入本单位学科建设规划;其设置清单由教育部定期向社会公布。

九、学位授予单位应于每年12月31日

前,将本年度增设或撤销的目录内二级学科名单;拟增设、更名或撤销的目录外二级学科和交叉学科的论证方案、专家评议意见表、公示结果和数据库文件;以及本单位各二级学科(含目录内二级学科、目录外二级学科和交叉学科)的招生人数、在学人数、授予学位人数和学生就业情况等数据,报教育部备案。

十、教育部将视各二级学科的人才培养、社会需求和学科发展情况,不定期地向有关单位提出调整(包括增设、更名和撤销)二级学科的建议。

十一、学位授予单位应依据本细则,制定本单位自主设置二级学科的规定及研究生培养质量保障措施。

十二、本细则自 2011 年 3 月 1 日起施行。

口腔科医师培训细则

中国医师协会培训部

口腔医学是医学的一个分支,又是相对独立于临床医学的一个一级学科,是以维护、促进口腔健康以及防治口腔器官和口颌系统(包括牙及牙周组织、牙槽骨、唇、颊、舌、腭、咽、面部软组织、颌面诸骨、颞下颌关节、涎腺和相关颈部组织等)疾病为主要内容。口腔疾病综合诊治的范围包括牙体牙髓科、牙周科、儿童口腔科、口腔黏膜科、口腔颌面外科、口腔修复科、口腔正畸科、口腔急诊科常见病的诊断和常见治疗技术的应用。按照《中华人民共和国执业医师法》的规定,口腔医学生在本科毕业后经过 1 年临床实践和参加执业医师考试取得执业医师资格,即可进行口腔科执业,称为口腔科执业医师,即普通口腔科医师。普通口腔科医师在获得口腔执业资格之后,可继续培训 2 年,第 3 年末获得普通口腔专科培训合格证,称为普通口腔专科医师。普通口腔专科医师培训通过为期 3 年的临床技能训练,结合理论知识学习,使受训者基本理论、基本知识和基本技能进一步提高,可为口腔疾病患者提供涉及多专业的综合性诊治服务和/或实施口腔健康一、二、三级预防保健措施。

一、培训目标

通过理论学习和临床实践,进行口腔医学知识和临床技能的基础培训,提高培训对象对口腔各类常见疾病的认识,使之掌握口腔科常见疾病的诊治原则和操作技能,成为胜任普通口腔科临床工作的口腔医学专门人才。

二、培训方法

理论知识以自学和讨论为主,有部分授课;实践技能通过临床科室轮转进行培训。

分科轮转培训时间分配:牙体牙髓科≥6 个月、牙周科≥6 个月、儿童口腔科≥3 个月、口腔黏膜科≥3 个月、口腔颌面外科≥6 个月、口腔修复科≥6 个月、口腔正畸科≥2 个月、口腔颌面影像科≥1 个月、口腔预防科≥1 个月。同时累计参加口腔急诊≥2 个月。

三、培训内容与要求

(一)口腔预防学理论知识和临床技能

1. 轮转目的

(1)理论知识学习 巩固大学所学口腔预防学的理论知识,阅读经典著作及相关文献,或参加选修课学习。

(2)临床技能训练 熟悉或初步掌握龋病与牙周疾病等口腔常见病多发病的流行病学调查、预防保健原则与方法;了解口腔健康教育与问卷调查的基本原则和方法。

2. 临床技能训练量的要求(表 1)

表 1　口腔预防学临床技能训练量要求

治疗或操作项目名称	完成例数	
	基本要求	较高标准
预防性充填(包括非创伤性充填)	20	40
局部涂氟	20	40
菌斑控制示范	10	40
菌斑染色	20	40
儿童口腔健康状况调查	6	10
预防咨询	4	10
针对不同病种和个体的系统保健	4	10

(二)牙体牙髓病学理论知识和临床技能

1. 轮转目的

(1)理论知识学习　巩固大学所学牙体牙髓病学理论知识,阅读经典著作及相关文献,参加必修课或选修课的学习。

(2)临床技能训练　掌握牙体牙髓病的正确检查方法和病历书写,初步掌握牙体牙髓病科常见病、多发病的病因、发病机制、临床表现、诊断和鉴别诊断、治疗原则和处理方法以及充填材料的选择与应用要点。

2. 临床技能训练量的要求(表 2)

表 2　牙体牙髓病学临床技能训练量要求

治疗或操作项目名称	完成例数	
	基本要求	较高标准
龋病治疗:		
单面各类型龋洞充填	100	200
复面各类型龋洞充填	80	150
前牙光敏树脂充填	30	50
非龋病治疗	15	30
牙髓和根尖病治疗:		
活髓保存治疗	5	15
干髓术	1	3
塑化治疗	30	50
前牙根管治疗	60	100
后牙根管治疗	30	60
根尖手术	5	15

(三)牙周病学理论知识和临床技能

1. 轮转目的

(1)理论知识学习　巩固大学所学牙周病学理论知识,阅读经典著作及相关文献,参加必修课或选修课的学习(重点在危因、预防、发展趋势、牙周病与全身病的关系——牙周医学、维护期的重要性)。

(2)临床技能训练　掌握牙周病系统检查、病历书写、诊断及危因评估、针对不同患者的个性化设计及治疗方法、菌斑控制的理论及方法、与患者交流的方法。

2. 临床技能训练量的要求(表 3)

表 3　牙周病学临床技能训练量要求

治疗或操作项目名称	完成例数	
	基本要求	较高标准
全口龈上洁治	120(手工洁治>20)	180(手工洁治>30)
全口龈下刮治	30	60
松牙固定	10	15
治疗(干扰及食物嵌塞等)	15	30
牙周-牙髓联合病变	3	5
牙周脓肿	5	8
常见牙龈病的诊断和治疗(ANUG、白血病等)	10	20
牙周手术	10	15
牙周检查、诊断及综合治疗设计(系统治疗病例)	25	40
菌斑控制的指导(包括对正畸、修复患者)	20	40
参与牙周病修复治疗	1	2
参与牙周病正畸治疗	1	2

(四)儿童口腔病学理论知识和临床技能

1. 轮转目的

(1)理论知识学习　巩固大学所学儿童口腔病学的理论知识,阅读经典著作及相关文献,参加必修课或选修课的学习。

(2)临床技能训练　掌握儿童口腔疾病的正确检查方法和病历书写,初步掌握儿童口腔常见病、多发病的病因、发病机制、临床表现、诊断和鉴别诊断、治疗原则和处理方法。

2. 临床技能训练量的要求(表4)

表4　儿童口腔病学临床技能训练量要求

治疗或操作项目名称	完成例数	
	基本要求	较高标准
儿童龋病治疗:		
药物涂布治疗	30	60
窝沟封闭	60	90
乳前牙充填治疗	30	45
乳磨牙充填治疗	30	40
儿童牙髓和根尖病治疗:		
乳牙冠髓切断	5	10
乳牙根管治疗	30	50
年轻恒牙根诱导成形	3	5
儿童咬合诱导:		
丝圈保持器	3	5
儿童前牙外伤处理	3	5

(五)口腔黏膜病学理论知识和临床技能

1. 轮转目的

(1)理论知识学习　巩固大学所学口腔黏膜病学的理论知识,阅读经典著作及相关文献,参加必修课或选修课的学习(重点在常见多发的口腔黏膜病)。

(2)临床技能训练

掌握:口腔黏膜病的病史采集、检查方法和病历书写,初步掌握口腔黏膜常见病、多发病的病因、发病机制、临床表现、诊断和鉴别诊断、治疗原则和处理方法。复发性溃疡、扁平苔藓、疱疹性口炎、白色念珠菌感染的诊治原则。

熟悉:慢性唇炎、白斑、天疱疮等疾病的诊治原则。

了解:某些全身疾病在口腔的表现,如艾滋病、梅毒等。

2. 临床技能训练量的要求(表5)

表5　口腔黏膜病学临床技能训练量要求

治疗或操作项目名称	完成例数	
	基本要求	较高标准
复发性口腔溃疡	20	40
扁平苔藓	10	20
疱疹性口炎	3	5
口腔白色念珠菌感染	5	15
口腔白色念珠菌感染	5	15
慢性唇炎	3	5
白斑	3	1
天疱疮	0	1
其他	10	30

(六)口腔颌面外科学理论知识和临床技能

1. 轮转目的

(1)理论知识学习　巩固大学所学口腔颌面外科学的理论知识,阅读经典著作及相关文献,参加必修课或选修课的学习。

(2)临床技能训练

掌握:口腔颌面外科的病史采集、检查方法和病历书写以及各种申请单的正确填写。初步掌握口腔颌面外科常见病、多发病的病因、发病机制、临床表现、诊断和鉴别诊断、治疗原则和处理方法。

熟悉:口腔颌面外科门诊各项诊疗常规和技术操作常规。

2. 临床技能训练量的要求(表6)

表6　口腔颌面外科学临床技能训练量要求

治疗或操作项目名称	完成例数	
	基本要求	较高标准
常见口腔麻醉(传导阻滞、浸润麻醉)及拔牙	200	300
阻生牙、埋伏牙或复杂牙拔除	40	60
牙槽突手术	30	60
各类门诊小手术	30	60

(七)口腔修复学理论知识和临床技能

1. 轮转目的

(1)理论知识学习　巩固大学所学口腔修复学的理论知识,阅读经典著作及相关文献,参加必修课或选修课的学习。

(2)临床技能训练

掌握:常见修复体的适应证、设计原则及牙体制备的基本要求。

熟悉:常用修复材料的性能和修复体的制作工序。印模制取、各类修复体戴入及调殆等常见问题的处理原则。

了解:义齿的工艺制作要求。

2. 临床技能训练量的要求(表 7)

表 7　口腔修复学临床技能训练量要求

治疗或操作项目名称	完成例数	
	基本要求	较高标准
全口义齿	6	12
单颌总义齿	3	6
可摘局部义齿	30(含铸造局部义齿 15)	20(含铸造局部义齿 30)
烤瓷冠(或全瓷冠)	12	24
烤瓷桥	6	9
后牙铸造冠	15	30
后牙铸造	6	12
桩核(甲)冠	10	15

(八)口腔正畸学理论知识和临床技能

1. 轮转目的

(1)理论知识学习　巩固大学所学口腔正畸学的理论知识,阅读经典著作,参加必要的讲座或选修课的学习。

(2)临床技能训练

1)基本要求　了解错殆畸形的病因、分类、诊断和矫治原则;各类矫治器的设计原则及应用。

2)较高标准　在上级医师指导下,熟悉活动矫正器的制作,用活动矫治器矫治简单错殆病例 1 ~2 例。

在上级医师指导下,进行固定矫治器临床简单操作,包括粘带环、结扎、粘托槽等,用固定矫正器矫治简单错殆病例 1 ~2 例。

(九)口腔颌面影像学理论知识和临床技能

1. 轮转目的

(1)理论知识学习　巩固大学所学口腔颌面影像学的理论知识,阅读经典著作,参加必修课和选修课的学习。

(2)临床技能训练

掌握:常用 X 线检查片位的正常解剖结构识别及常见颌骨疾病的 X 线诊断。

了解:口腔颌面部常见疾病的影像学表现;各类造影检查的操作过程。

2. 临床技能训练量的要求(表 8)

表 8　口腔颌面影像学临床技能训练量要求

治疗或操作项目名称	完成例数	
	基本要求	较高标准
根尖片投照	150	200
阅读常用口腔 X 线片(全景片、华氏位、颧弓切线位、下颌骨正侧位等)、CT 片	>50	>80

(十)口腔急诊理论知识和临床技能

1. 轮转目的

(1)理论知识学习　巩固大学所学口腔医学的理论知识,特别是口腔急症及外伤的理论知识。

(2)临床技能训练

掌握:牙体牙髓病、牙周病的急症处理。

熟悉:儿童口腔病急症处理和口腔颌面部外伤的应急或初步处理。

了解:口腔黏膜急症的处理。

2. 临床技能训练量的要求(表 9)

(十一)口腔病理学理论知识和临床技能

1. 掌握龋病、牙周病及牙髓根尖病的病理学表现,了解其发病机制。

2. 掌握口腔常见牙源性肿瘤及囊肿、涎腺肿瘤及口腔癌的病理学表现。

3. 掌握常见口腔黏膜病的病理学表现、

临床特征。

表 9　口腔急诊临床技能训练量要求

治疗或操作项目名称	完成例数	
	基本要求	较高标准
牙痛的鉴别诊断及处置	90	150
牙外伤的鉴别诊断及处置	20	40
牙周脓肿的鉴别诊断及处置	15	30
口腔颌面部软硬组织外伤的处置	15	30
口腔颌面部急性炎症的处置	3	10
口腔急性出血的处置	10	20
急性疱疹性口腔炎的处置	3	6
颞下颌关节脱位的处置	5	10

4. 掌握口腔组织结构及其发育过程。

5. 掌握口腔软组织切片的操作技能、了解各种常见染色的过程及方法。

（十二）掌握口腔科感染控制的理论知识和操作技能

（十三）病例讨论要求

参加多科间病例讨论 10 次，报告口腔科综合病例 5 例（涉及两个以上口腔亚专科疾病的诊断、治疗，例如牙周手术治疗后的修复或正畸治疗及健康维护等）

（十四）加强心理学、伦理学、法律学理论知识和医德医风的培训，培训医患沟通能力

（十五）对外语、教学、科研等能力的要求（属较高标准，可酌情实施）

1. 完成 1 篇病例报告。

2. 完成口腔专业英文文献翻译 1 篇。

四、参考书刊

卫生部规划教材 15 部（建议采用最新版）：

樊明文主编. 牙体牙髓病学. 第 2 版. 人民卫生出版社，2003

曹采方主编. 牙周病学. 第 2 版. 人民卫生出版社，2003

石四箴主编. 儿童口腔医学. 第 2 版. 人民卫生出版社，2003

李秉琦主编. 口腔黏膜病学. 第 2 版. 人民卫生出版社，2003

邱蔚六主编. 口腔颌面外科学. 第 5 版. 人民卫生出版社，2003

马轩祥主编. 口腔修复学. 第 5 版. 人民卫生出版社，2003

傅民魁主编. 口腔正畸学. 第 4 版. 人民卫生出版社，2003

卞金有主编. 预防口腔医学. 第 4 版. 人民卫生出版社，2004

于世凤主编. 口腔组织病理学. 第 5 版. 人民卫生出版社，2004

马绪臣主编. 口腔颌面医学影像诊断学. 第 4 版. 人民卫生出版社，2003

中华口腔医学杂志、华西口腔医学杂志、实用口腔医学杂志、现代口腔医学杂志、临床口腔医学杂志、上海口腔医学、北京口腔医学、口腔医学研究

Journal of Dental Research; JADA; Oral Surg, Oral Med, Oral Pathol, Oral Endo, Oral Radio

参与制定本实施细则人员

执　笔：刘宏伟　北京大学口腔医院

审　议：

张震康　北京大学口腔医院

郭　伟　上海交通大学医学院附属第九人民医院

曾融生　中山大学附属口腔医院

戴永雨　卫生部北京医院

栾文民　卫生部北京医院

俞光岩　北京大学口腔医院

审　定：中国医师协会口腔医师分会

卫生部办公厅关于印发国家临床重点专科口腔医学牙周病等5个专业评分标准(试行)的通知

卫办医政发[2010]185号

各省、自治区、直辖市卫生厅局,新疆生产建设兵团卫生局:

根据《卫生部关于开展国家临床重点专科评估试点工作的通知》(卫医政发〔2010〕26号)要求,在《国家临床重点专科评估试点评分标准》(通用部分)的基础上,针对口腔医学专科的特点,我部组织专家经反复论证和广泛征求意见,制定了口腔医学牙周病、口腔颌面外科、口腔修复、口腔正畸、牙体牙髓病等5个专业的国家临床重点专科评分标准(试行),现印发给你们。我部将按照该标准开展国家临床重点专科相应专科的评估工作。

联 系 人:卫生部医政司医疗管理处李洪涛、马旭东

联系电话:010-68792413、68792825

传　　真:010-68792513

电子邮件:mohyzsylc@163.com

二〇一〇年十一月二十六日

国家临床重点专科牙周病专业评分标准(试行)

一、本标准分五个部分,实行量化千分制,其中“基础条件”占100分,“医疗技术队伍”占200分,“医疗服务能力与水平”占400分,“医疗质量状况”占200分,“科研与教学”占100分。

二、标准中的相关技术指标,如无特别注明,均指评估时上一年度的数据。

三、标准中部分指标内容可累积计分,但最后得分不超过标准分。

四、“基础条件”中对椅(床)位数有专项要求的,服从专项要求标准。

五、学科带头人是指具有正高级职称、专科临床水平高、教学和科研组织管理能力强、能带动学科持续发展和梯队建设的专科负责人。

六、学科骨干是指在专科内某一专业发展方向具有较高学术和技术水平、作为学科带头人后备力量的正高级职称人员。

七、本标准中包括的人员是指人事关系或执业地点在所在医院的人员。其中聘用人员是指在本单位执业注册并履行职责1年以上、年工作时间8个月以上。

八、此标准用于答辩评比和现场检查。“检查内容”中标明“△”符号的,用于答辩评比。对于答辩评比的内容,必要时将在现场检查时进行复核。

表1　牙周病专业评分标准

序号	检查内容		标准分	检查方法	评分标准	备注
一	基础条件		100			
1	发展环境(10)	医院专科建设发展规划	5	查相关医院文件、会议纪要等材料	组织完善、规划健全合理、执行效果好,得满分;无组织机构不得分,无发展规划不得分	

续表 1

序号	检查内容		标准分	检查方法	评分标准	备注
		医院有扶持专科建设的政策或措施	5	查有关资料	政策、措施齐全,得满分;无明确的政策或措施不得分	
2	专科规模(30)	独立建制,科室布局合理	10	现场查看科室布局、就诊流程指示、科室标识	专科设置符合相关标准,科室标识规范、清楚,得满分;达不到标准,不得分	
		椅位数	10	具有至少 15 台牙科诊椅的独立诊室(病区)	15 台牙科诊椅得 5 分,每增加 2 台牙科诊椅加 1 分	
		每椅净使用面积≥8~12 平方米,(业务用房不包括辅助用房)	10	每椅使用面积 = 业务用房面积/椅位数。查医院有关文件,并实地查看	≥8 平方米得 10 分,每减少 1 平方米扣 2 分;少于 6 平方米不得分	
3	支撑条件(30)	相关科室能够满足专科发展需要	10	查看临床检验、辅助治疗、科研实验室	有检验科、放射科、病理科得 5 分,有科研实验室得 5 分	
		医疗设备能满足牙周专科开展全部技术项目需要,具有先进性和适宜性	10	现场检查	相关设备设施满足需要得 10 分:超声洁牙机 15 台并有龈下工作头 50 个,得 2 分;有 Gracey 刮治器 100 套,得 2 分;有刻度的牙周探诊 50 根,得 1 分;有牙周专科手术器械 10 套,得 2 分;有牙周显微手术器械及显微镜,得 1 分;有拍摄根尖片、曲面断层片、锥形束 CT 设备,得 2 分	
		医院对专科经费投入情况	10	查医院账簿、报表,核对有关数据	评估前五年投入≥400 万元得满分,每减少 50 万元扣 1 分;少于 100 万不得分;未专款专用的,不得分	
4	科室管理(30)	科室有详细的发展规划及具体实施计划	5	查看资料	科室规划现实合理,得满分	
		诊室(病区)整洁,管理有序	5	看现场及有关资料	诊室(病区)整洁,管理制度落实到位,各项工作合理有序,得满分	
		依法执业,落实医疗核心制度	5	查看资料	包括医疗核心制度在内的规章制度健全,得满分	
		遵守诊疗技术操作规范	5	查看资料	制定标准操作规程,执行到位,得满分;无操作规范不得分	
		科室有质量管理方案和有风险防范预案,并组织落实	5	查看资料	质量安全有保障和处罚机制,安全管理到位,效果好,得满分	
		岗位职责明确,行业作风优良,科室人员团结协作,有良好的医德医风	5	查看资料	岗位职责明确,分工合理,职责落实,无违规违纪,作风优良,得满分	

续表1

序号	检查内容		标准分	检查方法	评分标准	备注
二	医疗技术队伍		200			
5	整体实力(30)	形成技术团队,整体技术实力较高,各级医师掌握相应技术能力,并能得到持续提高	30	查有关资料,医师技术能力考核	医护人员配备满足工作需要得5分;处理疑难病例能力强得10分;各级医师能掌握相应技术得10分;对中青年医师培养和锻炼得5分	
6	学科带头人(20)	学术地位	5	查有关资料	正高专业技术职称得2分;博士生或硕士生导师得1分;国家级学术委员任职得1分;国家级期刊任职得1分	
		临床能力	10	查有关资料	能够掌握代表本专业先进水平的技术得4分;具有本专业疑难病种较高的诊治能力,诊疗效果好得4分;年主持开展新技术新业务1项以上得2分(附:先进技术指开展游离龈移植、转位瓣手术、结缔组织移植术、PRP、PRF、PAOO、显微牙周科手术等国际先进或国内领先的手术。疑难病例指侵袭性牙周炎、重度慢性牙周炎、系统性疾病在牙周表现等)	
		教学科研水平	5	培养研究生等级、数量,承担科研课题、发表学术论文、获得科研成果、专利	主持在研国家级课题1项以上得2分;SCI收录临床方向论著2篇得1分;获得省级科研成果二等奖1项以上得1分	
	学术带头人(20)	数量	5	查阅相关资料	有2个以上明确的学术带头人得5分,少1名扣3分	
		学术地位△	5	查阅相关资料	正高专业技术职称得2分;博士生导师得1分;国家级学术委员任职得1分;国家级期刊任职得1分	
		临床能力△	5	查阅相关资料	能够掌握代表本专业先进水平的技术(提供病例2份)得2分;具有本专业疑难病种的较高诊治能力,诊疗效果好(提供病例2份)得2分;年主持开展新技术新业务1项以上得1分(附:先进技术指开展游离龈移植、转位瓣手术、结缔组织移植术、PRP、PRF、PAOO、显微牙周科手术等国际先进或国内领先的手术。疑难病例指侵袭性牙周炎、重度慢性牙周炎、系统性疾病在牙周表现等)	

续表 1

序号	检查内容		标准分	检查方法	评分标准	备注
		教学科研水平△	5	查阅相关资料	评估前五年：主持在研国家级课题 1 项以上得 2 分；SCI 收录临床方向论著 2 篇得 2 分；获得省级科研成果二等奖 1 项以上（前 3 名）得 1 分	
7	学科骨干（60）	数量	20	查有关资料	有学科骨干人员 2 人，能够满足各专业方向可持续发展的需要，得 12 分，多 1 人加 4 分，最多得 20 分	
		学术地位	5	查有关资料	均任省级学术团体委员以上职务得 5 分，1 名不符合需要扣 1 分	
		临床能力	30	从事临床工作（出门诊、院内会诊、病历讨论、手术等）情况；主持开展新技术新业务情况；查有关诊疗记录，应邀做临床报告次数、被邀请参加院外会诊次数	能够掌握代表其专业方向先进水平的技术（病例 1 份）得 6 分；具有其专业方向疑难病种的较高的诊治能力，效果好（病例 1 份）得 6 分；有技术水平持续提高的制度保障得 1 分；年主持开展新技术新业务 1 项以上得 12 分（附：先进技术指开展游离龈移植、转位瓣手术、结缔组织移植术、PRP、PRF、PAOO、显微牙周科手术等国际先进或国内领先的手术。疑难病例指侵袭性牙周炎、重度慢性牙周炎、系统性疾病在牙周表现等）	
		教学科研水平	5	查有关资料	评估前 5 年承担临床教学和带教任务，承担省部级以上课题得 3 分；5 年内有 SCI 收录论著得 1 分；承担本科生以上的教学工作得 1 分	
8	医师队伍（30）	年龄结构	10	查档案资料	老中青层次分明，结构合理，得满分	
		学历结构	10	查学位证书原件，研究生学历人员比例不低于 70%	研究生学历人员比例 ≥ 70%，得 6 分；每增加 10% 加 2 分，最高 10 分	
		职称结构	10	查职称证书，高级、中级、初级人员占医师总数比例为 3∶4∶3（注解初级医师）	各级人员比例可上下浮动 20% 范围	
9	护理队伍（20）	人员数量、年龄结构、学历结构	10	查有关资料	人员数量满足要求（≥8 人）得 2 分；结构合理得 1 分；学历结构合理，大专以上占 50% 得 1 分，有本科学历护士加 1 分	
		护士长能力	5	查有关资料	护士长业务水平高，管理能力强，符合科室工作要求，得满分；不达标，酌情扣分	

续表 1

序号	检查内容		标准分	检查方法	评分标准	备注
		护理专科业务培训及能力	5	查有关资料	经常性开展业务培训，专家门诊有四手操作配合（≥95%），普通门诊护理配合椅位/护士应至少 4:1，整体护理业务能力强，得满分；不达标，酌情扣分	
10	人才培养（20）	人员培养情况	10	查有关资料	评估周期内毕业博士生大于 8 人、硕士生大于 8 人，得 10 分；不达标，酌情扣分或不得分	
		进修学习情况	10	查看有关资料	全科人员继续教育达标率 100%，得 5 分；5 年内到国外专业进修人次数 2 人次得 2 分，每增加 1 人加 1 分，最多 5 分	
三	医疗服务能力与水平		400			
11	总体水平（40）	专业设置合理，整体实力强，特色突出	25	查阅牙周系统治疗病例和特色诊治病例资料，评价专科技术的总体水平和其地位	能够独立开展三级医院常规临床技术项目（牙周基础治疗至少含口腔卫生指导、龈上洁治、龈下刮治及根面平整；牙周维护治疗）（应提供牙周系统治疗病例 20 份）得 10 分；开展基本的牙周手术治疗（提供病例 10 份）得 5 分；开展游离龈移植、转位瓣手术得 5 分；专业特色显著，开展结缔组织移植术、PRP（PRF）或 PAOO、显微牙周科手术等国际先进或国内领先的手术，得 5 分	
		平均年门诊人次（初、复诊）	5	查有关资料，平均年门诊人次不少于 1.5 万，其中复诊人次不少于 40%	根据专科医师数量和专科规模，年门诊人次少于 1.5 万扣 3 分，复诊人次占 20% ~ 39% 扣 1 分，复诊人次少于 20% 扣 2 分	
		诊椅使用率	5	查有关资料	≥93%，得满分；每下降 1% 扣 2 分；低于 85% 不得分	
		疑难病例比例△	5	查有关资料	患者中疑难病例（侵袭性牙周炎、重度慢性牙周炎、系统性疾病在牙周表现等）比例应大于 30%，得 5 分；20% ~ 29% 得 3 分；10% ~19% 得 2 分，低于 10% 不得分	
12	专科建设（50）	专业与专科发展适应性	25	查有关资料	专业与专科发展相适应，人员分工合理，得满分；不达标，酌情扣分	
		专业技术水平和服务能力	25	查有关资料	专业具有较高的技术水平和服务能力，得满分；不达标，酌情扣分	

续表 1

序号	检查内容		标准分	检查方法	评分标准	备注
13	技术特色(60)	技术特色和先进性	60	根据医院提供的技术(2~3项),评定其先进性	国际先进、国内领先以上,在国内开展例数排名居首位,得满分;不达标,酌情扣分	
14	诊治能力(130)	能否独立诊治本专科主要病种	20	查有关资料(前五年,按年度分类)	能够独立诊治《临床诊疗指南》中规定的病种,得满分;否则,酌情递减	
		主要病种诊疗效果,并发症、合并症发生	60	抽查 2~3 个,每个病种抽查 10 份病历,评估该病种的诊断标准是否恰当、治疗手段是否合理、疗效是否满意、并发症合并症发生率如何	诊断标准恰当、治疗手段合理、疗效满意、并发症合并症发生率低,得满分;有一份病历 1 项达不到上述标准,扣 1 分	
		疑难重症诊治能力	50	抽查 10 份病历,查疑难重症病例所占比例,评估疗效,查看相关资料	患者中疑难重症病例≥30%(根据专科不同酌情调整),治疗方案合理,疗效确定,得满分;不达标,酌情扣分	
15	创新能力(80)	对新业务、新技术开展的计划性和实效性	10	查项目管理资料,项目开展是否经过论证、评估,是否按期完成并产生效益	有计划、已开展并产生良好效益,得满分;不达标,酌情扣分;无计划、未开展不得分;未产生效益不得分	
		新业务、新技术开展情况及新成果转化能力	30	组织相关专家认证;列出 3 项代表本专科技术水平的项目	达到国内先进,填补国内技术空白每项 10 分;达到国内先进,填补省级技术空白每项 8 分;不达标,酌情扣分	
		新业务、新技术的开展是否遵守技术准入制度	10	查相关管理办法等资料	遵守相关准入制度,得满分;不达标,酌情扣分;未制订遵守准入管理制度,不得分	
		新业务、新技术研究与开发能力	30	查有关资料	有临床研究与开发课题和新技术应用,转化能力强,得满分;不达标,酌情扣分	
16	辐射能力(40)	年诊治患者中省外患者比例	8	查有关资料	年诊治患者中省外患者比例≥10%得满分;不达标,酌情扣分	
		进修医师来源情况	8	查有关资料	来源于三级医院比例≥50%得 8 分,≥30% 得 5 分,≥20%得 3 分,低于 20% 不得分;来源于外省市医院比例≥50% 得 8 分,≥30% 得 5 分,≥20% 得 3 分;有来源于国外得 8 分	
		对其他医院技术帮建情况	8	查有关资料,调取下级医院相关资料	对 3 家或 3 家以上医院进行技术帮建,并取得明显效果,得 8 分;帮建不足 3 家,根据帮建效果,酌情打分	
		技术推广情况	8	查有关资料(纳入卫生行政部门技术推广项目目录数量;举办技术推广培训班情况)	技术推广项目每年 1 次(共计 5 次)得 8 分,多 1 次加 1 分,最多 10 分;不达标,不得分	

续表1

序号	检查内容		标准分	检查方法	评分标准	备注
		受邀在国际学术会议上作报告情况	8	查有关资料	评估前五年内1人次在国际学术会议上作报告得2分,每增加1人次加2分,满分8分	
四	医疗质量状况		200			
17	质量概况(20)	病人满意度调查	10	现场调查及查有关资料	满意度小于80%不得分;80%以上,每增加1%加1分;≥90%得满分	
		尊重和维护患者的权益,医患关系和谐	10	现场抽查病历及查有关资料	随机抽查10名牙周系统治疗患者,了解医患沟通情况;抽查5份牙周系统治疗病历和相关资料,了解手术、手术中特殊医疗器械使用、医疗器械临床实验前、假体或生物材料植入等是否获得患者或其代理人书面知情同意:1例未履行知情同意不得分,1名患者不了解相关情况扣5分	
	医疗质量及护理质量(180)	合理检查	10	现场抽查病历	抽查10份病历,检查项目是否合理,牙周系统治疗病例有无牙周检查记录表和X线片,有一项次不合理扣2分。牙周系统治疗病例无牙周检查记录表扣5分,中、重度牙周炎患者无X线片扣5分	
		诊断正确率	10	现场抽查病历	抽查10份病历,检查3次就诊内诊断是否正确、全面,有无依据,诊断名词是否准确,诊断正确率:3次就诊内的诊断正确、全面,得满分;3次就诊后仍诊断错误不得分	
18	医疗质量及护理质量(180)	合理治疗设计	20	现场抽查病历	抽查10份病历,检查有无治疗设计,治疗设计是否正确、合理、全面:有一项次不合理扣4分,无治疗设计不得分	
		治疗措施的合理性	40	现场抽查10份病历	检查治疗是否合理、全面,包括项目:根据病情是否合理地采取了相应的治疗,如OHI、洁治、龈下清创(刮治和根面平整)、调𬌗、牙周牙髓联合治疗等;各项手术治疗的适应证是否明确,手术方法的选择是否合理;抗生素应用(全身或局部)的适应证是否明确,应用的合理性和正确性、有无药物配伍禁忌、是否符合《抗菌药物临床应用指导原则》。有一项次不合理扣4分	

续表 1

序号	检查内容		标准分	检查方法	评分标准	备注
		甲级病案率	15	现场查阅病历不少于20份	甲级病案率 < 80% 不得分，每增加 1%，得 1 分，≥90% 得满分；有丙级病历不得分	
		患者随访及治疗效果评价结果	15	抽查 10 份病历及有关资料	建立患者复查和复诊制度，在牙周炎患者基础治疗后有牙周检查表的记录和治疗效果的评估的病历≤5 份不得分，6 份得 7 分，每增加 1 份加 2 分，10 份得满分	
		预防和控制医院感染相关制度的建立及执行情况	10	查有关资料	制度健全，落实到位，得 10 分；只有制度未执行，得 2 分	
		专家门诊情况	20	查有关资料	每天均安排高级职称人员出门诊，所有专家每周至少出一次门诊，得满分；不达标，不得分	
		门诊患者中预约患者的比例	20	查有关资料	≥50% 得满分；≥30% 得 16 分；≥ 20% 得 10 分；低于 20% 不得分	
		建立并实施分级护理质量标准	10	查有关资料	专家门诊有四手操作护理配合≥95% 得 10 分；60% ~ 94% 得 5 分；< 60% 不得分	
		护理合格率	10	查有关资料	普通门诊护理配合：椅位/护士比高于 4∶1 得 10 分，低于 4∶1 酌情扣分，小于 6∶1 不得分	
五	科研与教学		100			
19	学术影响（15）	学术委员会任职	5	查有效期内任职的相关聘书。学科多人担任职务，累加记分，最高分不超过标准分	全国主委 5 分、副主委 4 分，常委 3 分、委员 1 分；省主委 3 分，副主委 2 分。1 人担任数职，以最高学术职称登记 1 次。省级副主委以下任职，不得分	
		学术刊物任职	5	查杂志编辑部颁发有效期内的聘书	SCI 收录杂志的编委得 5 分；中华医学会系列杂志编委 4 分；核心期刊医学杂志编委 3 分。一人担任数职，以最高学术职称登记一次	
		主办学术会议	5	查五年内有关资料	国际性学术会议 3 分，全国性学术会议 2 分，省级学术会议 1 分	
20	专科方向（5）	专科的临床研究方向	5	查五年内有关资料	专科有 2 ~ 3 个稳定、明确的研究方向，且与临床工作密切相关，研究内容系统、具体，得满分；不达标，酌情扣分	
21	科研项目（16）	国家级项目	12	查五年内有关资料	有 3 项以上得 12 分，2 项得 9 分，1 项得 5 分	

续表 1

序号	检查内容		标准分	检查方法	评分标准	备注
		部(省)级项目	4	查五年内有关资料	有3项以上得5分,2项得4分,1项得3分	
22	科研成果(17)	国家级、部(省)级科技奖励(一、二等奖)	9	查五年内有关资料	国家级一等奖1项得9分,二等奖1项得6分;部(省)级一等奖得5分,二等奖得3分。可累积计分,总分不超过标准分	
		SCI收录、中华医学系列杂志及统计源期刊论著	4	查五年内有关资料	SCI收录每篇得1分;中华医学会系列杂志得0.5分;统计源期刊杂志得0.1分。可累积计分,总分不超过标准分	
		发明、新型实用、外观设计专利	4	查五年内有关资料	每项发明专利4分,新型实用专利1分,外观设计专利0.5分	
23	接受进修(8)	接受外单位在职人员进修情况	8	查五年内有关资料	进修半年以上人员每年≥4名得满分,每少一名扣2分;未接受不得分	
24	学生教育(14)	本科生教学	4	查五年内有关资料	临床教学不少于本课时的80%,见习、实习轮转安排合理、到位,得满分;未承担者不得分;无临床授课扣3分;无见习、实习扣3分	
		研究生培养	10	查五年内出站博士、毕业博士和硕士研究生数量	评估周期内毕业博士生大于8人、硕士生大于8人,得10分;不达标,不得分	
25	继续教育(20)	国家级、省级(甲类)、市级(乙类)继续教育项目:深入基层举办继续教育项目(学习班、论坛)	10	查五年内获批文件、项目开展记录情况,同一项目不重复计分,不同项目可累积计分,培训班以讲学材料和学员签到表为准	国家级1项次得6分,省级1项次得2分,市级1项次得1分;举办培训班1次得1分。可累积计分,总分不超过标准分	
		规范化医师培训	10	查五年内培养规范化医师人数、合格率	不是规范化医师培训基地不得分。培养合格率≥95%,得满分;每低5个百分点,扣3分	
26	编写教材(5)	五年内参加教育部、卫生部普通高等院校规划教材编写工作	5	查五年内有关资料	主编5分、副主编3分,参编1分。可累积计分,总分不超过标准分	

国家临床重点专科口腔颌面外科专业评分标准(试行)

一、本标准分五个部分,实行量化千分制,其中“基础条件”占100分,“医疗技术队伍”占200分,“医疗服务能力与水平”占400分,“医疗质量状况”占200分,“科研与教学”占100分。

二、标准中的相关技术指标,如无特别注明,均指评估时上一年度的数据。

三、标准中部分指标内容可累积计分,但

最后得分不超过标准分。

四、"基础条件"中对椅(床)位数有专项要求的,服从专项要求标准。

五、学科带头人是指具有正高级职称、专科临床水平高、教学和科研组织管理能力强、能带动学科持续发展和梯队建设的专科负责人。

六、学科骨干是指在专科内某一专业发展方向具有较高学术和技术水平、作为学科带头人后备力量的正高级职称人员。

七、本标准中包括的人员是指人事关系或执业地点在所在医院的人员。其中聘用人员是指在本单位执业注册并履行职责 1 年以上、年工作时间 8 个月以上。

八、此标准用于答辩评比和现场检查。"检查内容"中标明"△"符号的,用于答辩评比。对于答辩评比的内容,必要时将在现场检查时进行复核。

表 2　口腔颌面外科专业评分标准

序号	检查内容		标准分	检查方法	评分标准	备注
一	基础条件		100			
1	发展环境(10)	医院专科建设发展规划	5	查相关医院文件、会议纪要等材料	组织完善、规划健全合理、执行效果好,得满分;无组织机构不得分,无发展规划不得分	
		医院有扶持专科建设的政策或措施	5	查有关资料	政策、措施齐全,得满分;无明确的政策或措施不得分	
2	专科规模(30)	独立建制,科室布局合理	10	现场查看科室布局、就诊流程指示、科室标识	专科设置符合相关标准,科室标识规范、清楚,得满分;达不到上述标准,酌情扣分	
		椅(床)位数	10	具有至少 30 台牙科诊椅(80 张床)的独立诊室(病区)	15 台牙科诊椅(40 张床)得 5 分,每增加 3 台牙科诊椅(8 张床)加 1 分	
		每椅(张床)净使用面积≥9(6)平方米(业务用房不包括辅助用房)	10	每椅(张床)使用面积=业务用房面积/椅(床)位数。查医院有关文件,并实地查看	≥9(6)平方米得 10 分;7~9(4~6)平方米得 6 分;少于 5(3)平方米不得分	
3	支撑条件(30)	相关科室能够满足专科发展需要	10	查看临床检验、辅助治疗、科研实验室	能够满足得满分;不能满足,酌情扣分	
		医疗设备能满足本专科开展全部技术项目需要,具有先进性和适宜性	10	现场检查	医疗设备具有先进性和适宜性,得满分;不具备,酌情扣分	
		医院对专科经费投入情况	10	查医院账簿、报表,核对有关数据	评估前五年投入≥500 万元得 10 分,每 50 万元得 1 分;无专账、无专款、未专用均不得分	
4	科室管理(30)	科室有详细的发展规划及具体实施计划	5	查看资料	科室规划现实合理,得满分;不达标,酌情扣分	

续表2

序号	检查内容		标准分	检查方法	评分标准	备注
		诊室(病区)整洁,管理有序	5	看现场及有关资料	诊室(病区)整洁,管理制度落实到位,各项工作合理有序,得满分;不达标,酌情扣分	
		依法执业,落实医疗核心制度	5	查看资料	包括医疗核心制度在内的规章制度健全,得满分;不达标,酌情扣分	
		遵守诊疗技术操作规范	5	查看资料	有标准操作规程,执行到位,得满分;无操作规范不得分;不达标,酌情扣分	
		科室有质量管理方案和有风险防范预案,并组织落实	5	查看资料	质量安全有保障和处罚机制,安全管理到位,效果好,得满分;不达标,酌情扣分	
		岗位职责明确,行业作风优良,科室人员团结协作,有良好的医德医风	5	查看资料	岗位职责明确,分工合理,职责落实,无违规违纪,作风优良,得满分;不达标,酌情扣分	
二	医疗技术队伍		200			
5	整体实力(30)	形成技术团队,整体技术实力较强,各级医师掌握相应技术能力,并能得到持续提高	30	查有关资料,医师技术能力考核	医护人员配备满足工作需要得5分;处理疑难病例能力强得10分;各级医师能掌握相应技术得10分;对中青年医师培养和锻炼得5分	
6	学科带头人(40)	学术地位	5	查有关资料	正高专业技术职称2分、博士生导师1分、国家级专业委员会常委以上1分、国家级期刊副主编以上1分	
		临床能力:主持科内专科病例讨论(查房)每年不少于12次,应邀参加三级医院间疑难病例会诊次数不少于5次	30	查有关资料	熟练掌握本专科特色技术10分,主持开展新技术新业务1项以上5分,年应邀在省部级以上学术会议上作临床学术报告1次以上5分,主持科内专科查房每年12次以上5分,应邀参加三级医院间疑难病例会诊次数不少于5次得5分	
		教学科研水平	5	培养研究生等级、数量,承担科研课题、发表学术论文、获得科研成果、专利	指导毕业博士生5名以上2分,承担在研国家级课题1项以上1分,SCI收录论著5篇1分,五年内获得省级科研成果二等奖1项以上1分	
7	学科骨干(60)	数量	20	查有关资料	有4个在职正高职称得10分;每增加1名加2.5分,满分20分	
		学术地位	5	查有关资料	学科骨干中有20%任省级学术团体委员以上职务得1分,每增加10%加1分,满分5分	

续表 2

序号	检查内容		标准分	检查方法	评分标准	备注
		临床能力	30	从事临床工作(出门诊、查房、病例讨论、手术等)情况;主持开展新技术新业务情况;查有关诊疗记录,应邀做临床报告次数、被邀请参加院外会诊次数	能掌握代表本专业先进水平的技术得 6 分;具有本专业疑难病例较高诊治能力得 6 分;年主持开展新技术 1 项以上得 6 分;年主持科内病例讨论(查房)不少于 12 次得 6 分;年应邀参加三级医院间疑难病例会诊次数不少于 5 次得 6 分;不达标,酌情扣分	
		教学科研水平	5	查有关资料	评估前五年承担临床教学和带教任务,指导博士研究生毕业 1 名以上得 2 分;承担校级以上课题得 2 分;SCI 收录论著 1 篇得 1 分	
8	医师队伍(30)	年龄结构	10	查档案资料	老中青层次分明,结构合理,得满分;不达标,酌情扣分	
		学历结构	10	查学位证书原件,研究生学历人员比例不低于 70%	研究生学历人员比例≥70% 得 8 分;80% 以上得 10 分	
		职称结构	10	查职称证书,高级、中级、初级人员占医师总数比例为 3:4:3(注解初级医师)	各级人员比例可上下浮动 5% 范围,酌情打分	
9	护理队伍(20)	人员数量、年龄结构、学历结构	10	查有关资料	人员数量、结构合理,能够满足科室临床需要,得满分;不达标,酌情扣分	
		护士长能力	5	查有关资料	护士长业务水平高,管理能力强,符合科室工作要求,得满分;不达标,酌情扣分	
		护理专科业务培训及能力	5	查有关资料	经常性开展业务培训,整体护理业务能力强,得满分;不达标,酌情扣分	
10	人才培养(20)	有专科人员培训计划并保证落实	10	查人才培养计划及落实情况	培养方向明确,规划合理,落实到位,得满分;不达标,酌情扣分	
		进修学习情况	10	查看有关资料	全科人员继续教育达标率 100%,每年 1 人次以上参加进修培训,得满分;不达标,酌情扣分	
三	医疗服务能力与水平		400			
11	总体水平(40)	亚专业设置合理,整体实力强,特色突出	25	查阅相关病历和资料,评价专科技术的总体水平和其地位	具有合理的亚专业设置,能够独立开展专科常规临床技术项目,得 5 分;总体技术水平高,专业特色显著,得 10 分;有 1 项或 1 种以上疾病诊断、诊疗技术达到国内领先地位得 5 分,达到国际先进得 10 分	

续表 2

序号	检查内容		标准分	检查方法	评分标准	备注
		平均年门诊人次或平均年出院人数	5	查有关资料	根据专科医师数量和专科规模,酌情打分	
		诊椅使用率或平均住院日	5	查有关资料	诊椅使用率≥80%得满分,每下降5%扣1分,低于60%不得分;平均住院日≤12天,得满分,每增加1天扣1分	
		收费情况	5	抽检10份出院病历,要求同时提供出院结算单及收费明细单	住院病人结算账单没有分类及细目,或分类不明确的扣1分;发现1例违规收费不得分	
12	亚专科建设(50)	亚专科发展适应性	25	查有关资料	亚专科与专科发展相适应,人员分工合理,得满分;不达标,酌情扣分	
		各亚专科的技术水平和服务能力	25	查有关资料	亚专科具有较高的技术水平和服务能力,得满分;不达标,酌情扣分	
13	技术特色(60)	技术特色和先进性	60	根据医院提供的技术(2~3项),评定其先进性	国际先进、国内领先以上,在国内开展例数排名居首位,得满分;不达标,酌情扣分	
14	诊治能力(130)	能独立诊治本专科主要病种	20	查有关资料(前五年,按年度分类)	能够独立诊治《临床诊疗指南》中规定的病种,得满分。否则,酌情递减	
		主要病种诊疗效果,并发症、合并症发生	60	抽查2~3个,每个病种抽查10份病历,评估该病种的诊断标准是否恰当、治疗手段是否合理、疗效是否满意、并发症合并症发生率如何	诊断标准恰当、治疗手段合理、疗效满意、并发症合并症发生率低,得满分,有一份病历1项达不到上述标准,扣1分	
		疑难重症诊治能力和抢救成功率	50	抽查10份病历,查疑难重症病例所占比例,评估疗效,查看相关资料	患者中疑难危重病例≥70%,治疗方案合理,疗效确定,得满分;不达标,酌情扣分	
15	创新能力(80)	对新业务、新技术开展的计划性和实效性	30	查项目管理资料,项目开展是否经过论证、评估,是否按期完成并产生效益	有计划、已开展并产生良好效益,得满分;不达标,酌情扣分;无计划、未开展不得分;未产生效益不得分	
		新业务、新技术开展情况及新成果转化能力	10	组织相关专家认证;列出3项代表本专科技术水平的项目	达到国内先进,填补国内技术空白得10分;达到国内先进,填补省级技术空白得8分;不达标,酌情扣分	
		新业务、新技术的开展是否遵守技术准入制度	10	查相关管理办法等资料	遵守相关准入制度,得满分;不达标,酌情扣分;未制订遵守准入管理制度,不得分	
		新业务、新技术研究与开发能力	30	查有关资料	有临床研究与开发课题和新技术应用,转化能力强,得满分;不达标,酌情扣分	

续表2

序号	检查内容		标准分	检查方法	评分标准	备注
16	辐射能力(40)	年诊治患者中省外患者比例	8	查有关资料	年诊治患者中省外患者的比例≥20%得满分,≥10%得5分,≥5%得3分,≥3%得1分	
		进修医师来源情况	8	查有关资料	来源于三级医院比例≥50%得8分,≥30%得5分,≥20%得3分;来源于外省市医院比例≥50%得8分,≥30%得5分,≥20%得3分;或有来源于国外得8分	
		对其他医院技术帮建情况	8	查有关资料,调取下级医院相关资料	对3家或3家以上医院进行技术帮建,并取得明显效果,得8分;帮建不足3家,根据帮建效果,酌情打分	
		技术推广情况	8	查有关资料(纳入卫生行政部门技术推广项目目录数量;举办技术推广培训班情况)	在各种学术会议、继续教育学习班等推广技术每年1次得2分;每增加1次加2分;满分8分	
		受邀在国际学术会议上作报告情况	8	查有关资料	评估前5年内1人次在国际学术会议上作报告得2分,每增加1人次加2分,满分8分	
四	医疗质量状况		200			
17	质量概况(70)	合理检查	20	抽查10份病历,检查项目是否合理	有一项次不合理扣2分	
		合理用药	20	抽查10份病历,检查用药是否合理,包括项目:用药适应证是否明确、预防应用抗生素合理性、联合应用抗生素正确性、有无药物配伍禁忌、是否结合临床治疗效果并根据药敏实验使用抗生素、有否重复用药,具体按《抗菌药物临床应用指导原则》判定	有一项次不合理扣2分	
		病人满意度调查	15	现场调查20名病人(10名看完门诊的病人、10名住院病人),电话调查已出院10名病人	满意度≥90%得满分,每下降1%扣1分;低于80%不得分	
		尊重和维护患者的权益,医患关系和谐	15	抽查10份出院病历,了解手术、麻醉、输血、有创诊疗操作、药物临床实验、手术中特殊医疗器械使用、医疗器械临床实验前、假体植入等是否获得患者或其代理人书面知情同意;随机抽查5名住院患者,了解医患沟通情况	一例未履行知情同意不得分;一名患者不了解相关情况扣5分	

续表 2

序号	检查内容		标准分	检查方法	评分标准	备注
18	医疗质量(90)	手术前后诊断符合率	10	查有关资料	≥95%,得满分;不达标,酌情扣分	
		临床主要诊断、病理诊断符合率	10	查有关资料	≥70%,得满分;不开展,不得分	
		甲级病案率	10	现场查阅病历不少于 20 份	甲级病案率≥90% 得满分,每降 1%,扣 2 分,有丙级病历不得分	
		出院患者随访及治疗效果评价结果	10	查有关资料	建立患者随访制度,重点病种的出院患者随访率≥50%,得满分;不达标,酌情扣分	
		择期手术患者术前平均住院日	10	查有关资料	≤3 天得 10 分,每增加 1 天扣 3 分	
		建立并实施专科分级护理质量标准	10	查有关资料,现场检查护理人员 2 名	无标准不得分;1 人不熟悉即不得分	
		基础护理合格率	10	查有关资料	≥95% 得满分,每下降 1%,扣 2 分;低于 90%,不得分	
		危重患者护理合格率	10	查有关资料	≥95% 得满分,每下降 1%,扣 2 分;低于 90%,不得分	
		预防和控制医院感染相关制度的建立及执行情况	10	查有关资料	制度健全,落实到位,得满分;不达标,酌情扣分	
19	门诊质量(40)	门急诊抢救成功率	10	查有关资料	≥85%,得满分;不达标,酌情扣分	
		专家门诊情况	10	查有关资料	每天均安排高级职称人员出门诊,所有专家每周至少出一次门诊,得满分;不达标,酌情扣分	
		入出院诊断符合率	10	查有关资料	≥95%,得满分;不达标,酌情扣分	
		门诊患者中预约患者的比例	10	查有关资料	≥10%,得满分;不达标,酌情扣分	
五	科研与教学		100			
20	学术影响(15)	学术委员会任职	5	查有效期内任职的相关聘书。学科多人担任职务,累积记分,最高分不超过标准分	全国主委 5 分、副主委 4 分,常委 3 分,委员 3 分;省主委 4 分、副主委 3 分。一人担任数职,以最高学术职称登记一次	

续表 2

序号	检查内容		标准分	检查方法	评分标准	备注
		学术刊物任职	5	查杂志编辑部颁发有效期内的聘书	SCI 收录杂志的主编、副主编、常务编委、编委，主编 5 分，副主编 4 分，常务编委 3 分；中华医学会系列杂志主编 4 分、副主编 3 分，常务编委 2 分；其他医学杂志主编、副主编 2 分，常务编委 1 分。一人担任数职，以最高学术职称登记一次	
		主办学术会议	5	查五年内有关资料	国际性学术会议 3 分，全国性学术会议 2 分，省级学术会议 1 分	
21	专科方向(5)	专科的临床研究方向	5	查五年内有关资料	专科有 2～3 个稳定、明确的研究方向，且与临床工作密切相关，研究内容系统、具体，得满分；不达标，酌情扣分	
22	科研项目(16)	国家级项目	12	查五年内有关资料	有 3 项以上得满分，每少 1 项减 4 分	
		部(省)级项目	4	查五年内有关资料	有 4 项以上得满分，每少 1 项减 1 分	
23	科研成果(17)	国家级、部(省)级科技奖励(一、二等奖)	9	查五年内有关资料	国家级一等奖 1 项得 9 分，二等奖 1 项 6 分；部(省)级一等奖 5 分，二等奖 4 分	
		SCI 收录、中华医学会系列杂志及统计源期刊论著	4	查五年内有关资料	SCI 收录每篇 1 分；中华医学会系列杂志 0.5 分；统计源期刊杂志 0.5 分	
		发明、新型实用、外观设计专利	4	查五年内有关资料	每项发明专利 4 分，新型实用专利 1 分，外观设计专利 0.5 分	
24	接受进修(8)	接受外单位在职人员进修情况	8	查五年内有关资料	进修半年以上人员每年≥5 名得满分；每少一名扣 2 分；未接受不得分	
25	学生教育(14)	本科生教学	4	查五年内有关资料	临床教学不少于本课时的 80%，见习、实习轮转安排合理、到位，得满分；未承担者不得分；无临床授课扣 3 分；无见习、实习扣 3 分	
		研究生培养	10	查五年内出站博士、毕业博士和硕士研究生数量	评估周期内博士生≥5 人、硕士生≥5 人，得满分；不达标，酌情扣分	
26	继续教育(20)	国家级、省级(甲类)、市级(乙类)继续教育项目：深入基层举办继续教育项目(学习班、论坛)	10	查五年内获批文件、项目开展记录情况，同一项目不重复计分，不同项目可累积计分，培训班以讲学材料和学员签到表为准	国家级一项次 6 分，省级一项次 2 分	

续表 2

序号	检查内容		标准分	检查方法	评分标准	备注
		规范化医师培训	10	查五年内培养规范化医师人数、合格率	不是规范化医师培训基地不得分。培养合格率≥95%，得满分；每低 5 个百分点，扣 3 分	
27	编写教材（5）	五年内参加教育部、卫生部普通高等院校规划教材编写工作	5	查五年内有关资料	主编 3 分、副主编 2 分，可累积计分，总分不超过标准分	

国家临床重点专科口腔修复专业评分标准（试行）

一、本标准分五个部分，实行量化千分制，其中“基础条件”占 100 分，“医疗技术队伍”占 200 分，“医疗服务能力与水平”占 400 分，“医疗质量状况”占 200 分，“科研与教学”占 100 分。

二、标准中的相关技术指标，如无特别注明，均指评估时上一年度的数据。

三、标准中部分指标内容可累积计分，但最后得分不超过标准分。

四、“基础条件”中对椅（床）位数有专项要求的，服从专项要求标准。

五、学科带头人是指具有正高级职称、专科临床水平高、教学和科研组织管理能力强、能带动学科持续发展和梯队建设的专科负责人。

六、学科骨干是指在专科内某一专业发展方向具有较高学术和技术水平、作为学科带头人后备力量的正高级职称人员。

七、本标准中包括的人员是指人事关系或执业地点在所在医院的人员。其中聘用人员是指在本单位执业注册并履行职责 1 年以上、年工作时间 8 个月以上。

八、此标准用于答辩评比和现场检查。“检查内容”中标明“△”符号的，用于答辩评比。对于答辩评比的内容，必要时将在现场检查时进行复核。

表 3　口腔修复专业评分标准

序号	检查内容		标准分	检查方法	评分标准	备注
一	基础条件		100			
1	发展环境（10）	医院专科建设发展规划	5	查相关医院文件、会议纪要等材料	组织完善、规划健全合理、执行效果好，得满分；无组织机构不得分，无发展规划不得分	
		医院有扶持专科建设的政策或措施	5	查有关资料	政策、措施齐全，得满分；无明确的政策或措施不得分	
2	专科规模（30）	独立建制，科室布局合理	10	现场查看科室布局、就诊流程指示、科室标识	专科设置符合相关标准，科室标识规范、清楚，得满分；达不到上述标准，酌情减分	
		口腔综合治疗椅位数	10	具有至少 30 台	20 台牙科诊椅得 5 分，每增加 2 台牙科诊椅加 1 分	

续表 3

序号	检查内容		标准分	检查方法	评分标准	备注
		每台牙椅净使用面积≥8 平方米(业务用房不包括辅助用房)	10	每台牙椅使用面积＝业务用房面积/牙椅位数。查医院有关文件，并实地查看	≥8 平方米得 10 分；每减少 1 平方米减 2 分；少于 6 平方米不得分	
3	支撑条件(30)	相关科室能够满足专科发展需要	10	查看临床检验、辅助治疗、科研实验室	能够满足，得满分；不能满足，酌情减分	
		医疗设备能满足专科开展全部技术项目需要，具有先进性和适宜性	10	现场检查	医疗设备具有先进性和适宜性，得满分；不具备，酌情减分	
		医院对专科经费投入情况	10	查医院账簿、报表，核对有关数据	评估前五年投入≥500 万元得 10 分，每少 100 万元减 2 分；无专账、无专款、未专用均不得分	
4	科室管理(30)	科室有详细的发展规划及具体实施计划	5	查看资料	科室规划现实合理，得满分；不达标，酌情扣分	
		诊室整洁，管理有序	5	看现场及有关资料	诊室整洁，管理制度落实到位，各项工作合理有序，得满分；不达标，酌情扣分	
		依法执业，落实医疗核心制度	5	查看资料	包括医疗核心制度在内的规章制度健全，得满分；不达标，酌情扣分	
		遵守诊疗技术操作规范	5	查看资料	制定标准操作规程，执行到位，得满分；无操作规范不得分；不达标，酌情扣分	
		科室有质量管理方案和有风险防范预案，并组织落实	5	查看资料	质量安全有保障和处罚机制，安全管理到位，效果好，得满分；不达标，酌情扣分	
		岗位职责明确，行业作风优良，科室人员团结协作，有良好的医德医风	5	查看资料	岗位职责明确，分工合理，职责落实，无违规违纪，作风优良，得满分；不达标，酌情扣分	
二	医疗技术队伍		200			
5	整体实力(30)	形成技术团队，整体技术实力较高，各级医师掌握相应技术能力，并能得到持续提高	30	查有关资料，医师技术能力考核	医护人员配备满足工作需要得 5 分；处理疑难病例能力强得 10 分；各级医师能掌握相应技术得 10 分；对中青年医师培养和锻炼得 5 分	
6	学科带头人(40)	学术地位	5	查有关资料	同时具有以下条件：正高专业技术职称、博士生导师、国家级学术委员会副主任委员以上、国家级期刊副主编以上，得满分；不达标，酌情扣分	

续表3

序号	检查内容		标准分	检查方法	评分标准	备注
		临床能力:主持科内专科病例讨论每年不少于4次	30	查有关资料	熟练掌握本专科特色技术,主持开展新技术新业务1项以上,年应邀在省部级以上学术会议上做临床学术报告1次以上,主持科内专科检查每年2次以上;不达标,酌情扣分	
		教学科研水平	5	培养研究生等级、数量,承担科研课题,发表学术论文,获得科研成果、专利	同时具有以下条件:指导毕业博士生1名/年以上,承担在研国家或省部级课题1项以上,SCI收录论著1篇/年,五年内获得省级科研成果二等奖1项以上,得满分;不达标,酌情扣分	
7	学科骨干(60)	数量	20	查有关资料	有学科骨干人员3人,能够满足各专业方向可持续发展的需要,得12分;多1人加4分,最多得20分	
		学术地位	5	查有关资料	任省级学术团体委员以上职务3~4名,具有较高知名度	
		临床能力	30	从事临床工作(出门诊、查房、病例讨论、手术等)情况;主持开展新技术新业务情况;查有关诊疗记录,应邀做临床报告次数,被邀请参加院外会诊次数	能掌握代表本专业先进水平的技术得8分;具有本专业疑难病例较高诊治能力得8分;年主持开展新技术1项以上得8分;年主持科内病例讨论不少于2次得6分;不达标,酌情扣分	
		教学科研水平	5	查有关资料	评估前五年承担临床教学和带教任务,指导博士研究生毕业1名以上,得2分;承担校级以上课题,得2分;SCI收录论著1篇,得1分;不达标,酌情扣分	
8	医师队伍(30)	年龄结构	10	查档案资料	老中青层次分明,结构合理,得满分;不达标,酌情扣分	
		学历结构	10	查学位证书原件,研究生学历人员比例不低于70%	研究生学历人员比例≥70%,得满分;不达标,酌情扣分	
		职称结构	10	查职称证书,高级、中级、初级人员占医师总数比例为3:4:3(注解初级医师)	各级人员比例可上下浮动20%范围,酌情打分	
9	护理队伍(20)	人员数量、年龄结构、学历结构	10	查有关资料	人员数量、结构合理,能够满足科室临床需要,得满分;不达标,酌情扣分	
		护士长能力	5	查有关资料	护士长业务水平高,管理能力强,符合科室工作要求,得满分;不达标,酌情扣分	
		护理专科业务培训及能力	5	查有关资料	经常性开展业务培训,整体护理业务能力强,得满分;不达标,酌情扣分	

续表 3

序号	检查内容		标准分	检查方法	评分标准	备注
10	人才培养（20）	有专科人员培训计划并保证落实	10	查人才培养计划及落实情况	培养方向明确，规划合理，落实到位，得满分；不达标，酌情扣分	
		进修学习情况	10	查看有关资料	全科人员继续教育达标率100%，每年1人次以上参加进修培训，得满分；不达标，酌情扣分	
三	医疗服务能力与水平		400			
11	总体水平（40）	亚专业设置合理，整体实力强，特色突出	25	查阅相关病历和资料，评价专科技术的总体水平和其地位	具有合理的亚专业设置，能够独立开展专科常规临床技术项目，得5分；总体技术水平高，专业特色显著，得10分；有1项或1种以上疾病诊断、诊疗技术达到国际先进，得10分；或国内领先地位，得5分；不达标，酌情扣分	
		平均年门诊人次	5	查有关资料	年门诊人次5万以上得5分，每减少1万扣1分	
		牙科综合治疗椅使用率	5	查有关资料	≥90%得满分，每下降1%扣2分；低于85%不得分	
		收费情况	5	抽查10份临床病历及5份收费明细单	病历、收费明细单不符合要求的扣1分；发现1例违规收费不得分	
12	亚专科建设(50)	亚专业与专科发展适应性	25	查有关资料	至少有3个亚专业（可摘义齿、固定义齿、种植修复、颌面缺损修复、颞下颌关节病修复等），得满分；不达标，酌情扣分	
		各亚专业的技术水平和服务能力	25	查有关资料	亚专业具有较高的技术水平和服务能力，得满分；不达标，酌情扣分	
13	技术特色（60）	技术特色和先进性	60	根据医院提供的技术（2～3项），评定其先进性	国际先进、国内领先以上，在国内开展例数排名居首位，得满分；不达标，酌情扣分	
14	诊治能力（130）	能否独立诊治本专科主要病种	20	查有关资料（前五年，按年度分类）	能够独立诊治《临床诊疗指南》中规定的病种，得满分。否则，酌情递减	
		主要病种修复治疗效果，无不良效果	60	抽查2～3个，每个病种抽查10份病历，评估该病种的治疗手段是否合理、疗效是否满意、不良反应发生率如何	修复治疗手段合理、疗效满意、不良反应发生率低，得满分，有一份病历1项达不到上述标准，扣1分	
		疑难病例诊治能力	50	抽查10份病历，查疑难病例所占比例，评估疗效，查看相关资料	患者中疑难病例≥40%（根据专科不同酌情调整），修复治疗方案合理，疗效确定，得满分；不达标，酌情扣分	

续表 3

序号	检查内容		标准分	检查方法	评分标准	备注
15	创新能力（80）	对新业务、新技术开展的计划性和实效性	30	查项目管理资料，项目开展是否经过论证、评估，是否按期完成并产生效益	有计划、已开展并产生良好效益，得满分；不达标，酌情扣分；无计划、未开展不得分；未产生效益不得分	
		新业务、新技术开展情况及新成果转化能力	10	组织相关专家认证；列出2项代表本专科技术水平的项目	达到国内先进，填补国内技术空白每项10分；达到国内先进，填补省级技术空白每项8分；不达标，酌情扣分	
		新业务、新技术的开展是否遵守技术准入制度	10	查相关管理办法等资料	遵守相关准入制度，得满分；不达标，酌情扣分；未制订遵守准入管理制度，不得分	
		新业务、新技术研究与开发能力	30	查有关资料	有临床研究与开发课题和新技术应用，转化能力强，得满分；不达标，酌情扣分	
16	辐射能力（40）	进修医师来源情况	10	查有关资料	来源于三级医院比例占5分，≥70%，得满分，≥50%，得3分，≥30%，得1分；来源于外省医院比例占5分，≥15省，得满分，≥10省，得3分，≥5省，得1分	
		对其他医院技术帮建情况	5	查有关资料，调取下级医院相关资料	对1家以上医院进行帮扶，得3分；帮扶内容反映本院相应技术水平，得2分；不达标，酌情扣分	
		技术推广情况	10	查有关资料（纳入卫生行政部门技术推广项目目录数量，举办技术推广培训班情况）	在各种学术会议、继续教育学习班等推广技术每年超过2次得满分；2次得7分；不达标，酌情扣分	
		受邀在国际学术会议上做报告情况	15	查有关资料	评估前五年合计3人次以上在国际学术会议上做报告得满分，3人次得7分；不达标，酌情扣分	
四	医疗质量状况		200			
17	质量概况（70）	合理检查	10	抽查10份病历，检查项目是否合理	有一项次不合理扣2分	
		合理修复治疗	30	抽查10份病历，诊断明确，治疗方案合理（多项），治疗步骤正确，修复效果良好	有一项次不合理扣2分	
		病人满意度调查	15	现场调查10名病人（10名门诊就诊结束的病人），电话调查已完成修复治疗5名病人	满意度≥90%得满分，每下降1%扣1分；低于80%不得分	
		尊重和维护患者的权益，医患关系和谐	15	抽查10份已完成修复治疗病历，询问患者对修复治疗方案的知情度，对修复治疗费用的知情度；随机抽查5名就诊患者，了解医患沟通情况	一例未履行知情同意不得分；一名患者不了解相关情况扣5分	

续表 3

序号	检查内容		标准分	检查方法	评分标准	备注
18	医疗质量(90)	修复治疗方案选择合理性	20	查有关资料	≥70%,得满分;不开展,不得分	
		合格病历率	10	现场查阅病历不少于20份	合格病历率≥90%得满分,每降1%,扣2分;有不合格病历不得分	
		已完成修复治疗效果评价结果	30	查有关资料	建立患者随访制度,对已完成修复治疗患者问询抽查满意率≥85%,得满分;不达标,酌情扣分	
		建立并实施专科护士规范操作制度	20	查有关资料,现场检查护理人员2名	无标准不得分;1人不熟悉即不得分	
		预防和控制医院感染相关制度的建立及执行情况	10	查有关资料	制度健全,落实到位,得10分。其他情况,酌情递减	
19	门诊质量(40)	门诊急救措施	10	查有关资料	有措施得满分;不达标,酌情扣分	
		专家门诊情况	10	查有关资料	每天均安排高级职称人员出门诊,所有专家每周至少出一次门诊,得满分;不达标,酌情扣分	
		医生门诊出勤率	10	查有关资料	主治医师以上每天门诊出勤率≥60%,得满分;不达标,酌情扣分	
		门诊患者中预约患者的比例	10	查有关资料	≥50%,得满分;不达标,酌情扣分	
五	科研与教学		100			
20	学术影响(15)	学术委员会任职	5	查有效期内任职的相关聘书。学科多人担任职务,累积记分,最高分不超过标准分	全国主委5分,副主委4分,常委3分,委员3分;省主委4分,副主委3分。一人担任数职,以最高学术职称登记一次	
		学术刊物任职	5	查杂志编辑部颁发有效期内的聘书	SCI收录杂志的主编、副主编、常务编委、编委,主编5分、副主编4分,常务编委3分;中华医学会系列杂志主编4分、副主编3分,常务编委2分;其他医学杂志主编、副主编2分,常务编委1分。一人担任数职,以最高学术职称登记一次	
		主办学术会议	5	查五年内有关资料	国际性学术会议3分,全国性学术会议2分,省级学术会议1分	

续表 3

序号	检查内容		标准分	检查方法	评分标准	备注
21	专科方向(5)	专科的临床研究方向	5	查五年内有关资料	专科有 2~3 个稳定、明确的研究方向，且与临床工作密切相关，研究内容系统、具体，得满分；不达标，酌情扣分	
22	科研项目(16)	国家级项目	12	查五年内有关资料	有 3 项以上得满分，每少 1 项减 4 分	
		部(省)级项目	4	查五年内有关资料	有 4 项以上得满分，每少 1 项减 2 分	
23	科研成果(14)	国家级、部(省)级科技奖励(一、二等奖)	5	查五年内有关资料	国家级一等奖 1 项得 5 分，二等奖 1 项 3 分；部(省)级一等奖 5 分，二等奖 1 分	
		SCI 收录、中华医学会系列杂志及统计源期刊论著	5	查五年内有关资料	SCI 收录每篇 1 分；中华医学会系列杂志 0.5 分；统计源期刊杂志 0.5 分	
		发明、新型实用、外观设计专利	4	查五年内有关资料	每项发明专利 4 分，新型实用专利 1 分，外观设计专利 0.5 分	
24	接受进修(10)	接受外单位在职人员进修情况	10	查五年内有关资料	进修半年以上人员每年≥10 名得满分，每少一名扣 1 分；未接受不得分	
25	学生教育(15)	本科生教学	5	查五年内有关资料	临床教学不少于本课时的 80%，见习、实习轮转安排合理、到位，得满分；未承担者不得分；无临床授课扣 3 分；无见习、实习扣 3 分，直至 0 分	
		研究生培养	10	查五年内出站博士、毕业博士和硕士研究生数量	评估周期内博士生≥5 人、硕士生≥5 人，得满分；不达标，酌情扣分	
26	继续教育(20)	国家级、省级(甲类)、市级(乙类)继续教育项目：深入基层举办继续教育项目(学习班、论坛)	10	查五年内获批文件、项目开展记录情况，同一项目不重复计分，不同项目可累积计分，培训班以讲学材料和学员签到表为准	国家级一项次 6 分，省级一项次 2 分	
		规范化医师培训	10	查五年内培养规范化医师人数、合格率	不是规范化医师培训基地不得分。培养合格率≥95%，得满分；每低 5 个百分点，扣 3 分	
27	编写教材(5)	五年内参加教育部、卫生部普通高等院校规划教材编写工作	5	查五年内有关资料	主编 3 分、副主编 2 分，可累积计分，总分不超过标准分	

国家临床重点专科口腔正畸专业评分标准(试行)

一、本标准分五个部分,实行量化千分制,其中“基础条件”占 100 分,“医疗技术队伍”占 200 分,“医疗服务能力与水平”占 400 分,“医疗质量状况”占 200 分,“科研与教学”占 100 分。

二、标准中的相关技术指标,如无特别注明,均指评估时上一年度的数据。

三、标准中部分指标内容可累积计分,但最后得分不超过标准分。

四、“基础条件”中对椅(床)位数有专项要求的,服从专项要求标准。

五、学科带人是指具有正高级职称、专科临床水平高、教学和科研组织管理能力强、能带动学科持续发展和梯队建设的专科负责人。

七、学科骨干是指在专科内某一专业发展方向具有较高学术和技术水平、作为学科带头人后备力量的正高级职称人员。

七、本标准中包括的人员是指人事关系或执业地点在所在医院的人员。其中聘用人员是指在本单位执业注册并履行职责 1 年以上、年工作时间 8 个月以上。

八、此标准用于答辩评比和现场检查。“检查内容”中标明“△”符号的,用于答辩评比。对于答辩评比的内容,必要时将在现场检查时进行复核。

表 4　口腔正畸专业评分标准

序号	检查内容		标准分	检查方法	评分标准	备注
一	基础条件		100			
1	发展环境(10)	医院专科建设发展规划	5	查相关医院文件、会议纪要等材料	组织完善、规划健全合理、执行效果好,得满分;无组织机构不得分,无发展规划不得分	
		医院有扶持专科建设的政策或措施	5	查有关资料	政策、措施齐全,得满分;无明确的政策或措施不得分	
2	专科规模(30)	独立建制,科室布局合理	10	现场查看科室布局、就诊流程指示、科室标识	专科设置符合相关标准,科室标识规范、清楚,得满分;达不到上述标准,酌情扣分	
		椅(床)位数	10	具有至少 30 台牙科诊椅(张床)的独立诊室(病区)	30 台牙科诊椅(张床)得 5 分,每增加 1 台牙科诊椅(张床)加 1 分	
		每椅(张床)净使用面积≥8 平方米(业务用房不包括辅助用房)	10	每椅(张床)使用面积=业务用房面积/椅(床)位数。查医院有关文件,并实地查看	≥8 平方米得 10 分;6~8 平方米得 6 分;少于 4(3)平方米不得分	
3	支撑条件(30)	相关科室能够满足专科发展需要	10	查看临床检验、辅助治疗、科研实验室	能够满足,得满分;不能满足,酌情扣分	
		医疗设备能满足专科开展全部技术项目需要,具有先进性和适宜性	10	现场检查	医疗设备具有先进性和适宜性,得满分;不具备,酌情减分	

续表 4

序号	检查内容		标准分	检查方法	评分标准	备注
		医院对专科经费投入情况	10	查医院账簿、报表，核对有关数据	评估前五年投入≥500 万元得 10 分，每少 50 万元减 1 分；无专账、无专款、未专用均不得分	
4	科室管理(30)	科室有详细的发展规划及具体实施计划	5	查看资料	科室规划现实合理，得满分；不达标，酌情扣分	
		诊室整洁，管理有序	5	看现场及有关资料	诊室整洁，管理制度落实到位，各项工作合理有序，得满分；不达标，酌情扣分	
		依法执业，落实医疗核心制度	5	查看资料	包括医疗核心制度在内的规章制度健全，得满分；不达标，酌情扣分	
		遵守诊疗技术操作规范	5	查看资料	制定标准操作规程，执行到位，得满分；无操作规范不得分；不达标，酌情扣分	
		科室有质量管理方案和有风险防范预案，并组织落实	5	查看资料	质量安全有保障和处罚机制，安全管理到位，效果好，得满分；不达标，酌情扣分	
		岗位职责明确，行业作风优良，科室人员团结协作，有良好的医德医风	5	查看资料	岗位职责明确，分工合理，职责落实，无违规违纪，作风优良，得满分；不达标，酌情扣分	
二	医疗技术队伍		200			
5	整体实力(30)	形成技术团队，整体技术实力较高，各级医师掌握相应技术能力，并能得到持续提高	30	查有关资料，医师技术能力考核	医护人员配备满足工作需要，得 5 分；处理疑难病例能力强，得 10 分；各级医师能掌握相应技术，得 10 分；对中青年医师培养和锻炼，得 5 分	
6	学科带头人(40)	学术地位	5	查有关资料	同时具有以下条件：正高专业技术职称、博士生导师、国家级学术委员会副主任委员以上、国家级期刊副主编以上，得满分；不达标，酌情扣分	
		临床能力：主持科内专科病例讨论(查房)每年不少于 2 次，应邀参加三级医院间疑难病例会诊次数不少于 2 次	30	查有关资料	熟练掌握本专科特色技术，主持开展新技术新业务 1 项以上，年应邀在省部级以上学术会议上做临床学术报告 1 次以上、主持科内专科查房病例讨论每年 2 次以上，应邀赴参加三级医院间讲课或者疑难病例会诊次数不少于 2 次以上，得满分；不达标，酌情扣分	

续表4

序号	检查内容		标准分	检查方法	评分标准	备注
		教学科研水平	5	培养研究生等级、数量，承担科研课题、发表学术论文、获得科研成果、专利	同时具有以下条件：指导毕业博士生8名以上，承担在研国家级课题1项以上，正畸专业SCI收录杂志发表论著5篇，两年内获得省级科研成果二等奖1项以上，得满分；不达标，酌情扣分	
7	学术带头人(40)	数量	10	查有关资料	有3个以上明确的学术带头人得10分，少1名扣3分	
		学术地位	10	查有关资料	任全国学术团体常委以上得满分，任全国学术团体委员得6分；任省级学术团体常委或委员得3分。不达标不得分	
		临床能力	10	查有关资料	掌握本专业先进技术，得4分；诊治疑难病例能力强，得4分；每年应邀在三级以上医院进行讲座或会诊疑难病例2次以上，得2分	
		教学科研水平	10	查有关资料	已指导毕业博士生5名以上，得4分；承担在研国家级课题3项以上，得4分，3项以下得2分；SCI收录杂志发表论著2篇，得2分；两年内获得省级科研成果二等奖1项以上，得2分；不达标，酌情扣分	
8	学科骨干(20)	数量	5	查有关资料	能够满足专科临床技术可持续发展的需要，得满分；不达标，酌情扣分	
		学术地位	5	查有关资料	任省级学术团体委员以上职务，具有较高知名度	
		临床能力	5	从事临床工作（出门诊、查房、病例讨论、手术等）情况；主持开展新技术新业务情况；查有关诊疗记录，应邀做临床报告次数、被邀请参加院外会诊次数	能掌握代表本专业先进水平的技术，得2分；具有本专业疑难病例较高诊治能力，得2分；年应邀赴参加三级医院间疑难病例会诊讲座次数不少于或疑难病例会诊不少于1次，得1分；不达标，酌情扣分	
		教学科研水平	5	查有关资料	评估前五年承担临床教学和带教任务，指导博士研究生毕业1名以上，得2分；承担校级以上课题，得2分；SCI收录论著1篇，得1分；不达标，酌情扣分	
9	医师队伍(30)	年龄结构	10	查档案资料	老中青层次分明，结构合理，得满分；不达标，酌情扣分	
		学历结构	10	查学位证书原件，研究生学历人员比例不低于70%	研究生学历人员比例≥70%，得满分；不达标，酌情扣分	

续表 4

序号	检查内容		标准分	检查方法	评分标准	备注
		职称结构	10	查职称证书，高级、中级、初级人员占医师总数比例为 3∶4∶3（注解初级医师）	各级人员比例可上下浮动 5% 范围，酌情打分	
10	护理队伍（20）	人员数量、年龄结构、学历结构	10	查有关资料	人员数量、结构合理，能够满足科室临床需要，得满分；不达标，酌情扣分	
		护士长能力	5	查有关资料	护士长业务水平高，管理能力强，符合科室工作要求，得满分；不达标，酌情扣分	
		护理专科业务培训及能力	5	查有关资料	经常性开展业务培训，整体护理业务能力强，得满分；不达标，酌情扣分	
11	人才培养（20）	有专科人员培训计划并保证落实	10	查人才培养计划及落实情况	培养方向明确，规划合理，落实到位，得满分；不达标，酌情扣分	
		进修学习情况	10	查看有关资料	全科人员继续教育达标率 100%，每年 1 人次以上参加进修培训，得满分；不达标，酌情扣分	
三	医疗服务能力与水平		400			
12	总体水平（50）	整体实力强，特色突出	25	查阅相关病历和资料，评价专科技术的总体水平和其地位	能够独立开展专科常规临床技术项目，得 5 分；总体技术水平高，专业特色显著，得 10 分；有 1 项或 1 种以上疾病诊断、诊疗技术达到国际先进或国内领先地位，得 10 分；不达标，酌情扣分	
		平均年门诊人次或平均年出院人数	10	查有关资料	根据专科医师数量和专科规模，酌情打分	
		诊椅使用率	5	查有关资料	≥90%，得满分；每下降 1% 扣 2 分；低于 85% 不得分	
		收费情况	10	抽查 10 份出院病历，要求同时提供出院结算单及收费明细单	住院病人结算账单没有分类及细目，或分类不明确的，扣 1 分；发现 1 例违规收费，不得分	
13	技术特色（80）	技术特色和先进性	80	根据医院提供的技术（5～7项），评定其先进性	国际先进、国内领先以上，在国内开展例数排名居首位，得满分；不达标，酌情扣分	
14	诊治能力（150）	能否独立诊治本专科主要病种	30	查有关资料（前五年，按年度分类）	能够独立诊治《临床诊疗指南》中规定的病种，得满分。否则，酌情递减	

续表 4

序号		检查内容	标准分	检查方法	评分标准	备注
		主要病种诊疗效果,并发症、合并症发生	70	抽查 2～3 个,每个病种抽查 10 份病历,评估该病种的诊断标准是否恰当、治疗手段是否合理、疗效是否满意、并发症合并症发生率如何	诊断标准恰当、治疗手段合理、疗效满意、并发症合并症发生率低,得满分;有一份病历 1 项达不到上述标准,扣 1 分	
		疑难重症诊治能力	50	抽查 10 份病历,查疑难重症病例所占比例,评估疗效,查看相关资料	患者中疑难病例≥50%(根据专科不同酌情调整),治疗方案合理,疗效确定,得满分;不达标,酌情扣分	
15	创新能力(80)	对新业务、新技术开展的计划性和实效性	30	查项目管理资料,项目开展是否经过论证、评估,是否按期完成并产生效益	有计划、已开展并产生良好效益,得满分;不达标,酌情扣分;无计划、未开展不得分;未产生效益不得分	
		新业务、新技术开展情况及新成果转化能力	10	组织相关专家认证;列出 3 项代表本专科技术水平的项目	达到国内先进,填补国内技术空白每项 10 分;达到国内先进,填补省级技术空白每项 8 分;不达标,酌情扣分	
		新业务、新技术的开展是否遵守技术准入制度	10	查相关管理办法等资料	遵守相关准入制度,得满分;不达标,酌情扣分;未制定遵守准入管理制度,不得分	
		新业务、新技术研究与开发能力	30	查有关资料	有临床研究与开发课题和新技术应用,转化能力强,得满分;不达标,酌情扣分	
16	辐射能力(40)	年诊治患者中省市外患者比例	15	查有关资料	年诊治患者中省市外患者比例≥20%,得满分;≥10%,得 10 分;≥5%,得 5 分;不达标,酌情扣分	
		进修医师来源情况	10	查有关资料	来源于三级医院比例≥50%,得 10 分;≥30%,得 5 分;≥20%,得 3 分	
		对其他医院技术帮建情况	5	查有关资料,调取下级医院相关资料	对 1 家以上医院进行帮扶,得 3 分;帮扶内容反映本院相应技术水平,得 2 分	
		技术推广情况	5	查有关资料(纳入卫生行政部门技术推广项目目录数量;举办技术推广培训班情况)	在各种学术会议、继续教育学习班等推广技术每年 1 次得 3 分;每增加 1 次加 1 分;不达标,酌情扣分	
		受邀在国际学术会议上做报告情况	5	查有关资料	评估前五年合计 1 人次以上在国际学术会议上作报告得 2 分,每增加 1 人次加 1 分;不达标,酌情扣分	
四	医疗质量状况		200			
17	质量概况(70)	合理检查	40	抽查 10 份病历,检查项目是否合理	有一项次不合理,扣 2 分	
		病人满意度调查	15	现场调查 10 名病人	满意度≥90%得满分,每下降 1%扣 1 分;低于 80%不得分	

续表 4

序号	检查内容		标准分	检查方法	评分标准	备注
		尊重和维护患者的权益，医患关系和谐	15	抽查 10 份门诊出院病历，了解治疗等是否获得患者或其代理人书面知情同意；随机抽查 5 名住院患者，了解医患沟通情况	1 例未履行知情同意，不得分；1 名患者不了解相关情况，扣 5 分	
18	医疗质量（90）	正畸治疗前后诊断准确率	10	查有关资料	≥95%，得满分；不达标，酌情扣分	
		甲级病案率	30	现场查阅病历不少于 20 份	甲级病案率≥90% 得满分，每降 1%，扣 2 分；有丙级病历，不得分	
		治疗效果评价结果	50	查有关资料	建立患者随访制度，重点病种的出院患者随访率≥50%，得满分；不达标，酌情扣分，参照中国正畸疗效评价标准（制定中）	
19	门诊质量（40）	专家门诊情况	20	查有关资料	每天均安排高级职称人员出门诊，所有专家每周至少出一次门诊，得满分；不达标，酌情扣分	
		门诊患者中预约患者的比例	20	查有关资料	≥20%，得满分；不达标，酌情扣分	
五	科研与教学		100			
20	学术影响（15）	学术委员会任职	5	查有效期内任职的相关聘书。学科多人担任职务，累积记分，最高分不超过标准分	全国主委 5 分，副主委 4 分，常委 3 分，委员 3 分；省主委 4 分，副主委 3 分。一人担任数职，以最高学术职称登记一次	
		学术刊物任职	5	查杂志编辑部颁发有效期内的聘书	SCI 收录杂志的主编、副主编、常务编委、编委，主编 5 分、副主编 4 分，常务编委 3 分；中华医学会系列杂志主编 4 分、副主编 3 分，常务编委 2 分，其他医学杂志主编、副主编 2 分，常务编委 1 分。一人担任数职，以最高学术职称登记一次	
		主办学术会议	5	查五年内有关资料	国际性学术会议 3 分，全国性学术会议 2 分，省级学术会议 1 分	
21	专科方向（5）	专科的临床研究方向	5	查五年内有关资料	专科有 2～3 个稳定、明确的研究方向，且与临床工作密切相关，研究内容系统、具体，得满分；不达标，酌情扣分	
22	科研项目（16）	国家级项目	12	查五年内有关资料	有 3 项以上得满分，每少 1 项减 4 分	
		部（省）级项目	4	查五年内有关资料	有 4 项以上得满分，每少 1 项减 1 分	

续表 4

序号	检查内容		标准分	检查方法	评分标准	备注
23	科研成果(17)	国家级、部(省)级科技奖励	9	查五年内有关资料	国家级及省部级奖、国家级精品课程 1 项得 9 分,二等奖 1 项 6 分,三等奖 4 分;未得奖,不得分	
		SCI 收录、中华医学会系列杂志及统计源期刊论著	4	查五年内有关资料	SCI 收录每篇 1 分;中华医学会系列杂志 0.5 分;统计源期刊杂志 0.5 分	
		发明、新型实用、外观设计专利	4	查五年内有关资料	每项发明专利 4 分,新型实用专利 1 分,外观设计专利 0.5 分	
24	接受进修(8)	接受外单位在职人员进修情况	8	查五年内有关资料	进修半年以上人员每年≥10 名,得满分;每少一名,扣 2 分;未接受,不得分	
25	学生教育(14)	本科生教学	4	查五年内有关资料	临床教学不少于本课时的 80%,见习、实习轮转安排合理、到位,得满分;未承担者不得分;无临床授课扣 3 分;无见习、实习扣 3 分	
		研究生培养	10	查五年内出站博士、毕业博士和硕士研究生数量	评估周期内博士生≥5 人、硕士生≥5 人,得满分;不达标,酌情扣分	
26	继续教育(20)	国家级、省级(甲类)、市级(乙类)继续教育项目:深入基层举办继续教育项目(学习班、论坛)	10	查五年内获批文件、项目开展记录情况,同一项目不重复计分,不同项目可累积计分,培训班以讲学材料和学员签到表为准	国家级一项次 6 分,省级一项次 2 分	
		规范化医师培训	10	查五年内培养规范化医师人数、合格率	不是规范化医师培训基地不得分。培养合格率≥95%,得满分;每低 5 个百分点,扣 3 分	
27	编写教材(5)	五年内参加教育部、卫生部普通高等院校规划教材编写工作	5	查五年内有关资料	主编 3 分、副主编 2 分,可累积计分,总分不超过标准分	

国家临床重点专科牙体牙髓病专业评分标准(试行)

一、本标准分五个部分,实行量化千分制,其中“基础条件”占 100 分,“医疗技术队伍”占 200 分,“医疗服务能力与水平”占 400 分,“医疗质量状况”占 200 分,“科研与教学”占 100 分。

二、标准中的相关技术指标,如无特别注明,均指评估时上一年度的数据。

三、标准中部分指标内容可累积计分,但最后得分不超过标准分。

四、“基础条件”中对椅(床)位数有专项要求的,服从专项要求标准。

五、学科带头人是指具有正高级职称、专科临床水平高、教学和科研组织管理能力强、能带动学科持续发展和梯队建设的专科负责人。

六、学科骨干是指在专科内某一专业发

展方向具有较高学术和技术水平、作为学科带头人后备力量的正高级职称人员。

七、本标准中包括的人员是指人事关系或执业地点在所在医院的人员。其中聘用人员是指在本单位执业注册并履行职责 1 年以上、年工作时间 8 个月以上。

八、此标准用于答辩评比和现场检查。“检查内容”中标明“△”符号的,用于答辩评比。对于答辩评比的内容,必要时将在现场检查时进行复核。

表 5　牙体牙髓病专业评分标准

序号	检查内容		标准分	检查方法	评分标准	备注
一	基础条件		100			
1	发展环境(10)	医院专科建设发展规划	5	查相关医院文件、会议纪要等材料	组织完善、规划健全合理、执行效果好,得满分;无组织机构不得分,无发展规划不得分	
		医院有扶持专科建设的政策或措施	5	查有关资料	政策、措施齐全,得满分;无明确的政策或措施不得分	
2	专科规模(30)	独立建制,科室布局合理	10	现场查看科室布局、就诊流程指示、科室标识	专科设置符合相关标准,科室标识规范、清楚,得满分;达不到上述标准,酌情扣分	
		椅位数	10	具有至少 25 台牙科诊椅的独立诊室(病区)	25 台牙科诊椅得 5 分,每增加 4 台牙科诊椅加 1 分	
		每椅净使用面积≥8 ~ 12 平方米(业务用房不包括辅助用房)	10	每椅(张床)使用面积 = 业务用房面积/椅(床)位数。查医院有关文件,并实地查看	≥8 平方米得 10 分;每减少 1 平方米扣 2 分;少于 6 平方米不得分	
3	支撑条件(30)	相关科室能够满足专科发展需要	10	查看临床检验、口腔放射	能够满足,得满分;不能满足,酌情扣分	
		医疗设备能满足专科开展全部技术项目需要,具有先进性和适宜性	10	现场检查	医疗设备具有先进性和适宜性,得满分;不具备,酌情扣分	
		医院对专科经费投入情况	10	查医院账簿、报表,核对有关数据	评估前五年投入 300 万元得满分,每减少 30 万元减 1 分;少于 100 万不得分;未专款专用的,不得分	
4	科室管理(30)	科室有详细的发展规划及具体实施计划	5	查看资料	科室规划现实合理,得满分;不达标,酌情扣分	
		诊室(病区)整洁,管理有序	5	看现场及有关资料	诊室(病区)整洁,管理制度落实到位,各项工作合理有序,得满分;不达标,酌情扣分	
		依法执业,落实医疗核心制度	5	查看资料	包括医疗核心制度在内的规章制度健全,得满分;不达标,酌情扣分	
		遵守诊疗技术操作规范	5	查看资料	制定标准操作规程,执行到位,得满分;无操作规范不得分;不达标,酌情扣分	

续表 5

序号	检查内容		标准分	检查方法	评分标准	备注
		科室有质量管理方案和有风险防范预案，并组织落实	5	查看资料	质量安全有保障和处罚机制，安全管理到位，效果好，得满分；不达标，酌情扣分	
		岗位职责明确，行业作风优良，科室人员团结协作，有良好的医德医风	5	查看资料	岗位职责明确，分工合理，职责落实，无违规违纪，作风优良，得满分；不达标，酌情扣分	
二	医疗技术队伍		200			
5	整体实力(30)	形成技术团队，整体技术实力较高，各级医师掌握相应技术能力，并能得到持续提高	30	查有关资料（根管再治疗或后牙根管治疗占 20% 以上），医师技术能力考核	医护人员配置为 3∶1，能满足工作需要得 5 分；处理疑难病例能力强得 10 分；各级医师能掌握相应技术得 10 分；对中青年医师培养和锻炼得 5 分	
6	学科带头人(40)	学术地位	5	查有关资料	同时具有以下条件：正高专业技术职称、博士生导师、国家级学术委员会副主任委员以上、国家级期刊编委以上，得满分；不达标，酌情扣分	
		临床能力：主持科内专科病例讨论，每年不少于 2 次，应邀参加三级医院间疑难病例会诊次数不少于 3 次	30	查有关资料	熟练掌握本专科特色技术，主持开展新技术新业务 3 项以上，年应邀在省部级以上学术会议上作临床学术报告 2 次以上、主持科内病例讨论每年 12 次以上，应邀参加三级医院间疑难病例会诊次数不少于 3 次以上得满分；不达标，酌情扣分	
		教学科研水平	5	培养研究生等级、数量，承担科研课题、发表学术论文、获得科研成果、专利	近五年来，指导毕业博士生 3 名以上，承担在研省部级以上课题至少 2 项以上，SCI 论著收录影响因子 >6，获得省部级二等奖 1 项以上，且为前三名。不达标，酌情扣分	
7	学科骨干(60)	数量	20	查有关资料（高级职称占 25% 以上）	有学科骨干人员 3 人，能够满足各专业方向可持续发展的需要，得 12 分，多 1 人加 4 分，最多得 20 分	
		学术地位	5	查有关资料	任省级学术团体委员以上职务 3～4 名，具有较高知名度	
		临床能力	30	从事临床工作（出门诊、查房、病例讨论、手术等）情况；主持开展新技术新业务情况；查有关诊疗记录，应邀作临床报告次数、被邀请参加院外会诊次数	能掌握代表本专业先进水平的技术得 6 分；具有本专业疑难病例较高诊治能力得 6 分；年主持开展新技术 1 项以上得 6 分；年主持科内病例讨论不少于 3 次得 6 分；年应邀参加三级医院间疑难病例会诊次数不少于 1 次得 6 分；不达标，酌情扣分	

续表 5

序号	检查内容		标准分	检查方法	评分标准	备注
		教学科研水平	5	查有关资料	评估前五年承担临床教学和带教任务,指导硕士或博士研究生毕业 1 名以上,得 2 分;承担校级以上课题,得 2 分;SCI 收录论著 1 篇,得 1 分;不达标,酌情扣分	
8	医师队伍(30)	年龄结构	10	查档案资料	老中青层次分明,结构合理,得满分;不达标,酌情扣分	
		学历结构	10	查学位证书原件,研究生学历人员比例不低于 70%	研究生学历人员比例≥70%,得满分;不达标,酌情扣分	
		职称结构	10	查职称证书,高级、中级、初级人员占医师总数比例为大致为 3:4:3(注解初级医师)	各级人员比例可上下浮动 5% 范围,酌情打分	
9	护理队伍(20)	人员数量、年龄结构、学历结构	10	查有关资料	人员数量、结构合理,能够满足科室临床需要,得满分;不达标,酌情扣分	
		护士长能力	5	查有关资料	护士长业务水平高,管理能力强,符合科室工作要求,得满分;不达标,酌情扣分	
		护理专科业务培训及能力	5	查有关资料	经常性开展业务培训,整体护理业务能力强,得满分;不达标,酌情扣分	
10	人才培养(20)	有专科人员培训计划并保证落实	10	查人才培养计划及落实情况	培养方向明确,规划合理,落实到位,得满分;不达标,酌情扣分	
		进修学习情况	10	查看有关资料	全科人员继续教育达标率 100%,国家级学分 6 分以上或 2 类学分 10 分以上得满分;不达标,酌情扣分	
三	医疗服务能力与水平		400			
11	总体水平(40)	专业设置合理,整体实力强,特色突出	25	查阅相关病历和资料,评价专科技术的总体水平和其地位	具有合理的专业设置,能够独立开展专科常规临床技术项目,得 5 分;总体技术水平高,专业特色显著,得 10 分;有 1 项或 1 种以上疾病诊断、诊疗技术达到国际先进得 10 分;或国内领先地位,得 5 分;不达标,酌情扣分	
		平均年门诊人次	5	查有关资料(40 000 人次以上/年)	根据专科医师数量和专科规模,酌情打分	
		诊椅使用率	5	查有关资料	≥90%,得满分;每下降 5% 扣 2 分;低于 70% 不得分	

续表5

序号	检查内容		标准分	检查方法	评分标准	备注
		收费情况	5	抽查10份出院病历,要求同时提供出院结算单及收费明细单	住院病人结算账单没有分类及细目,或分类不明确的扣1分;发现1例违规收费不得分	
12	亚专科建设(50)	亚专业与专科发展适应性	25	查有关资料(有否开展牙体修复及根管治疗等业务)	亚专业与专科发展相适应,人员分工合理,得满分;不达标,酌情扣分	
		亚专业的技术水平和服务能力	25	查有关资料	亚专业具有较高的技术水平和服务能力,得满分;不达标,酌情扣分	
13	技术特色(60)	技术特色和先进性	60	根据医院提供的技术(2~3项),评定其先进性	国际先进、国内领先,得满分;不达标,酌情扣分	
14	诊治能力(130)	能否独立诊治本专科主要病种	20	查有关资料(前五年,按年度分类)	能够独立诊治《临床诊疗指南》中规定的病种,得满分。否则,酌情递减	
		主要病种诊疗效果,并发症、合并症发生	60	抽查2~3个,每个病种抽查10份病历,评估该病种的诊断标准是否恰当、治疗手段是否合理、疗效是否满意、并发症合并症发生率如何	诊断标准恰当、治疗手段合理、疗效满意、并发症合并症发生率低,得满分,有一份病历1项达不到上述标准,扣1分	
		疑难复杂病例诊治能力	50	抽查10份病历,查疑难复杂病例所占比例,评估疗效,查看相关资料	患者中疑难复杂病例(如根管再治疗,后牙根管治疗及大面积牙体缺损≥30%,根据专科不同酌情调整),治疗方案合理,疗效确定,得满分;不达标,酌情扣分	
15	创新能力(80)	对新业务、新技术开展的计划性和实效性	30	查项目管理资料,项目开展是否经过论证、评估,是否按期完成并产生效益	有计划、已开展并产生良好效益,得满分;不达标,酌情扣分;无计划、未开展不得分;未产生效益不得分	
		新业务、新技术开展情况及新成果转化能力	10	组织相关专家认证;列出3项代表本专科技术水平的项目(牙体修复及根管治疗新材料新器械及新技术的应用	达到国内先进,填补国内技术空白每项10分;达到国内先进,填补省级技术空白每项8分;不达标,酌情扣分	
		新业务、新技术的开展是否遵守技术准入制度	10	查相关管理办法等资料	遵守相关准入制度,得满分;不达标,酌情扣分;未制定遵守准入管理制度,不得分	
		新业务、新技术研究与开发能力	30	查有关资料	有临床研究与开发课题和新技术应用,转化能力强,得满分;不达标,酌情扣分	
16	辐射能力(40)	年诊治患者中省外患者比例	8	查有关资料	年诊治患者中省外患者比例≥10%,得满分;每减少2.5%扣2分	
		进修医师来源情况	8	查有关资料	来源于外省市医院比例≥50%得8分;≥30%得5分;≥20%得3分;或有来源于国外得8分	

续表5

序号	检查内容		标准分	检查方法	评分标准	备注
		对其他医院技术帮建情况	8	查有关资料，调取下级医院相关资料	对3家或3家以上医院进行技术帮建，并取得明显效果，得8分；帮建不足3家，根据帮建效果，酌情打分	
		技术推广情况	8	查有关资料（纳入卫生行政部门技术推广项目目录数量；举办技术推广培训班情况）	主办国家级继续教育学习班5年5次以上得满分；每减少1次扣2分	
		受邀在国际学术会议上作报告情况	8	查有关资料	评估前5年内1人次在国际学术会议上作报告得2分，每增加1人次加2分，满分8分	
四	医疗质量状况		200			
17	质量概况（70）	合理检查	20	抽查10份病历，检查项目是否合理	有一项次不合理扣2分	
		合理用药	20	抽查10份病历，检查用药是否合理，包括项目：用药适应证是否明确、预防应用抗生素合理性、联合应用抗生素正确性、有无药物配伍禁忌、是否结合临床治疗效果并根据药敏实验使用抗生素、有否重复用药，具体按《抗菌药物临床应用指导原则》判定	有一项次不合理扣2分	
		病人满意度调查	15	现场调查20名病人（10名看完门诊的病人、10名住院病人），电话调查已出院10名病人	满意度≥90%得满分，每下降1%扣1分；低于80%不得分	
		尊重和维护患者的权益，医患关系和谐	15	抽查10份出院病历，了解手术、麻醉、输血、有创诊疗操作、药物临床实验、手术中特殊医疗器械使用、医疗器械临床实验前、假体植入等是否获得患者或其代理人书面知情同意；随机抽查5名住院患者，了解医患沟通情况	一例未履行知情同意不得分；一名患者不了解相关情况扣5分	
18	医疗质量（90）	疾病诊断准确率	20	查有关资料	≥95%，得满分；不达标，酌情扣分	
		已完成治疗的短期效果评价	20	查有关资料	建立患者随访制度，对已完成治疗3月内患者问询抽查成功率≥95%，得满分；不达标，酌情扣分	
		已完成治疗的长期效果评价	20	查有关资料	建立患者随访制度，对已完成治疗2年内的患者问询抽查成功率≥85%，得满分；不达标，酌情扣分	

续表 5

序号	检查内容		标准分	检查方法	评分标准	备注
		门诊病例检查	10	现场查阅病历不少于 20 份	甲级病案率≥95% 得满分，每降 1%，扣 2 分；有丙级病历不得分	
		基础护理合格率	5	查有关资料	≥95% 得满分，每下降 1%，扣 2 分；低于 90%，不得分	
		四手操作开展比率	5	查有关资料	≥ 50% 得满分，每下降 10%，扣 1 分；	
		预防和控制医院感染相关制度的建立及执行情况	10	查有关资料	制度健全，落实到位，得 10 分；其他情况，酌情递减	
19	门诊质量（40）	门诊诊断准确率	10	查有关资料	≥85%，得满分；不达标，酌情扣分	
		专家门诊情况	10	查有关资料	每天均安排高级职称人员出门诊，所有专家每周至少出一次门诊，得满分；不达标，酌情扣分	
		门诊椅位使用率	10	查有关资料	≥95%，得满分；不达标，酌情扣分	
		门诊患者中预约患者的比例	10	查有关资料	≥40%，得满分；不达标，酌情扣分	
五	科研与教学		100			
20	学术影响（15）	学术委员会任职	5	查有效期内任职的相关聘书。学科多人担任职务，累积记分，最高分不超过标准分	全国主委及副主委 5 分、常委 4 分、委员 2 分；省主委 4 分、副主委 3 分。一人担任数职，以最高学术职称登记一次	
		学术刊物任职	5	查杂志编辑部颁发有效期内的聘书	SCI 收录杂志的主编、副主编、常务编委、编委，主编 5 分，副主编 4 分，常务编委 3 分；中华医学会系列杂志主编 4 分，副主编 3 分，常务编委 2 分，编委 2 分；其他医学杂志主编、副主编 2 分，常务编委 1 分。卫生部统编教材系列，主编 4 分，副主编 3 分，编委 2 分。一人担任数职，以最高学术职称登记一次	
		主办学术会议	5	查五年内有关资料	国际性学术会议 5 分，全国性学术会议 4 分，省级学术会议 3 分	
21	专科方向（5）	专科的临床研究方向	5	查五年内有关资料	专科有 2～3 个稳定、明确的研究方向，且与临床工作密切相关，研究内容系统、具体，得满分；不达标，酌情扣分	
22	科研项目（16）	国家级项目	12	查五年内有关资料	有 3 项以上得满分，每少 1 项减 4 分	

续表5

序号	检查内容		标准分	检查方法	评分标准	备注
		部(省)级项目	4	查五年内有关资料	有4项以上得满分,每少1项减1分	
23	科研成果(17)	国家级、部(省)级科技奖励(一、二等奖)	9	查五年内有关资料	国家级一等奖1项得9分,二等奖1项6分;部(省)级一等奖5分,二等奖4分	
		SCI收录、中华医学会系列杂志及统计源期刊论著	4	查五年内有关资料	SCI收录5篇以上满分;中华医学会系列杂志10篇以上满分;其他酌减	
		发明、新型实用、外观设计专利	4	查五年内有关资料	每项发明专利4分,新型实用专利1分,外观设计专利0.5分	
24	接受进修(8)	接受外单位在职人员进修情况	8	查五年内有关资料	进修半年以上人员每年≥8名得满分;每少一名扣2分;未接受不得分(包括基地培训医师)	
25	学生教育(14)	本科生教学	4	查五年内有关资料	临床教学不少于本课时的80%,见习、实习轮转安排合理、到位,得满分;未承担者不得分;无临床授课扣3分;无见习、实习扣3分	
		研究生培养	10	查五年内出站博士、毕业博士和硕士研究生数量	评估周期内博士生≥5人、硕士生≥5人,得满分;不达标,酌情扣分	
26	继续教育(20)	国家级、省级(甲类)、市级(乙类)继续教育项目:深入基层举办继续教育项目(学习班、论坛)	10	查五年内获批文件、项目开展记录情况,同一项目不重复计分,不同项目可累积计分,培训班以讲学材料和学员签到表为准	国家级一项次6分,省级一项次2分	
		规范化医师培训	10	查五年内培养规范化医师人数、合格率	不是规范化医师培训基地不得分。培养合格率≥95%,得满分;每低5个百分点,扣3分	
27	编写教材(5)	三年内参加教育部、卫生部普通高等院校规划教材编写工作	5	查五年内有关资料	主编3分、副主编2分,可累积计分,总分不超过标准分	

卫生部疾控局关于印发口腔健康监测试点方案的通知

卫疾控口腔便函〔2010〕97号

湖北省、广东省、重庆市卫生厅局疾控处:

为了加强口腔疾病监测工作,探索将口腔健康与慢病监测有机结合的工作模式与方法,建立适合我国国情的口腔健康监测机制,我局定于2010年10月至2011年6月在你省(市)开展口腔健康监测试点工作。现将《口腔健康监测试点方案》印发给你们,请按照要求认真组织实施试点工作。相关事宜请与以下人员联系。

联系人:卫生部疾病预防控制局口腔卫

生处 刘晓亮
电 话:010-68792651
传 真:010-68792342
联系人:中国疾病预防控制中心慢病中心 赖建强
电 话:010-63132630
传 真:010-63042350

中华人民共和国卫生部
二〇一〇年十月十四日

口腔健康监测试点方案

一、背景

口腔健康是人体健康的重要组成部分,是社会文明的重要标志。口腔疾病是影响我国居民健康的常见病、多发病。卫生部在1983年、1995年及2005年先后进行了三次口腔健康流行病学调查,基本摸清了口腔疾病在我国人群中的流行情况。但是由于流调间隔时间较长,不能及时反映我国经济社会发展和居民生活方式及饮食结构改变而带来的口腔卫生知识、态度、行为等方面的变化,也不能动态反映人群的口腔常见病及多发病变化情况。

现代科学研究证明,口腔疾病不仅是一类重要的慢性非传染性疾病(以下简称慢病),也与糖尿病、心血管疾病等很多其次慢病有着共同的危险因素,口腔健康也是影响老年人群营养状况以及多种慢病发展和康复的重要因素。2010年卫生部和财政部已将我国慢病及其危险因素监测项目纳入中央财政转移地方支付项目中。为了加强口腔疾病监测工作,探索将口腔健康与慢病监测有机结合的工作模式与方法,建立适合我国国情的口腔健康监测机制,卫生部拟在2010年中国慢病监测项目中选择部分监测点同时开展口腔健康监测试点,为将口腔健康监测相关内容全面纳入全国慢病监测中做好准备。为有效开展试点工作,特制定本方案。

二、项目目标

(一)探索适合我国国情的口腔健康监测工作机制,提高各级疾控机构和口腔卫生机构的口腔健康监测能力。

(二)完善人群口腔健康监测的内容和信息收集方法,初步了解试点地区居民口腔健康状况及危险因素。

三、试点选择、监测内容和方法

(一)试点地区和口腔检查对象的确定

根据基层口腔卫生服务机构能力情况,在全国慢病监测162个点中,选择湖北省天门市、重庆市大足县、广东省南雄市共3个点作为口腔健康监测试点。

监测对象与慢病监测对象完全一致,即18岁及以上常住居民。每个试点县(市)内口腔监测检查人数为600人,3个试点共检查人数1 800人。

(二)内容和方法

口腔健康问卷调查部分已经纳入慢病监测方案《中国慢病监测(2010)》中,本方案中不再描述。本试点方案中的主要内容为对监测对象开展口腔检查。具体内容包括:

1.牙列状况:包括龋齿及填充、牙齿缺失、窝沟封闭、桥基牙和特殊冠或贴面以及种植牙、未萌出牙齿、牙外伤等。

2.牙周健康状况:包括牙龈出血、牙石、牙周袋及深浅度等。

3.义齿修复状况:包括有无需要修复的义齿、义齿是全部修复或部分修复或完全未修复。

口腔检查由当地经过监测培训的专业口腔医生完成。口腔检查要在统一人工光源下进行。牙列状况、义齿修复状况检查以视诊结合探诊,采用平面口镜和探针进行。牙周健康状况检查以探诊为主,结合视诊,采用统一配发的社区牙周指数(CPI)探针和平面口镜进行。视诊和探诊均采用一次性口腔检查托盘。CPI探针检查应一人一针,按国家规定要求进行严格消毒后方可使用。

国家对试点省和县(市)口腔健康监测技术骨干进行现场培训,提高监测点疾控机构和口腔卫生机构的监测能力和水平,保证监测质量。

四、组织实施

(一)组织形式

卫生部疾控局负责口腔健康监测试点工作的总体领导和协调、监督检查和评估;安排试点经费。中国疾控中心慢病中心负责制定口腔健康监测试点方案;组织培训;编制数据录入软件,汇总调查资料,进行数据分析;对现场组织和实施工作提供指导和质量控制。卫生部疾控局成立国家口腔健康监测试点专家工作组,负责审定试点方案、提供技术培训;对试点地区口腔检查提供技术指导和数据审核,协助进行数据分析;参与现场工作的质量控制等。省和试点县(市)要将当地口腔卫生机构的专家纳入本级慢病监测现场工作组,共同做好口腔监测试点工作。

省级和试点县(市)两级卫生行政部门负责领导和协调本辖区口腔监测试点工作。试点县(市)卫生行政部门负责指定本地区承担口腔检查的机构。省级疾病预防控制机构负责制定本地区口腔健康监测试点实施方案并指导县级疾病控制机构组织实施。省级口腔卫生机构负责本省试点县(市区)现场口腔检查的质量控制及数据复核,与国家专家工作组一起负责对现场工作提供技术支持和指导。试点县(市)疾控机构负责结合本地区慢病监测工作的安排,组织现场口腔检查、记录表保存、数据审核、数据录入和上报等工作。

(二)工作流程及时间安排

1. 试点县(市)口腔监测人员和医务人员培训:10月中下旬完成。

2. 现场口腔检查工作与当地慢病监测现场工作在相同时间进行并统一安排场所,可在完成慢病问卷调查和相关检查的同时,安排口腔检查的内容。所有试点县(市)现场口腔检查工作应在2010年12月底全部完成。口腔检查记录表的数据录入与慢病监测数据录入同步完成,所有试点县(市)数据采集录入工作应在2011年1月底前全部完成,并上报中国疾病预防控制中心慢病中心。

3. 省级口腔卫生机构现场质控及数据复核时间:对监测点进行现场抽查及数据复核工作与口腔监测同期安排。

4. 口腔检查记录表数据库设计:10月底完成。数据汇总、分析:2011年3~4月数据汇总、分析监测数据。

5. 形成报告:2011年5~6月,口腔健康监测试点报告(草稿)征求专家工作组意见,2011年6月底前中国疾控中心慢病中心将口腔健康监测试点报告报卫生部疾控局。

五、质量控制

(一)现场口腔检查前期的质控

包括试点县(市)疾控机构和口腔卫生机构建立联系机制和确定联系人情况,落实口腔检查医务人员和数量情况,现场检查时间地点等工作安排情况,现场口腔检查设备、检查材料包和探针的准备到位情况,材料设备是否符合要求,知情同意书(可纳入慢病监测知情同意书中)和口腔检查记录表的准备情况等内容。由中国疾控中心慢病中心与国家专家工作组负责对试点县(市)采取现场和电话等方式对以上内容落实情况进行督导。

(二)现场口腔检查的质控

包括口腔检查对象的动员和知情同意书的签订情况,口腔检查和记录的规范情况,一次性材料的使用情况和CPI探针消毒灭菌情况,数据录入准确性等内容。省级疾病预防控制机构与省级口腔卫生机构负责对现场检查、数据录入及数据复核环节进行抽查质控。

（三）现场口腔检查结束后的质控

包括数据库整理、数据分析、口腔检查结果的反馈情况等内容，由中国疾控中心慢病中心负责。

六、督导与评估

卫生部疾控局对试点方案的实施情况组织检查，对试点工作的管理、资金运转、实施情况、质量控制及效果进行督导和评估；省、县两级卫生行政部门定期组织对本地项目的督导检查，对项目实施情况进行评估，及时发现问题并协调解决，保证试点工作顺利如期完成。

附件：

1. 口腔监测试点现场工作流程
2. 口腔监测试点口腔临床检查记录表
3. 口腔监测口腔临床检查方法及记录标准
4. 口腔监测试点专家工作组名单

（以上附件略。）

卫生部疾控局关于开展儿童口腔健康状况及危险因素调查工作的通知

卫疾控口腔便函〔2010〕107号

北京市、黑龙江省、上海市、江西省、湖北省、广东省、广西壮族自治区、四川省、陕西省卫生厅局疾控处：

为了解我国儿童口腔健康状况、儿童口腔常见疾病的发生发展变化规律和危险因素、儿童口腔疾病医疗服务利用等情况，我局将于2010年至2012年在你省（区、市）开展儿童口腔健康状况及危险因素调查工作。现将《儿童口腔健康状况及危险因素调查方案》发你省，请按照方案要求组织开展调查工作。

附件：儿童口腔健康状况及危险因素调查方案

中华人民共和国卫生部

二〇一〇年十一月十日

儿童口腔健康状况及危险因素调查方案

一、背景

我国儿童口腔疾病患病率较高，其中龋病和牙周疾病是儿童最常见的口腔疾病。2005年第三次全国口腔健康流行病学调查结果显示，我国5岁乳牙和12岁儿童恒牙的龋病患病率分别高达66.0%和28.9%，12岁儿童牙龈出血检出率高达57.7%，但是一年内的口腔就诊率只有15%和21%，龋齿的治疗率只有2.8%和10.6%。

掌握儿童口腔健康状况、发展趋势和口腔疾病危险因素，是有效控制儿童口腔疾病，改善儿童口腔健康的基础和保障。儿童口腔健康水平与社会、经济、生物学等诸多因素相关联，随着我国经济社会的快速发展和深化医药卫生体制改革工作的不断推进，儿童生活习惯、营养环境、医疗服务利用等情况也将不断发生变化，有必要对我国儿童口腔健康状况、危险因素、口腔疾病的发生发展变化规律、医疗服务利用情况等进行动态监测和调查。为了有效开展儿童口腔健康状况和危险因素调查（以下简称“儿童口腔健康调查”）工作，特制订本方案。

二、目的

（一）了解我国儿童口腔健康状况，重点调查儿童乳、恒牙健康状况和牙周健康状况。

（二）掌握我国儿童口腔健康状况的变化趋势，分析影响儿童口腔健康的主要因素。

（三）为制定我国儿童口腔疾病防治对策，强化儿童口腔保健措施提供科学依据。

三、对象及方法

2010—2012 年，在选定的调查点内建立 3 岁、6 岁及 12 岁三个年龄组的城乡常住儿童口腔健康调查队列，连续调查 3 年。通过进行口腔健康检查和问卷调查，连续采集对象的口腔健康知识信息、相关生活习惯信息、就医行为信息、牙齿生长发育和口腔疾病患病情况信息等，观察和分析调查对象口腔疾病、医疗服务利用和相关行为的动态变化以及影响因素等。

四、调查点的确定和样本量

将我国 31 个省（自治区、直辖市）根据地理区域分为东、中、西三类地区。东部地区选择北京、上海、广东三省（市），中部选择黑龙江、湖北、江西三省，西部地区选择广西、四川、陕西三省（区）作为调查省（区、市）。每个省（区、市）将辖区内所有县级行政区划单位（市、县、区）按照经济状况高、中、低分成 3 个层次，每个层次抽取 1 个城区、1 个县分别作为城市和农村的调查点。每个省（区、市）需要确定 3 个城区和 3 个县作为城市和农村的调查点，共计 6 个点。全国共计选择 54 个调查点，其中城市 27 个，农村 27 个（推荐名单见附件 1）。

每个点随机选择一所幼儿园、一所小学、一所中学（初中）作为儿童口腔健康调查机构，以新入园、入学的学生为对象，在获得调查对象的知情同意后，建立队列。以年级为单位，分别建立幼儿园小班队列（代表 3 岁组，简称幼小班队列）、小学一年级队列（代表 6 岁组，简称小学队列）和初中一年级队列（代表 12 岁组，简称初中队列）。幼小班队列每机构 60 人，全国 54 个点共计 3 240 人。小学队列每机构 80 人，全国 54 个点共计 4 320 人。初中队列每机构 100 人，全国 54 个点共计 5 400 人。

五、内容及要求

（一）口腔健康指标

每年由专业口腔医生对调查对象进行口腔健康检查，包括乳恒牙的萌发、生长、替换情况，龋齿发生、充填情况，牙周健康状况（不包括 3 岁幼小班队列）以及牙齿非正常脱落情况等有关儿童口腔健康状况的指标（附件 2）。口腔检查由当地经过培训的专业口腔医生完成，要在统一人工光源下进行。牙列状况以视诊结合探诊，采用平面口镜和探针进行。牙周健康状况检查以探诊为主，结合视诊，采用统一配发的社区牙周指数（CPI）探针和平面口镜进行。视诊和探诊均采用一次性口腔检查托盘。

（二）危险因素调查

所有进入调查队列的儿童，每年由家长（初中学生自填）协助完成一份有关口腔健康危险因素的调查问卷，问卷的内容主要涉及针对不同调查对象年龄特征的饮食习惯、自我口腔保健行为、口腔医疗服务利用情况以及口腔健康相关知识等内容（附件 3）。

六、组织实施

（一）组织管理

卫生部疾控局负责调查工作的总体领导和协调，组织对调查工作进行督导和检查。疾控局成立儿童口腔健康状况及危险因素调查专家工作组，负责审定调查方案和工作手册，提供技术培训和质量控制，参与对调查点的技术督导和指导以及全国调查报告的撰写等（名单见附件 4）。

省（区、市）卫生厅（局）疾控处负责领导和协调本辖区儿童口腔健康调查工作；确定负责本省儿童口腔健康调查工作的省级口腔卫生机构；审定本省儿童口腔健康调查点及调查机构；确定承担调查点口腔检查和问卷调查任务的口腔卫生机构；对本辖区调查工作开展督导和检查。省级口腔卫生机构负责协助省卫生厅（局）确定调查点及调查机构；负责本省儿童口腔健康调查的技术培训、质量控制和随机复核工作；成立由专人负责的调查工作小组，组织、落实各年度儿童口腔健康调查工作；负责本省调查资料的汇总上报，为各调查点提供技术指导和支持。承担调查点口腔检查和问卷调查任务的口腔卫生机构负责完成现场调查任务和调查资料的收集与核对。

卫生部疾控局委托复旦大学公共卫生学院，负责调查方案和工作手册的起草；参与技术培训；负责建立数据库、调查资料录入与分析；负责资料收集的质量控制；负责调查报告的撰写等。

卫生部疾控局对儿童口腔健康调查工作提供必要的经费支持，不足部分由各省卫生厅（局）协调解决。

（二）工作流程及时间安排

1. 省级儿童口腔调查骨干培训：2010 年 11 月中旬完成。各省调查点人员培训班：2010 年 11 月底完成。2011 年和 2012 年，将根据工作需要安排相应的培训。

2. 资料收集：每年 10 ~ 12 月开展儿童口腔健康检查和问卷调查工作。按照《儿童口腔健康状况及危险因素调查工作手册》（省级骨干培训时下发）的要求收集资料和信息。

3. 国家专家组和省级口腔卫生机构现场质控及数据复核时间：对调查点进行现场抽查及数据复核工作与调查现场工作同期安排。

4. 资料上报：调查点收集的数据于调查工作完成后及时报省级口腔卫生机构，省级口腔卫生机构在第二年的 1 月底前将调查对象名册、调查队列的基本信息表、原始调查表、口腔检查登记表等资料报送复旦大学公共卫生学院。

5. 资料分析和形成报告汇总：复旦大学公共卫生学院建立统一的数据库（Epidata 3.1），并负责汇总全国数据，在当年现场调查工作完成后的 3 个月内，完成对当年调查数据的分析，并将年度调查结果和工作情况形成书面报告报卫生部疾控局口腔卫生处。

各省级口腔卫生机构负责撰写本省儿童口腔健康调查报告并报省卫生厅（局）疾控处。各调查点可根据当地的调查情况撰写当地的儿童口腔健康调查报告。

七、质量控制

（一）省级儿童口腔健康调查人员参加国家级统一培训，调查点工作人员参加省级培训。培训内容包括口腔健康检查技术标准、资料收集规范要求等。参加培训的人员要求通过专家工作组的考核后方可参加调查点的相应工作。

（二）现场口腔检查前，省级口腔卫生机构负责确定调查点口腔卫生机构联系人，落实口腔检查医务人员，落实现场检查时间地点等工作，监督检查现场口腔检查设备、检查材料包和探针的准备到位情况，材料设备是否符合要求，调查问卷和口腔检查记录表的准备情况等内容。调查队列建立后，要保证对象的稳定性，要求调查过程中随访率在 90% 以上，对于中途转校（园）的学生应尽可能与家长联系，通知学生到定点医院完成口腔健康检查和问卷调查。

（三）每一个调查年度由省级口腔卫生机构统一对调查点开展的口腔健康检查工作随机抽取 5% 的样本人群进行复核。

（四）国家专家工作组将在调查期间对调查点资料随机抽取 20% 进行现场质控。

（五）所有收集的调查问卷和检查记录表采用双录入，对极端值、有疑问的数据、缺失值及时核对、补充和修订。

八、数据上报联系人

复旦大学公共卫生学院　赵　琦

联系电话：021-54237335
13636317285；
传　真：021-54237334
E-mail：zhaoqi@ shmu. edu. cn
通讯地址：上海市医学院路 138 号 289 信箱
复旦大学公共卫生学院流行病学教研室
邮　编：200032

附件：

1. 儿童口腔健康状况及危险因素调查点推荐名单
2. 儿童口腔健康调查口腔检查记录表
3. 儿童口腔健康危险因素调查问卷
4. 儿童口腔健康状况及危险因素调查专家组

（以上附件略。）

中华人民共和国卫生部
通　告

卫通〔2010〕25 号

现发布推荐性卫生行业标准《牙膏功效评价》。其编号和名称如下：

WS/T 326.1－2010　牙膏功效评价　第 1 部分：总则
WS/T 326.2－2010　牙膏功效评价　第 2 部分：防龋
WS/T 326.3－2010　牙膏功效评价　第 3 部分：抑制牙菌斑和（或）减轻牙龈炎症
WS/T 326.4－2010　牙膏功效评价　第 4 部分：抗牙本质敏感

特此通告。

二〇一〇年十二月三日

防龋报批稿 TCS 版
敏感报批稿 TCS 版
牙龈炎报批稿 TCS 版
总则报批稿 TCS 版
以上报批稿略。

特　载

给宋庆龄看牙的经历

卫生部北京医院原副院长　中国医师协会口腔医师分会会长　栾文民

一、接到任务

记得是在1974年的金秋季节，有一天上午，宋庆龄的保健医生顾承敏到北京医院口腔门诊找我，请我到首长家去看牙。我问她是什么病，她说："首长今天上午刷牙时，摘下假牙，发现牙龈上长了一个东西，很硬，颜色发黑，她担心是不是长了肿瘤，请专家去看一下。"我那年才34岁，算不上专家，就问："为什么不请韩院长去？"韩宗琦院长是我国著名的口腔专家，刚调到北京医院任副院长。她回答："韩院长随周总理去西安了，你专长是口腔颌面外科，你去比较合适。"随后，她又问："你估计可能是什么原因引起的？"我告诉她，如果很硬，而且是长在假牙的下面，很可能是过去拔牙时遗留下的残根或残片，由于组织的排异作用，慢慢推到牙龈表面引起的。她又问怎么处理，我说拔了就行了，而且很容易。她叮嘱我准备一下，下午就去。最后我又问，见了首长怎么称呼，她说称"首长"就行，不要加任何头衔。

顾大夫走后，我马上找到顾美珍护士和我一起准备麻药和各种器械。根据我的经验，这种残根或残片形状都不规则，一般的拔牙钳夹不住，于是，除了常规用的器械外，又特别准备了几把不同型号的止血钳，用方巾包好消毒备用。

中午回家，我特意换了一件白衬衣，外面穿上当时流行的深灰色的制服，新咔叽布裤子，松紧口的布鞋，这算是我能找出的最好的衣服了。

二、出诊经过

我和顾承敏医生、护士小顾乘车前往宋庆龄住所，那时我也不知道宋庆龄住在什么地方，只觉得和去卫生部（原址）的路线相同。过了卫生部不远，看见一座古建筑的大门，有警卫站岗，见了我们的车，门就打开了。一进门，看见墙上长满了爬山虎，由于是秋天，叶子大部分都变红了，非常好看。车开了不远，又见一座大门，宋庆龄的秘书杜述周在门口迎接我们。杜秘书中等身材，微胖，面色红润。他微笑着走过来和我们握手，带我们进了客厅。

稍作寒暄后说："首长已经在卧室等你们了，咱们上去吧！"宋庆龄的卧室在二楼，我们沿着楼梯往上走，快到二楼时，想到马上就要见到"国母"，感到一阵紧张和兴奋，不由得心跳加快，两腿发软。进到卧室，看见宋庆龄坐在床旁一张靠墙的椅子上。见我们进来，她微笑着站了起来。顾大夫向她介绍："这是栾大夫，北医毕业的，专长颌面外科。"她一面和我握手，一面说"好，好！"看到她慈祥的笑容，我紧张的情绪平静了下来。

我说："首长好！顾大夫给我介绍了情况，先给您检查一下好吗？"她问："我坐在什么地方合适？"我指着她刚才坐的那把椅子说："请您就坐在这里吧。"宋庆龄坐好后，我从出诊箱中取出检查器械，开始检查，小顾用手电为我照明。和我估计的完全相同，摘下假牙后，就看见了牙齿的残片。检查后，我对她说："请首长放心，没有大问题，只是过去留下的牙齿残片，拔掉就好了。"她听了以后，如释重负，很高兴。"好拔吗?"她问。我告诉她很容易，时间不会太长。为了确保麻醉效果，除了局部浸润麻醉外，还进行了下齿槽神经阻滞麻醉。拔牙时，我请小顾扶住首长的头部，我用分离器分开牙龈，轻轻一挺，残片就松动了，再用止血钳一夹就出来了，先后也就用了不到两分钟。我马上告诉她，已经拔下来了，她好像感到很意外，说："怎么这么快！我一点感觉都没有!"我把拔下来的残片放在托盘里，拿给她看，残片不大，比大米粒稍大一些，她带上花镜仔细看了看，还用托盘里的镊子拨动了一下，开心地笑了。

顾承敏大夫还要为首长进行常规查体，要我们在楼下等候。

这时，宋庆龄对杜秘书说："栾大夫头一次到这里来，你陪他到园子里转一转，顺便看看哪棵树上的果子熟了，摘一些送给栾大夫拿回去。"于是我和她握手告别，她连声感谢。

下楼之后，杜秘书先吩咐工作人员去摘水果，然后陪着我参观。来到园子里，见曲径回廊，楼堂亭榭，山石嶙峋，绿树浓荫。还有一条小溪从中间流过，溪上还有小桥，环境很幽静。在当时那个到处一片灰暗、嘈杂、喧嚣的年代，看到这样的美景，就像置身于世外桃源一样。转着转着，看见前面有几棵又粗又高的梨树，结满了大梨，几个工作人员正用竹竿采摘，看来是为我们准备的。走的时候，送给我们每人一大兜水果，有各种各样的梨和几个大石榴。

回来后，听科里的老护士讲，20世纪60年代，宋庆龄曾在我院拔过一次牙，是加拿大留学的老专家拔的，这颗牙齿曾经去过牙髓，很脆，用钳子一夹就碎了，结果连敲带凿，拔了近一个多小时，才一块、一块地拔了下来。第二天疼得厉害，半边脸都肿了，她对专家有些意见。实际上，在当时的技术条件下，死髓牙的拔除是很困难的。后来惊动了周恩来总理，周总理亲自到家中看望、慰问，为这位专家解释并说了不少好话，才算平息。估计这回的残片就是那一次留下的。

韩院长从西安回来后，我向他汇报了出诊的经过，他很高兴，说："你可能是给宋庆龄看病的最年轻的医生，一般给她看病的都是知名专家，交谈病情都是用英文。"

没过多久，宋庆龄请我们去她家看电影，吴蔚然和韩宗琦院长也去了，连续放映了好几部，有过去的老电影《十字街头》、《乌鸦与麻雀》、《魂断蓝桥》，还有原版的《乱世佳人》，在那个只有样板戏，文化干涸的年代，能看到这样的电影，实在是享受。以后，每隔几周，就请我们去看一次电影，一直持续了好几年。

快到元旦的时候，宋庆龄派工作人员送来了糖果和点心，都是外国的，可能是国外朋友送给她的，她知道我有小孩，又转送给我。

三、生日聚会

1月27日是宋庆龄的生日，她邀请我们去参加生日聚会，我们感到非常荣幸。我和韩宗琦院长商量送什么礼物，他说宋庆龄从小在美国长大，是"洋派"的，应该送一束鲜花比较得体。但是，在那个年代，没有花店，也买不到鲜花，我建议到医院的花房去看看。到了花房，因为正值冬天，没有什么好花，只有马蹄莲和各种菊花，我说送菊花会不会有什么忌讳，韩院长说："美国可能没有忌讳，她最喜欢的花是红掌(火鹤)，咱们也找不到啊!"说实在的，当时我连红掌什么样都不知道。于是我们剪了几枝马蹄莲和十几枝红色与紫色的菊花，配在一起还算不错。可是，问题又来了，用什么纸包好啊？现在人们可能不理解，当时是买不到彩纸的。有写大字报的红、绿彩纸，但质地太差；电光纸太小，又太刺眼。正发愁的时候，我想起了医院高干候诊室有画报，连忙跑了去，看到茶几上有很多《人民画报》和《解放军画报》，我就逐页翻看，找到了一整页的桂林山水，撕了下来，将花包好，又找了一条红绸子系上，还真像模像样。

聚会那天，我和韩院长把鲜花献给宋庆龄，她非常高兴，可能没有想到会有人给她献花。参加聚会的主要是她身边的工作人员，来的客人都是亲朋好友，没有政府官员。吴蔚然院长来了，马海德医生和夫人苏菲也来了，还有爱泼斯坦和一些外国友人，我都不认识。他们用英文交谈，我就在旁边听着。她的两个养女隋永清和隋永洁很活跃，又说又笑，招呼着客人，有时也和我开几句玩笑。那天宋庆龄很健谈，也很高兴。

最令我惊喜的是春节前夕，我收到了宋庆龄寄来的贺年卡，当时的贺年卡大都政治色彩很浓，而她寄来的贺年卡，是从江苏特制的，封面是手绘的中国工笔画，画着一个仕女在花园里拿着一枝梅花，很好看。里面是她亲笔写的："祝栾大夫春节快乐！宋庆龄"，这张贺年片我一直保留至今。

四、一件小事

自从那次治疗以后。宋庆龄的牙齿没有出现过问题，只是来医院查体时，到口腔科常规检查牙齿。她的牙齿维护得很好，由于年龄的关系，牙龈有些萎缩，牙根部分外露，但很干净。记得为她检查牙齿时的一件小事给我留下了很深的印象。当时她坐在牙科治疗椅上以后，先打开手包，拿出一个小瓶，里面有绿色的液体，从包装可以看出，是国外的产品。她打开瓶盖倒一些在为她准备的漱口水中，然后看牙。开始我以为是香水，但闻不到香水的味道，是药水？是什么药？为什么要放在漱口水中？我一直心存疑惑。直到我去国外留学，才知道那是商品化的漱口液，和牙膏一样属口腔卫生保健品，超市里就可以买到。这使我非常感慨，那个年代我们太封闭了，国外寻常百姓常用的口腔保健品，国内的口腔科医生居然没有见过！多亏了改革开放，现在我们的超市也有了。

因为常去宋庆龄家看电影，几乎每月都能和她见面。时间一长，和她身边的工作人员也熟了，他们都叫我小栾大夫，只有她的两个养女调皮，直呼我"小大夫"。因为每次看电影都是连续放映好几部，所以我们去得比较早，在那里吃晚饭。宋庆龄的厨师可能是上海来的，每次都是上海风味，小笼包子、葱油饼、阳春面、馄饨和酒酿圆子，另外配几个小菜，很简单，但味道极好。每次都是杜秘书陪着我们吃饭，有一次他说，首长把你们看作是她身边的工作人员，有些活动都要请你们参加。有一年，宋庆龄的养女隋永清结婚，也请我们参加了婚礼，新郎是电影演员侯冠群。

五、无限思念

1981 年，我正在北京语言学院学习英文，准备出国留学，得到了宋庆龄逝世的消息，感到非常悲痛，心烦意乱了好几天。5 月 29 日，我收到了宋庆龄同志治丧委员会发来的请柬，31 日上午在人民大会堂参加了对宋庆龄名誉主席的吊唁和瞻仰遗容，我是和宋庆龄身边工作人员一起去的，看到宋庆龄静静地躺在那里，她平时慈祥的面容浮现在我的脑海中，眼泪止不住地往下流。6 月 1 日我又收到了治丧委员会发来的请柬，参加了 6 月 3 日下午在人民大会堂举行的追悼会，请柬上附有座位，是楼下前 6 区 10 排 56 号。追悼会很隆重，党和国家对她给予了极高的评价，我想她的在天之灵可以安息了。

宋庆龄名誉主席离开我们已经近 30 年了，我也已经年过古稀。我一直怀念和宋庆龄交往的这段经历，她对我的关心总是激励着我刻苦学习，努力工作。每次去上海出差或开会，我都要去宋庆龄陵园，献上一束鲜花或花篮，鲜花中特地加上几支她喜欢的火鹤。在她的墓前，我总是默默地向她汇报我工作的进步和生活的变化并祈祷她的在天之灵能保佑祖国繁荣昌盛，人民幸福，我想她会的。

索 引

L

M

N

P

Q